SHARE REPURCHASE AND PERFORMANCE COMPENSATION
UNDER JUDICIAL JUDGEMENTS

对赌陷阱？

司法判决下的股权回购与业绩补偿

古黛 著

VALUATION ADJUSTMENT
MECHANISM TRAP?

图书在版编目(CIP)数据

对赌陷阱？：司法判决下的股权回购与业绩补偿 / 古黛著. -- 北京：北京大学出版社，2024.9. -- ISBN 978-7-301-35348-6

Ⅰ．D912.280.4

中国国家版本馆 CIP 数据核字第 2024Q22M92 号

书　　　名	对赌陷阱？——司法判决下的股权回购与业绩补偿 DUIDU XIANJING? ——SIFA PANJUE XIA DE GUQUAN HUIGOU YU YEJI BUCHANG
著作责任者	古　黛　著
责 任 编 辑	王建君
标 准 书 号	ISBN 978-7-301-35348-6
出 版 发 行	北京大学出版社
地　　　址	北京市海淀区成府路 205 号　100871
网　　　址	http://www.pup.cn　http://www.yandayuanzhao.com
电 子 邮 箱	编辑部 yandayuanzhao@pup.cn　总编室 zpup@pup.cn
新 浪 微 博	@北京大学出版社　@北大出版社燕大元照法律图书
电　　　话	邮购部 010-62752015　发行部 010-62750672　编辑部 010-62117788
印 刷 者	北京市科星印刷有限责任公司
经 销 者	新华书店
	720 毫米×1020 毫米　16 开本　37.5 印张　691 千字 2024 年 9 月第 1 版　2024 年 9 月第 1 次印刷
定　　　价	138.00 元

未经许可，不得以任何方式复制或抄袭本书之部分或全部内容。
版权所有，侵权必究
举报电话：010-62752024　电子邮箱：fd@pup.cn
图书如有印装质量问题，请与出版部联系，电话：010-62756370

序言

股权投资中,以"股权回购"及"业绩补偿"为核心内容的"对赌协议",是投资方最重要的特殊权利保护约定,同时也是大多数创始人方谈之色变、避之不及的"陷阱"。如果投资方与创始人方签署了"对赌协议",约定条款触发后,从投资方的角度看,是否诉则稳赢,只需关注财产保全及执行程序?对于创始人方而言,是否意味着必败,难逃被列入失信被执行人名单的命运?——未必!

投资方依据股权回购及/或业绩补偿条款向创始人方主张权利的,不一定如预期般顺利。以笔者代理投资方、二审反败为胜的一个股权回购案①为例:股权回购条款触发后,投资方提起诉讼,请求判令原股东支付股权回购款及收益。一审法院判决驳回投资方的请求,理由是股权回购条款触发后至一审立案前,投资方未按照投资协议的约定向原股东主张回购,双方也未按约定签订《股权转让协议》,投资方绕过程序性约定要求股权回购,理据不充分。笔者二审代理此案后,立即按约安排寄出回购通知,并在上诉状中强调,通过起诉的方式主张权利也应被认定为通知,签署《股权转让协议》仅为原股东的义务,根据投资协议的约定,投资方有权取得股权回购款,且股权

---

① 参见深圳市某股权投资企业(有限合伙)与潘某某股权转让纠纷案,广州市中级人民法院民事判决书,(2022)粤01民终17766号。

回购的主体、金额、时间均能确定，无须另行签署协议。二审法院改判，支持了投资方的诉讼请求。

创始人方也不见得必定被裁判按照股权回购及业绩补偿的约定履行对赌义务。以笔者代理创始人方并成功为其降低1/3债务金额的仲裁案①为例。投资协议约定，如果目标公司未于一定期限内在上海证券交易所或深圳证券交易所实现中国境内首次公开发行股票并上市，则原股东应以10%的年化收益率回购投资方的股权。在投资方采取法律行动之前，创始人方就在笔者的建议下，向投资方发函表明因情势变更无法上市，并在双方协商失败后，主动提起仲裁，要求解除《补充协议》中的股权回购条款。投资方提出反请求，向原股东主张股权回购款、违约金等。笔者梳理了行业监管政策，强调在投资协议签订后距上市截止期届满1年前，目标公司所在的行业政策发生突变，从之前的鼓励支持，陡然转为"一刀切"的清零，构成情势变更。仲裁庭认为，案涉政策变化不属于商业风险，与目标公司业绩表现乃至未能如期上市具有高度关联性，驳回投资方关于违约金的主张，并将年化收益率调低为2.75%。根据深圳国际仲裁院作出的裁决书，创始人方被裁决支付的金额不到投资方主张的2/3。

由此可见，股权回购及业绩补偿条款触发后，投资方并不能稳操胜券，创始人方也未必只能束手就擒。

尽管2019年11月颁布的《九民纪要》终结了对赌第一案"海富案"②关于投资方与目标公司之间的对赌协议的效力纷争，确认其为有效，但对赌纠纷中的诸多法律问题，司法实务中依然没有定论。例如，作为对赌义务人的目标公司在没有减少注册资本因此未被判决回购投资方股权的情况下，是否应当支付逾期付款违约金？投资方是否有权同时主张股权回购款及业绩补偿款？股权回购的年化收益率是否可以调低？股权回购权的性质是形成权还是债权请求权？因申报上市而签订的"抽屉协议"是否有效？

本书探讨的，即为包括前述争议在内的对赌案件常见问题。全书共九个部分，前八个部分按照股权投资的进程，涵盖投资方自进入目标公司至退

---

① 参见陈某某与深圳市某有限公司增资纠纷案，深圳国际仲裁院(2022)深国仲1894号。
② 参见苏州工业园区海富投资有限公司与甘肃世恒有色资源再利用有限公司、香港迪亚有限公司、陆波增资纠纷案，最高人民法院民事判决书，(2012)民提字第11号。

出阶段(即签署投资协议阶段、履行投资协议阶段、后续融资阶段、申报上市或挂牌阶段、触发补偿或回购条款阶段、行使权利沟通阶段、回购协议签署阶段、诉讼或仲裁阶段)可能产生的问题;第九部分则是三资企业、国资背景企业、合伙企业及目标公司债权人等主体涉及的特殊问题。每个部分都包括若干问题,每个问题的结构都为提出问题、相关规定、主题案例、类似案例、小结与建议。

作为专注于解决股权纠纷的律师,笔者处理的主要为提交法院或仲裁机构审理的案件,因此第八部分"诉讼或仲裁阶段"的篇幅比重最大。该部分列出了对赌案件中投资方面临的常见问题,以及创始人方可以视情况提出的各类抗辩。

本书并非仅在纠纷发生之后才有用武之地。恰恰相反,通过系统性分析归纳对赌案件的司法判例,对于如何设计股权回购及业绩补偿条款,本书分别为投资方与创始人方提供了建议,可以作为磋商投资协议时的参考资料。

需要特别说明的是,相较于经验丰富的投资方,创始人方往往欠缺法律专业人士的帮助,通常处于股权融资谈判的劣势地位,本书正有助于创始人方弥补短板。书中梳理的司法裁判观点,阐明了签署股权回购及业绩补偿条款的法律后果,便于创始人方避免不明就里签字后稀里糊涂地背上巨额债务的悲剧。每个问题后的小结与建议,益于创始人方在签订投资协议时选择对其最有利的回购和补偿条款版本,在回购或补偿谈判中争取最佳方案,以及在诉讼或仲裁中提出有效抗辩。

古 黛

2024 年 8 月于深圳

全简称对照表

全　称	简　称
《中华人民共和国民法典》	《民法典》
《中华人民共和国民事诉讼法》	《民事诉讼法》
《中华人民共和国公司法》	《公司法》
《中华人民共和国证券法》	《证券法》
《中华人民共和国仲裁法》	《仲裁法》
《中华人民共和国注册会计师法》	《注册会计师法》
《中华人民共和国外商投资法》	《外商投资法》
《中华人民共和国合同法》（已失效）	《合同法》
《中华人民共和国担保法》（已失效）	《担保法》
《全国法院民商事审判工作会议纪要》	《九民纪要》
《最高人民法院关于适用〈中华人民共和国民法典〉总则编若干问题的解释》（法释〔2022〕6号）	《民法典总则编解释》
《最高人民法院关于适用〈中华人民共和国民法典〉合同编通则若干问题的解释》（法释〔2023〕13号）	《民法典合同编解释》

(续表)

全　称	简　称
《最高人民法院关于适用〈中华人民共和国民法典〉有关担保制度的解释》（法释〔2020〕28号）	《民法典担保制度解释》
《最高人民法院关于适用〈中华人民共和国民事诉讼法〉的解释》（法释〔2022〕11号）	《民事诉讼法解释》
《最高人民法院关于适用〈中华人民共和国担保法〉若干问题的解释》（法释〔2000〕44号）（已失效）	《担保法解释》
《最高人民法院关于适用〈中华人民共和国公司法〉若干问题的规定（四）》（法释〔2020〕18号）	《公司法解释（四）》
《最高人民法院关于民事诉讼证据的若干规定》（法释〔2019〕19号）	《证据规定》
《最高人民法院关于适用〈中华人民共和国外商投资法〉若干问题的解释》（法释〔2019〕20号）	《外商投资法解释》
《最高人民法院关于民事执行中变更、追加当事人若干问题的规定》（法释〔2020〕21号）	《追加当事人的规定》
《最高人民法院关于审理民间借贷案件适用法律若干问题的规定》（法释〔2020〕17号）	《民间借贷规定》
《最高人民法院关于审理涉及夫妻债务纠纷案件适用法律有关问题的解释》（法释〔2018〕2号）（已失效）	《夫妻债务纠纷解释》
《最高人民法院关于适用〈中华人民共和国婚姻法〉若干问题的解释（二）》（法释〔2017〕6号）（已失效）	《婚姻法解释（二）》
《最高人民法院关于适用〈中华人民共和国公司法〉若干问题的规定（三）》（法释〔2020〕18号）	《公司法解释（三）》
《最高人民法院关于适用〈中华人民共和国仲裁法〉若干问题的解释》（2008年调整）	《仲裁法解释》
《最高人民法院关于适用〈中华人民共和国合同法〉若干问题的解释（二）》（法释〔2009〕5号）（已失效）	《合同法司法解释（二）》
《中国人民银行、中国银行保险监督管理委员会、中国证券监督管理委员会、国家外汇管理局关于规范金融机构资产管理业务的指导意见》（银发〔2018〕106号）	《资管新规》
《私募投资基金监督管理暂行办法》（中国证券监督管理委员会令第105号）	《暂行办法》

目录

一、签署投资协议阶段 / 1

1.1　对赌目标未达成，对赌义务人是否构成违约？/ 3

1.2　当事人约定的条款性质是估值调整还是借贷？/ 8

1.3　目标公司可否为对赌义务人？/ 14

1.4　目标公司可以被请求回购股权吗？/ 19

1.5　目标公司可以被请求支付业绩补偿款吗？/ 26

1.6　目标公司就对赌承担保证责任，需要以履行减资或利润分配程序为前提吗？/ 31

1.7　目标公司就对赌提供担保必须召开股东会吗？/ 37

1.8　目标公司就对赌签订的担保条款被认定为无效，需要承担责任吗？/ 43

1.9　目标公司对回购与补偿承担连带责任，构成连带责任保证或债务加入吗？/ 50

1.10　原股东为目标公司回购股权承担连带责任的，目标公司未减资有影响吗？/ 56

1.11　原股东为目标公司回购股权提供担保的，目标公司未减资有影响吗？/ 60

1.12　原股东可否代其配偶同意承担对赌债务？/ 64

1.13　原股东的配偶在何种情况下会被认定为共同经营目标公司？/ 68

1.14　原股东就对赌协议提供担保的，担保之债属于夫妻共同债务吗？/ 75

1.15　如何判定原股东的对赌债务形成于婚姻关系存续期间？/ 80

1.16 多位对赌义务人之间承担的是连带责任还是按份责任？/ 84
1.17 对赌协议约定的"上市"包括"新三板"吗？/ 91
1.18 可以约定逾期提供《审计报告》则触发对赌义务吗？/ 99
1.19 约定以"股权为限"的，对赌义务人承担回购的责任范围仅限于其持有目标公司的股权吗？/ 103

二、履行投资协议阶段 / 107

2.1 投资方未足额增资，原股东可否行使先履行抗辩权，不履行对赌义务？/ 109
2.2 投资方干涉经营，可以免除对赌义务人的责任吗？/ 114
2.3 已不再是目标公司的实际控制人，还承担对赌义务吗？/ 120
2.4 原股东转让股权后，是否不再承担对赌义务？/ 125
2.5 继受投资方可以向对赌义务人主张权利吗？/ 130
2.6 原股东的关联公司经营范围与目标公司相同，是否构成同业竞争？/ 135
2.7 原股东在目标公司竞争者处任职，违反竞业禁止条款吗？/ 141
2.8 投资方解除《增资合同》的，可否从目标公司取回投资款？/ 146

三、后续融资阶段 / 153

3.1 多轮融资签订多份合同的，案件由谁管辖？/ 155
3.2 其他投资方主张回购的案件，怀疑己方利益受损的投资方可否参加诉讼？/ 160
3.3 前轮投资方与对赌义务人私下签订合同，可规避后轮投资方的优先回购权吗？/ 165
3.4 原股东与部分投资方达成的协议对其他投资方不利，是否构成恶意串通损害他人"合法权益"？/ 171
3.5 签订后轮投资协议的，前轮投资方还可依据原对赌协议主张权利吗？/ 175

四、申报上市或挂牌阶段 / 183

4.1 对赌条款被清理后，投资方还能向对赌义务人主张权利吗？/ 185
4.2 上市失败则恢复对赌协议效力的约定有效吗？/ 190

4.3 "抽屉协议"有效吗？/ 195

4.4 约定修改投资协议需另行达成书面合同的,可否因投资方签署其他书面文件而推定其已放弃对赌权利？/ 202

4.5 后签署的合同是否变更原对赌协议？/ 208

五、触发补偿或回购条款阶段 / 213

5.1 约定净利润以《审计报告》为准的,可以以《审核报告》判断业绩情况吗？/ 215

5.2 不具备约定的"证券期货从业资格"的会计师事务所出具的《审计报告》,可以作为确认目标公司净利润的依据吗？/ 219

5.3 单方委托会计师事务所出具的《审计报告》可否作为业绩情况的判断依据？/ 226

5.4 对赌义务人已承认业绩未达标的,投资方还需按约提供《审计报告》吗？/ 231

5.5 投资方无法获取目标公司《审计报告》的,如何证明业绩目标未达成？/ 235

5.6 股权回购条款能否在上市承诺期届满前触发？/ 240

5.7 股权回购条款提前触发的,对赌义务人应何时履行义务？/ 248

六、行使权利沟通阶段 / 253

6.1 投资方享有的股权回购权及补偿权是形成权吗？/ 255

6.2 对赌权利的诉讼时效起算日是哪天？/ 261

6.3 未约定行权期限的,投资方主张权利是否受时间限制？/ 267

6.4 约定行权期限的,投资方逾期行权是否失权？/ 274

6.5 主张业绩补偿时,投资方必须是目标公司的股东吗？/ 280

6.6 谁可以代表对赌双方沟通回购或补偿事宜？/ 284

6.7 对赌义务人为目标公司"或"原股东的,可将二者均列为被告吗？/ 289

6.8 选择估值调整方式后,投资方还能单方变更吗？/ 294

6.9 提起诉讼或申请仲裁,可视为投资方向对赌义务人发出主张权利的通知吗？/ 298

6.10 股权回购条款触发后,投资方可以向目标公司主张返还资本公积金吗？/ 302

七、回购协议签署阶段 / 311

- 7.1 对赌协议约定需另行签订《股权回购协议》的，为预约合同吗？ / 313
- 7.2 工商备案存在不止一份《股权转让协议》的，以哪份为准？ / 321
- 7.3 侵害股东优先购买权，《股权回购协议》是否无效？ / 327
- 7.4 未就股权转让通知其他股东，《股权回购协议》能否实际履行？ / 333
- 7.5 投资方与目标公司签订回购协议，就可以规避减资程序吗？ / 337

八、诉讼或仲裁阶段 / 343

- 8.1 《补充协议》未约定管辖的，受《增资协议》中仲裁条款的约束吗？ / 345
- 8.2 其他对赌义务人是否为必要共同诉讼人？ / 352
- 8.3 目标公司并非对赌义务人的，是否为必须参加诉讼的第三人？ / 357
- 8.4 投资方可在一个案件中一揽子提出主张吗？ / 361
- 8.5 投资方能否同时主张业绩补偿与股权回购？ / 367
- 8.6 投资方可以同时主张股权补偿与现金补偿吗？ / 375
- 8.7 投资方主张股权回购却未要求工商变更登记，对赌义务人可以行使同时履行抗辩权吗？ / 380
- 8.8 投资方仅主张股权回购款的，对赌义务人应反诉要求变更工商登记吗？ / 384
- 8.9 对赌协议中含有"保证"的，一定构成法律意义上的保证吗？ / 389
- 8.10 目标公司未减资无法回购股权的，应承担逾期付款违约金吗？ / 396
- 8.11 司法审计费用最终由谁承担？ / 402
- 8.12 投资方支付的律师费由谁承担？ / 406
- 8.13 业绩补偿金额可否以公平原则等理由调低？ / 412
- 8.14 股权回购的收益率可以参照违约金或借贷的规定调低吗？ / 420
- 8.15 逾期付款违约金可以在股权回购款或业绩补偿款被支持的情况下调低吗？ / 425
- 8.16 一方单独委托会计师事务所出具《审计报告》的，另一方可以申请重新审计吗？ / 434
- 8.17 《审计报告》存在瑕疵，可以申请重新审计吗？ / 439
- 8.18 判决主文列明以"股权价值为限"的，执行法院应如何处理？ / 445
- 8.19 不可抗力能减免对赌义务吗？ / 451

8.20 政策变更是否构成不可抗力？/ 456
8.21 如何判定对赌目标未达成系不可抗力导致？/ 462
8.22 未及时通知发生不可抗力的，还能免除责任吗？/ 467
8.23 对赌条款触发后另行签订《股权回购协议》的，还能以不可抗力免责吗？/ 472
8.24 政策变化符合情势变更不可预见性的要求吗？/ 475
8.25 对赌目标未达成是否因重大变化导致？/ 482
8.26 情势变更抗辩中，对赌义务人如何证明继续履行合同对其明显不公平？/ 487
8.27 以情势变更为由解除合同的，如何提出请求？/ 492

九、其他 / 499

9.1 目标公司为三资企业的，股权回购条款未经审批会被认定为未生效吗？/ 501
9.2 投资方有国资背景，股权回购条款须经审批吗？/ 509
9.3 对赌一方为国有独资公司，股权回购条款未经审批是否生效？/ 517
9.4 国资背景的投资方转让股权是否应经评估？/ 523
9.5 违反国有资产转让评估的规定，股权回购条款会被认定为无效吗？/ 529
9.6 违反国有资产应在产权交易场所交易的规定，股权回购条款会被认定为无效吗？/ 537
9.7 国资股权投资基金签订的股权回购条款，是否需经审批才能生效？/ 541
9.8 有限合伙人之间的对赌协议有效吗？/ 545
9.9 有限合伙人与基金管理人对赌，会因违反保底承诺而无效吗？/ 550
9.10 有限合伙人要求合伙企业按对赌协议的约定回购份额，会被支持吗？/ 555
9.11 合伙企业受让股权是否应经全体合伙人一致同意？/ 560
9.12 合伙企业为对赌义务人的，其普通合伙人承担责任吗？/ 565
9.13 目标公司在减资前已回购股权的，债权人可起诉退股的投资方吗？/ 569
9.14 债权人可否在起诉目标公司的同时，一并列抽逃出资的投资方为被告？/ 575
9.15 执行程序中，目标公司债权人可以追加抽逃出资的投资方为被执行人吗？/ 579

一、签署投资协议阶段

1.1 对赌目标未达成，对赌义务人是否构成违约？

"对赌条款"并非法律术语，目前法律或司法解释并未明确其法律性质。对此存在"合同违约金说""保证合同说""估值调整说"等观点。对赌协议的法律性质到底是什么？这关系到对赌目标未达成问题的处理。

"合同违约金说"认为：经营目标（如上市目标/业绩承诺）属于合同义务，如果没有达成，则对赌义务人应承担违约责任。例如，广东省高级人民法院在一案[1]中认为，"从《补充协议》中'如果南菱公司 2012 年、2012 年和 2013 年任一年度业绩未达到承诺水平，齐桓公司、晋文公司、楚庄公司可要求邓曦晖、马春欣以自有资金予以现金补偿'等条款的文意来看，业绩补偿金系齐桓公司、晋文公司、楚庄公司与邓曦晖、马春欣对南菱公司未达到利润目标而设定的补偿款项，其性质符合违约金的法律特征并无不当"。

"保证合同说"认为：经营目标为一方单方面作出保证性质的承诺。例如，上海市崇明区人民法院审理的一案[2]中，原股东辩称"对赌协议是股东对投资人提供的一种担保，故本案应属保证合同纠纷而非股权转让纠纷"（法院未予支持）。又如，在广西壮族自治区高级人民法院审理的一案[3]中，原股东与投资方签署的《业绩承诺与补偿协议》约定，原股东向投资方保证，目标公司未来两年的净利润应达到 X 万元，否则原股东将以现金形式给予投资方补偿。原股东主张其作出的业绩补偿承诺是法律意义上的担保（法院未予支持）。

"估值调整说"认为：对赌协议实质是对目标公司进行估值调整。例如，在山东省高级人民法院二审维持原判的一案[4]中，一审法院认为，"《补充协议书》未约定该补偿具有违约金的性质，业绩补偿款和净利润指标调整补偿款的性质是原股东孙士民与投资人航基企业调整迪生公司估值的结果。故对孙士民主张业绩补偿款和净利润指标调整补偿款均属违约金，并认为该违约金过高应予以

---

[1] 参见嘉兴春秋齐桓九鼎投资中心（有限合伙）等诉邓曦晖等合同纠纷案，广东省高级人民法院民事裁定书，(2016)粤民申 2202 号。

[2] 参见盛虞（上海）资产管理中心与张轶骎、吴震等股权转让纠纷案，上海市崇明区人民法院民事判决书，(2019)沪 0151 民初 8769 号。

[3] 参见林军、前海开源资产管理有限公司股权转让纠纷案，广西壮族自治区高级人民法院民事裁定书，(2019)桂民申 1647 号。

[4] 参见天津航基力石企业管理咨询合伙企业（有限公司）与孙士民合同纠纷案，山东省高级人民法院民事判决书，(2015)鲁商终字第 289 号。

调整,没有法律依据,不予支持"。

然而,前述观点没有指出对赌条款的本质或法律性质。"合同违约金说"和"保证合同说"的核心,是将实现对赌目标当作对赌义务人应履行的义务。但是,对赌目标能否达成,并不在一方的控制之内,而是多方面因素综合作用的结果,不同于通常约定的合同义务。"估值调整说"则未明确对赌协议到底是何种法律关系。

实际上,对赌协议是附条件合同,股权回购/业绩补偿是附条件的民事法律行为,未达到对赌目标(如上市目标/业绩承诺)是所附的"条件"。"条件"是一种将来的或然事实,是否发生具有不确定性,决定了民事法律行为生效或失效的附属意思表示。① 对赌目标能否实现具有或然性,取决于该目标能否达成,对赌义务人可能需要作出回购及/或补偿的民事法律行为。

有的司法文件已明确认可对赌目标为所附条件。例如,广西壮族自治区高级人民法院民二庭《关于审理公司纠纷案件若干问题的裁判指引》中规定:"若对赌目标在客观上不可能或几乎不可能达成,则实质上消除了所附条件的'不确定性',其约定的违约责任就成为必然发生的结果,该部分收益即为投资方获得的固定收益,该内容已不再符合'对赌'的性质,对此人民法院可以根据个案情况认定为借贷关系。"

主题案例:翟红伟、青海国科创业投资基金合同纠纷案②

2016年9月30日,投资方与实际控制人等签订《补充协议》,其中陈述与保证条款约定,如果目标公司未达到2016年度、2017年度及2018年度的业绩承诺,则投资方有权要求实际控制人按照约定的计算方式向其作出补偿。

因目标公司业绩未达到承诺,投资方提起诉讼,请求判令实际控制人支付现金补偿等。

实际控制人抗辩称:本案应适用违约金调整原则对业绩补偿款进行调整。

最高人民法院认为:

关于本案应否适用《合同法》第114条违约金调整规定对本案合同约定的业绩补偿款进行调整的问题。

《补充协议》中约定的业绩补偿款系针对目标公司在2016年、2017年、2018

---

① 参见最高人民法院民法典贯彻实施工作领导小组主编:《中华人民共和国民法典总则编理解与适用》,人民法院出版社2020年版,第794页。
② 参见最高人民法院民事裁定书,(2022)最高法民申418号。

年经营的不确定性,对目标公司利润进行估值,给实际控制人设定实现净利润目标的合同义务,该义务具有不确定性。因此,协议约定如果目标公司未达到既定业绩目标由实际控制人对投资方支付业绩补偿款本质上是合同义务所附条件,而不是一方不履行合同义务所产生的违约责任,依法不应适用《合同法》第114条有关违约金调整的规定。

本案中,各方约定如果目标公司未实现业绩承诺,则实际控制人应向投资方作出现金补偿。因目标公司业绩对赌失败,投资方起诉要求实际控制人支付补偿款。

实际控制人辩称,本案应适用违约金的规定调低补偿金额。

最高人民法院明确指出,实际控制人的合同义务是支付业绩补偿款,但这具有不确定性,取决于目标公司未达到业绩目标这个"所附条件"是否发生。换句话说,业绩目标并非对赌义务人的合同义务,支付业绩补偿款并非承担违约责任。因此,业绩补偿款不适用违约金调整的规定。

类似的,早在2015年,最高人民法院在另一对赌案[1]中认为,"案涉业绩补偿条款非基于违约产生,其性质并非违约金","关于应调整业绩补偿条款所涉金额的理由缺乏依据"。

绝大多数案件中法院亦认为,对赌协议并非违约金条款,其性质为附条件的合同,目标公司未实现业绩承诺或上市目标,是对赌义务人履行补偿或回购义务的所附条件。

北京市高级人民法院在一案[2]中认为,"对于喀什诚合公司提出该1.624亿元款项具有违约金的属性,相应违约金条款应属无效,且约定金额明显过高,应当予以调整的上诉理由,本院认为,依照合同法第一百一十四条关于违约金的规定,违约金具有赔偿性及惩罚性的特征,违约金比例对应的是一定合同标的额或者损失数额基数。而'对赌'框架下的交易模式应属于股权性融资与目标公司市场化估值之间进行调整的交易模式,其中的各类补偿方式,与合同标的额或者损失数额无关……正是由于如此,案涉《股权转让协议》中单独约定有违约责任条款……而上述有关违约责任的条款,均与补偿款条款相互无涉。据此,喀什诚合公司的此项上诉理由,不能成立"。

---

[1] 参见黎承健与浙江卓景创业投资有限公司公司增资纠纷案,最高人民法院民事裁定书,(2015)民申字第2593号。

[2] 参见徐茂栋等与卜丽君合同纠纷案,北京市高级人民法院民事判决书,(2020)京民终167号。

北京市高级人民法院在一案①中认为，"《补充协议一》约定：如果玖美公司2015年12月31日前未实现公开发行上市或被整体并购，则投资方可要求原股东回购投资方持有的公司股权"。"此条款是附条件即'玖美公司2015年12月31日前未实现公开发行上市或被整体并购'，投资方有权行使请求权，请求'原股东回购投资方持有的公司股权'。"

福建省高级人民法院在一案②中认为，现金补偿款的性质是对未来目标公司的估值进行调整的约定，"性质是关于附条件调整股权转让款的约定，而并非违约金条款"。

陕西省高级人民法院二审维持原判的一案③中，《增资合同》约定，如因目标公司原因导致未能在2012年12月31日以前向中国证监会上报上市申请材料，投资方各有权要求原股东方以投资方对公司增资扩股时投资额的1.3倍一次性回购投资方在公司中的投资。对此，一审法院认为，"就法律性质而言，该约定属于附条件的合同条款，海浪公司不能如期向中国证监会上报上市申请材料，是原告等新进投资人要求张勤福回购股权的条件。至2012年12月31日海浪公司确未上报上市申请材料，故增资合同约定的股权回购条件已经成就"。

上海市第一中级人民法院在一案④中认为，"本案法律关系系基于誉达创投对超硅公司增资而形成的、并由超硅公司股东陈猛附条件予以股权回购之关系，趋同于资本市场的PE与目标公司股东间的对赌关系，现该法律关系的效力已经司法实践予以认同"。

四川省成都市中级人民法院在一案⑤中认为，"'对赌条款'并非法律术语，上述条款属于双务条款，符合附条件合同的规定，应属于附条件的合同条款"。

成都高新技术产业开发区人民法院在一案⑥中认为，"该协议书补偿条款规

---

① 参见爵美名盟国际贸易(北京)有限公司等与深圳市红土信息创业投资有限公司等股权转让纠纷案，北京市高级人民法院民事判决书，(2020)京民终549号。
② 参见何雄、覃仕林、李晓毓等合同纠纷案，福建省高级人民法院民事裁定书，(2020)闽民申331号。
③ 参见张勤福等与西安红土创新投资有限公司股权转让纠纷案，陕西省高级人民法院民事判决书，(2020)陕民终11号。
④ 参见南京誉达创业投资企业(有限合伙)等与上海超硅半导体有限公司股权转让纠纷案，上海市第一中级人民法院民事判决书，(2015)沪一中民四(商)终字第1712号。
⑤ 参见梁李、深圳市鑫鼎泰网络金融服务有限公司成都分公司委托合同纠纷案，成都市中级人民法院民事判决书，(2018)川01民终3686号。
⑥ 参见重庆国鑫睿诚股权投资基金管理有限公司与四川三新创业投资有限责任公司确认合同无效纠纷案，成都高新技术产业开发区人民法院民事判决书，(2019)川0191民初3590号。

定,如原告未兑现第一阶段业绩承诺,从而触发补偿条款,被告可以依具体情况与原告商定后选择股权收购或者零对价转让股权条款进行补偿。从该协议的具体约定可见,原、被告双方当事人权利义务的实现可以解释为是附条件的法律行为,以睿诚创鑫公司的业绩发展结果为条件。该约定的实质是原、被告双方对被告股权投资价值的或然性安抚",其目的是"保障被告的投资资金安全,同时对于原告对睿诚创鑫公司的经营起到一个激励作用"。

◆ 小结与建议

投资方:对赌协议的性质为附条件的合同。为避免"附条件"的不确定性,不建议将对赌目标约定为客观上几乎不可能达成的情形,以免被认为是借贷关系。

创始人方:对赌义务人支付的股权回购款或业绩补偿款,性质并非违约金,难以适用违约金的规定调低。因此,在商议回购款或补偿款的计算公式时,建议尽力争取,不能抱有日后再调低的侥幸心理。

1.2 当事人约定的条款性质是估值调整还是借贷？

目标公司可以通过两种方式获得资金：一是债权融资，即借贷；二为股权融资。在第二种方式中，投资方通常要求融资方作为对赌义务人签订对赌协议。对于股权回购年化收益率约定较高的，为降低应付金额，不少对赌义务人会抗辩对赌协议实际为借贷合同，以适用法律明确禁止高利放贷的规定。该等主张是否会被支持？

借款合同，是约定借款人到期还本付息的合同。《民法典》第667条规定："借款合同是借款人向贷款人借款，到期返还借款并支付利息的合同。"

对赌协议，是股权投资中对目标公司进行估值调整的协议。《九民纪要》规定："实践中俗称的'对赌协议'，又称估值调整协议，是指投资方与融资方在达成股权性融资协议时，为解决交易双方对目标公司未来发展的不确定性、信息不对称以及代理成本而设计的包含了股权回购、金钱补偿等对未来目标公司的估值进行调整的协议。"

对赌协议是附条件的合同。对赌协议调整机制的触发并非必然，而是以约定影响估值事件的发生为前提。因此，通常会有"如果……则……"的表述。毕竟，只有在目标公司估值过高的情况下，投资方才需要弥补损失。典型的股权回购条款如："如果目标公司在X时未能上市，则投资方有权要求目标公司及/或原股东按y%的年收益率回购其持有的目标公司的股权。"常见的业绩补偿条款如："如果目标公司在X年净利润低于X元，则投资方有权要求目标公司及/或原股东给予补偿。补偿款＝X年承诺净利润×(1－X年实际实现净利润÷X年承诺实现的净利润)。"

附期限回购的约定，不大可能被认定为对赌协议。例如，北京市高级人民法院在一案[①]中认为，"附期限的法律行为，或所谓'明股实债'"。又如，江苏省连云港市中级人民法院在一案[②]中认为，《回购协议》"仅约定了灌河公司向连云港艾瑞克投资1年届满，恒鼎公司等《回购协议》所涉乙方即有义务回购案涉股

---

① 参见中国中小企业协会与福建安溪铁观音集团股份有限公司合同纠纷案，北京市高级人民法院民事裁定书，(2021)京民申3841号。
② 参见江苏恒鼎新材料科技集团有限公司、连云港灌河金融控股集团有限公司等股权转让纠纷案，连云港市中级人民法院民事判决书，(2021)苏07民终3109号。

权。因此,案涉《回购协议》系附期限的股权转让,而非对赌协议"。

法律效果上,借款合同与对赌协议的显著区别有二:

其一,借贷利率存在法定上限,而对赌协议没有收益率上限的规定。借款利率以及逾期利息、违约金等费用不得超过合同成立时一年期贷款市场报价利率的4倍。《民法典》第680条第1款规定:"禁止高利放贷,借款的利率不得违反国家有关规定。"《民间借贷规定》第25条规定:"出借人请求借款人按照合同约定利率支付利息的,人民法院应予支持,但是双方约定的利率超过合同成立时一年期贷款市场报价利率四倍的除外。前款所称'一年期贷款市场报价利率',是指中国人民银行授权全国银行间同业拆借中心自2019年8月20日起每月发布的一年期贷款市场报价利率。"第29条规定:"出借人与借款人既约定了逾期利率,又约定了违约金或者其他费用,出借人可以选择主张逾期利息、违约金或者其他费用,也可以一并主张,但是总计超过合同成立时一年期贷款市场报价利率四倍的部分,人民法院不予支持。"

其二,除《民法典》外,对赌协议适用《公司法》的规定,即除非已履行减资等法定情形,目标公司不能向投资方支付股权回购款或补偿款,而借贷则没有这一要求。《九民纪要》规定:"人民法院在审理'对赌协议'纠纷案件时,不仅应当适用合同法的相关规定,还应当适用公司法的相关规定……投资方请求目标公司回购股权的,人民法院应当依据《公司法》第35条关于'股东不得抽逃出资'或者第142条关于股份回购的强制性规定进行审查。经审查,目标公司未完成减资程序的,人民法院应当驳回其诉讼请求。投资方请求目标公司承担金钱补偿义务的,人民法院应当依据《公司法》第35条关于'股东不得抽逃出资'和第166条关于利润分配的强制性规定进行审查。经审查,目标公司没有利润或者虽有利润但不足以补偿投资方的,人民法院应当驳回或者部分支持其诉讼请求。今后目标公司有利润时,投资方还可以依据该事实另行提起诉讼。"

主题案例:陆英昶与苏州友新资产投资管理有限公司、施岚等股权转让纠纷案[①]

2013年3月,投资方与原股东签订《投资协议》,约定投资方投资200万元,持有目标公司28.6%的股权。

《投资协议》约定,在目标公司完成第二轮私募前或投资期限满36个月

[①] 参见苏州市中级人民法院民事判决书,(2019)苏05民终9179号。

后,原股东以年化10%的固定收益回购投资方股权。回购条款约定"若发生以下任一情形,乙方有权或必须以本约定的对价退出对公司的投资……1.本协议签署之日起36个月后,甲方有权回购乙方全部股权;2.甲方股东不再是公司实际控制人,但因二次融资而导致此情形的除外;3.公司资产不能偿还全部债务,财务状况发生严重恶化、停产;……7.公司经营业绩出现严重下滑(下滑幅度高于当年经营目标的50%)"。回购价格按10%年利率计算本利。

2013年4月1日,投资方完成了出资义务。

2017年9月11日,投资方向原股东发送股权回购通知。

投资方提起诉讼,请求判令目标公司及原股东支付款项受让投资方持有目标公司28.6%的股权等。

原股东主张《投资协议》关于股权回购的约定属于对赌条款,违反了公司法规定的股东风险共担原则,应为无效。

江苏省苏州市中级人民法院认为,本案的股权回购条款并非对赌协议,各方属于借贷关系。

估值调整协议通常表现为:如果该协议中约定的条件(通常为业绩或利润增长目标)得以实现,则投资方需要向融资方转让部分股权或其他权益,以弥补融资方因企业估值过低而承受的损失;如果目标公司未达到协议约定的条件,则融资方需要向投资方作出相应的补偿以弥补因企业估值过高而导致投资方支付的额外投资成本。而《投资协议》约定无论是原股东回购投资方股权,还是投资方要求原股东回购股权,回购价格均是投资额200万元加上按年利率10%计算的利息。投资方对目标公司的投资目的是获得固定利息回报,符合借贷的本质。

尽管投资方在支付投资款后在一定形式上通过委派董事和监事各一名以及财务负责人等方式参与目标公司的运营、管理,但其核心目的不在于参与公司的运营和管理,而在于保障融资资金安全,与股东行使管理权有本质区别,故涉案《投资协议》各方之间的法律关系应属借贷关系。

本案中,合同约定投资期满36个月或第二轮募资前,原股东以年化10%的固定收益回购投资方的股权。投资期满后,投资方向原股东主张股权回购款。

原股东辩称,合同性质为对赌协议,因违反风险共担原则而无效。

各方约定,投资方在出资36个月后即可要求原股东按年化10%的固定收益回购股权。虽然合同还约定了触发回购的其他情形,但并不涉及对目标公司估值调整的内容。既然投资方在一定期限后退出目标公司是确定发生的,则该约定的性质是附期限合同,而对赌合同性质为附条件合同。因此,本案合同并非对赌协议。

法院认为,本案股权回购条款的性质是借贷。投资方的目的是获得固定回报,符合借贷关系的法律特征。

其他案件中法院亦认为,判断是否构成"明股实债"的关键在于,回购的发生是否确定,即是否存在回购的固定期限。

北京市高级人民法院在一案①中认为,"对于时空汽车公司关于案涉融资协议属于'明股实债'的上诉理由,本院认为,案涉对赌协议约定的业绩补偿和股权回购能否成就取决于目标公司的经营,在签订对赌协议时是不确定的,与民间借贷合同中的固定收益存在显著的区别"。

北京市高级人民法院在一案②中认为,"本案属于因对赌协议引发的投资纠纷,在此类投资行为中,若预期目标实现则不会触发回购股权。而民间借贷纠纷系借款方承诺对出借方在一定期限或一定条件成就后还本付息的行为"。

北京市高级人民法院在一案③中认为,"本案中,中冀公司受让哆可梦公司股权满24个月后,由惠程公司或信中利公司、汪超涌按照年利率20%的标准收购中冀公司持有的股权,即中冀公司在股权回购后,可以获得固定的回报,而且该回报金额并不取决于哆可梦公司的经营业绩……中冀公司无须承担经营风险,不符合利益共享、风险共担的股权投资法律关系的特征,本案所涉法律关系的性质应为民间借贷法律关系……上述约定内容系各方当事人通过契约方式设定让与担保,形成的债权担保关系"。

北京市海淀区人民法院在一案④中认为,"就本案法律关系性质。鑫程公司与广丰中心签署《股权转让协议》《补充协议》,该两份协议均约定甲方以乙方投资本金加上10%/年年化利息回购乙方持有的丙方股权,该条款与一般股权转让的不同之处在于其不考虑标的公司的经营状况,而是预先约定回购期限及利率,实质是到期还本付息,故本案法律关系性质应属借款合同"。

---

① 参见时空电动汽车股份有限公司等与浙江亚丁投资管理有限公司等股权转让纠纷案,北京市高级人民法院民事判决书,(2021)京民终102号。
② 参见吴洪流等与济宁银丰财盈医药产业创业投资中心(有限合伙)股权转让纠纷案,北京市高级人民法院民事判决书,(2021)京民终87号。
③ 参见汪超涌等与中冀投资股份有限公司股权转让纠纷案,北京市高级人民法院民事判决书,(2021)京民终896号。
④ 参见北京广丰管理咨询中心(有限合伙)与广东鑫程电子科技有限公司企业借贷纠纷案,北京市海淀区人民法院民事判决书,(2020)京0108民初8686号。

在湖南省湘潭市中级人民法院审理的一案①中,一审法院认为,"关于《权益投资合同》法律性质。因该合同不具有'对赌性',即不具备共负盈亏性质,致合弘汇企业投资方不管达优公司盈亏情况,均要求达优公司股东回购股权,并按期支付固定股息,且没有成为达优公司股东,所以,该合同不属于股权性融资协议,即'对赌协议',实为还本付息的民间借贷合同法律关系"。二审法院认为,"根据一审查明的事实来看,本案名为股权投资协议实为民间借贷关系"。

此外,投资人是否参与目标公司的经营管理,也是判断是否构成借贷关系的因素之一。

湖南省高级人民法院在一案②中认为,"明股实债投资人并不追求对目标公司的股权进行管理和支配,亦不追求对目标公司进行控制……可见,城建公司成为兆富公司股东后,城建公司对兆富公司享有重大决策权和选择管理者等股东权利。城建公司的投资目的并非仅是为了取得固定回报,而是取得兆富公司股权,并通过保留在股东会、董事会层面对重大事项的表决权以及派驻董事、监事人员等来实际参与兆富公司的经营管理。上述约定已超出常规借款合同的内容,也不符合借款法律关系的特征"。

北京市高级人民法院在一案③中认为,"民间借贷法律关系中,债权人的目的仅是为了取得固定回报,协议中并未详细约定投资人参与公司管理的权利,投资人实际上也未行使股东管理权的,即便登记为股东,也应认定其仅享有债权"。

浙江省温州市中级人民法院在一案④中认为,"《股权投资协议》关于黄林霜不参与苗网公司经营管理,不承担经营风险,享受固定收益的约定,符合名为投资实为借贷情形"。

但是,由于财务投资人通常不参与目标公司的管理,不能仅凭投资方未参与管理即得出构成借贷关系的结论。

河南省高级人民法院在一案⑤中认为,"是否参与公司经营管理并非判断民

---

① 参见深圳前海致合弘汇钛业投资企业、湖南达优汽车部件制造有限公司等民间借贷纠纷案,湘潭市中级人民法院民事判决书,(2021)湘03民终1692号。
② 参见株洲市城市建设发展集团有限公司、湖南兆富投资控股(集团)有限公司等股权转让纠纷案,湖南省高级人民法院民事判决书,(2021)湘民终960号。
③ 参见汪超涌等与中冀投资股份有限公司股权转让纠纷案,北京市高级人民法院民事判决书,(2021)京民终896号。
④ 参见贵州苗网数字旅游产业运营有限公司、黄林霜合同纠纷案,温州市中级人民法院民事判决书,(2022)浙03民终650号。
⑤ 参见河南农开现代农业产业基金、轩敏义新增资本认购纠纷、买卖合同纠纷案,河南省高级人民法院民事判决书,(2020)豫民终591号。

事主体是否具有公司股东身份的标准……一审以农开基金未参与公司的经营管理、承担亏损,取得以固定标准计算的收益,不承担风险,从而认定协议名为投资入股,实为借贷,没有事实和法律依据"。

广东省广州市中级人民法院二审维持原判的一案①中,一审法院认为,"公司的本质就是一个所有权与经营权分离的法律主体,因此沁泉投资中心作为股东,不参与公司经营很正常。张广宇、葛亮以沁泉投资中心不参与公司经营为由主张沁泉投资中心非真实投资入股,显然不足为信。因此,对张广宇、葛亮提出的案涉《投资协议》实际为名股实债的借款合同的抗辩主张",不予采信。

◆ 小结与建议

投资方:如果投资方的真实意思是股权投资而非借贷,则约定的触发回购情形不能为确定发生的事件。例如,约定投资方在一定期限后有权主张回购的,难以被认定为对赌协议。

创始人方:如果触发股权回购的情形确定发生,可提出名股实债的抗辩。但是,如果唯一的对赌义务人为目标公司,则投资协议被认定为对赌协议对创始人方更有利。毕竟,仅在目标公司完成减资程序的情况下,法院才支持目标公司回购投资方的股权。

---

① 参见张广宇、珠海横琴沁泉启航投资中心合同纠纷案,广州市中级人民法院民事判决书,(2021)粤01民终13433号。

1.3 目标公司可否为对赌义务人？

从与投资方订立条款的主体来看，对赌协议可以分为两类：一是与原股东对赌；二是与目标公司对赌。投资方与目标公司对赌有效吗？

1. 投资方与原股东对赌

投资方与原股东或实际控制人签订的对赌协议，一般被认定为有效。对此，实践中并无争议。

对赌第一案"海富案"[①]中，最高人民法院已明确认可投资方与原股东对赌的效力。最高人民法院认为，"迪亚公司对于海富公司的补偿承诺并不损害公司及公司债权人的利益，不违反法律法规的禁止性规定，是当事人的真实意思表示，是有效的……在众星公司2008年的利润未达到约定目标的情况下，迪亚公司应当依约应海富公司的请求对其进行补偿"。

《九民纪要》延续前述认定，规定"对于投资方与目标公司的股东或者实际控制人订立的'对赌协议'，如无其他无效事由，认定有效并支持实际履行，实践中并无争议"。

2. 投资方与目标公司对赌

投资方与目标公司对赌是否有效，曾存在争议。不过，根据《九民纪要》的规定，股权回购及金钱补偿条款本身并非无效。

过去，投资方与目标公司签订的对赌协议被认定为无效，理由是违反资本维持原则。[②] 最高人民法院在"对赌第一案"中认为投资方与目标公司的对赌协议使得投资方可以获得相对固定的收益，脱离目标公司的经营业绩，损害了公司利益和公司债权人的利益，该对赌条款无效。福建省厦门市中级人民法院在一案[③]中认为，"对赌条款的效力认定不仅应受民法、合同法等一般民事法律规范的调整，还应遵循公司法等商事法律规范的规制。评价融资公司承诺补偿行为的效力应当遵守公司法有关公司资本维持原则的规定。该原则强调公司至少须

[①] 参见苏州工业园区海富投资有限公司与甘肃世恒有色资源再利用有限公司、香港迪亚有限公司、陆波增资纠纷案，最高人民法院民事判决书，(2012)民提字第11号。

[②] 参见最高人民法院民事审判第二庭编著：《〈全国法院民商事审判工作会议纪要〉理解与适用》，人民法院出版社2019年版，第114页。

[③] 参见厦门金泰九鼎股权投资合伙企业与骆鸿、江西旭阳雷迪高科技股份有限公司公司增资纠纷案，厦门市中级人民法院民事判决书，(2014)厦民初字第137号。

维持相当于资本额的财产,以具体财产充实抽象资本。公司债权人可以在与公司交易中得到最低限度的担保,从而实现对其利益的保护。向股东返还资本则意味着从债权人有权获得支付的资本中攫取财富。如果融资公司可以直接作为补偿主体,必将不当减少公司资产,损害公司及债权人的利益"。

资本维持原则并未直接规定在我国公司法中,不过《公司法》第 53 条、第 89 条、第 224 条等关于禁止抽逃出资、限制公司回购股权、履行减资程序等强制性规定,均是其具体表现,目的在于保护公司债权人的利益。

如今,随着对赌协议研究的深入,对赌第一案中投资方与目标公司对赌无效的观点已被改变。虽然不能认定所有的对赌协议均有效,但股权回购及金钱补偿条款本身并非无效。《九民纪要》规定:"投资方与目标公司订立的'对赌协议'在不存在法定无效事由的情况下,目标公司仅以存在股权回购或者金钱补偿约定为由,主张'对赌协议'无效的,人民法院不予支持。"

最高人民法院改变观点的理由有三:一是如果预期目标达到则对赌协议有效,反之对赌协议无效,逻辑不通;二是秉持尽可能使合同有效的态度,只要约定不损害国家、集体、他人利益,不违反法律、行政法规的效力性强制性规定,就应当认定有效;三是如果满足保护目标公司债权人利益的条件,约定目标公司对赌失败时投资方获得固定利益未尝不可。[①]

综上,投资方与目标公司之间的股权回购及金钱补偿条款约定本身,并不存在无效事由。

主题案例:朱泽堂、深圳市创新投资集团有限公司合同纠纷案[②]

2011 年,投资方与目标公司及原股东签订《增资合同书》,约定投资方向目标公司投资 2540 万元,持有其 4.126% 的股权。前述主体签订《补充协议》约定:如目标公司未能实现约定的经营目标,投资方有权要求目标公司作出现金补偿。

2014 年,前述主体签订《回购协议》,约定由于目标公司未能完成业绩目标,由原股东按照 10%/年回购投资方持有的目标公司的全部股权。

投资方提起诉讼,请求判令目标公司向其支付现金补偿款等。

湖北省武汉市中级人民法院一审认为:

[①] 参见最高人民法院民事审判第二庭编著:《〈全国法院民商事审判工作会议纪要〉理解与适用》,人民法院出版社 2019 年版,第 115 页。

[②] 参见湖北省高级人民法院民事判决书,(2020)鄂民终 495 号。

本案所涉《增资合同书》《补充协议》《回购协议》均系各方当事人真实的意思表示,未违反法律强制性规定,均为合法、有效。

关于投资方主张目标公司支付现金补偿款的请求。根据《九民纪要》相关规定:投资方与目标公司订立的"对赌协议"在不存在法定无效事由的情况下,目标公司仅以存在股权回购或者金钱补偿约定为由,主张"对赌协议"无效的,人民法院不予支持。但投资方主张实际履行的,人民法院应当审查是否符合公司法关于"股东不得抽逃出资"及股份回购的强制性规定,判决是否支持其诉讼请求。投资方请求目标公司回购股权的,人民法院应当依据《公司法》第35条关于"股东不得抽逃出资"或者第142条关于股份回购的强制性规定进行审查。经审查,目标公司未完成减资程序的,人民法院应当驳回其诉讼请求。投资方请求目标公司承担金钱补偿义务的,人民法院应当依据《公司法》第35条关于"股东不得抽逃出资"和第166条关于利润分配的强制性规定进行审查。经审查,目标公司没有利润或者虽有利润但不足以补偿投资方的,人民法院应当驳回或者部分支持其诉讼请求。今后目标公司有利润时,投资方还可以依据该事实另行提起诉讼。

本案中,投资方并无证据证明目标公司2011年至2012年的利润金额,其上述请求无事实依据。故对其上述请求不予支持。

湖北省高级人民法院二审维持原判。

本案中,投资方与目标公司约定,如果目标公司业绩未达标,投资方有权要求目标公司作出现金补偿。目标公司业绩对赌失败后,投资方提起诉讼,请求判令目标公司支付现金补偿款等。

法院在判决中直接引用《九民纪要》的规定,肯定了投资方与目标公司对赌协议的效力,但以投资方未证明目标公司有利润为由,驳回投资方关于目标公司支付现金补偿的请求。

自《九民纪要》于2019年11月颁布之后,投资方向目标公司主张权利的,争议焦点从先前的对赌协议的效力,转为请求是否能得到支持。对此,法院通常直接引用《九民纪要》的规定,审查重点放在目标公司是否已经履行减资程序或是否有足够利润的问题上。

北京市第一中级人民法院在一案①中认为,"案涉《增资协议》及《补充协议

---

① 参见江苏白马生态环保研究院有限公司等与北京天瑞华商投资管理有限公司合同纠纷案,北京市第一中级人民法院民事判决书,(2021)京01民终4057号。

一》、《补充协议二》和《补充协议三》为各方当事人真实意思表示,未违反国家法律、法规的效力性强制性规定,应属有效,各方当事人应当依约履行合同义务。投资方与目标公司订立'对赌协议',投资方请求目标公司承担金钱补偿义务的,人民法院应当依据《中华人民共和国公司法》第三十五条关于'股东不得抽逃出资'和第一百六十六条关于利润分配的强制性规定进行审查。经审查,目标公司没有利润或者虽有利润但不足以补偿投资方的,人民法院应当驳回或者部分支持其诉讼请求。今后目标公司有利润时,投资方还可以依据该事实另行提起诉讼。本案中,《补充协议一》中约定的分配利润条款系金钱补偿条款,而天瑞公司系平原公司股东,其只能从平原公司的可分配利润中获得该条款约定的金钱补偿,否则将违反公司法关于'股东不得抽逃出资'的强制性规定。现天瑞公司不能证明平原公司具备可分配利润,一审法院对天瑞公司该项诉讼请求不予支持是正确的,各方当事人对此亦无异议,本院予以确认。"

广东省深圳市中级人民法院在一案[①]中认为,"最高人民法院于2019年11月8日印发的《九民纪要》第5条规定:[与目标公司'对赌']投资方与目标公司订立的'对赌协议'在不存在法定无效事由的情况下,目标公司仅以存在股权回购或者金钱补偿约定为由,主张'对赌协议'无效的,人民法院不予支持,但投资方主张实际履行的,人民法院应当审查是否符合公司法关于'股东不得抽逃出资'及股份回购的强制性规定,判决是否支持其诉讼请求。投资方请求目标公司回购股权的,人民法院应当依据《公司法》第35条关于'股东不得抽逃出资'或者第142条关于股份回购的强制性规定进行审查。经审查,目标公司未完成减资程序的,人民法院应当驳回其诉讼请求。余新、王鑫康上诉主张宝尔爱迪公司应承担回购义务。经查,陈东明作为宝尔爱迪公司法定代表人在《补充协议》标的公司宝尔爱迪公司落款处签名,应认定宝尔爱迪公司确认余新、王鑫康对持有的宝尔爱迪公司全部股权享有《增资协议》规定的回购权,根据上述会议纪要的规定,该约定应属有效,一审法院认为应属无效有误,本院予以纠正。但宝尔爱迪公司未完成减资程序,故本院应当依法驳回余新、王鑫康的该项上诉请求。"

上海市第一中级人民法院审理的一案[②]中,一审法院认为,"上述三份合同

---

① 参见余新、王鑫康、陈东明、韩笑与深圳市宝尔爱迪科技有限公司股权转让纠纷案,深圳市中级人民法院民事判决书,(2018)粤03民终23081号。
② 参见正奇(上海)股权投资管理有限公司与上海中晨电子商务股份有限公司等股权转让纠纷案,上海市第一中级人民法院民事判决书,(2021)沪01民终24号。

的实质为'对赌协议',系各方当事人真实意思表示,亦未违反法律禁止性规定,应为有效。但正奇公司主张目标公司中晨公司回购股权,因中晨公司尚未履行减资程序,故正奇公司对中晨公司的诉讼请求违反了《中华人民共和国公司法》第三十五条'股东不得抽逃出资'的强制性规定",故不予支持。

❖ 小结与建议

投资方:一般情况下,投资方与目标公司之间的对赌协议有效,目标公司可以为对赌义务人。

创始人方:关于投资方与目标公司对赌无效的抗辩,通常难以被支持。

1.4 目标公司可以被请求回购股权吗？

股权回购条款触发后，投资方按照约定请求目标公司回购股权的，法院会支持吗？

一般而言，投资方与目标公司之间的对赌协议有效。《九民纪要》规定："投资方与目标公司订立的'对赌协议'在不存在法定无效事由的情况下，目标公司仅以存在股权回购或者金钱补偿约定为由，主张'对赌协议'无效的，人民法院不予支持。"

但是，对赌协议有效并不意味着股权回购条款触发后，投资方可以直接依照约定向目标公司主张回购股权。《九民纪要》规定："投资方与目标公司订立的'对赌协议'……但投资方主张实际履行的，人民法院应当审查是否符合公司法关于'股东不得抽逃出资'及股份回购的强制性规定，判决是否支持其诉讼请求。"

仅在目标公司完成减资的情况下，法院才支持投资方关于目标公司回购其股权的请求。《九民纪要》规定："投资方请求目标公司回购股权的，人民法院应当依据《公司法》第35条关于'股东不得抽逃出资'或者第142条关于股份回购的强制性规定进行审查。经审查，目标公司未完成减资程序的，人民法院应当驳回其诉讼请求。"《公司法》第53条第1款规定："公司成立后，股东不得抽逃出资。"第162条规定："公司不得收购本公司股份。但是，有下列情形之一的除外：（一）减少公司注册资本……"

之所以存在减少注册资本的前置性规定，是因为对赌协议不仅应当适用有关合同的法律规定，还应当适用公司法，需贯彻资本维持原则，平衡多方之间的利益。《九民纪要》规定："人民法院在审理'对赌协议'纠纷案件时，不仅应当适用合同法的相关规定，还应当适用公司法的相关规定；既要坚持鼓励投资方对实体企业特别是科技创新企业投资原则，从而在一定程度上缓解企业融资难问题，又要贯彻资本维持原则和保护债权人合法权益原则，依法平衡投资方、公司债权人、公司之间的利益。"

按照公司法的规定，减少注册资本的程序主要包括两步：

第一步，减资经股东会表决通过。《公司法》第66条第3款规定："股东会作出修改公司章程、增加或者减少注册资本的决议……应当经代表三分之二以上表决权的股东通过。"

第二步,编制资产负债表及财产清单,通知债权人。《公司法》第224条第1、2款规定:"公司减少注册资本,应当编制资产负债表及财产清单。公司应当自股东会作出减少注册资本决议之日起十日内通知债权人,并于三十日内在报纸上或者国家企业信用信息公示系统公告。债权人自接到通知之日起三十日内,未接到通知的自公告之日起四十五日内,有权要求公司清偿债务或者提供相应的担保。"

主题案例:北京银海通投资中心、新疆西龙土工新材料股份有限公司股权转让纠纷案[①]

2011年8月11日,投资方与目标公司签订《增资扩股协议》,约定投资方认购300万股,投资款总额为900万元,占增资后总股本的3.05%。

同日,投资方与目标公司及原股东签订《补充协议》,约定如果截至2012年9月30日目标公司仍未实现在国内证券交易所公开发行股票并上市,则投资方有权要求目标公司回购其持有的股份。

目标公司至今未公开发行股票并上市。没有证据显示目标公司已经完成减资。

投资方提起诉讼,请求目标公司支付股权回购价款等。

二审法院判决驳回投资方的诉讼请求。

投资方申请再审称:原判决既认定《补充协议》合法有效,又不支持履行,违背了合同的合法有效性,适用法律错误。《公司法》第142条规定了股份有限公司回购本公司股份的四种情形,原判决却只认定减资一种,属于适用法律错误。减资系公司内部治理行为,不能规避公司对外承担义务。

最高人民法院认为:

关于股东请求公司回购股份是否应完成减资程序的问题。本案主要涉及股权性融资"对赌协议"。在处理"对赌协议"纠纷案件时,不仅应适用《合同法》的相关规定,还应适用《公司法》的相关规定,依法平衡投资方、公司股东、公司债权人、公司之间的利益。

《增资扩股协议》及《补充协议》,均系各方当事人的真实意思表示,不违反法律、行政法规的强制性规定,不存在《合同法》第52条所规定的合同无效的情形,应属合法有效,原判决对此认定准确。

[①] 参见最高人民法院民事裁定书,(2020)最高法民申2957号。

根据《公司法》第35条、第142条的规定,投资方与目标公司"对赌"失败,请求目标公司回购股份,不得违反"股东抽逃出资"的强制性规定。目标公司为股份有限公司,其回购股份属减少公司注册资本的情形,须经股东大会决议,并依据《公司法》第177条的规定完成减资程序。现目标公司未完成前述程序,故原判决驳回投资方的诉讼请求并无不当,投资方的该再审申请理由不成立,不予支持。

本案中,投资方与目标公司约定,如果目标公司未如期上市,则投资方有权要求其回购股权。因目标公司至今未能上市,投资方依照对赌协议的约定,提起诉讼要求目标公司回购股权。

最高人民法院驳回投资方的诉讼请求。该院认为,虽然本案对赌协议有效,但因目标公司尚未减少注册资本,若未经该程序直接回购股权,则违反《公司法》关于股份有限公司不得收购本公司股份的强制性规定。

其他案件中法院也一样,虽然认可投资方与目标公司之间对赌协议的有效性,但只要投资方未提供证据证明目标公司已完成减资程序,则驳回投资方要求目标公司回购股权的诉讼请求。

北京市高级人民法院在一案①中认为,"根据李勇与金典公司签订的《股权转让合同》的内容及履行情况,应系李勇作为投资方与目标公司即金典公司签订的对赌协议,一、二审对该协议性质的认定无不当,该协议内容并未违反法律、行政法规强制性规定,属于有效合同。李勇现要求金典公司、熊维平回购其股权,但目前金典公司并未完成减资程序,不符合法律规定的公司收购本公司股权的例外情形,一、二审法院据此未支持李勇的诉讼请求,并无不当"。

广东省高级人民法院在一案②中认为,"领航公司作为目标公司如回购自己的股份,根据《中华人民共和国公司法》第35条有关'公司成立后,股东不得抽逃出资'的规定,应履行法定的减资程序,由于润信鼎泰、鼎泰资本、美锦公司并未提交证据证明目标公司即领航公司已依法履行了法定的减资程序,一审法院因此认定润信鼎泰、鼎泰资本、美锦公司在本案中无权直接要求领航公司收购自己公司的股份,并据此驳回了润信鼎泰、鼎泰资本、美锦公司基于此而主张领航公司应赔偿其回购可得利益损失及该项违约金损失的诉讼请求并无不当,本院

---

① 参见李勇与熊维平等合同纠纷案,北京市高级人民法院民事裁定书,(2020)京民申3965号。
② 参见北京润信鼎泰投资中心等与广东南方广播影视传媒集团公司等公司增资纠纷案,广东省高级人民法院民事判决书,(2019)粤民终2507号。

予以维持"。

浙江省高级人民法院在一案①中认为,"案涉《股权转让和增资协议》及《补充协议》系各方真实意思表示,不存在法定无效事由,应认定上述协议效力。如上所述,银润公司存在违约情形,触发回购条款。但根据《中华人民共和国公司法》第一百四十二条的规定,公司不得收购本公司股份。但是,有下列情形之一的除外:(一)减少公司注册资本;(二)与持有本公司股份的其他公司合并;……(四)股东因对股东大会作出的公司合并、分立决议持异议,要求公司收购其股份的。公司因前款……收购本公司股份的,应当经股东大会决议。经审查,银润公司并未完成法定减资程序,故对于华数元启公司要求银润公司支付股权回购款的诉讼请求,不符合法律规定,难以支持。"

对此,投资方应当如何应对?如果目标公司为对赌义务人,如何才能促使目标公司履行减资程序?

最高人民法院的建议是:在协议中作出约定。关于《〈全国法院民商事审判工作会议纪要〉理解与适用》一书中提到:"有人提出,一旦发生纠纷,公司肯定不走减资程序。减资必须经代表三分之二以上有表决权的股东通过,到时公司肯定不开股东会。纪要的规定是不是就是给投资方画了一个饼,但投资方吃不上。我们认为,投资方对目标公司投资签协议时,就应在协议中把有关问题约定好。我们这个纪要就是给当事人提供规则、提供预期。"②

实务中,已有投资方将促使减资发生的内容列入合同,由原股东单独或与目标公司共同承诺在一定期限内取得减资所需的决议及文件。

北京市朝阳区人民法院审理的一案③中,对赌协议约定:"公司现有股东在此共同连带地保证:若投资者要求公司回购其持有的公司全部或部分股权,公司现有股东应积极组织并保证公司董事会和股东会在该方提出请求之日起30个工作日内通过相应的决议,并与该方签署一切必需签署的法律文件(包括协议各方需要与该方签署的法律文件),启动回购股权的法律程序,在国家法律规定的期限内完成回购股权的所有程序,以现金方式足额支付该投资者的回购款项。"

---

① 参见浙江华数元启投资合伙企业与上海银润传媒广告有限公司、陈向荣股权转让纠纷案,浙江省高级人民法院民事判决书,(2019)浙民初39号。
② 最高人民法院民事审判第二庭编著:《〈全国法院民商事审判工作会议纪要〉理解与适用》,人民法院出版社2019年版,第118页。
③ 参见重庆佰纳投资中心(有限合伙)与郭芳等股权转让纠纷案,北京市朝阳区人民法院民事判决书,(2016)京0105民初55023号。

北京市房山区人民法院审理的一案①中,合同约定:"5.6 原股东和标的公司在此共同连带保证:如果投资方根据本协议第5.1条要求标的公司或原股东回购其持有的标的公司全部或者部分股份,或者根据本协议第5.5条要求转让其所持有的标的公司全部或者部分股份,原股东应促使标的公司的董事会、股东会或股东大会同意该等股份的回购或转让,在相应的董事会和/或股东会/股东大会上投票同意,并签署一切必需签署的法律文件。"

北京市朝阳区人民法院审理的一案②中,合同约定:"各方同意,为完成上述股权回购,公司和/或除投资方之外的股东应同意或促使其委派的董事同意合理要求的一切行为和签署一切必要的文件(包括但不限于原股东应签订与投资方股权转让的相关的一切文件),公司将负责办理所有必要的手续,包括但不限于办理政府机关审批登记手续。"

有的还进一步约定,如果承诺人未按约定促成减资程序,则应承担违约责任。

北京市高级人民法院审理的一案③中,合同约定:"如果由于目标公司、控股股东或实际控制人的原因,导致农业公司无法根据本协议第4.2条的有关约定,行使回购权并获得本协议约定的回购或转让对价(包括但不限于该条款被有关行政或司法机关认定为无效或被撤销、目标公司或控股股东、实际控制人不配合签署有关法律文件或不配合办理相关手续、该条款的约定在当时中国法律环境下无法完全操作等),则目标公司、控股股东及实际控制人构成违反本协议。"

北京市第一中级人民法院二审维持原判的一案④中,一审法院认为,"《协议书》第3.3.1条写明,'如果任一投资方根据本协议要求回购其持有目标公司的全部或者部分股权,创始股东应促成目标公司的董事会、股东大会同意该回购,并签署一切必需签署的法律文件',麒麟网公司创始股东没有按照该项约定履行'促成减资程序'的义务,构成违约"。

需要注意的是,减资的前提是之前已履行过增资的工商变更手续。如果目

---

① 参见北京中浩富润投资管理有限公司与何霞等股权转让纠纷案,北京市房山区人民法院民事判决书,(2020)京0111民初6647号。
② 参见重庆水木诚德文化产业股权投资基金合伙企业(有限合伙)与姜一涵等股权转让纠纷案,北京市朝阳区人民法院民事判决书,(2021)京0105民初25873号。
③ 参见吴文莉等合同纠纷案,北京市高级人民法院民事判决书,(2021)京民终753号。
④ 参见北京麒麟网文化股份有限公司等与上海清科共创投资合伙企业(有限合伙)股权转让纠纷案,北京市第一中级人民法院民事判决书,(2021)京01民终175号。

标公司收到增资款后未办理工商变更登记,则投资方主张目标公司直接回购股权或返还投资款的,可能得到法院支持。《公司法》第32条第1款规定:"公司登记事项包括:……(三)注册资本;……(六)有限责任公司股东、股份有限公司发起人的姓名或者名称。"第34条第1款规定:"公司登记事项发生变更的,应当依法办理变更登记。"

浙江省杭州市中级人民法院在一案①中认为,"商方谷交付认购款后,善苴村公司并未履行《股份增发协议书》约定的合同义务,亦未按《承诺书》、《补充协议书》约定向商方谷支付回购款及利息,应承担违约责任。商方谷诉请善苴村公司支付回购款及逾期利息、姜燕英承担连带责任,理据充分,应予支持。善苴村公司在收到商方谷交付的认购款后,并未办理增加注册资本和股东变更的工商登记,故商方谷要求支付回购款并不涉及善苴村公司减资程序,善苴村公司、姜燕英有关目标公司未完成减资程序,商方谷诉请应予驳回的上诉理由和请求,本院不予支持"。

广东省东莞市中级人民法院在一案②中认为,"孙裕婷已经向惠源公司支付了投资款300000元,但惠源公司并未按照《中华人民共和国公司法》规定的法定程序增加其注册资本并向登记机关办理变更登记手续,案涉投资款尚未成为惠源公司法律意义上的注册资本;惠源公司虽向孙裕婷发出了《原始股认购证书》,但并未在工商部门办理股东登记手续,戴永安亦未提交合法有效的证据证明孙裕婷有参与惠源公司的经营与管理,戴永安提交的证据并不足以证明孙裕婷系惠源公司股东。因此,戴永安主张孙裕婷系惠源公司的股东、其要求返还投资款300000元违反《中华人民共和国公司法》第三十五条关于'股东不得抽逃出资'的规定,理据不足,本院依法不予采信"。

山东省济南市中级人民法院在一案③中认为,"许英强向杨琳账户汇入2500万元后,该款并未实际转化为瑞林公司的资本金,许英强收回2500万元对公司注册资本无影响,不构成抽逃出资。各方关于收回投资的约定系当事人真实意思表示,不违反法律法规的强制性规定,本院对其效力予以确认"。

---

① 参见青岛善苴村餐饮文化管理有限公司、姜燕英合同纠纷案,杭州市中级人民法院民事判决书,(2020)浙01民终1938号。
② 参见戴永安与孙裕婷、东莞市惠源饮用水有限公司与公司有关的纠纷案,东莞市中级人民法院民事判决书,(2020)粤19民终7027号。
③ 参见瑞林嘉驰(北京)资产管理有限责任公司等与许英强股权转让纠纷案,济南市中级人民法院民事判决书,(2019)鲁01民终3700号。

深圳市福田区人民法院在一案①中认为,"一笑堂公司在国家企业信用信息公示系统上的工商信息显示,一笑堂公司未办理验资及工商变更登记,原告所支付的款项并未转化为一笑堂公司的注册资本,一笑堂公司返还增资对价款及利息并未对一笑堂公司的注册资本以及公司债权人合法权益造成损害,故原告要求一笑堂公司返还增资对价款及利息的主张成立"。

◆ 小结与建议

投资方:建议避免将目标公司约定为股权回购条款中的对赌义务人,否则,仅在目标公司已完成减资程序的情况下,法院才支持目标公司回购投资方股权的主张。

如果只能将目标公司约定为对赌义务人,建议约定含有"原股东/实际控制人有义务促成目标公司的董事会、股东会同意回购,并签署一切必需签署的法律文件。如果在投资方提出回购请求的一定期限内目标公司未完成减资程序,则原股东/实际控制人应承担违约责任"等类似内容的条款。

创始人方:如果必须签署对赌协议,建议约定唯一的股权回购义务人为目标公司。毕竟,完成减资程序在实务上操作困难,法院通常以未完成该程序为由,驳回投资方关于目标公司回购股权的诉讼请求。

---

① 参见深圳市创新投资集团有限公司与安徽一笑堂茶业有限公司、陈苏亮合同纠纷案,深圳市福田区人民法院民事判决书,(2020)粤 0304 民初 50451 号。

1.5 目标公司可以被请求支付业绩补偿款吗?

业绩补偿条款触发后,投资方依据约定向目标公司主张补偿款的,法院是否支持?

从合同法的角度来说,投资方有权依据对赌协议的约定主张业绩补偿款。《民法典》第119条规定:"依法成立的合同,对当事人具有法律约束力。"第465条第1款规定:"依法成立的合同,受法律保护。"

但是,关于对赌协议,不能仅考虑有关合同的规定,还得适用《公司法》。《九民纪要》规定:"人民法院在审理'对赌协议'纠纷案件时,不仅应当适用合同法的相关规定,还应当适用公司法的相关规定;既要坚持鼓励投资方对实体企业特别是科技创新企业投资原则,从而在一定程度上缓解企业融资难问题,又要贯彻资本维持原则和保护债权人合法权益原则,依法平衡投资方、公司债权人、公司之间的利益。"

投资方向目标公司主张补偿款的,仅在目标公司有利润且足够补偿的情况下,法院才可能支持投资方的诉讼请求。《九民纪要》规定:"投资方请求目标公司承担金钱补偿义务的,人民法院应当依据《公司法》第35条关于'股东不得抽逃出资'和第166条关于利润分配的强制性规定进行审查。经审查,目标公司没有利润或者虽有利润但不足以补偿投资方的,人民法院应当驳回或者部分支持其诉讼请求。今后目标公司有利润时,投资方还可以依据该事实另行提起诉讼。"

在分配利润之前,公司通常应当先弥补亏损(如有)并提取10%的利润作为法定公积金。《公司法》第210条规定:"公司分配当年税后利润时,应当提取利润的百分之十列入公司法定公积金。公司法定公积金累计额为公司注册资本的百分之五十以上的,可以不再提取。公司的法定公积金不足以弥补以前年度亏损的,在依照前款规定提取法定公积金之前,应当先用当年利润弥补亏损。公司从税后利润中提取法定公积金后,经股东会决议,还可以从税后利润中提取任意公积金。公司弥补亏损和提取公积金后所余税后利润,有限责任公司按照股东实缴的出资比例分配利润,全体股东约定不按照出资比例分配利润的除外;股份有限公司按照股东所持有的股份比例分配利润,公司章程另有规定的除外。公司持有的本公司股份不得分配利润。"

公司分配利润应作出股东会决议。《公司法》第59条规定:"股东会行使下列职权：……（四）审议批准公司的利润分配方案和弥补亏损方案。"《公司法解释（四）》第 15 条规定："股东未提交载明具体分配方案的股东会或者股东大会决议，请求公司分配利润的，人民法院应当驳回其诉讼请求，但违反法律规定滥用股东权利导致公司不分配利润，给其他股东造成损失的除外。"

除非另有约定，利润分配方案须经代表过半数表决权的股东通过。《公司法》第 66 条规定："股东会的议事方式和表决程序，除本法有规定的外，由公司章程规定。股东会作出决议，应当经代表过半数表决权的股东通过。股东会作出修改公司章程、增加或者减少注册资本的决议，以及公司合并、分立、解散或者变更公司形式的决议，应当经代表三分之二以上表决权的股东通过。"

投资方须证明目标公司有利润以及利润分配方案已经股东会表决通过。最高人民法院在《〈全国法院民商事审判工作会议纪要〉理解与适用》一书中明确指出，"就举证责任的分配而言，投资方应当承担举证责任，证明目标公司有可以分配的利润。目标公司如对此反驳，应承担相应的举证责任"[①]；"有人提出，从公司的利润中拿钱补偿投资方，相当于分利润，得股东会作决议。股东会不作决议怎么办？这涉及同股不同权，投资方怎么变成超级股东？我们认为，投资方对目标公司投资时，应当在协议中把有关问题约定好。我们这个纪要就是给当事人提供预期"[②]。

主题案例：安凤占等与王明光等股权转让纠纷案[③]

2015 年 10 月，投资方与目标公司及原股东签订《股权投资协议》，约定投资方以股权受让及增资的形式投资目标公司。其中：

股权回购条款约定：若目标公司在 2016 年 9 月 30 日前未实现在全国中小企业股份转让系统挂牌，投资方有权要求原股东及目标公司无条件按实际投资金额年化收益率 15% 受让投资方持有目标公司的部分或全部股份，以实现投资方投资退出。

业绩补偿条款约定：若经三方认可的会计师事务所对目标公司财务进行审计后，目标公司在 2016 年度未能实现净利润 4000 万元，则投资方有权要求原股东及目标公司以现金进行业绩补偿（包括应补偿的投资本金及相应利息）。

---

① 最高人民法院民事审判第二庭编著：《〈全国法院民商事审判工作会议纪要〉理解与适用》，人民法院出版社 2019 年版，第 120 页。
② 最高人民法院民事审判第二庭编著：《〈全国法院民商事审判工作会议纪要〉理解与适用》，人民法院出版社 2019 年版，第 118 页。
③ 参见北京市高级人民法院民事判决书，(2019)京民终 154 号。

目标公司未能在 2016 年 9 月 30 日前实现在全国中小企业股份转让系统挂牌，其 2016 年度的净利润为 -13711152.92 元。

投资方提起诉讼，请求原股东支付股权回购款及业绩补偿款，目标公司对此承担无限连带担保责任等。

北京市高级人民法院二审认为：

首先，根据《股权投资协议》的约定，投资方在约定情形发生时，有权要求原股东及目标公司回购股份及以现金进行业绩补偿。因此，目标公司与原股东系共同承担股份回购和业绩补偿义务，合同中并未约定目标公司承担"连带责任"及"担保责任"的内容，投资方主张目标公司对原股东的股份回购及业绩补偿责任承担无限连带担保责任没有合同依据。

其次，投资方、原股东均为目标公司股东，目标公司回购投资方持有的本公司股份，以及向股东支付业绩补偿款，应当符合《公司法》及公司章程的相关规定。目标公司章程第 120 条规定，"公司采用现金、股票或者现金与股票相结合的方式分配利润。公司分配当年税后利润时，应当提取利润的 10% 列入公司法定公积金。公司的法定公积金不足以弥补以前年度亏损的，在依照前款规定提取法定公积金之前，应当先用当年利润弥补亏损。公司弥补亏损和提取公积金后所余税后利润，按照股东持有的股份比例分配，但本章程规定不按持股比例分配的除外"。

根据前述法律及公司章程的规定，目标公司回购本公司股份、进行利润分配均应经过股东大会决议，本案中投资方未能提交目标公司股东大会相关决议，未能证明已完成公司内部减资及利润分配程序。

最后，根据投资方一审提交的目标公司税务申报表，目标公司 2016 年度经营处于亏损状态，并无利润可供分配。投资方罔顾目标公司经营业绩情况，径行要求取得约定业绩补偿金，与前述《公司法》及公司章程规定不符，亦损害目标公司利益和公司债权人利益。

因此，对投资方要求目标公司回购股份，以及承担业绩补偿义务的诉讼请求不予支持。

本案中，各方约定了股权回购及业绩补偿条款。因目标公司未完成业绩承诺，投资方向目标公司主张补偿款等。

法院驳回投资方的前述请求，理由是目标公司分配利润应经股东会决议，而投资方并未证明目标公司已完成利润分配程序，且目标公司无可供分配的利润。

其他案件中法院亦认为，投资方请求目标公司支付业绩补偿款的，应证明目标公司存在可供分配的利润,且已完成利润分配程序。

湖北省高级人民法院二审维持原判的一案①中,合同约定如果目标公司未达到承诺的经营目标,投资方有权要求目标公司向其支付现金作为补偿。关于投资方主张目标公司支付现金补偿款的请求,一审法院提到《九民纪要》关于法院应按照《公司法》关于利润分配的强制性规定进行审查的内容,认为,"首先,目标公司华博电机公司为有限责任公司,根据《中华人民共和国公司法》第三十五条、第一百六十六条和第三十四条规定,深圳创投公司应按照实缴的出资比例分取红利,其主张华博电机公司应根据合同约定的支付条件和计算方式向其支付现金补偿的请求没有法律依据;其次,深圳创投公司并无证据证明华博电机公司 2011 年至 2012 年的利润金额,其上述请求亦无事实依据",故对其上述请求不予支持。

北京市第一中级人民法院在一案②中认为,"《补充协议一》中约定的分配利润条款系金钱补偿条款,而天瑞公司系平原公司股东,其只能从平原公司的可分配利润中获得该条款约定的金钱补偿,否则将违反公司法关于'股东不得抽逃出资'的强制性规定。现天瑞公司不能证明平原公司具备可分配利润,一审法院对天瑞公司该项诉讼请求不予支持是正确的,各方当事人对此亦无异议,本院予以确认"。

上海市浦东新区人民法院在一案③中认为,"关于被告上海××公司支付业绩补偿款及股权回购义务。原告未能举证证明被告上海××公司目前有足以补偿投资人的可分配利润,亦未能证明被告上海××公司已完成相应的减资程序,该情形下,若被告上海××公司承担支付业绩补偿款或股权转让款的义务,将损害被告上海××公司其他股东和外部债权人的利益,与公司法关于股东不得抽回出资的强制性规定相悖。故对原告该部分诉请,本院不予支持"。

义乌市人民法院在一案④中认为,"对于前者投资方与目标公司的'对赌协议',亦不存在法定无效事由,不能仅以存在现金补偿约定就否定其效力,故该

---

① 参见朱泽堂、深圳市创新投资集团有限公司合同纠纷案,湖北省高级人民法院民事判决书,(2020)鄂民终 495 号。
② 参见江苏白马生态环保研究院有限公司等与北京天瑞华商投资管理有限公司合同纠纷案,北京市第一中级人民法院民事判决书,(2021)京 01 民终 4057 号。
③ 参见上海天赋动力股权投资基金管理有限公司与上海克恩顿创业投资中心(有限合伙)等其他合同纠纷案,上海市浦东新区人民法院民事判决书,(2020)沪 0115 民初 93539 号。
④ 参见周益成与浙江欧意智能厨房股份有限公司等公司增资纠纷案,义乌市人民法院民事判决书,(2020)浙 0782 民初 11846 号。

部分协议也应认定有效;但原告主张被告欧意公司支付现金补偿能否实际履行,还应当考察是否符合公司法关于'股东不得抽逃出资'以及'利润分配'的强制性规定,根据中汇会计师事务所出具的尽职调查报告,被告欧意公司的内帐记载 2017 年—2019 年公司都属于亏损状态,没有利润可供分配,故原告主张被告欧意公司支付现金补偿还不具备条件,本院不予支持"。

相较于目标公司,由原股东作为业绩补偿款的支付主体,则不涉及有无利润及利润分配的审查。因此,实务中多约定由原股东而非目标公司支付业绩补偿款。例如,新疆维吾尔自治区高级人民法院在一案①中认为,"该协议对未实现业绩承诺约定了九圣禾公司应向福日公司给予一定数量的金钱补偿或股权回购的责任,属于投资方与目标公司的股东或者实际控制人之间订立的'对赌协议',不是投资方与目标公司订立的'对赌协议'……根据九民纪要相关规定,对于投资方与目标公司订立的'对赌协议'是否有效以及能否实际履行,需要把握相关处理规则,即应当依据公司法第 35 条关于'股东不得抽逃出资'和第 166 条关于利润分配的强制性规定进行审查。本案不属于此类情况,故九圣禾公司称应当依据九民纪要第 5 条规定审查目标公司经营状况等的理由不能成立"。

◆ 小结与建议

投资方:鉴于法院支持目标公司作出补偿的前提是其有足够的利润可供分配且符合法定程序,建议约定的补偿主体为原股东及/或实际控制人。如果各方商定由目标公司作为补偿主体,建议约定创始人方有义务在投资方发出补偿通知后的一定期限内完成利润分配的股东会决议,逾期未完成或不符合法定补偿条件的,由创始人方承担补偿责任。

创始人方:如果投资方要求业绩对赌,建议约定唯一的对赌义务人为目标公司。因为,在投资方未证明目标公司有足够利润补偿的情况下,法院不会支持投资方关于目标公司业绩补偿的请求。

---

① 参见九圣禾控股集团有限公司、青岛福日集团有限公司股权转让纠纷案,新疆维吾尔自治区高级人民法院民事裁定书,(2022)新民申 400 号。

1.6 目标公司就对赌承担保证责任,需要以履行减资或利润分配程序为前提吗?

从履行的角度来看,目标公司作为对赌义务人与目标公司就对赌协议的履行承担连带责任保证差不多,均为目标公司向投资方支付款项。但就性质而言,二者一样吗?

目标公司为对赌义务人的,投资方有权要求目标公司支付股权回购款或现金补偿款,但前提是目标公司已履行减资或利润分配程序。《九民纪要》规定:"投资方与目标公司订立的'对赌协议'在不存在法定无效事由的情况下,目标公司仅以存在股权回购或者金钱补偿约定为由,主张'对赌协议'无效的,人民法院不予支持,但投资方主张实际履行的,人民法院应当审查是否符合公司法关于'股东不得抽逃出资'及股份回购的强制性规定,判决是否支持其诉讼请求。投资方请求目标公司回购股权的,人民法院应当依据《公司法》第 35 条关于'股东不得抽逃出资'或者第 142 条关于股份回购的强制性规定进行审查。经审查,目标公司未完成减资程序的,人民法院应当驳回其诉讼请求。投资方请求目标公司承担金钱补偿义务的,人民法院应当依据《公司法》第 35 条关于'股东不得抽逃出资'和第 166 条关于利润分配的强制性规定进行审查。经审查,目标公司没有利润或者虽有利润但不足以补偿投资方的,人民法院应当驳回或者部分支持其诉讼请求。今后目标公司有利润时,投资方还可以依据该事实另行提起诉讼。"

目标公司就对赌协议的履行提供连带保证的,对赌条款触发后,投资方有权要求目标公司以连带保证人的身份支付股权回购款或现金补偿款。《民法典》第 688 条规定:"当事人在保证合同中约定保证人和债务人对债务承担连带责任的,为连带责任保证。连带责任保证的债务人不履行到期债务或者发生当事人约定的情形时,债权人可以请求债务人履行债务,也可以请求保证人在其保证范围内承担保证责任。"

主题案例:强静延与曹务波等股权转让纠纷案[①]

2011 年 4 月 26 日,投资方与目标公司及实际控制人签订《增资协议书》及《补充协议书》,约定投资方向目标公司增资 3000 万元,取得目标公司 0.86% 的股权。

---

① 参见最高人民法院民事判决书,(2016)最高法民再 128 号。

《补充协议书》约定，如果目标公司未能在2013年6月30日前完成合格IPO，投资方有权要求实际控制人回购股权。目标公司为实际控制人的回购提供连带责任担保。

目标公司未按期上市，投资方提起诉讼，请求判令实际控制人支付股权转让款，目标公司对实际控制人的付款承担连带清偿责任。

四川省高级人民法院二审认为：

对于目标公司提供担保行为的效力问题，目标公司为实际控制人回购投资方股权的股权转让款支付提供担保，其实质是不管目标公司经营业绩如何，投资方均可以从目标公司处获取收益，该约定使得股东获益脱离了公司的经营业绩，背离了公司法法理精神，最终使得投资方规避了交易风险，将目标公司可能存在的经营不善及业绩不佳的风险转嫁给目标公司及其债权人，严重损害了目标公司其他股东和债权人的合法利益，应当认定目标公司为实际控制人回购投资方股权产生的责任承担担保责任无效。

最高人民法院再审认为：

合同无效的判定严格遵循法定主义，本案二审判决否定担保条款效力的裁判理由不符合合同法关于合同无效的各类法定情形，该项认定已违反合同法基本规则，构成适用法律错误。

案涉《补充协议书》所约定担保条款合法有效，目标公司应当依法承担担保责任。

理由之一：本案投资方已对目标公司提供担保经过股东会决议尽到审慎注意和形式审查义务。案涉《增资协议书》载明：目标公司已通过股东会决议，原股东同意本次增资；各方已履行内部程序确保其具有签订本协议的全部权利；各方授权代表已获得本方正式授权。《补充协议书》载明：甲方（目标公司）通过股东会决议同意本次增资扩股事项。因两份协议书约定内容包括增资数额、增资用途、回购条件、回购价格以及目标公司提供担保等一揽子事项，两份协议书均由目标公司盖章及其法定代表人签名。对于债权人投资方而言，增资扩股、股权回购、公司担保本身属于链条型的整体投资模式，基于《增资协议书》及《补充协议书》的上述表述，投资方有理由相信目标公司已对包括提供担保在内的增资扩股一揽子事项通过股东会决议，实际控制人已取得目标公司授权，代表公司对外签订担保条款，且目标公司在本案审理中亦没有提交其他相反证据证明该公司未对担保事项通过股东会决议，故应当认定投资方对担保事项经过股东会决议已尽到审慎注意和形式审查义务，因而案涉《补充协议书》所约定担保条款对目标公司已发生法律效力。

1.6 目标公司就对赌承担保证责任,需要以履行减资或利润分配程序为前提吗?

理由之二:投资方投资全部用于公司经营发展,目标公司全体股东因而受益,故应当承担担保责任。《公司法》第16条之立法目的,系防止公司大股东滥用控制地位,出于个人需要、为其个人债务而由公司提供担保,从而损害公司及公司中小股东权益。本案中,案涉担保条款虽系实际控制人代表目标公司与投资方签订,但是3000万元款项并未供实际控制人个人投资或消费使用,亦并非完全出于实际控制人个人需要,而是全部投入目标公司资金账户,供目标公司经营发展使用,有利于目标公司提升持续盈利能力。这不仅符合公司新股东投资方的个人利益,也符合公司全体股东的利益,目标公司本身是最终的受益者。

综上,目标公司提供担保有利于自身经营发展需要,并不损害公司及公司中小股东权益,应当认定案涉担保条款合法有效。二审法院关于目标公司担保无效的认定,应予纠正。

本案判决作出时,《九民纪要》尚未出台,当时普遍认为对赌第一案[①]所确立的规则是投资人与目标公司对赌无效。正如2015年度福建法院十大典型案件之六一案[②]中所述,投资人与目标公司对赌无效的关键在于违反"资本维持原则"。

虽然本案目标公司并非与投资方对赌,而是为实际控制人履行对赌协议提供连带保证,但一、二审法院判决均认为担保条款无效,其说理部分与对赌第一案中最高人民法院论述投资方与目标公司对赌无效的理由类似,都是不管目标公司经营业绩如何,投资方均可以从目标公司处获取收益,使得股东获益脱离公司的经营业绩,转嫁交易风险,损害目标公司其他股东和债权人的利益。

而本案再审过程中,最高人民法院严格遵循合同无效的法定主义,根据当时有效的《公司法》第16条(与现行《公司法》第15条的内容基本一致)的规定,结合本案情况,认定担保条款有效。首先,投资方对担保事项经过股东会决议已尽到审慎注意和形式审查义务,符合《公司法》第16条的规定。其次,《公司法》第16条防止的是实际控制人为其个人债务而由公司提供担保,而本案投资款全部进入目标公司账户,并非由实际控制人个人使用,利于目标公司盈利,符合公司全体股东的利益。因此,目标公司就对赌协议提供担保本身并非无效。

关于投资方主张目标公司就对赌协议承担担保责任的请求,主流裁判思路

---

① 参见苏州工业园区海富投资有限公司与甘肃世恒有色资源再利用有限公司、香港迪亚有限公司、陆波增资纠纷案,最高人民法院民事判决书,(2012)民提字第11号。
② 参见厦门金泰九鼎股权投资合伙企业(有限合伙)与骆鸿、江西旭阳雷迪高科技股份有限公司公司增资纠纷案,厦门市中级人民法院民事判决书,(2014)厦民初字第137号。

并不要求以满足目标公司减资或有充分利润为前提,而是依据《公司法》关于公司担保的规定作出判断,即审查目标公司提供担保是否通过股东会决议或经股东书面一致同意。如有,则支持投资方的请求。

最高人民法院在一案①中认为,"案涉增资协议及其补充协议的性质为投资人与目标公司股东进行业绩对赌,目标公司对股东的付款义务提供连带责任保证,即本案巨什公司实质上为毕京洲的付款义务提供担保。关于巨什公司应否就毕京洲的股权回购款承担连带责任的问题。《中华人民共和国公司法》第三十七条第二款规定,股东会行使公司章程规定的职权时,股东以书面形式一致表示同意的,可以不召开股东会会议,直接作出决定,并由全体股东在决定文件上签名、盖章。巨什公司章程第七条亦约定,为公司股东或者实际控制人提供担保作出决议,可以不召开股东会会议,由全体股东直接作出决定。本案增资补充协议签订时,巨什公司股东毕京洲和新什中心均签署了该协议,故该协议关于巨什公司承担连带保证责任的约定属于经过全体股东一致同意的决定,符合法律规定及公司章程约定,合法有效。因此,原审认定巨什公司应当就毕京洲的股权回购款向兴博九鼎中心承担连带责任并无不当。巨什公司、毕京洲的再审理由,依法不能成立"。

北京市高级人民法院在一案②中认为,"根据《股权投资协议书》第4.3条约定,融资方和现有股东对回购义务应当承担个别和连带的责任。皇马公司当时的股东仅为宦小马、宦志东、陈金娣三人,且均在《股权投资协议书》上签字,说明各股东对皇马公司提供担保的事宜知情且认可,故皇马公司所作担保有效,其应对宦小马、宦志东、陈金娣支付股权转让款及利息的义务承担连带责任"。

广东省深圳市中级人民法院在一案③中认为,"根据《增资合同书之补充协议》第2.5条约定,大牧场公司同意根据《中华人民共和国公司法》第16条的有关规定,为原股东的案涉股权回购所应履行的现金付款义务承担连带保证责任,并将相关股东会表决决议作为本协议附件。本院认为,虽然深创投公司、红土公司在本案中未提交大牧场公司的相关决议,但案涉《增资合同书》《增资合

---

① 参见上海巨什机器人科技有限公司、毕京洲合同纠纷案,最高人民法院民事裁定书,(2020)最高法民申6603号。
② 参见江苏皇马农化有限公司等与华轩(上海)股权投资基金有限公司股权转让纠纷案,北京市高级人民法院民事裁定书,(2021)京民申8065号。
③ 参见深圳市创新投资集团有限公司、内蒙古红土高新创业投资有限公司等与王海峰等股权转让纠纷案,深圳市中级人民法院民事判决书,(2019)粤03民初4084号。

同书之补充协议》均系由大牧场公司全体股东共同签署,除控股股东王海峰之外的其他股东均同意深创投公司、红土公司作为投资人参与增资以及相关的回购条件、价格和标的公司对回购提供担保等事项,上述约定均是合同各方当事人的真实意思表示,而且,深创投公司、红土公司的投资款已全部投入大牧场标的公司账户",并用于公司经营发展,"符合公司全体股东的利益,因此,深创投公司、红土公司主张大牧场公司应对王海峰在第一项诉讼请求项下的现金支付义务承担连带责任,具有事实和法律依据,本院予以支持"。

湖南省岳阳市中级人民法院在一案①中认为,目标公司就原股东履行上市对赌条款作出担保的承诺,且在承诺书上载明目标公司已对担保行为作出决议,并有除对赌原股东外的其他股东签名,签名股东代表的表决权已达到法律规定的标准。一审判决目标公司承担连带清偿责任并无不当。

湖南省永州市中级人民法院二审审理的一案②中,针对目标公司以未减资及没有利润为由不履行担保条款的抗辩,一审法院明确指出"公司对外担保效力应根据《中华人民共和国公司法》第十六条进行判断"。二审法院支持一审法院的认定。

但要注意,并非所有案件中法院均持相同观点,有的认为即便目标公司是为对赌协议的履行承担保证责任,也须审查是否完成减资及存在足够的利润。例如,最高人民法院在一案③中认为,"在案涉'对赌协议'中,目标公司即中航公司虽不参与'对赌',但需为'对赌协议'的履行提供连带责任保证","即中航公司需承担回购本公司股权、支付经新投资中心投资收益的付款责任。对于投资方请求目标公司承担金钱补偿义务的,人民法院应当依照《中华人民共和国公司法》第三十五条关于'公司成立后,股东不得抽逃出资'和第一百六十六条关于利润分配的强制性规定进行审查","而本案中,国瑞公司诉请中航公司承担回购股权并支付股权收购款的连带责任,针对这一诉讼请求,一审法院既没有审理中航公司是否完成减资程序,也没有审理中航公司是否存在足够利润,在并未确认中航公司具备履行股份回购和金钱补偿责任条件的情况下,即以'中航公司所承担的是保证责任而非股权回购责任,中航公司的责任承担无须以其完成减

---

① 参见湖南福尔康医用卫生材料股份有限公司、廖平等股权转让纠纷案,岳阳市中级人民法院民事判决书,(2021)湘06民终3548号。
② 参见吴江东运联合产业投资企业、湖南湘妹食品有限公司等与公司、证券、保险、票据等有关的纠纷案,永州市中级人民法院民事判决书,(2021)湘11民终896号。
③ 参见合肥中航新能源科技有限责任公司、杭州武林置业有限公司等合同纠纷,最高人民法院民事裁定书,(2020)最高法民终762号。

资为前提'为由,判决中航公司承担连带保证责任,属于认定基本事实不清,适用法律不当"。

◆ 小结与建议

虽然都由目标公司作出支付,但目标公司是以对赌义务人还是以保证人身份作出支付,适用的法律规定不同。前者主要依据《公司法》关于减资及利润分配的条款,后者则是根据《公司法》关于公司担保的规定。

投资方:建议将原股东及/或实际控制人约定为对赌义务人,目标公司为前述主体履行对赌协议提供连带责任保证。较多案件中法院持有的观点是:作为保证人的目标公司承担责任,不以已完成减资或利润分配程序为前提。

创始人方:建议将目标公司约定为对赌义务人,而非连带保证人,否则就放弃了目标公司可以提出尚未减资或无可供分配利润的有效抗辩。

1.7 目标公司就对赌提供担保必须召开股东会吗?

目标公司为实际控制人或原股东履行对赌协议提供担保(以下简称"担保条款")的,担保条款效力的判断依据为《公司法》第15条关于担保的规定。如果没有采取该条规定的股东会决议形式,担保条款有效吗?

公司为其股东或实际控制人提供担保的,应经股东会决议。《公司法》第15条第2款、第3款规定:"公司为公司股东或者实际控制人提供担保的,应当经股东会决议。前款规定的股东或者受前款规定的实际控制人支配的股东,不得参加前款规定事项的表决。该项表决由出席会议的其他股东所持表决权的过半数通过。"

不过,如果担保合同由持有公司2/3以上有表决权的股东签字同意,即便未经股东会决议,担保合同依然有效。《民法典担保制度解释》第8条第1款规定:"有下列情形之一,公司以其未依照公司法关于公司对外担保的规定作出决议为由主张不承担担保责任的,人民法院不予支持:……(三)担保合同系由单独或者共同持有公司三分之二以上对担保事项有表决权的股东签字同意。"《九民纪要》规定:"存在下列情形的,即便债权人知道或者应当知道没有公司机关决议,也应当认定担保合同符合公司的真实意思表示,合同有效:……(4)担保合同系由单独或者共同持有公司三分之二以上有表决权的股东签字同意。"

之所以存在前述规定,是因为虽然股东会决议是证明公司真实意思表示的直接证据,但不经决议而直接担保的情况目前普遍存在,因此,从稳定交易秩序及避免逃避担保责任的道德风险出发,《九民纪要》规定了股东会决议的例外情形。[1]

另外,目标公司为一人有限责任公司的,股东以书面形式作出股东决定。只要原股东签署《增资协议》或《股权转让协议》等,就属于担保条款有效的例外情形。《公司法》第60条规定:"只有一个股东的有限责任公司不设股东会。股东作出前条第一款所列事项的决定时,应当采用书面形式,并由股东签名或者盖章后置备于公司。"例如,北京市第二中级人民法院在审理的一案[2]中认为,"关于担保条款未

---

[1] 参见最高人民法院民事审判第二庭编著:《〈全国法院民商事审判工作会议纪要〉理解与适用》,人民法院出版社2019年版,第189页。
[2] 参见北京紫竹慧建设服务股份有限公司等与苏州工业园区嘉翔九鼎投资中心(有限合伙)等合同纠纷案,北京市第二中级人民法院民事判决书,(2021)京02民终5320号。

经股东会决议问题,万辉及紫竹慧公司均认可签订《补充协议》时,万辉系紫竹慧公司唯一股东,且万辉既以紫竹慧公司法定代表人的名义,又以其个人名义在该协议上签字确认,应视为公司对外担保的前置程序已经完备"。

主题案例:黄文意与湖北神农本草中药饮片有限公司、亳州益道生物科技有限公司等股权转让纠纷案①

2017年12月28日,投资方与原股东签订《股权转让协议》,约定原股东将其持有目标公司71.429%股权中的2.5%转让给投资方。股权转让价为400万元,投资方应在协议签订的一周内支付预付款300万元,余款100万元在工商变更完成当天一次性付清。

投资方支付案涉300万元后,原股东至今未办理案涉股权的工商变更登记。

2020年10月29日,投资方与原股东及目标公司签订《补充协议》,约定原股东于2018年股改,2020年前将目标公司运作上市,投资方有权在2020年12月31日之前选择,要求原股东继续履行原《股权转让协议》约定的义务,或者要求原股东一周内退还已收的款额及违约利息,目标公司进行担保。目标公司在该协议尾部加盖公章。

2020年11月19日,投资方向原股东发出《通知函》,要求退还300万元本金及利息。

投资方提起诉讼,请求判令原股东及目标公司归还股权转让款300万元、违约金等。

上海市金山区人民法院认为:

关于目标公司是否承担连带担保责任。鉴于原股东作为目标公司法定代表人、占股71.429%的股东身份以及其在《补充协议》上签字、之后承诺还款的事实,目标公司为原股东就案涉债务提供的担保属于《九民纪要》第19条第(4)项以及《民法典担保制度解释》第8条第1款第(三)项规定的"担保合同系由单独或者共同持有公司三分之二以上对担保事项有表决权的股东签字同意",则无须公司机关决议也应当认定担保合同有效的例外情形,故《补充协议》中关于目标公司提供担保的保证条款依法有效。

本案中,各方约定投资方有权要求原股东回购股权,目标公司作为保证人签

---

① 参见上海市金山区人民法院民事判决书,(2021)沪0116民初1383号。

署了该协议。

法院认为,虽然目标公司未就提供担保召开股东会,不存在股东会决议,但签署该协议的原股东持有目标公司71.429%的股权,符合担保合同有效的例外情形,目标公司应当承担保证责任。

目标公司为原股东履行对赌协议提供担保的,如果担保条款经全体股东签署,则该条款的效力没有争议。例如,上海市浦东新区人民法院在一案①中所述,"涉案《投资协议》《合营合同》由全体股东签订,系全体股东预先对股权回购条件成就时公司的担保责任作出同意的意思表示,其效果和法律效力等同于股东会决议,该约定有效"。

但是,如果未经全体股东签署,则可能涉及表决权的问题。主题案例涉及关联担保,即目标公司为持股71.429%的原股东履行对赌义务提供担保。对于《民法典担保制度解释》第8条中"持有公司三分之二以上对担保事项有表决权的股东签字同意",本案法院理解为持有公司2/3股权的股东同意。本案并非唯一一个未排除被担保股东表决权的案例。

北京市房山区人民法院在一案②中认为,"刘海涛、梁刚之间的民间借贷法律关系,系双方当事人真实意思表示","梁刚系天景泰公司的法定代表人,该公司仅有两个股东,其中梁刚的持股比例为75%,已超该规定'担保合同系由单独或者共同持有公司三分之二以上对担保事项有表决权的股东签字同意'的表决权标准,且签订《借款协议书》时,刘海涛有足够理由相信梁刚有权代表公司作出担保的意思表示,即使天景泰公司并未就提供担保作出股东会决议,也应当认定为该笔债务提供担保系天景泰公司的真实意思表示,应属有效"。天景泰公司申请再审称,梁刚是申请人公司的股东,其持股比例为75%,申请人是为梁刚担保,因此,梁刚对该担保事项没有表决权,该担保并未成立。一审法院在适用《民法典担保制度解释》第8条规定时,未注意到是对"担保事项有表决权"的股东,仅仅注意到2/3以上比例的限制,明显违背了立法原意。北京市第二中级人民法院在该案再审③中驳回申请,认为一审法院判决天景泰公司对梁刚的债务承担连带清偿责任并无不当。

---

① 参见陈启令、张灵伟等股权转让纠纷案,上海市浦东新区人民法院民事判决书,(2019)沪0115民初71351号。

② 参见刘海涛与北京天景泰房地产开发有限公司等民间借贷纠纷案,北京市房山区人民法院民事判决书,(2021)京0111民初3697号。

③ 参见北京天景泰房地产开发有限公司与刘海涛民间借贷纠纷案,北京市第二中级人民法院民事裁定书,(2021)京02民申413号。

不过,更多案件中法院认为,对于关联担保,《民法典担保制度解释》第8条规定的"三分之二以上对担保事项有表决权的股东",应理解为排除被担保的股东。最高人民法院民事审判第二庭认为,《民法典担保制度解释》第8条第1款第(三)项的规定"不仅适用于公司为他人提供的担保(非关联担保),也适用于公司为其股东或者实际控制人提供的担保(关联担保)。在关联担保的情况下,根据《公司法》第16条第3款的规定,被担保的股东或者受被担保的实际控制人支配的股东,不得对担保事项进行表决……否则就无法避免大股东或者实际控制人通过公司担保损害中小股东的利益"①。

湖南省岳阳市中级人民法院二审维持原判的一案②中,一审法院认为,"本案中,福尔康公司为柳庆新提供担保,属于为公司股东、实际控制人提供担保。首先,按公司法第十六条规定,必须经股东会决议,且被担保的股东柳庆新不得参加股东会表决,应由出席会议的其他股东所持表决权的过半数通过。柳庆新占福尔康公司股份40.91%,除去该股份,剩余有表决权的股份为59.09%,剩余有表决权的股份半数为29.545%。现有证据表明:提供担保的6位股东在福尔康公司中所占股份总额为46.34%,已超过有表决权的股份半数。福尔康公司为柳庆新提供担保,符合法律规定……在2021年3月24日的《承诺书》中签字、盖章提供担保的6位股东在福尔康公司中所占股份总额为46.34%,占有表决权的股份总额59.09%的比例为78.42%(46.34÷59.09%),已超过持有公司三分之二有表决权的股东签字的法定标准。福尔康公司为柳庆新提供的担保合法有效"。

陕西省西安市中级人民法院在一案③中认为,"2021年3月29日,北晨公司股东已变更为李娜(占股10%)、郑柳荣(占股90%)。3月30日北晨公司出具《承诺函》,就高志兰与郑柳荣所签订的股权转让协议,自愿就股权转让行为承担连带担保责任。该承诺函虽然有北晨公司加盖公章,郑柳荣作为法定代表人及持股90%的股东签字。但《中华人民共和国公司法》第十六条规定……郑柳荣作为被担保的股东对该担保事项并无表决权。高志兰亦未提供证据证明以北晨公司名义为郑柳荣提供的担保经过了北晨公司股东会的同意,本案也没有事

---

① 最高人民法院民事审判第二庭:《最高人民法院民法典担保制度司法解释理解与适用》,人民法院出版社2021年版,第144页。
② 参见湖南福尔康医用卫生材料股份有限公司、廖平等股权转让纠纷案,岳阳市中级人民法院民事判决书,(2021)湘06民终3548号。
③ 参见高志兰、陕西北晨华东商业运营管理有限公司等股权转让纠纷案,西安市中级人民法院民事判决书,(2021)陕01民终21818号。

实表明该担保是为了北晨公司的利益。一审法院根据《最高人民法院关于适用〈中华人民共和国民法典〉有关担保制度的解释》第八条规定……并据此判决北晨公司对郑柳荣上述债务承担连带清偿责任适用法律错误,本院予以纠正"。

江苏省苏州市中级人民法院在一案①中认为,"第二份《借款合同》签订之时,季元平、秦向村作为时代投资公司的股东,持股比例为80%、10%,季元平、秦向村作为港口医院公司的股东,持股比例为52%、38%。根据《公司法》第十六条第三款的规定,季元平、秦向村作为被担保的股东,对担保事项不具有表决权。潘秋平未提交证据证明其已审查公司决议,故时代投资公司、港口医院公司提供的担保无效"。

广东省广州市中级人民法院在一案②中认为,航空国旅公司为其股东、法定代表人李丽华提供担保,依法应经过公司股东会决议,且被担保的股东即李丽华不得对担保事项进行表决。诉讼至今,交行省分行、李丽华均未提交证据证明航空国旅公司的另一股东徐小萍作出了同意航空国旅公司为李丽华的案涉债务提供连带担保的意思表示。本案中,交行省分行主张航空国旅公司对李丽华的案涉债务提供连带责任保证,不属于上述司法解释所规定的关于公司对外担保无须机关决议的例外情形。

北京市西城区人民法院在一案③中认为,"洪伟作为银河公司的股东,以银河公司为其个人债务提供担保,没有依据相关法律规定履行相应决议程序。但按照上述司法解释的规定,在2021年1月16日《借款协议》签署的时间点,排除洪伟在担保事项中的表决权后,在协议中担保方处签字的洪亮在银河公司所持股份已达到有表决权股东持股的三分之二,故康迪与银河公司在上述《借款协议》中关于担保的约定有效,银河公司应当承担保证责任"。

重庆市巴南区人民法院在一案④中认为,"民法典司法解释明确规定了三分之二以上的股东必须是对担保事项有表决权的股东,而非全部股东,因为《公司法》第十六条已经明确排除了关联股东对担保事项的表决权,所以,樊彦作为关

---

① 参见潘秋平与季元平、秦向村等民间借贷纠纷案,苏州市中级人民法院民事判决书,(2020)苏05民终11880号。
② 参见交通银行股份有限公司广东省分行、广东航空观光国际旅行社有限公司等金融借款合同纠纷案,广州市中级人民法院民事判决书,(2022)粤01民终18772号。
③ 参见康迪与洪伟等民间借贷纠纷案,北京市西城区人民法院民事判决书,(2021)京0102民初8255号。
④ 参见孙恭庆与重庆市涪陵江洲建筑有限公司,重庆方德房地产开发有限公司等民间借贷纠纷案,重庆市巴南区人民法院民事判决书,(2021)渝0113民初27625号。

联股东没有表决权,其签字不能作为担保合同有效的依据"。

◆ 小结与建议

投资方:约定目标公司为原股东履行对赌协议提供担保的,如果没有就此召开股东会,则一般应取得持有原股东持股外剩余股权2/3以上股东的签字同意。

创始人方:目标公司为原股东履行对赌协议提供担保的,担保条款未必有效。建议视情况提出同意担保的股东所持表决权不满足法定要求的抗辩。

1.8 目标公司就对赌签订的担保条款被认定为无效，需要承担责任吗？

目标公司为原股东或实际控制人履行对赌协议提供担保（以下简称"担保条款"）的，如果担保条款被认定为无效，目标公司是否无须承担任何责任？

如前所述，对赌背景下的担保条款本身并无特殊的无效因素，判断其效力的主要依据为《公司法》关于公司担保的规定。例如，最高人民法院在一案①中认为，"在案涉'对赌协议'中，目标公司即中航公司虽不参与'对赌'，但需为'对赌协议'的履行提供连带责任保证。对于中航公司为其股东提供担保，是否依照《中华人民共和国公司法》第十六条第二款关于'公司为公司股东或者实际控制人提供担保的，必须经股东会或者股东大会决议'的规定，经过了股东会决议的问题，一审法院未予审理，即认定担保有效，在此基础上判决中航公司承担连带保证责任，属于认定基本事实不清"，裁定发回重审。

公司为股东或实际控制人提供担保，应当经被担保股东或受实际控制人支配的股东之外的其他出席股东会的股东所持表决权的过半数通过。《公司法》第15条第2、3款规定："公司为公司股东或者实际控制人提供担保的，应当经股东会决议。前款规定的股东或者受前款规定的实际控制人支配的股东，不得参加前款规定事项的表决。该项表决由出席会议的其他股东所持表决权的过半数通过。"

未经股东会决议授权，法定代表人代表公司为他人提供担保的，属于越权代表。《九民纪要》规定："为防止法定代表人随意代表公司为他人提供担保给公司造成损失，损害中小股东利益，《公司法》第16条对法定代表人的代表权进行了限制。根据该条规定，担保行为不是法定代表人所能单独决定的事项，而必须以公司股东（大）会、董事会等公司机关的决议作为授权的基础和来源。法定代表人未经授权擅自为他人提供担保的，构成越权代表。"

法定代表人越权代表的，如果债权人非善意，则担保合同无效。《九民纪要》规定："法定代表人未经授权擅自为他人提供担保的，构成越权代表，人民法院应当根据《合同法》第50条关于法定代表人越权代表的规定，区分订立合同

---

① 参见合肥中航新能源科技有限责任公司、杭州武林置业有限公司等合同纠纷案，最高人民法院民事裁定书，(2020)最高法民终762号。

时债权人是否善意分别认定合同效力:债权人善意的,合同有效;反之,合同无效。"

债权人是否善意,是指债权人是否知道法定代表人越权订立担保合同。《九民纪要》规定:"前条所称的善意,是指债权人不知道或者不应当知道法定代表人超越权限订立担保合同。"

关联担保的情况下,债权人为证明其为善意,应举证证明其在签订担保合同时对股东会决议进行了形式审查。《九民纪要》规定:"《公司法》第16条对关联担保和非关联担保的决议机关作出了区别规定,相应地,在善意的判断标准上也应当有所区别。一种情形是,为公司股东或者实际控制人提供关联担保,《公司法》第16条明确规定必须由股东(大)会决议,未经股东(大)会决议,构成越权代表。在此情况下,债权人主张担保合同有效,应当提供证据证明其在订立合同时对股东(大)会决议进行了审查,决议的表决程序符合《公司法》第16条的规定,即在排除被担保股东表决权的情况下,该项表决由出席会议的其他股东所持表决权的过半数通过,签字人员也符合公司章程的规定……债权人对公司机关决议内容的审查一般限于形式审查,只要求尽到必要的注意义务即可,标准不宜太过严苛。公司以机关决议系法定代表人伪造或者变造、决议程序违法、签章(名)不实、担保金额超过法定限额等事由抗辩债权人非善意的,人民法院一般不予支持。但是,公司有证据证明债权人明知决议系伪造或者变造的除外。"

担保条款无效的,如果认定担保人及债权人均有过错,则担保人承担的赔偿责任不应超过债务人不能清偿部分的1/2。《九民纪要》规定:"担保合同无效,债权人请求公司承担担保责任的,人民法院不予支持,但可以按照担保法及有关司法解释关于担保无效的规定处理。"《民法典担保制度解释》第17条第1款规定:"主合同有效而第三人提供的担保合同无效,人民法院应当区分不同情形确定担保人的赔偿责任:(一)债权人与担保人均有过错的,担保人承担的赔偿责任不应超过债务人不能清偿部分的二分之一;(二)担保人有过错而债权人无过错的,担保人对债务人不能清偿的部分承担赔偿责任;(三)债权人有过错而担保人无过错的,担保人不承担赔偿责任。"《担保法解释》第7条规定:"主合同有效而担保合同无效,债权人无过错的,担保人与债务人对主合同债权人的经济损失,承担连带赔偿责任;债权人、担保人有过错的,担保人承担民事责任的部分,不应超过债务人不能清偿部分的二分之一。"

据此,对赌纠纷中,如果目标公司的法定代表人越权代表,而投资方又未尽审核义务,则担保条款无效。但目标公司不承担担保责任并不意味着无须承担任何责任。如果目标公司及投资方被认定为均有过错,则目标公司应承担赔偿责任,数额不超过被担保的原股东或实际控制人不能履行对赌协议部分的1/2。

主题案例:北京无限点乐科技有限公司、广发信德投资管理有限公司新增资本认购纠纷案[①]

2016年6月,投资方与目标公司签署《投资协议》,约定投资方向目标公司增资5000万元,取得11.11%的股权。

随后,投资方与目标公司及其实际控制人签署《补充协议》,目标公司及实际控制人承诺目标公司2016年和2017年收入分别不低于人民币5亿元和6.6亿元。如果目标公司任一年度收入低于当年承诺收入的85%,或目标公司未能在2018年12月31日前实现在上海证券交易所或深圳证券交易所挂牌上市或出现其他约定的情形,则投资方有权向实际控制人出售其持有目标公司的全部股份。目标公司为实际控制人的回购责任和违约责任提供连带责任保证。

2017年4月20日,北京兴华会计师事务所(特殊普通合伙)出具目标公司的《审计报告》,认定目标公司2016年度主营业务营业收入294345627.72元,其他业务营业收入971664.47元,合计295317292.19元。

投资方提起诉讼,请求判令实际控制人支付股权转让款,目标公司承担连带担保清偿责任等。

广东省高级人民法院认为:

《补充协议》关于目标公司为实际控制人的回购责任和违约责任提供连带责任保证的约定("担保条款")无效。

首先,《公司法》第16条第2款实质上在公司提供对外担保事项上对法定代表人的代表权进行了法定限制,以立法的方式剥夺了公司法定代表人个人决定对外担保的权利,其目的是防止公司股东或实际控制人利用控股地位,损害公司、其他股东或公司债权人的利益。本案中,目标公司未就以目标公司名义为股东提供担保的事宜召开过股东会,也没有证据证明担保条款已得到其他股东的同意。因此,目标公司法定代表人在《补充协议》上签名并加盖目标公司印章,属于越权代表。

其次,投资方作为专业的投资公司,应当明知公司法定代表人代表公司作出对外担保的意思表示时,该法定代表人的权限受到《公司法》第16条的限制,因此其在接受公司为其股东或实际控制人提供担保时,对担保事宜是否经过公司

---

① 参见广东省高级人民法院民事判决书,(2019)粤民终467号。

股东会或者股东大会决议负有必要的形式审查义务。投资方未能举证证明签订《补充协议》时目标公司出具了该公司同意为公司股东提供担保的股东会决议,或其有理由相信该担保行为已经过目标公司股东会决议同意。投资方未能尽到基本的形式审查义务,存在明显过错,其属于《合同法》第50条、《担保法解释》第11条规定的除外情形,不属于善意相对人。

综上所述,目标公司的法定代表人,未经公司股东会决议授权擅自以公司名义为股东的对外债务提供担保,该越权行为应认定为无效。

关于目标公司的责任承担问题。如前所述,投资方在目标公司对外提供担保时未能尽到基本的形式审查义务。目标公司在公章管理、人员选任上存在过错,导致该公司法定代表人未经股东会决议授权,越权代表公司对实际控制人的债务进行担保。投资方及目标公司对担保条款无效均应承担相应的过错责任。根据《担保法解释》第7条的规定,原审法院认定目标公司应对实际控制人承担的股权回购款及违约金,就不能清偿的部分承担1/2的赔偿责任,应予维持。

本案中,目标公司的法定代表人签署了含有担保条款的《补充协议》,约定目标公司为其实际控制人履行对赌协议提供连带责任保证。因目标公司未实现业绩承诺,投资方要求实际控制人回购股权、目标公司承担连带担保责任。

法院认为,法定代表人签署前述合同未经股东会决议,构成越权代表,投资方未举证证明其曾就担保是否经过股东会决议进行形式审查,并非善意,因此担保条款无效。目标公司在公章保管、法定代表人选任上有过错,投资方则未尽审查义务,双方均应承担相应的过错责任。根据本案适用的《担保法解释》的规定,由目标公司对实际控制人不能清偿部分的1/2承担赔偿责任。

大多数案件中,法院也持相同观点,即目标公司为原股东或实际控制人履行对赌协议承担担保责任的,如果未经股东会决议且投资方未证明其曾尽审查义务,则担保条款无效。如果目标公司及投资方均有过错,则目标公司就原股东或实际控制人未清偿部分的1/2承担赔偿责任。

最高人民法院在一案①中认为,"通联公司在签订《增资扩股协议》时,因《久远公司章程》中并无公司对外担保议事程序规定,通联公司有合理理由相信向生建有权代表公司对外签订有担保意思表示内容的《增资扩股协议》,但其未能尽到要求目标公司提交股东会决议的合理注意义务,导致担保条款无效,对协

---

① 参见通联资本管理有限公司与成都新方向科技发展有限公司等与公司有关的纠纷案,最高人民法院民事判决书,(2017)最高法民再258号。

议中约定的担保条款无效自身存在过错。而久远公司在公司章程(2009年6月9日之前)中未规定公司对外担保及对公司股东、实际控制人提供担保议事规则,导致公司法定代表人使用公章的权限不明,法定代表人向生建,未经股东会决议授权,越权代表公司承认对新方向公司的股权回购义务承担履约连带责任,其对该担保条款无效也应承担相应的过错责任。《最高人民法院关于适用〈中华人民共和国担保法〉若干问题的解释》第七条规定……根据该规定,通联公司、久远公司对《增资扩股协议》中约定的'连带责任'条款无效,双方均存在过错,久远公司对新方向公司承担的股权回购款及利息,就不能清偿部分承担二分之一的赔偿责任"。

北京市第三中级人民法院在一案①中认为,"《补充合同》中明确丙方宋方为乙方方元明公司的股东,且为实际控制人,然而根据本案现有证据显示在签署《补充合同》时,无证据显示宋方取得了方元明公司其他股东元泽企业及宋有钧的授权,且无证据显示方元明公司的决议机关对为宋方提供担保进行了有效的表决,因此一审法院认定宋方在《补充合同》上的签字仅为宋方个人意思表示,并非方元明公司的意思表示,于法有据,本院不持异议……本案中,因丰年鑫慧企业在签订担保合同过程中未审查方元明公司是否就担保事项进行过股东会决议即签署《补充合同》,存在过错",而方元明公司明知未就担保事项进行过股东会表决即盖章签字亦具有过错。"一审法院综合在案证据及相关事实,根据《最高人民法院关于适用〈中华人民共和国担保法〉若干问题的解释》第七条规定……酌定方元明公司对宋方所欠丰年鑫慧企业股权回购款中不能清偿部分承担二分之一的赔偿责任,于法有据,本院依法予以维持。"

江苏省南通市中级人民法院在一案②中认为,"凌葛锋为智造链公司法定代表人及股东,凌葛锋代表智造链公司为其本人的债务对外作出承担连带责任的意思表示时,未取得公司股东会相关决议和授权,构成越权代表。同时,金玖惠通合伙企业在接受智造链公司为凌葛锋承担连带责任时亦未依法审查此行为是否附有智造链公司的股东会决议,存在重大过失,表明其并非善意相对人,因而智造链公司不应承担连带责任。但公司不承担担保责任并不意味着无须承担任何责任……金玖惠通合伙企业未审查公司决议构成恶意;智造链公司的公司章

---

① 参见西安方元明科技股份有限公司等与公司有关的纠纷案,北京市第三中级人民法院民事判决书,(2020)京03民终6005号。

② 参见南通智造链科技有限公司、季小军与南通金玖惠通二期创业投资基金合伙企业、凌葛锋与公司有关的纠纷案,南通市中级人民法院民事判决书,(2021)苏06民终1657号。

程中明确约定公司为公司股东或实际控制人提供担保时的议事规则,但凌葛锋仍未经股东会决议程序即代表公司为公司股东对外作出承担连带责任的意思表示,智造链公司未对其法定代表人权利行使有所约束,故其对连带责任约定无效亦存在过错。由于金玖惠通合伙企业和智造链公司对于案涉连带责任的约定无效均存在过错,且二者过错相当,故智造链公司承担民事责任的部分,不应超过凌葛锋不能清偿部分的二分之一"。

不过,对于无效的担保合同,并非所有案件的处理都一致。有的案件中担保人被判决承担的赔偿责任低于债务人不能履行部分的1/2。根据《民法典》及《担保法解释》的规定,担保合同无效时,如果担保人和债权人均有过错,担保人承担的赔偿责任,是不超过债务人不能履行部分的1/2,并非必须为1/2。

例如,湖北省宜昌市中级人民法院在一案①中认为,"一方面,因邓村绿茶公司公司章程中并无公司对外担保议事程序规定,上海平宸公司有合理理由相信黄宗虎有权代表公司对外签订有担保意思表示内容的《回购股份及反担保协议》,只是其未能尽到要求邓村绿茶公司提交股东大会决议的合理注意义务,导致担保条款无效,对协议中约定的担保条款无效自身存在过错。另一方面,邓村绿茶公司在公司章程中虽然规定了公司对外担保及对公司股东、实际控制人提供担保需在董事会通过后提交股东大会审议,但缺乏公司公章使用管理的相关制度,其法定代表人黄宗虎未经股东大会决议授权,使用公司公章,越权代表公司承认对黄宗虎的股权回购义务承担履约连带责任,邓村绿茶公司对该担保条款无效也应承担相应的过错责任。依据《最高人民法院关于适用〈中华人民共和国担保法〉若干问题的解释》第七条……之规定,上海平宸公司和邓村绿茶公司对'连带责任'条款无效均存在过错,本院根据本案实际情况,确认邓村绿茶公司对黄宗虎承担的股权回购款4500万元,就不能清偿的部分承担四分之一的赔偿责任"。

有的案件中,虽然担保条款被判定无效,但从不侵害目标公司债权人利益的角度出发,法院判决目标公司不承担赔偿责任。

北京市第二中级人民法院在一案②中认为,"郭伟、炜能中心是国能公司的股东。国能公司为股东提供担保,必须经过股东会决议且经过其他股东所持表

---

① 参见上海平宸投资管理有限公司与湖北邓村绿茶集团股份有限公司、黄宗虎请求公司收购股份纠纷案,宜昌市中级人民法院民事判决书,(2020)鄂05民初31号。

② 参见湖州中泽嘉盟股权投资合伙企业(有限合伙)与北京国能电池科技股份有限公司等股权转让纠纷案,北京市第二中级人民法院民事判决书,(2019)京02民初668号。

决权的过半数通过。现无证据证明《增资协议》关于国能公司承担连带责任的约定经过有表决权的国能公司股东会决议通过，且中泽企业亦明确表示在签订《增资协议》时其知道公司为股东提供担保应当具有相应手续，而其在该协议签订过程中未对国能公司股东会决议等文件进行审查，故不能认定中泽企业系善意。故《增资协议》第8.5条关于国能公司承担连带责任的约定对国能公司无效。关于国能公司是否承担担保无效的法律责任，《增资协议》明确约定郭伟系国能公司实际控制人，亦明确载明了当时国能公司全部16名股东的股权情况。《增资协议》系由郭伟代表国能公司签署。中泽企业签订该协议时明知国能公司存在多名其他股东以及国能公司未出具有表决权的股东会决议，亦明知国能公司的实际控制人是郭伟且《增资协议》关于连带责任的约定对郭伟具有利益，但中泽企业仍同意与郭伟签署由国能公司为郭伟提供担保的担保条款，而不要求审查相关文件。中泽企业的行为实质上放任了郭伟越权代表行为的发生，其自身具有重大过错，应对担保无效承担责任。且在此情况下，中泽企业要求作为目标公司的国能公司就回购义务承担责任，亦有可能损害公司债权人的利益。综上，关于中泽企业要求国能公司对郭伟、炜能中心的涉案债务承担连带责任的诉讼请求，本院不予支持"。

◆ 小结与建议

投资方：约定目标公司为原股东或实际控制人履行对赌协议承担担保责任的，投资方应在签订投资合同时审查有关担保的股东会决议。在排除被担保股东表决权的情况下，担保议案应由出席会议的其他股东所持表决权的过半数通过，否则担保条款无效。不过，即便担保条款无效，也不意味着免除目标公司的全部责任，目标公司可能被判决就原股东或实际控制人未清偿部分的1/2承担赔偿责任。

创始人方：不建议目标公司为创始人方就对赌协议的履行提供担保。为降低目标公司法定代表人越权担保的概率及尽可能缩小担保条款被认定无效后目标公司的赔偿责任范围，建议完善公章管理制度，如在目标公司章程中规定包括关联担保在内的担保议事规则、明确公章管理制度及法定代表人的权限。

1.9 目标公司对回购与补偿承担连带责任,构成连带责任保证或债务加入吗?

关于股权回购或业绩补偿条款,有的约定由目标公司及原股东共同作为对赌义务人,如"投资方有权要求目标公司及原股东回购";有的仅约定目标公司或原股东中的一方为对赌义务人,另一方对此承担连带责任,如"如果未实现业绩承诺,投资方有权要求原股东回购股权,目标公司和原股东对本协议约定的责任承担连带责任"。

前种情形,约定目标公司与原股东共同承担对赌责任的,目标公司为对赌义务人。例如,北京市高级人民法院在一案①中认为,根据《股权投资协议》的约定,投资方在约定的情形发生时,有权要求原股东及目标公司回购股份及以现金进行业绩补偿。因此,目标公司和原股东共同承担股份回购和业绩补偿责任。

后种情形,约定对赌条款触发时目标公司与原股东承担"连带责任"的,目标公司承担的是主债务还是构成连带责任保证或债务加入?

连带责任,由法律规定或当事人约定。连带债务人对外连带承担责任,对内按份承担责任。②《民法典》第178条规定:"二人以上依法承担连带责任的,权利人有权请求部分或者全部连带责任人承担责任。连带责任人的责任份额根据各自责任大小确定;难以确定责任大小的,平均承担责任。实际承担责任超过自己责任份额的连带责任人,有权向其他连带责任人追偿。连带责任,由法律规定或者当事人约定。"第519条规定:"连带债务人之间的份额难以确定的,视为份额相同。实际承担债务超过自己份额的连带债务人,有权就超出部分在其他连带债务人未履行的份额范围内向其追偿,并相应地享有债权人的权利,但是不得损害债权人的利益。其他连带债务人对债权人的抗辩,可以向该债务人主张。被追偿的连带债务人不能履行其应分担份额的,其他连带债务人应当在相应范围内按比例分担。"

连带责任保证,是连带责任的一种,由当事人约定,因具有从属性而有别于

---

① 参见安凤占等与王明光等股权转让纠纷案,北京市高级人民法院民事判决书,(2019)京民终154号。
② 参见最高人民法院民法典贯彻实施工作领导小组主编:《中华人民共和国民法典合同编理解与适用(一)》,人民法院出版社2020年版,第393页。

其他连带责任。①《民法典》第688条规定:"当事人在保证合同中约定保证人和债务人对债务承担连带责任的,为连带责任保证。连带责任保证的债务人不履行到期债务或者发生当事人约定的情形时,债权人可以请求债务人履行债务,也可以请求保证人在其保证范围内承担保证责任。"

债务加入,也属于连带责任,是指第三人加入债的关系与原债务人共同承担连带债务。《民法典》第552条规定:"第三人与债务人约定加入债务并通知债权人,或者第三人向债权人表示愿意加入债务,债权人未在合理期限内明确拒绝的,债权人可以请求第三人在其愿意承担的债务范围内和债务人承担连带债务。"

目标公司无论是构成连带责任保证还是债务加入,均须满足《公司法》关于公司担保的规定。《九民纪要》规定:"法定代表人以公司名义与债务人约定加入债务并通知债权人或者向债权人表示愿意加入债务,该约定的效力问题,参照本纪要关于公司为他人提供担保的有关规则处理。"

既然连带责任保证及债务加入都属于连带责任,那么约定原股东为对赌义务人,回购或补偿条款触发时,目标公司对此承担连带责任的,是否应理解为目标公司构成连带责任保证或债务加入?

主题案例:杭州浙农科众创业投资合伙企业、鲁克银与樊荣、上海徽翔阅投资管理合伙企业等股权转让纠纷案②

2017年9月30日,投资方与目标公司及包括控股股东在内的目标公司管理层股东等签订《投资协议》。

该协议约定,公司管理层股东承诺和保证,若目标公司年度净利润经审计确认后低于承诺的经营业绩目标的90%,则控股股东应当分别向投资方给予现金补偿或股权补偿,投资方对此具有选择权。目标公司、除目标公司控股股东之外的其他管理层股东应对本协议约定的对投资方的现金补偿、股权补偿义务及迟延履行违约金等承担连带责任。如投资方要求目标公司实际履行补偿义务或承担违约责任,则目标公司应在实际承担相关义务后向其他公司管理层、股东或实际控制人追偿。

该协议还约定,包括未能如期上市等回购触发事件发生后,投资方有权在任

---

① 参见最高人民法院民法典贯彻实施工作领导小组主编:《中华人民共和国民法典合同编理解与适用(一)》,人民法院出版社2020年版,第394页。

② 参见上海市第一中级人民法院民事判决书,(2021)沪01民终1387号。

何时间要求公司控股股东回购投资方所持有的部分或全部股权。目标公司、除目标公司控股股东之外的其他管理层股东均有履行股权回购的义务,应对投资方承担连带责任。

目标公司的业绩及上市承诺均未达成,投资方提起诉讼,请求控股股东支付股权回购款及业绩补偿款,目标公司及其他管理层股东对以上款项承担连带责任等。

投资方认为其他管理层股东、目标公司系因债务加入而承担连带责任;其他管理层股东则辩称其系连带保证人,因投资方的主张已经超过保证期间,故不应承担连带责任保证。

上海市浦东新区人民法院一审认为:

对赌协议的约定,属于对多主体之间责任分配的约定,其他管理层股东、目标公司应对其合同义务承担不区分份额的连带责任,投资方可向其中之一、之二或全部主张全部义务。故投资方主张要求其他管理层股东就股权回购款、现金补偿款及逾期付款违约金承担共同清偿的连带责任,予以支持。

但投资方要求目标公司承担连带责任的诉讼请求,实际上系为了投资方的股东利益而减少目标公司的注册资金及其财产,违反了公司法关于公司资本维持原则的规定。且在投资方未举证证明目标公司已完成合法的减资程序以及目标公司有足额的盈余可供分配的情况下,若目标公司承担返还股东增发股份认购款和股权转让款的责任,势必损害目标公司其他股东和外部债权人的利益,与公司法关于股东不得抽回出资的强制性规定相悖。故投资方的该项诉请,不予支持。

因案涉投资协议中并未明确约定其他管理层股东、目标公司需对股权回购款及现金补偿款承担连带责任保证,且各方当事人均为案涉投资协议的缔约当事人,同属一个合同关系,不构成第三方加入原有债权债务关系的情形,故对投资方及其他管理层股东的上述诉辩意见,均不予采纳。

上海市第一中级人民法院二审认为:

系争投资协议约定:目标公司、除目标公司控股股东之外的其他管理层股东应对本协议约定的对投资方的现金补偿、股权补偿义务及迟延履行违约金等承担连带责任。如投资方要求目标公司实际履行补偿义务或承担违约责任,则目标公司应在实际承担相关义务后向其他公司管理层、股东或实际控制人追偿。

该约定系对目标公司向投资方承担现金补偿、股权回购义务的约定,并非对支付现金补偿款、承担股权回购义务的担保,该约定违反公司法关于公司资本维持原则的规定。在目标公司尚未完成合法减资程序及有足额盈余可供分配的情

1.9 目标公司对回购与补偿承担连带责任,构成连带责任保证或债务加入吗?

况下,目标公司如果承担现金补偿及股权回购义务,将与公司不得抽回出资的强制性规定相悖,故一审法院判决驳回投资方对目标公司的诉请,并无不当,予以赞同。

本案中,各方约定如果业绩或上市承诺未达成,控股股东应补偿或回购投资方持有目标公司的股权,目标公司及其他管理层股东对补偿及股权回购承担连带责任。投资方主张目标公司及其他管理层股东构成债务加入,而其他管理层股东则辩称其系连带保证人。

关于是否构成债务加入。《民法典》第552条规定的债务加入方为第三方。本案一审法院认为,当事人均为案涉投资协议的缔约当事人,同属一个合同关系,目标公司及其他管理层股东不构成第三方。

与本案类似,北京市高级人民法院在一案①中认为,《增资补充协议》关于目标公司承担连带责任的约定不构成债务加入。涉案各方均为《增资补充协议》缔约当事人,同属一个合同关系,不构成第三方加入原有债权债务关系的情形。

关于是否构成连带责任保证。根据《民法典》第688条的规定,连带责任保证,是约定债务人不履行到期债务时,债权人可以请求保证人承担责任。但本案并没有约定投资方在控股股东不履行回购义务时,可向目标公司主张保证责任。因此,并不符合连带责任保证的要件。

本案法院认为,目标公司对控股股东的支付义务承担连带责任的约定,并不构成担保。在目标公司尚未完成减资程序的情况下,判决驳回投资方对目标公司的诉讼请求。

其他案件中,不少法院也未将目标公司承担"连带责任"的约定等同于"连带责任保证",而是将承担"连带责任"的目标公司理解为对赌义务人,继而依据《公司法》关于抽逃出资及利润分配等规定进行审核。

北京市高级人民法院在一案②中认为,"金川神雾公司作为投资的目标公司,如果其为股东回购义务承担连带责任,实际上是收购本公司股份,必须完成相应减资程序才能进行。而金川神雾公司并没有进行任何减资程序,故国开基金要求金川神雾公司对北京神雾公司应当支付的款项承担连带清偿责任的主张

---

① 参见上海巨什机器人科技有限公司等与苏州兴博九鼎投资中心(有限合伙)合同纠纷案,北京市高级人民法院民事判决书,(2020)京民终165号。
② 参见国开发展基金有限公司与神雾科技集团股份有限公司等合同纠纷案,北京市高级人民法院民事判决书,(2022)京民终413号。

无法律依据"。

北京市高级人民法院在一案①中认为,"深圳小微企业要求大连远洋公司对励振羽和大连金沐公司支付股权回购价款的责任承担连带责任一节,因深圳小微企业持有大连远洋公司股权,大连远洋公司向深圳小微企业支付股权回购价款需要符合公司法关于股东不得抽逃出资的强制性规定,但本案根据现有证据,大连远洋公司未完成减资程序,本院对深圳小微企业该请求不予支持"。

在北京市第一中级人民法院二审审理的一案②中,合同约定目标公司、创始股东对协议约定的股权回购义务承担连带责任。一审法院认为,投资方要求目标公司承担连带责任,无异于要求目标公司以自己的财产承担自己股权价款的相应份额的给付责任,从而违反了公司资本维持原则,对该部分主张不予支持。二审维持原判。

但要注意的是,有的案件中,法院将"连带责任"理解为"连带责任保证"。在与主题案例对赌约定类似的一案③中,最高人民法院作出了与主题案例不同的认定,认为实质上构成连带责任保证。最高人民法院认为,"本案各方当事人又签订了案涉增资补充协议,约定了业绩对赌条款,即巨什公司在业绩承诺期内净利润低于一定标准时,兴博九鼎中心、前海厚润中心有权要求毕京洲等方回购巨什公司股权,同时约定巨什公司对协议约定的相关责任义务承担连带责任。由上,本院认为案涉增资协议及其补充协议的性质为投资人与目标公司股东进行业绩对赌,目标公司对股东的付款义务提供连带责任保证,即本案巨什公司实质上为毕京洲的付款义务提供担保"。

北京市第一中级人民法院在一案④中认为,《增资合同》约定如果目标公司未完成上市对赌承诺,则投资方有权要求控股股东及实际控制人回购股权,控股股东、实际控制人及目标公司对价款支付、违约责任承担连带责任。北京市第一中级人民法院将前述约定认定为目标公司担保条款,并以《增资合同》已载明全体股东同意投资方对目标公司增资的事项,投资方已尽到审慎注意和形式审

---

① 参见深圳东方小微兴股权投资基金合伙企业(有限合伙)与大连远洋渔业金枪鱼钓有限公司等合同纠纷案,北京市高级人民法院民事判决书,(2022)京民终44号。
② 参见北京麒麟网文化股份有限公司等与上海清科共创投资合伙企业(有限合伙)股权转让纠纷案,北京市第一中级人民法院民事判决书,(2021)京01民终175号。
③ 参见上海巨什机器人科技有限公司、毕京洲合同纠纷案,最高人民法院民事裁定书,(2020)最高法民申6603号。
④ 参见北京建新宏业科技有限公司等与北京嘉鑫世纪投资有限公司股权转让纠纷案,北京市第一中级人民法院民事判决书,(2019)京01民终4395号。

1.9 目标公司对回购与补偿承担连带责任,构成连带责任保证或债务加入吗?

查义务为由,认定担保条款对目标公司有效。

◆ **小结与建议**

各法院对"目标公司对回购与补偿承担连带责任"的理解不统一。较多案件中法院认为目标公司为对赌义务人,但也有的认为其为保证人。

投资方:建议将目标公司明确约定为保证人。否则,目标公司有可能被认定为对赌义务人。在该等情况下,法院仅在目标公司已履行减资或利润分配程序的情况下,才支持投资方关于目标公司回购或补偿的主张。

创始人方:建议将目标公司直接约定为对赌义务人。为降低不确定性,在对赌条款的表述上,应避免使用"连带责任"的措辞。

1.10 原股东为目标公司回购股权承担连带责任的，目标公司未减资有影响吗？

实务中，不乏当事人约定对赌义务人为目标公司而原股东为此承担连带责任的情形。如果法院因目标公司未减资而不支持投资方关于目标公司回购股权的诉讼请求，原股东还承担责任吗？

回答这个问题的关键在于，原股东承担的是连带责任保证，还是连带责任。二者的法律后果不同：对于前者，由于主债务的履行条件尚未成就，连带保证人不承担责任（详见问题1.11）；对于后者，原股东应承担责任。

连带责任保证，属于连带责任的情形之一。连带责任保证有主从债务之分，担保责任系从债务。如果作为主债务人的目标公司未减资，法院判决驳回投资方关于目标公司回购股权的请求，连带保证人原股东也无须向投资方承担责任。例如，最高人民法院在一案①中认为，"银海通投资中心针对奎屯西龙公司的诉讼请求为'在新疆西龙公司不能履行回购义务时向银海通投资中心支付股权回购价款13275000元'"，"该义务属于担保合同义务，而担保合同义务具有从属性，即履行担保合同义务的前提条件是主合同义务履行条件已成就。现新疆西龙公司的减资程序尚未完成，股份回购的主合同义务尚未成就，故奎屯西龙公司的担保义务未成就，银海通投资中心要求判令奎屯西龙公司承担责任的再审申请理由不成立"。

连带责任，是民法体系中多方承担责任的一种方式，承担该责任的主体是直接责任人，不以其他债务人是否履行为前提，有别于债务人不履行时才承担责任的保证责任。《民法典》第178条第1款规定："二人以上依法承担连带责任的，权利人有权请求部分或者全部连带责任人承担责任。"

对赌协议中约定"原股东对目标公司在本协议中的义务承担连带责任"等内容的，投资方起诉原股东承担连带责任的请求能否得到支持？

---

① 参见北京银海通投资中心、新疆西龙土工新材料股份有限公司股权转让纠纷案，最高人民法院民事裁定书，(2020)最高法民申2957号。

1.10 原股东为目标公司回购股权承担连带责任的,目标公司未减资有影响吗?

主题案例:广东南方广播影视传媒集团有限公司、广东南方领航影视传播有限公司公司增资纠纷案①

2014年11月28日,投资方与目标公司、控股股东签订《增资扩股协议》,约定目标公司拟引入投资金额为1.4亿元的战略投资者,最终实现公司境内上市目标。

同日,前述主体签署《补充协议》约定:如果目标公司未能在2018年6月30日前在国内实现A股IPO首发上市(主板、中小板、创业板)等情形,投资方有权要求目标公司在两个月内回购其持有目标公司的全部或部分股权,控股股东应协助目标公司予以执行。控股股东对目标公司在本协议中的义务承担连带责任。

2018年1月2日,因目标公司业绩持续下滑,财务指标远未达到申报IPO的最低要求,投资方向目标公司及控股股东发函,要求回购股权。

投资方提起诉讼,要求控股股东及目标公司连带赔偿损失(回购的可得利益损失,以出资额本金为基数,按8%年化收益率计算),并支付违约金。

控股股东及目标公司申请再审,理由之一为控股股东未参与对赌,在原审法院已认定投资方不能向目标公司主张股权回购的情况下,控股股东无须承担股权回购责任。

最高人民法院再审认为:

目标公司未能按照约定在2018年6月30日前实现上市,目标公司应按照《补充协议》的约定履行回购股权义务。

《公司法》第35条规定,公司成立后,股东不得抽逃出资。目标公司回购公司自身的股权,应先履行法定减资程序。投资方未提供证据证明目标公司已依法履行了法定的减资程序,原审法院据此认定投资方在本案中无权直接要求目标公司收购自己公司的股权,但这并不代表目标公司不用承担义务,而是目标公司履行不能。

根据案涉《补充协议》的约定,控股股东为目标公司原股东,原股东对目标公司在本协议中的义务承担连带责任。因此,虽然《补充协议》约定的股权回购主体为目标公司,但在目标公司无法承担回购股权责任时,由控股股东承担回购股权责任,符合上述合同约定。二审法院认定控股股东应承担回购股权责任,并据此判决控股股东应赔偿投资方回购可得利益损失及该项违约金损失,并无不当。

---

① 参见最高人民法院民事裁定书,(2020)最高法民申6234号。

本案中，各方约定目标公司为对赌义务人，控股股东对目标公司在对赌协议中的义务承担连带责任。由于目标公司未能如期上市，投资方提起诉讼，要求控股股东及目标公司连带赔偿损失等。

控股股东辩称，其非对赌义务人，且因目标公司未减资，原审法院已驳回投资方关于目标公司回购股权的主张。因此，其无须承担股权回购责任。

但是，《补充协议》约定控股股东对目标公司在本协议中的义务承担连带责任，控股股东作为连带责任人，负有直接的股权回购责任，不以目标公司是否回购为前提。因此，投资方有权要求控股股东回购股权。最高人民法院驳回了控股股东的再审申请。

本案并非孤例。其他案件中也有法院认为，对赌协议约定原股东就目标公司回购等义务承担连带责任的，承担连带责任方亦为回购义务人，投资方有权要求原股东承担回购责任，至于目标公司是否履行回购义务，在所不论。

广东省高级人民法院在一案①中认为，虽然根据《补充协议》的约定，"案涉股份的回购义务人系目标公司即领航公司或其指定的第三方，但根据该《补充协议》中有关'丙方为目标公司原股东，原股东对甲方在本协议中的义务承担连带责任'的相关约定，丙方即传媒集团亦应可视为案涉股份的回购义务人。本案中，领航公司作为目标公司如回购自己的股份"，应履行法定的减资程序，而投资方并未提交证据证明领航公司已依法履行了法定的减资程序，一审法院驳回关于领航公司应赔偿的诉讼请求并无不当，予以维持。"但正如上文所述，传媒集团亦是案涉股份的回购义务人，而传媒集团作为领航公司的股东受让其他股东持有的领航公司股份，实为股份转让，润信鼎泰、鼎泰资本、美锦公司基于此而主张传媒集团应赔偿其回购可得利益损失及该项违约金损失的诉讼请求，合法有据，本院予以支持。"

除约定回购义务人为目标公司而原股东对此承担连带责任外，还有一揽子约定由目标公司及原股东连带回购的情形。对此，法院的处理与主题案例类似，即股权回购条款触发的，支持投资方要求原股东回购的请求。

北京市第一中级人民法院二审维持原判的一案②中，《协议书》约定如果目标公司未能如期上市，投资方有权选择要求目标公司或创始股东回购或受让投

---

① 参见北京润信鼎泰投资中心等与广东南方广播影视传媒集团有限公司等公司增资纠纷案，广东省高级人民法院民事判决书，(2019)粤民终2507号。
② 参见北京麒麟网文化股份有限公司等与上海清科共创投资合伙企业(有限合伙)股权转让纠纷案，北京市第一中级人民法院民事判决书，(2021)京01民终175号。

资方持有的全部或部分公司股权。目标公司、创始股东对本协议约定的股份回购义务承担连带责任。一审法院未支持投资方针对目标公司回购的请求,理由是目标公司未减资,但支持了投资方向创始股东提出的回购请求。一审法院认为,"合同条款表明,清科合伙企业有权要求麒麟网公司创始股东支付清科合伙企业出让名下股权的相应价款,并将股权交付创始股东或其指定的民事主体;而所有创始股东对于该项价款给付义务承担连带责任。《中华人民共和国民法总则》第一百七十八条第一款规定,二人以上依法承担连带责任的,权利人有权请求部分或者全部连带责任人承担责任。据此,清科合伙企业有权就股权转让价款向全部或部分创始股东主张权利,实际承担责任超过自己责任份额的股东,有权向其他创始股东(连带责任人)追偿。但是,清科合伙企业要求麒麟网公司承担连带责任,无异于要求麒麟网公司以自己的财产承担自己股权价款的相应份额的给付责任,从而违反了公司资本维持原则",故对该部分主张不予支持。

北京市第三中级人民法院审理的一案①中,《股东协议》约定"为避免疑义,各方一致同意并确认,就原股东和目标公司在本协议下的各项义务,原股东以及目标公司之间互相承担连带责任"。该院认为"合源雅惠中心有权要求吴鹏、魏东兵回购其全部股权"。

◆ 小结与建议

投资方:原股东不愿意被明确约定为对赌义务人的,可约定目标公司为对赌义务人,原股东就目标公司履行的对赌义务承担连带责任。这样约定的效果,与直接将原股东约定为对赌义务人相同。

创始人方:原股东不愿意承担回购责任而仅约定目标公司为对赌义务人的,应注意审查对赌协议中是否有原股东就目标公司履行对赌义务承担连带责任的约定,如有,则原股东仍需承担回购责任。

---

① 参见珠海合源雅惠投资中心(有限合伙)与魏东兵等股权转让纠纷案,北京市第三中级人民法院民事判决书,(2019)京03民终6389号。

1.11 原股东为目标公司回购股权提供担保的，目标公司未减资有影响吗？

对赌义务人为目标公司，原股东为其回购股权提供保证的，目标公司未完成减资程序是否影响原股东承担保证责任？

对赌协议中，涉及目标公司责任的约定主要存在如下情形：

第一种，目标公司作为唯一的对赌义务人承担回购责任。对于该种情形，根据《九民纪要》的规定，法院判决目标公司履行回购义务的前提是其完成减资程序。

第二种，原股东与目标公司就股权回购承担连带责任。该种情形下，对于目标公司的处理同前，即如果目标公司尚未减资，则法院不支持投资方要求目标公司回购股权的主张，仅由原股东承担回购责任。例如，上海市第一中级人民法院审理的一案①中，合同约定如果上市或业绩承诺未达成，则"投资方有权要求公司和/或创始人股东无条件回购投资方所持有的全部或部分股份"，"创始人股东之间、创始人股东与公司在本条款下的上述回购义务均为连带"。考虑到目标公司未减资，该院仅支持投资方要求原股东支付股权回购款的请求。

第三种，原股东为对赌义务人，目标公司为其履行对赌协议承担保证责任。该种情形下，目标公司是否承担责任，取决于担保条款是否符合《公司法》第15条的规定。

第四种，与第三种情形相反，目标公司为对赌义务人，原股东为目标公司履行对赌协议承担保证责任。本处探讨的即为该种情形。

保证合同具有从属性，承担保证责任的前提是主合同义务已成就。《民法典》第682条第1款规定："保证合同是主债权债务合同的从合同。主债权债务合同无效的，保证合同无效，但是法律另有规定的除外。"虽然前述规定仅提及主合同无效对保证合同的影响，但在主合同义务尚未成就时，保证合同义务也未成就。例如，贵州省六盘水市中级人民法院在一案②中认为，"现在主债务的付款条件尚未成就，其作为保证人在本案中也不承担责任"。

---

① 参见上海泰山天颐创业投资合伙企业（有限合伙）与袁谊等股权转让纠纷案，上海市第一中级人民法院民事判决书，（2021）沪01民终4326号。

② 参见贵州省禾旭再生资源有限责任公司、龙忠华等股权转让纠纷案，六盘水市中级人民法院民事判决书，（2021）黔02民终2358号。

对赌义务人目标公司的主合同义务何时成就？从合同约定来说，若已满足回购的条件，目标公司就应当履行回购义务。但为避免出现公司法规定的抽逃出资行为，法院仅在目标公司先行减资后，才支持投资方要求目标公司支付股权回购款的请求。那么，目标公司的主合同义务何时成就？是按照合同的约定应履行回购义务时，还是根据公司法的规定办理完毕减资手续之后？

主题案例：北京银海通投资中心、新疆西龙土工新材料股份有限公司股权转让纠纷案[①]

2011年8月11日，投资方与目标公司签订《增资扩股协议》，约定投资方支付的投资款总额为900万元，占增资后总股本的3.05%。

同日，投资方与目标公司及原股东签订《补充协议》，约定如果截至2012年9月30日目标公司仍未实现在国内证券交易所公开发行股票并上市，则投资方有权要求目标公司回购其持有的股份。如目标公司不能履行上述回购义务，则原股东同意收购投资方持有的股份，以保障投资方的投资退出。

由于目标公司未在约定的期限内公开发行股票并上市，投资方提起诉讼，请求判令目标公司支付股权回购款，原股东在目标公司不能履行回购义务时支付股权回购款。

投资方未提交证据证明目标公司就案涉股权已完成减资程序。

最高人民法院再审认为：

根据《公司法》第35条、第142条的规定，投资方与目标公司"对赌"失败，请求目标公司回购股份，不得违反股东抽逃出资的强制性规定。目标公司为股份有限公司，其回购股份属减少公司注册资本的情形，须经股东大会决议，并依据《公司法》第177条的规定完成减资程序。现目标公司未完成前述程序，故原判决驳回投资方的诉讼请求并无不当。

关于原股东是否应承担责任的问题。投资方针对原股东的诉讼请求为在目标公司不能履行回购义务时向投资方支付股权回购款，其诉求的该义务属于担保合同义务，而担保合同义务具有从属性，即履行担保合同义务的前提条件是主合同义务履行条件已成就。现目标公司的减资程序尚未完成，股份回购的主合同义务尚未成就，故原股东的担保义务未成就，投资方要求判令原股东承担责任的再审申请理由不成立。

---

① 参见最高人民法院民事裁定书，(2020)最高法民申2957号。

本案中,各方约定目标公司未能如期上市的,投资方有权要求目标公司回购股权,目标公司不能履行回购义务时,原股东承担回购责任。由于目标公司未如期上市,投资方提起诉讼,要求目标公司支付股权回购款,原股东在目标公司不能履行回购义务时支付股权回购款。

最高人民法院认为,由于目标公司尚未减资,原审判决驳回投资方针对目标公司的诉讼请求并无不当。由于原股东承担的是担保合同义务,具有从属性,履行的前提是主合同义务履行条件已成就。由于目标公司尚未减资,主合同义务尚未成就,因此担保义务也未成就。

本案法院明确回答了前述问题,即目标公司回购股权的主债务,于减资之后才成就。原股东对目标公司的回购义务提供担保的,在目标公司减资之前无须承担担保责任。其他类似案件中法院也持相同观点。

北京市高级人民法院在一案①中认为,"星烁公司承诺向汇信广瑞中心承担支付回购价款即履行股份回购义务……安凤占、刘庆芬、王明光对星烁公司的义务承担无限连带担保责任……星烁公司在未完成必要的减资程序之前,汇信广瑞中心请求星烁公司履行股份回购义务无法得到人民法院的支持,当然也无法依据《还款承诺函》向星烁公司主张支付回购价款及利息,安凤占、刘庆芬、王明光亦无须承担担保责任"。

新疆维吾尔自治区高级人民法院在一案②中认为,"依据《补充协议》的约定,股份回购方为旭日环保公司,该协议中关于'张巨煌对该协议项下的旭日环保公司的责任和义务自愿承担无限连带责任'的约定,实际上属于目标公司原股东对目标公司回购股份价款支付提供的连带担保责任,即张巨煌为旭日环保公司股份回购的债务保证人,领先投资中心在本案中亦主张张巨煌承担连带支付责任。从担保法律关系分析,担保合同义务具有从属性,即履行担保合同义务的前提条件是主合同义务履行条件已成就,鉴于旭日环保公司的减资程序尚未完成,股份回购的主合同义务履行条件尚未成就,故张巨煌履行担保义务条件亦未成就。领先投资中心上诉主张张巨煌承担连带保证责任的理由不能成立,本院不予支持"。

江苏省泰州市中级人民法院审理的一案③中,对赌协议约定如果目标公司

---

① 参见安凤占等与王明光等股权转让纠纷案,北京市高级人民法院民事判决书,(2019)京民终154号。
② 参见珠海领先互联高新技术产业投资中心、旭日环保集团股份有限公司等股权转让纠纷案,新疆维吾尔自治区高级人民法院民事判决书,(2022)新民终159号。
③ 参见薄杰与江苏益草堂石斛股份有限公司、张文德请求公司收购股份纠纷案,泰州市中级人民法院民事判决书,(2020)苏12民终2443号。

未在约定的期限内挂牌新三板或未达到业绩承诺目标,则投资方有权要求目标公司回购股份,原股东自愿承担目标公司回购股份的连带担保责任。该院认为,担保合同为主合同的从合同,担保合同义务的履行以主合同义务履行条件已成就为前提。现目标公司的减资程序尚未完成,股份回购的主合同义务尚未成就,故原股东履行担保义务的条件亦未成就,投资方针对原股东所提出的诉讼请求不能得到支持。

浙江省德清县人民法院在一案[①]中认为,"基于担保合同的从属性,履行担保义务的前提条件是主合同义务已经成就。现立福达公司的减资程序尚未完成,股份回购的主合同义务尚未成就,担保义务履行条件亦未成就"。

不过,并非所有原股东就目标公司回购股权提供担保的约定,法院都以目标公司未减资为由认定条件尚未成就。如果将目标公司尚未减资而暂不能履行义务约定为保证责任的触发条件,原股东应承担保证责任。例如,江苏省淮安市中级人民法院审理的一案[②]中,对赌协议约定原股东自愿在目标公司"无能力回购"股权的情况下提供连带责任保证。该院认为,此处的无能力回购不仅包含目标公司因资金不足无能力回购的情形,还应包含不履行减资程序等程序性原因导致目标公司未能回购的情形。故原股东以目标公司未减少注册资本为由拒绝承担连带责任保证的上诉理由不能成立。

◆ **小结与建议**

投资方:原股东为目标公司回购股权提供保证的约定,起不到投资保障的作用,除非目标公司已减资。建议将该条款的主债务人与保证人对调,由目标公司为原股东回购股权提供担保。

创始人方:如果投资方坚持目标公司与原股东均就对赌协议承担责任,建议将目标公司列为唯一的回购义务人,原股东就目标公司履行对赌协议提供担保。该等约定有利于创始人方,虽有目标公司及原股东均承担责任的表象,但却难以付诸实践。

---

① 参见梅炳良、浙江力富特机械有限公司合伙协议纠纷案,浙江省德清县人民法院民事判决书,(2021)浙0521民初185号。
② 参见淮安万恒科技产业园发展有限公司、淮安中德物联网智能传感器产业投资中心等股权转让纠纷案,淮安市中级人民法院民事判决书,(2021)苏08民终3424号。

1.12 原股东可否代其配偶同意承担对赌债务？

对赌义务人为自然人的,可能涉及夫妻共同债务问题。从扩大保障范围及降低不确定性的角度看,投资方可能会要求对赌义务人的配偶一同签署对赌协议。如果配偶没有现场签署对赌协议,对赌义务人代其配偶签名的,可否视为配偶同意承担对赌债务?

夫妻共同债务包括婚姻存续期间发生的三种情形:一是负债为夫妻的共同意思表示;二是以一方个人名义负债,债务为家庭日常生活所需;三是以一方个人名义负债,债务超出家庭日常生活所需,用于夫妻共同生活、共同生产经营。《民法典》第1064条规定:"夫妻双方共同签名或者夫妻一方事后追认等共同意思表示所负的债务,以及夫妻一方在婚姻关系存续期间以个人名义为家庭日常生活需要所负的债务,属于夫妻共同债务。夫妻一方在婚姻关系存续期间以个人名义超出家庭日常生活需要所负的债务,不属于夫妻共同债务;但是,债权人能够证明该债务用于夫妻共同生活、共同生产经营或者基于夫妻双方共同意思表示的除外。"

对赌案件中,由于债务金额较大,明显超出家庭日常生活需要,所以争议焦点集中在:一是配偶对于债务是否作出同意的意思表示;二是债务是否用于夫妻共同生产经营。

关于配偶同意的"意思表示",形式多样,典型情形有二:签名和事后追认。《民法典》第1064条第1款规定,"夫妻双方共同签名或者夫妻一方事后追认等共同意思表示所负的债务……属于夫妻共同债务。"

共同意思表示的关键是配偶对承担债务"知情"且"同意"。

在最高人民法院审理的一案①中,债务人的配偶没有在《股权转让协议》上签字,但其之后在涵盖《股权转让协议》、股权转让主体、标的和转让价格的股东会决议上签字,该院认为,这足以证明配偶充分知晓债务人与债权人之间股权转让的具体内容,"其对股权转让知情并同意",本案债务应认定为夫妻共同债务。

在最高人民法院审理的另一案②中,债务人的配偶向债权人支付《退股协议》项下的部分款项,该院认为,据此可以认定配偶对于债务人签订的《退股协

---

① 参见安永(天津)投资发展集团有限公司、钱仁高股权转让纠纷案,最高人民法院民事判决书,(2020)最高法民终1182号。

② 参见赵岩松、赵雪莲股权转让纠纷案,最高人民法院民事裁定书,(2019)最高法民申3403号。

议》"知情且同意"。

在北京市第一中级人民法院审理的一案①中,原股东在邮件中明确表示,"现金补偿履约中不足的部分,我将以我和妻子名下现有的所有资产,按照存在形态,依法进行履约处置",其配偶将该邮件发给投资方,该院认为,配偶"系其以实际行为表明愿意承担共同清偿责任的意思表示",对于投资方主张原股东配偶对原股东需要支付的业绩补偿款及利息承担共同清偿责任的诉讼请求,予以支持。

对赌义务人代其配偶签署对赌协议的,可视为其配偶作出同意的意思表示吗?

主题案例:冯鑫等与天津平禄电子商务有限公司合同纠纷案②

2016年9月,投资方与目标公司的实际控制人(非股东)签订《回购协议》,约定股权回购条款,实际控制人声明其"配偶已知悉并同意本回购协议的签署及内容"。实际控制人的配偶未签署该协议。

股权回购条款触发后,投资方提起诉讼,请求判令实际控制人支付股权回购款,其配偶在上述股权回购款范围内承担连带责任。

投资方认为:本案债务为夫妻共同债务,实际控制人的行为构成表见代理,其结果应当归于其配偶。

实际控制人及其配偶辩称:涉诉股权回购款并非夫妻共同债务。①配偶未在《回购协议》上签字确认,也未予以事后追认,不存在共同意思表示。②诉争债务缘起于投资方向目标公司增资,款项为2000万元,远超出家庭日常生活所需。增资款支付至目标公司,而非实际控制人个人,该款项未用于二人的家庭日常生活。另外,《回购协议》中称配偶已知悉并同意仅是实际控制人的单方表示,相关增资及回购属于商业投资行为,并非一般的家事行为,实际控制人并不具有代理权,不构成表见代理。

北京市顺义区人民法院一审认为:

《回购协议》上并无实际控制人配偶的签名,配偶在本案中亦拒绝追认,诉争债务金额高达2000万元,已超出家庭日常生活需要,投资方提交的现有证据无法证明涉诉债务用于夫妻共同生活、共同生产经营或者基于夫妻双方共同意思表示,故投资方主张涉诉债务系实际控制人及其配偶二人的夫妻共同债务,并

---

① 参见北京四方继保自动化股份有限公司与陆芸芸等股东出资纠纷案,北京市第一中级人民法院民事判决书,(2018)京01民初333号。

② 参见北京市第三中级人民法院民事判决书,(2019)京03民终8116号。

要求配偶承担连带责任,缺乏依据,不予支持。

北京市第三中级人民法院维持原判。

本案《回购协议》中,实际控制人声明:本人"配偶已知悉并同意本回购协议的签署及内容",但其配偶未签署该协议。投资方依据该声明,要求实际控制人及其配偶一并承担对赌债务,称其有理由相信该配偶已知悉并同意该协议,构成表见代理。

实际控制人夫妻辩称,实际控制人的声明是其单方意思表示,增资及回购并非一般的家事行为,实际控制人没有代理权,不构成表见代理。

法院未支持投资方的主张,诉争债务并非夫妻共同债务。《回购协议》并无实际控制人配偶的签名,配偶在本案中亦拒绝追认,投资方提交的证据无法证明涉诉债务基于夫妻双方共同意思表示,故投资方要求配偶承担连带责任的请求不予支持。

对于日常生活产生的债务,夫妻之间有家事代理权。《民法典》第1060条规定:"夫妻一方因家庭日常生活需要而实施的民事法律行为,对夫妻双方发生效力,但是夫妻一方与相对人另有约定的除外。夫妻之间对一方可以实施的民事法律行为范围的限制,不得对抗善意相对人。"

夫妻一方非因日常生活所产生的负债,不当然构成共同债务,除非属于表见代理的情形。浙江省高级人民法院在一案①中认为,"夫妻共同债务分为两种情况:夫妻因日常生活需要所产生的债务和非因日常生活所需产生的债务。因在日常生活中夫妻相互之间拥有家事代理权,故对因日常生活需要所产生的债务认定为夫妻共同债务,并无异议;但对非因日常生活所需产生的债务,夫妻一方的对外负债行为并不当然构成共同债务,但善意第三人可以援引表见代理规则主张夫妻共同承担债务清偿责任"。

构成表见代理的前提是,相对人相信无权代理人有代理权。《民法典》第172条规定:"行为人没有代理权、超越代理权或者代理权终止后,仍然实施代理行为,相对人有理由相信行为人有代理权的,代理行为有效。"

主题案例中《回购协议》的签署,并非因家庭日常生活需要,实际控制人无权代理其配偶就该协议作出意思表示。又因投资方未提供实际控制人的配偶授权其代为签署《回购协议》的文书,投资方没有理由相信实际控制人有代理

---

① 参见夏梦海与熊利、王荷荣民间借贷纠纷案,浙江省高级人民法院民事判决书,(2010)浙商外终字第76号。

权,因此也不构成表见代理。

本案并非孤例。其他案件中法院也认为,非因日常生活所需签订合同的,不得代配偶签署。

江苏省常州市中级人民法院在一案①中认为,关于陈闯文代赵清在合同上签字的行为是否构成表见代理的问题,"陈闯文以夫妻名义与周海林签订房屋买卖合同,在签署栏内明确注明赵清(陈闯文代),因共有房产买卖属于家庭重大财产的处分,不适用一般家事代理,周海林或邓江伟应当要求陈闯文提供赵清授权陈闯文的手续,但周海林或邓江伟均未要求陈闯文提供。邓江伟主张陈闯文构成表见代理,应当证明赵清本人明知案涉房屋交易而未作反对或有同意的意思表示,但其目前提供的证据尚不足以证明上述事实"。

广东省高级人民法院在一案②中认为,"周中光向翁巧君出具的借条上'周佩贤'三字系周中光代签,且本案无证据证明周中光向翁巧君借款征得了周佩贤的同意,因此周中光和周佩贤并未就向翁巧君借款达成合意;此外,翁巧君未举证证明周中光向其所借款项用于夫妻共同生活,夫妻共同分享该债务所带来的利益;且周中光所借款项并不是用于夫妻双方应履行的法定义务或道德义务。综上,本院认定周中光向翁巧君所借款项属周中光的个人债务,并非周中光与周佩贤的夫妻共同债务"。

❖ 小结与建议

投资方:为扩大义务主体的范围以及避免日后证明夫妻共同债务的难题,建议原股东的配偶也签署对赌协议。需要注意的是,原股东无权代替其配偶签署协议,建议配偶到场当面签署协议,以避免代签风险。

创始人方:原股东在对赌协议下的债务,一般不属于夫妻共同债务,建议原股东的配偶拒绝签署对赌协议。如果原股东及其配偶没有共同经营目标公司的意思,建议配偶避免参与对赌协议的谈判、签署及履行,以免被认定为是对对赌协议的同意或追认。

---

① 参见邓江伟与周海林房屋买卖合同纠纷案,常州市中级人民法院民事判决书,(2020)苏04民终2554号。
② 参见翁巧君与周佩贤、周中光民间借贷纠纷案,广东省高级人民法院民事判决书,(2011)粤高法民二提字第84号。

1.13 原股东的配偶在何种情况下会被认定为共同经营目标公司？

如问题 1.12 所述，对赌案件中涉及夫妻共同债务的争议焦点主要有两个，问题 1.12 关注第一个争议焦点，即对赌义务人的配偶是否作出共同承担债务的"意思表示"，本问题则关注第二个争议焦点，即对赌义务人及其配偶是否为共同经营目标公司。

目前法律或司法解释未对"用于夫妻共同生产经营"作出定义。无论是如今已失效的《夫妻债务纠纷解释》，还是大体保留其内容的《民法典》，均未明确"用于""共同生产经营"应作何理解。以下是从司法判例角度进行的归纳：

关于"用于"。对赌案件中，债务是否因目标公司产生，较少作为一个争议点。正如最高人民法院在一案①中所述，"案涉协议约定许明旗负有回购股权的义务，这同时也是霍利企业购买股权投资夜光达公司的条件，可见案涉协议的签订系出于经营夜光达公司的商业目的，因此产生的回购股权债务应属于公司生产经营所负债务"。

关于"共同生产经营"。从司法判例来看，大体可以归纳为，如果对赌义务人的配偶为目标公司的实际控制人、股东、董事、高级管理人员，则很可能被认定为共同生产经营。具体如下：

对赌义务人的配偶为目标公司"实际控制人"的，属于夫妻共同经营的情况。例如，北京市高级人民法院在一案②中认为，"刘飞飞作为玖美公司的高管及实际控制人，参与公司的经营管理，了解知悉并同意玖美公司向二被上诉人进行融资的行为以及回购条件触发时高晓丽应承担回购义务的协议约定。故高晓丽与二被上诉人签署'对赌协议'承诺在玖美公司未上市时承担回购义务以换取二被上诉人对夫妻共同经营的玖美公司 4500 万元的投资而产生的债务，系属夫妻共同意思用于夫妻共同经营所产生的夫妻共同债务，刘飞飞、高晓丽在夫妻共同债务产生后婚姻关系的变化，不影响对案涉债务性质的认定"。

对赌义务人及其配偶都是目标公司"股东"，为夫妻共同经营。例如，广东

---

① 参见郑少爱与广州霍利投资管理企业股权转让纠纷案，最高人民法院民事裁定书，(2021)最高法民申 4323 号。

② 参见爵美名盟国际贸易(北京)有限公司等与深圳市红土信息创业投资有限公司等股权转让纠纷案，北京市高级人民法院民事判决书，(2020)京民终 549 号。

省中山市中级人民法院二审维持原判的一案①中，一审法院认为，"郭振清、陈莉慧系天富公司的股东、实际控制人，郭振清系天富公司的法定代表人，陈莉慧在天富公司任职副总经理、董事，均参与天富公司的经营管理。蔡多向股东郭振清支付股权转让对价以受让郭振清的股权后，郭振清就天富公司的经营业绩向蔡多作出承诺，现天富公司的经营业绩未达标，蔡多享有对郭振清的股权回购请求权。故涉案债务系用于郭振清、陈莉慧共同经营天富公司，为夫妻共同债务"。

对赌义务人的配偶系目标公司"法定代表人"的，为夫妻共同经营。例如，江苏省无锡市中级人民法院在一案②中认为，"路寅公司系朱洪琳与刘佰龙二人设立，现二人仍为路寅公司股东，且朱洪琳系路寅公司法定代表人，结合刘建分投资入股时约定朱洪琳承担股权回购义务以及最终约定由刘佰龙受让刘建分持有的路寅公司股权的情况，应是朱洪琳与刘佰龙二人共同经营路寅公司。既然二人共同经营，共同享受经营收益，且受让股权亦为夫妻共同财产的情况下，就路寅公司股权转让款的支付义务如发生在二人婚姻关系存续期间，自然也应为朱洪琳与刘佰龙二人的夫妻共同债务"。

对赌义务人的配偶是目标公司"董事或高级管理人员"的，为参与公司经营。

北京市高级人民法院在一案③中认为，"方强与陆芸芸系夫妻关系，方强是泓申公司原持股52.55%、增资后持股36.79%的股东，陆芸芸是泓申公司董事、行政财务总监，也是核心经营团队即泓申公司股东上海泓丽错宁投资合伙企业（有限合伙）的6位成员之一；作为公司的高级管理人员及核心经营团队成员，陆芸芸参与了《增资协议》的订立和履行；在《增资协议》附件中，陆芸芸作为方强的配偶，明确其对《增资协议》条款的含义及相应的法律后果已全部通晓并充分理解；陆芸芸在知悉方强表示其将以夫妻名下财产履行相应合同义务的邮件内容后未表异议并将该邮件转发给四方继保公司相关人员……前述情况属于夫妻共同生产经营以及夫妻双方共同意思表示的应当认定为夫妻共同债务"。

广州市天河区人民法院在一案④中认为，"其一，在原告与余小兰、保俐君等签

---

① 参见陈莉慧、郭振清与辛钊、曾庆彬、中鼎融盛（北京）投资咨询有限公司等合同纠纷案，中山市中级人民法院民事判决书，（2020）粤20民终865号。
② 参见刘佰龙、朱洪琳与刘建分股权转让纠纷案，无锡市中级人民法院民事判决书，（2021）苏02民终3276号。
③ 参见陆芸芸等与北京四方继保自动化股份有限公司合同纠纷案，北京市高级人民法院民事判决书，（2019）京民终252号。
④ 参见三泽创业投资管理有限公司与余小兰、陈洁萍与公司有关的纠纷案，广州市天河区人民法院民事判决书，（2020）粤0106民初1524号。

订增资协议及补充协议时,陈洁萍虽非三甲公司董事,但上述增资核准变更时陈洁萍即被任命为三甲公司董事,直至2018年12月辞职。陈洁萍作为三甲公司的高级管理人员,对上述协议所约定的股权回购义务属于明知,其与作为法定代表人的余小兰共同参与了三甲公司的经营,上述债务理应属于夫妻共同经营所负的债务;其二,余小兰投资三甲公司成为创始股东,发生在余小兰、陈洁萍夫妻关系存续期间,其享有的股权依法属于夫妻共同所有的财产。原告等基于增资协议及补充协议的投资致使公司财产及股东个人的财产同时增值,陈洁萍作为配偶一方亦享有原告等投资三甲公司所带来的股权溢价收益,若余小兰因经营公司应向原告承担的回购义务不作为夫妻共同债务予以认定,不符合权利义务一致原则。综上,原告主张余小兰的上述债务属于夫妻共同债务成立"。

四川省高级人民法院在一案①中认为,"林宇虹则于2012年9月在勤智公司担任研发中心副总经理,2015年9月转任大数据及互联应用事业部总经理,2017年3月被选任为公司董事,始终参与勤智公司的核心生产经营管理,而廖昕则系勤智公司的法定代表人,担任公司董事长兼总经理,前述事实足以证明林宇虹与廖昕作为夫妻双方,共同参与了勤智公司的生产经营。其次,廖昕所持有的勤智公司股份系廖昕与林宇虹夫妻关系存续期间所取得的财产,其对应的股份财产性损益应当归于法定夫妻共同财产,振兴公司的投资系为勤智公司引入,并用于勤智公司生产经营,相应的投资利益和风险均将通过廖昕持有的勤智公司股份对应的财产性损益进入廖昕与林宇虹的夫妻共同财产。综上,廖昕所负案涉债务系为勤智公司生产经营所负合法债务,而廖昕、林宇虹夫妻双方参与了勤智公司的共同生产经营,且廖昕所持股份对应的勤智公司生产经营损益均会通过股份财产收益盈亏的形式进入夫妻共同财产,故案涉债务应属夫妻共同债务,林宇虹应就该债务承担连带责任"。

对赌义务人的配偶仅为"监事"的,也可能被认定为共同经营。

河南省高级人民法院在一案②中认为,"李春生与杨晓华之间形成借款合同关系,原审认定事实清楚……本案所涉债务发生时,宋芳芳和杨晓华系夫妻关系存续期间,且债务发生时杨晓华为润和公司法定代表人、宋芳芳为润和公司监事,二人存在共同经营的情形,原审法院认定涉案债务为夫妻共同债务并无不当"。

---

① 参见四川产业振兴发展投资基金有限公司与廖昕、林宇虹合同纠纷案,四川省高级人民法院民事判决书,(2018)川民初24号。
② 参见宋芳芳、李春生企业借贷纠纷案,河南省高级人民法院民事裁定书,(2019)豫民申2490号。

上海市第一中级人民法院在一案①中认为,"张健为 A 公司的法定代表人和唯一股东,而杨雪则为公司登记在册的唯一监事,表明夫妻双方具有共同经营的合意。夫妻双方均为该公司的高级管理人员,因此债权人也有理由相信该公司的决策系由夫妻双方共同决定和实行,故应当认定 A 公司是张健和杨雪夫妻共同生产经营的公司,具有共同经营性。张健基于欠条所负债务属于上述法律规定的夫妻共同债务"。

不过,有的案件中法院持不同意见。例如,广东省深圳市中级人民法院在一案②中则认为,涉案《借款合同》中约定借款用于河源市冠恒高新材料有限公司扩大再生产,"因此上述借款并未用于陈来源、李妹娇家庭生活,同时,李妹娇仅为该公司的监事,仅依据该事实并不能认定该款已用于夫妻共同经营"。

此外,对赌义务人的配偶参与目标公司谈判、在目标公司关联公司任高级管理人员的,也可能被认定为共同经营。例如,北京市高级人民法院在一案③中认为,"根据珠海横琴乐瑞企业提交的微信聊天记录、江铜熙金中心、熙金创业公司投资决策委员会会议决议等证据证实,郭佳控制的熙金创业公司掌握并对外提供维旺明公司包括财务、经营等方面的信息资料,郭佳参与了为维旺明公司引进投资、拆除 VIE 结构、与投资人之间的回购谈判等工作,还曾在维旺明公司持股的关联公司中作为股东或担任法定代表人、执行董事等职务,上述证据亦可以证明郭佳和韩颖共同经营维旺明公司的事实",郭佳应就该债务承担共同还款责任。

关于是否构成"共同生产经营",以上是从对赌义务人的配偶在目标公司任职的角度出发。但考虑到职务可能发生变化,判断债务是否用于夫妻共同生产经营,衡量的阶段是整个婚姻存续期间还是限于对赌协议签订后的时间段?

主题案例:郑少爱与广州霍利投资管理企业股权转让纠纷案④

2017 年 4 月,投资方与目标公司及原股东签订《转让协议》,约定原股东将其持有的目标公司部分股份以 25679600 元的价格转让给投资方。

---

① 参见杨雪与奚智清等民间借贷纠纷案,上海市第一中级人民法院民事判决书,(2019)沪 01 民终 9018 号。

② 参见王恩利、陈来源民间借贷纠纷案,深圳市中级人民法院民事判决书,(2019)粤 03 民终 7118 号。

③ 参见郭佳等与珠海横琴乐瑞股权并购投资基金合伙企业(有限合伙)合同纠纷案,北京市高级人民法院民事判决书,(2021)京民终 208 号。

④ 参见最高人民法院民事裁定书,(2021)最高法民申 4323 号。

同日，投资方与原股东签订《补充协议》，约定如果目标公司未能在2017年12月31日前完成中国A股IPO上市申报或未能在2020年12月31日前完成中国A股IPO上市，则投资方有权向原股东转让其持有的目标公司股份。

因目标公司未如期上市申报，2019年6月，投资方向原股东发送回购股权的通知。之后，投资方提起诉讼，请求判令原股东夫妻共同支付股权回购款等。

投资方认为：原股东配偶在目标公司担任监事会主席，参与、监督目标公司的经营。本次围绕目标公司产生的股份纠纷，与原股东配偶有着直接或间接的关系。本案债务属于夫妻共同债务。

原股东辩称：案涉债务系其个人债务，不属于夫妻共同债务。

原股东配偶辩称：(1)其对《转让协议》《补充协议》毫不知情，亦未在上述两份协议上签字或进行事后追认，没有共同负债的意思表示。(2)案涉款项金额巨大，明显超出夫妻共同生活及家庭日常生活所需，不应认定为夫妻共同债务。(3)原股东夫妻从未对目标公司共同经营。目标公司是股份有限公司，有83名股东，9名董事，生产、经营事项不可能由原股东夫妻二人决定，并非原股东夫妻二人的公司。原股东配偶既不是目标公司股东，又不是董事会成员，而投资方主张回购股权时，其已卸任目标公司监事职务。而且，其之前作为监事，无权决定目标公司的生产、经营。

经查明：2003年12月，原股东与其配偶办理结婚登记，至今仍系夫妻关系。根据目标公司招股说明书的内容，目标公司成立于2003年10月。目标公司的《内资企业登记情况表》显示，原股东配偶于2011年5月持有目标公司11.33%的股权，其后，于2011年10月将该股权转让给原股东一人投资设立的公司。自2011年10月起，原股东配偶担任目标公司的监事，2016年1月起担任监事会主席至2018年11月。原股东配偶仍继续担任目标公司的财务副总。

根据目标公司章程所载，截至2018年7月24日，原股东持股比例为20.234%。

最高人民法院再审认为：

根据最高人民法院《夫妻债务纠纷解释》第3条的规定，夫妻一方以个人名义超出家庭日常生活需要所负的债务认定为夫妻共同债务，须有证据足以证明该债务用于夫妻共同生活、共同生产经营或者具有夫妻共同意思表示。

首先，在本案中，原股东取得目标公司股权时处于与配偶的婚姻关系存续期间，该股权应认定为夫妻共同财产。

其次，配偶在婚姻关系存续期间亦曾任目标公司股东，后又陆续担任目标公司监事、监事会主席及财务副总等核心要职。原股东则陆续为目标公司的唯一股东、控股股东、法定代表人、董事及经理。据此,目标公司系原股东及其配偶二人分工协作、共同经营的企业,因经营或任职目标公司所获得的收入亦应属于夫妻共同财产。

最后,案涉协议约定原股东负有回购股权的义务,这同时也是投资方购买股权投资目标公司的条件,可见案涉协议的签订系出于经营目标公司的商业目的,因此产生的回购股权债务应属于公司生产经营所负债务。

此外,2017年8月,目标公司召开监事会,原股东配偶作为监事会主席主持,会议对目标公司《2017年半年度报告》进行审议并表决通过。原股东配偶对目标公司2017年4月签订案涉协议及2017年8月收到投资方支付的股权转让款应系明知并且同意。据此,签订案涉协议应系原股东夫妻因经营公司所作出的共同决策,对案涉债务的负担具有夫妻共同意思表示。

综上,目标公司的股权属于夫妻共同财产,目标公司亦系原股东夫妻共同经营,无论商业经营行为的最终结果系盈利或亏损,后果均应及于配偶,案涉债务应当认定为夫妻共同债务。

本案中,对赌协议签订于2017年4月。在此之前,原股东配偶曾持有目标公司11.33%的股权,直至2011年10月。自2011年10月起,原股东配偶为目标公司监事,2016年1月至2018年11月担任目标公司监事会主席。如今原股东配偶仍为目标公司的财务副总。

在判断原股东配偶是否共同经营时,本案法院关注了整个婚姻存续期间,而不仅限于对赌协议签订后的阶段。最高人民法院认为,原股东配偶曾为目标公司股东,后又陆续担任目标公司核心要职如监事会主席及财务副总,参与经营目标公司,涉案债务为夫妻共同债务。

类似的,最高人民法院在另一案①中也关注婚姻存续阶段对赌义务人的配偶在目标公司任职的情况。该院认为,"关于案涉债务是否用于夫妻共同生产经营的问题。小马奔腾公司的前身新雷明顿公司设立于2007年,金燕既是法定代表人,又是股东。此后,金燕深度参与了该公司的一系列生产经营和投资行为。对此,二审判决在查明的一系列事实基础上已予以充分论述。2014年1月27日,小马奔腾公司的法定代表人变更为金燕,其在股东大会上的简历载明:'1995年开始,作为新雷明顿和小马奔腾公司创始人之一,早期参与公司的创建

---

① 参见金燕、建银文化产业股权投资基金(天津)有限公司合同纠纷案,最高人民法院民事裁定书,(2020)最高法民申2195号。

和经营,后作为李明董事长的智囊,为决策献计献策'。金燕亦通过另案诉讼确认了包括公司股权在内的所有经营收益为夫妻共同财产。二审判决综合全部案件情况,认定案涉债务为夫妻共同债务,并无不当"。

◆ 小结与建议

投资方:尽职调查阶段,建议获取对赌义务人配偶的信息,包括其在婚姻存续期间在目标公司持股和任职的情况。

创始人方:如果没有夫妻共同生产经营的意图,建议创始人避免将其配偶登记为目标公司的股东、董事、高级管理人员或监事,也不建议配偶参与目标公司的财务管理、技术研发、会议沟通等日常经营活动。

1.14 原股东就对赌协议提供担保的，担保之债属于夫妻共同债务吗？

对赌协议中，不乏原股东承担保证责任的约定。对于该等担保之债，投资方是否可以以夫妻共同债务为由要求原股东的配偶承担责任？

配偶抗辩担保之债并非夫妻共同债务的，通常引用最高人民法院民一庭《关于夫妻一方对外担保之债能否认定为夫妻共同债务的复函》（〔2015〕民一他字第9号）（以下简称《复函》）的规定："你院（2014）闽民申字第1715号《关于再审申请人宋某、叶某与被申请人叶某某及一审被告陈某、李某民间借贷纠纷一案的请示》收悉。经研究答复如下：同意你院审判委员多数意见，即夫妻一方对外担保之债不应当适用《最高人民法院关于适用〈中华人民共和国婚姻法〉若干问题的解释（二）》第二十四条的规定认定为夫妻共同债务。"

保证合同具有单务性和无偿性，夫妻一方往往基于人身信任、个人情感等原因作出保证，体现其不受配偶约束的独立人格。因此，通常不将夫妻一方对外担保之债认定为夫妻共同债务。

但是在对赌案件中，可否就此推导出原股东向投资方承担的担保之债一定不属于夫妻共同债务的结论？

主题案例：吕瑞、王阳合同纠纷案[①]

2006年10月18日，投资方与目标公司签订《投资认股协议》，约定投资方认缴目标公司新增投资。

同日，投资方与原股东签订《补充协议》，约定目标公司通过反向收购在美国场外柜台交易系统上市。目标公司承诺：目标公司在美国场外柜台交易系统挂牌后12~18个月内转入纳斯达克主板。如目标公司挂牌上市14个月后连续两个月平均股价低于每股人民币5元，投资方有权要求目标公司以不低于每股人民币4.5元的价格回购；原股东对本协议承担连带责任。

目标公司在美国场外柜台交易系统挂牌上市四个多月后因违规被强制退出。原股东系目标公司的法定代表人、董事会主席、首席执行官，持有目标公司11.69%的股权。

[①] 参见最高人民法院民事判决书，（2019）最高法民再37号。

原股东与其配偶于1992年登记结婚,2008年6月11日登记离婚。原股东和原股东配偶在2008年6月11日协议离婚,约定2000年12月4日之后双方各自名下的财产归各自所有,各自名下的债权债务由各自享有和承担。

投资方向中国国际经济贸易仲裁委员会申请仲裁,该委作出(2010)中国贸仲沪裁字第181号裁决书,裁决事项包括:原股东就目标公司应向投资方支付的违约赔偿等承担连带责任。

投资方提起诉讼,请求确认原股东配偶应对裁决书中原股东对投资方承担的债务承担连带赔偿责任。

原股东配偶抗辩称,原股东与投资方之间的债务系夫妻一方对外担保之债,根据《复函》的规定不应认定为夫妻共同债务。

最高人民法院认为:

首先,原股东与原股东配偶于1992年结婚,2008年6月11日登记离婚,原股东在《补充协议》上签字表明对协议履行承担连带责任时间是2006年10月18日,因此,涉案债务系发生在原股东与原股东配偶的婚姻关系存续期间。虽然原股东和原股东配偶离婚时约定2000年12月4日之后双方各自名下的债权债务由各自享有和承担,但原股东配偶并未举证证明投资方知道该约定内容,本案不属于《婚姻法》第19条第3款规定的情形。

其次,原股东在《补充协议》上签字对协议履行承担连带责任的直接目的是给目标公司增资并在美国上市,而原股东是目标公司的法定代表人,又是目标公司享有11.69%股份的股东和董事会主席、首席执行官,原股东对目标公司享有股东利益和高级管理人员利益,其经营状况直接影响原股东的个人收益,与原股东和原股东配偶的婚姻关系存续期间的夫妻共同财产有直接关系。原股东和目标公司具有很强的利益关联,其所负保证债务不属于《复函》中的对外担保之债。

二审法院查明原股东在目标公司的股东身份和高级管理人员身份后,依据《婚姻法司法解释(二)》第24条的规定,认定原股东在裁决书中承担的连带责任为夫妻共同债务,并无不当,予以维持。

本案中,原股东同意就目标公司履行对赌协议承担连带责任。因目标公司未实现对赌目标,仲裁庭裁决原股东承担连带责任。投资方据此提起诉讼,请求判令原股东的配偶承担连带赔偿责任。

原股东的配偶辩称,原股东承担的是担保责任,根据《复函》的规定,担保之债不应认定为夫妻共同债务。

最高人民法院并未依据《复函》的规定,就直接认定原股东承担的担保之债不属于夫妻共同债务,而是具体分析债务人目标公司的经营与原股东家庭受益的关系,认为原股东与目标公司具有很强的利益关联,其承担的保证债务不属于《复函》中的对外担保之债。

其他案件中也有法院认为,即便担保人的配偶不在被担保公司任职或持有被担保公司的股权,且案涉债务未用于夫妻共同生产经营,但只要被担保公司的经营收益影响担保人的夫妻共同财产,则推定担保人提供担保与夫妻共同生活相关,在无相反证据证明的情况下,担保之债被认定为夫妻共同债务。

河北省高级人民法院在一案①中认为,"关于姜静是否应对案涉债务承担共同偿还责任问题。最高人民法院〔2015〕民一他字第9号复函案件与本案情况不同,复函案件中担保人提供担保,不存在获利情形。本案中,作为该公司股东的担保人与债务人之间存在出资关系,公司的股东依法享有资产收益、参与重大决策和选择管理者等权利。公司对外借款是公司开展的经营活动,将影响到股东的收益。依据《中华人民共和国婚姻法》第十七条规定,在婚姻〔关系〕存续期间的生产经营收益应归夫妻共同所有。刘建华为天宝公司担保之债发生于刘建华与姜静夫妻关系存续期间,刘建华系债务人天宝公司的股东,天宝公司经营活动影响股东刘建华收益,也与刘建华与姜静婚姻关系存续期间的夫妻共同财产的多少有关系。在没有相反证据证明的情况下,应认定刘建华为天宝公司提供担保而产生的担保之债应为刘建华与姜静之间的夫妻共同债务。姜静未举证证明存在《最高人民法院关于适用〈中华人民共和国婚姻法〉若干问题的解释(二)》第二十四条规定的例外情形,故姜静对刘建华因担保涉案借款形成的个人债务应承担共同偿还责任"。

吉林省高级人民法院在一案②中认为,"徐卫力与泽诚公司签订借款合同及保证合同时作为吉林省信邦汽车服务销售有限公司的法人及股东,其所借款项用于公司经营,因该笔借款获得的收益用于夫妻二人共同生活"。刘丽认为,该担保之债应当适用最高人民法院民一庭《关于夫妻一方对外担保之债能否认定为夫妻共同债务的复函》的问题,因徐卫力为该公司的法人及该公司的股东,"因此徐卫力的担保之债不同于为其他人担保,徐卫力担保是为自己的公司的借款进行担保并且借款也是用于公司经营,作为公司的股东所得的利益亦是夫

---

① 参见姜静、孙志良民间借贷纠纷案,河北省高级人民法院民事判决书,(2019)冀民再131号。
② 参见刘丽与长春市泽诚小额贷款有限公司及徐卫力案外人执行异议之诉案,吉林省高级人民法院民事判决书,(2018)吉民终25号。

妻共同财产,其所得利益也为家庭所享受,应当认定为共同债务"。

辽宁省高级人民法院在一案①中认为,"李洪霖系威兰德集团的大股东,而威兰德集团是债务人威兰德船务的大股东,在薛英未提供相反证据证明的情况下,应推定威兰德船务盈利用于夫妻共同生活。故原判认定案涉保证债务属于李洪霖、薛英夫妻二人共同债务,并无不当。关于本案是否适用最高人民法院〔2015〕民一他字第 9 号复函的问题,因该复函仅是针对个案相关情况作出的处理意见,并非夫妻一方对外担保之债一概不能认定为夫妻共同债务。原审法院根据《最高人民法院关于适用〈中华人民共和国婚姻法〉若干问题的解释(二)》的相关规定,结合本案的具体实际情况,认定李洪霖担保之债与夫妻共同生活及共同财产密切相关,并判决薛英承担案涉保证债务的连带清偿责任,亦无不当"。

实际上,判断是否属于夫妻共同债务,担保债务与其他债务应遵循同样的标准。根据《民法典》第 1064 条的规定,判断夫妻一方对外债务是否为夫妻共同债务,可以按如下顺序进行:(1)配偶一方是否有愿意共同负债的意思表示;(2)债务数额是否超出家庭日常生活所需,如果没超过,则属于夫妻共同债务;(3)如果债务数额超出家庭日常生活所需,则看债权人是否有证据证明债务用于夫妻共同生活、共同生产经营。

北京市高级人民法院二审维持原判的一案②中,一审法院指出,"《最高人民法院民一庭关于夫妻一方对外担保之债能否认定为夫妻共同债务的复函》系针对个案情况的处理意见,夫妻一方对外担保之债是否能够认定为夫妻共同债务,还应考量该担保之债与夫妻共同生活是否密切相关"。

北京市第三中级人民法院在一案③中认为,"本案中刘某作为保证人为睿信公司的债务提供了连带责任保证,潘某一方抗辩根据《最高人民法院民一庭关于夫妻一方对外担保之债能否认定为夫妻共同债务的复函》的意见,夫妻一方对外担保之债不应当认定为夫妻共同债务,故潘某作为刘某的配偶也无需承担连带责任。本院对此认为,《最高人民法院关于审理涉及夫妻债务纠纷案件适用法律有关问题的解释》第三条规定,夫妻一方在婚姻关系存续期间以个人名

---

① 参见薛英、联合创业担保集团有限公司追偿权纠纷案,辽宁省高级人民法院民事裁定书,(2018)辽民申 3239 号。
② 参见金燕与建银文化产业股权投资基金(天津)有限公司合同纠纷案,北京市高级人民法院民事判决书,(2018)京民终 18 号。
③ 参见刘兴华等与王君等民间借贷纠纷案,北京市第三中级人民法院民事判决书,(2020)京 03 民终 1026 号。

义超出家庭日常生活需要所负的债务,债权人以属于夫妻共同债务为由主张权利的,人民法院不予支持,但债权人能够证明该债务用于夫妻共同生活、共同生产经营或者基于夫妻双方共同意思表示的除外。根据上述司法解释,夫妻一方对外担保之债能否作为夫妻共同债务不可一概而论,要结合被担保的债务的性质及与夫妻双方生产生活的关系、夫妻双方是否知情、担保是否是夫妻双方共同意思表示等因素综合判断"。

◈ 小结与建议

投资方:如果原股东以个人名义为目标公司履行对赌协议提供担保,原股东配偶以夫妻一方对外担保之债非夫妻共同债务抗辩的,法院未必支持,该担保之债与夫妻共同生活密切相关的,依然可能被认定为原股东的夫妻共同债务。

创始人方:在认定夫妻共同债务时,创始人方作为债务人与担保人的标准相同。建议在保证条款中载明:投资方知悉创始人方及其配偶对婚姻关系存续期间所得的财产约定归各自所有,本协议所产生的担保债务,仅以创始人方一方的个人财产清偿。如果创始人承担的担保之债被认定为夫妻共同债务,投资方同意放弃向创始人方配偶主张连带责任的权利。

1.15 如何判定原股东的对赌债务形成于婚姻关系存续期间?

对赌义务人为自然人的,离婚后,其前配偶对对赌债务还承担责任吗?这就涉及债务是否发生在婚姻关系存续期间的问题。

以个人名义所负债务构成夫妻共同债务的前提之一,是债务发生于婚姻关系存续期间。《民法典》第1064条规定:"夫妻双方共同签名或者夫妻一方事后追认等共同意思表示所负的债务,以及夫妻一方在婚姻关系存续期间以个人名义为家庭日常生活需要所负的债务,属于夫妻共同债务。夫妻一方在婚姻关系存续期间以个人名义超出家庭日常生活需要所负的债务,不属于夫妻共同债务;但是,债权人能够证明该债务用于夫妻共同生活、共同生产经营或者基于夫妻双方共同意思表示的除外。"

对赌债务产生于何时?对赌协议签订时?对赌条款触发时?投资方向对赌义务人发送通知主张权利时?还是投资方起诉对赌义务人或判决生效时?

主题案例:江苏亨通创业投资有限公司与王书丽与公司有关的纠纷案①

2011年12月,投资方与原股东签订《股权转让协议》,受让原股东持有的目标公司2.21%的股权,转让总价款为1880万元。

同月,投资方与原股东及实际控制人签订《回购协议》约定:若在2014年12月31日之前,目标公司未能上市,则投资方有权要求原股东及实际控制人购买其所持有的股份。原股东及实际控制人应在收到投资方回购通知之日起6个月内将上述回购资金全额支付给投资方。

目标公司未按计划上市。2015年6月18日,投资方向原股东及实际控制人发送《回购通知》。因原股东及实际控制人未履行回购义务,投资方向中国国际经济贸易仲裁委员会申请仲裁。2016年11月30日,贸仲作出裁决,裁决原股东及实际控制人向投资方支付股权回购款等。

实际控制人与其配偶于1987年9月12日结婚,并于2013年5月28日经北京市西城区人民法院出具民事调解书确认离婚。

投资方提起诉讼,请求判令实际控制人的前配偶对实际控制人应向投资方

---

① 参见北京市朝阳区人民法院民事判决书,(2017)京0105民初42230号。

承担的债务承担连带责任。

北京市朝阳区人民法院认为：

投资方主张的实际控制人所负债务并非发生于其与其配偶的婚姻关系存续期间。《回购协议》虽然签订于实际控制人的婚姻关系存续期间,但是该协议约定的回购债务是附生效条件的,债务是否发生或存在具有或然性,不是必然发生的,只有在回购条件成就的情况下,该债务才能确定。而依据该协议,在 2014 年 12 月 31 日之前,目标公司未能上市,才会触发回购事实。并且投资方于 2015 年 6 月 18 日向实际控制人发出《回购通知》,要求履行回购义务,此后股权回购的债务才得以确立。而实际控制人与其配偶的婚姻关系已于 2013 年 5 月 28 日终止。因此,实际控制人的回购债务不是发生于双方婚姻关系存续期间,该债务不属于夫妻共同债务,实际控制人的前配偶不应承担共同清偿的责任。

本案中,2011 年实际控制人签订对赌协议,2013 年实际控制人离婚,2014 年年底股权回购条件成就,2015 年 6 月投资方向实际控制人发函要求履行回购义务。投资方起诉要求实际控制人的前配偶就实际控制人的债务承担连带责任。

法院驳回投资方的请求。回购债务是附生效条件的,债务具有或然性。投资方因回购条件成就向实际控制人主张权利时,回购债务才确立。实际控制人在债务确立前早已离婚,本案债务未发生在实际控制人的婚姻关系存续期间,因此,并非夫妻共同债务。

其他案件中法院亦认为,对赌债务在回购或补偿条款触发后、投资方向对赌义务人发送通知主张权利时形成。如果对赌义务人及其配偶在投资方主张对赌权利前离婚,则对赌债务并非发生于对赌义务人的婚姻关系存续期间,不构成夫妻共同债务。

北京市高级人民法院在一案①中认为,珠海横琴乐瑞企业于 2017 年 8 月 4 日与维旺明公司签订《股票发行认购合同》,与向孚公司、韩颖签订《补充协议》。珠海横琴乐瑞企业向维旺明公司支付了相应款项,但《补充协议》约定的 VIE 事宜未能于 2017 年 12 月 31 日前完成,维旺明公司未能在 2018 年 12 月 31 日前提交 IPO 首发申请,股权回购条款已经触发,2019 年 3 月 5 日,珠海横琴乐瑞企业向韩颖发送履行回购义务的函件,而韩颖与郭佳于 2019 年 6 月 13 日解除婚姻关系。因此可以认定,本案债务发生于韩颖与郭佳婚姻关系存续期间,债务系用于维旺明公司经营,应认定为夫妻共同债务,郭佳应就该债务承担共同还款责任。

---

① 参见郭佳等与珠海横琴乐瑞股权并购投资基金合伙企业(有限合伙)合同纠纷案,北京市高级人民法院民事判决书,(2021)京民终 208 号。

四川省成都市中级人民法院在一案①中认为,"《股权转让协议》约定目标公司在 2017 年 1 月 1 日前未登陆新三板,冯炜有义务按照实际入股金额溢价 12%回购王敏的股权,则冯炜所负回购股权债务的成立时间为 2017 年 1 月 1 日,而根据审理查明的事实,冯炜与何冉冉于 2016 年 11 月 22 日离婚,则冯炜所负回购股权债务系在双方离婚后产生,属于冯炜个人债务,而非夫妻共同债务"。

上海市杨浦区人民法院审理的一案②中,控股股东配偶辩称其已于 2016 年 2 月离婚,故 2016 年 9 月法院判决的债务并非发生于夫妻关系存续期间。该院认为,第三人对原告就股权回购事项所负债务系基于 2012 年 5 月 28 日签订的《上海淳瑞机械科技有限公司增资协议》《上海淳瑞机械科技有限公司增资协议之补充协议》约定,根据该两份协议,债务于 2015 年 7 月 1 日即已形成,第三人亦于 2015 年 7 月 3 日以承诺函的方式予以了确认。因此,本案所涉债务系发生于被告与第三人婚姻存续期间,属于夫妻共同债务。被告与第三人虽在原告起诉第三人请求公司收购股份纠纷一案审理过程中办理了离婚,但被告仍应对婚姻存续期间的共同债务承担清偿责任。现被告并无相关证据证明原告与第三人明确约定涉案债务为第三人的个人债务,或者属于《婚姻法》第 19 条第 3 款规定情形,即被告与第三人对婚姻关系存续期间所得的财产约定归各自所有且原告知道该约定,因此,被告主张其不应承担共同清偿责任的抗辩,不予采纳。

江苏省高级人民法院二审维持原判的一案③中,一审法院认为,"《投资协议》签订时,股权回购的条件尚未成就,对于刘立刚、叶革雄而言,因股权回购所形成的债务为或然性债务,承担与否需待股权回购的条件是否成就才能确定,从这个角度而言,李瑞文、钱兰芬显然不应对当时并不存在的债务承担责任","关于涉案债务并非夫妻共同债务的答辩意见,符合法律规定",予以支持。

不过,如果对赌义务人的配偶通过离婚的方式恶意逃避债务,可能被判令共同承担责任。

北京市第三中级人民法院二审维持原判的一案④中,一审法院认为,"黄蓓

---

① 参见王敏、何冉冉等股权转让纠纷案,成都市中级人民法院民事判决书,(2021)川 01 民终 14538 号。
② 参见上海久奕一期股权投资基金合伙企业与于晴请求公司收购股份纠纷案,上海市杨浦区人民法院民事判决书,(2017)沪 0110 民初 9231 号。
③ 参见叶革雄、刘立刚与无锡国联领翔中小企业成长投资中心、李瑞文等股权转让纠纷案,江苏省高级人民法院民事判决书,(2018)苏民终 1517 号。
④ 参见黄蓓等与王蕊股权转让纠纷案,北京市第三中级人民法院民事判决书,(2018)京 03 民终 12779 号。

与滕站的离婚是否属于恶意逃避债务。2015年5月31日王蕊与滕站签订《股权转让协议》,滕站与黄蓓的离婚判决于2015年6月23日生效,《股权转让协议》约定行使回购权的条件成就于2016年3月31日。公司在新三板挂牌需要很多硬性条件,作为金英马公司的法定代表人和实际控制人,滕站明确知悉该公司是否满足挂牌条件,有条件提前做出安排。从滕站与黄蓓的离婚过程看,双方已经协商好解除婚姻关系、子女抚养、财产分割等问题,到法院无非是履行一下法律程序,而婚姻关系涉及到身份关系,法院亦难以查明双方是因感情破裂离婚或者有其他目的。从海淀法院离婚案件承办人询问滕站与黄蓓是否有借离婚恶意转移财产规避债务的问题可知,二人在离婚诉讼时的表现与一般离婚案件当事人不同,致使法官对此有所怀疑。从离婚财产分配方案看,夫妻双方共同拥有7套住房及一辆宝马车,这些有形资产全部归黄蓓所有,且部分住房的贷款仍由滕站偿还。滕站只分得了金英马公司的股权,而公司的股权价值不确定,且滕站因经营公司对外负有债务"。从双方对财产的分配方案看,"二人存在通过离婚恶意逃避债务的情形……王蕊与滕站签订的《股权转让协议》生效时间为2015年5月31日。《股权转让协议》签订后,王蕊对滕站债权的基础已经成立,滕站与黄蓓通过离婚恶意逃避债务,致使王蕊的回购请求权成立时黄蓓已经与滕站解除婚姻关系。黄蓓与滕站通过离婚的方式致使王蕊的回购请求权发生于婚姻关系存续期间外,而二人的离婚存在恶意逃避债务的情形,黄蓓与滕站恶意阻止债务发生于婚姻关系存续期间,应视为条件成就……综上,该笔债务应认定为夫妻共同债务,黄蓓应对滕站的付款义务承担共同还款责任"。

◆ 小结与建议

如果投资方向对赌义务人主张权利时,对赌义务人已离婚,则对赌债务并非发生于对赌义务人的婚姻关系存续期间,不构成夫妻共同债务。

投资方:建议对赌条款触发后及时向创始人方主张权利。如果有证据证明创始人方及其配偶故意通过离婚的方式逃避对赌债务,即便双方已在投资方主张对赌权利前离婚,创始人方的前配偶依然应就对赌债务承担责任。

创始人方:创始人方在对赌目标能否实现确定之前就办理完毕离婚手续的,对赌债务不大可能会被认定为创始人方的夫妻共同债务。

1.16 多位对赌义务人之间承担的是连带责任还是按份责任?

对赌义务人可能不止一位。在投资协议未明确约定的情况下,多位对赌义务人之间承担的是连带责任还是按份责任?这不仅关乎投资方只起诉部分对赌义务人时的诉请金额,更影响各对赌义务人的责任承担。

"按份责任"中,各责任人仅对自己的份额负责,不对整体责任负责。也就是说,权利人不能要求一位按份责任人承担全部债务。《民法典》第177条规定:"二人以上依法承担按份责任,能够确定责任大小的,各自承担相应的责任;难以确定责任大小的,平均承担责任。"

"连带责任"中,尽管各责任人之间也分有份额,但每位责任人都向权利人承担全部责任。换言之,权利人可以起诉一个连带责任人请求其偿还全部债务。《民法典》第178条规定:"二人以上依法承担连带责任的,权利人有权请求部分或者全部连带责任人承担责任。连带责任人的责任份额根据各自责任大小确定;难以确定责任大小的,平均承担责任。实际承担责任超过自己责任份额的连带责任人,有权向其他连带责任人追偿。连带责任,由法律规定或者当事人约定。"

对于多位当事人承担责任不明的,法律并未明确规定应当按连带还是按份处理。不过在担保中,《民法典》改变了先前《担保法》规定在约定不明时推定按照连带责任保证承担保证责任的做法,而是按照一般保证承担保证责任。《民法典》第686条第2款规定:"当事人在保证合同中对保证方式没有约定或者约定不明确的,按照一般保证承担保证责任。"《担保法》第19条规定:"当事人对保证方式没有约定或者约定不明确的,按照连带责任保证承担保证责任。"

《民法典》体现出的法律价值是,连带责任属于严格责任,在没有明确规定或约定的情况下,不应推定为连带责任。司法实践中,对于各对赌义务人之间的责任约定不明的,法院的态度如何?

主题案例:上海红土创业投资有限公司与徐雁、王晓峰等其他合同纠纷案[①]

2011年4月,投资方与目标公司及3位原股东签订《投资合同》。

---

① 参见上海市高级人民法院民事裁定书,(2016)沪民申2211号。

1.16 多位对赌义务人之间承担的是连带责任还是按份责任?

同月,投资方与3位原股东签订《补充协议》约定:6.1在下列情况下,原股东在投资方书面通知的要求下,应尽最大努力促使投资方的股权得以全部被回购或被收购:6.1.1如果目标公司在2014年12月31日仍未实现在中国境内或境外的公开发行和上市,则投资方可提出回购或收购其股份的要求……6.2在第6.1条约定的情形之一出现时,投资方可在其回购通知中要求3位原股东收购投资方持有的目标公司股权……6.4原股东在此连带地保证:如投资方要求收购其持有目标公司的全部或者部分股权,原股东应保证目标公司的股东会或董事会同意该收购并签署一切必要签署的法律文件,如有违约,其均应承担投资方因此所导致的直接经济损失。

2012年4月,目标公司再次进行增资后,投资方持股比例为5.02%(53.91万元),3位原股东的持股比例分别42.74%(出资459万元)、30.08%(出资323万元)及3.96%(出资42.50万元)。

2014年10月24日,投资方向3位原股东发函要求回购股权。

投资方提起诉讼,请求判令3位原股东共同向投资方支付股权回购款,用于受让投资方持有的目标公司的股权。

持股比例最小的一位原股东辩称:即便其承担回购责任,也应承担按份责任,而非连带责任。

上海市奉贤区人民法院一审认为:

关于3位原股东对股权收购应承担连带责任、共同责任或按份责任的问题。3位原股东应当按照其出资比例收购投资方的股权,并支付相应的对价,无须连带或共同向投资方支付股权收购款。理由:

第一,连带责任或共同责任属于较为严格的责任类型,只有在法律有明确规定或当事人有明确约定的情况下,才能科以连带责任或共同责任。具体到本案,现行法律并不存在3位原股东应当承担连带责任或共同责任的规定,投资合同及补充协议亦未明确约定3位原股东应当承担连带责任或共同责任,因此,从此角度而言,投资方要求3位原股东承担连带责任或共同责任缺乏依据。

第二,我国《公司法》第71条第3款规定:"经股东同意转让的股权,在同等条件下,其他股东有优先购买权。两个以上股东主张行使优先购买权的,协商确定各自的购买比例;协商不成的,按照转让时各自的出资比例行使优先购买权。"本案虽不涉及优先购买权的行使问题,但3位原股东按何种比例购买投资方的股权与该条款中两个以上股东共同行使优先购买权的情形类似,可以参照处理。由于投资合同及补充协议对3位原股东如何购买投资方股权并未明确约定,参照上述规定,3位原股东按照出资比例收购投资方的股权较为合理。

第三,3位原股东按照出资比例收购投资方股权符合公平原则。股东按照出资额对公司享有股权,根据权利义务一致原则,不能苛求股东承担超出其权利的责任,尤其是对小股东而言。以其中一位原股东为例,其持股比例仅为3.96%,且其并未实际参与经营管理,如若要求该原股东支付1000万余元用于收购投资方的股权,显然有违公平。因此,从公平原则出发,应当要求三位原股东按出资比例收购投资方的股权。

第四,投资方认为,补充协议第6.4条存在连带责任的约定。对此,本院认为,该条仅明确三位原股东应保证股东会或董事会同意收购投资方的股权,并未明确约定三位原股东应连带或共同收购投资方的股权。因此,投资方的上述观点缺乏依据,不予采信。

上海市高级人民法院再审认为:

投资方主张3位原股东就系争股权回购承担连带责任的合同依据是《补充协议》第6.2条和第6.4条,但综合理解上述两条约定内容,并不能得出目标公司原发起股东对股权回购义务承担连带责任的意思表示,且《补充协议》第6.4条中明确约定了连带保证的范围是保证公司的股东会或董事会同意该收购并签署一切必要签署的法律文件,故原审法院认定《补充协议》并未明确约定三位原股东对回购系争股权承担连带责任,并无不当。对于三位原股东应以按份责任履行回购义务的相关理由,一审判决书中已有详尽论述,予以认同,不再赘述。

本案中,各方约定如果目标公司未如期上市,则投资方有权要求3位原股东回购其持有的目标公司的股权。此外,3位原股东连带保证目标公司的权力机构同意收购并签署一切必要签署的法律文件,如有违约则承担投资方由此产生的损失。投资方提起诉讼,请求判令3位原股东共同向其支付股权回购款。

持股比例最小的原股东辩称,其承担的是按份责任而非连带责任。

法院认为,只有在明确规定或约定的情况下,才能科以连带责任。而案涉协议并未明确3位原股东就股权回购承担连带责任,且让持股3.96%的小股东承担连带责任有违公平原则。因此,3位原股东承担的是按份责任。

不少案件中法院的态度与本案法院一致,即只在有明确规定或约定的情况下,才认定对赌义务人之间承担的是连带责任。

北京市高级人民法院在一案①中认为,"在国能公司本轮增资之前,郭伟、科

---

① 参见郭伟等合同纠纷案,北京市高级人民法院民事判决书,(2019)京民终757号。

陆公司和炜能资管中心持有国能公司的股权比例分别为50.7%、26.1%和17.4%。控股股东郭伟在《增资协议》第5.3条向复思尔康合伙企业等本轮投资人作出了业绩及股权回购承诺,但第8.5条系对科陆公司和炜能资管中心作为国能公司原股东对国能公司及国能公司其他原股东的违约责任承担连带责任作出的一般性约定,并未明确、具体、针对性地约定其应当对控股股东郭伟的回购义务向本轮投资人承担连带责任。连带责任应当由法律规定或者当事人约定,故在《增资协议》第8.5条未特别列明作为中小股东的科陆公司、炜能资管中心对控股股东郭伟的回购义务承担连带责任的情况下,应当视为《增资协议》未约定科陆公司、炜能资管中心就郭伟的回购义务承担连带责任。故复思尔康合伙企业要求科陆公司、炜能资管中心就郭伟的回购义务向其承担连带责任没有合同依据"。

北京市高级人民法院在一案[①]中认为,连带责任,由法律规定或者当事人约定。因此,要求承担连带责任必须有明确的法律规定或当事人的约定,否则不能请求承担连带责任。"案涉《增资协议》对违约责任的承担是这样表述的:'当下列情况之一出现时,乙方有权要求解除本协议,并可以要求甲方及丙方承担违约责任:甲方或丙方违约,以致严重影响乙方订立本协议所合理期待的利益;甲方及丙方向乙方提供的账目中资产负债表内的资产或负债严重失实,或甲方及丙方存在未向乙方披露债务(包括担保等或有债务)以及向乙方隐瞒、提供虚假错误陈述。'虽然条款中用了'甲方及丙方承担违约责任'的表述方式,但由于其后约定的违约行为,既有甲方或丙方的单方违约行为,又包括甲方及丙方的共同违约行为,因此对于甲方或丙方单方违约的情况下,甲方及丙方是否连带承担违约责任,该条款并未明确约定。故本院不能仅凭'甲方及丙方承担违约责任'的表述,就认定在甲方或丙方单方违约时,另一方也需要承担连带责任。"

浙江省杭州市中级人民法院二审维持原判的一案[②]中,关于原股东对股权回购应承担连带责任、共同责任还是按份责任的问题,一审法院认为,"连带责任或者共同责任属于较为严格的责任类型,只有在法律有明确规定及当事人有明确约定的情况下,才能使用。在本案中,《补充协议》仅约定各被告按每年10%的投资回报加投资本金,回购所有投资方股权,并未明确约定各被告承担责任的方式。建信创投要求各被告就股权回购承担连带责任缺乏依据,各被告应

---

① 参见杨雪林与张叶等公司增资纠纷案,北京市高级人民法院民事判决书,(2021)京民终142号。
② 参见郑杭、朱志文合同纠纷案,杭州市中级人民法院民事判决书,(2018)浙01民终5870号。

按其各自在签订《增资协议》之前的出资比例回购建信创投股权"。

常州市新北区人民法院在一案①中认为,"关于责任承担的方式,本案中原告要求各被告承担责任,但未能明确承担责任的具体方式,增资协议中亦未对责任承担的方式有明确的约定,但从:1.权利义务对等原则出发,公司股东享有股权,即享有取得分红款、决策经营等权利,同时应当按照股权比例承担投资风险,本案中各股东所占公司股权比例不等,其享有的公司权利亦不等,那么对等应当承担的公司义务亦各不相同,2.公平原则出发,本案的股权回购达到了三百多万元,但其中部分小股东在目标公司的股权投入仅仅占有数万元,若按照其投资比例享有股东权利,那么其能享有的分红权、决策经营权都仅有1%不到的比例,要求其承担三百多万元的股权回购责任实属显失公平,3.公司法中对于股东的优先购买权系按照股权比例进行承担,本案的股权回购亦是一种特殊的转让,股东按照何种比例回购股权与优先购买权条款中两名以上股东共同行使权利的情形类似,应当可以参考,综上,按照股权比例进行回购较为妥当"。

但是,在多位对赌义务人共同作为合同一方的情况下,即便合同没有明确约定,法院也可能判决对赌义务人承担连带责任。

最高人民法院在一案②中认为,"四方《协议书》首部'甲方'处为财神岛公司、李滨、于秀兰,尾部'甲方'处有于秀兰、李滨二人签名和指印,案涉各方当事人对于该协议书的真实性均无异议……该协议是各方当事人就如何退还广华投资企业3000万元投资款事宜所达成的……李滨、于秀兰在该协议书甲方处签字,表明其认可作为独立的民事责任主体,与财神岛公司共同承担其中2250万元投资款的返还责任……在如前所述的财神岛公司不具备履行股权回购的法定或约定条件而广华投资企业不能要求其收购股权并返还投资款的情况下……广华投资企业有权要求李滨、于秀兰就该四方《协议书》约定的股权回购款中的本金2250万元及相应利息承担连带清偿责任"。

最高人民法院在一案③中认为,"案涉《股权投资协议》签订主体为三方,即甲方刘琰崑科技团队,乙方施达升公司,丙方兴众公司。《股权投资协议》对'科技团队'的解释是'指拥有自主知识产权、具有国际先进或国内一流水平科技成果,落户芜湖创业的人才团队。包括刘琰崑等核心成员。'上述约定说明刘琰

---

① 参见常州龙城英才创业投资有限公司与许蕴卿、闫玉贤等公司增资纠纷案,常州市新北区人民法院民事判决书,(2018)苏0411民初5635号。
② 参见深圳市广华创新投资企业、大连财神岛集团有限公司请求公司收购股份纠纷案,最高人民法院民事判决书,(2020)最高法民再350号。
③ 参见胡家武、刘琰崑合同纠纷案,最高人民法院民事裁定书,(2020)最高法民申5254号。

嵬、胡家武、阮建祺、刘春骅是以刘琰嵬科技团队名义而非以各自独立主体名义进行民事法律行为……从合同目的和交易习惯看,刘琰嵬科技团队作为合作方,优势是其所掌握的技术和技术研发能力,无论是其对已经掌握技术的运用还是其具备的技术研发能力都依赖于整个团队,尤其是团队核心成员。虽然刘琰嵬、胡家武、阮建祺、刘春骅各自的股权比例在《股权投资协议》中作出约定,原判决认定该约定系刘琰嵬科技团队内部约定,不能作为认定对外承担责任方式的依据,判决刘琰嵬、胡家武、阮建祺、刘春骅作为刘琰嵬科技团队成员共同向兴众公司支付股权转让金,并承担相应违约金责任,并无不当"。

浙江省杭州市中级人民法院在一案[①]中认为,"从《补充协议》的内容来看,正赛联公司等六主体共同列为'原股东',各方还约定'若公司未能在2015年6月30日前实现国内A股上市,则投资方有权要求原股东按每年10%的投资回报加投资本金,回购所有投资方股权',故原审判决认定正赛联公司等原股东对回购义务承担的系共同责任具有合同依据,正赛联公司、钱江创投公司等主体主张应当按股权比例按份承担回购义务,缺乏事实和法律依据,本院不予采纳"。

北京市顺义区人民法院审理的一案[②]中,二原股东在《补充协议》中承诺:如果公司在2015年12月31日前未实现公开发行上市或被整体并购,则投资方可要求原股东回购其持有的目标公司股权。投资方认为二原股东签订协议时作为原股东共同出现,都体现为乙方,所以应就股权回购承担连带责任。二原股东则抗辩协议未明确约定连带回购,二人应按持股的相对比例分别回购。该院认为,"协议虽未明确载明原股东是连带回购还是按照一定的份额回购,但结合《增资协议书》《补充协议》的上下文内容,按照债权债务处理内外有别的基本原则,对于债权人而言,此处'原股东'作为回购义务的承受主体,系一个义务承受整体",故对于股权回购价款的给付二原股东应当承担连带给付责任。

❖ 小结与建议

投资方:存在多位对赌义务人的,建议在投资协议中明确约定,各对赌义务

[①] 参见朱建静与上海正赛联创业投资有限公司合同纠纷案,杭州市中级人民法院民事判决书,(2018)浙01民终9661号。

[②] 参见北京临空创业投资有限公司与吕意德等公司增资纠纷案,北京市顺义区人民法院民事判决书,(2019)京0113民初21763号。

人承担的责任为连带责任。

创始人方：建议明确约定各对赌义务人按照投资方主张权利时所持目标公司股权的比例承担按份责任。

此外，为降低被认定承担连带责任的概率，建议将对赌义务人分别列为单独的一方(如"原股东一""原股东二")，而非统称为合同的一方(如"原股东")。

1.17 对赌协议约定的"上市"包括"新三板"吗?

对赌协议常约定,如果目标公司未如期上市,则触发股权回购条款。在没有明确定义的情况下,这里的"上市"是指什么?包括新三板挂牌吗?

目前,我国多层次资本市场体系包括:以上海证券交易所(以下简称"上交所")及深圳证券交易所(以下简称"深交所")为依托的主板、深交所的创业板、上交所的科创板、北京证券交易所(以下简称"北交所")、全国中小企业股份转让系统(以下简称"新三板")及区域性股权市场(以下简称"新四板")。

1. 主板

主板属于上市的范围。《首次公开发行股票注册管理办法》(中国证券监督管理委员会令第205号)第3条第1、2款规定:"发行人申请首次公开发行股票并上市,应当符合相关板块定位。主板突出'大盘蓝筹'特色,重点支持业务模式成熟、经营业绩稳定、规模较大、具有行业代表性的优质企业。"第5条规定:"首次公开发行股票并上市,应当符合发行条件、上市条件以及相关信息披露要求,依法经交易所发行上市审核,并报中国证监会注册。"

与创业板及科创板一样,主板如今也为注册制,主板上市的财务要求最高:《深圳证券交易所股票上市规则》第1.2条规定:"在深圳证券交易所(以下简称本所)主板上市的股票及其衍生品种的上市、信息披露、停牌、复牌、退市等事宜,适用本规则……"第3.1.2条规定:"境内企业申请在本所上市,市值及财务指标应当至少符合下列标准中的一项:(一)最近三年净利润均为正,且最近三年净利润累计不低于1.5亿元,最近一年净利润不低于6000万元,最近三年经营活动产生的现金流量净额累计不低于1亿元或者营业收入累计不低于10亿元;(二)预计市值不低于50亿元,且最近一年净利润为正,最近一年营业收入不低于6亿元,最近三年经营活动产生的现金流量净额累计不低于1.5亿元;(三)预计市值不低于80亿元,且最近一年净利润为正,最近一年营业收入不低于8亿元……"

《上海证券交易所股票上市规则》第1.2条规定:"在上海证券交易所(以下简称本所)主板上市的股票及其衍生品种的上市、信息披露、停复牌、退市等事宜,适用本规则……"第3.1.2条规定:"境内发行人申请在本所上市,市值及财务指标应当至少符合下列标准中的一项:(一)最近3年净利润均为正,且最近3年净利润累计不低于1.5亿元,最近一年净利润不低于6000万元,最近3年经营活动产生的现金流量净额累计不低于 1 亿元或营业收入累计不低于 10 亿元；（二）预计市值不低于 50 亿元，且最近一年净利润为正，最近一年营业收入不低于 6 亿元，最近 3 年经营活动产生的现金流量净额累计不低于 1.5 亿元；（三）预计市值不低于 80 亿元，且最近一年净利润为正，最近一年营业收入不低于 8 亿元……"

2. 创业板

创业板在上市范围之内。《首次公开发行股票注册管理办法》第 3 条规定："发行人申请首次公开发行股票并上市，应当符合相关板块定位……创业板深入贯彻创新驱动发展战略，适应发展更多依靠创新、创造、创意的大趋势，主要服务成长型创新创业企业，支持传统产业与新技术、新产业、新业态、新模式深度融合。"第 5 条规定："首次公开发行股票并上市，应当符合发行条件、上市条件以及相关信息披露要求，依法经交易所发行上市审核，并报中国证监会注册。"

创业板上市的财务要求低于主板。《深圳证券交易所创业板股票上市规则》第 1.2 条规定："股票及其衍生品种在本所创业板的上市和持续监管事宜，适用本规则……"第 2.1.2 条规定："发行人为境内企业且不存在表决权差异安排的，市值及财务指标应当至少符合下列标准中的一项：（一）最近两年净利润均为正，且累计净利润不低于 5000 万元；（二）预计市值不低于 10 亿元，最近一年净利润为正且营业收入不低于 1 亿元；（三）预计市值不低于 50 亿元，且最近一年营业收入不低于 3 亿元。"

3. 科创板

与创业板类似，科创板也在上市范围之内。《首次公开发行股票注册管理办法》第 3 条规定："发行人申请首次公开发行股票并上市，应当符合相关板块定位……科创板面向世界科技前沿、面向经济主战场、面向国家重大需求。优先支持符合国家战略，拥有关键核心技术，科技创新能力突出，主要依靠核心技术开展生产经营，具有稳定的商业模式，市场认可度高，社会形象良好，具有较强成长性的企业……"第 5 条规定："首次公开发行股票并上市，应当符合发行条件、上市条件以及相关信息披露要求，依法经交易所发行上市审核，并报中国证监会注册。"

财务标准上，科创板财务指标比创业板更为多样。《上海证券交易所科创板股票上市规则》第 1.2 条规定："股票、存托凭证及其衍生品种在本所科创板的上市和持续监管等事宜，适用本规则……"第 2.1.2 条规定："发行人申请在本所科创板上市，市值及财务指标应当至少符合下列标准中的一项：（一）预计市值不低于人民币 10 亿元，最近两年净利润均为正且累计净利润不低于人民币

5000万元,或者预计市值不低于人民币10亿元,最近一年净利润为正且营业收入不低于人民币1亿元;(二)预计市值不低于人民币15亿元,最近一年营业收入不低于人民币2亿元,且最近三年累计研发投入占最近三年累计营业收入的比例不低于15%;(三)预计市值不低于人民币20亿元,最近一年营业收入不低于人民币3亿元,且最近三年经营活动产生的现金流量净额累计不低于人民币1亿元;(四)预计市值不低于人民币30亿元,且最近一年营业收入不低于人民币3亿元;(五)预计市值不低于人民币40亿元,主要业务或产品需经国家有关部门批准,市场空间大,目前已取得阶段性成果。医药行业企业需至少有一项核心产品获准开展二期临床试验,其他符合科创板定位的企业需具备明显的技术优势并满足相应条件。本条所称净利润以扣除非经常性损益前后的孰低者为准,所称净利润、营业收入、经营活动产生的现金流量净额均指经审计的数值。"

4. 北交所

在北交所发行也属于上市。《北京证券交易所向不特定合格投资者公开发行股票注册管理办法》第2条第1款规定:"股票向不特定合格投资者公开发行(以下简称公开发行)并在北交所上市的发行注册,适用本办法。"第4条规定:"公开发行股票并在北交所上市,应当符合发行条件、上市条件以及相关信息披露要求,依法经北交所发行上市审核,并报中国证监会注册。"第9条规定:"发行人应当为在全国股转系统连续挂牌满十二个月的创新层挂牌公司。"

北交所上市的财务要求,明显低于主板、创业板及科创板。《北京证券交易所股票上市规则(试行)》第1.1条规定:"为了规范北京证券交易所(以下简称本所)股票上市和持续监管事宜……制定本规则。"第1.2条规定:"股票在本所的上市和持续监管事宜,适用本规则……"第2.1.3条规定:"发行人申请公开发行并上市,市值及财务指标应当至少符合下列标准中的一项:(一)预计市值不低于2亿元,最近两年净利润均不低于1500万元且加权平均净资产收益率平均不低于8%,或者最近一年净利润不低于2500万元且加权平均净资产收益率不低于8%;(二)预计市值不低于4亿元,最近两年营业收入平均不低于1亿元,且最近一年营业收入增长率不低于30%,最近一年经营活动产生的现金流量净额为正;(三)预计市值不低于8亿元,最近一年营业收入不低于2亿元,最近两年研发投入合计占最近两年营业收入合计比例不低于8%;(四)预计市值不低于15亿元,最近两年研发投入合计不低于5000万元……"

5. 新三板

虽然全国中小企业股份转让系统为经国务院批准的全国性证券交易场所,但在新三板挂牌的公司为"非上市"公众公司。《国务院关于全国中小企业股份转让系统有关问题的决定》规定,全国中小企业股份转让系统是经国务院批准,依据证券法设立的全国性证券交易场所。挂牌公司依法纳入非上市公众公司监管。《全国中小企业股份转让系统业务规则(试行)》第1.10条规定:"挂牌公司是纳入中国证监会监管的非上市公众公司……"第4.1.2条规定:"挂牌公司应当依据《公司法》及有关非上市公众公司章程必备条款的规定制定公司章程并披露……"

在全国中小企业股份转让系统基础层挂牌,并没有财务要求。但从基础层申请进入创新层,则需满足财务指标。《全国中小企业股份转让系统分层管理办法》第2条规定:"全国股转系统设置创新层和基础层,全国中小企业股份转让系统有限责任公司(以下简称全国股转公司)对挂牌公司实行分层管理。挂牌公司的分层管理包括公司申请挂牌同时进入创新层,基础层挂牌公司进入创新层,以及创新层挂牌公司调整至基础层。"第7条规定:"挂牌公司进入创新层,应当符合下列条件之一:(一)最近两年净利润均不低于1000万元,最近两年加权平均净资产收益率平均不低于6%,截至进层启动日的股本总额不少于2000万元;(二)最近两年营业收入平均不低于8000万元,且持续增长,年均复合增长率不低于30%,截至进层启动日的股本总额不少于2000万元;(三)最近两年研发投入累计不低于2500万元,截至进层启动日的24个月内,定向发行普通股融资金额累计不低于4000万元(不含以非现金资产认购的部分),且每次发行完成后以该次发行价格计算的股票市值均不低于3亿元;(四)截至进层启动日的120个交易日内,最近有成交的60个交易日的平均股票市值不低于3亿元;采取做市交易方式的,截至进层启动日做市商家数不少于4家;采取集合竞价交易方式的,前述60个交易日通过集合竞价交易方式实现的股票累计成交量不低于100万股;截至进层启动日的股本总额不少于5000万元。"

6. 新四板

区域性股权市场并非全国性证券交易场所,属于非公开发行。《证券法》第37条规定:"公开发行的证券,应当在依法设立的证券交易所上市交易或者在国务院批准的其他全国性证券交易场所交易。非公开发行的证券,可以在证券交易所、国务院批准的其他全国性证券交易场所、按照国务院规定设立的区域性股权市场转让。"《区域性股权市场监督管理试行办法》第3条第1款规定:"区域性股权市场是为其所在省级行政区域内中小微企业证券非公开发行、转让及相关活动提供设施与服务的场所。"

主题案例：柒安如与四川金象化工产业集团股份有限公司合同纠纷案①

2013年1月14日，投资方与原股东签订《回购股东补偿协议》约定：目标公司计划申请在中国境内首次公开发行股票及上市，原股东同意向投资方支付补偿款。本协议生效的前提是，目标公司在2018年12月前成功上市。

2015年12月1日，全国中小企业股份转让系统有限责任公司向目标公司发文，载明"同意你公司股票在全国中小企业股份转让系统挂牌……你公司挂牌后纳入非上市公众公司监管"。之后，目标公司在全国股转系统挂牌。

投资方提起诉讼，要求原股东按照《回购股东补偿协议》的约定支付补偿款。

原股东抗辩，《回购股东补偿协议》因目标公司未上市而尚未生效。

眉山市东坡区人民法院一审认为：

在全国股转系统挂牌与在证券交易所上市存在以下区别：一是准入条件不同，在全国股转系统挂牌不设财务门槛，申请挂牌的公司可以尚未盈利，其准入条件明显低于在证券交易所上市；二是投资者群体不同，证券交易所市场的投资者以中小投资者为主，而全国股转系统实行了较为严格的投资者适当性制度，是以机构投资者为主的市场，普通自然人进入投资有严格的限制，其投资者群体范围明显小于证券交易所市场；三是全国股转系统是中小微企业与产业资本的服务媒介，主要是为企业发展、资本投入与退出服务，不是以交易为主要目的；四是在全国股转系统挂牌的公司并非上市公司，而是纳入非上市公众公司管理，非上市公众公司为股票未在证券交易所上市交易的股份有限公司。在全国股转系统挂牌的公司，达到股票上市条件的，可以直接向证券交易所申请上市交易，即在全国股转系统挂牌并非上市。

本案中，《回购股东补偿协议》约定的上市为"在中国境内首次公开发行股票及上市"，该协议签订时，全国股转系统尚未成立，当时约定的上市应指在证券交易所上市而非在全国股转系统挂牌，故《回购股东补偿协议》约定的生效条件之一即目标公司在《回购股东补偿协议》签署之日起10年内（即2018年12月前）成功上市目前并未成就，投资方要求原股东支付补偿款89664元的诉讼请求不符合法律规定，不予支持。

四川省眉山市中级人民法院二审维持原判。

---

① 参见四川省眉山市中级人民法院民事判决书，(2017)川14民终1163号。

本案中,《回购股东补偿协议》约定的生效条件是目标公司在一定期限内"上市"成功。投资方认为上市包括新三板,原股东对此则持不同意见。

法院认为,上市并不包括新三板,挂牌该板块的为非上市公众公司。

大多数案件中法院认为,"上市"限于主板、创业板、科创板及北交所,新三板、新四板不在"上市"的范围之内。

北京市第三中级人民法院在一案①中认为,"九江九鼎中心主张在股权投资领域追求目标公司在 A 股上市是投资交易的惯常做法,而新三板挂牌在投资回报、流动性方面与 A 股上市存在巨大差别,无法满足投资人的交易预期,故九江九鼎中心追求的是吉芬股份公司在 A 股上市;谢锋则主张新三板市场在《协议书》签订时正处于飞速发展时期,回购条件指向新三板挂牌并不违背当时股权投资领域所追求的价值目标。对此本院认为,A 股市场与新三板市场在我国多层次资本市场体系中的层级定位、准入条件、服务对象、整体市值、成交量以及交易活跃度、流动性等方面均存在较为明显的现实差异,因此结合各方当事人在《协议书》签订前的协商情况,以及《增资扩股协议》与《补充合同》的相关约定内容,在无相反证据证明的情形下,本案应当认定,九江九鼎中心的投资行为始终为致力于吉芬股份公司实现 A 股上市。该意旨具备事实及法律依据,具有合理性,符合投融资主体在资本市场及股权投资领域的投融资理念及通常做法"。

四川省成都市中级人民法院二审维持原判的一案②中,法院将新三板及新四板排除在上市的范围之外。一审法院认为,"《投资协议》第 6.5 条明确约定'本次投资方投资资金到达目标公司指定账户之日届满 3 年时,目标公司未上市或未被并购,投资方有权要求原股东回购投资方届时持有的目标公司全部或部分股份,对方必须履行其回购义务。'现双方就该条约定中'上市'的具体含义理解发生分歧……《中华人民共和国公司法》第一百二十条规定,本法所称上市公司,是指其股票在证券交易所上市交易的股份有限公司。袁荣辉、李冀、冯睿虽辩称 6.5 条约定中的'上市'应作包括主板、创业板、'新三板'、'新四板'等在内的广义理解,但首先,袁荣辉、李冀、冯睿所作该广义理解并不符合《中华人民共和国公司法》关于上市公司的定义;其次,'新三板'、'新四板'融资的通常表述均为'挂牌'而非'上市',锐丽元公司向技转公司出具的《申请挂牌说明》使用

---

① 参见九江联豪九鼎投资中心(有限合伙)与谢锋与公司有关的纠纷案,北京市第三中级人民法院民事判决书,(2019)京 03 民终 9876 号。

② 参见袁荣辉、李冀股权转让纠纷案,成都市中级人民法院民事判决书,(2020)川 01 民终 17793 号。

的也是'挂牌'的表述;再次,若在'新四板'挂牌亦属6.5条约定的'上市',则挂牌程序即锐丽元公司正常履行协议的内容,无需单独向投资方就拟挂牌平台的性质、宗旨、服务项目等进行说明并希望得到支持"。因此,"6.5条约定中的'上市'仍应按照《中华人民共和国公司法》关于上市公司的规定作限定解释"。

浙江省丽水市中级人民法院在一案①中认为,"就该协议中关于'上市'这一解除所附条件的理解,本院认为,上市是指符合条件的股份有限公司在证券交易所内首次公开发行股票的行为,在我国只有在上海、深圳两大证券交易所内进行股票买卖的公司,属于真正意义上的上市公司,而在股权交易所或新三板内首次公开转让股份的行为只能称之为挂牌,且在2011年新三板尚属于新生事物"。

但在个别案件中,根据合同的具体约定,新三板挂牌可能被认定为属于在资本市场公开上市。例如,广东省高级人民法院在一案②中认为,"从涉案《增资协议》、《2010年补充协议》约定内容看,袁宁武等网信联动公司原股东保证'以公司为未来在资本市场上的上市主体'、'如标的公司在2013年12月30日前未能成功实现资本市场公开上市,则深创投公司可选择要求袁宁武及王延生回购深创投公司持有的全部或部分标的公司股权',并未约定网信联动公司应成为公司法意义上的'上市公司'或达到在'主板上市'的目标。深创投公司系从事创业投资业务的大型专业投资机构,在前述协议未作明确约定情况下,其主张双方约定网信联动公司应成为公司法意义上的'上市公司'、应达到在'主板上市'的目标,缺乏事实依据,本院不予采纳"。《2015年补充协议》约定,"'如公司在2015年底前递交新三板挂牌申请,且申请挂牌过程的期间跨度到2016年,在此期间不启动股权回购;如挂牌不成功,则甲方(深创投公司、红土信息公司)有权启动股权回购。'可见,各方已将涉案股权回购的条件明确为'新三板挂牌不成功'。全国中小企业股份转让系统(即新三板)系经国务院依法批准设立的全国性证券交易场所,是我国多层次资本市场体系的重要组成部分。在新三板挂牌上市交易,亦属《增资协议》、《2010年补充协议》中约定的在'资本市场公开上市'。深创投公司主张在新三板挂牌不属于双方约定的'资本市场公开上市',于法无据,亦与双方约定不符,本院不予采信"。

---

① 参见孙青云、叶根水合同纠纷案,丽水市中级人民法院民事判决书,(2019)浙11民终1555号。
② 参见深圳市创新投资集团有限公司、袁宁武股权转让纠纷案,广东省高级人民法院民事判决书,(2019)粤民终2081号。

❖ 小结与建议

投资方：为避免产生歧义，建议在合同中明确约定上市的板块或明确排除相关板块。例如，"'上市'是指在中国境内上海证券交易所及深圳证券交易所主板、科创板及创业板发行股票和上市"。

创始人方：建议视情况将上市表述为"挂牌上市"。如果只能约定为"上市"，不建议对其作出定义，以预留解释的空间。

1.18 可以约定逾期提供《审计报告》则触发对赌义务吗?

目标公司业绩未达承诺,是触发补偿或回购条款的常见情形。业绩指标为净利润的,最直接的衡量依据是《审计报告》。由于该报告需目标公司配合提供,为保护投资方的利益,双方可能将目标公司逾期提供《审计报告》约定为对赌条款的触发情形之一。从公平的角度出发,法院会支持该约定吗?

审计的对象是财务报表,《审计报告》的出具需公司配合。《中国注册会计师审计准则第1501号——对财务报表形成审计意见和出具审计报告》第8条规定:"审计报告,是指注册会计师根据审计准则的规定,在执行审计工作的基础上,对财务报表发表审计意见的书面文件。"

为便于投资方了解目标公司的经营情况,投资协议通常会约定目标公司在会计年度结束的一定期限内向其提供《审计报告》。例如,深圳市龙岗区人民法院审理的一案①中,各方约定:九九华立实际经营情况由投资方或投资方认可的会计师事务所在投资后每一个会计年度结束之日起4个月内,对九九华立在相应期限内经营财务状况进行审计或核查,作出相应的审计报告或核查报告,并将报告作为确认九九华立实际经营情况的最终依据提供给投资方。

但是,如果目标公司未按约提供《审计报告》,投资方主张回购或补偿时,则可能面临举证上的问题。因此,有的对赌协议约定,如果目标公司未能按期向投资方提供《审计报告》,则视为业绩补偿条款或股权回购条款已触发。该等约定似乎对对赌义务人不公平,逾期提供《审计报告》可能出于各种原因,后果却是补偿或回购,未免过于苛刻。

主题案例:福能一期(平潭)创业投资合伙企业(有限合伙)、顾全军、孙海涛等股权转让纠纷案②

2015年11月及2017年3月,投资方与目标公司及原股东先后订立两份《投资协议》及《补充协议》,约定投资方分两次以增资方式认购目标公司股份,投资

---

① 参见周佰成与深圳市九九银有色金属有限公司、慈晟合同纠纷案,深圳市龙岗区人民法院民事判决书,(2020)粤0307民初2170号。

② 参见福州市中级人民法院民事判决书,(2019)闽01民初1065号。

金额共2900万元。目标公司在每个会计年度结束后120日内向投资方提供经审计的无保留意见的年度《审计报告》，未依约提供的，视为触发业绩补偿条款和回售条款。业绩补偿与回购股权的主体为原股东。

由于目标公司未依约向投资方提供2016年度、2017年度《审计报告》，已触发业绩补偿条款，投资方遂多次向原股东发函主张补偿及回购，但均被拒收。

投资方提起诉讼，请求判令原股东支付股权回购款等。

福建省福州市中级人民法院认为：

由于包括目标公司在内的各被告均未能证明目标公司在2016、2017会计年度结束后依约向投资方提供年度《审计报告》，按照协议约定，业绩补偿条款和回售条款已经触发，投资方据此诉请原股东承担回购责任有理，依法予以支持。

本案中，各方约定如果会计年度结束后120日内目标公司未向投资方提供《审计报告》，则触发业绩补偿及股权回购条款，原股东应支付补偿或回购款。因未按约取得《审计报告》，投资方提起诉讼，向原股东主张股权回购款。

法院认为，原股东及目标公司均未证明其依约向投资方提供《审计报告》，回购条款已经触发，支持投资方关于股权回购的请求。

从举证角度来看，约定未按期提供《审计报告》则触发补偿或回购条款，具有合理性。根据证据规则，创始人方控制《审计报告》无理由拒不提交，投资方主张该报告不利于创始人方的，如目标公司业绩不达标，可认定该主张成立。《公司法》第208条第1款规定："公司应当在每一会计年度终了时编制财务会计报告，并依法经会计师事务所审计。"《证据规定》第95条规定："一方当事人控制证据无正当理由拒不提交，对待证事实负有举证责任的当事人主张该证据的内容不利于控制人的，人民法院可以认定该主张成立。"

其他法院亦认为，对赌协议将目标公司逾期未提供《审计报告》列为触发补偿或回购条款情形的，投资方有权据此主张补偿或回购。

最高人民法院在一案①中认为，"《补充协议》4.1条款约定'若银润公司最迟于2017年6月30日仍未能提供相关审计报告且未获得华数元启公司的事先许可延期或豁免，即视为本条所约定的回购条款触发'。银润公司、陈向荣未于2017年6月30日前向华数元启公司提供具有证券从业资格的会计师事务所出具的资产审计报告，其上诉主张当事人间经过商议共同委托立信会计师事务所

---

① 参见上海银润传媒广告有限公司、陈向荣与浙江某某数元启投资合伙企业股权转让纠纷案，最高人民法院民事判决书，(2020)最高法民终575号。

进行审计的行为表示华数元启公司同意银润公司、陈向荣延期或豁免交付《审计报告》，但其未能提供充分证据证明华数元启公司明确做出了同意延期或豁免的意思表示，共同委托审计的行为也不足以证明华数元启公司放弃回购……一审法院认定案涉协议的回购条款已经触发"，并以华数元启公司发出《关于要求履行回购条款的通知》之日作为触发日，并无不当。

北京市第三中级人民法院审理的一案①中，《补充协议》约定，"若叁壹零捌公司发生以下任一事项，则子非鱼公司有权要求张晋巍、高亮回购子非鱼公司届时持有叁壹零捌公司的全部或部分股权……（1）承诺期内的年度审计报告未能于次年4月30日之前出具并提供给子非鱼公司"。该院认为，"叁壹零捌公司未根据《补充协议》的约定进行审计，未向子非鱼公司提供审计报告，亦无上市公司收购叁壹零捌公司，《补充协议》约定的股权回购条件成就，张晋巍、高亮应依约回购子非鱼公司持有的叁壹零捌公司股权"。

上海市浦东新区人民法院在一案②中认为，"按照《补充协议》的约定，若睿基公司未在会计年度结束后的120日内出具年度审计报告，视为触发回售条件。在案证据显示，睿基公司未在会计年度结束后的120日内出具2017年度审计报告，故本院认为，《补充协议》约定的股份回售条件已成就，原告有权根据《补充协议》的相关约定要求五被告回购其持有的睿基公司全部股份"。

甘肃省张掖市甘州区人民法院在一案③中认为，"对于不能在任一会计年度结束后3个月内提供审计报告这一回购条件，虽然对作为回购方的原股东较为苛刻，但协议系双方在平等自愿的情况下达成，且在约定该回购条件时，原、被告均应对该条款所产生的相应法律后果有清晰的认识，故原告依据被告佳信商贸公司未提交2017年度、2018年度的财务审计报告主张要求被告佳信商贸公司及李红梅收购其持有目标公司的股权的诉讼请求"，因已触发不能在任一会计年度结束后3个月内提供审计报告这一回购条款，依法予以支持。

浙江省杭州市中级人民法院审理的一案④中，融金汇中公司向中南承象合

---

① 参见高亮等与天津子非鱼企业孵化器有限公司股权转让纠纷案，北京市第三中级人民法院民事判决书，(2022)京03民终10328号。
② 参见钱业银与顾全军、孙海涛等股权转让纠纷案，上海市浦东新区人民法院民事判决书，(2018)沪0115民初66878号。
③ 参见甘肃省旅游产业投资基金与张掖市佳信商贸有限责任公司、张掖市农信融资担保有限责任公司等合同纠纷案，张掖市甘州区人民法院民事判决书，(2018)甘0702民初8795号。
④ 参见杭州富阳中南承象投资合伙企业与尹宏伟、赵国栋合同纠纷案，杭州市中级人民法院民事判决书，(2018)浙01民初3896号。

伙企业承诺,将于2018年8月30日前向其出具2017年度审计报告,否则视为融金汇中公司未能完成对赌净利润,并直接触发《补充协议》约定的回购条款。该院认为,"因融金汇中公司至今未向中南承象出示2017年度审计报告,不能证明其已完成尹宏伟承诺的目标净利润,已经触发《补充协议》第五条约定的回购条件"。

◈ 小结与建议

投资方:与创始人方约定业绩对赌的,建议将目标公司逾期提供《审计报告》列为回购或补偿条款触发的情形之一,以免目标公司未及时提供《审计报告》导致投资方举证困难。

创始人方:建议尽可能减少约定触发回购或补偿条款的情形,即便约定业绩补偿,也尽量不将提供《审计报告》列为创始人方的义务。囿于谈判地位,约定创始人方逾期提供《审计报告》则触发回购或补偿条款的,创始人方应按时提供该报告。如果逾期,务必取得投资方的书面豁免文件。

1.19 约定以"股权为限"的,对赌义务人承担回购的责任范围仅限于其持有目标公司的股权吗?

在目标公司很受市场看好、不缺投资方的时候,即便对赌义务人同意签署对赌协议,该等条款也可能有所限制,最典型的莫过于对赌义务人主张仅以"股权为限"承担责任。以"股权为限"可否确保对赌义务人在最坏的情况下仅丧失股权而不波及其他财产?

对赌义务人之所以要求以"股权为限",是期待其承担的责任以"股权"这一特定物为限,仅执行原物,如交付股权或以股权拍卖后的所得价款偿债,不波及其他个人资产,从而实现风险隔离。《民事诉讼法解释》第492条规定:"执行标的物为特定物的,应当执行原物……"

主题案例:北京微影时代科技有限公司与深圳市宝盈弘晟股权投资中心(有限合伙)合同纠纷案[①]

2016年12月22日,投资方与目标公司、原股东一、原股东二及原股东三等签订《股东协议》,约定目标公司、原股东一、原股东二、原股东三共同向投资人承担股权回购责任,其中,原股东三仅以其所持目标公司注册资本为限,原股东一和原股东二则以其所持的目标公司股权为限。

股权回购条款触发后,投资方向中国国际经济贸易仲裁委员会提起仲裁,请求裁决目标公司、原股东一、原股东二、原股东三共同承担股权回购责任,向投资方支付股权回购款(按照本金2810万元、年化率12%计算)等。

投资方主张,以"股权为限"是指原股东以其所持股权价值为限承担责任;原股东及目标公司则抗辩,以"股权为限"是以特定物作为责任上限。

仲裁庭认为:

股权回购条件已经成就,目标公司、原股东一、原股东二、原股东三应共同承担股权回购责任。

由于投资方提出现金回购,因此原股东一和原股东二应以其所持目标公司股权所对应的现金价值承担回购责任。鉴于目标公司投后估值是案涉合同作价

---

① 参见中国国际经济贸易仲裁委员会裁决书,(2022)中国贸仲京裁字第1179号[摘自北京市第四中级人民法院民事裁定书,(2022)京04民特522号]。

及对赌协议进行价格调整的基础,原股东一和原股东二则应以《增资协议》约定的目标公司投后估值作为股权折算现金的计算基础,即原股东一和原股东二所承担的股权回购责任限额分别为 623087947 元和 436970768 元。

2022 年 5 月 24 日,仲裁庭裁决目标公司、原股东一、原股东二、原股东三共同承担股权回购责任,向投资方支付人民币 2810 万元回购款本金及以 2810 万元为基数按年化 12%利率计算的利息等。

本案中,对赌协议约定目标公司、原股东一、原股东二、原股东三共同承担股权回购责任,其中原股东一和原股东二"以其所持的目标公司股权为限"。股权回购条款触发后,投资方提起仲裁,要求目标公司及原股东支付股权回购款等。

双方对"股权为限"的理解产生争议。投资方主张"股权为限"为"股权价值为限";原股东方则辩称"股权为限"限于特定物,即目标公司股权,不能扩张至其他财产。

仲裁庭采纳投资方的主张,将"股权为限"理解为"股权价值为限"。虽然合同约定原股东一和原股东二承担的回购责任以"股权为限",但二者在本案中被裁决支付现金,并非交付股权或股权拍卖后的所得价款。仲裁庭裁决二者以其所持目标公司股权所对应的现金价值为限承担回购责任,以涉案投资协议约定的目标公司投后估值作为股权折算现金的计算基础。

不仅本案,其他案件中亦有法院将"股权为限"认定为"股权价值为限",而非交付特定物。

上海市崇明区人民法院在一案①中认为,"《补充协议》约定出现回购情形后要求甲方回购乙方持有本次股权转让所获目标公司的全部股权的,甲方以其直接和间接持有的目标公司股权为上限。根据上述约定,四被告应以其直接和间接持有的目标公司股权为上限承担回购义务。原告认为协议约定的'股权为限'仅指股权比例,被告应以全部财产承担回购义务。而被告则认为应指股权对应的价值。对此,本院认为,所谓的股东持有公司的股权,本身就是该股东持有公司一定比例的股权,而整个条款是对股权回购款的约定,对应的上限也应当是股权的价值。因此,四被告应以其直接和间接持有的目标公司股权价值为限承担回购义务"。

---

① 参见逸年(上海)资产管理中心与张轶弢、吴震等股权转让纠纷案,上海市崇明区人民法院民事判决书,(2019)沪 0151 民初 8768 号。

1.19 约定以"股权为限"的,对赌义务人承担回购的责任范围仅限于其持有目标公司的股权吗?

浙江省杭州市中级人民法院二审维持原判的一案①中,争议焦点为承诺函中以"股权为限"的含义。俞波、俞鸿钦认为应理解为二人以其目前持有的金冠公司的"股权"这一财产为限,而睿久公司认为应理解为以"股权的价值为限"。一审法院按照当时适用的《合同法》第125条第1款的规定,确定该条款的真实意思。一审法院认为,"首先,对合同条款的理解应从合同使用的词句及文义为出发点。在《框架协议》及《补充协议》约定股权赎回机制的前提下,《承诺函》中约定俞波、俞鸿钦'以受让股权为限'承受该股权受让前俞柏尧履行的《框架协议》及《补充协议》项下义务,所指应为对俞波、俞鸿钦需支付的股权赎回价款的额度限制条件。但仅仅根据该争议条款文义本身,尚难以认定俞波、俞鸿钦所持股权的价值。其次,从《承诺函》出具的背景及其所体现的合同目的进行考察……《承诺函》中俞波、俞鸿钦对受让股权后应履行的义务及违约责任的约定,系俞波、俞鸿钦作出的支付承诺,对于包括睿久公司在内的投资人而言,显然具有分担风险、强化投资安全的增信作用。换言之,《承诺函》的合同目的就是保障投资人享有俞柏尧向俞波、俞鸿钦转让股权之前所具备的对《补充协议》的履约能力。再次,本案需要通过诚实信用和公平原则等进行价值衡量和利益平衡……由于金冠公司后期经营状况不佳,案涉股权目前的市场价值极低。若俞波、俞鸿钦对睿久公司的债务范围仅以其实际持有股权份额在执行阶段的评估拍卖价款为限,显失公平,亦有违《承诺函》出具的合同目的……以当事人各方约定的股权赎回价款作为依据并参照俞波、俞鸿钦受让股权的比例确定相应股权偿付价款"。

据此,如何理解"股权为限",属于合同解释的问题,需结合有关条款、上下文等认定,不同案件的结论可能相异。在前述案件中,裁判机关之所以将"股权为限"等同于"股权价值为限",一个重要原因在于"股权为限"约定在股权回购条款中。既然是回购股权,就是支付现金,这就是主题案例中仲裁庭提到"由于投资方提出现金回购"以及(2019)沪0151民初8768号案中法院指出"整个条款是对股权回购款的约定"的原因。因此,难以将股权回购条款中的"股权为限"理解为特定物。

如果"股权为限"约定在担保条款或业绩补偿条款中,则完全可以通过处置股权履行相关义务,"股权为限"就与"股权价值为限"存在明显的区别。例如,广东省深圳市中级人民法院在一案②中,并未将担保方以"股权为限"为回购

---

① 参见俞波、俞鸿钦合同纠纷案,杭州市中级人民法院民事判决书,(2020)浙01民终3422号。
② 参见福建东辉投资有限公司、深圳市慧通天下科技股份有限公司合同纠纷案,深圳市中级人民法院民事判决书,(2019)粤03民终25530号。

义务方提供担保的约定理解为以"股权价值为限"。该院认为,各方当事人均确认"陈清波以在签订该协议时其所持有的慧通公司95%股份的66.67%,即63.337%的股份为限为慧通公司的回购义务提供担保","由于各方当事人并未就陈清波持有的慧通公司股权办理相关出质登记手续",故根据物权法定原则,"东辉公司不能就陈清波持有的相关股权享有担保物权,但东辉公司仍可按照协议约定就此主张债权。陈清波应以其持有的慧通公司63.337%的股份为限就慧通公司本应承担的上述债务承担清偿责任,如陈清波现持有慧通公司的股份不足63.337%,不足部分应按照各方当事人于2015年10月23日签订涉案《补充协议》时的股权价值予以补足"。

◆ 小结与建议

投资方:如果创始人方有谈判优势,仅接受责任范围有所限制的对赌协议,建议投资方尽量将其表述为以"股权价值为限",并在定义或股权回购条款等部分,明确以投资时目标公司的估值为股权价值的计算标准。

创始人方:在股权回购条款中约定以"股权为限",难以达到创始人方所期待的风险隔离效果。裁判机关可能将其理解为以"股权价值为限",并采取一定的标准进行量化,最终创始人方承担的责任不限于其持有的目标公司股权这一特定物,而是支付货币,从而波及其他个人资产。

建议明确界定创始人方以"股权为限"承担回购责任的范围,如仅限于以通过转让、拍卖、变卖等方式对股权处置后所得款项向投资方承担责任或向投资方交付股权作为抵偿,并明确创始人方无须以其持有目标公司股权之外的财产承担回购责任。

二、履行投资协议阶段

2.1 投资方未足额增资，原股东可否行使先履行抗辩权，不履行对赌义务？

如果投资方未按约履行增资义务，原股东是否有权行使先履行抗辩权，拒绝履行对赌义务？

原股东提出的先履行抗辩似乎合理，毕竟在时间顺序上，投资方需先进行增资，之后才涉及原股东股权回购或现金补偿的问题。不过，该主张能否被支持，取决于是否符合先履行抗辩权的适用条件。

先履行抗辩权的适用条件有三：一是当事人互负债务；二是当事人的合同义务有先后履行顺序；三是双方所负债务均已届清偿期，且先履行一方未履行或履行不符合约定。《民法典》第526条规定："当事人互负债务，有先后履行顺序，应当先履行债务一方未履行的，后履行一方有权拒绝其履行请求。先履行一方履行债务不符合约定的，后履行一方有权拒绝其相应的履行请求。"

前述条件之"互负债务"是因同一双务合同产生。例如，甘肃省高级人民法院在一案[①]中认为，"先履行抗辩权是对负有在先义务一方违约行为的抗辩，此抗辩权得以成立的前提之一是双方互负债务，互负债务是指基于同一双务合同而产生的对等给付，即双方的义务具有对价性"。又如，湖北省武汉市中级人民法院在一案[②]中认为，"先履行抗辩权的适用条件之一是，因同一双务合同互负债务，且两债务间具有对价关系。案涉借款合同与《省直机关经济适用住房建设合作协议书》及《省直机关经济适用住房'团结货场'建设合作补充协议书》不是同一合同，其主张没有法律依据"。再如，关于先履行抗辩权，湖南省株洲市中级人民法院在一案[③]中认为，"行使该抗辩权的条件之一必须是基于同一双务合同，而本案执行所涉案件性质是民间借贷纠纷，异议人称江勤拖欠其款项，是买卖合同纠纷，二者不是同一合同，不能适用该条款"。

此外，互负的两项"债务"之间具有对等关系，不得因从义务未履行而拒绝

[①] 参见兰州广通新能源汽车有限公司与八冶建设集团有限公司建设工程施工合同纠纷案，甘肃省高级人民法院民事判决书，(2020)甘民终690号。

[②] 参见湖北省省直单位经济适用住房发展中心、武汉市国礼房地产开发有限公司房屋租赁合同纠纷案，武汉市中级人民法院民事判决书，(2018)鄂01民终4214号。

[③] 参见周铁炎、黄琦与江勤民间借贷纠纷案，株洲市中级人民法院执行裁定书，(2015)株中法执复字第17号。

履行主义务。例如,四川省高级人民法院在一案①中认为,"互负债务是指两项债务之间具有对价关系。本案中,成都历美商贸绵竹分公司向黄永坤开具发票系基于双方约定而产生的合同义务,从性质上而言,属于从给付义务,而不是主给付义务"。又如,四川省成都市中级人民法院在一案②中认为,买方无权以卖方未提交履约保函为由,行使先履行抗辩权拒绝付款,卖方提交履约保函与买方支付货款"不构成互负债务"。

主题案例:玄景(上海)投资管理有限公司股权转让纠纷案③

2017年6月,投资方与目标公司签订《增资协议》,约定投资方向目标公司增资1000万元后,持有目标公司8.33%的股权。

同日,投资方与目标公司及原股东签订《增资补充协议》,目标公司承诺2019年成功申报IPO,同时承诺2017年、2018年、2019年3年的业绩增长目标。如果目标公司未达到前述任一承诺,投资方有权按年利率10%的价格要求原股东回购股份。

投资方实际向目标公司支付的增资金额为530万元。2018年8月,目标公司的股东名册载明投资方持股比例为4.42%。

目标公司未实现2019年成功申报IPO的承诺,2017年、2018年、2019年3年的业绩增长均未达标。

投资方提起诉讼,请求判令原股东回购其持有的目标公司4.42%的股份、支付回购款等。

原股东辩称:投资方未按约定足额增资,原股东享有先履行抗辩权,不承担回购责任。

上海市静安区人民法院认为:

先履行抗辩适用于当事人互负债务的情况,有先后履行顺序,后履行一方在先履行一方未履行之前可拒绝履行。本案中根据《增资协议》及《增资补充协议》,互负债务的并非投资方和原股东,而是投资方和目标公司。投资方负有向目标公司增资的义务,目标公司则负有变更注册资本、将投资方记载于股东名册

---

① 参见黄永坤、成都市历美商贸有限责任公司绵竹分公司买卖合同纠纷案,四川省高级人民法院民事裁定书,(2018)川民申3335号。
② 参见中国交通建设股份有限公司、中铁物资集团西南有限公司买卖合同纠纷案,成都市中级人民法院民事判决书,(2017)川01民终7228号。
③ 参见上海市第二中级人民法院民事判决书,(2020)沪02民终8848号。

等义务。因此,原股东辩称行使先履行抗辩权的意见,不予采纳。

上海市第二中级人民法院维持原判。

本案中,投资方与目标公司签订《增资协议》,约定投资方向目标公司增资1000万元。但投资方实际仅增资530万元,明显构成违约。原股东以此为由,提出先履行抗辩,拒绝履行对赌目标未达成而触发的股权回购义务。

但是,与投资方互负债务的主体不是原股东,而是目标公司。体现增资内容的《增资协议》是投资方与目标公司签署的,互负债务的是向目标公司增资的投资方与将投资方记载于股东名册的目标公司。投资方与原股东并未"互负债务"。因此,构成先履行抗辩权的第一个要件欠缺,原股东的抗辩不能成立。

其他案件中,法院亦认为,投资方未完全履行增资义务时,原股东以先履行抗辩权为由拒绝履行对赌义务的主张不能成立。

北京市第一中级人民法院在一案[1]中认为,"天明公司支付了增资款2300万元,剩余100万元进入资本公积金的投资款未实际支付,李寅主张其可以行使先履行抗辩权,不予支付回购投资款。本院认为,天明公司在《增资扩股协议》中的大部分合同主义务已经履行完毕,李寅以剩余100万元投资款未支付拒绝履行其在《业绩承诺及补偿协议》的主要义务,该抗辩权行使明显不具有对等性。天明公司实际支付了增资款2300万元,青橙公司实际接收并进行了工商变更登记,《增资扩股协议》已经实际履行,李寅应按照《业绩承诺及补偿协议》的约定履行其主要合同义务"。

江苏省淮安市中级人民法院二审维持原判的一案[2]中,一审法院认为,根据股权投资补充协议的约定,中德投资中心负有向淮安博尊及时、足额支付增资款的义务,而协议约定的股权回购主体为苏州博尊。中德投资中心与苏州博尊并非互负债务的双方当事人,苏州博尊并不享有针对中德投资中心的先履行抗辩权,故虽然中德投资中心在协议履行过程中亦存在违约情形,但不妨碍其行使要求苏州博尊回购股权的权利。

实际上,针对投资方未及时足额增资的情况,有权提出先履行抗辩权的主体

---

[1] 参见李寅与天明双创科技有限公司股权转让纠纷案,北京市第一中级人民法院民事判决书,(2022)京01民终9639号。

[2] 参见苏州博尊科技有限公司、博尊动力科技(淮安)有限公司等公司增资纠纷案,淮安市中级人民法院民事判决书,(2022)苏08民终3789号。

是目标公司,目标公司有权拒绝变更工商登记。例如,四川省高级人民法院审理的一案①中,《股权回购协议》约定"2015年12月30日前,严俊波向汇富合伙企业支付投资款的50%(即3000万元)及相应利息","各方应于严俊波付至1000万元之日起10日内办理股权转让的交割和工商变更登记手续"。该院认为,"由于严俊波先履行义务不符合约定,汇富合伙企业享有先履行抗辩权,有权以此拒绝严俊波要求在其付款1000万元之日起10日内(即2016年1月8日前)办理股权变更手续的要求"。

有的原股东拒绝履行对赌义务所提出的抗辩,并非明确行使先履行抗辩权,而是指出投资方瑕疵出资的事实。对此,法院大多不予支持。常见的理由是,合同未约定未足额出资可豁免对赌义务人的义务。

青海省西宁市中级人民法院在一案②中认为,关于杜建领认为其没有强制回购义务,"低碳基金公司虽仅出资15000000元,未完成合同约定的增资额,但这并不能对抗低碳基金公司要求杜建领对已出资部分股权进行回购的主张,根据案涉《增资暨回购协议》的约定,在投资第二年到期后,杜建领应按照回购计划对低碳基金公司的股权进行回购,而在协议中并没有未足额出资即不进行回购的限制性约定"。

江西省南昌市中级人民法院处理的一案③中,原股东提出投资方未完成出资义务,违约在先,故无权要求回购股权。该院认为,虽然投资方在支付股权转让款、增资款方面存在违约行为,但本案触发回购义务的条件是目标公司2018年度业绩未达标,换言之,与回购义务是否触发存在因果关系的是目标公司的经营业绩,而非投资方的履约行为。对逾期支付股权转让款、增资款的违约责任,案涉《股权转让协议》及《增资协议》均有约定,由投资方负责赔偿损失,但其并未约定在投资方违约情形下,如回购条件成就,可豁免业绩承诺方的回购义务。

杭州市余杭区人民法院在一案④中认为,"魏巍、张龙提出的赤子之书合伙

---

① 参见严俊波与四川玖玖爱食品有限公司等与公司有关的纠纷案,四川省高级人民法院民事判决书,(2018)川民终69号。
② 参见西宁国家低碳产业基金投资管理有限公司与青海海中青农业发展有限公司、海南州海汇投资有限公司等股权转让纠纷案,西宁市中级人民法院民事判决书,(2020)青01民初296号。
③ 参见国旅联合股份有限公司与粉丝投资控股(北京)有限公司、北京嘉文宝贝文化传媒有限公司合同纠纷案,南昌市中级人民法院民事判决书,(2020)赣01民初727号。
④ 参见杭州赤子之书投资管理合伙企业(有限合伙)、魏巍等股权转让纠纷案,杭州市余杭区人民法院民事判决书,(2021)浙0110民初14040号。

企业未足额支付出资款的抗辩,根据《投资协议》约定,投资款的收款主体为美筹公司而非魏巍、张龙,投资款支付与股权回购本身也系两个不同的法律关系,魏巍、张龙不得援引美筹公司的理由来对抗自身股权回购义务的履行,故本院对魏巍、张龙的该抗辩不予采纳"。

但也有法院在个别案件中作出不同的处理。例如,浙江省金华市中级人民法院在一案①中认为,投资方与原股东签订的业绩补偿协议,系投资方与目标公司签订的《投资协议》与投资方与原股东签订的《股权转让协议》的从合同。投资方在一审庭审中认可《股权转让协议之补充协议二》应以《投资协议》的履行为前提。因此,在投资方未履行《投资协议》约定的增资义务的情况下,投资方无权要求原股东支付业绩补偿款。

需要注意的是,如果投资方是通过受让原股东所持股权的方式成为目标公司股东,则原股东有可能以投资方未依约支付股权转让款为理由而拒绝履行对赌义务。例如,北京市第二中级人民法院在一案②中认为,"现胡煜钊、陈蓓菲明确表示未收到股权转让款,中农发公司未举证证实二人实际收到了依约应得的股权转让款,因此一审法院认为胡煜钊、陈蓓菲对中农发公司享有先履行抗辩权,在中农发公司未依约履行股权转让款的支付义务的前提下,胡煜钊、陈蓓菲有权拒绝中农发公司提出的业绩补偿款支付请求,处理正确,本院予以维持"。

❖ 小结与建议

投资方:投资方未足额增资的,并非原股东拒不履行对赌义务的理由。但如果投资方完全未支付投资款或者仅支付少部分,则目标公司有权解除合同。

创始人方:为避免投资方未足额或延迟支付投资款影响目标公司的经营,除约定相应的违约责任外,建议将投资方未足额或未按时付款列为免除对赌责任的事由之一。

---

① 参见金华市通利思创科技有限公司、施叔伟股权转让纠纷案,金华市中级人民法院民事判决书,(2020)浙07民终646号。
② 参见中农发种业集团股份有限公司与邓天荣等合同纠纷案,北京市第二中级人民法院民事判决书,(2023)京02民终6759号。

2.2 投资方干涉经营，可以免除对赌义务人的责任吗？

大部分财务投资者不会向目标公司派驻人员，但对于持股比例较大、有权任命董事等人员的投资方来说，就可能触及目标公司的经营。对赌目标未达成时，对赌义务人可否以此为由，主张投资方干涉经营、不正当促成回购或补偿条件成就，从而不承担对赌责任？

不正当地促成条件成就的，视为条件不成就。《民法典》第159条规定："附条件的民事法律行为，当事人为自己的利益不正当地阻止条件成就的，视为条件已经成就；不正当地促成条件成就的，视为条件不成就。"

对赌协议属于附条件的合同。未如期上市或未达成业绩目标为所附的"条件"，股权回购或现金补偿是附条件的民事法律行为。如果投资方不正当地促成回购或补偿条件成就，则视为回购或补偿条件未成就。

但对赌义务人需证明两点：一是投资方存在"不正当"的行为；二是该不当行为与对赌目标未达成之间存在"因果关系"。"不正当"的行为是指一方违背诚实信用原则，没有顺其自然，为了一己私利，故意促使条件成就，该行为具有可谴责性。[①] 对赌背景下，"不正当"的行为是指投资方故意促使目标公司未能如期上市或未实现业绩承诺。"因果关系"则是证明对赌目标未达成是因为投资方的不当行为所导致。

"干涉经营"是对赌义务人最常提出的投资方促成回购或补偿条件成就的"不正当"行为。

主题案例：浙江红土创业投资有限公司诉王晓峰其他合同纠纷案[②]

2011年4月，投资方与原股东等签订《投资合同书》及《补充协议》约定：如果目标公司在2014年12月31日仍未实现在中国境内或境外公开发行和上市，则投资方可要求原股东收购其持有的目标公司股权。

由于目标公司未能如期上市，投资方起诉要求原股东按约定受让其持有的目标公司的股权。

---

① 参见最高人民法院民法典贯彻实施工作领导小组主编：《中华人民共和国民法典总则编理解与适用》，人民法院出版社2020年版，第797页。

② 参见上海市第一中级人民法院民事判决书，(2016)沪01民终2420号。

2.2 投资方干涉经营,可以免除对赌义务人的责任吗?

原股东辩称:投资方实际参与目标公司的经营管理,目标公司无法上市系由投资方所促成,投资方不正当地促成回购条件成就,应当视为回购条件不成就。

上海市奉贤区人民法院一审认为:

目标公司经营状况恶化、无法上市,已是既成之事实,关于投资方是否不正当地促成股权回购条件成就的问题,分析如下:

第一,根据合同约定,投资方投资的核心目的是获取利润,若目标公司经营状况良好,成功上市,则投资方可获得远超其投资金额的利益,股权回购的金额与成功上市带来的利润亦不可比拟。因此,投资方不存在使目标公司经营状况恶化的动机。

第二,投资方委派人员作为目标公司的董事,参与目标公司的经营管理,属于正当的公司管理行为,并无不妥,不能仅以此为由认定投资方存在不正当促使目标公司经营状况恶化,使之无法上市的事实。

第三,虽然投资方委派人员参与目标公司的经营管理,但现有证据并不能证明该等人员存在违规操作、阻碍交易、损害公司利益等妨碍目标公司正常经营的行为。董事会决议、股东会决议等均系多方人员集体决策的结果,并非投资方委派人员一人所为,即便上述决议存在不妥之处,亦不能由该委派人员承担全部责任。而且,涉案董事会决议、股东会决议等材料仅能反映投资方的委派人员曾参与上述事件,但并不能证明目标公司经营状况恶化系由该委派人员的行为所致。

第四,从董事会设置、总经理及法定代表人任命来看,投资方并非目标公司的实际控制人,不能将目标公司经营状况恶化、无法上市的责任全部归结于投资方,并以此推定投资方不正当地促使目标公司无法上市。

第五,一般来说,公司经营状况恶化系由多方面原因所致,包括整体经济走向、市场行情、客户来源等,目标公司亦不例外。本案中,根据现有证据,本院无法确定目标公司经营状况恶化、无法上市的具体原因,当然亦无法得出目标公司经营状况恶化系由投资方的行为所致的结论。

综上,现有证据并不能证明投资方存在不正当促使目标公司无法上市的事实,故投资方要求原股东回购股权的条件已经成立。

上海市第一中级人民法院二审维持原判。

本案中,合同约定如果目标公司未如期上市,则原股东应回购投资方持有的目标公司的股权。因目标公司未能上市,投资方起诉要求原股东履行回购义务。

原股东辩称,其有权拒绝回购股权,理由是投资方干涉经营、不正当地促成股权回购条件成就。

法院不支持原股东的前述主张。法院列出的五点理由中,前两点是关于投资方是否有"不正当"行为,后三点则是分析目标公司无法上市与投资方参与经营之间是否存在"因果关系"。

关于"不正当"行为,本案法院认为,投资方按照约定参与目标公司经营管理是正当行为,原股东未能证明投资方存在妨碍目标公司正常经营的不正当行为,如违规操作、阻碍交易、损害公司利益等。

"不正当"行为不限于积极的行为,也包括消极的不作为。例如,在湖南省常德市中级人民法院审理的一案①中,《增资协议》约定:第3条"投资方的承诺与保证":……3.4 根据目标公司运营的需要,可以提供5000万元至1亿元的流动资金银行贷款担保,其贷款担保费用给以优惠;3.5 发挥自己的品牌和资源优势,为目标公司在政府扶持、品牌提升、市场开拓、上市运作、资源整合等方面给予支持和帮助;3.6 发挥自己在企业文化、经营理念与专业化管理方面的优势,帮助目标公司形成自己的核心竞争力、优化运营系统、提升管理水平;3.7 向目标公司派驻高级管理人员。第5条:5.1 目标公司未来三年的经营目标如下:……5.3.1 若目标公司未来三年的业绩没有达到前述标准的85%,则原股东必须无条件给投资方补偿。该院认为,虽然投资方已按约完成了公司增资,并且为目标公司的多笔银行贷款提供担保,但其并未利用自身的资源优势,帮助目标公司提升品牌影响力、提高管理水平并使目标公司形成自己的核心竞争力,即没有充分证据证实投资方已按照《增资协议》第3条的约定履行了承诺与保证。投资方以消极的、不作为的方式促成了补偿条款所附条件成就,依照《合同法》第45条第2款的规定,应视为案涉补偿款的支付条件未成就,故对于投资方要求原股东支付补偿款的诉讼请求不予支持。

关于"因果关系",主题案例中,法院认为,目标公司的重大经营决策是集体所为,即便决议有误,也不应由投资方委派的人员承担。而且,投资方也并非目标公司的实际控制人。因此,无法得出目标公司经营恶化系投资方所致的结论。

实务中,类似抗辩的难点在于证明"因果关系"。正如主题案例中法院指出的,一般情况下,目标公司经营状况恶化是多种因素共同作用的结果,难以得出经营目标未达成与投资方的行为存在因果关系的结论。即便认定投资方确实行为不当,但该等行为与对赌目标未达成的关系也较难证明。因此,绝大多数对赌义务人关于投资方不当促成回购或补偿条件成就的主张不成立。

---

① 参见北京新华联产业投资有限公司与伍文广、伍小安合同纠纷案,常德市中级人民法院民事判决书,(2019)湘07民终1407号。

在浙江省高级人民法院审理的一案①中,原股东辩称,投资方干预目标公司的经营管理,违约在先,涉案业绩补偿条款尚未触发。一审法院认为,"协议第8.8款也约定,现有核心团队成员需在盈利承诺期届满前6个月与远方信息共同商议盈利承诺期届满后维尔公司的核心团队(新团队)安排事宜,并配合远方信息做好新团队的培养和交接工作……远方信息按照该董事会决议,向维尔公司财务部门派驻人员进行交接,未违反协议约定。同时,维尔公司制造中心根据上述董事会决议在2018年下半年进行了搬迁工作,远方信息委派董事潘建根于2018年10月底、11月初批准了两份涉及维尔公司日常经营管理的文件,上述事实确实存在,但根据现有证据尚不足以证明上述事实对维尔公司2018年度的净利润造成了负面的、实质性的影响。因此,案涉协议约定的业绩补偿条件已成就,且无证据证明远方信息不正当地促成了条件成就"。

在广东省高级人民法院二审维持原判的一案②中,原股东辩称,对于目标公司未能完成2016年度经营收入目标,投资方负有不可推卸的责任,不应主张回购权利。一审法院认为,"梁昕于2017年4月19日向徐博卷发送《关于提交广发信德投资项目2016年年度财务报表及经营分析报告》的电子邮件中分析了点乐公司未完成对赌业绩的原因,其中并未涉及因广发信德公司、珠海广发信德基金、新余众优投资中心的原因导致点乐公司营业收入无法达到对赌约定的情况",故不支持原股东的主张。

"因果关系"难证明,并不意味着一定不能证明。如果目标公司彻底被投资方控制、原股东完全脱离目标公司经营,法院可能支持原股东不承担对赌责任的主张。

四川省高级人民法院在一案③中认为:本案股权转让前,徐征是3家目标医院的大股东兼法人代表,对3家目标医院的经营管理至关重要。股权转让后,二上诉人通过受让股权取得100%股权……本案则属于发生在原股东与受让方之间的业绩对赌。正是基于徐征前期对3家目标医院的经营管理的优势,作为对赌一方的原股东来说,指定徐征担任董事长管理目标医院,方能控制目标医院未来的经营风险及实现承诺的目标医院业绩,二上诉人作为投资方也由此降低

---

① 参见杭州远方光电信息股份有限公司、恒生电子股份有限公司合同纠纷案,浙江省高级人民法院民事判决书,(2020)浙民终501号。
② 参见北京无限点乐科技有限公司、广发信德投资管理有限公司新增资本认购纠纷案,广东省高级人民法院民事判决书,(2019)粤民终467号。
③ 参见京福华越(台州)资产管理中心、恒康医疗集团股份有限公司股权转让纠纷案,四川省高级人民法院民事判决书,(2019)川民终1130号。

了其经营风险,将经营不善的风险交由原股东及徐征,由原股东及徐征承担业绩差额的补偿,这符合对赌双方的利益驱动,也符合双方业绩对赌的初衷。如股权转让之后,受让方全盘接管公司,原股东指定的管理层不再管理经营目标医院,仍由原股东及实际控制人承担经营业绩不达约定的补偿,明显加重了原股东所应承担的风险,也有悖公司法基本原理。故,应认定徐征担任公司3年董事长,是《业绩承诺之补充协议》实现的重要条件。本案徐征被暂停职务后,徐征及兰益商务中心等13家合伙企业无法参与和控制目标医院的运营,也难以实现对目标医院经营业绩的控制和预期,丧失了继续履行《业绩承诺之补充协议》关于业绩不达标将进行补偿约定的基础,京福华越中心、恒康医疗公司的上述行为导致《业绩承诺之补充协议》中的业绩补偿条款无法继续履行,其行为构成根本违约……徐征有权要求解除《业绩承诺之补充协议》中2018年度、2019年度的业绩补偿条款。由于徐征被停止和免除董事长职务发生在2018年年初,对2017年合同的履行没有影响。因此,《业绩承诺之补充协议》关于2017年度的业绩补偿条款不应予以解除,2018年度、2019年度的业绩补偿条款,应当予以解除。

江苏省无锡市中级人民法院在一案①中认为,"胡达广有干涉新和成公司正常经营的行为,已经影响对赌条款的履行。股权转让协议约定,胡达广参与公司财务管理和融资活动,但不参与公司的日常生产管理,不干预陈刚正常开展公司的其他各项工作。但在实际履行中,胡达广从2021年9月后,掌控新和成公司公章,在公司经营中,与陈刚发生各种冲突,并在同年12月初更换新和成公司厂牌,以驰瑞公司名义占有使用新和成公司机器设备和工人,直接导致新和成公司停止经营。而此时,协议约定的股权回购的时间节点尚未届至。在陈刚失去经营管理权的情况下,胡达广以对赌目标失败为由,要求陈刚履行对赌条款回购股权,没有法律依据"。

◆ 小结与建议

投资方:参与目标公司经营决策的,只要按照法律规定及合同约定执行,就难以被认定为构成促成股权回购或业绩补偿条件成就的"不正当"行为。

创始人方:签订投资协议时,建议慎重考虑赋予投资方干涉经营甚至实际控制目标公司的权利,如投资方派驻董事、财务人员以及一票否决权。建议创始人

---

① 参见胡达广、陈刚等股权转让纠纷案,无锡市中级人民法院民事判决书,(2022)苏02民终4301号。

方争取约定其承担对赌责任以满足一系列条件为前提,如原股东持续经营目标公司、投资方已经全部履行其在投资协议下的包括不干涉经营、提供资源等义务。

诉讼或仲裁中,如果投资方违反约定干涉目标公司经营,创始人方可尝试以此为由提出抗辩。

2.3 已不再是目标公司的实际控制人,还承担对赌义务吗?

实际控制人签订对赌协议后,如果不再控制目标公司,可否以此为由拒不承担对赌义务?

实际控制人是通过协议等安排支配公司的人。《公司法》第265条规定:"本法下列用语的含义:……(三)实际控制人,是指通过投资关系、协议或者其他安排,能够实际支配公司行为的人……"

常见的对赌义务人,除原股东外,还有实际控制人。《九民纪要》规定:"从订立'对赌协议'的主体来看,有投资方与目标公司的股东或者实际控制人'对赌'、投资方与目标公司'对赌'、投资方与目标公司的股东、目标公司'对赌'等形式。"

为实现对赌目的,不少投资方将实际控制人丧失对目标公司的控制列为对赌义务触发的情形之一。例如,最高人民法院审理的一案[1]中,当事人约定,"当出现以下情况之一时,甲方有权要求乙方或丙方回购甲方所持有的全部乙方股份:……在2013年12月31日之前的任何时间,丙方或乙方发生股权变更而导致乙方的实际控制人发生变化"。

对于不存在前述约定、发生实际控制人变更的,原实际控制人可否据此拒绝履行对赌义务?毕竟,从定义出发,对赌义务人貌似有所限制,是掌握目标公司信息、控制目标公司运营的主体。《九民纪要》规定:"实践中俗称的'对赌协议',又称估值调整协议,是指投资方与融资方在达成股权性融资协议时,为解决交易双方对目标公司未来发展的不确定性、信息不对称以及代理成本而设计的包含了股权回购、金钱补偿等对未来目标公司的估值进行调整的协议。"

司法实践中,也有法院认为对赌义务人的主体限于可以实现对赌目标的主体。例如,兴义市人民法院在一案[2]中认为,"若不是目标公司的股东或者实际控制人、或者目标公司,则不可能去实现'对赌'目标"。

---

[1] 参见通联资本管理有限公司与成都新方向科技发展有限公司等公司有关的纠纷案,最高人民法院民事判决书,(2017)最高法民再258号。

[2] 参见黔西南州创业投资基金有限公司、袁鲲等合同纠纷案,兴义市人民法院民事判决书,(2021)黔2301民初5609号。

2.3 已不再是目标公司的实际控制人,还承担对赌义务吗?

主题案例:吴献红等与杨君华合同纠纷案①

2011年10月18日,投资方与目标公司、实际控制人等签订《股东出资协议书(暨增资扩股协议书)》。

同日,目标公司、实际控制人出具《承诺函》,载明:目标公司及实际控制人承诺:如果目标公司在2015年12月31日前未能完成在国内中小板或创业板上市,则目标公司及实际控制人应回购投资方持有目标公司的股份。

之后,目标公司的实际控制人变更为第三方。

目标公司未能上市。

投资方提起诉讼,请求判令实际控制人等回购投资方所持目标公司的股权。

实际控制人抗辩称,《承诺函》中作出承诺的是目标公司的实际控制人,现其已不是实际控制人,故不应履行回购义务。

北京市第一中级人民法院认为:

《承诺函》系实际控制人以个人名义出具,虽然当时是基于目标公司实际控制人的身份出具,但其与投资方并未约定目标公司的实际控制人变化后,可不再履行回购条款项下的义务。实际控制人关于权利义务关系解除且权利义务整体转让于第三方的主张,缺乏双方之间明确合意的证据。投资方亦未承诺放弃向实际控制人主张回购义务的权利。

综上,对实际控制人的理由不予支持。

本案中,投资方向目标公司增资时,实际控制人承诺,如果目标公司未如期上市,则实际控制人回购投资方持有目标公司的股权。因目标公司未如期上市,投资方提起诉讼,要求实际控制人回购股权。

实际控制人辩称,其已不再是目标公司的实际控制人,无须再履行回购义务。

法院并未支持前述意见,理由是《承诺函》是实际控制人以个人名义出具的,并未约定目标公司实际控制人变化后,可不再履行回购义务。

其他案件中,法院也认为,实际控制人或控股股东丧失对目标公司控制权的,不因此免除对赌责任。

广东省广州市中级人民法院二审维持原判的一案②中,一审法院认为,"关

---

① 参见北京市第一中级人民法院民事判决书,(2021)京01民终10641号。
② 参见郑勤、广州科技金融创新投资控股有限公司新增资本认购纠纷、买卖合同纠纷案,广州市中级人民法院民事判决书,(2022)粤01民终12658号。

于郑勤是否是本协议的责任承担人。郑勤辩称证行金融公司自2019年3月7日起实际控制人变更为雪松控股集团有限公司,但依双方签订的《增资协议》第一条释义,明确注明实际控制人是郑勤,第十二条回购条款12.1,本次投资完成后,若出现以下任一情形,甲方有权要求实际控制人回购其所持有的全部或部分公司股权……可见,合同已明确约定郑勤是履行股权回购义务的实际控制人,因此郑勤是涉案协议股权回购的责任承担人无疑"。

山东省济南市中级人民法院在一案①中认为,"在投资协议中,张振功作为控股股东/实际控制人参与签订该协议,协议中载明的控股股东/实际控制人的义务,就是张振功应该履行的义务。张振功上诉主张其现在已不是控股股东,不是回购股权的主体,与协议约定不符,本院不予采信"。

广东省潮州市中级人民法院审理的一案②中,实际控制人黄文强主张其不能完全掌控目标公司新金山公司的经营权,不应承担对赌责任。该院认为,"《补充协议》及《补偿协议》中双方约定的业绩补偿条件是以新金山公司的年度业绩作为依据的,该约定是当事人的真实意思表示,当事人均应按照约定履行相应权利义务,与黄文强是否完全掌控新金山公司的经营权",并无关联性,黄文强该上诉理由不予支持。

四川省成都市中级人民法院在一案③中认为,"被告穆超银以其对齐力公司丧失了控制权和管理权为由抗辩股权回购条件并未成立,但是否丧失对齐力公司的控制权和管理权并非合同约定的股权回购限制条件,故被告穆超银的抗辩理由不能成立,本院不予采纳"。

另外,如果根据合同约定,投资方取得对目标公司的实际控制权,则对赌义务人以此为由抗辩不承担对赌责任的,法院通常不予支持。

最高人民法院二审维持原判的一案④中,一审法院认为,"在信达公司受让安尼公司股权后,安尼公司治理结构的安排和经营模式的调整符合《股权转让及增资协议》的约定。李廷义与信达公司签署《股权转让及增资协议》即视为同

---

① 参见山东省财金创业投资有限公司等与山东卓尔电气有限公司合同纠纷案,济南市中级人民法院民事判决书,(2021)鲁01民终1942号。
② 参见黄文强与杭州相兑昙盛股权投资管理合伙企业(有限合伙)合同纠纷案,潮州市中级人民法院民事判决书,(2021)粤51民终93号。
③ 参见深圳市创新投资集团有限公司与穆超银与公司有关的纠纷案,成都市中级人民法院民事判决书,(2014)成民初字第1435号。
④ 参见蒋秀、厦门信达物联科技有限公司等股权转让纠纷案,最高人民法院民事判决书,最高法民终959号。

意在信达公司作为控股股东的情况下,作出业绩承诺。现李廷义以信达公司系安尼公司控股股东和实际控制人,其无法对安尼公司业绩产生直接和实质性影响为由主张不承担责任,不能成立"。

广东省深圳市中级人民法院二审维持原判的一案①中,原股东认为目标公司不可替代的核心成员被投资方免去总经理职位,投资方操控目标公司经营决策,原股东无经营权,无法控制成本,无法保证利润,投资方促成回购条件成就。一审法院认为,"关于张伦被免去总经理职位是否阻却对赌条件成就……张伦、何州、谢启胜作为具有丰富市场经验的主体,应对其与大族公司的约定及其后果有合理预期,其未提供证据证实当事人双方就张伦、何州、谢启胜不担任骏卓公司主要经营管理人员则免除回购义务作出约定,且三人中何州、谢启胜仍在骏卓公司工作,何州担任骏卓公司总经理,并无证据证明张伦是否担任总经理并负责经营管理骏卓公司系实现对赌业绩的前提条件,故张伦、何州、谢启胜的此项抗辩无事实依据",不予采信。"与财务投资不同,战略投资者是指具有技术、管理、市场、人才优势,致力于长期投资合作的投资人,因此更加注重对公司的控制权。大族公司取得骏卓公司51%股权并委派3名董事系经与张伦、何州、谢启胜协商确定,张伦、何州、谢启胜亦应预见大族公司持有半数以上表决权后骏卓公司成为大族公司的控股子公司,大族公司能够通过股东会、董事会控制骏卓公司,故张伦、何州、谢启胜此项抗辩于法无据",不予采信。

浙江省台州市中级人民法院审理的一案②中,关于被告称原告剥夺其经营权的问题,该院认为,"被告也曾作出不得以'本次增资完成后公司之董事会及经营管理不再受原股东控制或类似理由作为其无法完成本协议所约定之业绩承诺的抗辩'的承诺,即被告在协议签订之时也应当对协议内容有过充分的评估",之前其已"签订涉案协议,现其又以其对公司经营管理失去掌控作为抗辩协议无法完成的理由,与事实不符",不予采信。

❖ 小结与建议

投资方:为避免实际控制人变更产生争议,除非投资方拟实际控制目标公司,建议在投资协议中将实际控制人变更作为触发对赌条款的情形之一,或者将

---

① 参见张伦、何州股权转让纠纷案,深圳市中级人民法院民事判决书,(2018)粤03民终17606号。
② 参见浙江亿利达风机股份有限公司、戴明西合同纠纷案,台州市中级人民法院民事判决书,(2021)浙10民初341号。

对赌义务人的名字在条款中列明,并注明"如出现实际控制人变更,责任承担主体不变"等。

创始人方:鉴于实际控制人丧失对目标公司的控制难以被法院认定为免除对赌责任的情形,建议在投资协议中明确,实际控制人承担对赌责任的前提之一是,投资方主张对赌权利时,目标公司仍在实际控制人的控制之下。

2.4 原股东转让股权后,是否不再承担对赌义务?

原股东向第三人转让股权退出目标公司的,可能想当然地认为,其不再承担对赌义务。既然已不再参与目标公司的经营管理,就不再是对赌的适合主体,且投资方知道股权转让,应当视为同意由第三方承担对赌义务。法院支持该等观点吗?

股东的法定义务主要涉及出资、不得损害公司利益等内容,并不包括对赌义务。《公司法》第49条第1款规定:"股东应当按期足额缴纳公司章程规定的各自所认缴的出资额。"第53条第1款规定:"公司成立后,股东不得抽逃出资。"第22条第1款规定:"公司的控股股东、实际控制人、董事、监事、高级管理人员不得利用关联关系损害公司利益。"

原股东的对赌义务来源于当事人的约定,并非基于股东身份。《九民纪要》规定:"实践中俗称的'对赌协议',又称估值调整协议,是指投资方与融资方在达成股权性融资协议时,为解决交易双方对目标公司未来发展的不确定性、信息不对称以及代理成本而设计的包含了股权回购、金钱补偿等对未来目标公司的估值进行调整的协议。从订立'对赌协议'的主体来看,有投资方与目标公司的股东或者实际控制人'对赌'、投资方与目标公司'对赌'、投资方与目标公司的股东、目标公司'对赌'等形式。"

因此,股权转让时,股东的法定权利义务自动发生转让,而作为约定内容的对赌义务,未经对赌权利人同意,则不能自动随着股权转让而转移。《民法典》第551条规定:"债务人将债务的全部或者部分转移给第三人的,应当经债权人同意。债务人或者第三人可以催告债权人在合理期限内予以同意,债权人未作表示的,视为不同意。"第555条规定:"当事人一方经对方同意,可以将自己在合同中的权利和义务一并转让给第三人。"第556条规定:"合同的权利和义务一并转让的,适用债权转让、债务转移的有关规定。"

主题案例:黄埔文化(广州)股权投资有限公司与谭韶华股权转让纠纷案①

2016年9月9日,投资方1与原股东等签订《投资协议》,约定投资方1向目

---

① 参见广州市黄埔区人民法院民事判决书,(2020)粤0112民初2774号。

标公司增资600万元,持有目标公司30%的股权。目标公司收到投资方1投资款之日起36个月内,发生以下重大事项时,投资方1有权要求原股东回购股权,回购价格为投资额加年化10%的利息:因投资方受到不平等、不公正的对待等原因,继续持有目标公司股权将给投资方造成重大损失或无法实现投资预期的情况;如果目标公司2017年度、2018年度、2019年度三年经审计的平均净利润未达到3000万元……

2017年3月25日,原股东与新股东签订《股东转让出资合同书》,约定原股东将其持有目标公司5%的股权转让给新股东,转让金100万元。

2018年3月20日,投资方1与投资方2签订《爱蒲公司股权转让合同》,约定投资方1将其持有目标公司30%的股权转让给投资方2。投资方1转让其股权后,其在目标公司原享有的权利和应承担的义务,随股权转让而转由投资方2享有与承担。

2018年9月6日,投资方2以继续持有目标公司股权将无法实现投资预期为由,向原股东等发送《股权回购通知》。

投资方2提起诉讼,请求判令新股东及原股东共同回购股权、支付股权回购款等。

新股东辩称,其不知晓《投资协议》的内容,其与投资方2之间并未签订《投资协议》,双方之间对股权回购条件并未达成合意,投资方2要求其回购股权并无依据。

广州市黄埔区人民法院认为:

关于原股东转让给新股东目标公司股权后,应由谁承担回购投资方2股权的义务。

第一,原股东与新股东签订的《股东转让出资合同书》没有明确约定新股东受让目标公司5%的股权是基于权利义务的概括转让,则受让股权的行为不等于权利义务的概括转让。

第二,《股东转让出资合同书》与《投资协议》是两份独立的合同,回购的相关权利义务是由原股东等与投资方1在签署在前的《投资协议》中约定,此时新股东并非目标公司股东。而在新股东与原股东签订的《股东转让出资合同书》中,新股东支付对价受让的是原股东持有的目标公司的股权,而非签署在前的《投资协议》中约定的权利和义务。根据合同的独立性、相对性,新股东并非《投资协议》的签约方,不当然承担回购股权的义务,投资方2也不当然享有要求新股东对股权进行回购的权利。

第三,《投资协议》明确约定了投资方有权提出回购的对象为目标公司的

"原股东",除非各方协商对回购义务主体进行变更。投资方2的证据均未能证明原股东或者投资方2等将《投资协议》及股权回购条款披露给股权受让方新股东,亦不能证明新股东对股权回购义务知情且作出同意的意思表示。

综上所述,《投资协议》项下原股东的股权回购义务约束的是合同签订方,即原股东,除非股权受让方(即新股东)和承诺相对方(即投资方2)达成了债务转移的协议或者承诺相对方豁免了其回购义务。本案股权回购义务应由原股东承担。

本案中,投资方1与原股东等在《投资协议》中约定,如果发生特定的情形,投资方1有权要求原股东回购其持有的目标公司股权。之后,原股东将其持有目标公司的股权转让给新股东。投资方1将其持有目标公司的股权连同其在目标公司享有的权利义务一并转给投资方2。投资方2认为股权回购条款触发,提起诉讼要求原股东及新股东共同回购股权。

新股东辩称,其不知晓《投资协议》的内容,投资方2要求其支付股权回购款没有依据。

法院支持前述抗辩。原股东将其持有的目标公司股权转让给新股东,不等于原股东将其在《投资协议》下的权利义务概括转让给新股东。新股东并非《投资协议》的一方,不受该合同约束。股权回购的义务人为原股东。

绝大多数案件中,法院亦持相同观点,即原股东将其股权转让给他人的,原股东的对赌义务并不因此免除。

北京市第二中级人民法院在一案[①]中认为,"姜维强称其已将股权转让给张会,因而没有回购义务,张会对此不予认可。因涉案股权转让协议及承诺书中并无免除姜维强回购义务的内容,且姜维强并未提供创益优选中心同意免除其回购义务的证据,故对于姜维强的该项上诉主张,本院不予支持"。

福建省厦门市中级人民法院在一案[②]中认为,根据《股权投资协议》回购条款的约定,"该回购义务不因'丙方'股东身份的变化或将股权转让之事实而免除。厦门科技公司虽在股东会决议同意和通过叶文碰、苏燕云、杨嘉艺、陈伟容、叶锦川的股权转让,但并不是对其履行《股权投资协议》约定的回购义务作出免

[①] 参见姜维强等与北京创益优选投资中心(有限合伙)公司增资纠纷案,北京市第二中级人民法院民事判决书,(2021)京02民终638号。

[②] 参见叶锦川、苏燕云等合同纠纷案,厦门市中级人民法院民事判决书,(2021)闽02民终3050号。

除承诺……叶文碰、苏燕云、杨嘉艺、陈伟容、叶锦川以其系经厦门科技公司的同意而退股……抗辩应由鑫化宏公司及现有股东承担股权回购义务,没有合同和法律依据,本院不予采纳"。

广东省深圳市中级人民法院二审维持原判的一案①中,关于徐浩、吕廷斌在股权已转出的情况下是否还应承担回购股权义务的问题,一审法院认为,"依据《中华人民共和国合同法》第八十四条规定,债务人将合同的义务全部或部分转移给第三人的,应当经债权人同意。根据补充协议第四条规定,本补充协议的任何修改或补充均须经各方签署书面文件达成一致后方可生效。徐浩、吕廷斌提交的名游网络公司变更决议、股权转让见证书并没有华澳有限合伙的签章"。因徐浩、吕廷斌未就转移回购义务事宜与华澳有限合伙达成一致的书面意见,故即使华澳有限合伙知情且同意徐浩、吕廷斌转让股权,也不可直接推定华澳有限合伙同意徐浩、吕廷斌将股权回购的合同义务转移给王远航、李新善承担。

北京市西城区人民法院在一案②中认为,张萍称其已于2014年8月将持有的鑫秋种业公司所有股份转让给张友秋,因此不应承担任何责任的抗辩,因《补充协议》及其后的业绩补偿协议中均明确约定业绩补偿的来源为张友秋、张萍的自有资金,与张萍是否持有鑫秋种业公司的股份并无关系,对张萍的抗辩不予采信,张萍应对业绩补偿款承担连带责任。

不过,不能就此一概而论。特殊情况下,也可能由继受股东履行回购义务。例如,原股东无偿转让目标公司的股权,且《股权转让协议》中提到受让方应继受股权所对应的所有权益和义务。浙江省高级人民法院在一案③中认为,关于莱恩公司原控股股东杨仲雄经合法程序将所持股份全部转让给星莱和公司后,股权回购义务是否应由星莱和公司继受的问题。首先,受让方星莱和公司自认对对赌协议等知情。其次,案涉《股权转让协议书》和《股权转让补充协议》约定,星莱和公司在无偿受让杨仲雄81%莱恩公司股权后,应承继受让股权所对应的所有权益和所有义务。星莱和公司主张杨仲雄将81%莱恩公司股权无偿转让后特意将股权回购义务予以保留,明显不符合常理。最后,补充协议所约定的负有回购义务的股东应为莱恩公司控股股东,而非绝对化的杨仲雄个人。"再结

---

① 参见李新善、王远航合同纠纷案,深圳市中级人民法院民事判决书,(2019)粤03民终2636号。

② 参见苏州天昌湛卢九鼎投资中心(有限合伙)与张萍、张友秋合同纠纷案,北京市西城区人民法院民事判决书,(2016)京0102民初字第6387号。

③ 参见浙江星莱和农业装备有限公司、莱恩农业装备有限公司股权转让纠纷案,浙江省高级人民法院民事判决书,(2019)浙民再212号。

合再审庭审中各方陈述的星莱和公司受让杨仲雄股权系当地政府推动的结果、当地政府承诺给予星莱和公司政策优惠,杨仲雄将其股权无偿转让等因素,认定案涉股权回购义务由星莱和公司继受更为公平合理。故,综合星莱和公司在受让股权时对控股股东存在股权回购义务系明知、案涉控股股东回购义务属股东义务、杨仲雄在转让股权时并未明确保留股权回购义务以及诚实信用原则,本院认定案涉股权回购义务应由星莱和公司继受。"

又如,对赌协议约定的回购对象是"现有"股东,约定该协议对受让人有约束力,且实际的受让人对此协议明知。北京市第三中级人民法院在一案[①]中认为,关于程沸龙应否承担涉案回购义务,"根据涉案《融资协议》,虽然约定由实际控制人及现有股东承担回购义务,但同时在该协议6.8.5条约定,该协议对于各方及其各自允许的继承人和受让人均具有约束力。程沸龙代表咯恰公司签署《融资协议》,其个人对于《融资协议》的各项约定应属明知;程沸龙在受让苾盛公司转让的股权时,对于《融资协议》的上述约定及相应后果亦属明知,故程沸龙作为苾盛公司的受让人,应依约承担相应的回购义务,一审法院对此认定正确,且符合合同约定,本院予以维持"。

❖ **小结与建议**

投资方:建议在投资协议中明确,创始人方转让股权须经投资方同意,且其对赌义务并不因此而改变。

创始人方:考虑到原股东转让股权退出目标公司通常不被法院认定为免除对赌义务的情形,可尝试与投资方协商对赌义务人为投资方主张对赌权利时的控股股东,且投资方不可撤销地同意原股东向第三方概括转移其在投资协议下的全部权利义务。

---

① 参见程沸龙等与北京互联创业投资合伙企业(有限合伙)合同纠纷案,北京市第三中级人民法院民事判决书,(2021)京03民终11017号。

2.5 继受投资方可以向对赌义务人主张权利吗？

成为目标公司股东之后，投资方可能出于各种原因退出目标公司。如果投资方转让其持有目标公司的股权的同时，还将其在投资协议下的全部权利转让给股权受让人，对赌条款触发时，继受投资方是否有权向对赌义务人主张权利？

对赌背景下，投资方具有双重权利：入股目标公司，持有股权；签署对赌协议，享有债权。江苏省高级人民法院在一案①中认为，"对赌协议投资方在对赌协议中是目标公司的债权人，在对赌协议约定的股权回购情形出现时，当然有权要求公司及原股东承担相应的合同责任"。投资方在投入资金后，成为目标公司的股东，但并不能因此否认其仍是公司债权人。

投资方在对赌协议下的权利可转让给继受投资方。《民法典》第545条第1款规定："债权人可以将债权的全部或者部分转让给第三人，但是有下列情形之一的除外：(一)根据债权性质不得转让；(二)按照当事人约定不得转让；(三)依照法律规定不得转让。"第547条规定："债权人转让债权的，受让人取得与债权有关的从权利，但是该从权利专属于债权人自身的除外。受让人取得从权利不因该从权利未办理转移登记手续或者未转移占有而受到影响。"

投资方转让对赌协议下的权利的，应通知对赌义务人。《民法典》第546条规定："债权人转让债权，未通知债务人的，该转让对债务人不发生效力。债权转让的通知不得撤销，但是经受让人同意的除外。"

主题案例：郭明钊、武汉通达恒兴科技发展有限公司合伙协议纠纷、债权转让合同纠纷案②

2011年6月16日，投资方1与目标公司及原股东签订《股权增资协议书》，约定投资方1向目标公司支付增资款1500万元成为其股东，持股比例为4.013%。

同日，投资方1与原股东签订《增资补充协议》，约定如果出现以下情形之一导致目标公司不能实现在中国A股市场挂牌上市的目标，则投资方1有权要

---

① 参见江苏华工创业投资有限公司与扬州锻压机床股份有限公司、潘云虎等请求公司收购股份纠纷案，江苏省高级人民法院民事判决书，(2019)苏民再62号。

② 参见武汉市中级人民法院民事判决书，(2020)鄂01民终8778号。

求原股东回购其持有目标公司的全部股权:1.目标公司在2013年6月30日前未能向中国证监会上报IPO申报材料;2.IPO申报材料在2013年12月31日前未能通过中国证监会发审委审核通过……

2012年7月26日,投资方1与投资方2签订《股权转让协议》,将其持有的目标公司4.013%的股权转让给投资方2。

目标公司未能如期上市。

2015年2月11日,投资方2与目标公司及原股东签订《还款计划》约定,原股东同意回购投资方2的全部股权,由目标公司先行支付投资款,原股东对目标公司的还款义务承担无限连带责任。

2015年6月30日,投资方2及投资方3向目标公司及原股东发送《转让通知》及《催款及债权转让通知》,载明:投资方2已将其在目标公司持有的股权及《还款计划》中的所有权利转让给投资方3。目标公司及原股东于2015年7月6日签收上述通知。

2015年12月21日,投资方3向目标公司及原股东发出《催款函》。

投资方3提起诉讼,请求判令目标公司及原股东支付股权回购款等。

湖北省武汉市中级人民法院认为:

关于案由。债权转让通常涉及三方当事人,即债权转让方、债权受让方与债务人,故往往也涉及三方当事人间的多重法律关系。本案中,投资方3对目标公司、原股东提起本案诉讼,系基于其受让了投资方2在《还款计划》项下对目标公司、原股东享有的债权,投资方2系债权转让方,投资方3系债权受让方,目标公司、原股东系债务人。虽投资方2与目标公司、原股东间存在债权债务关系,系基于原股东负有对投资方2持有的目标公司股权予以回购的义务,投资方2持有的目标公司股权源于其受让了投资方1持有的目标公司股权,其中存在股权回购法律关系及股权转让法律关系,但能够准确、全面概括各方当事人间法律关系的还是债权转让法律关系,故一审法院将本案认定为债权转让合同纠纷正确,原股东主张本案应系请求公司收购股份纠纷或股权转让纠纷,缺乏法律依据,不予支持。

关于投资方3是否有权向目标公司、原股东主张《还款计划》项下的债权。投资方3与投资方2于2015年6月30日共同向目标公司、原股东发出《催款及债权转让通知》,该通知中载明,投资方2已将其持有的目标公司股权及《还款计划》中的所有权利转让给投资方3。目标公司及原股东于2015年7月6日收到该通知,对通知内容未表示异议。2015年12月21日,投资方3又向目标公司、原股东发出《催款函》,目标公司及原股东在《催款函》上签章,对《催款函》

内容亦未表示异议。根据《公司法》第71条第2款"股东向股东以外的人转让股权,应当经其他股东过半数同意。股东应就其股权转让事项书面通知其他股东征求同意,其他股东自接到书面通知之日起满三十日未答复的,视为同意转让。其他股东半数以上不同意转让的,不同意的股东应当购买该转让的股权;不购买的,视为同意转让"的规定,以及《合同法》第80条第1款"债权人转让权利的,应当通知债务人。未经通知,该转让对债务人不发生效力"的规定,投资方2向投资方3转让股权及《还款计划》项下债权成立,投资方3有权根据《还款计划》向目标公司、原股东主张债权。

本案中,对赌条款约定,如果目标公司未如期上市,则投资方1有权要求原股东回购其持有的目标公司股权。在目标公司上市期限届满之前,投资方1将其持有目标公司的股权全部转让给投资方2。因上市目标未达成,投资方2与目标公司及原股东签订《还款计划》,约定原股东回购投资方2的股权,由目标公司先行支付,原股东承担连带保证责任。之后,投资方2又将其持有的目标公司股权及《还款计划》下的全部权利转让给投资方3,并通知了目标公司及原股东。投资方3提起诉讼,向目标公司及原股东主张股权回购款。

法院认为,本案存在股权回购及股权转让法律关系,但最能体现各方关系的还是债权转让法律关系。投资方1将其持有的目标公司股权转让给投资方2,后者又将股权及《还款计划》下的权利转让给投资方3,并且向债务人进行了通知,投资方3有权向对赌义务人主张权利。

其他案件中法院亦认为,原投资方将其持有目标公司的股权转让给继受投资方时,一并将投资协议下的权利义务概括转让给继受投资方的,继受投资方有权依据其中的对赌条款向对赌义务人主张权利。

北京市第二中级人民法院审理的一案[①]中,合同约定"由绍成九鼎中心继受天衡九鼎中心所转让的3.01%曲靖众一公司股权的所有权利和义务,其中包括《增资扩股协议》、《补充协议》、《借款协议》、《股份回购及借款偿还协议一》、《股权回购协议》所规定的全部权利和义务"。该院认为,《股权回购协议》签署后,对赌义务人没有按照其约定的时间和金额支付股权转让款,继受投资方绍成九鼎中心等有权按照《股权回购协议》的约定,起诉对赌义务人要求解除《股权回购协议》。

---

① 参见九江金恩九鼎投资中心(有限合伙)等与曲靖众一精细化工股份有限公司等合同纠纷案,北京市第二中级人民法院民事判决书,(2019)京02民初574号。

江苏省无锡市中级人民法院在一案①中认为,"思凯道基金与魏明生、李某、友谊公司签订《投资框架协议》《投资框架协议补充协议》《股权收购协议》等一系列文件以及思凯道基金与惠仁合公司签订《债权转让协议》,系各方当事人的真实意思表示,且不违反法律法规禁止性规定,应属合法有效,而且思凯道基金与惠仁合公司之间的债权转让也已通知魏明生,魏明生未提出任何异议,故魏明生应当按约向惠仁合公司支付股权回购款 49864593.15 元及逾期付款违约金"。

上海市浦东新区人民法院在一案②中认为,"根据《补充协议二》的相关约定,第三人上海名城公司与被告道格拉斯公司、邵先涛、里昂中心并未在 2016 年 6 月 30 日前就股权投资款返还方案达成一致意见的,第三人上海名城公司有权要求被告邵先涛按照 1725 万元的价格购买其持有的被告道格拉斯公司的股权,确保其所投入的 1725 万元出资款于 2016 年 7 月 31 日前足额退出。第三人上海名城公司已将其在《合作协议》《补充协议一》《补充协议二》项下的债权转让给原告并通知了被告道格拉斯公司、邵先涛、里昂中心,原告要求被告邵先涛返还出资款 1725 万元,系行使《补充协议二》项下第三人上海名城公司要求被告邵先涛回购股权的权利,合法有据,本院予以支持"。

需要注意的是,如果投资方仅向第三方转让股权,但未将其在投资协议下的债权一并转让的,第三方无权依据《股权转让协议》向对赌义务人提出主张。例如,新疆维吾尔自治区高级人民法院在一案③中认为,"虽然福日公司在 2014 年 2 月将其股权转让给石河子福德,但福日公司并未将主张现金补偿的权利一并转让,对此九圣禾公司也认可福日公司转让股权时并未一同转让《业绩补偿及回购协议》,故合同的主体仍为福日公司与九圣禾公司,福日公司有向合同相对方主张依约履行的权利"。

◆ 小结与建议

投资方:继受投资方并不当然有权向对赌义务人主张权利,因此建议继受投资方在受让目标公司股权时,除签署《股权转让协议》外,可考虑同时受让投资

---

① 参见无锡惠仁合咨询服务有限公司与魏明生、无锡友谊置业有限公司股权转让纠纷案,无锡市中级人民法院民事判决书,(2018)苏 02 民初 466 号。
② 参见福州市延盛实业有限公司与青岛道格拉斯洋酒有限公司、青岛里昂投资管理中心等其他与公司有关的纠纷案,上海市浦东新区人民法院民事判决书,(2018)沪 0115 民初 16212 号。
③ 参见九圣禾控股集团有限公司、青岛福日集团有限公司股权转让纠纷案,新疆维吾尔自治区高级人民法院民事判决书,(2021)新民终 228 号。

协议下的权利。如果情况允许,建议请对赌义务人一并签署该文件,明确如果对赌条款触发,对赌义务人应向继受投资方履行补偿或回购义务。

创始人方:原投资方转让股权的,建议核实原投资方是否已将投资协议下的权利义务转让给继受投资方,以免向错误主体支付回购款或补偿款。

2.6 原股东的关联公司经营范围与目标公司相同，是否构成同业竞争？

对赌协议中，禁止同业竞争的约定并不罕见。不少投资方因原股东存在同业竞争行为，而提起诉讼要求其回购股权并承担违约责任。该等请求是否能够得到支持，关键在于对同业竞争的认定。经营范围相同足以证明构成同业竞争吗？

禁止同业竞争条款，有助于保护目标公司的利益，对投资方有利。股东自营或为他人经营的业务与公司主营业务有实质性竞争关系的，可能损害公司的合法利益。2023年修订的《公司法》第57条第2款将原《公司法》第33条第2款修订为：'股东可以要求查阅公司会计账簿、会计凭证。股东要求查阅公司会计账簿、会计凭证的，应当向公司提出书面请求，说明目的。公司有合理根据认为股东查阅会计账簿、会计凭证有不正当目的，可能损害公司合法利益的，可以拒绝提供查阅……'《公司法解释（四）》第8条规定：'有限责任公司有证据证明股东存在下列情形之一的，人民法院应当认定股东有公司法第三十三条第二款规定的"不正当目的"：（一）股东自营或者为他人经营与公司主营业务有实质性竞争关系业务的，但公司章程另有规定或者全体股东另有约定的除外……'

因此，不少投资方会在投资协议中约定禁止同业竞争条款，要求目标公司股东不得以任何方式经营与目标公司业务相竞争的业务。例如，江西省高级人民法院审理的一案①中，《增资协议》约定，"公司、公司主要股东及其近亲属在本次增资完成后不会以任何方式直接或间接经营或参与经营与公司业务竞争的业务（包括但不限于单独设立或参与设立经营该等业务的经营实体，向该等经营实体出资，在该等经营实体任职或担任顾问等），也不得将公司的任何业务、项目、资产等以直接或间接方式向其关联企业、或其亲友的关联企业进行转移、许可使用、透露商业秘密、业务混同、交叉交易等"。又如，河北省高级人民法院审理的一案②中，原股东承诺其在《股权转让协议》生效之日起8年内不会直接或间接拥有、投资、参与或经营任何直接或间接与目标公司及/或其控股子

---

① 参见新余甄投云联成长投资管理中心、广东运货柜信息技术有限公司新增资本认购纠纷、买卖合同纠纷案，江西省高级人民法院民事判决书，(2019)赣民终178号。
② 参见北京四方继保自动化股份有限公司、石新春股权转让纠纷案，河北省高级人民法院民事判决书，(2019)冀民终526号。

公司的现有业务相竞争的业务,或为任何第三方提供与有关业务相竞争的咨询或服务。

关于是否构成"同业竞争",证监会在对拟上市公司的审核中提到过两重标准:一是依据经营范围的形式标准;二是综合多方面因素的实质标准。证监会采取的是实质标准。中国证券监督管理委员会、司法部、中华全国律师协会发布的《监管规则适用指引——法律类第2号:律师事务所从事首次公开发行股票并上市法律业务执业细则》第34条规定:"律师查验是否存在同业竞争时,应当按照实质重于形式的原则,通过查验相关企业的历史沿革、资产、人员、主营业务等方面与发行人的关系,以及业务是否具有替代性、竞争性,是否存在利益冲突等,判断是否对发行人构成竞争。"中国证券监督管理委员会公告的《希诺股份有限公司首次公开发行股票申请文件反馈意见》提到,"4.关于同业竞争……请保荐机构和发行人律师核查并披露:(1)认定不存在同业竞争关系时,是否已经审慎核查并完整披露发行人控股股东、实际控制人及其近亲属直接或间接控制的全部关联企业;(2)上述公司的成立时间、注册资本、股权结构、经营规模、产能产量及实际经营业务,说明是否简单依据经营范围对同业竞争作出判断,是否仅以经营区域、细分产品、细分市场不同来认定不构成同业竞争"。

司法实践中,从不正当竞争纠纷、公司利益责任纠纷、股东知情权纠纷案件来看,多数案件中法院采取形式标准,即从经营范围的角度作出认定。

最高人民法院二审维持原判的一个公报案例[①]中,河北省高级人民法院一审认为,"从经营范围来看,黄金假日公司是从事旅游、旅游咨询、航空客运销售代理和互联网信息服务等业务的经营者;携程计算机公司是从事网上旅游信息服务、票务咨询的经营者,黄金假日公司与携程计算机公司在旅游信息服务方面存在同业竞争关系"。

江苏省高级人民法院在一案[②]中认为,"江苏舍弗勒公司和德国舍弗勒公司的经营范围都包括轴承,与舍弗勒中国公司属于同业竞争者"。

上海市高级人民法院在一案[③]中认为,"上诉人天水二一三厂和被上诉人乐清二一三公司的经营范围基本相似,存在同业竞争关系"。

---

① 参见黄金假日诉携程机票预订不正当竞争案,最高人民法院民事判决书,(2007)民三终字第2号。

② 参见江苏舍弗勒轴承有限公司、德国舍弗勒轴承集团股份有限公司与舍弗勒(中国)有限公司不正当竞争纠纷案,江苏省高级人民法院民事判决书,(2019)苏民终261号。

③ 参见天水二一三机床电器厂等与上海康际电器有限公司等不正当竞争纠纷案,上海市高级人民法院民事判决书,(2007)沪高民三(知)终字第31号。

广东省高级人民法院在一案①中认为,"深圳市德华文化传播有限公司(以下简称德华公司)与中企创公司的经营范围均包含活动策划、企业管理咨询、商务信息咨询等业务,两公司之间存在同业竞争关系"。

不过,部分案件中,也有法院采取实质标准。仅将经营范围作为构成"同业竞争"的认定因素之一,关注的重点为是否实际从事具有竞争关系的业务。

北京市高级人民法院在一案②中认为,"二公司的法定代表人、股东、主要经营人员均相同,且金企联盟公司注册经营的业务范围涵盖了北京福源运通公司的经营范围,但本案并无直接证据证明金企联盟公司实际从事了与北京福源运通公司相同的业务","进而造成与青岛福元运通公司同业竞争的后果"。

最高人民法院在一案③中认为,"鲁蒙控股公司注册登记的经营范围虽不含有'防腐防水材料'内容,但其在实际经营中声称自己经营防水防腐涂料,因此,二审法院认定鲁蒙控股公司与开发区鲁蒙公司存在同业竞争关系并无不当"。

对赌案件中,法院认为"同业竞争"应适用哪个标准?

主题案例:广东南方广播影视传媒集团有限公司、广东南方领航影视传播有限公司公司增资纠纷案④

2014年11月28日,投资方与目标公司及控股股东签订《增资扩股协议》,目标公司是一家从事影视剧制作与发行的中资企业,拟引入投资金额为1.4亿元的战略投资者,最终实现公司境内上市的目标。

控股股东承诺,在投资方工商登记变更为目标公司股东后20个月内,着手解决控股股东与目标公司的同业竞争问题,不使该问题影响目标公司上市。为解决同业竞争问题,控股股东下属的电视剧发行与制作业务注入目标公司,同时将影视剧的著作权或著作权相关权利转让给目标公司。

同日,前述主体签署《补充协议》,约定:为了有效避免控股股东及其下属其他单位与目标公司存在同业竞争,控股股东承诺:目标公司是控股股东下属唯一经营影视剧的制作、发行业务及影视剧投资业务、影视剧版权销售业务的单

---

① 参见刘燕、深圳中企创管理科学研究院有限公司损害公司利益责任纠纷案,广东省高级人民法院民事裁定书,(2018)粤民申10433号。
② 参见青岛福元运通投资管理有限公司与北京福源运通投资管理有限公司等特许经营合同纠纷案,北京市高级人民法院民事裁定书,(2020)京民申3866号。
③ 参见鲁蒙控股集团股份有限公司诉烟台开发区鲁蒙防水防腐材料有限责任公司擅自使用他人企业名称、姓名纠纷案,最高人民法院民事裁定书,(2016)最高法民申3482号。
④ 参见最高人民法院民事裁定书,(2020)最高法民申6234号。

位,除目标公司外,控股股东及其关联方不得从事相同或近似的业务。如果控股股东违反《增资扩股协议》中关于解决同业竞争问题中的任何一项或数项,或目标公司未能在2018年6月30日前在国内实现A股IPO首发上市(主板、中小板、创业板)等,投资方有权要求目标公司在两个月内回购其持有目标公司的全部或部分股权,控股股东应协助目标公司予以执行。

2018年1月2日,投资方向目标公司及控股股东发函,要求回购股权。理由是目标公司业绩持续下滑,财务指标远未达到申报IPO的最低要求,触发《补充协议》约定的股权回购条款。而且,控股股东至今未采取实际行动解决本应在2017年1月底予以解决的与目标公司同业竞争的问题,亦触发股权回购条款。

2018年10月24日,投资方再次致函目标公司,要求其履行回购义务。理由是,控股股东未曾处理集团内同业竞争问题,公司财务指标未达到申报IPO的要求。

控股股东的工商登记信息显示,控股股东持股6家公司。6家公司分别出具说明,陈述制作、发行电视剧必须申领相应许可证,但其均未申领,不具有制作、发行电视剧的资格,而且至今均未曾制作、发行及投资电视剧。

投资方提起诉讼,要求控股股东及目标公司连带赔偿损失(回购的可得利益损失,以出资额本金为基数、按年化8%收益率计算),并支付违约金。

最高人民法院认为:

《补充协议》约定,目标公司是控股股东下属在影视剧的制作、发行业务及影视剧投资、影视剧版权销售业务领域的唯一上市主体,控股股东及目标公司承诺将以在中国A股上市为目标,为了有效避免控股股东及其下属其他单位与目标公司存在同业竞争,控股股东承诺:目标公司是控股股东下属唯一经营影视剧的制作、发行业务及影视剧投资业务、影视剧版权销售业务的单位,除目标公司外,控股股东及其关联方不得从事相同或近似的业务。

根据原审法院查明的事实,控股股东持股或间接持股的至少6家公司的经营范围中至今仍部分包含有关影视剧的制作、发行等。控股股东未提供证据证明其至今着手解决上述同业竞争问题,因此,二审法院认定控股股东存在违约行为,理据充足,并无不当。

目标公司未能按照约定在2018年6月30日前实现上市,并且控股股东违反了《增资扩股协议》中关于解决同业竞争问题的约定,目标公司应按照上述约定履行回购股权义务。

本案中,各方在对赌协议中约定,如果控股股东及其控制的公司在一定期限内未整改,仍与目标公司存在同业竞争,则构成违约并触发回购条款。

关于控股股东是否违反禁止同业竞争条款,双方存在争议。一审法院认为未违反禁止同业竞争条款,理由是虽然控股股东子公司的经营范围与目标公司的经营范围重合。但是,涉案协议签订后控股股东控制的公司并未实际从事竞争性业务。

不过,本案中,最高人民法院再审认为,控股股东关联公司的经营范围中,含有目标公司从事的业务,而控股股东未举证证明其着手解决该同业竞争问题,构成违约。由此可见,最高人民法院对同业竞争的认定采取了形式判断法。

不少对赌案件中,法院持相同观点,即以经营范围是否相同来认定同业竞争存在与否。

广东省高级人民法院在一案[①]中认为,"《框架协议》第 6 条约定,印天公司保证盈商公司股东或关联公司不从事与盈商相竞争的业务,《股权投资协议》第 5 条约定,印天公司承诺盈商公司股东或关联公司不从事与盈商公司相竞争的业务,盈商公司保证核心工作人员任职期间不得直接或通过第三方间接投资于与印天公司及盈商公司存在竞争关系的公司或业务领域。江西金融登记公司的经营范围是'金融结算服务、为金融同业资产提供登记、托管、过户结算业务等',与《框架协议》约定的盈商公司主营业务是'向行业和个人提供金融增值业务',及《商业计划书》中盈商公司成为'互联网金融综合性行业应用服务商'的发展目标高度重合,两者存在竞争关系,姚华伟作为盈商公司的法定代表人,同时担任江西金融登记公司的法定代表人,存在直接利益冲突,构成同业竞争,其行为违反双方竞业限制的约定。原审法院认定印天公司未违反竞业限制约定,与事实不符,本院予以纠正"。

上海市闵行区人民法院在一案[②]中认为,"从第三人与历途公司设立时的营业执照所载明内容来看,二者经营范围完全相同。在判断同业竞争的标准上,必须从诚信的角度来理解公司法规定的经营主体的相关义务。公司营业执照上记载的经营范围是公司可能开展的业务范围,如果将经营范围限缩于实际经营范围,负有竞业禁止义务的主体就有机会利用公司资源为私利开展业务,剥夺公司开展经营范围内其他业务的机会,显然与投资方与创始股东签订同业竞争条款

[①] 参见万泽集团有限公司、深圳市前海万泽创新投资基金有限公司股权转让纠纷案,广东省高级人民法院民事判决书,(2020)粤民终 1025 号。

[②] 参见上海景嘉创业接力创业投资中心与黄灿华公司增资纠纷案,上海市闵行区人民法院民事判决书,(2020)沪 0112 民初 39562 号。

的意思相悖。现历途公司经营范围与第三人完全相同,因此应当认定二者属于同类经营……现被告仍为第三人股东,其参与历途公司的设立、经营违反了增资协议竞争禁止条款的约定,应当承担违约责任"。

但是,与前述不正当竞争案类似,有的对赌案件中,也有法院认为,仅经营范围重合不足以认定构成"同业竞争"。

北京市第一中级人民法院在一案①中认为,"世邦合伙企业系持股平台,自身并未开展经营,酷曼公司不会与世邦合伙企业构成经营相同业务。竞业限制涉及的是主要经营业务的竞争,世邦合伙企业和刘洋以两公司营业执照中记载的可经营范围有重叠为由,主张酷曼公司与数字天域公司经营相同业务,举证不足,二审中世邦合伙企业和刘洋仍未能举证证明酷曼公司与数字天域公司的主要经营业务相同"。

北京市第三中级人民法院在一案②中认为,"关于快马财税公司主张的小胚芽公司违反禁止同业竞争义务的问题。在[与]竞业限制争议相关的司法实践中,工商登记中的经营范围是认定违反竞业限制协议的重要因素,但还要综合两家单位的实际业务来综合判断。本案中相关公司的企业信用信息公示报告中显示的经营范围确与目标公司的经营范围存在重合,公司登记中人员亦存在重合,但不能据此得出相关公司的实际经营业务与快马财税公司石景山分公司存在同业竞争关系的结论"。

◆ 小结与建议

关于是否构成"同业竞争",对赌案件中法院的认定标准不统一。有的采取经营范围的形式标准,有的则根据是否实际从事竞争性业务进行综合判断。

投资方:建议约定禁止同业竞争条款时,明确一旦创始人方及/或其关联公司的经营范围与目标公司的经营范围重合,即构成对赌条款触发的情形之一。

创始人方:如果投资方坚持约定禁止同业竞争条款,应尽可能不将违反该条款列为触发对赌条款的情形,并在该条款中明确,仅在创始人方及关联方实际从事与目标公司业务相竞争的业务时,才构成违约。

---

① 参见刘洋等与吕万洲合伙企业纠纷案,北京市第一中级人民法院民事判决书,(2021)京01民终4903号。
② 参见霍尔果斯快马财税管理服务有限公司与北京小胚芽科技有限公司股权转让纠纷案,北京市第三中级人民法院民事判决书,(2022)京03民终4977号。

2.7 原股东在目标公司竞争者处任职，违反竞业禁止条款吗？

关于限制竞争，问题2.6涉及的主体是与目标公司有竞争关系的企业，本问题涉及的主体则是在目标公司竞争对手处任职的自然人。

竞业禁止包括法定和约定两种：《公司法》第184条规定："董事、监事、高级管理人员未向董事会或者股东会报告，并按照公司章程的规定经董事会或者股东会决议通过，不得自营或者为他人经营与其任职公司同类的业务。"上海市高级人民法院在一案[1]中认为，"我国公司法亦明确规定，公司董事、高级管理人员对公司负有竞业禁止义务，未经股东会或者股东大会同意，不得利用职务便利为自己或者他人谋取属于公司的商业机会，不得自营或者为他人经营与所任职公司同类的业务"。

竞业禁止条款则属于合同约定的方式。对赌协议中，该约定限制的主体一般包括原股东及高级管理人员等核心人员，受限期限通常是投资方成为股东后的一段时间，限制方式主要是不得离职及不得同时在竞争对手处任职。例如，江苏省常州市中级人民法院审理的一案[2]中，合同约定，"为目标公司持续发展和保持持续竞争优势，核心管理人员承诺本次交易股权交割日起60个月内应确保在目标公司持续任职，并尽力促使目标公司的员工在上述期间内保持稳定"。

主题案例：陈启令、张灵伟等股权转让纠纷案[3]

2017年3月6日，投资方与目标公司及5位原股东签订《投资协议》，约定投资方向目标公司投资1000万元，取得其12.5%的股权。5位原股东中，有一位是目标公司的实际控制人。

《投资协议》约定，若发生下述情况之一，投资方有权要求目标公司和实际控制人回购其持有的目标公司的全部或部分股权：1.目标公司未能于2022年12

---

[1] 参见上药控股有限公司与王海平、林弘等股权转让纠纷案，上海市高级人民法院民事裁定书，(2018)沪民申3037号。

[2] 参见常州光洋轴承股份有限公司与天津天海同步集团有限公司、吕超等合同纠纷案，常州市中级人民法院民事判决书，(2019)苏04民初149号。

[3] 参见上海市浦东新区人民法院民事判决书，(2019)沪0115民初71351号。

月31日前实现合格上市;……9.实际控制人及目标公司核心管理人员违反本协议第5.3条竞业禁止限制承诺,直接或间接开展与目标公司竞争的业务……

关于同业竞争限制,第5.3条约定,原股东和目标公司共同向投资方承诺并保证:1.目标公司须自始至终拥有全部与目标公司主营业务相关的经营资质、资产、业务及技术,所有同目标公司现有经营业务有关的业务应由目标公司及其全资子公司、控股子公司(如有)经营;2.原有股东及其关联方、目标公司核心人员及其关联方没有也将不会单独或与他人以任何形式(包括但不限于投资、并购、联营、合资、合作、合伙、承包、租赁经营、参股、参与管理或提供咨询等)直接或间接从事或参与与目标公司及其全资子公司、控股子公司(如有)所经营业务构成竞争的业务或活动,并应在可行的前提下将与此相关的商业机会让予目标公司;3.目标公司核心人员不得在除目标公司之外的其他任何有竞争的实体担任职务;4.目标公司的高级管理人员及核心人员不得在除目标公司及其全资子公司、控股子公司(如有)之外的其他任何有竞争的企业担任职务;5.上述承担同业竞争限制义务人员及与其关系密切的家庭成员亦受上述同业竞争限制。原有股东承诺并保证,如发生违反本条所述的同业竞争限制情形,则原有股东应向投资方支付违约金人民币50万元,并赔偿投资方一切损失。

《投资协议》附件《目标公司核心人员名单》载明:公司核心人员包括实际控制人及一位原股东。

甲公司董事会决议公告,聘请目标公司实际控制人为该公司副总裁。目标公司实际控制人为乙公司股东、监事。甲公司及乙公司的经营范围与目标公司存在重合。

投资方提起诉讼,请求实际控制人回购股权,5位原股东支付违反同业竞争限制的违约金人民币50万元等。

上海市浦东新区人民法院认为:

关于股权回购。根据《投资协议》中回购条款的约定,对任一情形的满足即构成回购条件的成就。实际控制人被甲公司任命为副总裁,又自2017年7月5日起即为乙公司股东并担任监事(实际控制人称其仅为代持股,但代持股不影响企业公示的股权结构,亦不影响善意相对人依法主张权利)。甲公司及乙公司的经营范围与目标公司存在重合。上述情形构成对《投资协议》回购条款之禁止同业竞争的违反。而且,在目标公司已半停业、实际控制人已至其他公司任职的情况下,根据通常理性的判断,目标公司于2022年完成上市目标不具有可预期性,股权回购的条件已经成就,对投资方要求实际控制人履行回购义务的诉讼请求予以支持。

关于投资方以违反"同业竞争限制"为由主张违约金人民币 50 万元。从《投资协议》对同业竞争限制条款所涉的五种情形看,既涉及对目标公司、原股东的约束,又涉及对核心人员、高级管理人员的约束(如,约定目标公司的高级管理人员及核心人员不得在除目标公司及其全资子公司、控股子公司之外的其他任何有竞争的企业担任职务),原股东承诺的内容在于,对上述任一情形的触及,均构成原股东共同承担违约金的条件。根据上文分析,基于实际控制人存在到甲公司任职的情形,除投资方外的目标公司的全体股东均应共同承担违约责任。据此,对投资方要求 5 位原股东支付违约金 50 万元的诉讼请求予以支持。

本案中,竞业禁止条款约定,实际控制人等目标公司的核心人员,不得在与目标公司有竞争关系的企业任职。

投资方主张,实际控制人在经营范围与目标公司重合的甲、乙两个公司分别担任高级管理人员和监事,违反了前述竞业禁止条款,要求原股东支付违约金等。

法院分两步对此作出认定。首先,判断甲、乙两个公司是否与目标公司构成同业竞争。由于甲、乙两个公司的经营范围与目标公司存在重合,二者与目标公司存在竞争关系。其次,判断受限人员与竞争对手的关系。本案中实际控制人在庭审中已承认其到甲公司任职。因此,实际控制人违反了竞业禁止条款。

虽然违反竞业禁止条款的主体是实际控制人,但原股东在对赌协议中承诺,如发生违反同业竞争限制的情形,则原股东应向投资方支付违约金。因此,投资方要求原股东支付违约金的主张成立。

对于是否违反竞业禁止条款,其他案件中法院亦考虑两个问题:一是两个公司是否存在竞争关系;二是相关自然人的任职情况。

北京市高级人民法院在一案①中认为,"王红兵在《承诺函》中承诺:'自从红缨教育公司离职后 3 年,未经威创集团同意,不得自营或者为他人经营与红缨教育公司相同或类似的业务,不得组建、参与组建或者受雇于(包括正式雇佣或者以其他方式提供劳务服务)从事与红缨教育公司相同或类似的业务的企业。'根据查明的事实,王红兵自 2018 年 9 月 12 日从红缨教育公司离职后,于 2018 年 9 月 21 日成为点点教育公司股东并担任法定代表人,于 2020 年 8 月 24 日成

---

① 参见王红兵与威创集团股份有限公司合同纠纷案,北京市高级人民法院民事裁定书,(2022)京民申 3205 号。

为壹点壹滴教育公司法定代表人,并实际从事了经营行为。从红缨教育公司、壹点壹滴教育公司、点点教育公司的经营范围来看,均涉及幼儿园教育相关服务,具体包括师资培训、幼儿园管理等,结合《股权转让协议》中关于王红兵竞业禁止的约定,即'特别是提供幼儿园教育相关服务,包括但不限于师资培训、管理……等'的约定,可以认定红缨教育公司、壹点壹滴教育公司、点点教育公司在经营范围、经营模式等方面属于相同或相似的范畴。故原判决认定王红兵在点点教育公司以及壹点壹滴教育公司从事经营行为违反了《承诺函》的约定,应当承担相应违约责任,并无不当"。

上海市高级人民法院在一案[①]中提到,"本院赞同一审法院关于三被申请人违反竞业禁止义务的认定,一审判决已查明的事实及相关理由不再赘述"。一审法院认为,《股权转让及增资扩股协议》约定"目标公司的自然人股东不得担任与目标公司有竞争性或有关联性的相同业态的医药经营企业的管理和业务人员、董事、监事或名誉职工。现从合同履行看,王海平、林弘、郑国定作为台州上药的持股40%的股东,于2014年11月登记成为药药好公司的股东,并持有该公司95.50%的股份,且王海平担任该公司的法定代表人兼董事长,林弘担任董事,加之,药药好公司于2014年8月15日取得了《药品经营质量管理规范认证证书》,并于2015年1月12日取得《药品经营许可证》,且从药药好公司工商登记的许可经营项目中亦有药品的批发、零售,从经营范围看,与台州上药的经营范围高度一致,且药药好公司取得了相应的《药品经营质量管理规范认证证书》《药品经营许可证》等,成为药品经营实体企业,经营与台州上药相同业态的医疗经营企业,显然王海平、林弘、郑国定违反了协议中关于竞业禁止的约定,构成了违约"。

广东省高级人民法院在一案[②]中认为,"江西金融登记公司的经营范围是'金融结算服务、为金融同业资产提供登记、托管、过户结算业务等',与《框架协议》约定的盈商公司主营业务是'向行业和个人提供金融增值业务',及《商业计划书》中盈商公司成为'互联网金融综合性行业应用服务商'的发展目标高度重合,两者存在竞争关系,姚华伟作为盈商公司的法定代表人,同时担任江西金融登记公司的法定代表人,存在直接利益冲突,构成同业竞争,其行为违反双方竞

[①] 参见上药控股有限公司与王海平、林弘等股权转让纠纷案,上海市高级人民法院民事裁定书,(2018)沪民申3037号。

[②] 参见万泽集团有限公司、深圳市前海万泽创新投资基金有限公司股权转让纠纷案,广东省高级人民法院民事判决书,(2020)粤民终1025号。

业限制的约定"。

另外,创始人方违反竞业限制约定的,投资方通常会主张违约金,但要注意合同条款是否针对违反竞业禁止条款约定了违约金。例如,江苏省南通市中级人民法院在一案①中认为,"汉盛公司除一审所述易俐特公司违约行为外,还提出易俐特公司违反增资扩股合同书中第七条4、5、6款关于关联公司同业竞争关系、管理人员等在关联公司任职等内容约定,并明确按照第六条约定主张违约金,按照违约金的计算上限即本金700万元的20%计算为140万元。对此本院认为,增资扩股合同书第六条载明'甲乙双方确认,诚实履行各自约定义务。若延迟履行本合同项下义务,应由过错方承担相关民事赔偿责任。其中,若甲方违约的,应按乙方已汇付公司金额的每天万分之二点五承担赔偿义务,累计违约达15天的,乙方有权单方面解除本合同,或要求甲方继续履行本合同……',从该条款内容,结合上下文文义分析,该条款所涉违约责任系针对有相应履行期限的义务,而非针对违反第七条相关约定的违约责任。汉盛公司所主张易俐特公司存在其他的违约行为,与汉盛公司主张违约金的合同依据不符。故对汉盛公司据此主张的违约金,本院碍难支持"。

◆ 小结与建议

投资方:建议约定竞业禁止条款,如实际控制人、控股股东、原股东及清单列明的核心人员不得在目标公司竞争对手处任职,违反该约定将触发股权回购条款,且创始人方对违约金承担连带责任。

创始人方:关于竞业禁止条款,建议尽量减少其覆盖的范围,并避免将违反该条款列入触发对赌条款的情形。

---

① 参见汉盛(上海)海洋装备技术股份有限公司、易俐特自动化技术股份有限公司与公司有关的纠纷案,南通市中级人民法院民事判决书,(2022)苏06民终846号。

2.8 投资方解除《增资合同》的，可否从目标公司取回投资款？

投资方有权解除《增资合同》的，法院是否支持投资方关于目标公司直接向其返还投资款的请求？

从合同方面来看，当事人有权在合同解除后，请求恢复原状。《民法典》第566条第1款规定："合同解除后，尚未履行的，终止履行；已经履行的，根据履行情况和合同性质，当事人可以请求恢复原状或者采取其他补救措施，并有权请求赔偿损失。"

从公司角度而言，股东的投资一旦成为公司财产，就不得抽回，除非履行减少注册资本等法定程序。《公司法》第53条第1款规定："公司成立后，股东不得抽逃出资。"第162条规定："公司不得收购本公司股份。但是，有下列情形之一的除外：（一）减少公司注册资本……"《公司法解释（三）》第12条规定："公司成立后，公司、股东或者公司债权人以相关股东的行为符合下列情形之一且损害公司权益为由，请求认定该股东抽逃出资的，人民法院应予支持：（一）制作虚假财务会计报表虚增利润进行分配；（二）通过虚构债权债务关系将其出资转出；（三）利用关联交易将出资转出；（四）其他未经法定程序将出资抽回的行为。"

投资方依据对赌协议请求目标公司回购股权的，《九民纪要》明确表明应适用《公司法》的规定，如果目标公司未完成减资程序，则驳回投资方的请求。《九民纪要》规定："人民法院在审理'对赌协议'纠纷案件时，不仅应当适用合同法的相关规定，还应当适用公司法的相关规定；既要坚持鼓励投资方对实体企业特别是科技创新企业投资原则，从而在一定程度上缓解企业融资难问题，又要贯彻资本维持原则和保护债权人合法权益原则，依法平衡投资方、公司债权人、公司之间的利益。……投资方请求目标公司回购股权的，人民法院应当依据《公司法》第35条关于'股东不得抽逃出资'或者第142条关于股份回购的强制性规定进行审查。经审查，目标公司未完成减资程序的，人民法院应当驳回其诉讼请求。"

如果投资方主张的依据并非对赌协议，而是合同解除的法律规定或约定，在目标公司返还投资款的问题上，是否适用《公司法》关于不得抽逃出资等规定？

主题案例:北京燕化永乐生物科技股份有限公司与北京沣易投资管理有限公司合同纠纷案[①]

2015年6月30日,投资方与目标公司签订《增资协议书》,约定投资方向目标公司增资3575万元,持有目标公司5%的股权。目标公司在2016年7月底以前向全国中小企业股份转让系统提交挂牌申请材料或提交中小板IPO上市材料。任何一方违反其在本协议中的任何声明、保证和承诺,或本协议的任何条款,即构成违约,但本协议另有约定的除外。

目标公司业绩下滑,并未上市成功。

投资方提起诉讼,请求解除《增资协议书》,目标公司返还投资款并按年利率10%计算利息等。

北京市第三中级人民法院二审认为:

关于解除合同。《增资协议书》约定任何一方违反其在本协议中的任何声明、保证和承诺,或本协议的任何条款,即构成违约。现目标公司表示已经终止上市,属于违反承诺内容,已构成违约。投资方以目标公司的违约行为致使《增资协议书》合同目的无法实现为由要求解除合同,应予支持。

关于目标公司是否应返还出资款。本案《增资协议书》解除虽然适用《合同法》的规定,但协议解除的后果,实际系投资方作为原增资股东的退出问题,故应由《公司法》调整。

首先,投资方在履行出资义务后,目标公司就增加注册资本事项已在工商行政管理机关办理变更登记手续,对于公司债权人而言形成了信赖利益的基础。

其次,投资方请求目标公司返还出资款的实质系投资方作为股东的退出问题。投资方的出资款3575万元中595.8万元已作为公司的注册资本,其余2979.2万元已作为公司的资本公积金,形成公司资产,目标公司未完成相应减资程序,且投资方作为公司股东应当对公司经营承担相应责任。

最后,股东将财产投入公司后,股东即丧失了对该财产的所有权,其投资转化为对公司的股权,股东不再享有对投入财产的任何权利,公司为所有权人,未经法定程序不得退出公司。

综上,投资方请求目标公司返还注入目标公司的资产并支付相应利息的诉讼请求不能成立,不予支持。

[①] 参见北京市第三中级人民法院民事判决书,(2021)京03民终17932号。

本案中,目标公司在《增资协议书》中承诺在一定期限内提交上市材料,若未达到则构成违约。因目标公司未上市,投资方主张解除合同,并要求目标公司返还投资款及利息。

法院认为投资方有权解除合同,但驳回其要求目标公司返还投资款及利息的请求,理由是目标公司尚未减资。

虽然解除《增资协议书》、要求"返还投资款"不同于依据对赌协议主张"股权回购款",但二者实质都涉及投资方退股,均要求目标公司向作为股东的投资方支付自有资金,应遵循资本维持原则。前者是依据《民法典》关于合同解除后果的规定,后者则是基于合同约定。无论哪种情况,都不得违反《公司法》禁止股东抽逃出资的效力性强制性规定。只有经过法定程序,目标公司债权人的利益得到保护,此时投资方主张目标公司向其偿付才有正当性,目标公司才可将已转为其资本的资金支付给股东。因此,解除《增资协议书》后投资款的返还问题,同样适用《公司法》的相关规定。

其他案件中法院大多也认为,经工商登记后,投资方支付的投资款已变为目标公司财产,投资方解除《增资协议书》的,不支持其要求目标公司返还投资款的请求。

最高人民法院在一案①中认为,"本案《增资扩股协议》解除后,新湖集团请求判令浙江玻璃、董利华、冯彩珍返还其出资款中的资本公积金 336884976.80 元。但《增资扩股协议》的性质决定了新湖集团所诉的这部分资本公积金不能得以返还……合同履行过程中,新湖集团也已将资本金直接注入了青海碱业。青海碱业系合法存在的企业法人。浙江玻璃、董利华、冯彩珍均不再具有返还涉案资本公积金的资格……股东向公司已交纳的出资无论是计入注册资本还是计入资本公积金,都形成公司资产,股东不得请求返还"。

上海市第一中级人民法院在一案②中认为,从《增资协议书》的约定来看,投资方投入的款项是其作为目标公司新股东所需缴纳的出资,并非是对原股东享有的普通债权。在经过公司章程修改及工商变更登记后,投资方的股东身份、认缴数额、股权比例及公司注册资本均已对外公示,投资款转化为公司资本,形成公司资产。投资方所谓因《增资协议书》解除而要求返还出资,从本质上说,系

---

① 参见浙江新湖集团股份有限公司与浙江玻璃股份有限公司等公司增资纠纷案,最高人民法院民事裁定书,(2013)民申字第 326 号。

② 参见上海富电科技有限公司与西北工业集团有限公司等公司增资纠纷案,上海市第一中级人民法院民事判决书,(2019)沪 01 民终 11265 号。

基于其股东身份的退出。但正如认缴、出资、登记等均需由各方当事人按照《公司法》关于公司增资的程序完成，股东退出公司，包括采取何种退出方式，资本、股权的处分等，亦应当适用《公司法》作为特别法的相关规定。投资方要求将其出资直接返还以"恢复原状"，实质上等同于股东未经法定程序任意抽回出资，将造成公司资产的不当减少，显然有违公司资本的确定、维持和不变原则，直接影响公司的经营能力和债权人利益保护。综上所述，本案系争《增资协议书》的解除虽然适用《合同法》的规定，但协议解除的后果，实际系投资方作为原增资股东的退出问题。在投资方的出资已转化为公司资本的情况下，应按照《公司法》的特别规定适用执行。因此，不予支持投资方就返还出资提出的主张。

北京市第一中级人民法院在一案①中认为，"闫京豪向深远公司投资100万元成为深远公司股东，其投资款已转化为深远公司的注册资本和资本公积金，不得随意抽逃。现闫京豪主张依据《会谈纪要》及曾洪江出具的书面承诺，诉请解除《个人投资协议》并由深远公司和曾洪江连带返还其投资款100万元。就此本院认为，虽然《个人投资协议》系闫京豪与深远公司签订，深远公司亦同意闫京豪退出公司，但在闫京豪的投资款已成为深远公司的注册资本及资本公积金的情况下，《个人投资协议》的解除不能仅适用《中华人民共和国合同法》的相关规定，还应当符合《公司法》的相关规定，故深远公司未履行相应减资程序，闫京豪直接诉请解除《个人投资协议》并由深远公司退还其投资款，无事实及法律依据……本院均不予支持"。

四川省成都市中级人民法院在一案②中认为，关于《增资协议》解除，瑞昊企业是否已由股东身份转变为债权人身份，无声公司应否退款的问题，"瑞昊企业因《增资协议》解除而要求返还款项从本质上说是基于其股东身份的退出，但正如上述认缴、出资、登记等均需各方当事人按照《公司法》关于公司增资的程序完成，股东退出公司同样亦应当适用《公司法》作为特别法的相关规定。瑞昊企业与无声公司协议将出资款转化为借款返还，实质上等同于股东未经法定程序任意抽回出资，将造成公司资产的不当减少，显然有违公司资本的确定、维持和不变原则，直接影响公司的经营能力和债权人利益保护。因此，在瑞昊企业的出资已转化为公司资本的情况下，应按照《公司法》的特别规定执行"。现本案双

---

① 参见曾洪江等与闫京豪合同纠纷案，北京市第一中级人民法院民事判决书，(2020) 京01民终862号。
② 参见深圳瑞昊投资发展合伙企业、四川无声信息技术有限公司合同纠纷案，成都市中级人民法院民事判决书，(2021) 川01民再14号。

方虽均确认协议解除,但未经法定的减资程序或者约定以股权转让、股权回购等方式退出,瑞昊企业仍系无声公司股东,其主张已由股东身份转化为普通债权人的身份并要求返还款项不符合《公司法》的规定,其主张不应得到支持。

不过,少数案件中法院认为,投资方已登记为目标公司股东、投资款已变为目标公司财产的,增资协议解除后,投资方也有权要求目标公司返还投资款,除非有证据证明目标公司不能减资。例如,湖南省高级人民法院在一案①中认为,"《增资扩股协议》作为合同,依法受我国《合同法》的规范和调整。原审根据《合同法》第九十七条之规定来判定合同解除的法律后果并无不当……我国《公司法》所规定的注册资本是认缴资本制,其建立的是注册资本信用制度,其目的是以注册资本作为对于外部债权人清偿能力的保证。投资人作为增资协议一方欲实现协议解除后目标公司返还出资的法律效果,需目标公司完成合法减资程序"。本案中,目标公司并未提供充分证据证明公司履行减资程序存在障碍或该障碍系投资方所致,亦未提供任何证据证明其不能进行减资或债权人对公司减资提出了确有理由的异议。因此,原审法院判决目标公司返还增资款适用法律正确。

需要注意的是,如果投资方增资后未被工商登记为目标公司股东,增资协议解除后,多数案件中法院支持投资方要求目标公司退回投资款的主张。

最高人民法院在一案②中认为,"关于二审判决解除投资协议及返还投资款是否属于错误适用公司法有关股东不得抽逃出资的规定。邬招远、宝威企业认为真金公司的出资款已转为占空比公司的法人财产,二审判决解除投资协议、返还投资款,违反了公司法关于股东不得抽逃出资的规定。再审审查过程中,各方当事人均确认,真金公司增资占空比公司的2000万元尚未在工商行政管理部门进行增资变更登记。公司法规定股东不得抽逃出资,以及公司减少注册资本应当履行相应的法定程序并依法向公司登记机关办理变更登记,主要目的之一在于保护公司债权人的利益。案涉2000万元增资款尚未在工商登记部门办理变更登记,该增资款对公司债权人尚未产生公示效力,公司债权人尚无需要保护的信赖利益,真金公司依约定条件解除案涉《增资协议》并请求返还投资款,并不涉及因抽逃出资或不按法定程序减资损害公司债权人利益的问题"。

---

① 参见朗利维(北京)科技有限公司、北京聚兴企业管理有限公司公司增资纠纷案,湖南省高级人民法院民事裁定书,(2020)湘民申3201号。

② 参见韩梧丰、邬招远公司增资纠纷案,最高人民法院民事裁定书,(2019)最高法民申1738号。

上海市高级人民法院在一案①中认为,"根据系争增资协议第5.3条约定,占空比公司未按约办理工商变更登记手续并向肖龙签发出资证明书的,肖龙有权书面通知占空比公司及其原股东要求解除增资协议,并要求占空比公司于协议解除之日起15个工作日内返还全部增资款……故肖龙要求解除增资协议等并返还投资款具有事实和合同依据"。

北京市第三中级人民法院在一案②中认为,"盛元达公司在收到常州矿业企业支付的增资价款及借款后,既未依约办理工商变更登记,亦未按期偿还借款本息,故可以认定常州矿业企业于本案中的合同目的已属落空,其要求盛元达公司返还投资款项并承担违约责任,具有事实及法律依据,应予支持"。

广东省深圳市中级人民法院二审维持原判的一案③中,一审法院认为,"虽曹轲向融享公司支付了部分投资款,但约定的全部增资款尚未支付完毕,融享公司尚未完成法定增资程序并进行相应登记,曹轲已支付的投资款尚未对融享公司资本外观造成影响,融享公司在本案诉讼中亦明确表示同意向曹轲退还130万元,故该约定亦具有可履行性。在各方对解除后果已有约定且该约定可以履行的情形下,应遵从当事人意思自治处理解除后果……根据前述约定",仅支持融享公司向曹轲退还130万元。

深圳市中级人民法院二审维持原判的一案④中,一审法院认为,"合同双方签订该协议书后,被告斯凯威深圳公司未按照协议的约定办理股权变更的工商登记手续……《股权投资协议书》应予解除。庄卫星要求被告斯凯威深圳公司退还投资款200万元的诉讼请求,应予支持"。

上海市普陀区人民法院在一案⑤中认为,"根据《公司法》规定,只有在公司登记机关登记的全体股东认缴出资额才可称之为公司注册资本。增资作为公司重要事项,属于要式法律行为,公司如增加注册资本,亦应进行相应的登记。而喵爪公司的注册资本在协议签订后无任何变化,意味着慕剑支付的投资款并未

---

① 参见宁波梅山保税港区宝威投资管理合伙企业与肖龙公司增资纠纷案,上海市高级人民法院民事裁定书,(2019)沪民申1108号。
② 参见李政烨等与东华常州矿业投资合伙企业(有限合伙)新增资本认购纠纷案,北京市第三中级人民法院民事判决书,(2019)京03民终5121号。
③ 参见薛达华与曹轲、傅奕晴、融享(深圳)供应链管理有限公司股权转让纠纷案,深圳市中级人民法院民事判决书,(2020)粤03民终16098号。
④ 参见庄卫星、斯凯威科技(北京)有限公司合同纠纷案,深圳市中级人民法院民事判决书,(2020)粤03民终13541号。
⑤ 参见慕剑与上海喵爪网络科技有限公司等公司增资纠纷案,上海市普陀区人民法院民事判决书,(2021)沪0107民初20001号。

成为喵爪公司注册资本。喵爪公司辩称其在公司电子账册中将相应款项计入了公司实收资本明细账,基于资本维持原则不得退还股东,该意见显与上述法律规定不符。相关款项仅在公司内部进行财务处理,而未完成工商变更登记,不可视为公司增加的注册资本。此时增资行为尚未形成对外的公示效力,公司债权人尚无需要保护的信赖利益。因此,在增资协议解除后,返还增资款不涉及抽逃出资或不按法定程序减资损害债权人利益的问题"。

不过,少数案件中也有法院认为,即便投资方未被登记为目标公司股东,投资方主张解除合同的,依然无权要求目标公司返还出资。例如,山西省高级人民法院在一案[①]中认为,"辛某将50万元转入天源公司后,该资金已经转化为天源公司的资产,辛某即可成为天源公司的股东,应当承担股东义务,不得抽逃资金。虽然工商登记未作变更,但并不影响股东资格的实际转化。由此,再审申请人辛某请求被申请人天源公司返还该50万元的主张,本院无法支持"。

◆ 小结与建议

投资方:投资方向目标公司主张返还增资款的,需关注其是否已被登记为目标公司的股东,如否,该等请求被法院支持的可能性较大。

创始人方:建议目标公司按约办理投资方增资的工商变更手续,否则以目标公司未减资为由抗辩返还投资款的理由难以被支持。

---

① 参见辛某与翼城县天源机动车检测有限公司、李某合同纠纷案,山西省高级人民法院民事裁定书,(2020)晋民申568号。

三、后续融资阶段

3.1 多轮融资签订多份合同的，案件由谁管辖？

通常，目标公司的融资不止一轮，只要目标公司还有新的投资方加入，先前的投资方就可能需要签署新的协议。如果投资方与对赌义务人先后签署的多份协议中争议解决条款约定不一致的，案件由谁管辖？

相同主体之间签署的多份协议中，如果仅部分约定管辖条款，可能产生该等条款是否及于其他协议的问题。例如，北京市第四中级人民法院在一案①中认为，索元公司提出贸仲受理的 S20230455 号案件所涉争议事项不存在任何有效的仲裁协议，理由为柯桥合伙企业提出的仲裁请求的依据系《C 轮协议》，而双方就《C 轮协议》项下争议事项没有仲裁协议。对此，本院认为，"柯桥合伙企业依据《D 轮协议》中仲裁协议向贸仲申请仲裁，柯桥合伙企业提起的仲裁请求是否可以在《D 轮协议》中予以解决，是否会涉及到《C 轮协议》以及对于仲裁事项仲裁庭是否有管辖权的问题，必须进一步结合具体证据通过实质审查双方合同才能确定，本案系审查仲裁协议效力的专门程序，仅依据现有证据作形式审查，案件实体争议事项不属于本案审查范围"。因此，"经审查认为柯桥合伙企业依据《D 轮协议》约定的仲裁条款向贸仲提出仲裁请求，该仲裁协议不具有无效情形。索元公司的申请请求于法无据"，不予支持。

如果相同主体签署的每轮融资协议都约定争议解决条款，是否就能免除争议？答案是未必。尽管后签订的合同往往被视为对之前合同的变更，但在纷繁复杂的约定中，还需关注各协议的内容以及对彼此关系的约定。《民法典》第 543 条规定："当事人协商一致，可以变更合同。"第 544 条规定："当事人对合同变更的内容约定不明确的，推定为未变更。"

主题案例：上海岸途企业管理咨询中心、浙江亚丁投资管理有限公司合同纠纷案②

2015 年 8 月 28 日，投资方与目标公司、原股东一、原股东二、原股东三等共同签署 B 轮《增资协议》，约定投资方以 2400 万元认购目标公司新增出资。因

---

① 参见绍兴柯桥天堂硅谷领新股权投资合伙企业(有限合伙)申请确认仲裁协议效力案，北京市第四中级人民法院民事裁定书，(2023)京 04 民特 402 号。
② 参见浙江省高级人民法院民事裁定书，(2020)浙民终 900 号。

协议所产生的争议应提交目标公司住所地有管辖权的法院裁决。各方签署书面文件表示同意,可对本协议进行修改。

同日,投资方与原股东一、原股东二、原股东三等签署B轮《股东协议》,约定如果目标公司未在3年内完成合格上市等情形,则触发股权回购义务。B轮《增资协议》与B轮《股东协议》有冲突的,以B轮《股东协议》为准。之后签署的其他所有与交易相关的文件构成各方关于该交易的完整合约,并取代以前就上述事项的所有书面或口头协议和保证。

2018年5月,投资方与目标公司、原股东一、原股东二、原股东三等签署C轮《股东协议》。自本协议生效之日起,B轮投资协议(包括前述B轮《增资协议》、A轮投资协议及天使轮投资协议)被本协议取代,不再有效。本协议产生的争议由中国国际经济贸易仲裁委员会仲裁。

2018年9月13日,投资方与原股东一、原股东二、原股东三等签订D轮《股东协议》。自本协议生效之日起,原《股东协议》、B轮《股东协议》、A轮投资协议及天使轮投资协议为本协议取代,不再有效。本协议产生的争议由中国国际经济贸易仲裁委员会仲裁。

2018年9月,投资方与目标公司、原股东一、原股东二、原股东三共同签署D轮《增资协议》,约定本协议产生的争议由中国国际经济贸易仲裁委员会仲裁。

2018年12月13日,因目标公司未如期上市,投资方与原股东二签署《备忘录》,约定原股东二回购投资方所持目标公司股权。凡因本《备忘录》引起的或与之有关的任何争议,由双方协商解决,若协商不成,双方一致同意选择在异地人民法院南京市玄武区人民法院通过诉讼解决。

投资方提起诉讼,请求判令原股东二支付股权回购款,原股东一、原股东三及目标公司对原股东二的支付义务承担连带责任。

投资方主张因《备忘录》中的争议解决条款无效,而B轮《股东协议》的协议管辖条款亦约定不明,故本案应根据B轮《增资协议》的协议管辖条款,由目标公司住所地法院即原审法院管辖。

浙江省高级人民法院认为:

投资方提起诉讼的主要依据系B轮《增资协议》、B轮《股东协议》及投资方与原股东二签订的《备忘录》。《备忘录》第8条约定,本《备忘录》与B轮《增资协议》和B轮《股东协议》内容存在冲突的,以本《备忘录》为准。因南京市玄武区人民法院与本案争议无实际联系,且起诉标的金额违反级别管辖的规定,《备忘录》中的争议解决条款无效。

经初步形式审查,投资方、目标公司、原股东一、原股东二、原股东三系B轮、

D 轮《增资协议》的签署方,投资方、原股东一、原股东二、原股东三另系 B 轮、D 轮《股东协议》的签署方。

对于投资方针对原股东一、原股东二、原股东三的诉请,四方均为 B 轮、D 轮《增资协议》及 B 轮、D 轮《股东协议》的签署方,其中 B 轮《股东协议》约定,B 轮《增资协议》与 B 轮《股东协议》有冲突的,以 B 轮《股东协议》为准。B 轮《股东协议》还约定,B 轮《股东协议》签署日或之后签署的其他所有与交易相关的文件构成各方关于该交易的完整合约,并取代以前就上述事项的所有书面或口头协议和保证。由于投资方、原股东一、原股东二、原股东三又签署了 D 轮《增资协议》,D 轮《增资协议》约定因履行该协议所发生的纠纷,应提交中国国际经济贸易仲裁委员会仲裁解决,故结合 B 轮《股东协议》、D 轮《增资协议》的前述规定,可以认定投资方、原股东一、原股东二、原股东三四方在 D 轮《增资协议》中存在约定争议由中国国际经济贸易仲裁委员会仲裁的仲裁条款。

对于投资方针对目标公司的诉请,因目标公司并非 B 轮、D 轮《股东协议》的签署方,仅与投资方同为 B 轮、D 轮《增资协议》的签署方,故投资方系根据 B 轮《增资协议》提起对目标公司的诉请。B 轮《增资协议》虽约定,因协议所产生的争议应提交目标公司住所地有管辖权的法院裁决,但根据 B 轮《增资协议》"修改"条款的约定,各方签署书面文件表示同意,可对本协议进行修改。而目标公司、投资方及 B 轮《增资协议》的其他签订方又以书面形式签署了 D 轮《增资协议》,D 轮《增资协议》约定,将争议提交中国国际经济贸易仲裁委员会仲裁解决。

驳回投资方的起诉。

本案主要涉及的协议是:B 轮、D 轮《增资协议》及 B 轮、D 轮《股东协议》。《增资协议》的签订主体包括投资方、3 位原股东及目标公司。《股东协议》的签订主体与《增资协议》相比,少了目标公司。B 轮《增资协议》约定争议由目标公司住所地法院管辖,同日签订的 B 轮《股东协议》约定若与 B 轮《增资协议》冲突,以本协议为准,本协议可被日后的协议取代。之后,D 轮《增资协议》及《股东协议》均约定争议由中国国际经济贸易仲裁委员会仲裁。

投资方依据 B 轮《增资协议》的约定,向目标公司住所地法院提起诉讼。

关于投资方与 3 位原股东的争议,法院认为,虽然 B 轮《增资协议》约定由目标公司住所地法院管辖,但 B 轮《股东协议》约定若 B 轮《增资协议》与之有冲突,以 B 轮《股东协议》为准。B 轮《股东协议》还约定其可被后续的完整文件取代。之后各方又签订了争议由中国国际经济贸易仲裁委员会仲裁解决的 D 轮

《增资协议》,因此各方的争议应提交仲裁解决。

关于投资方与目标公司的争议,法院认为,因为目标公司未签订 B 轮、D 轮《股东协议》,只能依据《增资协议》确定管辖。虽然 B 轮《增资协议》约定了争议解决条款,但该协议约定各方可对其进行书面修订。因各方后续签订的 D 轮《增资协议》另行约定了仲裁条款。因此,双方之间的争议也应提交仲裁。

本案存在多轮融资,涉及多个主体及数份合同。因各协议对与先前及之后签订的合同的关系约定得比较清楚,所以 D 轮《增资协议》的争议解决条款成功取代了先前签订的协议内容。

与本案类似,广东省广州市中级人民法院审理的一案①中,也存在多份协议,各份协议的签订主体不尽相同,但合同明确约定了以哪份为准,各方在后续签订的合同中,成功地修订了先前约定的争议解决条款。该院认为,"东兴中心、金骏壹号基金、工业四点零新三板基金企业、纵联基金、金穗叁号企业、汇通基金及邹春元、廖新辉、通维企业分别或同为《1228 增资协议》《1228 补充协议》《0721 增资协议》《0721 补充协议》的签约当事人,各方对上述四份协议的真实性均无异议,均应受上述协议的约束。虽然《1228 增资协议》《1228 补充协议》《0721 增资协议》《0721 补充协议》已约定涉及该合同的争议提交深圳仲裁委员会仲裁解决,但因《2017 补充协议》是该四份协议的补充协议,根据《2017 补充协议》第 6.4 条约定'本协议与原协议不一致之处,以本协议为准,本协议未尽事宜,以原协议为准',因此,当上述协议中关于仲裁机构的约定不一致时,应当以《2017 补充协议》的约定为准,即适用《2017 补充协议》第 7.2 条的约定,因此,广州仲裁委对本案具有管辖权。邹春元、廖新辉、通维企业申请确认《2017 补充协议》中的仲裁条款无效的理由不成立",不予支持。

但并非所有后续签订的协议均能起到变更的效果。例如,北京市第二中级人民法院在一案②中认为,"各方已通过 C 轮增资协议对 B 轮增资协议的约定进行了实质性变更,C 轮增资协议系各方增资的主合同,本案各方在 C 轮增资协议签订后签订的《补充协议书二》应属对 C 轮增资协议的补充。根据 C 轮增资协议第 12.3 条约定:'未经其他方事先书面同意,本协议任何一方不得转让其在本协议项下的任何权利或义务',同时约定'本补充协议的任何修改、变更应经各

---

① 参见邹春元、廖新辉申请确认仲裁协议效力案,广州市中级人民法院民事裁定书,(2019)粤 01 民特 1594 号。
② 参见北京优能尚卓创业投资基金(有限合伙)与杨晓川等合同纠纷案,北京市第二中级人民法院民事裁定书,(2021)京 02 民终 4253 号。

方协商,并就修改、变更事项共同签署书面协议后方可生效'……《补充协议书二》的签订方仅有优能基金、微芯合伙与杨晓川,故该《补充协议书二》中的管辖权条款作为对 C 轮增资协议中仲裁条款的修改,未经 C 轮增资协议的各方当事人协商一致并签署书面协议并未生效,优能基金在内的 15 方投资人与中港电力公司及微芯合伙在 C 轮增资协议中达成的有效仲裁条款不因优能基金与微芯合伙的单独合意而改变"。

争议解决条款被各方成功修订的,有的案件中法院认为,如果变更后的条款被认定为无效,先前约定的争议解决条款也不因此恢复效力。例如,上海市高级人民法院在一案①中认为,"永盛泰公司、盈德公司于 2011 年 11 月 28 日签订《增资协议》《合资经营合同》,其中约定的争议解决条款内容是'交由设在北京的中国国际经济贸易仲裁委员会仲裁';后双方与案外人山东博斯腾醇业有限公司于 2011 年 12 月 15 日、2012 年 1 月 10 日又签订两份《补充协议》,分别将上述合同中的争议解决条款修改为'向盈德公司所在地人民法院起诉'、'提交青岛仲裁委员会仲裁'。当事人就争议解决条款的约定应以最后达成的一致意思表示为准,即 2012 年 1 月 10 日双方当事人签订的《补充协议》中约定的'提交青岛仲裁委员会仲裁'系最后一致意思表示,但该条款被山东省青岛市中级人民法院判定为无效,故永盛泰公司依据案涉《增资协议》《补充协议》提起本案诉讼,应依照法定管辖原则确定受诉法院……故一审法院认为双方当事人应受《增资协议》《合资经营合同》中约定的仲裁条款约束显属不当……本案应由原审法院管辖"。

❖ 小结与建议

投资方:因目标公司后轮融资签订投资协议时,建议前轮投资方关注争议解决条款的一致性,以免日后主张权利时出现程序问题。建议前后轮投资协议均约定相同的管辖条款。如果约定不同的管辖,则应明确不同协议间发生冲突时,以哪份为准。

创始人方:对于通常被主张权利的创始人方来说,不同协议中争议解决条款约定不一致,对其未必不利。

---

① 参见昌邑永盛泰供热有限公司与盈德投资(上海)有限公司中外合资经营企业合同纠纷案,上海市高级人民法院民事裁定书,(2022)沪民辖终 19 号。

3.2 其他投资方主张回购的案件，怀疑己方利益受损的投资方可否参加诉讼？

在目标公司的多轮融资中，原股东可能与不同轮次的投资方分别签订合同。如果投资方发现其他投资方与原股东之间的协议可能存在恶意串通、损害其利益的情况，且其他投资方已依据该协议向原股东提起诉讼的，怀疑己方利益受损的投资方可否以第三人身份参与该诉讼，否认该协议的效力？

可以参与诉讼程序的第三人有两类：一是对当事人双方的诉讼标的有权提起诉讼的"有独立请求权第三人"；二是对当事人双方的诉讼标的没有独立请求权，但与案件处理结果有法律上利害关系的"无独立请求权第三人"。《民事诉讼法》第59条第1、2款规定："对当事人双方的诉讼标的，第三人认为有独立请求权的，有权提起诉讼。对当事人双方的诉讼标的，第三人虽然没有独立请求权，但案件处理结果同他有法律上的利害关系的，可以申请参加诉讼，或者由人民法院通知他参加诉讼。人民法院判决承担民事责任的第三人，有当事人的诉讼权利义务。"

所谓"诉讼标的"可以理解为当事人在实体法上的权利义务或者法律关系。诉讼标的在学说上主要有旧实体法说、诉讼法说和新实体法说三大流派①，旧实体法说比较符合我国民事诉讼的实际状况②，即从实体法上的请求权出发来界定诉讼标的，把诉讼标的解释为实体法律关系③。

"独立请求权""本质上是一种独立的诉讼标的，表现为第三人于诉讼中所提出的具体诉讼请求"。④ 有独立请求权第三人参加诉讼的情况主要有二：一是对已进行案件的诉讼标的提出独立的诉讼请求；二是主张诉讼结果将使自己的权利受到损害。⑤

---

① 参见沈德咏主编：《最高人民法院民事诉讼法司法解释理解与适用》，人民法院出版社2015年版，第285页。
② 参见沈德咏主编：《最高人民法院民事诉讼法司法解释理解与适用》，人民法院出版社2015年版，第635页。
③ 参见沈德咏主编：《最高人民法院民事诉讼法司法解释理解与适用》，人民法院出版社2015年版，第285页。
④ 江伟、肖建国主编：《民事诉讼法》（第7版），中国人民大学出版社2015年版，第145页。
⑤ 参见江伟、肖建国主编：《民事诉讼法》（第7版），中国人民大学出版社2015年版，第145页。

3.2 其他投资方主张回购的案件,怀疑己方利益受损的投资方可否参加诉讼?

"法律上的利害关系",是指"当事人争议诉讼标的的法律关系与第三人参加的另一法律关系有牵连。在后一法律关系中,当事人是否行使权利、履行义务,对前一法律关系中当事人行使权利、履行义务有直接或间接的影响"①。最高人民法院在一案②中认为,"这种民事法律上的牵连关系体现为两种形态,一是无独立请求权第三人与当事人一方的法律关系直接影响了原、被告双方的法律关系,尤其是前者的履行及其适当与否直接影响了后者的履行及其适当与否,无独立请求权第三人是否行使权利、履行义务,对前一个法律关系中的当事人行使权利、履行义务有直接影响。二是第三人权利义务的确定与否依本诉案件的处理结果而定"。利害关系包括直接影响(如案件处理的结果)和间接影响(如判决认定的事实)。③

有独立请求权的第三人与无独立请求权的第三人享有的诉讼权利不同。前者具有完全的当事人诉讼地位,处于原告的诉讼地位;而后者在诉讼中或者依附于原告,或者依附于被告。④ 无独立请求权的第三人在诉讼中的权利有限,如无权提出管辖异议,无权放弃、变更诉讼请求或者申请撤诉,但在特定条件下,具有当事人的诉讼权利义务,如被判决承担民事责任的,有权提起上诉。⑤

主题案例:浙江金科文化产业股份有限公司、深圳市星河互动科技有限公司、卫东冬等合同纠纷案⑥

2016年,前轮投资方与目标公司及原股东等签署《股权认购协议》。同年,前述主体与目标公司的其他股东共同签署《股东协议》(以下简称"2016年《股东协议》"),并对回购权进行了约定。

2017年,目标公司进行新一轮增资,后轮投资方等新入股股东与目标公司及其现有股东签订《股东协议》(以下简称"2017年《股东协议》")。各方约定如

---

① 沈德咏主编:《最高人民法院民事诉讼法司法解释理解与适用》,人民法院出版社2015年版,第286页。
② 参见阜新市新邱区渤飞小额贷款有限公司、中铁北京工程局集团第六工程有限公司第三人撤销之诉纠纷案,最高人民法院民事裁定书,(2019)最高法民终1597号。
③ 参见沈德咏主编:《最高人民法院民事诉讼法司法解释理解与适用》,人民法院出版社2015年版,第286页。
④ 参见沈德咏主编:《最高人民法院民事诉讼法司法解释理解与适用》,人民法院出版社2015年版,第287页。
⑤ 参见沈德咏主编:《最高人民法院民事诉讼法司法解释理解与适用》,人民法院出版社2015年版,第290、291页。
⑥ 参见绍兴市中级人民法院民事判决书,(2018)浙06民初79号。

果目标公司未在2022年9月30日前完成上市,后轮投资方有权要求目标公司和原股东(不含前轮投资方)单独或共同回购股权。前轮投资方的回购权在后轮投资方的股权全部被回购后方可行使,后轮投资方享有的回购权优先于前轮投资方享有的回购权。本协议取代此前各方就相同事宜作出的任何书面或口头陈述、协议或安排。

2017年12月25日,前轮投资方与原股东等签订《股权回购框架协议》,约定双方应于2018年4月30日前签署正式股权回购协议,回购价格不低于前轮投资方原始投资成本附加年化10%的利息。具体交易条件以双方届时签订的正式股权回购协议为准。

2018年5月2日,前轮投资方提起诉讼,请求判令原股东向其支付股权回购款及利息,用于受让前轮投资方所持有的目标公司的全部股权,目标公司对上述股权回购款及利息承担连带责任。

后轮投资方作为第三人申请参加本案诉讼,提出诉讼请求:确认《股权回购框架协议》无效,理由是前轮投资方与原股东恶意串通损害了后轮投资方的利益。

前轮投资方认为,本案的诉讼标的应该是前轮投资方与原股东之间的,与第三人后轮投资方不存在任何利害关系,第三人没有独立请求权。

原股东及目标公司认为,本案诉讼标的是前轮投资方请求股权回购,前轮投资方是B轮投资人,第三人后轮投资方是B+轮和本轮投资人,本案与第三人有直接利害关系,第三人提出的诉讼请求,本质上是否定前轮投资方所主张的股权回购依据。

浙江省绍兴市中级人民法院认为:

关于后轮投资方与本案是否存在利害关系,能否作为有独立请求权的第三人参加诉讼的问题。

本案诉讼标的是前轮投资方请求股权回购,根据2017年《股东协议》,前轮投资方是B轮投资人,后轮投资方是B+轮和本轮投资人,后轮投资方及原股东和目标公司均认为股权回购条件没有成就,后轮投资方请求确认《股权回购框架协议》无效实质上是要否定前轮投资方的回购权,因此,后轮投资方与本案存在利害关系,可以作为有独立请求权的第三人参加本案诉讼。

本案中,根据前轮投资方与后轮投资方、目标公司及原股东签订的2017年《股东协议》,如果目标公司未在2022年9月30日前上市,则后轮投资方有权要求目标公司及原股东回购股权,前轮投资方的回购权应在后轮投资方的

3.2 其他投资方主张回购的案件,怀疑己方利益受损的投资方可否参加诉讼?

股权全部被回购后才能行使。之后,前轮投资方与原股东及目标公司私下签订《股权回购框架协议》,约定双方应在 2018 年 4 月 30 日前正式签订股权回购协议。

前轮投资方依据《股权回购框架协议》提起诉讼,要求原股东回购股权。后轮投资方以有独立请求权第三人身份申请参加该诉讼,要求确认《股权回购框架协议》无效。

关于后轮投资方是否为有独立请求权第三人,前轮投资方主张后轮投资方与本案诉讼标的没有利害关系,而原股东及目标公司则持相反意见。

前轮投资方与原股东及目标公司一案的诉讼标的,是履行双方在《股权回购框架协议》中约定的权利义务,即在一定期限之内签订股权回购协议以回购股权。后轮投资方对《股权回购框架协议》提出无效的主张,实质上是否定前轮投资方的回购权,即针对正在进行的一案诉讼标的提出独立的诉讼请求。因此,本案法院认为后轮投资方为有独立请求权的第三人,有权参与本案诉讼。

实务中,非合同方以合同双方恶意串通损害其利益为由,以第三人身份参与庭审并提出确认合同无效的例子并不罕见。第三人提出的主张能否得到法院的支持,并不影响其是否有权以第三人的身份参加诉讼。

甘肃省高级人民法院二审大部分维持原判的一案[①]中,第三人认为原告与被告签订《工矿产品购销合同》系恶意串通,损害了其利益,应属无效合同。一审法院认为,首先,没有证据能够证明原告与被告签订合同时知晓被告与第三人之间签订有《委托加工合同》,并且原告与被告串通损害第三人的利益。其次,虽然被告与第三人签订的《委托加工合同》先于原告与被告签订的《工矿产品购销合同》,且明确约定在与第三人合作期间,被告不能接受其他第三人的加工委托或其他合作方式。但该《委托加工合同》仅对合同当事人具有约束力,对原告没有约束力。对于被告违反合同约定的行为,第三人可以另案主张其权利。故,第三人关于《工矿产品购销合同》无效的主张无事实及法律依据,不予支持。二审法院认为,"至远公司在本案中以有独立请求权第三人身份申请参加诉讼符合法律规定,而第三人是否具有参加诉讼资格与是否支持其诉讼请求属不同的审查范畴,认定标准亦有区别,一审法院依据至远公司的请求及提交的证据经审查通知至远公司参加诉讼并无不当"。

---

① 参见甘肃中瑞铝业有限公司与广西聚白亚商贸有限公司买卖合同纠纷案,甘肃省高级人民法院民事判决书,(2019)甘民终 675 号。

山东省高级人民法院在一案①中认为,"8.19协议及6.30协议的内容不违反国家禁止性法律规定,本案亦没有证据显示双方恶意串通损害了他人利益,因此两协议不存在《合同法》第五十二条所规定的合同无效的情形,一审认定两协议合法有效正确,应予维持……银鹰公司作为有独立请求权的第三人参加一审诉讼,其诉讼请求有四项:一是确认两份协议无效;二是确认401万元土地金为银鹰公司的合法债权;三是要求原被告终止对林滩小区四栋住宅楼的交付,已交付的应予返还;四是驳回原告的诉讼请求。对此,本院认为,关于合同效力问题,本案已经作出认定。关于其与银丰公司之间的401万元债权债务关系,与本案合同纠纷系两个不同的法律关系,银丰公司对此亦无异议,一审未予处理正确。银鹰公司基于股东身份要求返还林滩小区四栋住宅楼,因该房屋系银鹰公司设立银丰公司的出资,属于银丰公司的公司资产,银鹰公司以股东身份要求返还出资,与法相悖",依法不予支持。

北京市第三中级人民法院在一案②中认为,"乔希刚与樊兵签订的《房屋买卖协议》的效力问题……应属合法有效。高文华上诉主张该《房屋买卖协议》存在恶意串通,损害第三人利益的情形故合同应属无效,但未能提供充分的证据予以证明,本院不予支持。高文华提出其作为有独立请求权第三人向一审法院提出诉讼请求,但法院未对其诉讼请求进行审理、程序存在重大错误一节,经审查,高文华开庭过程中未正式提出诉讼请求,亦未缴纳诉讼费用,一审法院此节不违反法律规定……综上所述,高文华的上诉请求不能成立,应予驳回"。

❖ 小结与建议

投资方:如果创始人方与其他投资方私下签署协议的内容直接违背各方的共同约定,利益受损的投资方不但可以以原告身份提起诉讼,还可以以第三人身份参与该协议引发的诉讼,主张该协议无效。

创始人方:创始人方与部分投资方私下签订的协议引发纠纷的,可视情况向其他投资方披露相关情况。认为己方利益受该协议侵害的其他投资方有可能作为第三人参加诉讼,主张该协议无效。

---

① 参见日照天通旅游度假开发有限责任公司与菏泽市牡丹区农村信用合作联社、山东日照银丰房地产开发有限公司合同纠纷案,山东省高级人民法院民事判决书,(2016)鲁民终23号。
② 参见高文华等与乔希刚等确认合同有效纠纷案,北京市第三中级人民法院民事判决书,(2020)京03民终9090号。

3.3 前轮投资方与对赌义务人私下签订合同，可规避后轮投资方的优先回购权吗？

在目标公司多轮融资的投资协议中，通常存在后轮投资方享有优先行使回购权的约定。对此，前轮投资方是否可以通过另行与对赌义务人签署回购协议的方式进行规避？后轮投资方可否以恶意串通为由主张该回购协议无效？

恶意串通损害他人合法权益的民事行为无效。《民法典》第154条规定："行为人与相对人恶意串通，损害他人合法权益的民事法律行为无效。"

恶意串通中的"恶意"，是指行为人主观上具有损害第三人合法权益的故意。民法上的恶意有两种含义：一是明知，即行为人对其行为的相关客观情况明知，但不考虑其主观上是否有加害他人的故意；二是明知且具有损害他人的故意，即行为人不仅明知相关客观事实，而且以损害他人利益为目的。① 恶意串通中的"恶意"，属于第二种情况。②

"串通"包括两方面，一是在损害第三人合法权益方面存在意思联络；二是行为人相互配合或共同实施了非法行为。"所谓串通，首先是指当事人之间存在着意思联络或者沟通，都希望通过实施某种民事法律行为而损害特定第三人的合法权益。其次，当事人之间在客观上相互配合或者共同实施了该非法的民事法律行为。"③

"损害"要求已实际发生。最高人民法院在一案④中认为，"根据《中华人民共和国合同法》第五十二条第二项、《中华人民共和国民法典》第一百五十四条关于恶意串通损害他人合法权益的民事法律行为无效的规定，当事人主张案件中存在该类行为的，除证明行为双方有恶意和相互串通外，一般还应当证明有实际损害发生。"

"恶意串通"的证明标准要达到排除合理怀疑的程度。《民事诉讼法解释》

---

① 参见最高人民法院民法典贯彻实施工作领导小组主编：《中华人民共和国民法典总则编理解与适用》，人民法院出版社2020年版，第776页。
② 参见最高人民法院民法典贯彻实施工作领导小组主编：《中华人民共和国民法典总则编理解与适用》，人民法院出版社2020年版，第776页。
③ 最高人民法院民法典贯彻实施工作领导小组主编：《中华人民共和国民法典总则编理解与适用》，人民法院出版社2020年版，第776页。
④ 参见安徽中青欣意铝合金电缆有限公司、江苏三旗线缆有限公司侵害发明专利权纠纷案，最高人民法院民事判决书，(2021)最高法知民终1909号。

第109条规定:"当事人对欺诈、胁迫、恶意串通事实的证明,以及对口头遗嘱或者赠与事实的证明,人民法院确信该待证事实存在的可能性能够排除合理怀疑的,应当认定该事实存在。"北京市第三中级人民法院在一案①中认为,"恶意串通的主观心态作为一种基于证据的推定事实,需要达到排除合理怀疑的证明程度,而非一般证明标准——'高度可能性标准'"。

主题案例:浙江金科文化产业股份有限公司、深圳市星河互动科技有限公司、卫东冬等合同纠纷案②

2016年,前轮投资方与目标公司及原股东等签署《股权认购协议》。同年,前述主体与目标公司的其他股东共同签署《股东协议》(以下简称"2016年《股东协议》"),对回购权进行了约定。

2017年,目标公司进行新一轮增资,后轮投资方等新入股股东与目标公司及其现有股东签订《股东协议》(以下简称"2017年《股东协议》")。各方约定如果目标公司未在2022年9月30日前完成上市,后轮投资方有权要求目标公司和原股东(不含前轮投资方)单独或共同回购股权。前轮投资方的回购权在后轮投资方的股权全部被回购后可行使,后轮投资方享有的回购权优先于前轮投资方享有的回购权。本协议取代此前各方就相同事宜作出的任何书面或口头陈述、协议或安排。

2017年12月25日,前轮投资方与原股东等签订《股权回购框架协议》,约定双方应于2018年4月30日前签署正式股权回购协议,回购价格不低于前轮投资方原始投资成本附加年化10%的利息。具体交易条件以双方届时签订的正式股权回购协议为准。在正式协议签署并完成股权交割和对价支付之前,仍按各方共同签署的原协议执行。

2018年5月2日,前轮投资方提起诉讼,请求判令原股东向其支付股权回购款及利息,用于受让前轮投资方所持有的目标公司的全部股权,目标公司对上述股权回购款及利息承担连带责任。

后轮投资方作为第三人申请参加本案诉讼,提出诉讼请求:确认《股权回购框架协议》无效,理由是前轮投资方与原股东恶意串通损害了后轮投资方的利益。

---

① 参见汤潮等与南京光一文化产业投资发展合伙企业(有限合伙)股权转让纠纷案,北京市第三中级人民法院民事判决书,(2020)京03民终3507号。
② 参见绍兴市中级人民法院民事判决书,(2018)浙06民初79号。

3.3 前轮投资方与对赌义务人私下签订合同,可规避后轮投资方的优先回购权吗?

前轮投资方认为,其与原股东不存在任何串通行为,《股权回购框架协议》也并未损害后轮投资方的利益。

浙江省绍兴市中级人民法院认为:

目标公司已进行过多轮增资,2017年《股东协议》系目标公司最新增资后全体股东签署形成,该协议也明确约定取代此前各方就相同事宜作出或订立的任何书面或口头陈述、协议或安排。因此,在股权回购事项上显然不能再依据2016年《股东协议》。根据2017年《股东协议》的约定,B+轮投资人及本轮投资人股权全部被公司回购后,B轮投资人才能向公司或管理层股东行使回购权。后轮投资方等B+轮投资人及本轮投资人股权均未被回购,前轮投资方作为B轮投资人,行使回购权的条件显然还未成就。《股权回购框架协议》仅约定双方应于2018年4月30日前签署正式股权回购协议,并未对具体回购事项进行约定。因此,前轮投资方要求原股东支付股权回购款及利息和目标公司对股权回购款及利息承担连带责任的诉请不能成立,应予驳回。

《股权回购框架协议》仅约定双方应于2018年4月30日前签署正式股权回购协议,在正式协议签署并完成股权交割和对价支付之前,仍按各方共同签署的原协议执行。由此可见,《股权回购框架协议》并未实际损害后轮投资方的利益,结合《股权回购框架协议》签署的背景及前轮投资方与原股东对簿公堂的情况,并不能认定前轮投资方与原股东存在恶意串通损害第三人利益及以合法形式掩盖非法目的的情形,对后轮投资方请求确认《股权回购框架协议》无效的诉请不予支持。

本案中,前轮投资方与后轮投资方、目标公司及原股东签订的2017年《股东协议》约定,如果目标公司未在2022年9月30日前上市,则后轮投资方有权要求目标公司及原股东回购股权,前轮投资方的回购权应在后轮投资方的股权全部被回购后才能行使。之后,前轮投资方与原股东及目标公司私下签订《股权回购框架协议》,约定双方应在2018年4月30日前正式签订股权回购协议,最低回购价格为投资成本附加年化10%的利息。在股权回购协议签署前,仍按原协议执行。股权回购协议未实际签署。

前轮投资方依据《股权回购框架协议》的约定,要求原股东回购股权。诉讼中,后轮投资方以第三人身份参加,主张《股权回购框架协议》无效,前轮投资方与原股东恶意串通侵害其利益。

针对前轮投资方回购股权的请求,法院认为,根据2017年《股东协议》的约定,前轮投资方行使回购权的条件尚未成就,《股权回购框架协议》并未约定具体的回购事项,不支持其主张。

就后轮投资方关于合同无效的主张,法院认为,《股权回购框架协议》约定在股权回购协议签署之前,仍按原协议执行。因股权回购协议未签署,《股权回购框架协议》并未实际损害后轮投资方的利益,不能认定存在恶意串通损害他人利益的情形。

与本案类似,三方协议的两方当事人私下另行签订合同的,只要不涉及剩余一方的利益,法院不认为构成恶意串通。例如,甘肃省高级人民法院审理的一案①中,陕鼓动力、陕鼓动力分公司认为在三方签订《合同变更协议书》之后,竹邦能源与中铁六公司又签订两份补充协议,双方恶意串通损害了陕鼓动力、陕鼓动力分公司的利益。该院认为,尽管竹邦能源与中铁六公司及陕鼓动力、陕鼓动力分公司三方签订《合同变更协议书》之后,"竹邦能源与中铁六公司签订了两份补充协议,但该两份协议的内容并无触及陕鼓动力、陕鼓动力分公司利益的条款,也无其他证据证明竹邦能源与中铁六公司在该两份补充协议之后,发生损害陕鼓动力、陕鼓动力分公司的利益之行为",因此,不支持恶意串通的主张。

如果三方签署协议后,其中两方又另行签订协议,损害剩余一方利益的,构成恶意串通,合同无效。

云南省昆明市中级人民法院在一案②中认为,"上诉人以二被上诉人恶意串通、损害其利益为由主张《备忘录》无效,根据查证事实,上诉人与二被上诉人三方在签订的《合作协议》中曾约定……而二被上诉人却于 2015 年 7 月 3 日在上诉人未参与的情况下签订了《备忘录》。该《备忘录》中约定的内容对《合作协议》中涉及收益分配事项作出相应分配。现二被上诉人并未提交证据证实《备忘录》的签订与上诉人协商一致或征得了上诉人同意,从客观行为上分析,二被上诉人主观上确有恶意串通的故意。因此,根据上述法律规定,二被上诉人所签订的《备忘录》已损害了上诉人的利益,故二被上诉人所签订的《备忘录》应属无效"。

北京市第一中级人民法院在一案③中认为,原告与被告二同为被告一改制

---

① 参见北京世纪竹邦能源技术股份有限公司、西安陕鼓动力股份有限公司、西安陕鼓动力股份有限公司工程技术分公司与中铁二十一局集团第六工程有限公司建设工程合同纠纷案,甘肃省高级人民法院民事判决书,(2018)甘民终 556 号。

② 参见王玉洪、云南博欣房地产开发有限公司确认合同无效纠纷案,昆明市中级人民法院民事判决书,(2018)云 01 民终 217 号。

③ 参见王金龙、乔清琰、王晓钟、赵海春、曾强与北京市西租物资经营公司、宋恕芳、贾俊龙、张梅、魏春艳、王岳股权转让侵权纠纷案,北京市第一中级人民法院民事判决书,(2008)一中民终字第 11406 号。

时的股东,被告一与被告二在明知签订《认购协议书》的行为违反被告一章程的约定且损害原告利益的情况下,仍将回购股份转让给被告二,被告二与被告一系恶意串通从事认购被公司收购的股份的行为,该行为应属于无效的民事行为。

因此,在主题案例中,如果股权回购协议实际签署并且约定前轮投资方优先行使回购权,则违反 2017 年《股东协议》的约定,直接损害后轮投资方的利益,后轮投资方关于前轮投资方与原股东恶意串通、合同无效的主张较可能被法院支持。

对于不存在三方签署而是一方分别与其余两方签订协议,如果后签订的协议双方明知前协议,却签订协议影响前一协议履行的,也构成恶意串通。

北京市高级人民法院在一案①中认为,"在九鼎公司与宋同明均明知华奥公司与宋同明之间存在合作协议且明确知晓该合作协议仍然有效的情况下,经宋同明许可,转而由九鼎公司就玉米品种农大 372 申请品种权,并通过涉案协议及《转让出资协议书》、《股份代持协议书》等进行利益分配,明显属于恶意串通行为","直接损害了华奥公司的合法利益,涉案协议属于《合同法》第五十二条第(二)项规定的情形,应当认定无效"。

北京市第二中级人民法院在一案②中认为,以案涉房屋抵押有可能因为马林与马良恶意串通损害何家新的债权利益。2007 年 12 月 13 日,何家新与马林签订《居间服务合同》及《补充条款》。如果马林违反该合同约定,其即具有恶意。就马良对案涉房屋设立抵押权而言,如果其知道有何家新与马林签订的《居间服务合同》及《补充条款》存在,而与马林恶意串通损害购房人何家新的债权利益,马林与马良《借款抵押协议》中抵押条款应被确认无效。

另外,主题案例是后轮投资方请求法院确认前轮投资方与原股东之间的合同无效。实务中也存在相反的情况,即前轮投资方提起诉讼,主张后轮投资方与原股东签订的合同无效。

上海市松江区人民法院处理的一案③中,"徐锦泉、李斌、杉数合伙系臻势公司创始股东,汉世合伙为天使轮投资人,源晟合伙为 A 轮领投人。在 A 轮《投资协议》之后,源晟合伙与徐锦泉、李斌、杉数合伙签订《投资补偿协议》《补偿价款

---

① 参见北京华奥农科玉育种开发有限责任公司等与北京九鼎九盛种业有限责任公司确认合同无效纠纷案,北京市高级人民法院民事判决书,(2018)京民再 148 号。

② 参见何家新与马良等确认合同无效纠纷案,北京市第二中级人民法院民事判决书,(2019)京 02 民终 3126 号。

③ 参见宁波汉世纪君睿投资合伙企业与珠海源晟股权投资合伙企业、上海杉数企业管理中心等确认合同无效纠纷案,上海市松江区人民法院民事判决书,(2019)沪 0117 民初 12005 号。

支付合同》",该院认为,"源晟合伙与徐锦泉、李斌、杉数合伙签订的系争《投资补偿协议》《补偿价款支付合同》依法成立、生效。汉世合伙作为合同之外当事人,有权起诉要求人民法院对合同效力进行审查,且合同当事人关于合同履行申请仲裁,并不否定作为仲裁案件当事人之外的汉世合伙的诉权",但汉世合伙主张系争《投资补偿协议》《补偿价款支付合同》系当事人串通,损害目标公司及股东利益的依据不足,不予支持。

◈ 小结与建议

投资方:在各方已约定由后轮投资方优先行使回购权的情况下,前轮投资方又与对赌义务人私下签订协议,试图优先行使回购权的,可能被认定为恶意串通。

签署后轮投资协议时,同意后轮投资方享有优先回购权对前轮投资方不利。如果前轮投资方不得不接受该等条款,可考虑约定为"在回购条款触发后的一定期限内,仅后轮投资方可行使回购权,但该期限经过后,前轮投资方也有权主张回购",以免后轮投资方迟迟不行使回购权,影响前轮投资方的退出计划。

创始人方:对赌义务人与前轮投资方私下签订的回购协议导致后轮投资方的优先回购权落空的,该回购协议可能被认定为无效。

3.4 原股东与部分投资方达成的协议对其他投资方不利,是否构成恶意串通损害他人"合法权益"?

目标公司引入多轮融资时,对赌义务人可能与不同轮次的投资方分别签订对赌协议,约定不同的回购及补偿条款。如果对赌义务人与部分投资方签订的协议对对赌义务人设定较重的义务,可能导致其他投资方风险增大,处境变得不利。对此,其他投资方可否主张其"合法权益"因恶意串通受到损害?

恶意串通损害他人合法权益的民事行为无效。《民法典》第154条规定:"行为人与相对人恶意串通,损害他人合法权益的民事法律行为无效。"

"合法权益"需满足合法性的要求。江苏省盐城市中级人民法院在一案①中认为,"恶意串通,损害第三人利益的"适用前提是"合同的双方当事人非法串通且损害第三人的合法利益","虽然上诉人刘永进现占有案涉房屋,但红云公司、戴广云认为案涉房屋系刘永进强行占有,现有证据尚不能认定刘永进为案涉房屋的合法权利人并合法占有",原审判决驳回确认商品房买卖合同无效的诉讼请求并无不当。

"合法权益"还应具有确定性。江苏省苏州市中级人民法院二审维持原判的一案②中,一审法院认为,关于恶意串通损害第三人利益中的"利益","须是直接的、确定的利益。而股东利益是指公司股东因出资而对公司享有的各项权利,通常包括股息分配请求权、剩余财产分配请求权、新股优先认购权、股权转让权和表决权、公司管理者选择权、公司账簿查阅请求权等内容",本案中,"永泉公司的资产不能等同于或混同于敏晴公司的资产,永泉公司是否向包括敏晴公司在内的股东分配股息或剩余资产应由永泉公司的相关组织管理机构决定,即亿强公司作为敏晴公司的股东对永泉公司不享有直接的、确定的利益,故亿强公司未能证明《股权转让协议》损害了其持有的敏晴公司中的股权或股东利益"。

在对赌义务人的资产可能不足以履行全部回购或补偿义务的情况下,后接受履行的投资方风险大于先接受履行的投资方。该等风险是否为法律保护的

---

① 参见刘永进与响水县红云白鸽置业有限公司、戴广云等确认合同无效纠纷案,盐城市中级人民法院民事判决书,(2015)盐民终字第02977号。

② 参见苏州亿强实业发展有限公司与浙江华恒物资有限责任公司、江苏敏晴国际贸易有限公司确认合同效力纠纷案,苏州市中级人民法院民事判决书,(2017)苏05民终4177号。

"合法权益"?

主题案例:宁波汉世纪君睿投资合伙企业与珠海源晟股权投资合伙企业、上海杉数企业管理中心等确认合同无效纠纷案①

2015年12月22日,后轮投资方与前轮投资方、目标公司及原股东等主体签订《投资协议》,约定目标公司2016年的业绩目标未达成时原股东需补偿后轮投资方等业绩补偿条款,以及2020年年底未成功上市时目标公司或原股东需回购后轮投资方股权的回购条款。

2017年8月11日,后轮投资方与原股东签订《投资补偿协议》,载明:目标公司未达到2016年的业绩目标,原股东向后轮投资方支付业绩补偿款,原股东以自有房产抵押或股权质押作为履行估值补偿义务的担保。原股东应于2018年1月底前回购后轮投资方持有目标公司的所有股权。

前轮投资方提起诉讼,请求确认后轮投资方与原股东签订的《投资补偿协议》无效。理由是:该协议对《投资协议》作出重大变更,构成恶意串通,损害其合法利益。

上海市松江区人民法院认为:

前轮投资方对后轮投资方与原股东恶意串通的主张并无证据证明,原股东本身亦否定串通的指摘,而认为是受后轮投资方胁迫所签。《投资补偿协议》的相应约定未超出《投资协议》范畴。至于《投资补偿协议》将《投资协议》约定的股权回购条款的触发时间提前,系当事人缔约自由的体现,且原股东履行回购义务应在早轮投资方签订《投资协议》时的可预见范围内。

系争《投资补偿协议》签订主体系后轮投资方与原股东,协议中处分的权利义务关系在后轮投资方与原股东之间,未对目标公司及包括前轮投资方在内的其他股东设定义务、妨碍其权利行使。系争《投资补偿协议》不直接损害前轮投资方等其他股东或目标公司合法权益。诚然,系争《投资补偿协议》为原股东设定较重义务,势必影响原股东对目标公司在时间、精力、资源上的投入,进而影响目标公司及其他股东利益,但这种不利影响并不构成法律上的"第三人利益",此间法律上的因果关系不能成立。这种不利益应该是包括前轮投资方在内的各方商事主体应承担的市场风险,超出法律所保护的利益范畴。

---

① 参见上海市松江区人民法院民事判决书,(2019)沪0117民初12005号。

本案中，目标公司在引入新一轮融资时，后轮投资方与前轮投资方、原股东及目标公司签订《投资协议》，约定如果 2016 年目标公司业绩对赌失败，则原股东应补偿后轮投资方；如果目标公司 2020 年年底未上市成功，则目标公司或原股东应回购后轮投资方的股权。之后，目标公司业绩对赌失败，后轮投资方与原股东签订《投资补偿协议》，除约定支付业绩补偿、设定担保外，原股东还应于 2018 年 1 月底前回购后轮投资方的股权。

前轮投资方以后轮投资方与原股东恶意串通损害其合法权益为由提起诉讼，要求确认《投资补偿协议》无效。

本案法院认为，《投资补偿协议》并不直接损害前轮投资方的合法权益。虽然该协议对原股东设定较重的义务，将间接影响前轮投资方的利益，但这种不利影响不构成法律上的"第三人利益"。

如果本案《投资协议》明确约定前轮投资方与后轮投资方的权利一致，那么《投资补偿协议》实质是赋予后轮投资方优先回购权，对《投资协议》的改变明显，从而对前轮投资方的利益有直接影响，有可能构成侵害其"合法权益"。

但是，后签订的协议未明显违反前协议的，法院在认定是否构成损害他人合法权益时比较慎重。上海市第二中级人民法院二审维持原判的一案①中，一审法院认为，"本案争议焦点在于《增资扩股补充协议书》的签订各方是否存在恶意串通损害张永嘉利益的行为"，"《增资扩股协议》并未有对张永嘉权利义务约束或限制的约定"，"协议约定的对赌承诺、回购条款、投资方权利及免责事项，仅系对除赤耳科技公司外的各被上诉人间权利义务的调整，并不存在直接或间接损害张永嘉合法权利的约定"。

据此，并非所有的"不利"都等同于"合法权益"受损害。如果合法权益受损害这一法定要件未满足，则恶意串通损害他人合法权益导致合同无效的主张就不能成立。

◆ 小结与建议

投资方：建议后轮投资方在投资协议中明确，其享有优先回购权，对赌义务人及前轮投资方承诺不以任何方式影响该优先回购权的行使，否则承担违约责任。

---

① 参见张永嘉与上海赤耳科技有限公司、湖南海捷医疗投资有限公司等公司决议纠纷案，上海市第二中级人民法院民事判决书，(2020) 沪 02 民终 5708 号。

建议前轮投资方在后轮融资时,在各方签订的投资协议中明确,除非事先经过前轮投资方书面同意,后轮投资方不得另行为对赌义务人设定其他义务,否则该协议不生效,且后轮投资方应承担违约责任。此外,可要求对赌义务人在对赌期间不处置其主要财产,并列明具体财产信息以供核实。

创始人方:建议与部分投资方签订协议时,审查是否与先前的投资协议冲突,以免被认定为恶意串通。

3.5 签订后轮投资协议的，前轮投资方还可依据原对赌协议主张权利吗？

随着目标公司后续融资，前轮投资方与创始人方的关系会发生改变。向目标公司注入资金利于实现投资目标，但为了保障后轮投资方的利益，前轮投资方先前享有的特殊权利可能被削减。签署后轮投资协议之后，前轮投资方还可以依据原先的协议向对赌义务人主张权利吗？

正如上海金融法院在一案[①]中所述，随着目标公司估值变高，原股东在后轮融资中可能占据优势谈判地位，从而在新的投资协议中删减之前约定的对赌义务。该院认为，"一个标的公司在多轮股权融资的过程中，不可避免存在原股东与投资人股东之间、后轮投资人股东与前轮投资人股东之间的博弈与利益平衡。一般而言，创始股东的谈判能力与其持股比例、核心作用、公司估值等因素呈正相关，而投资人股东的谈判能力与其出资额、投资成本以及持股比例等因素呈正相关……C轮融资时，币达公司估值较高，因此创始股东态度比较强硬"，"此种情况在私募股权投资实务中亦是较为常见的现象，可以解释为何C轮融资协议中创始股东的回购义务被大幅删减"。

在后轮投资协议没有明确表述取代先前对赌约定的情况下，是否以后签订的对赌条款为准？答案是，后签订的合同有可能构成对前合同的变更。《民法典》第543条规定："当事人协商一致，可以变更合同。"第544条规定："当事人对合同变更的内容约定不明确的，推定为未变更。"

当事人是否有变更合同的意思，涉及合同解释。《民法典》第466条第1款规定："当事人对合同条款的理解有争议的，应当依据本法第一百四十二条第一款的规定，确定争议条款的含义……"第142条第1款规定："有相对人的意思表示的解释，应当按照所使用的词句，结合相关条款、行为的性质和目的、习惯以及诚信原则，确定意思表示的含义。"

---

① 参见杨磊、吴佩刚与苏州工业园区八二五新媒体投资企业、夏涛公司增资纠纷案，上海金融法院民事判决书，(2019)沪74民终667号。

主题案例:苏州工业园区八二五新媒体投资企业与杨磊、吴佩刚等公司增资纠纷案[①]

2014年11月4日,投资方与目标公司及原股东等签订《投资协议2》,约定目标公司拟进行一轮增资扩股,投资方投资3000万元。从2018年10月1日开始,投资方有权要求原股东和/或目标公司按投资成本的150%的价格回购股权。"A轮投资"是指案外人签署《投资协议1》对目标公司的增资,"B轮投资"是指投资方及案外人根据本协议对目标公司的增资。回购义务人应先回购B轮投资对应的股权,再回购A轮投资对应的股权。若原股东积极配合回购权人,已启动公司解散及清算程序,则回购权人在原股东的清算所得之外放弃向其主张回购价款,原股东在此条项下的义务仅以其清算所得为限。《投资协议1》继续有效,但与本协议不一致之处,以本协议为准。

2014年12月23日,前述主体与案外人签署《投资协议3》,约定目标公司拟进行一轮增资扩股。重新定义"B轮投资"包括投资方及本轮投资的案外人。《投资协议1》《投资协议2》继续有效,但与本协议不一致之处,以本协议为准。

2015年6月8日,除目标公司外的前述主体与案外人签订《合资经营合同1》,约定如果发生以下情形,投资方有权要求目标公司回购股权:(1)目标公司未能在2020年3月31日前完成合格的首次公开发行,或(2)任何其他投资人要求目标公司回购其持有的目标公司股权。本轮投资的案外人为"C轮投资人"。如果A、B、C轮投资方均主张回购,则应优先回购C轮股权,次优回购B轮股权,最后再回购A轮股权。本协议自生效之日起取代《投资协议3》有关回购权等条款的约定。

2017年9月4日,《合资经营合同1》被《合资经营合同2》取代,唯一的变更处是案外人替换为其他主体。

2018年10月2日,投资方向原股东及目标公司发函,要求二者连带按照4500万元的价格回购全部股权。原股东及目标公司拒绝,称《投资协议2》中有关回购权条款已不具有法律约束力。

投资方提起诉讼,请求判令原股东支付股权回购款等。

上海金融法院二审认为:

本案的争议焦点为《投资协议2》中的回购权条款是否被之后的合同文本所取代。根据《合同法》第125条关于合同解释的规定探求当事人缔约时的内心

[①] 参见上海市高级人民法院民事裁定书,(2020)沪民申552号。

3.5 签订后轮投资协议的，前轮投资方还可依据原对赌协议主张权利吗？

真意。

首先，就文义解释而言，相较于《投资协议2》，《合资经营合同2》从回购义务主体（前者为原股东和/或目标公司，后者仅为目标公司）、回购条件、回购价格、回购程序、回购救济等各方面对投资人的回购权进行了全面而实质的变更，其中一些变更属于当事人就同一事项作出截然不同的改变。例如，根据《投资协议2》，回购权人可自2018年10月1日起发起回购，回购义务人在限定期间内未回购的，回购权人有权要求解散公司并清算。如果在《合资经营合同2》生效后，B轮投资人仍能够依照《投资协议2》的回购权条款发起回购，则有可能导致公司解散并清算。那么，《合资经营合同2》中关于以目标公司在2020年3月31日前未完成合格的首次公开发行作为回购条件之一的约定便形同虚设，毕竟公司存续并正常经营是首次公开发行的基本前提。因此，上述两个回购权条款彼此矛盾，无法兼容。

《投资协议2》项下的全体股东均参与了《合资经营合同2》的订立。在两份协议的回购权条款存在全面而显著的差异，且在多方面存在矛盾和不兼容的情况下，应当认为《投资协议2》的全体股东在订立《合资经营合同2》的过程中对回购权条款进行了实质变更，达成了新的合意，并替代了原先体现在《投资协议2》回购权条款中的合意。合同变更的实质是当事人对同一合同事项达成了新的合意，判断是否存在新的合意，必须回到条款主文中进行仔细比对，审查前后条款的内容是否发生了实质的改变。至于后续合同是否存在"前后合同不一致之处以本合同为准"或者"本合同取代前合同全部或部分内容"等类似表述，均不改变合同是否变更的判断标准，而仅能作为判断合同是否变更的辅助证明。以取代约定的有无来判断合同是否变更，未免本末倒置。

其次，从C轮融资协议订立的过程来看，目标公司各股东曾围绕回购义务主体这一问题进行磋商，在"公司和/或创始股东"还是"公司"之间最终选择了后者。投资方知晓C轮投资人仅在满足特定前提时方同意回购主体为公司，此时其签署《合资经营合同1》以及后续签署《合资经营合同2》的行为应当理解为其同意了C轮投资人提出的前提条件，即其作为前轮投资人也同意回购主体为公司。现投资方主张，其仍享有《投资协议2》项下要求原股东回购的权利，不符合诚实信用的契约原则。

最后，根据体系解释和目的解释，并结合交易习惯，本院认为目标公司的A、B、C三轮融资协议较为明显地反映出优先保护后轮投资者权益的交易习惯。具体体现为《投资协议2》《投资协议3》即B轮融资协议在回购权条款、股权转让随售权条款、清算优先权条款中均约定了B轮投资人的相关权利优先于A轮投资人实现。《合资经营合同1》《合资经营合同2》在反稀释条款、股权转让共同出售权条款、回购权条款、合格上市后的退出条款、清算优先权条款中均约定了C轮投资人的相关权利优先于其他轮投资人实现。两份合资经营合同遵循后轮投资人优于前轮投资人的原则，符合目标公司三轮融资的实际情况，也符合私募股权投资的一般交易习惯。如果投资方主张的《投资协议2》回购权条款仍有效，那么，将意味着C轮投资人，由于其仅能向目标公司请求回购，因而实质上丧失了回购的优势地位，这显然不符合目标公司各轮融资协议所体现的顺位原则和交易习惯，将导致各轮投资人股东之间的利益失衡。

综上所述，《投资协议2》的回购条款已经被两份合资经营合同中的回购权条款取代，投资方依据《投资协议2》主张原股东共同承担回购责任缺乏法律依据，应予驳回。

上海市高级人民法院驳回投资方的再审申请。

本案投资方与原股东在多轮融资中先后签订了5份协议。其中，《投资协议2》与后签订的《合资经营合同2》均约定了回购条款。前者约定自2018年10月1日起投资方有权要求原股东和/或目标公司回购股权，后者则是如果目标公司未能在2020年3月31日前上市，则投资方有权要求目标公司回购股权。

2018年10月2日，投资方依据《投资协议2》中的回购条款，向原股东主张回购。原股东拒绝，理由是该回购约定已被《合资经营合同2》变更。

法院按照合同解释的规定分析后，支持原股东的抗辩意见，驳回投资方的请求。从文义来看，《投资协议2》与《合资经营合同2》关于回购的多个方面都存在截然不同的改变，应理解为当事人在后者中达成新的合意，作出了实质性变更。变更与否并不取决于当事人是否有约定"取代"前合同的表述。从合同目的来看，如果《投资协议2》的约定仍有效，则有可能导致目标公司解散并清算，致使《合资经营合同2》中的上市对赌约定形同虚设。从交易习惯来看，如果前轮投资方可依据《投资协议2》向原股东主张回购，将使得通常享有优先回购权的后轮投资方丧失优势地位。而且，投资方在《合资经营合同2》中已同意回购的主体为公司，如今反悔也有违诚实信用原则。

本案中，后轮融资中新签订的对赌条款，被法院认定为取代了投资方先前签订的回购条款。其他案件中，法院亦认为，如果前轮投资方在后轮投资协议中约定了新的对赌条款，则以后约定的内容为准。

上海市第二中级人民法院在一案①中认为,"本案争议焦点为:熊剑明回购鼎量中心所持央数公司股份的条件以系争协议为准抑或以 B 轮协议为准。熊剑明上诉主张应以 B 轮协议的回购条款为准,该条款项下的回购条件尚未成就,一是 B 轮协议实际签订于系争协议之后,构成对系争协议回购条款的覆盖","关于系争协议、B 轮协议签订先后顺序,从两份协议载明的落款时间看,系争协议落款时间为 2016 年 12 月 1 日,而 B 轮协议落款时间为 2016 年 9 月 30 日。熊剑明虽主张两份协议实际签订时间有别于落款时间,但在无相反证据予以证实的情况下,应当以书面证据所载文意为准,故系争协议签订于 B 轮协议之后……现系争协议项下的回购条件已经实现,熊剑明未及时履行回购义务,一审判决熊剑明履行回购义务并承担违约责任,合法有据,本院予以确认"。

浙江省绍兴市中级人民法院在一案②中认为,关于金科公司行使回购权条件是否已成就,首先,星河公司已进行过多轮增资,2017 年股东协议系星河公司最新增资后全体股东签署形成,该协议也明确规定取代此前各方就相同事宜作出或订立的任何书面或口头陈述、协议或安排。因此,在股权回购事项上显然不能再依据 2016 年股东协议,而应依据 2017 年股东协议。其次,根据 2017 年股东协议第 8.1.3 条,B+轮投资人及本轮投资人享有的回购权优先于 B 轮投资人和早期投资人享有的回购权。B 轮投资人的回购权应在 B+轮投资人及本轮投资人股权全部被回购后方可行使,在前一顺位股权仅被部分回购的情况下,后一顺位股权持有者无权行使其回购权。虽然第 8.1.1 条、第 8.1.2 条分别规定 B 轮投资人有权向公司和管理层股东要求回购,B+轮投资人及本轮投资人仅有权向公司要求回购,但在第 8.1.3 条没有明确规定回购权仅优先于向公司回购的情形下,应根据协议条文文意及回购权整体内容理解为 B+轮投资人及本轮投资人股权全部被公司回购后,B 轮投资人才能向公司或管理层股东行使回购权。而且从各方增资入股的成本上看,B+轮投资人及本轮投资人的投资成本远高于 B 轮投资人,从一般商业逻辑及价值判断上分析,该规定也具有合理性。本案中,曜伟合伙企业等 B+轮投资人及本轮投资人股权均未被回购,金科公司作为 B 轮投资人,行使回购权的条件显然还未成就。

---

① 参见熊剑明与成都鼎量金元企业管理中心股权转让纠纷案,上海市第二中级人民法院民事判决书,(2019)沪 02 民终 2954 号。
② 参见浙江金科文化产业股份有限公司、深圳市星河互动科技有限公司、卫东冬等合同纠纷案,绍兴市中级人民法院民事判决书,(2018)浙 06 民初 79 号。

北京市丰台区人民法院在一案①中认为,"双方争议的焦点为衡钧公司是否负有对润华公司的股权回购义务。庭审中,润华公司虽提供上述协议证明双方存在股权回购条款,且提供股权转让协议、审计报告等证据证明双方协议所约定的股权回购条件已成就,衡钧公司应当按照约定支付其股权回购款。但根据衡钧公司提供的《承诺函》及《全体合伙人会议决议》,润华公司已经明确承诺'……本公司进一步同意,不会基于原协议和/或补充协议的任何内容对建元资本及其全体股东提出或主张任何权利或权益,不得影响建元资本及其全体股东之间的权利义务安排,补充协议和/或原协议与本轮融资相关协议有冲突的,以本轮融资相关协议为准。'……因此,衡钧公司不应承担股权回购义务及支付违约金的责任"。

不过,后续签署的协议修改先前约定的对赌条款,并不意味着原对赌约定必定不会作为投资方提出请求的依据,毕竟,还存在对赌义务人同意按原先约定执行的可能性。例如,北京市第二中级人民法院在一案②中认为,"炜能合伙、郭伟还辩称,2017年12月16日签署的《发起人协议》废止了《增资协议》《增资协议之补充协议》中的回购条款。但炜能合伙、郭伟于2020年11月12日在明睿合伙发给其的《沟通函回执》上签字,表示完全知悉、理解和接受《沟通函》的内容,并同意尽快履行,表明其认可并愿意支付回购价款,承担回购责任。因此,炜能合伙、郭伟该项辩称亦没有事实依据,本院不予采纳"。

此外,并非所有前轮投资方签署后轮投资协议时,都修改其先前约定的对赌条款。例如,广东省深圳市中级人民法院在一案③中认为,"尹延清诉称,包括尹延清、华貅公司在内的民事主体于2015年签订涉案2015年《增资协议》,已重新约定相关股权回购事宜,故华貅公司无权依照2014年《股权转让补充协议》的相关约定主张权利。对此,本院认为,2015年《增资协议》系就案外人××公司入股世纪天源公司事宜进行约定,该协议所涉的股权回购条件、股权回购价款的主要合同权利义务人为××公司以及尹延清、案外人陈某,与华貅公司根据2014年《股权转让补充协议》的相关约定向尹延清等主张权利并无直接法律关系,尹延清的上述主张缺乏事实和法律依据,本院不予支持"。

---

① 参见润华汽车控股有限公司与北京衡钧咨询有限公司等合同纠纷案,北京市丰台区人民法院民事判决书,(2021)京0106民初23041号。

② 参见广州明睿七号实业投资合伙企业(有限合伙)与郭伟等合同纠纷案,北京市第二中级人民法院民事判决书,(2021)京02民初94号。

③ 参见深圳市华貅投资有限公司、尹延清与宋安敏、深圳市世纪天源环保技术有限公司股权转让纠纷案,深圳市中级人民法院民事判决书,(2020)粤03民终17350号。

3.5 签订后轮投资协议的,前轮投资方还可依据原对赌协议主张权利吗?

❖ **小结与建议**

投资方:前轮投资方享有的对赌权利可能因签署后轮投资协议而受到不利影响,如回购时间延迟、回购次序列于后轮投资方之后。

建议前轮投资方在商定后轮投资协议时,尽可能争取对其更优的条件,而非寄希望于先前约定的特殊权利条款继续有效,因为该等条款很可能被后轮投资协议的约定所取代。

创始人方:签署后轮投资协议时,是调整先前约定对赌义务的良机。

如果后轮签订的对赌协议更有利于创始人方,建议加上"此前n轮投资协议的全部权利义务终止,以本轮投资协议约定为准"或"本协议取代先前的所有书面合同"等表述,有助于证明原先的对赌协议已失去效力。

四、申报上市或挂牌阶段

4.1 对赌条款被清理后，投资方还能向对赌义务人主张权利吗？

对赌目标的实现存在不确定性，可能导致发行人股权不清晰。因此，在主板、创业板或科创板上市及新三板挂牌之前，目标公司一般会被要求清理对赌协议。如果在此阶段对赌条款被清理，投资方之后还可以向对赌义务人主张权利吗？

发行人的股权应当权属清晰，不存在导致控制权可能变更的重大权属纠纷。《首次公开发行股票注册管理办法》第 12 条规定："发行人业务完整，具有直接面向市场独立持续经营的能力：……（二）……发行人的股份权属清晰，不存在导致控制权可能变更的重大权属纠纷，首次公开发行股票并在主板上市的，最近三年实际控制人没有发生变更……"

因此，目标公司在主板、创业板、科创板上市的，需要清理对赌条款。中国证券监督管理委员会 2023 年 2 月发布的《监管规则适用指引——发行类第 4 号》规定："投资机构在投资发行人时约定对赌协议等类似安排的，保荐机构及发行人律师、申报会计师应当重点就以下事项核查并发表明确核查意见：一是发行人是否为对赌协议当事人；二是对赌协议是否存在可能导致公司控制权变化的约定；三是对赌协议是否与市值挂钩；四是对赌协议是否存在严重影响发行人持续经营能力或者其他严重影响投资者权益的情形。存在上述情形的，保荐机构、发行人律师、申报会计师应当审慎论证是否符合股权清晰稳定、会计处理规范等方面的要求，不符合相关要求的对赌协议原则上应在申报前清理。发行人应当在招股说明书中披露对赌协议的具体内容、对发行人可能存在的影响等，并进行风险提示。"

同理，目标公司在新三板挂牌的，也需要清理对赌条款。《全国中小企业股份转让系统股票挂牌审核业务规则适用指引第 1 号》"对赌等特殊投资条款"部分规定："一、对赌等特殊投资条款的规范性要求。投资方在投资申请挂牌公司时约定的对赌等特殊投资条款存在以下情形的，公司应当清理：（一）公司为特殊投资条款的义务或责任承担主体；（二）限制公司未来股票发行融资的价格或发行对象；（三）强制要求公司进行权益分派，或者不能进行权益分派；（四）公司未来再融资时，如果新投资方与公司约定了优于本次投资的特殊投资条款，则相关条款自动适用于本次投资方；（五）相关投资方有权不经公司内部决策程序直接向公司派驻董事,或者派驻的董事对公司经营决策享有一票否决权;(六)不符合相关法律法规规定的优先清算权、查阅权、知情权等条款;(七)触发条件与公司市值挂钩;(八)其他严重影响公司持续经营能力、损害公司及其他股东合法权益、违反公司章程及全国股转系统关于公司治理相关规定的情形……三、对赌等特殊投资条款的核查。对于尚未履行完毕的对赌等特殊投资条款,主办券商及律师应当对特殊投资条款的合法有效性、是否存在应当予以清理的情形、是否已履行公司内部审议程序、相关义务主体的履约能力、挂牌后的可执行性、对公司控制权稳定性、相关义务主体任职资格以及其他公司治理、经营事项产生的影响进行核查并发表明确意见。"

实务中,目标公司提交申报材料前,大多都会根据前述规定修改投资协议。其中,解除对赌条款是最符合监管规定的处理方式。如果对赌条款解除后目标公司未成功上市,投资方还享有特殊权利吗?

主题案例:河南同泰资产管理有限公司、广州狼旗网络科技股份有限公司公司增资纠纷案①

2015年5月,投资方与原股东等签订《广州狼旗网络科技有限公司增资扩股协议》,约定目标公司增资扩股,投资方出资12万元,持有目标公司0.66%的股权。

同月,投资方与原股东等签订《广州狼旗网络科技有限公司增资扩股协议之补充协议》约定了业绩对赌及股权回购条款。

2016年2月23日,经目标公司委托,广东华商律师事务所为其在全国中小企业股份转让系统挂牌相关事宜出具的法律意见书载明:2015年12月各股东共同签署了《〈增资扩股协议书〉补充协议》,约定解除各方于2014年5月及2015年5月签订的3份补充协议中涉及业绩对赌及股权回购的条款,故截至法律意见书出具之日,公司与股东之间、公司股东之间以及公司股东与公司实际控制人之间均不存在业绩对赌、上市对赌及股权回购的情形及潜在风险。

目标公司及原股东无法提供《〈增资扩股协议书〉补充协议》复印件或原件。

投资方出具《承诺函》,承诺其不存在与目标公司和其控股股东、实际控制人就本次股票发行认购签署对赌协议或作出其他安排的情形。

---

① 参见广州市中级人民法院民事判决书,(2021)粤01民终1413号。

4.1 对赌条款被清理后,投资方还能向对赌义务人主张权利吗?

2016年8月8日,目标公司在全国中小企业股份转让系统挂牌。

2017年7月,券商对目标公司此次股票发行情况出具的《报告书》载明:目标公司本次股票发行认购协议中不存在业务承诺及补偿、股份回购、反稀释特殊条款的情况,本次股票发行过程中,公司与发行对象不存在对赌安排。

投资方提起诉讼,请求判令原股东及目标公司回购股权等。

广东省广州市黄埔区人民法院一审认为:

本案争议焦点:原股东、目标公司及公司其他股东之间是否于2015年12月签订《〈增资扩股协议书〉补充协议》并约定解除业绩承诺及股份回购条款。

虽目标公司及原股东未能提供其所述的该份补充协议的原件或复印件,但根据目标公司申请挂牌时委托律师事务所出具的法律意见书,确实存在解除各方于2014年5月及2015年5月签订的3份补充协议中涉及业绩对赌及股权回购条款的《〈增资扩股协议书〉补充协议》,且该法律意见书已作为目标公司挂牌的相关文件进行公开。

结合之后投资方在其出具的《承诺函》中表示其不存在与目标公司和其控股股东、实际控制人就目标公司的股票发行认购签署对赌协议或作出其他安排的情形,可以认定原股东所主张的投资方与原股东之间已于2015年12月协议解除业绩对赌及股权回购条款的事实存在高度盖然性,本院予以采信。

驳回投资方的全部诉讼请求。

广东省广州市中级人民法院二审维持原判。

本案中,投资方与原股东之间曾经存在对赌协议。就目标公司在新三板挂牌的法律意见书载明,各股东于2015年12月签署《〈增资扩股协议书〉补充协议》,解除前述对赌协议。

投资方提起诉讼,要求原股东回购股权。原股东抗辩《〈增资扩股协议书〉补充协议》已解除股权回购条款。

虽然原股东和目标公司并未提供《〈增资扩股协议书〉补充协议》的复印件及原件,但法院认为该协议的存在具有高度盖然性,理由是法律意见书明确提及该协议,并且投资人出具《承诺函》表示不存在签署对赌协议的情形,因此投资方无权再依据对赌协议主张回购。

对于明确约定解除对赌条款的,其他案件中法院亦认为投资方无权再要求对赌义务人履行补偿或回购义务。

最高人民法院在一案①中认为,"各方当事人以书面的《股东会决议》以及实际行动解除了《增资扩股协议书》第五条约定的业绩对赌条款,且在本案审理过程中,各方当事人对该部分协议内容已经解除的事实均予以认可。这符合《增资扩股协议书》中第十六条关于协议的变更、解除的约定,即协议的任何修改、变更应经协议各方另行协商,并就修改、变更事项共同签署书面协议后方可生效。因此,一审判决认定《增资扩股协议书》第五条的业绩对赌条款实际已经被解除是正确的"。

陕西省高级人民法院二审部分维持原判的一案②中,天星公司出具承诺函,承诺原"《投资协议之补充协议》中的对赌条款全部予以解除,并按照原《投资协议之补充协议》约定的股权回购方式解决投资退出事宜"。一审法院认为,承诺函中,天星公司承诺"解除了除股权回购外的对赌条款,并承诺以股权回购方式解决投资退出事宜,天星公司在本案中依然主张利润分配补偿有违承诺"。

北京市海淀区人民法院审理的一案③中,在签订含有业绩对赌条款的《股权认购协议》之后,各方又达成补充协议,约定"若2015年12月31日之前,青鸟软件公司未完成在资本市场公开上市,而各方未能就继续股权合作达成其他安排和协议,按下列条款解决后续事宜:……业绩保证、业绩目标及股权对赌、补充措施、股权权益等,追溯到原协议签署日开始不再执行"。该院认为,"博雅软件公司尚未上市,郭源源未能举证证明各方就继续股权合作达成了其他安排和协议,因此按照补充协议的约定,原股权认购协议中的业绩保证、业绩目标对赌协议已废止","对于郭源源基于原《股权认购协议》要求深圳华际公司承担补足2010年至2013年业绩差额款1000万元的诉讼请求不予支持"。

不过,对赌协议解除后,如果对赌义务人被认为又同意承担对赌义务的,则仍应履行回购或补偿义务。例如,北京市第二中级人民法院在一案④中认为,"炜能合伙、郭伟还辩称,2017年12月16日签署的《发起人协议》废止了《增资协议》《增资协议之补充协议》中的回购条款。但炜能合伙、郭伟于2020年11月

---

① 参见王小军等与上海鋆泰股权投资合伙企业(有限合伙)股权转让纠纷案,最高人民法院民事判决书,(2018)最高法民终645号。
② 参见李琦与北京天星资本股份有限公司、陕西成明节能技术股份有限公司股权转让纠纷案,陕西省高级人民法院民事判决书,(2020)陕民终619号。
③ 参见郭源源与深圳华际电子系统有限公司与公司有关的纠纷案,北京市海淀区人民法院民事判决书,(2017)京0108民初第1258号。
④ 参见广州明睿七号实业投资合伙企业(有限合伙)与郭伟等合同纠纷案,北京市第二中级人民法院民事判决书,(2021)京02民初94号。

12日在明睿合伙发给其的《沟通函回执》上签字,表示完全知悉、理解和接受《沟通函》的内容,并同意尽快履行,表明其认可并愿意支付回购价款,承担回购责任。因此,炜能合伙、郭伟该项辩称亦没有事实依据,本院不予采纳"。

◆ 小结与建议

投资方:目标公司申报上市或挂牌之前,通常需要清理对赌协议。如果就此解除对赌协议而不作其他安排,投资方先前享有的特殊权利就此丧失。

创始人方:申请上市或挂牌的准备阶段,是创始人方调整对赌义务约定的良机。但要注意将解除对赌协议的约定表述清楚,并且谨慎处理日后投资方要求其承担对赌责任的沟通文件,以免被认为同意承担对赌责任。

4.2 上市失败则恢复对赌协议效力的约定有效吗?

因上市申报而清理对赌协议的过程中,为保障投资方的特殊权利,有的当事人会在解除对赌协议的同时,约定如果目标公司上市失败,投资方可以依据恢复对赌协议效力的条款向对赌义务人主张权利。

目标公司申请发行上市,需要核查对赌协议以确保:目标公司并非对赌协议的当事人,以及对赌协议不导致目标公司控制权发生变化、不与市值挂钩、不严重影响目标公司持续经营能力等。中国证券监督管理委员会2023年2月发布的《监管规则适用指引——发行类第4号》规定:"投资机构在投资发行人时约定对赌协议等类似安排的,保荐机构及发行人律师、申报会计师应当重点就以下事项核查并发表明确核查意见:一是发行人是否为对赌协议当事人;二是对赌协议是否存在可能导致公司控制权变化的约定;三是对赌协议是否与市值挂钩;四是对赌协议是否存在严重影响发行人持续经营能力或者其他严重影响投资者权益的情形。存在上述情形的,保荐机构、发行人律师、申报会计师应当审慎论证是否符合股权清晰稳定、会计处理规范等方面的要求,不符合相关要求的对赌协议原则上应在申报前清理。发行人应当在招股说明书中披露对赌协议的具体内容、对发行人可能存在的影响等,并进行风险提示。"

为了尽可能通过审核,不少目标公司采取彻底解除或终止对赌协议的做法。其中,有的当事人在解除对赌协议的同时,约定上市失败则对赌协议恢复效力。例如,北京市金杜律师事务所《关于深圳云天励飞技术股份有限公司首次公开发行股票并在科创板上市的补充法律意见书(一)》[①]提到,"本所认为……虽然该等已终止的对赌条款将在公司暂停、放弃、撤回首次公开发行的申请,或首次公开发行的申请被证券监管部门终止审查或否决或不予注册时恢复效力,但该等恢复条件尚未成就,且该等对赌条款不存在违反《问答(二)》第10问规定的以发行作为义务人、可能导致发行人控制权变化、与市值挂钩、严重影响发行人持续经营能力或其他严重影响投资者权益的情形,不会对发行人本次上市构成实质不利影响……发行人相关特殊股东权利条款、对赌条款已清理,发行人历次投资文件的相关约定符合《问答(二)》第10问的相关规定,不会构成发行人本

---

① 参见https://stock.tianyancha.com/Announcement/eastmoney/a83087bc04136413070937ff0528ecf9.pdf,访问日期:2023年9月6日。

次发行的实质障碍"。该公司股票自2023年4月4日起在上海证券交易所科创板上市交易。

主题案例：郭丛军与北京普思投资有限公司与公司有关的纠纷案①

2012年12月18日，投资方与目标公司及原股东等签订《增资协议》，约定投资方以4000万元向目标公司增资，取得目标公司7.5472%的股权。

同日，投资方与目标公司及原股东签订《补充协议》，约定各方促使目标公司在2014年12月31日前顺利实现上市，发生约定触发事件的，投资方有权要求目标公司回购或者原股东受让投资方因本次增资而持有的目标公司股权。

2014年6月12日，投资方与目标公司及原股东签订《补充协议（二）》，约定各方应促使目标公司在2015年10月31日前顺利实现上市。

2015年11月12日，投资方与目标公司及原股东等签订《补充协议（三）》，根据证券监管机关的相关要求，为了符合参与上市公司重大资产重组的条件，各方约定《增资协议》《补充协议》及《补充协议（二）》中关于目标公司的业绩承诺和股权调整条款、上市时间和股权回购条款等均自动失效。

同日，投资方与原股东另行签订《合作协议》约定：为了保证目标公司顺利上市，《补充协议（三）》删除《增资协议》《补充协议》及《补充协议（二）》中的部分条款，并废止了《补充协议》和《补充协议（二）》中的业绩承诺条款和股份回购条款。如果目标公司未能在2016年12月31日前在中国A股市场成功上市，《增资协议》约定的删除及废止的条款中涉及投资方的条款仍然继续执行，原股东保证并承诺届时继续履行其在《增资协议》《补充协议》及《补充协议（二）》项下对投资方的所有义务。一旦确认目标公司上市失败，则原股东应当努力促使目标公司按照本协议之约定执行，包括恢复执行《增资协议》《补充协议》及《补充协议（二）》中约定的所有回购及业绩承诺等特殊条款。

2016年4月，目标公司拟通过重大资产置换等方案借壳上市。因目标公司涉嫌违反证券法律法规，2016年7月12日，中国证监会决定终止对行政许可申请的审查。

2017年4月28日，投资方向目标公司及原股东发函要求回购股权。

投资方提起诉讼，请求判令原股东受让投资方所持有的目标公司的股权等。

原股东抗辩称，股权回购条款已失效。

北京市第三中级人民法院认为：

---

① 参见北京市第三中级人民法院民事判决书，(2018)京03民终3463号。

原股东与投资方于2015年11月12日签订的《合作协议》系双方当事人真实意思表示,且不违反法律法规的强制性规定,应属合法有效。

《合作协议》约定,若目标公司未能在约定期限内成功上市,原股东保证并承诺届时继续履行其在《增资协议》《补充协议》及《补充协议(二)》项下对投资方的所有义务,包括恢复执行《增资协议》《补充协议》及《补充协议(二)》中约定的所有回购及业绩承诺等特殊条款。故投资方有权依据《合作协议》要求原股东履行《增资协议》《补充协议》及《补充协议(二)》对应的义务。投资方依据前述协议要求原股东购买股份并支付股权转让款于法有据,本院予以确认。

本案中,投资方与目标公司及原股东在《补充协议》及《补充协议(二)》中约定了对赌条款,为便于目标公司上市,该等条款被《补充协议(三)》废止。同时,各方又在《合作协议》中约定,如果目标公司未能如期上市,则恢复执行该等对赌条款。因目标公司上市失败,投资方提起诉讼,要求原股东回购股权。

原股东抗辩,对赌条款已失效。

本案法院认为,《合作协议》合法有效,投资方有权依据恢复执行对赌条款的约定,要求原股东回购股权。其他案件中法院亦认可恢复对赌协议效力的条款。

最高人民法院在一案①中认为,"(二)关于股份回购条款是否有效的问题。胡秀芳申请再审认为,《补充协议二》已经明确终止了股份赎回权的约定,而《补充协议三》没有约定'恢复'已经终止的股份赎回权。根据原审查明事实,虽然《补充协议二》明确约定终止《补充协议一》第二条'赎回权利(回购)并退出'条款,但在其后签署的《补充协议三》中,各方一致同意就《补充协议二》中的相关事项作出进一步约定,其具体约定内容实质上就是恢复前述股份回购条款,系对《补充协议二》的有效变更,代表了协议各方的最新意思表示,各方均应依约履行。因此,胡秀芳关于成都中铁主张行使股份赎回权没有事实依据的申请再审理由不能成立"。

湖南省高级人民法院在一案②中认为,"廖志强、深圳中南投资企业、科美达公司三方虽然签订了《终止协议》,终止所有关于业绩对赌、股份回购等影响科

---

① 参见胡秀芳、成都中铁高端交通装备产业创业投资合伙企业股权转让纠纷案,最高人民法院民事裁定书,(2019)最高法民申1982号。

② 参见深圳市中南成长投资合伙企业(有限合伙)与廖志强合同纠纷案,湖南省高级人民法院民事判决书,(2014)湘高法民二初字第4号。

美达公司股权稳定性的约定或安排,但三方又再次签订了《关于对〈终止协议〉的补充协议》,约定如果公司上市未获中国证监会批准,则三方在前述中已解除的关于业绩对赌、股份回购等约定或安排条款立即重新恢复效力,效力与解除前的效力相同。因此,上述三方在《终止协议》中终止股权回购的约定已被其后签订的《关于对〈终止协议〉的补充协议》所变更,股权回购事项又回到了《补充协议》的约定。而在此之后,就《补充协议》约定的股权回购事宜,三方又召开了专题会议,廖志强个人亦向深圳中南投资企业出具了《关于对贵企业持有的科美达股权实施回购的承诺函》,均同意和承诺回购股权。故被告廖志强称《补充协议》约定的股权回购已因《终止协议》的约定所终止的理由,没有事实依据,本院不予支持"。

浙江省杭州市中级人民法院二审维持原判的一案①中,一审法院认为,"本案的争议焦点为锐驰公司在新三板终止挂牌后,虎跃合伙企业的回购权利是否恢复?首先,从股权退出路径分析,虎跃合伙企业设立私募基金,向锐驰公司增资,须有一个股权退出机制……其次,从签署文件背景和意图分析,《补充协议二》、《承诺书》签订的背景均为配合锐驰公司新三板挂牌,符合监管要求所需。基于新三板交易市场的现状,虎跃合伙企业担心不能够获得合适的退出机会,故要求锐驰公司大股东出具《承诺书》……虽从字面上不能直接体现回购权的恢复,但考虑双方合作的本意,应该理解为《补充协议一》记载的各种权利恢复如初,包括虎跃合伙企业要求锐驰公司大股东回购股权……本案所涉股权已经符合回购条件,黄振武应当履行股权回购义务"。

辽宁省高级人民法院在一案②中认为,关于案涉《投资合作协议》《增资扩股协议》及《补充协议》中回购股份条款的法律效力问题……《投资合作协议》约定北京秉原旭以资金注入方式对雪龙公司增资8000万元,并对股权定向转让进行了约定,即若2014年12月31日前未上市,邢雪森、姜辉燕应无条件全部回购投资人所持雪龙公司全部股权,协议还包括业绩承诺等内容……又通过签订《补充协议》的形式,对股权回购条款的终止及恢复进行了约定。《投资合作协议》对股权回购承诺的约定清晰而明确,该约定是当事人在《投资合作协议》中特别设立的保护投资人利益的条款,属于缔约过程中对投资合作商业风险的安排。

---

① 参见黄振武、黄振强、杭州虎跃悦夏投资管理合伙企业合同纠纷案,杭州市中级人民法院民事判决书,(2020)浙01民终11166号。
② 参见上海秉原旭股权投资发展中心、邢雪森、姜辉燕、雪龙黑牛股份有限公司联营合同纠纷案,辽宁省高级人民法院民事判决书,(2016)辽民初68号。

该条款与《补充协议》中的股权回购条款的终止及恢复等条款相对应,系各方当事人的真实意思表示……本案雪龙公司在 2014 年 12 月 31 日前无法上市已呈事实状态,协议所约定的股份回购条件已成就,邢雪森、姜辉燕应当依约履行自己的合同义务,向上海秉原旭承担回购股份的民事责任。

◈ 小结与建议

投资方:因目标公司申报上市或挂牌而终止对赌协议时,建议与创始人方约定,如果目标公司未能如期上市或挂牌,则恢复之前对赌协议的效力。

创始人方:鉴于法院认可恢复对赌协议效力的条款,签署该等条款对创始人方不利。如果投资方坚持签署恢复对赌协议效力的条款,可考虑以顺利通过申报上市或挂牌为由,模糊表述恢复对赌协议效力的条款内容,为有利于对赌义务人的解释留有余地。

4.3 "抽屉协议"有效吗?

无论目标公司是在证券交易所上市还是在全国中小企业股份转让系统挂牌,都需要披露对赌协议的签订情况。申报上市或挂牌时,如果创始人方一边对外声称对赌协议已终止,一边却与投资方私下签订对赌约定(以下简称"抽屉协议"),创始人方对赌失败时,投资方是否有权依据该未披露的约定向对赌义务人主张权利?

只要涉及证券的发行,无论是公开还是非公开,发行人都应完整披露。《证券法》第2条第1款规定:"在中华人民共和国境内,股票、公司债券、存托凭证和国务院依法认定的其他证券的发行和交易,适用本法。"第37条规定:"公开发行的证券,应当在依法设立的证券交易所上市交易或者在国务院批准的其他全国性证券交易场所交易。非公开发行的证券,可以在证券交易所、国务院批准的其他全国性证券交易场所、按照国务院规定设立的区域性股权市场转让。"第19条规定:"发行人报送的证券发行申请文件,应当充分披露投资者作出价值判断和投资决策所必需的信息,内容应当真实、准确、完整。为证券发行出具有关文件的证券服务机构和人员,必须严格履行法定职责,保证所出具文件的真实性、准确性和完整性。"《非上市公众公司监督管理办法》第3条规定:"公众公司应当按照法律、行政法规、本办法和公司章程的规定,做到股权明晰,合法规范经营,公司治理机制健全,履行信息披露义务。"第21条规定:"公司及其他信息披露义务人应当按照法律、行政法规和中国证监会的规定履行信息披露义务,所披露的信息应当真实、准确、完整,不得有虚假记载、误导性陈述或者重大遗漏……"

申报上市的公司,应在招股说明书中披露对赌协议的内容,保荐机构、发行人律师及申报会计师应就对赌协议发表明确核查意见。中国证券监督管理委员会于2023年2月17日发布的《监管规则适用指引——发行类第4号》规定:"投资机构在投资发行人时约定对赌协议等类似安排的,保荐机构及发行人律师、申报会计师应当重点就以下事项核查并发表明确核查意见:一是发行人是否为对赌协议当事人;二是对赌协议是否存在可能导致公司控制权变化的约定;三是对赌协议是否与市值挂钩;四是对赌协议是否存在严重影响发行人持续经营能力或者其他严重影响投资者权益的情形。存在上述情形的,保荐机构、发行人律师、申报会计师应当审慎论证是否符合股权清晰稳定、会计处理规范等方面的要求,不符合相关要求的对赌协议原则上应在申报前清理。发行人应当在招股说明书中披露对赌协议的具体内容、对发行人可能存在的影响等,并进行风险提示。"

同样,在新三板挂牌时,目标公司应当披露对赌等特殊投资条款的情况。全国中小企业股份转让系统有限责任公司于2023年2月17日发布的《全国中小企业股份转让系统股票挂牌审核业务规则适用指引第1号》规定:"二、对赌等特殊投资条款的披露。对于尚未履行完毕的对赌等特殊投资条款,申请挂牌公司应当在公开转让说明书中充分披露特殊投资条款的具体内容、内部审议程序、相关条款的修改情况(如有)、对公司控制权及其他方面可能产生的影响,并作重大事项提示。三、对赌等特殊投资条款的核查。对于尚未履行完毕的对赌等特殊投资条款,主办券商及律师应当对特殊投资条款的合法有效性、是否存在应当予以清理的情形、是否已履行公司内部审议程序、相关义务主体的履约能力、挂牌后的可执行性,对公司控制权稳定性、相关义务主体任职资格以及其他公司治理、经营事项产生的影响进行核查并发表明确意见。对于报告期内已履行完毕或终止的对赌等特殊投资条款,主办券商及律师应当对特殊投资条款的履行或解除情况、履行或解除过程中是否存在纠纷、是否存在损害公司及其他股东利益的情形、是否对公司经营产生不利影响等事项进行核查并发表明确意见。"

投资方与原股东违反前述披露要求私下签署的"抽屉协议"有效吗?

违反法律、行政法规的强制性规定以及违背公序良俗的行为无效。《民法典》第153条规定:"违反法律、行政法规的强制性规定的民事法律行为无效。但是,该强制性规定不导致该民事法律行为无效的除外。违背公序良俗的民事法律行为无效。"《九民纪要》第30条规定:"……人民法院在审理合同纠纷案件时,要依据《民法总则》第153条第1款和合同法司法解释(二)第14条的规定慎重判断'强制性规定'的性质,特别是要在考量强制性规定所保护的法益类型、违法行为的法律后果以及交易安全保护等因素的基础上认定其性质,并在裁判文书中充分说明理由。下列强制性规定,应当认定为'效力性强制性规定':强制性规定涉及金融安全、市场秩序、国家宏观政策等公序良俗的;交易标的禁止买卖的,如禁止人体器官、毒品、枪支等买卖;违反特许经营规定的,如场外配资合同;交易方式严重违法的,如违反招投标等竞争性缔约方式订立的合同;交易场所违法的,如在批准的交易场所之外进行期货交易。关于经营范围、交易时间、交易数量等行政管理性质的强制性规定,一般应当认定为'管理性强制性规定'。"第31条规定:"违反规章一般情况下不影响合同效力,但该规章的内容涉及金融安全、市场秩序、国家宏观政策等公序良俗的,应当认定合同无效。人民法院在认定规章是否涉及公序良俗时,要在考察规范对象基础上,兼顾监管强度、交易安全保护以及社会影响等方面进行慎重考量,并在裁判文书中进行充分说理。"

主题案例:赵占锁等与马彦明等合同纠纷案[①]

2010年10月25日,投资方与目标公司及原股东等签订《增资协议》,约定投资方向目标公司投入价值3480万元的土地及房产,获得增资后目标公司10%的股权。

同日,投资方与目标公司及原股东等签订《补充协议一》约定:如果目标公司在2014年8月18日前未能在中国境内的证券交易所或各方认可的其他资本市场实现首次公开发行上市,投资方有权要求原股东回购投资方所持有的全部公司股权。

2010年12月25日,投资方与目标公司及原股东等签订《补充协议二》,约定:若目标公司未能在2014年8月18日前在中国境内证券交易所或各方同意的其他资本市场进行首次公开发行股票并上市,则投资方有权要求目标公司回购股权。

2015年1月9日,投资方与目标公司及原股东签订的《协议书》载明:原股东承诺:在收购期限内,投资方所持目标公司的8%股权将以5000万元的价格被收购。

投资方作出《股东声明与承诺书》,载明:本人/企业郑重声明,本人/企业因公司申请股票在全国中小企业股份转让系统挂牌并公开转让而提供的文件、材料或口头的陈述和说明,是真实、准确、完整、有效的,且该等文件、材料或口头的陈述和说明不存在任何虚假记载、误导性陈述和重大遗漏之处。

2016年6月14日,投资方出具的《确认函》载明:本公司与目标公司及其股东在本次增资过程中签署的相关协议中所约定的全部涉及对赌约定的内容均已终止,目标公司及其股东无须就此再向本公司承担任何义务及责任。

就目标公司申请股票在全国中小企业股份转让系统挂牌并公开转让事宜,《北京市天元律师事务所关于北京华誉能源技术股份有限公司申请股票在全国中小企业股份转让系统挂牌并公开转让的补充法律意见(一)》载明:本所律师认为,公司历史上与投资者签署的投资协议中约定的对赌条款在触发相关回购义务时均未实际执行,且上述对赌约定均已终止……不会对公司本次申请挂牌构成不利影响。

---

① 参见北京市高级人民法院民事判决书,(2022)京民终330号。

2016年12月13日，目标公司新三板挂牌。

2016年，投资方与原股东签订《确认协议》，约定：为配合目标公司在全国中小企业股份转让系统挂牌，应目标公司的要求，投资方需对外发表《确认函》的声明。但原股东的回购义务并不因投资方的该等确认声明而被免除，各方于2015年1月9日签订的《协议书》持续有效，投资方仍有权要求原股东根据《协议书》的约定内容进行回购。

2020年5月11日，投资方与原股东签署《会议纪要》，载明：决定继续执行于2015年1月9日签订的《协议书》。

投资方提起诉讼，请求判令原股东向其支付股权受让款等。

北京市高级人民法院认为：

目标公司仍为新三板挂牌公司。作为非上市公众公司，目标公司应依法接受证券市场的正常监管。《证券法》第63条规定："发行人、上市公司依法披露的信息，必须真实、准确、完整，不得有虚假记载、误导性陈述或者重大遗漏。"《非上市公众公司监督管理办法》第3条规定："公众公司应当按照法律、行政法规、本办法和公司章程的规定，做到股权明晰，合法规范经营，公司治理机制健全，履行信息披露义务。"第21条第1款规定："公司及其他信息披露义务人应当按照法律、行政法规和中国证监会的规定履行信息披露义务，所披露的信息应当真实、准确、完整，不得有虚假记载、误导性陈述或者重大遗漏。公司及其他信息披露义务人应当及时、公平地向所有投资者披露信息。"第22条规定："信息披露文件主要包括公开转让说明书、定向转让说明书、定向发行说明书、发行情况报告书、定期报告和临时报告等。具体的内容与格式、编制规则及披露要求，由中国证监会另行制定。"

在申请新三板挂牌过程中，根据《非上市公众公司监督管理办法》和相关配套规定，应涤除各种对赌条款或协议；新三板挂牌之后，更不允许存在对赌条款或协议。因为对赌条款或协议，不仅涉及公司内部股权关系的调整，更关系到整个证券监管要求以及证券市场交易秩序、公共利益及公序良俗，亦非当事人的意思自治范畴。投资方对此亦属明知，故于2016年6月同时签署《确认函》《确认协议》，故意以"抽屉协议"的形式隐瞒对赌协议的存在，2020年5月坚持以《会议纪要》的方式重新要求继续履行《协议书》。

依据《民法典》等相关规定，因存在违反涉及金融安全、市场秩序、国家宏观政策等公序良俗之情形，《协议书》《确认协议》《会议纪要》均属无效。投资方依据应当被清理的《协议书》内容，要求原股东支付股权回购款、退出补偿款、利息及违约金等主张，缺乏正当性，本院不予支持。投资方作为独立的商事主体,应自行承担风险。

因所涉《协议书》《确认协议》《会议纪要》均无效,投资方的上诉请求以及诉讼请求本院不予支持。

本案中,投资方与原股东在《协议书》中约定了对赌条款。之后,为配合目标公司新三板挂牌,投资方出具《确认函》,声明所有对赌约定均已终止,目标公司及原股东无须向投资方承担任何责任。目标公司提交的法律意见亦载明对赌约定均已终止,不会对公司申请挂牌构成不利影响。但是,投资方又与原股东私下签订了《确认协议》和《会议纪要》,表明尽管有《确认函》,但不免除原股东的回购义务,《协议书》持续有效。目标公司新三板挂牌几年后,投资方起诉要求原股东回购股权。

原股东抗辩称,投资方提出主张所依据的《协议书》《确认协议》《会议纪要》无效。

法院认为,投资方与原股东以"抽屉协议"的形式隐瞒对赌协议的存在,违反涉及金融安全、市场秩序、国家宏观政策等公序良俗之情形,《协议书》《确认协议》《会议纪要》均无效,驳回投资方的全部诉讼请求。

本案并非唯一一个因违反公序良俗而认定"抽屉协议"无效的案例。广东省茂名市中级人民法院在一案①中亦持相同观点。该院认为,《股权回购协议》含有全国中小企业股份转让系统有限责任公司于2016年8月8日颁布实施的《挂牌公司股票发行常见问题解答(三)——募集资金管理、认购协议中特殊条款、特殊类型挂牌公司融资》中的特殊条款,但邹国奎与陈彪没有如实向主办券商和律师告知其双方之间签订有股份回购协议,致使国融证券股份有限公司和北京大成(深圳)律师事务所分别作出了"本次发行不存在股份回购等特殊条款"的不实陈述。高瓷公司在该次股票发行认购中没有遵守如实披露信息的法定义务,违反了《证券法》第19条及《挂牌公司股票发行常见问题解答(三)——募集资金管理、认购协议中特殊条款、特殊类型挂牌公司融资》对于股票发行存在特殊条款时的监管要求。由此产生的后果是,不能确保高瓷公司的股权真实清晰,对投资者股权交易造成了不确定的影响,损害了非特定投资者合法权益、市场秩序与交易安全,不利于金融安全及稳定,违背了公共秩序。尽管《挂牌公司股票发行常见问题解答(三)——募集资金管理、认购协议中特殊条款、特殊

---

① 参见陈彪、广东高瓷科技股份有限公司等证券回购合同纠纷案,茂名市中级人民法院民事判决书,(2021)粤09民终36号。

类型挂牌公司融资》属于部门规章性质，但因其经法律授权并为证券行业监管基本要求，且"新三板"是全国性的交易场所，社会影响面大，应当加强监管和交易安全保护，以保障广大非特定投资人利益，故违反《挂牌公司股票发行常见问题解答（三）——募集资金管理、认购协议中特殊条款、特殊类型挂牌公司融资》的合同也应当因违背公序良俗而被认定为无效。因此，综合考量各种因素，本案《股权回购协议》应当认定为无效合同，不具有法律约束力。

但是，关于投资方与原股东私下签订对赌约定的效力，目前裁判机构的观点不统一，有的认为"抽屉协议"有效。

浙江省嘉兴市中级人民法院在一案①中认为，"《解除协议》系为了满足四通公司新三板挂牌要求而签订，弘丰合伙也明确在《解除协议的补充协议》中要求继续按照《增资协议的补充协议》履行，张建荣亦签字确认。双方当事人为了规避行政法规或相关部门的审核规定，同一天签订了《解除协议》《解除协议的补充协议》，两份协议属于'阴阳合同'。如果当事人违反行政规定或其他管理性规定，应当由当事人承担行政法上的责任，但民事行为方面，应遵从诚实信用原则，以其真实意思表示为准。故弘丰合伙和张建荣之间的权利义务应以《解除协议的补充协议》约定内容为准，故双方之间的《增资协议的补充协议》仍有效，并未解除。《解除协议的补充协议》并未违反法律、行政法规的强制性规定，张建荣也未举证证明案涉协议损害了国家、第三人的合法利益，《解除协议的补充协议》并不存在法定无效事由。即使存在双方以虚伪意思表示不当获取四通公司新三板挂牌机会的情形，所指向的也是《解除协议》，而非《解除协议的补充协议》，张建荣以此为由主张《解除协议的补充协议》无效的上诉意见，本院不予支持"。

上海市黄浦区人民法院审理的一案②中，被告辩称案涉三份协议是投资方为了规避证券监管规定，要求被告配合签署的无效"抽屉协议"。该院认为，"原、被告签订的《备忘录》及补充协议系双方真实意思表示，内容合法有效，对双方均有拘束力"。《备忘录》及补充协议载明，"A股份公司实现上市承诺，否则由被告承担股份回购义务"，"中国证券监督管理委员会决定终止对A股份公司发行注册程序时，《备忘录》及补充协议所约定的回购条件已成就，被告应在收到原告回购通知后履行回购义务"。

---

① 参见张建荣、浙江弘丰嘉南股权投资中心公司增资纠纷案，嘉兴市中级人民法院民事判决书，(2020)浙04民终2275号。

② 参见平潭盈科盛鑫创业投资合伙企业（有限合伙）与陈晓铿其他合同纠纷案，上海市黄浦区人民法院民事判决书，(2022)沪0101民初13454号。

广东省潮州市中级人民法院审理的一案[①]中,原股东辩称,案涉《补充协议》违反中国人民银行、财政部、中国证券监督管理委员会《关于重申对进一步规范证券回购业务有关问题的通知》的规定及证监会对信息披露的规定,违反诚实信用原则及公平原则,应属无效。对案涉《补充协议》的效力问题,该院认为,《补充协议》中关于股权回购及业绩补偿的条款内容,是当事人特别设立的保护投资人利益的条款,属于正常的商事交易活动,不存在违反法律、行政法规禁止性规定的内容。现有证据不足以证明案涉《补充协议》损害了国家、集体或者第三人的利益,也没有证据证明损害目标公司、其他股东或公司债权人等的利益,也不违反公平、诚实信用的商事缔约原则。本案的披露义务人是否按照《全国中小企业股份转让系统挂牌公司信息披露规则》对案涉《补充协议》进行披露,并不影响《补充协议》的效力,一审法院认定《补充协议》无效系适用法律不当,应予以纠正。

武汉仲裁委员会审理的一案[②]中,原股东认为《承诺函》系当事人为规避监管、顺利挂牌新三板而故意为之的"抽屉协议",严重违反监管规定及信息披露制度,严重损害社会公共秩序、公共利益,应属无效。该仲裁委员会认为《承诺函》有效,裁决原股东支付股权回购款。

◈ 小结与建议

目标公司因申报上市或挂牌而清理对赌协议时,常见的安排有二:一是签署并披露附条件恢复对赌协议效力的条款;二是投资方与创始人方私下签订含有对赌内容的"抽屉协议"。

投资方:从诉讼或仲裁的角度,建议选择第一种方式,因为"抽屉协议"的效力存在不确定性。如果目标公司未能如期上市或挂牌,投资方据此向对赌义务人主张股权回购的,可能不被裁判机构支持。

创始人方:建议创始人方在目标公司申报上市或挂牌时,彻底终止对赌协议。如果投资方要求签署特殊权利保护条款,建议首选第二种方式,可能被判决无须承担对赌义务。

[①] 参见杭州相兑县盛股权投资管理合伙企业、黄文强等买卖合同纠纷案,潮州市中级人民法院民事判决书,(2021)粤51民终110号。

[②] 参见武汉仲裁委员会裁决书,(2019)武仲裁字第000002781号[武汉市中级人民法院民事裁定书,(2021)鄂01民特130号]。

4.4 约定修改投资协议需另行达成书面合同的,可否因投资方签署其他书面文件而推定其已放弃对赌权利?

目标公司无论是上市申报前进行清理,还是上市失败改为挂牌,都涉及对赌协议的变更。如果投资方与创始人方约定,应通过签署书面合同的方式修改投资协议,在没有另行签订合同的情况下,可否基于其他书面文件或行为等,推定投资方已放弃对赌权利?

合同成立后,除非与对方协商一致,否则,不得单方擅自变更。《民法典》第543条规定:"当事人协商一致,可以变更合同。"第136条第2款规定:"行为人非依法律规定或者未经对方同意,不得擅自变更或者解除民事法律行为。"

当事人约定采用特定形式,如另行签署合同,才能修改合同的,应按照约定的特定方式执行。《民法典》第133条规定:"民事法律行为是民事主体通过意思表示设立、变更、终止民事法律关系的行为。"第135条规定:"民事法律行为可以采用书面形式、口头形式或者其他形式;法律、行政法规规定或者当事人约定采用特定形式的,应当采用特定形式。"第140条规定:"行为人可以明示或者默示作出意思表示。沉默只有在有法律规定、当事人约定或者符合当事人之间的交易习惯时,才可以视为意思表示。"

对于变更的内容约定不明确的,视为未变更。《民法典》第544条规定:"当事人对合同变更的内容约定不明确的,推定为未变更。"第142条规定:"有相对人的意思表示的解释,应当按照所使用的词句,结合相关条款、行为的性质和目的、习惯以及诚信原则,确定意思表示的含义。"

主题案例:山东宏力艾尼维尔环境科技集团有限公司、天津普凯天吉股权投资基金合伙企业公司增资纠纷案①

2011年11月,投资方与目标公司签订《增资协议》,约定投资方以增资的方式入股目标公司。

同月,投资方与目标公司及原股东签订《补充协议》,约定如果目标公司在2014年12月31日前不能在中国境内A股市场公开发行股票并上市,投资方有

---

① 参见最高人民法院民事裁定书,(2019)最高法民申5691号。

权要求目标公司及原股东回购股权。本协议修改、变更事项在双方签署书面协议后方可生效。

2014年6月19日,目标公司召开股东会,通过新三板申请等决议。

2014年7月26日,目标公司审议通过公司章程,其中载明:公司股票在全国中小企业股份转让系统挂牌后,应采取公开转让形式,或经中国证监会批准的其他转让形式。发起人持有的本公司股份,自公司成立之日起1年内不得转让。

2014年12月2日,目标公司召开股东大会,全体股东一致通过的议案载明:拟确定公司股票在全国中小企业股份转让系统转让方式为协议转让,在满足做市转让方式的要求前提下,公司将积极推动采取做市转让方式。

2014年12月23日、2015年3月3日,投资方委托第三人向原股东及目标公司发送《催告函》,要求履行《补充协议》关于股权回购的约定。

2015年5月4日,投资方出具《承诺函》,承诺在目标公司挂牌之前,投资方不会按照《补充协议》提出现金补偿、股权回购等要求。

2015年5月15日,目标公司在《公开转让说明》中载明,目标公司的机构投资者已分别出具声明并承诺:在目标公司股票在全国中小企业股份转让系统正式挂牌之前,将不会按照《补充协议》中的约定,提出现金补偿、利润分配、股权回购、股权转让限制、反稀释等要求。

2015年6月5日,目标公司在全国中小企业股份转让系统(新三板)挂牌。

2015年7月17日,目标公司召开股东大会,投资方投票同意目标公司股票由协议转让方式变更为做市转让方式的议案。

2015年11月2日,投资方委托第三人向原股东及目标公司发送《催告函》。

投资方提起诉讼,请求判令原股东支付股权回购款等。

原股东辩称:双方已经达成合意,对《补充协议》中的股权回购条款作出了实质性变更。投资方同意目标公司选择新三板挂牌,即排除了目标公司同时申请IPO上市的可能。

最高人民法院认为:

权利的放弃应予明示,除非法律有特别规定或者当事人有特别约定。本案中,当事人在《补充协议》中明确约定,协议修改、变更事项在各方签署书面协议后方可生效。投资方、原股东和目标公司之间并未就变更或解除《补充协议》签订书面协议。而且,从2014年12月23日、2015年3月3日、2015年11月2日投资方委托第三方向原股东发出的《催告函》、2015年5月4日投资方出具的《承诺函》、2015年5月15日目标公司作出的《公开转让说明》中的声明承诺等均可以看出,投资方不但未明示放弃要求原股东收购其股权的权利,反而一直在主张回购权利。

尽管投资方同意目标公司2014年6月19日的股东会决议、配合目标公司申请新三板上市相关工作及收取了分红,但上述行为只表明其同意目标公司申请新三板上市,并不足以证明其放弃要求原股东按照《补充协议》的约定条件收购其股权的权利。

二审判决认定投资方未放弃《补充协议》约定的回购权利,并无不当。原股东的该项再审申请理由不能成立,不予支持。

本案中,各方约定,如果目标公司未在2014年12月31日前在A股上市,则投资方有权要求目标公司及原股东回购股权。各方在《补充协议》中还约定,对本协议的修改,双方应采取另行签署书面协议的方式,否则不生效。之后,目标公司未申请上市,而是新三板挂牌。投资方起诉要求对赌义务人回购股权。

目标公司及原股东辩称,既然投资方已签署股东会决议,同意目标公司新三板挂牌,即排除目标公司同时申请IPO上市,案涉回购条款已经解除。

法院认为,《补充协议》约定应以签署书面合同的形式修订合同。双方并未就修改或解除《补充协议》另行签订合同,投资方只是推迟行使股权回购的权利,而非放弃该权利,相反,投资方一直积极主张权利。投资方配合新三板的申请工作,不足以证明其放弃回购权。

其他案件中,《增资协议》或《股权转让协议》约定合同解除或变更需另行签署书面协议的,关于对赌条款是否变更或解除,法院审查的重点在于双方是否另行签署相关书面协议。

最高人民法院在一案①中认为,"根据《增资扩股协议书》第十六条关于协议的变更、解除的约定,即协议的任何修改、变更应经协议各方另行协商,并就修改、变更事项共同签署书面协议后方可生效。即若要解除上市及股权回购条款,必须各方当事人签订书面的协议。本案中没有证据显示各方当事人签署了相关的书面协议解除《增资扩股协议书》中的有关上市和股权回购条款……《董事会会议纪要》不能证明《增资扩股协议书》中的上市及股权回购条款已经解除。因此,王小军、许鹏、熊志华、肖江涛的主张没有事实和法律依据,本院不予支持"。

---

① 参见王小军等与上海鋆泰股权投资合伙企业(有限合伙)股权转让纠纷案,最高人民法院民事判决书,(2018)最高法民终645号。

杭州市临平区人民法院在一案①中认为,"被告李某某辩称双方已经以实际行动确认《股权转让协议》及补充协议解除,但根据《股权转让协议》8.2条约定,'除本协议另有明确规定的之外,本协议的任何变更或解除均应经双方事先签署书面协议后方可生效'。原、被告并未在被告李某某将1950万元转给原告的时间点签订任何协议确认相关协议解除,反而在2020年7月22日再次签订《股权转让协议之补充协议》之补充协议,对股权转让关系及其他事项进行了确认与补充约定……被告的抗辩,依据不足,本院不予采信"。

同样,其他案件中,对于约定合同变更应另行签署书面协议的,除非当事人另行签订合同,否则法院不认可合同变更。

新疆维吾尔自治区乌鲁木齐市中级人民法院在一案②中认为,赵良忠与唐勇签订的《机械车辆租赁合同》中明确约定,未经对方书面同意,任何一方不得中途变更或解除本合同,该约定系双方的真实意思表示,双方均应依据合同约定履行各自的义务,唐勇提供的证人与其之间变更合同价款的行为不能约束赵良忠,唐勇未能提供书证证实赵良忠与其已协商一致变更合同价款,赵良忠履行合同的行为不能当然认定为对合同变更的默认,故唐勇上诉认为其与赵良忠已协商一致变更合同价款的理由不能成立,对其该项上诉理由不予采信。

上海市第二中级人民法院二审维持原判的一案③中,一审法院认为,"《财务顾问协议》明确约定变更须经双方协商一致,未尽事宜亦须双方协商一致后另行签订书面协议,付款条件变更系合同的核心内容,依理应由双方当事人共同确认,除非有言在先,否则此种确认不可采用默示推定原则;换言之,在上太公司未予明示确认的情况下,金百纳公司以其单方出具的《确认单》主张付款条件变更,缺乏事实与法律依据",不予采信,金百纳公司仍应依《财务顾问协议》约定条件付款。

需要注意的是,合同约定对其修改应另行签署书面合同,与修改应采取书面形式不同,前者的要求更高。合同书仅是书面形式的一种,电子邮件、信件等均属于书面形式。《民法典》第469条第2、3款规定:"书面形式是合同书、信件、电报、电传、传真等可以有形地表现所载内容的形式。以电子数据交换、电子邮件

---

① 参见杭州麦雨股权投资基金合伙企业(有限合伙)、李鹏等股权转让纠纷案,杭州市临平区人民法院民事判决书,(2021)浙0110民初10312号。

② 参见唐勇与赵良忠公路货物运输合同纠纷案,乌鲁木齐市中级人民法院民事判决书,(2014)乌中民一终字第558号。

③ 参见大连金百纳影视文化发展有限公司与上海上太投资管理有限公司、李宇栋服务合同纠纷案,上海市第二中级人民法院民事判决书,(2017)沪02民终10988号。

等方式能够有形地表现所载内容,并可以随时调取查用的数据电文,视为书面形式。"对于仅约定通过书面形式变更的,原合同签订后,当事人单方出具的文件或与其他方一并签署的文件,有可能视为变更原合同。

对于并未约定以书面形式变更合同的,法院也大多认为,通过书面形式订立的合同,对其变更也应采用书面形式;如果以其他形式变更,双方有异议的,推定合同未变更。

北京市第三中级人民法院在一案①中认为,"当事人通过书面形式订立合同的,变更合同原则上也应采用书面形式;如果采用口头形式、事实行为等其他形式变更合同的,如果双方当事人均无争议的,也可以认定为合同变更。如果当事人就除书面形式以外的是否变更合同的情形理解不一致引发争议,就应当适用《中华人民共和国合同法》第七十八条的规定,视为当事人对合同变更的内容约定不明,推定为合同未变更"。

上海市第二中级人民法院在一案②中认为,"当事人通过书面形式订立合同的,变更合同原则上也应采用书面形式;或者采用书面以外的如口头形式以及包括事实行为等在内的其他形式变更合同的,只要当事人没有争议,也可以认定为合同变更。考虑到实践中当事人对合同变更的形式是多样化的,在人民法院不是合同的当事人,不可能还原合同的履行过程的情况下,人民法院只能以证据能够证明的案件事实作出认定"。

湖南省永州市中级人民法院在一案③中提到,"最高院司法观点认为,当事人通过书面形式订立合同的,变更合同原则上也应采用书面形式,或者采用书面以外的如口头形式以及包括事实行为等在内的其他形式变更合同的,只要当事人没有争议,也可认定为合同变更"。

◆ 小结与建议

投资方:建议在投资协议中约定,合同变更应采取"另行签署书面合同"的方式,而非仅仅"通过书面的形式"变更,以避免投资方为配合目标公司上市或

---

① 参见北京正阳恒瑞置业公司与北京铜牛集团有限公司房屋买卖合同纠纷案,北京市第三中级人民法院民事判决书,(2019)京03民终12233号。
② 参见上海信立制冷设备工程有限公司与上海吴淞口开发有限公司买卖合同纠纷案,上海市第二中级人民法院民事判决书,(2018)沪02民终1258号。
③ 参见道县鑫源石场与招伟锋、邱锦源合同纠纷案,永州市中级人民法院民事判决书,(2018)湘11民终1907号。

挂牌而出具的书面文件被理解为放弃对赌权利。此外，建议再明确约定"未经投资方与创始人方另行签订合同且明确表示放弃，对赌协议不得视为变更"。

针对对赌义务人提出的投资方已在股东决议等文件中放弃对赌权利的抗辩，可考虑强调：退一步而言，即便该等文件被视为约定的书面文件，也不包含投资方已放弃对赌权利或对赌条款已经双方合意解除的内容。

创始人方：不建议在投资协议中约定"合同变更的，双方应另行签署书面合同"的内容，以避免提高投资方豁免对赌义务的门槛。此外，在目标公司上市申报或挂牌阶段，建议创始人方取得投资方明确放弃对赌权利的书面表述，以免因变更内容不明确而被视为未变更。

4.5 后签署的合同是否变更原对赌协议?

为配合目标公司上市申报或挂牌,投资方可能会签署新的协议或单方出具书面文件。问题4.4是有关对赌协议签订后,投资方与创始人方没有另行签署书面合同,而是投资方单方出具书面文件的问题,本问题关注的则是对赌协议签订后,各方又签署了新的协议,对赌约定是否因此变更的问题。

就同一事项,后签订的合同视为对前合同的变更。《民法典》第543条规定:"当事人协商一致,可以变更合同。"例如,最高人民法院在一案①中认为,当事人就同一事项先后签订了两份合同,后签订的合同应视为对前合同的变更与补充。当二者约定不一致时,应以后者的约定为准。

对赌协议成立之后,投资方与原股东及目标公司又签订协议的,是否影响投资方先前约定享有的对赌权利?

主题案例:深圳复思尔康投资合伙企业、郭伟等合同纠纷案②

2016年9月,投资方与目标公司及原股东等签订《增资协议》,约定2016年目标公司经投资方聘请的会计师事务所审计的净利润未达到2.5亿元时,投资方有权要求原股东按10%年化资金利息回购其持有的目标公司全部股权。

2017年4月,中汇会计师事务所出具的审计报告显示,目标公司2016年度的净利润为227959229.32元。

2017年12月16日,投资方、原股东等22方发起人共同签订《发起人协议》,其中第15.8条约定,自目标公司成立之日起,各发起人即成为目标公司的股东,根据相关法律、法规及目标公司章程的规定享有相应的股东权利,各发起人不得以其他任何协议、备忘录或其他类似文件向公司或其他发起人主张任何其他权利。

投资方提起诉讼,请求判令原股东受让其持有的目标公司的股份等。

最高人民法院认为:

《发起人协议》第15.8条约定:自目标公司成立之日起,各发起人即成为

---

① 参见南京恒兴船务有限公司与中国人民财产保险股份有限公司沧州市运河支公司浮阳营业部海上保险合同纠纷案,最高人民法院民事裁定书,(2015)民申字第137号。
② 参见最高人民法院民事裁定书,(2022)最高法民申277号。

目标公司的股东,根据相关法律、法规及目标公司章程的规定享有相应的股东权利,各发起人不得以其他任何协议、备忘录或其他类似文件向公司或其他发起人主张任何其他权利。《发起人协议》签订在《增资协议》之后,第15.8条约定的内容语义清晰,二审法院认为,根据该条款投资方已经不再享有《增资协议》项下的回购请求权,进而认定原股东无须承担回购股权责任,并无不当。

本案中,投资方与目标公司及原股东在对赌协议中约定,如果目标公司2016年业绩未达标,则投资方有权要求原股东回购股权。之后,原股东与投资方等作为发起人签订了《发起人协议》,约定各发起人不得以其他任何协议向目标公司或其他发起人主张任何权利。因目标公司未实现业绩承诺,投资方提起诉讼,向原股东主张股权回购。

法院认为,《发起人协议》已明确约定各发起人不得依据其他任何协议向其他发起人主张任何权利,其指向的范围覆盖对赌协议的约定,投资方作为发起人不得向原股东主张股权回购。

其他案件中,法院亦认为,如果对赌协议签订后,当事人又达成协议或有书面文件表明对赌约定被终止,则投资方无权向对赌义务人主张权利。

北京市高级人民法院在一案[①]中认为,《范宇回购补充协议》中约定了业绩与上市两个回购触发条件。2011年11月,目标公司即变更为股份有限公司。2012年年底,目标公司未实现业绩目标时,范宇选择接受《全体十补四补充协议》项下的股份补偿。而对于"各方均同意并力促丙方(目标公司)于不会晚于2012年内向中国证监会提出于国内上市申请,并将不晚于2015年内实现上市"的条件,2013年3月包括范宇在内的目标公司全体股东同意目标公司变更为新三板上市,并应股转公司要求,范宇出具书面《声明》,称《全体十补四补充协议》所约定的补偿事宜已于2012年12月实施,增资扩股协议及该协议均已履行完毕,不存在其他后续约定。新三板上市并不限制股东间存在对赌约定,只要求如实披露。该《声明》内容语义清晰,明确"不存在其他后续约定",该条款中所指向"后续约定"范围应能够覆盖《范宇回购补充协议》项下的回购请求权。范宇应对其行为承担责任,不支持范宇的回购请求。

---

① 参见范宇与罗砚等公司增资纠纷案,北京市高级人民法院民事裁定书,(2020)京民申2698号。

北京市高级人民法院在一案①中认为,"从《增资扩股协议》《补充协议》与 VIE 架构下系列协议的关系看,VIE 架构下系列协议的签订实际是《增资扩股协议》《补充协议》的签约各方或权利继受者通过签订新的书面协议的方式,对原《增资扩股协议》《补充协议》项下北京中彩汇公司拟上市交易具体方案进行了变更。在《股东协议》中,各方协商的拟上市交易主体已经由北京中彩汇公司变更为 GlobaltainmentLimited,承担回购责任的主体也从杨琨、李晓华为回购义务方、北京中彩汇公司为连带保证责任方变更为 GlobaltainmentLimited 为回购义务方、杨琨、李晓华为保证方。同时各方重新约定了回购价格的计算公式以及杨琨、李晓华'不超过各创始人持有的股份所对应的本公司净资产'的回购义务,并约定了相关争议提交香港国际仲裁中心解决。故在各方就上市方案达成新的约定的情况下,《补充协议》项下的回购条款已不再适用"。

但需注意,前述案件中均有明确的表述能覆盖对赌协议的约定,如果当事人在对赌协议签订之后又达成其他协议,但未替代对赌协议,法院不会轻易认定投资方不再享有对赌权利。

最高人民法院在一案②中认为,"关于《管理权移交协议》和《补充协议》是否影响股权回购的问题。从内容上看,《管理权移交协议》及《补充协议》系各方……等内容作出约定,并无涉及案涉股权回购事宜的约定,原审法院认定《管理权移交协议》及《补充协议》并未对之前签订的系列协议中关于股权回购的约定进行变更或解除,对中航信托公司的回购主张予以支持,并无不当"。

北京市第一中级人民法院在一案③中认为,"江源泉和佩尔优公司辩称,《谅解备忘录》和股东会决议已经免除了江源泉的回购责任,秉原旭中心无权要求江源泉履行回购义务。对此本院认为,《谅解备忘录》和股东会决议虽然就佩尔优公司重组方案进行过协商,但并未明确免除江源泉的股权回购义务,特别是 2016 年 3 月 17 日临时股东会决议特别说明:佩尔优公司的各股东在佩尔优公司的权益是独立的,江源泉承担对各股东的回购责任是独立的,并不免除江源泉的股权回购责任。江源泉和佩尔优公司该抗辩意见缺乏事实基础,本院不予采信"。

---

① 参见李晓华等与扬州嘉华创业投资有限公司股权转让纠纷案,北京市高级人民法院民事判决书,(2021)京民终 178 号。
② 参见重庆三峡燃气(集团)有限公司、谭传荣等合同纠纷案,最高人民法院民事裁定书,(2021)最高法民申 7581 号。
③ 参见上海秉原旭股权投资发展中心(有限合伙)与江源泉等公司增资纠纷案,北京市第一中级人民法院民事判决书,(2017)京 01 民初 92 号。

另外，如果各方就对赌内容签订了多份协议，可能存在互相冲突的情况。此时，对于投资方主张对赌权利的请求，法院关注的是以哪份合同为准的问题。

浙江省高级人民法院在一案①中认为，"本案再审审查的争议焦点为欢瑞传媒公司通过重组上市后，欢瑞公司、钟君艳、陈援是否还要继续向睿思公司承担因为欢瑞传媒公司2013年净利润未达到约定目标而产生的业绩补偿责任。经查，（1）从涉案一系列股份转让协议的签订过程、签订合同目的、合同的主要条款来看，欢瑞公司、钟君艳、陈援作为目标公司即欢瑞传媒公司的股东及实际控制人，为了吸收外来资本、完善目标公司股本结构，在协议中保障睿思公司的投资收益并规定具体标准，该意思表示是清楚、明确并具有连续性，且在签订《补充协议三》《补充协议五》的过程中也均明确如有与《补充协议二、四》不相一致的地方，则适用《补充协议三》《补充协议五》的规定，由此可见，《补充协议五》的签订是各方当事人真实意思表示……《补充协议五》第1条约定，根据原股份转让协议中约定的业绩承诺补偿，对于欢瑞传媒公司2013年度以前未实现的部分，由欢瑞公司及钟君艳、陈援对睿思公司进行补偿……可见，上述协议各条款约定非常明确，即目标公司重组成功后对目标公司未完成2013年度的业绩承诺对睿思公司进行业绩补偿"。

浙江省杭州市中级人民法院在一案②中认为，"二审中的争议焦点是应以哪一份协议书作为确定各方权利义务的依据。本院经审查后认为，张伟明以《增资扩股协议书》为依据向原审法院提起本案诉讼，而《协议书2》和《协议书3》均形成于原审判决下达之前，但各方当事人均未将《协议书2》或《协议书3》作为证据提交给原审法院，表明《协议书2》和《协议书3》的法律效力并未得到当事人确认。其次，因《协议书3》签订在《协议书2》之后，且《协议书3》中有关股权比例、对赌追索条款解除时间节点等内容，均与《协议书2》约定相矛盾，表明《协议书2》在《协议书3》签订时已被各方合意废止；而《协议书3》约定的三个生效条件也至今并未成就，故《协议书2》和《协议书3》对各方当事人均不具有法律效力。《协议书3》第四款约定，'补偿的股权完成过户之日起，乙方（指张伟明等股东）解除各自与甲方（指迈勒斯公司）及丙方（指楼满娥）签署增资协议时约定的对赌追索条款'，该条款表明案涉各方当事人均认可在《协议书3》约定的条件

---

① 参见浙江欢瑞世纪文化艺术发展有限公司、钟君艳、陈援等合同纠纷案，浙江省高级人民法院民事裁定书，(2019)浙民申3640号。
② 参见楼满娥与张伟明等公司增资纠纷案，杭州市中级人民法院民事判决书，(2015)浙杭商终字第1038号。

未成就时,原《增资扩股协议书》中对赌追索条款仍然有效"。

❖ 小结与建议

投资方:对赌协议签订后,投资方又与原股东及目标公司签订其他合同的,要注意是否涉及先前约定的对赌协议。如果存在替代的可能性,建议明确该协议不构成对投资方在对赌协议下享有权利的变更。

创始人方:如果创始人方与投资方后续签订的合同减轻了对赌责任,建议加入"本协议替代之前各方签订的所有合同"的类似表述,以免再受先前对赌协议的约束。

五、触发补偿或回购条款阶段

5.1 约定净利润以《审计报告》为准的,可以以《审核报告》判断业绩情况吗?

约定业绩对赌的,必然存在业绩表现的衡量标准。业绩指标形式多样,其中最常见的莫过于净利润。以净利润衡量目标公司业绩的,通常约定由符合一定资质的会计师事务所出具《审计报告》。在《审计报告》无法获得或不存在的情况下,投资方可以依据会计师事务所出具的《审核报告》主张业绩对赌条款已触发吗?

"审计报告"有明确的法律定义,是指注册会计师对财务报表发表的审计意见。财务报表是指会计报表(资产负债表、利润表、现金流量表及相关附表)及其附注。《中国注册会计师审计准则第1501号——对财务报表形成审计意见和出具审计报告》第8条规定:"审计报告,是指注册会计师根据审计准则的规定,在执行审计工作的基础上,对财务报表发表审计意见的书面文件。"《企业会计准则——基本准则》第41条规定:"企业在将符合确认条件的会计要素登记入账并列报于会计报表及其附注(又称财务报表,下同)时,应当按照规定的会计计量属性进行计量,确定其金额。"《企业财务会计报告条例》第7条第2款规定:"会计报表应当包括资产负债表、利润表、现金流量表及相关附表。"

"审核报告"没有明确的法律定义,但与"审计报告"一样,都属于注册会计师执行的鉴证业务,二者适用的标准相同。《中国注册会计师鉴证业务基本准则》第2条规定:"鉴证业务包括历史财务信息审计业务、历史财务信息审阅业务和其他鉴证业务。注册会计师执行历史财务信息审计业务、历史财务信息审阅业务和其他鉴证业务时,应当遵守本准则以及依据本准则制定的审计准则、审阅准则和其他鉴证业务准则。"第25条第1款规定:"注册会计师在运用职业判断对鉴证对象作出合理一致的评价或计量时,需要有适当的标准。适当的标准应当具备下列所有特征:(一)相关性:相关的标准有助于得出结论,便于预期使用者作出决策;(二)完整性:完整的标准不应忽略业务环境中可能影响得出结论的相关因素,当涉及列报时,还包括列报的基准;(三)可靠性:可靠的标准能够使能力相近的注册会计师在相似的业务环境中,对鉴证对象作出合理一致的评价或计量;(四)中立性:中立的标准有助于得出无偏向的结论;(五)可理解性:可理解的标准有助于得出清晰、易于理解、不会产生重大歧义的结论。"

主题案例：陆芸芸等与北京四方继保自动化股份有限公司合同纠纷案①

2015年10月22日，投资方与目标公司及原股东签订《增资协议》，约定投资方拟出资9000万元认缴目标公司30%的股权。

《增资协议》约定，如目标公司2015年度、2016年度、2017年度的累计经审计净利润合计低于6300万元，则投资方有权要求原股东向其支付全部增资款及8%利息作为补偿。净利润指目标公司每个会计年度经审计的合并财务报表所反映的税后净利润，并以扣除非经常性损益前后较低者为计算依据。净利润以经投资方指定的具有证券从业资格的会计师事务所按中国会计准则出具的无保留意见的审计报告为准。

投资方依据会计师事务所出具的审核报告提起诉讼，要求原股东向其支付业绩补偿款及利息。

原股东认为协议中明确约定的是"经审计"的净利润，而投资方并未提供2016年度、2017年度的正式审计报告，其所提供的审核报告及目标公司制作的2017年度财务报表不符合协议约定的"经审计"之条件，因此无法判断业绩补偿条款是否被触发。

北京市第一中级人民法院一审认为：

目标公司未能形成2016年度、2017年度审计报告，双方各执一词。《增资协议》约定了"经审计净利润"之要求，但约定"经审计"的目的是保证"净利润"数字之准确，从而为各方客观判断是否触发了协议约定的业绩补偿条款提供依据。如果现有证据能够证明目标公司2015年度、2016年度、2017年度累计的净利润低于6300万元，即可以认定各方约定的业绩补偿条款被触发，则原股东应当承担相应的业绩补偿义务。

当事人对自己提出的诉讼请求所依据的事实或者反驳对方诉讼请求所依据的事实，应当提供证据加以证明。投资方提供的如下证据，已证明目标公司未完成6300万元业绩：《泓申公司2015年审计报告》，显示2015年度的净利润为19921183.56元；经原股东签字的《合并利润表》，显示2017年度净利润为-37359938.85元。各方邮件往来，均体现出原股东多次认可未能完成预期业绩，需要履行补偿义务。原股东抗辩称业绩补偿条款未被触发，但其并未就目标公司2015年度、2016年度、2017年度的净利润数额进行举证证明。

---

① 参见北京市高级人民法院民事判决书，(2019)京民终252号。

综上，通过现有证据可以认定业绩补偿条款已经被触发。北京市高级人民法院二审维持原判。

本案中，合同约定如果目标公司的审计报告显示约定年份的净利润未达目标，则投资方有权要求原股东补偿。投资方依据会计师事务所出具的审核报告向原股东主张业绩补偿。

原股东提出异议，认为审核报告不符合约定的"经审计"的条件。

法院认为，合同约定"经审计"的目的是保证"净利润"的准确性，以作为判断是否触发业绩补偿条款的依据。如果现有证据能够证明目标公司的净利润未达目标，业绩补偿条款已被触发，则原股东应承担补偿责任。

其他案件中，法院亦持相同观点，即各方约定目标公司的业绩应"经审计"，但投资人提供的是《审核报告》的，该报告可以作为确认业绩补偿条款是否触发的依据。

北京市高级人民法院审理的一案①中，合同约定目标公司应经审计，但投资方提出的证据却是《审核报告》。该院认为，"中准会计师事务所（特殊普通合伙）针对金鸿控股公司编制的《目标公司业绩承诺完成情况的说明》进行专项审核并出具了专项审核报告……中准会计师事务所（特殊普通合伙）按照会计准则规定执行审核工作，对目标公司的原始票据、来往函证包括业务合同及采购合同都进行了核实，相关项目重新计算金额。目标公司三年审计报告所依据的数据来源、原始票据等均经目标公司确认……故中准会计师事务所（特殊普通合伙）在此基础上发表的鉴证意见具有客观性和合理性，一审判决据以采信《目标公司业绩承诺完成情况的说明》中目标公司业绩完成情况的审计结果正确"，予以确认。

北京市第三中级人民法院二审维持原判的一案②中，合同约定目标公司出具《审计报告》以确认是否完成业绩承诺。"瑞华会计师事务所出具的审核报告可以证明 2018 年归属于母公司的实际扣非净利润为 155.095014 万元，完成了承诺业绩的 99.42%。虽双方未提交 2017 年度审计报告，一审法院认为结合双方合同的履行情况，汇诚财务公司完成了 2017 年度的承诺业绩"。

---

① 参见江苏中赛环境科技有限公司与金鸿控股集团股份有限公司股权转让纠纷案，北京市高级人民法院民事判决书，(2019) 京民终 124 号。

② 参见霍尔果斯快马财税管理服务有限公司与熊作顺等股权转让纠纷案，北京市第三中级人民法院民事判决书，(2022) 京 03 民终 3062 号。

北京市第一中级人民法院审理的一案①中,针对投资方提交的《专项审核报告》,原股东认为,《专项审核报告》不符合《盈利预测补偿协议》中业绩承诺条款约定的审计报告形式,申请在诉讼中重新审计。该院认为,"虽然《专项审核报告》与《盈利预测补偿协议》中约定的审计报告名称不符,但瑞华会计师事务所已经派员出庭接受询问,就《专项审核报告》作出的相关事实进行陈述,并确认《专项审核报告》即为《盈利预测补偿协议》中约定的审计报告","一审法院依据《专项审核报告》认定已触发王利峰履行回购股份及现金补偿义务的依据并无不当"。

但需注意,若合同约定业绩指标应经审计,且现存《审计报告》显示目标公司实现业绩承诺,在未认定《审计报告》存在错误的情况下,投资方以《审核报告》为依据提出补偿要求的,法院不予支持。例如,北京市高级人民法院二审维持原判的一案②中,《股权转让协议》约定如果目标公司经审计确认的净利润不低于年度净利润指标,则投资方应在一定期限内支付股权转让款。2014年4月至2018年3月的《审计报告》中的数值均显示华润辽宁器械公司在业绩承诺期内完成了年度净利润指标。各方在《股权转让协议》中明确约定了考核华润辽宁器械公司在业绩承诺期内是否完成指标的根据为《审计报告》及年度净利润,在上述《审计报告》没有被认定为错误的情况下,一审法院将《审计报告》中的结论作为本案的定案依据。华润医药公司持《专项审核报告》要求孙凌霞、孙玉发连带支付净利润差额抵补金的诉讼请求,没有合同依据,一审法院对华润医药公司的该项诉讼请求不予支持。

❖ 小结与建议

投资方:对赌协议约定目标公司的业绩应"经审计"的,在无法获得《审计报告》的情况下,可提交会计师事务所出具的《审核报告》作为衡量业绩表现的证据。

创始人方:考虑到法院不拘泥于"审计"或"审核"的措辞,而是从实质上作出判断,仅以投资方提供的《审核报告》与约定的《审计报告》名称不同,辩称投资方未证明业绩条款已被触发,该主张被支持的可能性不大。

---

① 参见王利峰与北京华谊嘉信整合营销顾问集团股份有限公司股权转让纠纷案,北京市第一中级人民法院民事判决书,(2019)京01民终5625号。

② 参见华润医药商业集团有限公司与孙凌霞等股权转让纠纷案,北京市高级人民法院民事判决书,(2022)京民终61号。

5.2 不具备约定的"证券期货从业资格"的会计师事务所出具的《审计报告》，可以作为确认目标公司净利润的依据吗？

各方同意以目标公司净利润作为业绩指标的，可能会约定进行审计的会计师事务所应具有"证券从业资格"或"证券期货从业资格"。如果《审计报告》并非由具备约定资格的会计师事务所作出，该报告还能作为确认目标公司业绩承诺是否达成的依据吗？

2019年年底《证券法》修订前，会计师事务所从事证券服务业务，须经审批。《证券法》（2014年修正）第169条第1款规定："……会计师事务所从事证券服务业务，必须经国务院证券监督管理机构和有关主管部门批准。"第226条第2款规定："……会计师事务所未经批准，擅自从事证券服务业务的，责令改正，没收违法所得，并处以违法所得一倍以上五倍以下的罚款。"

《证券法》及配套规定修订前，会计师事务所从事证券、期货相关业务，需符合成立5年以上、注册会计师不少于200人、上一年度业务收入不少于8000万元、至少有25名以上合伙人等要求。财政部、证监会《关于会计师事务所从事证券期货相关业务有关问题的通知》（已失效）第1条规定："会计师事务所从事证券、期货相关业务（以下简称证券业务），应当按照本通知规定取得证券、期货相关业务资格（以下简称证券资格）。会计师事务所申请证券资格，应当具备下列条件：（一）依法成立5年以上，组织形式为合伙制或特殊的普通合伙制；由有限责任制转制为合伙制或特殊的普通合伙制的会计师事务所，经营期限连续计算；（二）质量控制制度和内部管理制度健全并有效执行，执业质量和职业道德良好；会计师事务所设立分所的，会计师事务所及其分所应当在人事、财务、业务、技术标准和信息管理等方面做到实质性的统一；（三）注册会计师不少于200人，其中最近5年持有注册会计师证书且连续执业的不少于120人，且每一注册会计师的年龄均不超过65周岁；（四）净资产不少于500万元；（五）会计师事务所职业保险的累计赔偿限额与累计职业风险基金之和不少于8000万元；（六）上一年度业务收入不少于8000万元，其中审计业务收入不少于6000万元，本项所称业务收入和审计业务收入均指以会计师事务所名义取得的相关收入；（七）至少有25名以上的合伙人，且半数以上合伙人最近在本会计师事务所连续执业3年以上；（八）不存在下列情形之一……"

2019年《证券法》修订后,会计师事务所从事证券、期货业务,从审批制改为备案制。2019年修订的《证券法》第160条规定:"会计师事务所……应当勤勉尽责、恪尽职守,按照相关业务规则为证券的交易及相关活动提供服务。从事证券投资咨询服务业务,应当经国务院证券监督管理机构核准;未经核准,不得为证券的交易及相关活动提供服务。从事其他证券服务业务,应当报国务院证券监督管理机构和国务院有关主管部门备案。"财政部、证监会印发的《会计师事务所从事证券服务业务备案管理办法》第4条第1款规定:"会计师事务所从事下列证券服务业务,应当按照本办法进行备案:(一)为证券的发行、上市、挂牌、交易等证券业务活动制作、出具财务报表审计报告、内部控制审计报告、内部控制鉴证报告、验资报告、盈利预测审核报告。(二)为证券公司及其资产管理产品制作、出具财务报表审计报告、内部控制审计报告、内部控制鉴证报告、验资报告、盈利预测审核报告。(三)财政部、证监会规定的其他业务。"第8条规定:"在2020年3月1日前取得从事证券、期货相关业务资格的会计师事务所,拟继续从事证券服务业务的,应当在本办法施行之日(不含)起10个工作日内进行备案。"

如今,虽然会计师事务所从事证券、期货业务的门槛有所降低,但仍有是否具备"证券、期货"业务资格的区分。《中国证监会派出机构监管职责规定》(2022年修订)第9条规定:"派出机构负责对下列市场主体实施检查:……(七)从事证券期货业务的会计师事务所、资产评估机构、资信评级机构、律师事务所及其分支机构……"《上海证券交易所科创板股票上市规则》第2.1.5条规定:"发行人首次公开发行股票经中国证监会同意注册并完成股份公开发行后,向本所提出股票上市申请的,应当提交下列文件:……(四)首次公开发行结束后,具有执行证券、期货相关业务资格的会计师事务所出具的验资报告……"

主题案例:胡华乔、张中玉、宁波金投股权投资合伙企业与公司有关的纠纷案①

2014年9月2日,投资方与原股东等签订《增资协议》及《补充协议》,约定投资方出资500万元认购目标公司5.29%的股权。

前述协议中,原股东向投资方保证,目标公司2015年至2017年净利润分别不低于1000万元、2000万元及3000万元。上述"净利润"均指经目标公司、投

---

① 参见宁波市中级人民法院民事判决书,(2019)浙02民终3783号。

5.2 不具备约定的"证券期货从业资格"的会计师事务所出具的《审计报告》,可以……

资方认可的经具有证券从业资格的会计师事务所审计并出具的无保留意见的审计报告所确认的,扣除非经营性损益前或后(根据孰低原则确定)的完税后利润。如目标公司 2016 年度净利润未达到 2000 万元的 85%,则原股东应自 2016 年度审计报告出具之日起 20 日内向投资方支付现金补偿,补偿金额=投资方投资总额×(1-当年实际利润/2000 万元)-2015 年补偿金额。

前述协议还约定,原股东保证目标公司向投资方及时提供如下文件:每个会计年度结束后 180 天内,提供年度审计报告;自每季度最后一日起 30 天内,提供季度内每月的月度利润表、资产负债表和现金流量表。

2017 年 2 月 7 日,宁波市海曙诚联会计师事务所出具诚联会审(2017)013 号《审计报告》,确定 2016 年度目标公司净利润为 4415204.27 元。

投资方向原股东发出律师函,要求原股东支付补偿款及违约金,但原股东一直未予支付。

投资方提起诉讼,请求判令原股东支付投资方 2016 年度补偿款 3896200 元等。

浙江省宁波市鄞州区人民法院一审认为:

原股东向投资方承诺了 2016 年度公司的净利润目标,并约定了补偿金额的计算方法,现审计机构出具的《审计报告》显示公司未达到经营目标,原股东应按约定向投资方支付相应的补偿款。

原股东上诉主张:一审法院判决所依据的《审计报告》没有证据效力。出具涉案《审计报告》的会计师事务所并不具有证券从业资格。该《审计报告》系因公司管理工作或其他原因而出具,不能真正反映目标公司的经营情况。投资方和目标公司均未委托具有证券从业资格的会计师事务所出具《审计报告》,投资方没有完成举证,应当承担举证不能的法律后果。

浙江省宁波市中级人民法院二审认为:

关于一审法院判决所依据的《审计报告》是否具有证据效力的问题。

涉案《审计报告》由宁波市海曙诚联会计师事务所出具,然而该会计师事务所并不具有证券从业资格。虽然该《审计报告》由目标公司提供,但目标公司并不认可《审计报告》是计算 2016 年度净利润金额的依据,结合《补偿协议》关于提供文件的内容,可以认定目标公司提供涉案《审计报告》只是为履行该约定,至于原股东向投资方承诺的 2016 年度净利润金额仍应依照双方合同约定由具有证券从业资格的会计师事务所出具,涉案《审计报告》因出具报告的会计师事务所不符合双方约定的资格条件,故没有证据效力,不能作为认定原股东向投资方承诺的 2016 年度净利润金额的依据。

二审中,经本院释明,双方均表示不可能再由具有证券从业资格的会计师事务所进行重新审计。由于投资方未能提供符合双方约定的具有证券从业资格的会计师事务所出具的审计报告,一审法院依据涉案《审计报告》确定的净利润金额来认定目标公司未达到承诺的经营目标不当,本院予以纠正。投资方要求原股东按约支付相应补偿款的请求亦因证据不足应当予以驳回。

判决撤销一审判决,驳回投资方的诉讼请求。

本案中,各方约定如果具有证券从业资格的会计师事务所审计确认目标公司的净利润未达到承诺目标,则原股东应向投资方作出补偿。投资方依据目标公司向其提供的年度《审计报告》,主张未达到业绩承诺目标,要求原股东支付补偿,一审法院予以支持。

原股东上诉称,一审法院判决所依据的《审计报告》并非由合同约定的具有证券从业资格的会计师事务所作出,该报告不具有证据效力。

二审法院认为,出具涉案《审计报告》的会计师事务所不符合双方约定的资格条件,该《审计报告》没有证明力,不能据此认定目标公司的业绩情况,撤销一审判决,驳回投资方的诉讼请求。

本案一审与二审法院判决结果截然相反,根源在于二者对不具备约定资质的会计师事务所出具的《审计报告》的证据效力认定不同。

其他案件中,法院亦持相同态度,作出《审计报告》的会计师事务所是否具备合同约定的证券期货从业资格,影响当事人提出的主张是否被支持。

上海市第一中级人民法院二审维持原判的一案[①]中,一审法院确认该财务审计报告应由各方认可的具有证券从业资格的会计师事务所出具。现六被告亦认可其提供的审计报告系由不具有证券从业资格的会计师事务所出具,不符合协议的约定。被告天豫公司的章程虽未对审计报告作出特别约定,但并不意味着六被告在《投资协议》中作出的承诺失效,六被告仍应根据《投资协议》的特殊约定,向原告提供符合协议要求的审计报告。

佛山市顺德区人民法院在一案[②]中认为,"原告诉请以原、被告在协议中约定的经有证券从业资格的会计师事务所审计的《审计报告》中的数据计算业绩

---

① 参见赵天学与宁波君润恒隆创业投资合伙企业(有限合伙)与公司有关的纠纷案,上海市第一中级人民法院民事判决书,(2019)沪01民终8号。
② 参见厦门宝嘉九鼎投资管理中心与周伟建股权转让纠纷案,佛山市顺德区人民法院民事判决书,(2014)佛顺法民二初字第459号。

补偿款,是其对自身权利的行使,符合法律规定,其诉请补偿款部分合理合法,本院予以支持。原告诉请要求被告支付逾期付款利息的请求,原、被告在协议中是约定被告对原告的业绩补偿在2012年度审计报告出具日后60天内实施完毕,但由于据以计算业绩补偿款的数据是由信永中和会计师事务所(特殊普通合伙)于2014年5月5日出具,原告以之前被告向其提供的其他审计报告(报告日期为2013年6月26日)主张支付逾期付款利息从2013年6月26日起计算,与协议约定据以主张业绩补偿的报告应符合经有证券从业资格的会计师事务所审计的条件不符,被告支付业绩补偿款应在2014年5月5日的报告出具后60天内即2014年7月4日前支付完毕,逾期则承担支付逾期付款利息的责任,原告该主张合理部分本院予以支持,超过应付款时间前的利息请求部分本院不予支持"。

江西省高级人民法院二审维持原判的一案[①]中,一审法院认为,"双方约定的业绩补偿条件是以具有证券期货从业资格的会计师事务所出具的审计报告为依据,而上述《经营情况》及《损益表》是恒兴源公司出具给工商行政管理部门的年审材料,并非由具有证券期货从业资格的会计师事务所出具,且李旭荣和周鸣芳都不提出要求对2011、2012年度恒兴源公司的净利润进行审计鉴定申请,故李旭荣仅举证《公司经营情况》及《损益表》不足以确定恒兴源公司在2011、2012年度扣除非经常性损益的净利润数额,故李旭荣依据《公司经营情况》及《损益表》上的金额计算,要求周鸣芳补偿709.53万元,不符合协议的约定,该诉讼请求因证据不足不能成立,不予支持"。

不过,合同约定作出《审计报告》的会计师事务所应具备证券期货从业资格的,并不意味着仅在符合前述条件的情况下才能证明目标公司未实现业绩承诺。如果其他证据表明净利润是负数,则足以证明对赌条款已触发。

北京市高级人民法院在一案[②]中认为,"依据上述条款的约定,触发回购条款的条件是国能电池公司2017年、2018年任一会计年度未能达到其承诺净利润的80%。华控基金提交的国能电池公司经营情况汇报(2018—2019.5)载明,国能电池公司于2018年12月31日的净利润为-34222.64万元,于2019年3月31日的净利润为-6370.23万元。上述内容能够证明2018年国能电池公司

---

① 参见周鸣芳与李旭荣股权转让纠纷案,江西省高级人民法院民事判决书,(2015)赣民二终字第131号。

② 参见宁波炜能资产管理中心(有限合伙)与嘉兴华控股权投资基金合伙企业(有限合伙)股权转让纠纷案,北京市高级人民法院民事裁定书,(2022)京民申1575号。

的净利润没有实现《增资协议》承诺的业绩目标。郭伟、炜能资产中心、国能电池公司认为股权回购依据的净利润应当是经过具备证券资格的会计师事务所审计后所得出的金额,而国能电池公司自2017年至今没有经过具备证券资格的会计师事务所审计,所以回购条件不成就。一审法院认定郭伟、炜能资产中心、国能电池公司未能提交证据推翻国能电池公司经营情况汇报中记载的财务数据,亦未能举证证明国能电池公司2017年、2018年的净利润符合约定的业绩目标,应承担举证不能的不利后果,并对华控基金关于《增资协议》约定的回购条件已成就的事实主张予以采信,并无不当"。

江苏省苏州市中级人民法院在一案①中认为,"一审中凯建宏公司经申请法院调查令向税务部门调取证据,取得了富口公司向税务部门提供的2015年1月1日至2015年12月31日的利润表,该利润表显示富口公司2015年度净利润累计金额为'-385022.67'元,未达到业绩承诺指标的60%即300万元,已经触发了回购条款,但尹传军、富口公司则认为该利润表显示的相关数据不符合《补充协议》第三条约定的'该业绩承诺指标以经具有证券从业资格并由甲方认可的第三方会计师事务所独立审计后数据为准'的条件,不能够作为富口公司未达到业绩承诺指标的证据……富口公司提供的全资子公司君仁公司2015年度的资产负债表、2015年度利润表显示君仁公司2015年净利润累计数为-476907.66元,无论富口公司、君仁公司的会计报表是否进行合并,都无法证明2015年富口公司的利润达到业绩承诺指标的60%即300万元。故本院认为尹传君回购凯建宏公司持有的富口公司股份的条件已成就"。

广东省深圳市中级人民法院在一案②中认为,"虽然《股权转让协议书》约定业绩承诺期内金枫玉石公司的净利润应当经具有证券从业资格的会计师事务所审计,但朱晓明表示无法提供财务资料,金喜鹊公司及金枫玉石公司亦消极应诉,由于朱晓明系金枫玉石公司的总经理,亦在转让协议中确认通过金喜鹊公司持有金枫玉石公司的股权,朱晓明应当知悉和掌握金枫玉石公司2017年的经营状况及经营财务资料……朱晓明(金喜鹊公司)应对无法按照约定通过委托专业审计审查金枫玉石公司2017年净利润情况承担不利后果。一审法院根据从税务机关调取的纳税申报材料显示金枫玉石公司2017年度的利润为负值,以及

---

① 参见尹传君与深圳凯建宏投资管理有限公司、苏州富口电子有限公司股权转让纠纷案,苏州市中级人民法院民事判决书,(2019)苏05民终8860号。
② 参见深圳市新力达电子集团有限公司、朱晓明等股权转让纠纷案,深圳市中级人民法院民事判决书,(2019)粤03民终25677号。

结合金枫玉石公司在 2015 年、2016 年均存在经营亏损，朱晓明在 2017 年底向两股东报告金枫玉石公司经营状况时指出金枫玉石公司在 2017 年度存在'生产倒挂'，并作出暂停生产线、关停工厂、降低损失的生产建议等情况，采信新力达公司关于金枫玉石公司 2017 年度经营亏损、不能达到业绩承诺的主张并无不妥，本院对一审法院认定金喜鹊公司、朱晓明需要按照约定向新力达公司支付 2017 年度业绩补偿款 4200 万元予以维持"。

此外，如果对赌义务人已表明同意回购，之后又以净利润未经具备证券期货从业资格的会计师事务所审计进行抗辩，法院不予支持。例如，北京市第二中级人民法院在一案①中认为，"炜能合伙、郭伟辩称，明睿合伙要求炜能合伙、郭伟回购股权的条件中所涉及的国能公司净利润应经具备证券资格的会计师事务所进行审计后得出，因郭伟、炜能中心曾在之前的案件中认可'国能公司从 2017 年至今就从未委托相关具备证券资格的会计师事务所进行审计，没有相应的审计报告，故《增资协议》约定的回购条件并未达到'……但炜能合伙、郭伟于 2020 年 11 月 12 日在明睿合伙发给其的《沟通函回执》上签字，表示完全知悉、理解和接受《沟通函》的内容，并同意尽快履行，表明其认可并愿意支付回购价款，承担回购责任。因此，炜能合伙、郭伟该项辩称亦没有事实依据，本院不予采纳"。

◆ 小结与建议

投资方：约定由具有证券期货从业资格的会计师事务所审计目标公司净利润的，投资方需注意其作为证据提交的《审计报告》是否由符合资质的会计师事务所作出。如否，则投资方需另行取得由对赌协议约定的符合资质的会计师事务所出具的报告，除非对赌义务人已签署《股权回购协议》或以其他方式同意承担对赌责任，或有其他证据证明目标公司净利润明显未达到承诺目标。

创始人方：如果投资方据以提出主张的《审计报告》并非由对赌协议约定的符合资质的会计师事务所出具，则创始人方关于该报告不能作为判断业绩对赌条款是否触发的抗辩可能获得裁判机构的支持。

---

① 参见广州明睿七号实业投资合伙企业（有限合伙）与郭伟等合同纠纷案，北京市第二中级人民法院民事判决书，(2021) 京 02 民初 94 号。

5.3 单方委托会计师事务所出具的《审计报告》可否作为业绩情况的判断依据？

目标公司业绩表现如何，最直接的判断依据是会计师事务所出具的《审计报告》。关于由谁聘请会计师事务所，对赌协议有可能约定由投资方单方委托，或投资方与原股东双方共同委托，也可能对此未作约定。单方委托的会计师事务所出具的《审计报告》能够作为确认目标公司净利润的依据吗？

因公司有义务进行年度审计，所以常见的《审计报告》由目标公司聘请会计师事务所作出。《公司法》第 208 条第 1 款规定："公司应当在每一会计年度终了时编制财务会计报告，并依法经会计师事务所审计。"

聘请主体应作为委托人，与会计师事务所签订合同并支付报酬。《注册会计师法》第 16 条第 1 款规定："注册会计师承办业务，由其所在的会计师事务所统一受理并与委托人签订委托合同。"第 22 条规定："注册会计师不得有下列行为：……（二）索取、收受委托合同约定以外的酬金或者其他财物，或者利用执行业务之便，谋取其他不正当的利益……"

注册会计师和会计师事务所独立、公正执业，如果委托人示意其作不实证明，应予拒绝。《注册会计师法》第 6 条第 2 款规定："注册会计师和会计师事务所依法独立、公正执行业务，受法律保护。"第 20 条规定："注册会计师执行审计业务，遇有下列情形之一的，应当拒绝出具有关报告：（一）委托人示意其作不实或者不当证明的；（二）委托人故意不提供有关会计资料和文件的；（三）因委托人有其他不合理要求，致使注册会计师出具的报告不能对财务会计的重要事项作出正确表述的。"《会计法》第 31 条第 2 款规定："任何单位或者个人不得以任何方式要求或者示意注册会计师及其所在的会计师事务所出具不实或者不当的审计报告。"

注册会计师应按执业准则审计业务，不得明知委托人的会计报表的重要事项有不实的内容，却不指明。《注册会计师法》第 21 条规定："注册会计师执行审计业务，必须按照执业准则、规则确定的工作程序出具报告。注册会计师执行审计业务出具报告时，不得有下列行为：（一）明知委托人对重要事项的财务会计处理与国家有关规定相抵触，而不予指明；（二）明知委托人的财务会计处理会直接损害报告使用人或者其他利害关系人的利益，而予以隐瞒或者作不实的报告；（三）明知委托人的财务会计处理会导致报告使用人或者其他利害关系人产生重大误解,而不予指明;(四)明知委托人的会计报表的重要事项有其他不实的内容,而不予指明。对委托人有前款所列行为,注册会计师按照执业准则、规则应当知道的,适用前款规定。"

根据前述规定,即便向会计师事务所支付报酬的是委托人,会计师事务所及注册会计师也不得应委托人的要求作不实证明。

尽管如此,实践中,依然不乏当事人以《审计报告》系对方单方委托出具为由而质疑其客观性,进而反对以此作为判断业绩补偿条款是否触发的依据。

主题案例:浙江亿利达风机股份有限公司与戴明西合同纠纷案[①]

2018年,投资方与原股东签订《增资协议》和《增资协议的补充协议》,约定投资方通过增资取得目标公司60%的股权,原股东承诺目标公司2019年度在扣除非经常性损益后的净利润不低于人民币6000万元,否则原股东对该年度承诺净利润与实际实现的净利润之间的差额部分对投资方进行业绩补偿。

根据目标公司2019年度的财务报表及年度《审计报告》,目标公司2019年度实现税后净利润−92715487.72元,扣除非经常性损益−685081.83元,净利润为−92030405.89元。

投资方提起诉讼,请求判令原股东向其支付2019年度的业绩补偿款。

原股东抗辩称,投资方提供的《审计报告》是原股东失去对目标公司的经营管理权后,投资方单方委托审计机构出具的,不能确保其数据的客观性和公允性,请求法院委托第三方审计机构对目标公司的财务状况重新进行审计。

浙江省台州市中级人民法院认为:

依据目标公司章程第29条"公司应当依照法律、行政法规和国务院财政主管部门的规定建立本公司的财务、会计制度,并应在每个会计年度终了时制作财务会计报告,委托国家承认的会计师事务所审计并出具书面报告"的规定,投资方提供的《审计报告》系目标公司履行正常年度审计事项时所得,该《审计报告》依据目标公司2019年度财务报表进行审计,现原股东对目标公司2019年度财务报表的真实性没有异议,且原股东也没有提供其他证据证明该《审计报告》中存在违反审计规则或审计中存在错误的情形,仅以其未曾参与审计过程为由而否认《审计报告》,对其该抗辩理由,本院不予采信。

投资方提供的《审计报告》与财务报表及说明可以相互印证,反映目标公司2019年实现税后净利润−92715487.72元,扣除非经常性损益−685081.83元后

---

① 参见台州市中级人民法院民事判决书,(2020)浙10民初110号。

的净利润为-92030405.89元的结果,可以证明投资方的主张。

本案对赌协议中,原股东作出目标公司2019年业绩未达标则补偿的承诺,双方未约定如何聘请会计师事务所。目标公司委托会计师事务所出具的年度《审计报告》显示2019年其净利润为负,投资方据此提出补偿主张。

原股东辩称,其未参与前述《审计报告》的审计过程,质疑其客观性和公允性。

法院认为,该报告是目标公司履行正常年度审计事项时获得,原股东认可财务报表的真实性,未举证证明《审计报告》违反规则或存在错误,不支持原股东的抗辩。

其他案件中,法院亦认为,对赌协议未约定由谁聘请会计师事务所的,目标公司委托会计师事务所出具的《审计报告》,可以作为确定目标公司是否完成业绩指标的依据。

福建省高级人民法院在一案①中认为,"关于天职会计师事务所出具的《审计报告》可否作为认定业绩补偿的依据问题……旷智公司、华天汇金公司、王一鸣虽不认可该两份《审计报告》,但从龙洲天和公司提交给天职国际会计师事务所的《管理层声明书》、《财务报表签发单》看,上面分别加盖有龙洲天和公司的印章和法定代表人王一鸣、沈崇霖,主管财务(会计)工作负责人、财务(会计)机构负责人的签名,二审过程中,龙洲集团亦提供了龙洲天和公司支付审计费的发票,上述材料足以证明委托审计是龙洲天和公司的真实意思表示,并且该司提交给审计机关的财务报表资料亦是已经过龙洲天和公司相关负责人审核,并经公司董事会批准报送的。因此,天职国际会计师事务所根据龙洲天和公司的委托,按法定程序对龙洲天和公司2016年度、2017年度财务状况形成的审计报告,程序合法,结论客观、真实。该两份《审计报告》可以作为认定旷智公司应向龙洲集团支付业绩补偿款的依据。原审据此认定龙洲天和公司未实现2016年度、2017年度的业绩指标,应当依约向龙洲集团支付业绩补偿款,有充分的依据,本院予以维持。旷智公司、华天汇金公司、王一鸣未能提供有效证据推翻《审计报告》的审计结论,对其抗辩主张,本院不予采信"。

对于合同约定会计师事务所由投资方聘请的,投资方自行委托会计师事务所出具的《审计报告》可以作为判断目标公司业绩表现的依据,除非对赌义务人

---

① 参见旷智(天津)国际贸易有限公司、华天汇金国际贸易(天津)有限公司股权转让纠纷案,福建省高级人民法院民事判决书,(2018)闽民终1190号。

提供充分的相反证据。

北京市高级人民法院在一案①中认为,"《股权转让协议》第五条约定中赛科技公司、彭晓雷应当确保目标公司接受金鸿控股公司聘请的审计机构审计,故由金鸿控股公司委托审计机构对目标公司进行审计符合合同约定,也符合各方当事人的预期。中赛科技公司以金鸿控股公司单方面委托会计师事务所对目标公司进行审计为由对审计报告不予认可没有合同依据,本院不予支持"。

在浙江省高级人民法院处理的一案②中,原股东李欣认为,瑞华会计师事务所系由投资方银江公司单方委托,关于目标公司亚太公司业绩承诺实现情况的专项审核报告不客观、不真实,不能作为进行业绩补偿的依据。该院认为,"李欣的主张不能成立。首先,《购买资产协议》第6.2条约定,'委派甲方年度财务报表审计机构对丙方出具专项审核意见',瑞华会计师事务所作为银江公司2015年财务报表的审计机构,银江公司有权单方委托其对亚太公司2015年度的业绩承诺实现情况进行专项审核。其次,结合2013年度、2014年度的专项审核情况,银江公司亦是依约委托当年审计银江公司财务报表的机构对亚太公司作专项审核,李欣对前两年银江公司单方委托的审计机构均未提出异议,印证了其认可并已实际履行协议中关于银江公司有权单方委托审计机构审核的合同内容。最后,李欣一方在庭审中主张审计结果不实,亚太公司2015年度的实际盈利应为7000多万元,但并未提供相应证据证明,也未提交重新委托第三方进行审计的鉴定申请。在李欣没有充分相反证据推翻前述专项审核报告的情况下,应当认定亚太公司2015年度扣除非经常性损益后归属于母公司的净利润为-412.37万元"。

对于合同约定应由原股东及投资方共同选定会计师事务所出具报告的,单方委托作出的报告能否作为投资方提出主张的依据,法院的观点不一致。

有的法院认为不能。例如,江苏省无锡市中级人民法院二审维持原判的一案③中,一审法院认为,"根据《业绩承诺及补偿协议》规定'相关审计和减值结果均需要聘请双方认可的、具有证券期货从业资格的会计师事务所进行'。信永中和出具《信永中和2016年审计报告》以及中和资产出具《减值测试报告》

---

① 参见江苏中赛环境科技有限公司与金鸿控股集团股份有限公司股权转让纠纷案,北京市高级人民法院民事判决书,(2019)京民终124号。
② 参见银江股份有限公司与李欣合同纠纷案,浙江省高级人民法院民事判决书,(2016)浙民初6号。
③ 参见宁夏新日恒力钢丝绳股份有限公司与许晓椿名誉权纠纷案,无锡市中级人民法院民事判决书,(2020)苏02民终300号。

均来自新日恒力擅自单方聘请的会计师事务所,不符合合同约定,新日恒力不能以此主张许晓椿赔偿"。

有的法院认为可以。例如,北京市高级人民法院二审维持原判的一案①中,一审法院认为,"航天科工公司、航天科工基金虽未能按约定与原股东共同选定审计机构,但现有的审计报告系具有证券从业资格的专业审计机构作出,不存在因违反中国注册会计师审计准则的规定导致出现重大错误,或因存在严重错误已依法被撤销的情形","且亚派投资公司、谷仍贤、王逦琴和亚派咨询公司虽不认可该审计报告的结果,但明确放弃重新进行审计",故"对亚派投资公司、谷仍贤、王逦琴和亚派咨询公司的相关主张不予认可,《2018年审计报告》《2019年审计报告》可以作为对赌业绩确定依据"。

◆ 小结与建议

投资方:建议在对赌协议中明确,投资方有权单方委托会计师事务所出具《审计报告》,以判断目标公司是否实现业绩承诺。

创始人方:建议约定由创始人方和投资方共同委托会计师事务所对目标公司的业绩进行审计,以避免在合同未作约定或约定投资方有权单方委托的情况下,创始人方可能因未参与审计过程而处于不利地位。

---

① 参见谷仍贤等与北京航天科工信息产业投资基金(有限合伙)等合同纠纷案,北京市高级人民法院民事判决书,(2022)京民终216号。

5.4 对赌义务人已承认业绩未达标的，投资方还需按约提供《审计报告》吗？

投资协议约定目标公司的净利润以审计的数额为准的，如果对赌义务人已承认业绩未达标，投资方证明对赌条款已触发时，还需按约提供《审计报告》吗？

从司法实践来看，答案是否定的。对赌协议约定净利润须"经审计"，目的是保证净利润数字的准确性，从而为各方客观判断是否触发业绩补偿条款提供依据。[①] 因此，各方对目标公司的业绩表现是否达成一致才是关键，至于是否存在《审计报告》，并非关键因素。

诉讼前，如果对赌义务人已承认目标公司的业绩承诺未实现，且有其他证据相印证，则对赌条款有可能被认定已触发。《证据规定》第85条规定："人民法院应当以证据能够证明的案件事实为根据依法作出裁判。审判人员应当依照法定程序，全面、客观地审核证据，依据法律的规定，遵循法官职业道德，运用逻辑推理和日常生活经验，对证据有无证明力和证明力大小独立进行判断，并公开判断的理由和结果。"第88条规定："审判人员对案件的全部证据，应当从各证据与案件事实的关联程度、各证据之间的联系等方面进行综合审查判断。"

诉讼中，对赌义务人就目标公司业绩未达标作出自认的，法院应予确认。《证据规定》第89条规定："当事人在诉讼过程中认可的证据，人民法院应当予以确认。但法律、司法解释另有规定的除外。当事人对认可的证据反悔的，参照《最高人民法院关于适用〈中华人民共和国民事诉讼法〉的解释》第二百二十九条的规定处理。"《民事诉讼法解释》第229条规定："当事人在庭审中对其在审理前的准备阶段认可的事实和证据提出不同意见的，人民法院应当责令其说明理由。必要时，可以责令其提供相应证据。人民法院应当结合当事人的诉讼能力、证据和案件的具体情况进行审查。理由成立的，可以列入争议焦点进行审理。"第92条规定："一方当事人在法庭审理中，或者在起诉状、答辩状、代理词等书面材料中，对于己不利的事实明确表示承认的，另一方当事人无需举证证明。对于涉及身份关系、国家利益、社会公共利益等应当由人民法院依职权调查的事实，不适用前款自认的规定……"

---

① 参见陈芸芸等与北京四方继保自动化股份有限公司合同纠纷案，北京市高级人民法院民事判决书，(2019)京民终252号。

主题案例:北京四方继保自动化股份有限公司与上海慧眼投资管理有限公司合同纠纷案①

2015年10月22日,投资方与目标公司及原股东一、原股东二等签订《增资协议》,约定投资方拟出资9000万元认缴目标公司股权比例30%。

《增资协议》约定,如果目标公司于2015年、2016年、2017年的累计经审计净利润合计低于前述承诺合计利润的70%(即6300万元),则原股东应向投资方支付本次增资全部增资款及8%的利息作为补偿。

2017年5月31日,原股东二抄送给投资方的邮件载明:鉴于2016年目标公司实际经营业绩未达预期,预计2017年年底为止26个月内完成总计9000万元净利润的可能性较小。

2018年年初,目标公司制作的2017年度财务报表中的《合并利润表》显示:该公司2017年度净利润为-37359938.85元。上述财务报表均有法定代表人及主管会计工作负责人的签字。

投资方提起诉讼,请求判令原股东一向其支付业绩补偿款及利息。

原股东一辩称,投资方诉请的前提是目标公司经审计的业绩低于约定利润,但投资方并未提供经各方认可的第三方审计机构的结论确认目标公司利润未达标。故投资方提出的业绩补偿条件不成就。

北京市海淀区人民法院认为:

关于业绩补偿条款是否被触发的问题。投资方提交的2015年度的审计报告、2017年3月的电子邮件、原股东二签字的《合并利润表》、2018年2月和3月的电子邮件等证据显示,目标公司2015年度至2017年度的累计净利润为负值,远未达到6300万元。原股东二亦在邮件中认可未能完成预期业绩,需要承担补偿责任。本案业绩补偿条款已经触发。投资方有权依据《增资协议》的约定,要求原股东一承担未完成承诺业绩的补偿责任。

本案中,各方约定如果目标公司2015年度至2017年度累计经审计的净利润低于6300万元,则业绩补偿条款触发,投资方有权要求原股东一及原股东二作出补偿。投资方要求原股东一支付业绩补偿款,主要证据包括原股东二在邮件中关于目标公司未完成预期业绩的陈述。

原股东一辩称,投资方未按约定提供目标公司3年的审计报告,因此业绩补

---

① 参见北京市海淀区人民法院民事判决书,(2018)京0108民初17316号。

5.4 对赌义务人已承认业绩未达标的,投资方还需按约提供《审计报告》吗?

偿条件不成就。

本案法院基于原股东二承认目标公司未实现业绩承诺的电子邮件、目标公司 2015 年度的审计报告,以及显示目标公司净利润为负值的利润表等证据,认为业绩补偿条款已触发。

其他案件中,法院也认为,对于合同约定目标公司的净利润须经会计师事务所审计的,即便没有《审计报告》,只要对赌义务人承认,且有其他证据印证,则可认定目标公司的业绩未达标。

吉林省高级人民法院审理的一案①中,业绩对赌条款约定目标公司的净利润数据"应由投资方认可的具备从事证券期货相关业务资格的会计师事务所审计确认并出具标准无保留意见的审计报告"。该院认为,"因长白山人参市场公司、仇淑芳、杨昊于 2015 年 11 月 13 日向广州香雪公司送达的书面材料认可长白山人参市场公司 2014 年度实现扣非净利润为 -110.66 万元,仇淑芳、杨昊未能完成 2014 年度业绩承诺,履行涉案《增资扩股协议书》中杨昊及仇淑芳承诺的补偿义务,故一审法院无论是否采信大华会计师事务所大华审字 [2015] 004535 号长白山人参市场公司审计报告复印件,均不影响一审法院依据长白山人参市场公司、仇淑芳、杨昊 2015 年 11 月 13 日向广州香雪公司送达的书面材料对本案所作的正确评判"。

上海市普陀区人民法院在一案②中认为,在 5 被告未到庭抗辩并提供相反证据的情况下,原告提供的《投资协议》《补充协议》《回复函》《函》以及快递凭证、快递详情、付款凭证等证据相互印证,可以形成证据链,证明原告主张的事实。按照《补充协议》的约定,若目标公司 2017 年经具有证券从业资格的会计师事务所审计的净利润低于 8500 万元,则原告有权向 5 被告回售其所持目标公司全部股份。结合目标公司向案外人出具的《回复函》中"对于 2017 年我公司业绩触发投资补充协议对赌不成或回购条款,我公司及发起人股东不回避该事实"的表述,该院认为,《补充协议》约定的股份回售条件已成就。

深圳市南山区人民法院审理的一案③中,投资协议约定,"目标公司和原股

---

① 参见仇淑芳与广州市香雪制药股份有限公司及杨昊、抚松长白山人参市场投资发展有限公司公司增资纠纷案,吉林省高级人民法院民事判决书,(2017)吉民终 383 号。
② 参见高宗标与顾全军、孙海涛等其他合同纠纷案,上海市普陀区人民法院民事判决书,(2019)沪 0107 民初 27061 号。
③ 参见深圳市高特佳精选成长投资合伙企业(有限合伙)与深圳市龙日投资控股有限公司、黄日光、深圳市龙日园艺景观有限公司合同纠纷案,深圳市南山区人民法院民事判决书,(2015)深南法民二初字第 160 号。

东承诺:2010年目标公司经具有证券从业资格的会计师事务所审计后的净利润,在扣除非经常性损益后,应不少于3000万元"。该院认为,"在2011年10月18日原告与三被告签订的《补充协议书》中,被告龙日控股公司和黄日光承认目标公司未达到约定的净利润目标,并承诺向原告支付360万元现金补偿款及利息;在2014年4月4日三被告共同向原告出具的《承诺书》中,被告龙日控股公司及黄日光再次承诺向原告支付补偿款240万元及利息18万元。上述《补充协议书》和《承诺书》均能与《增资扩股补充协议》中被告龙日控股公司及黄日光的承诺相互印证,故原告主张被告龙日控股公司及黄日光共同向原告支付240万元的诉讼请求,有合同依据",予以支持。

◆ 小结与建议

投资方:建议投资方在获取目标公司财务信息的同时,尽量得到创始人方关于目标公司业绩表现的直接陈述。如果创始人方已承认业绩承诺未实现,则投资协议中约定的判断目标公司业绩情况的《审计报告》不再是必须提交的证据。

创始人方:在与各投资方沟通以及后续文件的签订中,创始人方中的每一位对于目标公司业绩情况的表述均应谨慎,尽可能避免直接作出对己方不利的陈述,以免在诉讼或仲裁中陷入被动。

5.5 投资方无法获取目标公司《审计报告》的，如何证明业绩目标未达成？

对赌协议约定目标公司的业绩表现需经审计的，如果投资方无法获取目标公司的《审计报告》及财务信息，如何证明对赌条款已触发？

早些年，公司应当在年检时向工商行政管理机关提交资产负债表、损益表等财务资料。2011年修订的《企业法人登记管理条例》第24条规定："企业法人登记管理实行年度检验制度。企业法人应当按照登记主管机关规定的时间提交年检报告书、资金平衡表或者资产负债表……"2005年修订的《公司登记管理条例》第4条第1款规定："工商行政管理机关是公司登记机关。"第60条第1款规定："公司应当按照公司登记机关的要求，在规定的时间内接受年度检验，并提交年度检验报告书、年度资产负债表和损益表、《企业法人营业执照》副本。"《企业年度检验办法》（已失效）第7条规定："企业申报年检应当提交下列材料：……企业法人应当提交年度资产负债表和损益表，公司和外商投资企业还应当提交由会计师事务所出具的审计报告……"

2014年之后，公司应当通过国家企业信用信息公示系统向工商行政管理部门报送年度报告，不过提交的内容不再是资产负债表、损益表，而是资产总额、负债总额、对外提供保证担保、所有者权益合计、营业总收入、主营业务收入、利润总额、净利润、纳税总额等信息。《企业信息公示暂行条例》第8条第1款规定："企业应当于每年1月1日至6月30日，通过企业信用信息公示系统向工商行政管理部门报送上一年度年度报告，并向社会公示。"第9条规定："企业年度报告内容包括：……（七）企业从业人数、资产总额、负债总额、对外提供保证担保、所有者权益合计、营业总收入、主营业务收入、利润总额、净利润、纳税总额信息。前款第一项至第六项规定的信息应当向社会公示，第七项规定的信息由企业选择是否向社会公示……"

不过，如今公司仍应向税务机关提供财务资料。纳税申报时，公司应当附送包括资产负债表、利润表及现金流量表在内的财务会计报告。《企业所得税法》第54条第4款规定："企业在报送企业所得税纳税申报表时，应当按照规定附送财务会计报告和其他有关资料。"《会计法》第20条第2款规定："财务会计报告由会计报表、会计报表附注和财务情况说明书组成……"《企业财务会计报告条例》第7条第2款规定："会计报表应当包括资产负债表、利润表、现金流量表及相关附表。"

因此,在目标公司不配合提交《审计报告》及财务报表的情况下,投资方可向税务机关调取目标公司向其申报纳税时提交的财务会计报告。如果对赌协议约定目标公司的业绩情况应经会计师事务所审计确认,从税务机关调取的目标公司的财务会计报告可否用来证明对赌条款已触发?

主题案例:尹传君与深圳凯建宏投资管理有限公司、苏州富口电子有限公司股权转让纠纷案[①]

2015年6月5日,投资方与目标公司签订《股权认购合同》,约定投资方向目标公司增资500万元,取得6.5%的股权。

同日,投资方与目标公司及实际控制人签署《补充协议》,约定目标公司及实际控制人应在审计报告正式出具后15个工作日内向投资方提交经审计的目标公司年度、半年度财务报表。实际控制人及目标公司保证,目标公司于2015年会计年度实现的税后净利润不少于500万元,该业绩承诺指标以经具有证券从业资格并由投资方认可的第三方会计师事务所独立审计后的数据为准。如果目标公司2015年利润保证年度经营业绩没有达到上述年度目标的80%,投资方有权要求实际控制人进行业绩补偿,如果低于业绩目标的60%,投资方有权要求实际控制人回购。

实际控制人未按约定向投资方提供目标公司经审计的财务报表。

投资方提起诉讼,请求判令实际控制人、目标公司回购投资方持有的目标公司的股权、支付股权回购款等。

一审中,投资方通过向法院申请调查令,从税务部门调取证据,取得目标公司向税务部门提供的2015年1月1日至2015年12月31日的利润表。

实际控制人及目标公司辩称,该利润表显示的相关数据不符合《补充协议》约定的该业绩承诺指标以经具有证券从业资格并由投资方认可的第三方会计师事务所独立审计后的数据为准的条件,投资方提出股权回购,没有法律依据。

苏州市中级人民法院二审认为:

根据从税务部门调取的利润表,目标公司2015年度净利润累计金额为-385022.67元,未达到业绩承诺指标的60%即300万元,已触发回购条款。

目标公司有义务对公司的经营状况制定年度、半年度财务报表,且在诉讼过

[①] 参见苏州市中级人民法院民事判决书,(2019)苏05民终8860号。

程中,目标公司、实际控制人未提供相关报表证明 2015 年度目标公司的利润达到业绩承诺指标的 60% 即 300 万元。本院认为实际控制人回购投资方持有的目标公司股份的条件已成就。

本案中,合同约定如果经具有证券从业资格的会计师事务所审计确认目标公司的净利润未达承诺目标的 60%,则投资方有权要求实际控制人回购股权。因目标公司及实际控制人未按约向投资方提供目标公司经审计的财务报表,投资方提起诉讼,向实际控制人及目标公司主张回购股权。投资方主张股权回购条款已触发的依据,是其通过法院向税务部门调取的目标公司利润表,该表显示 2015 年目标公司利润为负。

实际控制人及目标公司辩称,利润表并非约定的具有证券从业资格的会计师事务所审计后的数据,不能作为目标公司业绩未达标的证据。

法院认为,股权回购条款已触发。投资方从税务部门调取的目标公司利润表初步证明目标公司未实现业绩承诺,而掌握经审计的财务报告的目标公司及实际控制人一方未能提供证据加以反驳。

其他案件中,法院亦认为,约定目标公司的净利润由会计师事务所审计但投资方无法取得目标公司财务资料的,投资方可以通过从税务部门或工商行政管理部门调取的目标公司财务信息证明对赌条款已触发。

广东省深圳市中级人民法院二审维持原判的一案①中,一审法院认为,《股权转让协议书》约定业绩承诺期内金枫玉石公司的净利润应当经具有证券从业资格的会计师事务所审计。本案中,因新力达公司及朱晓明均表示无法提供财务资料,而金喜鹊公司及金枫玉石公司则消极应诉,导致无法进行审计,但根据本院从税务机关调取的纳税申报材料看来,金枫玉石公司 2017 年度的利润为负值。关于该纳税申报资料,虽税务机关表示不对其数据的有效性进行认定,但结合金枫玉石公司在前两个年度即 2015 年、2016 年均存在经营亏损,以及朱晓明在 2017 年年底向两股东报告金枫玉石公司经营状况时指出,金枫玉石公司在 2017 年度存在"生产倒挂",并作出暂停生产线、关停工厂、降低损失的生产建议等情况看来,新力达公司关于金枫玉石公司 2017 年度经营亏损、不能达到业绩承诺的主张具有较高的可采性。新力达公司以金枫玉石公司 2017 年度净利润为 0 并计算业绩补偿款,予以采纳。金喜鹊公司、朱晓明对纳税申报资料不予认

---

① 参见深圳市新力达电子集团有限公司、朱晓明等股权转让纠纷案,深圳市中级人民法院民事判决书,(2019)粤 03 民终 25677 号。

可,亦否认新力达公司关于经营亏损的主张,但金喜鹊公司系金枫玉石公司的股东,朱晓明系金枫玉石公司的总经理,亦在转让协议中确认通过金喜鹊公司持有金枫玉石公司的股权,均应当有权知悉金枫玉石公司2017年的经营状况,亦有能力提供相应的反驳证据,金喜鹊公司、朱晓明仅以未按约定进行审计,作为其拒绝按照转让协议承担业绩补偿责任的理由,不予采纳。

杭州市余杭区人民法院在一案①中认为,"根据《投资协议书之补充协议》约定,郝斐及上海学无国界公司承诺,经具有证券从业资格的会计师事务所审计的上海学无国界公司2017年与2018年合计全年的净利润不低于2500万元,2019年全年的净利润不低于3000万元,若任何一项未能达到承诺目标的90%,银瀚合伙企业有权要求郝斐对其所持全部或者部分股份进行回购……根据银瀚合伙企业申请本院向国家税务总局上海市浦东税务局调取的证据材料,上海学无国界公司2017年、2018年及2019年截至8月份的利润均为负数,未能达到承诺目标,银瀚合伙企业有权要求郝斐按《投资协议书之补充协议》第2.2条的约定对其持有的上海学无国界公司股权进行回购,并要求其按投资额的20%支付违约金。综上,原告银瀚合伙企业的诉讼请求,理由成立,本院予以支持"。

江西省高级人民法院二审维持原判的一案②中,《〈股权转让协议〉之补充协议》约定,"1.周鸣芳承诺恒兴源公司经具有证券期货从业资格的会计师事务所审计的扣除非经常性损益后2011年会计年度净利润不低于2600万元,2012年会计年度净利润不低于5000万元。2.如未达到上述业绩,自具有证券期货相关业务资格的会计师事务所审计报告出具之日起10个工作日内,周鸣芳将按以下公式确定的现金额补偿给李旭荣……"。一审法院认为,"根据周鸣芳的陈述及恒兴源公司交给工商行政管理部门的《公司经营情况》及《损益表》显示,恒兴源公司经营总体上亏损,2011年度恒兴源公司的净利润仅为906.864203万元;2012年度恒兴源公司则亏损150.078325万元。上述业绩均未达到周鸣芳承诺的'2011年度净利率不低于2600万元、2012年度净利率不低于5000万元'之净利率指标的70%。恒兴源公司的经营状况已经触发了周鸣芳与李旭荣在《〈股权转让协议〉之补充协议》中约定的股权回购条件之第(1)种情形"。

但要注意的是,从税务部门等调取的材料,可以作为大体判断目标公司是否

---

① 参见杭州银瀚创业投资合伙企业与郝斐合同纠纷案,杭州市余杭区人民法院民事判决书,(2019)浙0110民初14516号。
② 参见周鸣芳与李旭荣股权转让纠纷案,江西省高级人民法院民事判决书,(2015)赣民二终字第131号。

盈利的依据,但不能凭此计算业绩补偿的具体数额。例如,江西省高级人民法院二审维持原判的一案[①]中,一审法院认为,双方约定的业绩补偿条件是以具有证券期货从业资格的会计师事务所出具的审计报告为依据,而上述《公司经营情况》及《损益表》是恒兴源公司出具给工商行政管理部门的年审材料,并非由具有证券期货从业资格的会计师事务所出具,且李旭荣和周鸣芳都未申请对2011年度、2012年度恒兴源公司的净利润进行审计鉴定,故李旭荣仅举证《公司经营情况》及《损益表》不足以确定恒兴源公司在2011年度、2012年度扣除非经常性损益的净利润数额,故李旭荣依据《公司经营情况》及《损益表》上的金额计算,要求周鸣芳补偿709.53万元,不符合协议的约定,该诉讼请求因证据不足不能成立,不予支持。

◆ 小结与建议

投资方:在目标公司拒不提交《审计报告》等财务资料的情况下,可通过向税务部门调取信息的方式,证明对赌条款已触发。

创始人方:目标公司向税务部门等提交的财务信息,可能被投资方调取用以证明业绩目标未达成。因此,应注意该等数据的准确性。

[①] 参见周鸣芳与李旭荣股权转让纠纷案,江西省高级人民法院民事判决书,(2015)赣民二终字第131号。

5.6 股权回购条款能否在上市承诺期届满前触发?

在目标公司上市不成则触发回购条款的约定中,都会列明期限,例如"若目标公司未能于某年某月某日前上市,则投资方有权要求原股东回购股权"。在该截止日期到来之前,投资方能否主张股权回购条款已触发?

之所以产生这一问题,是因为公司公开发行股票并上市应满足一系列条件,任何一个条件未满足,上市申请就不可能通过交易所的审核,进而也无法报证监会注册。《首次公开发行股票注册管理办法》第5条规定:"首次公开发行股票并上市,应当符合发行条件、上市条件以及相关信息披露要求,依法经交易所发行上市审核,并报中国证监会注册。"

需满足的条件包括但不限于:

(1)公司形式及存续时间。拟上市公司应为股份有限公司,在提交申请之前,应已持续经营3年以上。《首次公开发行股票注册管理办法》第10条第1款规定:"发行人是依法设立且持续经营三年以上的股份有限公司,具备健全且运行良好的组织机构,相关机构和人员能够依法履行职责。"

(2)公司财务情况。拟上市公司申请公开发行股票之前的最近3年财务会计报告被出具无保留意见审计报告。《证券法》第12条规定:"公司首次公开发行新股,应当符合下列条件:(一)具备健全且运行良好的组织机构;(二)具有持续经营能力;(三)最近三年财务会计报告被出具无保留意见审计报告……"

主板上市的财务指标。《深圳证券交易所股票上市规则》第3.1.2条规定:"境内企业申请在本所上市,市值及财务指标应当至少符合下列标准中的一项:(一)最近三年净利润均为正,且最近三年净利润累计不低于1.5亿元,最近一年净利润不低于6000万元,最近三年经营活动产生的现金流量净额累计不低于1亿元或者营业收入累计不低于10亿元;(二)预计市值不低于50亿元,且最近一年净利润为正,最近一年营业收入不低于6亿元,最近三年经营活动产生的现金流量净额累计不低于1.5亿元;(三)预计市值不低于80亿元,且最近一年净利润为正,最近一年营业收入不低于8亿元……"《上海证券交易所股票上市规则》第3.1.2条规定:"境内发行人申请在本所上市,市值及财务指标应当至少符合下列标准中的一项:(一)最近3年净利润均为正,且最近3年净利润累计不低于1.5亿元,最近一年净利润不低于6000万元,最近3年经营活动产生的现金流量净额累计不低于1亿元或营业收入累计不低于10亿元;(二)预计市值不低于50亿元,且最近一年净利润为正,最近一年营业收入不低于6亿元,最近3年经营活动产生的现金流量净额累计不低于1.5亿元;(三)预计市值不低于80亿元,且最近一年净利润为正,最近一年营业收入不低于8亿元……"

创业板上市的财务指标。《深圳证券交易所创业板股票上市规则》第1.2条规定:"股票及其衍生品种在本所创业板的上市和持续监管事宜,适用本规则……"第2.1.2条规定:"发行人为境内企业且不存在表决权差异安排的,市值及财务指标应当至少符合下列标准中的一项:(一)最近两年净利润均为正,且累计净利润不低于5000万元;(二)预计市值不低于10亿元,最近一年净利润为正且营业收入不低于1亿元;(三)预计市值不低于50亿元,且最近一年营业收入不低于3亿元。"

科创板上市的财务指标。《上海证券交易所科创板股票上市规则》第1.2条规定:"股票、存托凭证及其衍生品种在本所科创板的上市和持续监管等事宜,适用本规则……"第2.1.2条规定:"发行人申请在本所科创板上市,市值及财务指标应当至少符合下列标准中的一项:(一)预计市值不低于人民币10亿元,最近两年净利润均为正且累计净利润不低于人民币5000万元,或者预计市值不低于人民币10亿元,最近一年净利润为正且营业收入不低于人民币1亿元;(二)预计市值不低于人民币15亿元,最近一年营业收入不低于人民币2亿元,且最近三年累计研发投入占最近三年累计营业收入的比例不低于15%;(三)预计市值不低于人民币20亿元,最近一年营业收入不低于人民币3亿元,且最近三年经营活动产生的现金流量净额累计不低于人民币1亿元;(四)预计市值不低于人民币30亿元,且最近一年营业收入不低于人民币3亿元;(五)预计市值不低于人民币40亿元,主要业务或产品需经国家有关部门批准,市场空间大,目前已取得阶段性成果。医药行业企业需至少有一项核心产品获准开展二期临床试验,其他符合科创板定位的企业需具备明显的技术优势并满足相应条件。本条所称净利润以扣除非经常性损益前后的孰低者为准,所称净利润、营业收入、经营活动产生的现金流量净额均指经审计的数值。"

(3)公司管理团队稳定、合规。取决于目标公司拟上市的是主板、创业板还是科创板,目标公司申请上市前2年或3年,主营业务、董事、高级管理人员无重大不利变化,董事、监事、高级管理人员近3年内未受证监会行政处罚。《首次公开发行股票注册管理办法》第12条规定:"……(二)主营业务、控制权和管理团队稳定,首次公开发行股票并在主板上市的,最近三年内主营业务和董事、高级管理人员均没有发生重大不利变化;首次公开发行股票并在科创板、创业板上市的,最近二年内主营业务和董事、高级管理人员均没有发生重大不利变化;首次公开发行股票并在科创板上市的,核心技术人员应当稳定且最近二年内没有发生重大不利变化;发行人的股份权属清晰,不存在导致控制权可能变更的重大权属纠纷,首次公开发行股票并在主板上市的,最近三年实际控制人没有发生变更;首次公开发行股票并在科创板、创业板上市的,最近二年实际控制人没有发生变更……"第13条第3款规定:"董事、监事和高级管理人员不存在最近三年内受到中国证监会行政处罚,或者因涉嫌犯罪正在被司法机关立案侦查或者涉嫌违法违规正在被中国证监会立案调查且尚未有明确结论意见等情形。"

(4)目标公司应在约定的上市期限前数月提交上市申请。《证券法》第22条规定:"国务院证券监督管理机构或者国务院授权的部门应当自受理证券发行申请文件之日起三个月内,依照法定条件和法定程序作出予以注册或者不予注册的决定,发行人根据要求补充、修改发行申请文件的时间不计算在内。不予注册的,应当说明理由。"《首次公开发行股票注册管理办法》第16条第2款规定:"交易所收到注册申请文件,五个工作日内作出是否受理的决定。"第24条第1款规定:"中国证监会收到交易所审核意见及相关资料后,基于交易所审核意见,依法履行发行注册程序。在二十个工作日内对发行人的注册申请作出予以注册或者不予注册的决定。"

主题案例:蓝泽桥、宜都天峡特种渔业有限公司、湖北天峡鲟业有限公司与苏州周原九鼎投资中心(有限合伙)合同纠纷案[①]

2010年10月19日,投资方与目标公司及原股东签订《投资协议书》,约定投资方向目标公司投资7000万元,取得本次增资后34.3%的股份。

同日,前述主体又签署《补充协议》,约定:自本次投资完成之日起至2014年12月31日,在此期间内如果目标公司未完成公开发行股票和上市,则投资方可于2014年12月31日后随时要求原股东及目标公司受让投资方持有的全部或部分目标公司股份。

目标公司2012年度《利润表》记载净利润为-485.491382万元。

2013年10月28日,投资方提起诉讼,请求判令原股东支付股权回购款等。

一审庭审过程中,原股东和目标公司自认2014年12月31日前目标公司上市已无可能。

最高人民法院二审认为:

---

① 参见最高人民法院民事判决书,(2014)民二终字第111号。

关于原股东是否应当承担回购股份的民事责任问题。目标公司在 2012 年出现亏损,原股东在《投资协议书》中的相关业绩承诺并未实现,根据《公司法》《证券法》等法律法规有关企业公开发行股票并上市的条件规定,目标公司在 2014 年 12 月 31 日前无法上市已呈事实状态,《补充协议》所约定的股份回购条件业已成就。原股东应当依约履行自己的合同义务,向投资方承担回购股份的民事责任。

本案中,对赌义务人承诺目标公司在 2014 年 12 月 31 日前上市,但因目标公司 2012 年度净利润为负,不符合当时上市条件中关于财务指标的规定,投资方于 2013 年提前起诉,主张股权回购条款已触发。

最高人民法院认为,目标公司在约定的日期无法上市"已呈事实状态",各方约定的股权回购条件已成就。

目标公司是否能成功上市,有时可以提前判断。符合上市条件的,未必得到证监会的核准;但不符合规定条件的,一定无法按期上市。因此,在上市期限届满前,能确定目标公司不符合上市条件,无法如期上市的,回购条款提前触发。

类似的,安徽省高级人民法院在一案①中认为,"源和堂公司如在 2020 年 12 月 31 日前完成首次公开发行股票并上市,则应以 2017、2018、2019 三个会计年度的财务数据提交申报,而依据源和堂公司在全国中小企业股份转让系统公开披露的相关会计年度报告显示……源和堂公司确定不符合在 2020 年 12 月 31 日前完成首次公开发行股票并上市相关规定的业绩要求……根据《中华人民共和国合同法》第四十五条关于'当事人对合同的效力可以约定附件。附生效条件的合同,自条件成就时生效。附解除条件的合同,自条件成就时失效'的规定,作为投资方的中宁枸杞创投,有权在约定的股权回购条件提前成就时要求袁学才回购其所持有的源和堂公司股权……《增资补充协议》股权回购条款第 2.1 条第 1 项约定的股权回购条件在中宁枸杞创投 2019 年 9 月 16 日发函时已经提前成就,作为投资方的中宁枸杞创投有权在该条件成就时发函要求实际控制人袁学才回购其所持有的目标公司股权"。

主题案例中目标公司不满足财务条件而无法如期上市,其他条件不满足亦可导致股权回购条款提前触发。

目标公司不满足持续经营条件,股权回购条件已成就。例如,江苏省泰州市

---

① 参见袁学才与宁夏中宁枸杞产业创业投资企业公司增资纠纷案,安徽省高级人民法院民事判决书,(2022)皖民终 65 号。

中级人民法院在一案①中认为,2019年2月22日法院作出受理目标公司破产申请的裁定,目标公司已经无法实现持续经营时间3年以上的要求,其在2021年12月31日前在境内证券交易所实现A股上市的期待落空,约定的股权回购条款已成就。又如,佛山市中级人民法院在一案②中认为,"目标公司迪生公司已于2020年7月10日被裁定进入破产清算程序,已不可能在2020年12月31日前实现首次公开发行股票并上市,原告徐卓萍有关前述增资协议中约定的股权回购条件已经成就的主张成立,本院予以支持"。

目标公司实际控制人被证监会行政处罚,回购条件已成就。例如,江西省高级人民法院在一案③中认为,王叁寿作为目标公司的董事长及控股股东,2020年4月23日被广东证监局采取出具警示函及责令改正的行政监管措施;且王叁寿、九重门数合伙企业持有的九次方公司的股权被司法冻结、质押。目标公司在2020年12月31日之前无法实现A股上市或完成资产重组已是无法回避的客观事实。王叁寿无法实现《份额转让协议》载明的承诺,构成预期违约,协议约定的回购条件已成就。

目标公司不符合主体资格要求,已触发回购条款。例如,江苏省苏州市中级人民法院在一案④中认为,关于华源轩公司是否存在股权不明晰的情形,"首先,根据两份生效仲裁裁决,明确黄溪元需回购江苏众和创业投资有限公司、天津雷石信创股权投资合伙企业(有限合伙)持有的华源轩公司股份,意味着华源轩公司股权结构将发生变动。其次,根据2014年8月25日的华源轩公司股东会决议,可以确认黄溪元持有的华源轩公司股份已因仲裁案件被冻结,且存在被执行风险,意味着华源轩公司控股股东持有股份的权属可能产生重大变化。第三,深圳市龙岗区人民法院(2014)深龙法执字第812-2号冻结裁定对华源轩公司采取'冻结股权'的措施,表明华源轩公司存在被冻结股权的情形。因此,华源轩公司已不符合《上市管理办法》第十三条关于发行人主体资格的要求"。

目标公司未及时进行股份制改制,已触发股权回购条款。例如,上海市第

---

① 参见泰州鑫泰中信股权投资基金合伙企业与上海明岐铝业有限公司、张明岐等股权转让纠纷案,泰州市中级人民法院民事判决书,(2020)苏12民初173号。
② 参见徐卓萍与王益前、广东自生电力器材股份有限公司、广东欧进电力配件有限公司等新增资本认购纠纷案,佛山市中级人民法院民事判决书,(2020)粤06民初312号。
③ 参见王叁寿、新余市博得鑫潮资本管理企业合伙协议纠纷、股权转让纠纷案,江西省高级人民法院民事判决书,(2020)赣民终956号。
④ 参见苏州金螳螂投资管理中心(有限合伙)与黄溪元、深圳市华源轩家具股份有限公司增资纠纷案,苏州市中级人民法院民事判决书,(2013)苏中商初字第0085号。

一中级人民法院在一案①中认为,"因乐园公司至今尚未完成上市公司的股份制改制,客观上已不可能在限期内实现上市,显然已经触发了股权回购条款,瑞沨投资作为 PE 投资方,请求鼎发公司、朱立起按约予以回购,该请求权已具备了相应的合同依据,应予支持"。

目标公司未在约定的上市截止期前及时提交上市申请,回购条件已成就。例如,上海市第一中级人民法院在一案②中认为,目标公司应在 2016 年 12 月 31 日之前向中国证券监督管理委员会递交上市申报材料。依据目标公司 2015 年、2016 年审计报告,目标公司该 3 年的业绩未达标,且目标公司至今未提交 IPO 申请,故协议约定的股权回购条件已经成就。

目标公司不符合多项上市条件,股权回购条件已成就。例如,北京市第二中级人民法院在一案③中认为,"鉴于明岐轮毂公司已于 2018 年 12 月底停止正常经营,仪征法院于 2019 年 2 月 22 日裁定受理了仪征市华美包装制品有限公司对明岐轮毂公司的破产清算申请,故明岐轮毂公司已无法满足'持续经营时间 3 年以上'、'最近 3 个会计年度净利润均为正数且累计超过人民币 3000 万元'等公开发行股票并申请上市的先决条件,其不能按照相关法律、部门规章的规定在 2021 年 12 月 31 日前实现上市已呈事实状态,且明岐铝业公司、张明岐亦未提交证据证明已依约完成了业绩承诺。综上,《投资补充协议》约定的股权回购条件已经成就,明岐铝业公司、张明岐应当依约履行自己的合同义务,向信文公司、信文伟城有限合伙承担回购股权的民事责任"。

广东省广州市中级人民法院在一案④中认为,"《补充协议》约定,若夜光达公司未能在 2020 年 12 月 31 日前完成中国 A 股 IPO 上市,国民凯得有权要求许明旗对国民凯得持有的股份进行回购。根据《首次公开发行股票并上市管理办法》第十三条规定,发行人的股权清晰,控股股东和受控股股东、实际控制人支配的股东持有的发行人股份不存在重大权属纠纷。首先,庭审过程中,许明旗对于其名下股份被各地法院冻结并面临现实的司法拍卖的事实并无异议。许明旗

---

① 参见上海瑞沨股权投资合伙企业与连云港鼎发投资有限公司等股权转让合同纠纷案,上海市第一中级人民法院民事判决书,(2014)沪一中民四(商)终字第 730 号。
② 参见深圳市宝鹰建设控股集团股份有限公司与谢虹等合同纠纷案,上海市第一中级人民法院民事判决书,(2018)沪 01 民初 1427 号。
③ 参见鹰潭市信文伟城投资有限合伙企业等与胡艳青等股权转让纠纷案,北京市第二中级人民法院民事判决书,(2019)京 02 民初 264 号。
④ 参见广东国民凯得科技创业投资企业与许明旗股权转让纠纷案,广州市中级人民法院民事判决书,(2020)粤 01 民初 364 号。

短期内无法解决其名下股份被司法查冻的情形,而其作为控股股东持有的夜光达公司股份存在重大权属纠纷。其次,截至本案庭审日,夜光达公司的上市筹备期不足六个月,许明旗自认夜光达公司目前仍未完成上市申报,也未举证证明夜光达公司目前符合上市的业绩要求,应当承担举证不能的不利后果。综上,许明旗现无证据证实夜光达公司符合《中华人民共和国证券法》规定的公司公开发行新股的条件,以及《首次公开发行股票并上市管理办法》规定的发行人应当符合的条件,夜光达公司客观上不可能在2020年12月31日前完成上市目标,已经触发《补充协议》项下的回购条款,依据《中华人民共和国合同法》第一百零八条关于当事人一方明确表示或者以自己的行为表明不履行合同义务的,对方可以在履行期限届满之前要求其承担违约责任的规定,国民凯得有权要求许明旗进行回购"。

上海仲裁委员会出具的(2019)沪仲案字第3361号裁决书中提到,"虽然2020年12月31日这一上市期限尚未届至,但上市所需时间漫长、程序复杂,而王立峰、阳宇、杨凡及××公司至今尚未提起任何公司改制、规范整改、申报材料等上市筹备程序,且××公司员工均已遣散,业务处于停滞状态,其经营状况、经营场所等客观状况在短时期内已无法满足公司上市所需的实质条件。结合我国企业首次公开发行上市实践与现状,××公司已不可能在2020年12月31日前完成国内市场公开上市。同时,相关证据显示,自2019年1月起,××公司已在积极寻求与其他公司合并或被收购;而王立峰、阳宇、杨凡作为公司创始团队,也已明确提出将处理好公司善后工作,并希望各位股东允许其在本行业重新择业就业,该三人及××公司已以实际行动放弃××公司的上市安排。因此,系争协议第4.1条约定的回购条件已经成就"①。

针对上市期限届满前就能够确定目标公司无法上市的情况,有的合同直接将其列为触发回购的情形之一,便于投资方主张权利。例如,北京市第三中级人民法院处理的一案②中,当事人约定"当下列任一事项发生时,各投资人均有权单独要求承诺人按照本协议所约定的时间及价格回购各投资人所持全部或部分股权……(1)公司在2017年12月31日前(上市承诺期)内未能实现首次公开发行股票并上市,或者在上市承诺期内由于公司自身原因发生违

---

① 参见王立峰等与湖南海捷医疗投资有限公司等申请撤销仲裁裁决案,上海市第一中级人民法院民事裁定书,(2020)沪01民特193号。

② 参见邱建贺等与上海中嘉兴华创业投资合伙企业(有限合伙)合同纠纷案,北京市第三中级人民法院民事判决书,(2019)京03民终5744号。

反届时有效的上市规则而导致公司确定不可能在上市承诺期内成为上市公司的事件(包括中国证监会明确否决上市申请,但不包括因停发/停审等政策原因而导致公司确定不能上市的情形)……"又如,广东省潮州市中级人民法院处理的一案①中,当事人在《股权转让协议》中约定,"乙方原因导致丙方固定资产、无形资产均发生法律纠纷导致上市存在重大障碍且无法消除;乙方原因导致丙方遭到诸多重大诉讼、仲裁、损失、处罚,使其在2014年12月31日前上市的目标可以合理预计无法实现……鉴于前述情形,投资协议约定的回购条款触发"。

❖ 小结与建议

投资方:如果目标公司不符合如期上市的条件,股权回购条款可提前触发。建议关注上市条件的最新规定,一旦发现目标公司不符合要求,无法在约定的期限内上市,可立即与创始人方协商股权回购事宜。

为避免争议,建议在投资协议中将合理预计目标公司无法如期上市列为股权回购条款触发的情形之一。

创始人方:如果预计目标公司无法如期上市,建议尽早与投资方沟通取得上市延期的书面同意函,或寻求其他便于投资方退出的渠道。

---

① 参见宁波盈峰睿和投资管理有限公司与郭某某、郭某某1股权转让纠纷案,潮州市中级人民法院民事判决书,(2019)粤51民初29号。

5.7 股权回购条款提前触发的，对赌义务人应何时履行义务？

问题 5.6 提到，如果目标公司不具备上市条件，则承诺期届满之前股权回购条款就可能触发。接下来的问题是，对赌义务人应当何时履行回购义务？

对于履行期限没有约定又不能达成补充协议的，一般情况下，债权人有权随时要求履行。《民法典》第 510 条规定："合同生效后，当事人就质量、价款或者报酬、履行地点等内容没有约定或者约定不明确的，可以协议补充；不能达成补充协议的，按照合同相关条款或者交易习惯确定。"第 511 条规定："当事人就有关合同内容约定不明确，依据前条规定仍不能确定的，适用下列规定：……（四）履行期限不明确的，债务人可以随时履行，债权人也可以随时请求履行，但是应当给对方必要的准备时间……"

据此，对赌条款提前触发，而合同又未明确该等情况下对赌义务人应何时履行义务的，投资方有权随时要求对赌义务人履行。

主题案例：北京华宇瑞泰股权投资合伙企业（有限合伙）与胡加兰等股权转让纠纷案①

2017 年 9 月 26 日，投资方与目标公司及原股东签订《增资协议》。

同日，前述各方签订《补充协议》，约定自本次增资扩股到 2019 年 12 月 31 日，若目标公司未实现上市，则投资方有权要求原股东按照本次增资扩股的价格回购其持有的股份，利息按照年利率 8% 计算。

2018 年 12 月 3 日，原股东向投资方出具的《承诺函》载明：2018 年度目标公司的利润达不到《补充协议》的承诺，上述协议最终目的已确定无法实现。原股东同意按照上述协议的约定回购投资方所认购的目标公司的全部股份。

投资方提起诉讼，请求判令原股东履行股权回购义务，支付股份回购款本金及利息。

北京市第三中级人民法院认为：

关于股权回购义务的条件是否成就。《补充协议》中对目标公司上市时间以及利润增长水平进行了约定，此后，原股东出具的《承诺函》载明，确认目标公

---

① 参见北京市第三中级人民法院民事判决书，(2019) 京 03 民初 582 号。

司 2018 年度的利润不能达到《补充协议》中约定承诺的利润金额,无法实现 2019 年年底上市的目的,并同意按照《补充协议》的约定回购投资方所认购目标公司的全部股份。故从《承诺函》内容看,原股东已认可股权回购的条件成就。

因双方在《补充协议》以及《承诺函》中并未对履行期限进行约定,依据《合同法》第 62 条第(四)项规定,投资方可以随时要求原股东履行股权回购义务。

本案中,各方约定如果目标公司未在 2019 年 12 月 31 日前上市,则投资方有权要求原股东回购股权。2018 年 12 月,原股东向投资方发出《承诺函》,表明目标公司因为财务问题无法如期上市,原股东愿意回购股权。投资方提起诉讼,向原股东主张回购。

法院认为,从《承诺函》可以看出,股权回购的条件已成就。关于投资方可否立即向原股东主张回购的问题,因《补充协议》及《承诺函》均没有履行期限的约定,依据《合同法》关于约定不明的规定,投资方可以随时要求原股东回购股权。

如果合同约定对赌义务人应在收到回购通知后一定期限内履行回购义务,则回购条款提前触发时不存在应何时履行的问题,按约执行即可。

上海市第一中级人民法院审理的一案①中,《补充协议一》约定,"如果出现乐园公司在 2013 年 12 月 31 日前没有成功实现合格上市或已存在 2013 年 12 月 31 日前无法上市……等情形时,各增资方有权要求现有股东以现金方式回购各增资方所持的全部或部分公司股权……如果各增资方根据本协议提出回购要求,现有股东须在收到各增资方提出回购要求的书面通知之日起 30 天内将所有的回购股权款项支付给各增资方"。该院认为,"因乐园公司至今尚未完成上市公司的股份制改制,客观上已不可能在限期内实现上市,显然已经触发了股权回购条款,瑞沨投资作为 PE 投资方,请求鼎发公司、朱立起按约予以回购,该请求权已具备了相应的合同依据,应予支持"。

北京市第二中级人民法院审理的一案②中,《投资协议》约定,如果"公司未于 2019 年或券商认为已经具备进行合格 IPO 申报的条件下进行申报,且公司无法在 2021 年 12 月 31 日前成功实现 A 股 IPO(由投资者认可的特殊情况除

---

① 参见上海瑞沨股权投资合伙企业与连云港鼎发投资有限公司等股权转让合同纠纷案,上海市第一中级人民法院民事判决书,(2014)沪一中民四(商)终字第 730 号。
② 参见鹰潭市信文伟城投资有限合伙企业等与胡艳青等股权转让纠纷案,北京市第二中级人民法院民事判决书,(2019)京 02 民初 264 号。

外)",则触发股权回购条款,"明岐铝业、公司或实际控制人应当在收到回购通知之日起的90日内,根据回购通知的要求,将股权回购款足额汇入投资者指定账户"。该院认为,"鉴于明岐轮毂公司……不能按照相关法律、部门规章的规定在2021年12月31日前实现上市已呈事实状态……《投资补充协议》约定的股权回购条件已经成就,明岐铝业公司、张明岐应当依约履行自己的合同义务,向信文公司、信文伟城有限合伙承担回购股权的民事责任"。

对赌协议约定"如果某日目标公司未能上市,则自该日起投资方有权提出回购"类似表述的,如果回购条款提前触发,"该日起"并不意味着投资方必须等到"该日"后才能主张权利。

最高人民法院审理的一案①中,《补充协议》约定,"如果丙方自本次投资完成之日起至2014年12月31日的期间内丙方未完成公开发行股票和上市,则甲方可于2014年12月31日后随时要求丙方、乙方及丁方受让甲方持有的全部或部分丙方股份,乙方和丁方承诺予以受让"。2013年10月28日,九鼎投资中心向湖北省高级人民法院提起本案诉讼。该院认为,"宜都天峡公司在2014年12月31日前无法上市已呈事实状态,《补充协议》所约定的股份回购条件业已成就。蓝泽桥与湖北天峡公司应当依约履行自己的合同义务,向九鼎投资中心承担回购股份的民事责任"。

安徽省高级人民法院审理的一案②中,《增资补充协议》约定,"如标的公司首次公开发行上市申请在2020年12月31日前未获通过,则在2020年12月31日之后的30天内,乙方可以要求甲方或其指定的第三方回购乙方所持全部或者部分的标的公司股份……甲方应……自乙方提出要求之日起3个月内一次性购买其持有的全部或部分标的公司股份并将回购款支付至乙方指定的账户"。该院认为,"至于该条款中'在2020年12月31日之后的30天内,中宁枸杞创投可以要求袁学才或其指定的第三方回购中宁枸杞创投所持全部或者部分的源和堂公司股份'的表述,并非是对前述股权回购条件的限制,而是指中宁枸杞创投在前述股权回购条件成就后即可以要求袁学才回购源和堂公司股权。因此,袁学才上诉所称《增资补充协议》股权回购条款第2.1条第1项约定是同时附期限和附条件条款的上诉理由,实际上是将该项约定中的'在2020年12月31日前'与

---

① 参见蓝泽桥、宜都天峡特种渔业有限公司、湖北天峡鲟业有限公司与苏州周原九鼎投资中心(有限合伙)合同纠纷案,最高人民法院民事判决书,(2014)民二终字第111号。
② 参见袁学才与宁夏中宁枸杞产业创业投资企业公司增资纠纷案,安徽省高级人民法院民事判决书,(2022)皖民终65号。

'源和堂公司首次公开发行上市申请未获通过'的表述割裂开来进行片面的理解,明显不能成立",不予采信,"袁学才于 2019 年 9 月 16 日签收回购函,则其应在 2019 年 12 月 16 日前支付回购款,而袁学才并未按时支付股权回购款,故袁学才应当自 2019 年 12 月 16 日起支付逾期回购罚息"。

◆ 小结与建议

投资方:关于对赌义务人的履行期限,应避免出现"某日起投资方有权主张权利"的表述,建议约定为:"如果出现目标公司在某日没有上市(具体定义)或存在在该日前无法上市的情形,投资方有权在其认为合适的任何时间要求对赌义务人回购其持有的目标公司的部分或全部股权。对赌义务人应在投资方提出回购要求之日起 10 日内履行回购义务。"

创始人方:建议列明履行对赌义务的条件,可约定为:"在股权回购条款触发的情况下,同时符合下列条件的,对赌义务人应回购投资方持有的目标公司的股权:(1)目标公司上市截止日期之后;(2)目标公司在截止日期前未成功上市;(3)投资方发出书面回购通知后 3 个月内,投资方应与创始人方达成《股权回购协议》,就回购事项作出具体约定……"

六、行使权利沟通阶段

6.1 投资方享有的股权回购权及补偿权是形成权吗?

股权回购及补偿条款触发后,投资方行使权利是否有时间限制?如有,有何限制?这就涉及投资方享有的股权回购权及补偿权的性质问题。目前,关于其法律性质的争论,集中在是形成权还是债权请求权上。

债权请求权是指债权人请求债务人按照合同约定或依照法律规定为或者不为一定行为的权利。① 《民法典》第118条第2款规定:"债权是因合同、侵权行为、无因管理、不当得利以及法律的其他规定,权利人请求特定义务人为或者不为一定行为的权利。"

形成权的行使不需要对方同意或给付,经权利人单方主张并由法院确认即可实现。② 基于形成权提起的形成之诉,不以请求相对方履行给付义务为诉讼标的。最高人民法院《关于印发修改后的〈民事案件案由规定〉的通知》规定:"修改后的《案由规定》在坚持以法律关系性质作为确定案由的主要标准的同时,对少部分案由也依据请求权、形成权或者确认之诉、形成之诉等其他标准进行确定……"最高人民法院《关于〈债权人撤销权之诉案件性质、诉讼费用咨询〉的回复》中提到,"形成之诉,即权利人请求人民法院以判决改变或者消灭既存法律关系的诉","形成之诉不同于给付之诉,不以请求相对方履行给付义务为诉讼标的"。

无论是债权请求权还是形成权,法律均要求权利人在法定期间内行使权利,但二者适用的制度及产生的法律后果不同。

债权请求权适用诉讼时效。诉讼时效,是指如果权利人在法定期间内不行使权利,则权利不受保护的法律制度。最高人民法院《关于审理民事案件适用诉讼时效制度若干问题的规定》第1条规定:"当事人可以对债权请求权提出诉讼时效抗辩……"民事诉讼中的诉讼时效,是指民事权利人请求法院保护自己的合法民事权益的法定期限,一般适用于债权请求权。北京市高级人民法院民二庭《关于2007年北京市法院商事审判二审发回重审、改裁和改判案件的调研报告》中载明:"诉讼时效是指权利人于一定期间内不行使请求人民法院保护其民事权利的权利,即丧失该权利,人民法院对其民事权利不再予以保护的法律

---

① 参见江苏省高级人民法院民事判决书,(2016)苏民终864号。
② 参见最高人民法院民事裁定书,(2019)最高法民申2502号。

制度。"

形成权则适用不变的除斥期间。除斥期间,是指法律规定或当事人依法约定的对于某种权利所预定的存续期间。除斥期间届满,权利消灭,其目的是尽快稳定法律关系,使得相对人及其他利害关系人避免处于权利义务不稳定的状态。① 除斥期间主要适用于形成权,即依当事人的单方意思表示即可使民事法律关系产生、变更或消灭的权利类型,如撤销权、抵销权、解除权等。② 除斥期间不可中止、中断和延长。《民法典》第199条规定:"法律规定或者当事人约定的撤销权、解除权等权利的存续期间,除法律另有规定外,自权利人知道或者应当知道权利产生之日起计算,不适用有关诉讼时效中止、中断和延长的规定。存续期间届满,撤销权、解除权等权利消灭。"

由于除斥期间不可中断且时间较短,对赌义务人经常抗辩股权回购权及补偿权为形成权,投资方未在约定的期限内主张权利则失权。

主题案例:黄松涛与同系(北京)资本管理有限公司股权转让纠纷案③

2015年7月24日,投资方与目标公司及原股东等签订《股权转让协议书》,约定:若目标公司在2017年12月31日前未能成功在新三板(即全国中小企业股份转让系统)挂牌,则投资方有权向原股东发出书面通知,要求原股东收购投资方持有的目标公司的全部股权,原股东承诺在收到书面通知后的3个月内予以回购。

目标公司至今未在新三板挂牌。

2020年12月30日,投资方向原股东送达回购通知。原股东收到通知后拒绝履行。

投资方向法院提起诉讼,请求判令原股东向其支付股权转让价款等。

原股东辩称,股权回购权为形成权,应当适用除斥期间。目标公司未于2017年12月31日前在新三板挂牌,此时触发股权回购条款,投资方未及时向原股东发出回购通知,而是在3年后才主张回购,超过形成权行使的合理期间。

北京市通州区人民法院一审认为:

---

① 参见最高人民法院民法典贯彻实施工作领导小组主编:《中华人民共和国民法典总则编理解与适用》,人民法院出版社2020年版,第1004页。
② 参见最高人民法院民法典贯彻实施工作领导小组主编:《中华人民共和国民法典总则编理解与适用》,人民法院出版社2020年版,第1005页。
③ 参见北京市第三中级人民法院民事判决书,(2022)京03民终14424号。

关于股权回购权的性质,即股权回购权属于债权请求权还是形成权。

请求权,是指法律关系的一方主体请求另一方主体为或者不为一定法律行为的权利。权利人不能对权利标的进行直接支配,只能请求义务人配合。债权是典型的请求权,债权人自己无法实现债权,只能通过请求债务人履行一定的给付义务才能实现债权。请求权受诉讼时效的约束,不适用除斥期间的规定。

形成权,是指权利人依单方意思表示就能使民事法律关系发生、变更与消灭的权利,其效力的发生不需要相对人作出某种辅助行为或共同行为,解除权、撤销权、抵消权等是典型的形成权。

投资方主张本案股权回购权系债权请求权,应适用诉讼时效制度;原股东则主张本案股权回购权属于形成权,应适用除斥期间的规定。

对此,一审法院认为,根据《股权转让协议书》关于投资方于特定情形出现后应如何行使权利的约定可知,其权利行使包含两个方面的行为,一是向原股东发出要求其回购股权的意思表示,二是原股东履行回购义务支付回购款。投资方行权的目的在于通过主张股权回购权,请求原股东履行回购义务支付回购款,因此,投资方能否实现本案诉讼目的,有赖于原股东是否同意履行给付股权回购款的义务,故投资方与原股东之间的金钱给付权利义务属于债的法律关系,投资方的请求在权利性质上属于债权请求权,在规范性法律文件并无例外规定的情况下,其诉请应适用诉讼时效制度的规定。

北京市第三中级人民法院二审维持原判。

本案中,各方约定如果目标公司未在 2017 年 12 月 31 日前在新三板挂牌,则投资方有权要求原股东回购股权。目标公司至今未挂牌,投资方于 2020 年 12 月 30 日向原股东发函要求回购股权。

原股东辩称,股权回购权为形成权,投资方在回购条款触发之后 3 年才主张权利,超过形成权行使的合理期间。

但是,投资方通知原股东回购本身,并不产生原股东支付回购款的后果,投资方的回购请求权不符合形成权的法律特征。投资方能否取得回购款,取决于原股东是否作出给付行为,因此,符合债权请求权的定义。

本案法院认为,投资方主张股权回购的权利,性质上属于债权请求权,应适用诉讼时效的规定,不支持原股东的抗辩。

大多数案件中法院也认为,股权回购权并非形成权,而是债权请求权,不适用除斥期间的规定。

北京市第三中级人民法院在一案①中认为,"关于郭菲、蒋君主张回购请求权超过除斥期间已实际消灭的上诉理由,本院认为,涉案股份回购请求权是指投资人有权要求原股东按照既定条件购买其所持有的目标公司的股权,投资人所享有的是要求原股东向其支付特定价款并承诺将所持股权交付给原股东的综合权利义务,回购权的标的是包含价款给付及股权交付的一项交易行为,不符合法律规定的形成权的特征。郭菲、蒋君关于回购请求权属于形成权适用除斥期间的主张缺乏法律依据,本院亦不予采信"。

广东省深圳市中级人民法院在一案②中认为,"关于深圳创东方合伙企业请求回购股权的权利是否属于形成权,是否因超过除斥期间而消灭的问题。本案中深圳创东方合伙企业系依据双方《增资扩股协议》及其补充协议的约定,请求杨帆等主体回购股权,该权利属于债权请求权。深圳创东方合伙企业请求回购股权,该权利并不能单方产生民事法律关系产生、变更或者消灭的法律后果,不属于形成权。杨帆主张深圳创东方合伙企业请求回购股权的权利属于形成权,因超过除斥期间而消灭,理由不成立,本院不予采纳"。

北京市顺义区人民法院在一案③中认为,"临空投资公司的诉讼请求在权利性质上属于债权请求权。债权请求权,是指权利人基于债的法律关系而产生的请求特定对象为特定行为的权利。本案中,根据《增资协议书》《补充协议》关于临空投资公司于特定情形出现后应如何行使权利的约定可知,其权利行使包含两个方面的行为,一是向高晓丽、吕意德作出要求其回购股权的意思表示,二是高晓丽、吕意德履行回购义务支付股权回购款。临空投资公司行权的目的在于通过主张该项权利,请求高晓丽、吕意德履行回购义务支付股权回购款。因此,临空投资公司能否实现本案诉讼目的,有赖于高晓丽、吕意德是否同意履行股权回购款给付义务。故临空投资公司与高晓丽、吕意德之间的金钱给付权利义务应属于债的法律关系,临空投资公司的请求在权利性质上亦属于债权请求权,在规范性法律文件并无例外规定的情况下,该诉请应适用诉讼时效制度的规定"。

---

① 参见郭菲等与朱家俊等股权转让纠纷案,北京市第三中级人民法院民事判决书,(2020)京03民终5204号。

② 参见杨帆、深圳市创东方富建投资企业等请求公司收购股份纠纷案,深圳市中级人民法院民事判决书,(2019)粤03民终30528号。

③ 参见北京临空创业投资有限公司与吕意德等公司增资纠纷案,北京市顺义区人民法院民事判决书,(2019)京0113民初21763号。

北京市朝阳区人民法院在一案①中认为,"根据《协议书》之约定,苏州九鼎中心于特定情形出现后可以行使以下回购权利:一是向谢锋发出要求其回购股权的意思表示,二是谢锋履行回购义务向其支付股份转让款。双方之间的金钱给付权利义务属于债的法律关系,苏州九鼎中心享有债权请求权,应适用诉讼时效制度的规定"。

但是,部分案件中,也有法院持不同意见,认为股权回购权的性质为形成权。

上海市高级人民法院在一案②中认为,"关于股权回购权的行使期间,双方当事人在合同中没有约定",故投资方应在股权回购条款触发后的合理期间内行使权利。"合理期间的确定应依据诚实信用、公平原则,综合考量公司经营管理的特性、股权价值的变动、合同的目的等因素。从权利的性质及行使的后果出发,股权回购权的行使期间应短于合同解除权的行使期间。"投资方提出回购的时间"显然已过回购权行使的合理期间"。"回购权与撤销权、解除权同属形成权,行使期限届满,权利消灭,不适用诉讼时效的规定。"

安徽省蚌埠市淮上区人民法院在一案③中认为,"该条款约定,只要乙方(第三人)在2014年6月30日前没有向中国证券监督管理委员会申报发行申请材料并被受理,被告即可提出股权回购的申请,本案原告及第三人就应在被告提出申请的180天内回购被告所持有的第三人的股份,该特征构成了形成权最核心的特征,即权利人仅凭单方的意思表示就可以使法律关系产生、变更、消灭,而不需要对方的协助。因而,被告与原告及第三人约定的回购请求权是一种形成权……股权回购是为了维护公司稳定,避免双方处于长期不确定的状态,故针对形成权设置了除斥期间……该协商行为发生在2014年8月31日之后,已不在双方约定行使回购权期间之内,不影响回购权消灭的事实。由于被告未向法庭提供证据证明其在合理的期限内向原告及第三人主张过股权回购的申请,根据除斥期间无任何事由中止、中断的特征,为了维护公司稳定,避免双方处于长期不确定的状态,除斥期间届满,被告的回购权即为消灭"。

总之,股权回购权的性质到底是什么,目前实践中争议很大。2024年8月29日,《人民法院报》发布的"法答网精选答问(第九批)——公司类精选答问专

---

① 参见苏州天玑钟山九鼎投资中心(有限合伙)与谢锋与公司有关的纠纷案,北京市朝阳区人民法院民事判决书,(2020)京0105民初3469号。

② 参见吕华铭与蔡冰股权转让纠纷案,上海市高级人民法院民事裁定书,(2020)沪民申1297号。

③ 参见安徽绿雨农业有限责任公司与北京正达丰益投资发展中心股权转让纠纷案,蚌埠市淮上区人民法院民事判决书,(2016)皖0311民初2382号。

题"(以下简称《精选答问》)提到,"审判实践中,对上述股权回购权性质和行权期限,存在较大争议。有观点认为投资方请求回购股权系债权请求权,适用诉讼时效制度。也有观点认为投资方请求回购股权系形成权,受合理期间限制"。但是,《精选答问》未表明股权回购权到底属于形成权还是债权请求权。有观点认为股权回购请求权由两项权利构成:一是决定是否回购的选择权,该权利为形成权;二是决定选择回购后的请求权,该权利为债权请求权。该等观点能否被裁判机构认可,有待司法实践的检验。

❖ 小结与建议

关于投资方享有的股权回购权及补偿权的性质,裁判观点不统一。截至目前,主流观点认为其性质属于债权请求权,适用诉讼时效的规定。

投资方:对赌条款触发后,建议在合理期限内向对赌义务人发出通知行使权利,降低被认为失权的风险。如果决定暂时不行权,可考虑尽快与创始人方签署延长对赌期限的协议。

创始人方:对赌条款触发后,投资方一直不主张权利的,可以尝试提出其已失权的抗辩。

6.2 对赌权利的诉讼时效起算日是哪天?

诉讼时效是对赌案件中的常见抗辩,尤其是在对赌条款已触发而投资方长期未主张权利的情况下。如问题 6.1 所述,目前司法实践中的主流观点认为,投资方享有的股权回购权及补偿权属于债权请求权,适用诉讼时效的规定。接下来的问题是,投资方主张回购或补偿的诉讼时效自哪天起算?

诉讼时效的起算需满足三个条件:一是权利受到损害;二是权利人知道或应当知道权利受到损害;三是权利人知道或应当知道具体的侵害人。《民法典》第 188 条规定:"向人民法院请求保护民事权利的诉讼时效期间为三年。法律另有规定的,依照其规定。诉讼时效期间自权利人知道或者应当知道权利受到损害以及义务人之日起计算。法律另有规定的,依照其规定……"

对赌权利的诉讼时效起算,需满足以上全部条件。考虑到对赌条款通常已明确载明义务人,重点关注的是另外两个条件:第一,投资方能否实现其债权,有赖于义务人对债务的履行。因此,投资方的权利受到侵害应指向对赌义务人不履行给付义务。第二,大多数对赌协议并不会约定对赌义务人自发履行支付义务,而是以投资方通知作为启动条件。因此,在投资方未通知对赌义务人回购或补偿的情况下,对赌义务人并无履行之必要,投资方亦无受到侵害之可能。只有投资方通知对赌义务人履行义务,对赌义务人明确拒绝或在合理期限内未作出意思表示时,投资方受到侵害的事实才实际存在,其亦应对权利受到侵害有所知悉。

因此,在对赌协议未明确约定对赌义务人履行期限的情况下,投资方主张回购或补偿的诉讼时效,从对赌义务人收到投资方通知后拒绝或到期未履行时开始计算。

主题案例:嘉兴春秋楚庄九鼎投资中心(有限合伙)等与马春欣等合同纠纷案[①]

2011 年 12 月,投资方与目标公司及原股东签订《增资扩股协议》。

同日,前述各方又签订《增资扩股协议的补充协议》,其中第 2.1.1 条约定,如果目标公司 2013 年 12 月 31 日前未提交发行上市申报材料并获受理,或

---

① 参见北京市第二中级人民法院民事判决书,(2019)京 02 民初 765 号。

者目标公司2014年12月31日前没有完成挂牌上市,则投资方有权选择在上述任何一种情况出现后要求原股东受让投资方持有的全部或部分目标公司股权。第2.1.3条约定,第2.1.1条所述受让最迟在投资方通知要求受让之日起3个月内执行完毕。

目标公司未在2014年年底完成上市。

2019年11月,投资方提起诉讼,要求原股东向其支付股权转让款等。

原股东辩称:投资方未及时在2014年年底目标公司未上市、触发回购请求权时主张该权利,而是在2019年才提起诉讼,早已超过诉讼时效。

北京市第二中级人民法院认为:

根据《增资扩股协议的补充协议》第2.1.1条的约定,在回购条件成就后,并非由原股东自发履行,而是需以投资方单方行使股权回购请求权为条件。如果在回购条件成就后投资方选择了要求回购,原股东回购义务才产生。根据《增资扩股协议的补充协议》第2.1.3条的约定,原股东的股权回购义务以投资方通知作为履行的启动条件,且应在投资方通知之日起3个月内履行完毕。因此,在投资方未通知要求回购的情况下,双方尚未产生股权转让法律关系,投资方没有股权回购款给付请求权,其权利亦不可能受到侵害。只有在投资方要求回购股权的通知到达原股东而原股东于3个月的履行期限内明确表示不履行或在3个月的履行期限届满后仍未履行的情况下,投资方的股权回购款给付请求权才有受到侵害的可能。所以,涉案股权回购款给付请求权的诉讼时效不应从股权回购条件成就时起算,而应自投资方通知原股东要求其履行股权回购义务后,原股东明确表示不履行之日或自3个月的履行期限届满之日开始计算。

另外,本院注意到,各方当事人在《增资扩股协议的补充协议》中并没有约定通知期限。当事人在《增资扩股协议的补充协议》第2.1.1条中约定的股权回购条件2014年12月31日已经成就。投资方于2019年11月4日向本院提起诉讼,以此方式通知原股东履行回购义务,该期间客观上已近5年。对此本院认为,资本市场中的投融资主体对各自权利及义务应具有合理预期。若当事人未对权利行使期限作出约定或者约定不明,可能会导致投融资主体的权利义务关系产生不确定性,继而增加资本市场风险。本案当事人在达成交易之时,对上述风险应当是明知的。基于投资款占有使用有益于融资方及投融资双方利益平衡考虑,结合本案具体情况,本院认为该期间未突破合理期限。

综上,本院认为,投资方关于股权转让款的诉讼请求并未超过法律规定的诉讼时效期间。

本案中,各方约定如果目标公司在 2014 年 12 月 31 日前未上市,则投资方有权要求原股东回购股权,原股东应在收到回购通知后 3 个月内支付股权回购款。目标公司未能如期上市。5 年之后,投资方才以起诉的方式,通知原股东履行回购义务。

原股东辩称,投资方未在目标公司上市失败后及时主张权利,早已超过诉讼时效。

法院认为,投资方的请求并未超过诉讼时效。对赌协议约定,回购条件成就后,原股东履行回购义务以投资方发出通知为启动条件。只要投资方未要求回购,原股东的回购义务就未产生,投资方的权利也就不可能受到侵害。只有原股东收到回购通知后,未在约定的期限内履行或明确表示不履行,投资方的权利才受到侵害。

大多数案件中,法院也持相同意见,即如果投资协议没有约定对赌条款触发后对赌义务人应自行履行支付义务,则投资方主张回购或补偿请求权的诉讼时效,从投资方发出要求回购或补偿的通知后,对赌义务人拒绝或到期未履行时起算。

新疆维吾尔自治区高级人民法院在一案①中认为,"本案判断诉讼时效起算时间点应为福日公司知道或者应当知道权利受到损害之日。《业绩补偿及回购协议》中约定'根据甲乙双方共同认可的会计师事务所出具的九禾种业 2013 年度审计报告,若九禾种业未达到上述业绩承诺,且乙方按照本条约定提出现金补偿要求时,甲方应在乙方提出现金补偿要求(正式书面通知)后的[6 个月内]完成对乙方的现金补偿……',依此约定,福日公司知晓'2013 年度审计报告'并非是其权利受到损害之日,并且该协议对福日公司在知晓'2013 年度审计报告'后何时提出业绩补偿要求并未作限制期限的约定","福日公司就现金补偿要求可以随时向九圣禾公司提出。福日公司 2020 年 6 月 30 日向九圣禾公司发出的《律师催告函》为其第一次主张现金补偿的通知,按照合同的约定,九圣禾公司收到该函后的六个月期满后未支付或表示不支付才为福日公司知道权利受到损害之时。故九圣禾公司的诉讼时效抗辩不能成立"。

北京市高级人民法院二审维持原判的一案②中,一审法院认为,"深圳创新

---

① 参见九圣禾控股集团有限公司、青岛福日集团有限公司股权转让纠纷案,新疆维吾尔自治区高级人民法院民事判决书,(2021)新民终 228 号。

② 参见爵美名盟国际贸易(北京)有限公司等与深圳市红土信息创业投资有限公司等股权转让纠纷案,北京市高级人民法院民事判决书,(2020)京民终 549 号。

公司及深圳红土公司回购请求权的诉讼时效,应当从回购义务人履行股权回购义务的期限届满之日起开始计算,但《补充协议二》中仅约定了股权回购请求权的行使条件,未就回购义务的履行期限作出约定,且亦无法通过合同法相关规定进一步明确履行期限,故若玖美公司未能于2015年12月31日前上市,深圳创新公司及深圳红土公司在上述日期后可随时要求回购义务人进行回购,根据在案2017年11月27日张东旭律师向玖美公司及高晓丽发送的《律师函》,可以确认深圳创新公司与深圳红土公司要求高晓丽、玖美公司见函十日内履行回购义务,欧阳华永律师针对上述《律师函》的复函亦表明玖美公司与高晓丽对此做出了回应,并未明确表示不履行回购义务,因而本案诉讼时效期间应从二被上诉人给予的宽限期届满即高晓丽、玖美公司收到前述《律师函》满十日之次日开始计算,后深圳创新公司、深圳红土公司于2019年5月21日提起本案诉讼,并未超出诉讼时效"。

北京市第三中级人民法院在一案①中认为,"根据已查明的事实,《框架协议》《增资协议书》并未约定康芝药业对顺鑫控股作出利润补偿的期限。顺鑫控股的诉请请求的权利性质属于债权请求权,顺鑫控股能否实现诉请目的,有赖于康芝药业是否同意履行利润补偿义务,且该利润补偿义务需以顺鑫控股通知作为履行启动条件。当康芝药业明确拒绝或在合理期限内未作意思表示,则顺鑫控股获得利润补差的权利受到侵害的事实才实际存在,其亦应对权利受到侵害有所知悉"。

四川省成都市中级人民法院二审维持原判的一案②中,一审法院认为,"关于本案诉讼时效应从何时起算。案涉《补充协议》第4.1条约定如高威公司在2015年12月31日之前未能实现上市,中科东南公司有权要求崔存生等五人回购其所持股权"。"2015年12月31日是各方约定的触发回购条件的时间点,即高威公司未能在2015年12月31日前实现上市,中科东南公司可以行使回购权,但并非指中科东南公司必须于2016年1月1日行使该权利。案涉协议并未约定中科东南公司要求回购股权的具体期限,因此中科东南公司可随时要求履行,同时应给予对方必要的准备时间","在此情况下,本案诉讼时效应自中科东南公司要求崔存生等五人以及高威公司支付股权回购款的宽限期届满之日起计算"。

---

① 参见康芝药业股份有限公司等与北京顺鑫控股集团有限公司合同纠纷案,北京市第三中级人民法院民事判决书,(2021)京03民终4310号。

② 参见崔存生、袁宗伟公司增资纠纷案,成都市中级人民法院民事判决书,(2021)川01民终6814号。

北京市顺义区人民法院在一案①中认为,"根据协议约定,高晓丽、吕意德的股份回购义务并非自发履行,而是以临空投资公司通知作为履行启动条件。因此,在临空投资公司未通知高晓丽、吕意德履行股份回购义务的情况下,高晓丽、吕意德并无履行之必要,临空投资公司的股份回购权亦无受到侵害之可能。因此,当临空投资公司通知高晓丽、吕意德履行股份回购义务时,若高晓丽、吕意德明确拒绝或在合理期限内未作意思表示,则临空投资公司股份回购权受到侵害的事实方为实际存在,其亦应对权利受到侵害有所知悉。故本案诉讼时效应自临空投资公司通知高晓丽、吕意德履行股份回购义务后,高晓丽、吕意德明确表示不履行或在合理履行期限届满时开始计算"。

深圳前海合作区人民法院在一案②中认为,"《增资认购补充协议》没有约定长城租赁行使股权回购请求权的期限。长城租赁起诉前,未提出股权回购请求权,前海产学研、于林静、郭爱华和盛兴崑也未明确拒绝回购,长城租赁的股权回购请求权未受到损害,诉讼时效期间并未开始起算"。

但是,在个别案件中,也有法院以行权条件成就时作为诉讼时效起算的时点。例如,湖南省高级人民法院在一案③中认为,"从该内容可知,当发生该条第一款规定的九种情形之一,湘西高新企业就是否要求电讯公司回购其持有的部分或全部光电股份公司股权即享有选择权,是否行使该权利取决于湘西高新企业。原审查明……2015年5月31日湘西高新企业应当知道自己有权要求电讯公司回购其持有的部分或全部光电公司股权。因民法总则是2017年10月1日起施行,但截至其2018年8月提起诉讼,湘西高新企业并未按照《股权转让补充协议》第二条约定的书面致函电讯公司回购股份。据此,原审认定'湘西高新企业未在诉讼时效规定的两年内主张权利,诉讼时效已经届满'符合法律规定"。

需要注意的是,并非所有对赌协议都约定对赌义务人回购或补偿以投资方发出通知为前提,各方也可能约定一旦对赌条款触发则对赌义务人应自动履行。例如,山西省高级人民法院在一案④中认为,根据"《增资扩股协议书》"的约定,再

---

① 参见北京临空创业投资有限公司与吕意德等公司增资纠纷案,北京市顺义区人民法院民事判决书,(2019)京0113民初21763号。
② 参见深圳长城环亚国际融资租赁有限公司与前海产学研基金管理有限公司、于林静新增资本认购纠纷、买卖合同纠纷案,深圳前海合作区人民法院民事判决书,(2019)粤0391民初4921号。
③ 参见湖南湘西高新创业投资企业、保靖新中合电讯设备有限公司股权转让纠纷案,湖南省高级人民法院民事裁定书,(2019)湘民申3778号。
④ 参见晋城市经贸资产经营有限责任公司与李立华、李立新等与公司有关的纠纷案,山西省高级人民法院民事裁定书,(2017)晋民申2538号。

审申请人的持股年限为五年,期满由被申请人以不同方式进行一次性回购,被申请人应于2010年1月17日前回购再审申请人的股权,在被申请人未履行回购义务的情况下","原审法院认定再审申请人诉请被申请人回购股权的诉讼时效于2012年1月16日届满。且再审申请人并未提供证据证明在上述诉讼时效期间内存在诉讼时效中断的情形,故其于2015年8月30日提起诉讼时已超出了法定诉讼时效期间"。

另外,如果投资方在对赌条款尚未触发时就主张股权回购或补偿,诉讼时效尚未起算。例如,湖南省长沙市中级人民法院在一案①中认为,从对赌约定可知,"投资人的股权回购请求权产生的条件为正忠公司在投资人增资款到位后36个月内未上市,在此条件具备之前投资人不具有股权回购请求权",投资方于2014年7月8日向原股东提出股权回购请求,此时距离投资方2011年9月1日"增资款到位尚不足36个月,股权回购请求权尚未产生",投资方"此时提出的股权回购请求是无效的,不应根据此请求起算诉讼时效"。

◆ 小结与建议

如果投资协议没有约定对赌条款触发后对赌义务人应自行履行支付义务,则投资方主张回购或补偿请求权的诉讼时效,从投资方发出要求回购或补偿的通知后,对赌义务人拒绝或到期未履行时起算。

投资方:对赌条款触发后,建议在合理期限内向对赌义务人发送书面通知主张权利。如果对赌义务人拒绝履行,建议定期发出催告函或尽快提起诉讼或仲裁,以免超过诉讼时效。

创始人方:投资方向对赌义务人发出回购或补偿通知后,长期不再主张权利的,可考虑提出诉讼时效的抗辩。

---

① 参见张立忠、柳莉合同纠纷案,长沙市中级人民法院民事判决书,(2018)湘01民终2413号。

6.3 未约定行权期限的，投资方主张权利是否受时间限制？

问题 6.2 中诉讼时效涉及的是对赌义务人未履行义务至投资方提起诉讼期间的时间段，本问题则关注另一段时间，即回购及补偿条款触发后至投资方向对赌义务人主张权利发出通知的期间，是否有所限制。

不少对赌协议仅约定对赌义务人应在投资方发出通知后的一定期限内履行对赌义务，但并未约定对赌条款触发后投资方行使权利的期间。这是否意味着投资方可以在行权条件成就后的任意时间主张权利？

主题案例：东华工程科技股份有限公司、安徽淮化集团有限公司合同纠纷案[①]

2007 年 11 月 12 日，投资方与原股东签订《股份回购协议》，约定：原股东承诺目标公司若在成立 4 年内不能成功上市，则投资方有权视其上市前景及经营状况自主选择股份退出时机。若投资方要求退出目标公司，则由原股东以现金方式回购投资方全部股份或负责推荐其他公司购买。

2018 年 6 月 26 日，投资方向原股东发出《回购函》，要求原股东回购投资方持有的目标公司全部股权。

投资方提起诉讼，请求判令原股东回购股权并支付股权回购款等。

原股东抗辩称：债权作为请求权的一种，若对其权利行使的时间不加以限制，任由权利无限期地搁置则会导致民事法律关系长期处于不确定的状态。因此，债权的行使应在合理时间内完成，否则，将因时效而消灭。《股份回购协议》虽未对投资方行使权利的时间作出明确约定，但投资方于案涉协议约定的条件成就 6 年后才提出主张，明显已超过合理期限。

最高人民法院再审认为：

本案中，案涉《股份回购协议》第 2 条约定，原股东承诺目标公司若在成立 4 年内不能成功上市，则投资方有权视其上市前景及经营状况自主选择股份退出时机，明确了投资方要求原股东回购股权的行使条件和行使时间。

[①] 参见最高人民法院民事裁定书，(2020)最高法民申 1513 号；安徽省高级人民法院民事判决书，(2020)皖民再 215 号。

根据《合同法》第 125 条当事人对合同条款的理解有争议的规定,从字面意思来看,对于股权回购请求权的行使时间,双方约定的是由投资方自主选择时机。且根据一、二审法院查明的事实,在案涉股权回购条件成就后,投资方并未向原股东明确表示过放弃案涉回购股权的权利。在此情况下,投资方于 2018 年 6 月 26 日以《回购函》的形式向原股东主张权利,虽与案涉股权回购条件成就时间相隔较长,但并不违反合同约定。

一、二审法院以投资方行使权利超出合理期限为由驳回其诉讼请求,事实依据不足,法律适用不当。指令安徽省高级人民法院再审本案。

安徽省高级人民法院再审认为:

案涉《股权回购协议》并未约定投资方要求原股东回购目标公司股权的期限,根据《合同法》第 62 条第(四)项"履行期限不明确的,债务人可以随时履行,债权人也可以随时要求履行,但应当给对方必要的准备时间"的规定,投资方在应给原股东留有必要准备时间的情况下,可以随时要求履行。本案不存在投资方对原股东所享有的股权回购请求权超过期限或时效的法律问题,因此,该项权利并不因其在股权回购条件成就 6 年内未行使而归于消灭。

此外,民事权利的放弃须明示意思表示,默示意思表示只可在法律有明确规定及当事人有特别约定的情况下才能发生法律效力。在既无明确约定又无法律特别规定的情况下,不宜推定当事人对权利的放弃。投资方对原股东所享有的股权回购请求权既未消灭,也未放弃,其在本案中的诉讼请求应予支持。

原股东在原审诉讼中认为投资方放弃了股权回购协议中的权利,及在本案再审过程中认为投资方行使权利超过合理期限,无事实和法律依据,本院不予采信。

本案中,各方约定如果目标公司在 2012 年之前不能成功上市,则投资方有权视情况选择退出时机,要求原股东回购其持有的目标公司股权。合同未对投资方行使权利的期限作出明确约定。2018 年投资方才向原股东发函要求回购股权。

原股东辩称,债权的行使应在合理期限内完成,否则会导致民事法律关系长期处于不确定的状态。投资方在回购条件成就 6 年后才提出主张,明显不合理。

最高人民法院认为,虽然投资方在回购条件成就后较长时间才主张权利,但并未违反合同约定。一、二审法院以投资方行使权利超出合理期限为由驳回其诉讼请求,法律适用不当,指令再审。

安徽省高级人民法院再审认为,本案属于履行期限不明、投资方有权随时要求履行的情形,不存在行权超过期限或时效的法律问题,投资方的该项权利并不因回购条件成就6年内未行使而归于消灭。

除本案之外,其他案件中也有法院认为,没有约定投资方行权期限的,即便投资方长时间未主张权利,也不导致失权。

广东省高级人民法院审理的一案①中,目标公司未完成业绩承诺,投资方却在近4年之后才起诉要求原股东履行回购义务。该院认为,"《承诺》并未对欧比特公司要求黄铧回购股份的时间进行约定,参照《最高人民法院关于审理民事案件适用诉讼时效制度若干问题的规定》第六条'未约定履行期限的合同,依照合同法第六十一条、第六十二条的规定,可以确定履行期限的,诉讼时效期间从履行期限届满之日起计算;不能确定履行期限的,诉讼时效期间从债权人要求债务人履行义务的宽限期届满之日起计算,但债务人在债权人第一次向其主张权利之时明确表示不履行义务的,诉讼时效期间从债务人明确表示不履行义务之日起计算'的规定,黄铧主张欧比特公司在每一个时间段广州狼旗公司没有达标即应及时主张回购否则视为放弃,缺乏依据",不予支持,"欧比特公司可在条件满足时随时向黄铧提出这一请求"。

但是,不少案件中法院认为,即便没有约定行权期限,投资方也应在"合理期限"内主张权利。

上海市第二中级人民法院《2015—2019年涉"对赌"纠纷案件审判白皮书》中提到,"审判实践中原则上认为,未约定回购期限情形下,权利方要求对方履行回购义务应受到合理期限的限制,而合理期限的判定应结合行权的可行性、时间间隔、股价波动等因素,在均衡双方当事人利益的基础上,作个案的判断"。

上海市高级人民法院审理的一案②中,关于隽盛公司依据涉案回购条款行使股权回购请求权是否超过合理行权期限,该院认为,"根据涉案回购条款约定,中宝公司未于2016年6月30日之前在全国中小企业股份转让系统挂牌,隽盛公司行使股权回购请求权的条件即已成就,即2016年7月1日起隽盛公司有权要求胡跃华、宋勤芳和周健回购其所持有的中宝公司股份,但各方当事人并未对隽盛公司行使股权回购请求权的行权期限进行明确约定。胡跃华、宋勤芳现主张隽盛公司提起本案诉讼行使股权回购请求权已超过合理行权期限;隽盛公

---

① 参见黄铧与珠海欧比特宇航科技股份有限公司合同纠纷案,广东省高级人民法院民事裁定书,(2020)粤民申12182号。
② 参见胡跃华等与上海隽盛股权投资基金管理有限公司公司增资纠纷案,上海市高级人民法院民事判决书,(2020)沪民再29号。

司则认为在合同对行权期限未作特别约定的情况下,其在诉讼时效内有权随时行使股权回购请求权"。对此,该院分析如下,"股权回购请求权源自各方当事人的合同约定,在合同对股权回购请求权的行权期限未予明确的情况下,股权回购请求权的行使是否应受合理行权期限限制需结合合同目的、回购条款的内容与性质、合同履行情况、市场变化与股价波动情况等因素进行综合判断与确定",投资方"通过本案诉讼提出涉案 400 万股中宝公司股份的回购请求,明显超过合理行权期限",不予支持。

多数案件中,结合案件具体情况,法院认为投资方在对赌条件成就后 1~3 年内主张权利的,属于在"合理期限"的范围之内。

北京市第三中级人民法院在一案①中认为,有关九江九鼎中心作出通知是否存在时间限制的问题,"就本案而言,因《协议书》本身并无关于通知期限的约定,故九江九鼎中心作出通知的行为在形式上并未设置时间限制。但结合本院前述关于本案股份退出对赌条款应作何理解以及回购条件是否成就并可行使的论述,本案回购请求权已经于 2015 年 8 月 13 日具备行使条件。而九江九鼎中心于 2018 年 5 月 23 日向丰台法院提起诉讼,其可行使回购请求权的起始时间与其以起诉方式向谢锋作出通知的时间在客观上间隔近三年,故本案应对九江九鼎中心的通知期限合理性问题进行实质审查。对此本院认为,通知期限的合理性应当结合资本市场投融资领域的应然状态以及本案查明事实的实然情况予以综合认定。投资法律关系应当符合交易行为的稳定性要求。交易行为的稳定性要求交易主体对各自享有的权利及应当承担的义务具有合理预期,资本市场中的投融资主体亦是如此。如果当事人在投资、对赌法律关系中对权利行使期限没有约定或者约定不明,则可能会导致投融资主体的权利义务关系产生不确定性,继而成为资本市场中的风险因素。因此,在当事人未对前述通知期限作出约定或者约定不明的情况下,可按照法律规定对其作出解释和认定。而在本案中,根据当事人在《协议书》签订过程中的往来电子邮件可知,谢锋一方曾提议将九江九鼎中心行使股份回购权的时间限定至 2017 年 6 月 30 日,但九江九鼎中心一方并未同意该意见且明确表示拒绝,《协议书》最终确定内容亦无关于通知期限的约定。由此可以看出,九江九鼎中心与谢锋并非未约定通知期限,而是在经协商之后,形成了未对九江九鼎中心的通知期限作出限制的意思表示。因此,根据以上评析,双方就九江九鼎中心作出通知的时间在形式及实质上均未设

---

① 参见九江联豪九鼎投资中心(有限合伙)与谢锋与公司有关的纠纷案,北京市第三中级人民法院民事判决书,(2019)京 03 民终 9876 号。

置限制。故在当事人已就该问题进行协商并达成一致意见的情况下,就本案的实际履行而言,九江九鼎中心于回购请求权可行使后近三年有权提起本案诉讼,具备事实及法律依据,亦未突破通知期限的合理性"。

江苏省镇江市中级人民法院审理的一案①中,原股东认为投资方未在合理期限内行使要求回购的权利,应视为其选择继续持有股份,放弃要求回购股份的权利。该院认为,"首先,依照本案各方签订的《增资扩股协议书》约定,崔业民有权在符合合同约定条件的情况下要求润杰股份公司、朱菊华回购股份。因上述协议未明确约定崔业民要求回购股份的期限,为保证合同履行的确定性,崔业民应当在合理期限内通知润杰股份公司、朱菊华是否回购股份。其次,润杰股份公司虽然未能在2017年12月31日前挂牌新三板,但公司能否挂牌新三板受多重因素的影响。在润杰股份公司未能按照约定期限挂牌新三板情况下,润杰股份公司应当及时向投资者报告相关情况,以让投资者清楚未能挂牌新三板的原因,为投资者决定是否继续投资提供协助义务。综上,虽然朱菊华认为崔业民要求回购股份超过了合理期限,但润杰股份公司未能及时向崔业民报告公司未能挂牌新三板的原因,可以相应延展崔业民决定是否要求回购股份的期限,崔业民在2019年提起本案诉讼并未超过合理的期限,一审法院支持崔业民要求朱菊华回购股份的诉讼请求并无不当",予以确认。

深圳前海合作区人民法院审理的一案②中,《增资认购补充协议》约定,自2017年12月31日起,投资人有权但无义务要求目标公司回购其届时所持有的全部或部分目标公司股权。该院认为,《增资认购补充协议》没有约定长城租赁行使股权回购请求权的期限,即使长城租赁应于2017年12月31日主张股权回购请求权,至原告起诉日2019年9月12日,也未超过3年,长城租赁享有的股权回购请求权仍在法律保护期间之内。

广东省广州市中级人民法院在一案③中认为,"涉案协议并未对回购股权期限进行约定,科技金融公司主张郑勤回购涉案股权基于涉案协议约定的债权请求权,从科技金融公司主张权利的情况来看,2019年4月19日出具的审计报告确定目标公司2018年的经营业绩,依约可认定回购股权条件成就。根据涉案协

---

① 参见朱菊华与崔业民、江苏润杰通讯科技股份有限公司请求公司收购股份纠纷案,镇江市中级人民法院民事判决书,(2020)苏11民终1192号。
② 参见深圳长城环亚国际融资租赁有限公司与前海产学研基金管理有限公司、于林静新增资本认购纠纷、买卖合同纠纷案,深圳前海合作区人民法院民事判决书,(2019)粤0391民初4921号。
③ 参见郑勤、广州科技金融创新投资控股有限公司新增资本认购纠纷、买卖合同纠纷案,广州市中级人民法院民事判决书,(2022)粤01民终12658号。

议中关于科技金融公司持有股权转让的交易方式约定,涉案股权需到产权交易所进行交易。科技金融公司在2019年10月31日委托有关机构对涉案股份权益进行评估,在2020年4月30日出具评估报告后对相应股权挂牌交易,并告知郑勤依约通过竞价方式回购股份。上述系列行为体现科技金融公司依约行使股权回购权利,郑勤主张科技金融公司行使回购权超出合理期限,理据不足,本院不予采纳"。

北京市高级人民法院二审维持原判的一案①中,一审法院认为,"关于杜栩主张,晨晖投资企业提起本案诉讼超出合理期限,属怠于行使权利,要求减少股权回购价款问题。《股权转让协议》并未对晨晖投资企业行权期限有明确限制,且股权回购条件于2021年3月28日成就,晨晖投资企业于2021年9月提起本案诉讼,并未超出合理期限",故"对杜栩该项抗辩意见亦不予采信"。

持有回购权与补偿权性质为形成权观点的法院认为,"合理期限"为行权条件成就后1年内。《民法典》第564条规定:"法律规定或者当事人约定解除权行使期限,期限届满当事人不行使的,该权利消灭。法律没有规定或者当事人没有约定解除权行使期限,自解除权人知道或者应当知道解除事由之日起一年内不行使,或者经对方催告后在合理期限内不行使的,该权利消灭。"例如,上海市高级人民法院在一案②中认为,"《股权转让投资协议》第4.2条'如标的公司一年半内上市无进展或没有任何并购和投资盈利'约定的是股权回购的条件,而非回购权的行使期间。在此条件具备之前,吕华铭不具有股权回购权。关于股权回购权的行使期间,双方当事人在合同中没有约定。故吕华铭应在合同签订之日起一年半届满,即2017年1月23日后的合理期间内行使权利。本院认为,合理期间的确定应依据诚实信用、公平原则,综合考量公司经营管理的特性、股权价值的变动,合同的目的等因素。从权利的性质及行使的后果出发,股权回购权的行使期间应短于合同解除权的行使期间。吕华铭在二审庭审后提交的微信聊天显示,其在2018年8月提出过回购。此时,显然已过回购权行使的合理期间,也已超过了蔡冰代理人在二审中陈述的自2017年1月24日起一年半的期间。回购权与撤销权、解除权同属形成权,行使期限届满,权利消灭,不适用诉讼时效的规定"。

---

① 参见杜栩等与宁波晨晖盛景股权投资合伙企业(有限合伙)股权转让纠纷案,北京市高级人民法院民事判决书,(2022)京民终403号。

② 参见吕华铭与蔡冰股权转让纠纷案,上海市高级人民法院民事裁定书,(2020)沪民申1297号。

6.3 未约定行权期限的,投资方主张权利是否受时间限制?

❖ **小结与建议**

投资方:不建议设置行权期限,而是约定为"行权条件成就后,投资方有权在任意其认为合适的时间主张权利"。鉴于《人民法院报》发布的"法答网精选答问(第九批)——公司类精选答问专题"提到,"如果当事人双方没有约定投资方请求对方回购的期间,那么应在合理期间内行使权利,为稳定公司经营的商业预期,审判工作中对合理期间的认定以不超过 6 个月为宜",如果双方未就行权期限进行特别约定,建议投资方在对赌条款触发后 6 个月内向对赌义务人主张权利,以免超出"合理期限"。

创始人方:建议明确投资方的行权期限,以避免创始人方是否履行对赌义务长期处于不确定状态。在未约定行权期限的情况下,如果投资方未在对赌条款触发后的 6 个月内主张权利,可提出投资方行权超出合理期限的抗辩,可能被法院支持。

6.4 约定行权期限的，投资方逾期行权是否失权？

本问题是问题6.3的延伸，在约定行权期限的情况下，投资方逾期向对赌义务人主张回购或补偿的，是否丧失相关权利？

关于投资方逾期行权是否失权的问题，目前裁判思路尚未统一，存在截然相反的两种观点：有的法院认为失权，有的则认为投资方仍然享有权利。即便裁判机构得出的结论相同，理由也各不相同。例如，对于认定逾期失权的，有的法院认为回购权系形成权，超过除斥期间的权利消灭；有的则认为回购时间属于附期限的约定，超过约定期限即丧失权利。

当然，裁判结果不同，也与各案约定内容相异有关：有的明确约定投资方须在行权条件成就后的一段期限内"明示"是否回购；有的约定行权条件成就后，投资方要么在一定期限内主张回购，要么继续持有目标公司的股权。该等约定可能被理解为行权期限内默示即表示放弃主张权利。《民法典》第140条规定："行为人可以明示或者默示作出意思表示。沉默只有在有法律规定、当事人约定或者符合当事人之间的交易习惯时，才可以视为意思表示。"

其实，投资方逾期主张是否失权，更大程度上是合同解释问题，取决于合同的具体约定。如果约定的是投资方在回购条款触发后一定期限内"决定是否回购"，投资方逾期行权的，可视为放弃回购权或选择继续持有股权，法院对其回购请求不予支持。《人民法院报》发布的"法答网精选答问（第九批）——公司类精选答问专题"提到，"就股权估值调整协议中投资方有权请求大股东或实际控制人回购股权的约定，根据民法典第一百四十二条第一款确立的合同解释规则，对该约定除按照协议所使用的词句理解外，还要结合相关条款、行为的性质和目的、习惯以及诚信原则来理解……具体而言：1.如果当事人双方约定了投资方请求对方回购的期间，比如约定投资方可以在确定未上市之日起3个月内决定是否回购，从尊重当事人自由意志的角度考虑，应当对该约定予以认可。投资人超过该3个月期间请求对方回购的，可视为放弃回购的权利或选择了继续持有股权，人民法院对其回购请求不予支持"。

司法实践中，有法院认为，如果合同约定对赌条款触发后，投资方应明示是否行使权利，或投资方在一定期限内有权选择继续持股或要求回购股权，则投资方逾期主张权利的，被认定为放弃回购的权利。

北京市高级人民法院再审驳回申请的一案①中,《补充协议》约定,如果目标公司在 2013 年 12 月 31 日之前未能在国内 A 股公开发行上市,则投资方有权要求原股东购买其持有的目标公司的全部或部分股权。投资方应在目标公司不能在 2013 年 12 月 31 日之前上市的情形出现之日起 90 日内,以书面方式向目标公司或原股东明示是否行使股权回购权。原股东应在收到股权回购的书面通知当日起 90 日内付清全部回购价款。北京市第一中级人民法院二审认为,从文义解释的角度来看,《补充协议》已明确要求投资方在回购条件满足后 90 日内就是否回购作出明确意思表示;从目的解释的角度来看,回购条件满足后投资方若不尽快作出是否回购的意思表示,将给目标公司的经营带来严重不确定性,若给予投资方无任何期限的回购权,亦会造成双方合同权利义务的严重失衡。北京市高级人民法院再审认为,"2015 年 8 月 31 日再审申请人已经可以要求回购股权,但其并未提出回购要求,反而持续性的参与目标公司即一审第三人的经营,行使股东权利,直至 2017 年 5 月提起本案诉讼。因再审申请人未在 90 日的限制期限内行使股权回购权,且上述等待期限已经明显超出了合理期限范畴,故一、二审法院对其要求被申请人支付股权回购款及利息的诉讼请求未予支持的处理结果",并无不妥。

上海市高级人民法院再审驳回申请的一案②中,合同约定,如果目标公司未在 2015 年 9 月 30 日之前获得证监会核准在国内公开发行股票并上市,则投资方有权选择继续持股或于 2015 年 12 月 30 日之前要求原股东回购其持有的目标公司的股份。目标公司未在 2015 年 9 月 30 日前上市。该院认为,投资方"星杉创富于 2016 年 1 月 20 日发出的律师函,已超过上述约定的回购请求期限,原审将此视作星杉创富选择继续持有股份,处理亦无不妥"。

前述约定强调了投资方在一定期限内"选择"或"决定"是否回购股权。对于约定投资方在一定期限内"有权要求"回购或补偿的,投资方逾期行权是否失权?

主题案例:冯鑫等与天津平禄电子商务有限公司合同纠纷案③

2016 年 9 月,投资方与目标公司及原股东签署《增资协议》。

同月,投资方与原股东签署《回购协议》,约定在暴风集团(目标公司股东之

---

① 参见北京千舟清源投资基金(有限合伙)等与山东宏力艾尼维尔环境科技集团有限公司等合同纠纷案,北京市高级人民法院民事裁定书,(2020)京民申 1318 号。
② 参见上海星杉创富股权投资合伙企业与青岛亨达股份有限公司、王吉万等股权转让纠纷案,上海市高级人民法院民事裁定书,(2018)沪民申 1831 号。
③ 参见北京市第三中级人民法院民事判决书,(2019)京 03 民终 8116 号。

一)股权市场价值低于 10 亿元等事项出现之日起 3 个月内,投资方有权要求原股东回购其全部或部分股权。

自 2017 年 4 月 7 日至今,暴风集团的股权市值一直低于 10 亿元。

投资方起诉,请求判令原股东支付股权回购款等。

原股东辩称:投资方起诉要求回购股权已逾期 1 年零 5 个月,远远超过《回购协议》所约定的 3 个月行权期限,故投资方已丧失要求原股东回购股份的权利。

北京市第三中级人民法院认为:

投资方未在暴风集团股权市值低于 10 亿元之日起 3 个月内行使回购权,投资方未失权。

首先,从签订的目的及意义看,《回购协议》本质上是投资方与目标公司之间的"对赌协议",目的为促成目标公司提升业绩,合格上市,以期获得巨大商业利益。更重要的是保证投资方在一定条件下顺利退出,保障投资方利益。《回购协议》亦是应投资方要求所签,故《回购协议》中约定的对投资方实体权利的限制性的、排除性的条款缺乏合理性。

其次,3 个月的约定应系赋权性约定,不是限制性约定。从合同文义看,《回购协议》并未约定投资方超过 3 个月行使权利,即丧失股权回购请求权,也未有投资方超过 3 个月,或者未以书面形式提出股权回购申请即视为其放弃行使股权回购权的限制性规定。故本院认为该条款本意为敦促享有股权回购权一方及时行使该权利,而非对其权利在形式上和时间上加以限制,甚至剥夺。

本案中,各方约定在出现特定事项后 3 个月内,投资方有权要求原股东回购股权。但在特定事项发生之后约一年半,投资方才起诉向原股东主张回购。

原股东辩称,投资方明显超出约定的行权期限,已丧失回购权。

法院认为投资方未失权。从文义角度出发,各方未约定投资方超出期限即丧失回购请求权。从目的来看,既然《回购协议》是应投资方要求所签,约定限制其权利的内容并不合理。

本案并非孤例,其他案件中也有法院认为,合同约定投资方在"一定期限内有权要求回购或补偿"的,投资方超出约定的行权期限主张权利的,未失权。

江苏省苏州市中级人民法院在一案[①]中认为,"案涉股权转让补充协议对股

---

① 参见张家港保税区浩波国际贸易有限公司与张家港保税区盛威贸易有限公司股权转让纠纷案,苏州市中级人民法院民事判决书,(2015)苏中商终字第 00200 号。

权回购的约定十分明确,至 2013 年 11 月 14 日,由于目标公司浩波科技公司未能完成上市,因此股权回购的条件已经成就。双方仅在合同第 6.2 条中约定盛威公司有权在约定期满之日起两个月内以书面方式提出股权回购要求,但并未约定超过该两个月时间后,盛威公司便丧失股权回购的请求权,因此双方对行使股权回购请求权的时限并无明确约定,而至 2014 年 7 月 18 日原审法院受理本案,即盛威公司以提起诉讼的方式要求浩波贸易公司进行股权回购,也并未明显超过合理期限,符合法律规定。即便没有关于行使股权回购请求权的时限约定,尚有诉讼时效等法律规定的时间限制,不会出现浩波贸易公司须无期限的承担年回报款的情形。故盛威公司有权要求浩波贸易公司回购案涉股权并支付回购款,浩波贸易公司关于盛威公司未在约定的两个月时限内提出这一要求即丧失请求权的主张,依法不能成立,本院碍难支持"。

上海市第二中级人民法院在一案①中认为,各方当事人在补充协议中对权利行使的期间作了明确约定,在审计报告出具后的两个月内进行业绩调整,珠海中卫合伙企业作为业绩调整方式的有权选择方,应当在约定期间内行权。但从本案现有证据看,审计报告出具的 2019 年 2 月 28 日之后两个月期间,珠海中卫合伙企业并未作出权利选择的意思表示,其所述在 2020 年 1 月 3 日向林恺、升登永公司发送的《通知函》中明确提出现金补偿请求,明显超出了行权期间。而《告知函》的发送时间为 2018 年 12 月 29 日,珠海中卫合伙企业主张此时年度审计报告尚未出具,故不具备业绩调整方式选择的前提。对此,本院认为,协议约定行权期间始于审计报告出具后,旨在通过审计报告确定业绩是否达标,以此判断对赌条件是否成就,而非对当事人的权利作限定。

北京市第一中级人民法院审理的一案②中,《增资补充协议》约定,如果目标公司的上市申请在 2017 年 6 月 30 日前未获通过,则在 2017 年 6 月 30 日之后的 30 天内,投资方可以要求目标公司或原股东回购股权。该院认为,"早在 2017 年 6 月 30 日,因双顺达公司未获批公开发行上市,协议规定的回购条件已经触发。银河鼎发公司虽未举证其按照《增资补充协议》第 2.1 条第 1)款,在之后的 30 日内要求双顺达公司回购或王双一购买其持有的股权,但根据王双一与银河鼎发公司法定代表人(总经理)田国强的微信聊天记录,本案审理前,双方仍在

---

① 参见珠海中卫易健股权投资基金与上海升登永文化传播有限公司、林恺其他与公司有关的纠纷案,上海市第二中级人民法院民事判决书,(2021)沪 02 民终 1475 号。
② 参见王双一等与北京银河鼎发创业投资有限公司合同纠纷案,北京市第一中级人民法院民事判决书,(2021)京 01 民终 9744 号。

就回购事宜进行磋商，王双一于 2020 年 2 月 6 日发送《回购方案 20200206》、于 2020 年 3 月 6 日发送《和解细则–鼎发 20200306》等文件均表明其认可银河鼎发公司仍享有回购请求权。一审法院论理不当，但认定银河鼎发公司有权要求王双一回购股权正确"，依法予以确认。

上海市第二中级人民法院也持相同意见，即未明确约定逾期行权即失权时，不宜认定逾期即权利消灭，不过投资方逾期主张权利受"合理期限"的限制。上海市第二中级人民法院《2015—2019 年涉"对赌"纠纷案件审判白皮书》中提到，审判实践中原则上认为，在对赌协议未对逾期主张权利的后果予以约定的情况下，特别是未明确约定逾期行权即权利消灭时，不宜认定投资方依对赌协议主张回购或补偿的权利即告消灭，对赌义务人仍需按约履行对赌义务。但是，如前所述，投资方逾期主张权利亦应受到合理期限的限制，才能得到裁判机构的支持，同时，对赌义务人可就逾期行权导致的损失主张违约责任。

但是，有的案件中法院持不同意见，认为对于合同约定投资方在"一定期限内有权要求回购或补偿"的，投资方逾期行权则失权。

上海仲裁委员会作出的（2019）沪仲案字第 2727 号裁决显示，合同约定，"若目标公司在 2017 年 12 月 31 日前未能在新三板挂牌，则阅天企业有权在 2018 年 1 月 1 日至 2018 年 3 月 31 日之间要求狄敏回购阅天企业持有的目标公司全部股份"。仲裁庭认为，"阅天企业并无证据证明其在回购窗口期内提出回购主张，故其已丧失要求回购的权利，仲裁庭对阅天企业要求支付股权回购款及相应违约金的仲裁请求不予支持"①。

南京市六合区人民法院在一案②中认为，合同约定，如果江苏辉煌太阳能股份有限公司在本合同生效之日起 36 个月内未能获得中国证监会核准首次公开发行股票，东方富海有权自 36 个月期满后的两个月内以书面形式要求被告回购股权。上述协议所附条件合法有效，但原告未能在所附条件成就时及所附期限届满时主张权利，丧失了要求被告回购股权的权利。

◆ 小结与建议

对于合同约定投资方在"一定期限内有权要求回购或补偿"的，投资方逾期

---

① 参见南京阅天投资合伙企业（有限合伙）与狄敏申请撤销仲裁裁决案，上海市第一中级人民法院民事裁定书，(2020) 沪 01 民特 524 号。

② 参见天津东方富海股权投资基金合伙企业（有限合伙）诉周华成股权转让纠纷案，南京市六合区人民法院民事判决书，(2015) 六商初字第 572 号。

主张权利是否导致失权,目前司法实践中法院的裁判思路尚未统一。

投资方:不建议约定行权期限。如果已经约定,建议在后续签订相关协议时,对此明确变更,否则投资方应在约定的期限内提出主张。对于已经逾期行权的,投资方可尝试在沟通中取得对赌义务人认可己方仍有相关权利的证据。

创始人方:建议明确投资方的行权期限,如"对赌目标未达成,投资方有权选择:(1)在回购条款触发的一定期限内发出书面通知明确主张回购;(2)继续持有目标公司的股权";或"对赌义务人应在下述情形均满足的情况下,履行补偿或回购义务:(1)目标公司在某日前对赌目标未达成;(2)投资方在对赌条款触发后30日内,向对赌义务人发出书面通知主张权利"。另外,对于投资方逾期行权的,建议对此提出抗辩,有可能被法院支持。

6.5 主张业绩补偿时,投资方必须是目标公司的股东吗?

投资方同时主张股权回购及业绩补偿,或投资方要求现金补偿时不再是目标公司股东的,对赌义务人常提出抗辩:投资方丧失股东身份,无权取得业绩补偿。

对此,对赌义务人的理由是:业绩补偿是基于股东身份所产生的股东权利。如果投资方持有的股权已被回购,则投资方已退出目标公司,不再具有目标公司股东身份,也就没有权利主张业绩补偿。因此,在业绩补偿条件成就时,投资方不仅应为目标公司股东,在获取业绩补偿时也应具备股东身份。

有的法院对此表示支持。例如,北京市第一中级人民法院在一案①中认为,"前海盛世企业作为投资人要求目标公司各股东进行业绩补偿,前海盛世企业依然保持星河互联公司股东身份不变,但是前海盛世企业要求回购股权,实质是退出星河互联公司,不再拥有股东身份,两者存在一定矛盾"。

确实,业绩补偿源于投资方的股东身份,但这与主张业绩补偿有关系吗?

主题案例:九圣禾控股集团有限公司、青岛福日集团有限公司股权转让纠纷案②

2013年8月16日,投资方与原股东签订《新疆九禾种业有限责任公司股权转让协议书》,约定原股东将其持有的目标公司12%的股权转让给投资方。

同日,前述主体又签订《业绩补偿及回购协议》,约定目标公司2013年度经审计的税后净利润不低于5000万元,否则投资方有权要求原股东以现金或股权的方式补偿投资方。

2014年1月24日,投资方向案外人转让其持有的目标公司的所有股权。

2015年4月,审计报告载明2013年度目标公司的税后净利润为3100多万元。鉴于业绩承诺未实现,投资方起诉要求原股东支付业绩补偿款。

原股东辩称:投资方已经转让股份退出投资,不具备所投资目标公司股东身

---

① 参见深圳前海盛世圣金投资企业(有限合伙)与徐茂栋等股权转让纠纷案,北京市第一中级人民法院民事判决书,(2017)京01民初814号。

② 参见新疆维吾尔自治区高级人民法院民事判决书,(2021)新民终228号。

份,无权要求业绩补偿。

新疆维吾尔自治区昌吉回族自治州中级人民法院一审认为:

根据《业绩补偿及回购协议》内容可知,双方约定的业绩补偿届满时间为2013年12月31日,而此时投资方具备目标公司的股东身份,投资方请求补偿的权利属独立的债权请求权,该请求权源于股东身份,但并不依存于股东身份,可以独立存在且并未消灭,故对原股东该抗辩意见不予采纳。

新疆维吾尔自治区高级人民法院二审认为:

根据《业绩补偿及回购协议》的约定,目标公司2013年度的税后净利润不能达到约定的5000万元,原股东应按照约定的方式向投资方进行现金补偿,按此约定对于目标公司的股权价值是以2013年的公司利润作为估值依据。投资方在该协议约定的业绩考察期间——2013年12月31日前一直持有目标公司的股权,现依据2015年的审计报告,已确认目标公司2013年的税后净利润未达到协议约定的5000万元,故协议约定的现金补偿条件均已成就。

虽然投资方在2014年1月将其股权转让给案外人,但投资方并未将主张现金补偿的权利一并转让。对此,原股东也认可投资方转让股权时并未一同转让《业绩补偿及回购协议》,故合同的主体仍为投资方与原股东,投资方有主张合同相对方依约履行的权利,投资方具有主张现金补偿的主体资格。

依据《九民纪要》对对赌协议的定义来看,订立《业绩补偿及回购协议》的目的旨在调整双方当事人履行股权转让协议后目标公司估值不确定性,使投资方和融资人的利益得到平衡。该协议订立时以股权转让协议中的股权转让为基础,但当股权转让完成后,其独立存在,故对《业绩补偿及回购协议》的效力、履行、终止的审查,并不依附于股权转让协议。

本案中,各方约定如果目标公司未达到2013年的业绩承诺,则投资方有权要求原股东作出补偿。2014年年初,投资方将其持有的目标公司的全部股权转让给其他方。因2015年出具的审计报告显示目标公司未完成2013年的业绩承诺,投资方提起诉讼要求原股东作出补偿。

原股东辩称,投资方提起诉讼时已不再是目标公司的股东,无权主张业绩补偿。

法院明确指出,投资方请求业绩补偿的权利源于股东身份,但不依存于股东身份,而是独立的债权请求权。因此,虽然投资方主张业绩补偿时已非目标公司股东,但其在业绩补偿期限届满前具备股东身份,投资方主张业绩补偿的请求成立。

对赌协议的投资方具有双重身份，即债权人及股东。正如江苏省高级人民法院在一案①中所述，投资方在对赌协议中是目标公司的债权人，有权依据约定主张股权回购等权利。投入资金后，投资方成为目标公司的股东，但并不能因此否认其公司债权人的地位。

投资方享有的业绩补偿权并非股东权利，而是债权。根据《公司法》第4条第2款的规定，公司股东享有的权利包括"资产收益、参与重大决策和选择管理者等权利"。业绩补偿不是目标公司产生的收益，而是目标公司的实际状况与签订对赌协议时的预设估值之间的调整差额。

其他案件中，法院亦认为，投资方主张业绩补偿并不以其持有目标公司股权、具有股东身份为前提。

北京市高级人民法院在一案②中认为，"中信资本公司要求谢立新给付业绩补偿款及股权回购款的依据是目标公司未达到经营目标业绩，导致实际估值与签订对赌协议时的预设估值有差距，与中信资本公司是否保持股东身份没有因果关系"。

北京市高级人民法院在另一案③中认为，股东身份的变化并不会导致业绩补偿和股权回购存在矛盾。盛世聚浦合伙要求业绩补偿和股权回购的原因是"时空能源公司未达到经营目标业绩，导致实际估值与签订对赌协议时的预设估值有差距，与是否保持股东身份没有因果关系。只要盛世聚浦合伙在业绩补偿条件成就时是股东身份即可"。

最高人民法院在一案④中认为，"业绩补偿条件成就之时，案涉股权回购条件尚未成就，普凯天吉和普凯天祥仍为宏力热泵的股东，并不存在宏力集团主张的普凯天吉和普凯天祥不是股东，不享有业绩补偿权利，同时支持业绩补偿和股权回购权利存在矛盾的问题"。

需要注意的是，业绩补偿条款触发时，如果投资方已不再是目标公司股东，有案例显示，裁判机构不支持投资方关于补偿的主张。

---

① 参见江苏华工创业投资有限公司与扬州锻压机床股份有限公司、潘云虎等请求公司收购股份纠纷案，江苏省高级人民法院民事判决书，(2019)苏民再62号。
② 参见谢立新与中信资本文化旅游(成都)股份有限公司合同纠纷案，北京市高级人民法院民事判决书，(2020)京民终308号。
③ 参见时空电动汽车股份有限公司等与浙江亚丁投资管理有限公司等股权转让纠纷案，北京市高级人民法院民事判决书，(2021)京民终102号。
④ 参见山东宏力艾尼维尔环境科技集团有限公司、天津普凯天吉股权投资基金合伙企业公司增资纠纷案，最高人民法院民事裁定书，(2019)最高法民申5691号。

广东省高级人民法院在一案①中认为,"涉案协议约定业绩补偿条款和违约金条款的目的是限制融资方擅自处分目标公司股权的违约行为、保障目标公司正常开展经营及投资方获得预期的投资收益。投资方依据该条款主张权利,须以其实际投资目标公司、具有目标公司投资者身份作为前提。投资方根据股权回购条款约定向融资方售出其所持有目标公司的股权以后即已退出目标公司,其不再具有投资者身份,无权再依据业绩补偿条款或违约金条款对其收回投资以后目标公司的经营业绩或经营行为提出权利主张"。

上海仲裁委员会作出的一个仲裁裁决中,仲裁庭"支持申请人要求被申请人回购申请人全部股份并支付股份回购款的主张而认定自该裁决生效之日起,申请人不再拥有张铁军翡翠公司的股东身份,亦不再具备继续请求后续年度业绩补偿的主体资格"②。

❖ 小结与建议

投资方:只要业绩对赌条款触发时投资方持有目标公司的股权,投资方就有权取得业绩补偿款,即便其主张权利时已不再是目标公司的股东。

创始人方:如果投资方在业绩对赌期限内退出目标公司,则对赌义务人可以此为由拒绝向其支付业绩补偿款。

---

① 参见广发信德投资管理有限公司与富领科技发展有限公司等与公司有关的纠纷案,广东省高级人民法院民事判决书,(2019)粤民终1694号。
② 上海仲裁委员会(2021)沪仲案字第4522号仲裁裁决[摘自杭州融享冀成投资合伙企业(有限合伙)与张铁军申请撤销仲裁裁决案,上海金融法院民事裁定书,(2022)沪74民特27号]。

6.6 谁可以代表对赌双方沟通回购或补偿事宜?

通常,投资协议约定对赌义务人履行回购或补偿义务,以投资方发出通知作为启动条件。对赌双方为公司的,谁可以代表二者主张权利或接收通知?

可以代表投资方及对赌义务人实施民事法律行为的主体包括:

1. 法定代表人

《民法典》第61条规定:"依照法律或者法人章程的规定,代表法人从事民事活动的负责人,为法人的法定代表人。法定代表人以法人名义从事的民事活动,其法律后果由法人承受。法人章程或者法人权力机构对法定代表人代表权的限制,不得对抗善意相对人。"

2. 具有相关职权的工作人员

《民法典》第170条规定:"执行法人或者非法人组织工作任务的人员,就其职权范围内的事项,以法人或者非法人组织的名义实施的民事法律行为,对法人或者非法人组织发生效力。法人或者非法人组织对执行其工作任务的人员职权范围的限制,不得对抗善意相对人。"

3. 被授权的其他主体

《民法典》第161条规定:"民事主体可以通过代理人实施民事法律行为。依照法律规定、当事人约定或者民事法律行为的性质,应当由本人亲自实施的民事法律行为,不得代理。"第162条规定:"代理人在代理权限内,以被代理人名义实施的民事法律行为,对被代理人发生效力。"

通过他人主张权利较为常见的方式是发送律师函。例如,北京市高级人民法院在一案[①]中认为,"乐视网公司针对涉案侵权事实于2017年12月14日向重庆电脑报公司成功寄送了《律师函》以主张权利,该事实能够产生诉讼时效中断的效力,乐视北京公司提供的授权委托书足以证明韩俊芳律师以乐视网公司的名义向重庆电脑报公司寄送《律师函》的行为获得了乐视网公司的授权"。

---

① 参见重庆电脑报经营有限责任公司与乐视网信息技术(北京)股份有限公司侵害作品信息网络传播权纠纷案,北京市高级人民法院民事裁定书,(2021)京民申6721号。

主题案例：九圣禾控股集团有限公司、青岛福日集团有限公司股权转让纠纷案①

2013年8月16日，投资方与原股东签订《新疆九禾种业有限责任公司股权转让协议书》，约定原股东将其持有的目标公司12%的股权转让给投资方。

同日，前述主体又签订《业绩补偿及回购协议》，约定目标公司2013年度经审计的税后净利润不低于5000万元，否则投资方有权要求原股东以现金或股权的方式补偿投资方。根据双方共同认可的会计师事务所出具的目标公司2013年度审计报告，若目标公司未达到上述业绩承诺，且投资方按照该约定提出现金补偿要求，则原股东应在投资方提出现金补偿要求后6个月内完成补偿。

2014年1月24日，投资方与新股东签订《新疆九禾种业有限责任公司股权转让协议书》，将投资方持有的目标公司12%的股权全部转让给新股东。

2015年4月27日，瑞华会计师事务所出具审计报告，载明2013年度目标公司利润总额减所得税费用后净利润为3100多万元。

2015年8月5日，新股东以投资方名义向原股东发函，要求作出现金补偿。曲少波为联系人。

2020年6月30日，投资方聘请的律师向原股东发出《律师催告函》，要求原股东以现金进行业绩补偿，原股东应在收到催告函后10日内支付业绩补偿款。

原股东抗辩：新股东以投资方的名义在2015年8月5日提出过现金补偿要求，曲少波既是新股东的执行合伙人，又为投资方的高级管理人员，作为新股东发函指定的联系人，其拥有双重身份，而且与两家企业具有关联关系，新股东作出的现金补偿要求，投资方又未提出异议，应当视为投资方的默认，故诉讼时效应从新股东提出现金补偿之日开始计算。

投资方认为：2015年8月5日新股东的发函并非投资方的意思表示，不能代表投资方。即使曲少波为该函的联系人，由于其并非投资方法定代表人也非股东，在未获得投资方授权的情况下，无权代表公司。

新疆维吾尔自治区高级人民法院认为：

《业绩补偿及回购协议》的订立主体为原股东与投资方，依约可以提出业绩补偿主张的主体为投资方，在投资方与原股东之间没有另行约定行使权利主体或投资方明确授权新股东代行权利的情况下，投资方与新股东之间是否存在关联关系，以及曲少波在两家企业担任何种职务，并不影响对投资方主张权利的

---

① 参见新疆维吾尔自治区高级人民法院民事判决书，(2021)新民终228号。

审查。

《民法总则》第140条第2款规定:"沉默只有在有法律规定、当事人约定或者符合当事人之间的交易习惯时,才可以视为意思表示。"新股东向原股东作出要求现金补偿的行为,即使投资方知晓,但由于其不是新股东主张的相对方,并且原股东与投资方之间并无适用沉默的约定,亦无此类情况适用沉默的法律规定,故本案并不适用沉默作为意思的表示方式,在新股东未得到投资方授权的情况下,向原股东主张现金补偿不能视为投资方权利的行使。

投资方在2020年6月30日向原股东发出的《律师催告函》为其第一次主张现金补偿的通知。原股东的抗辩不能成立。

本案中,合同约定如果目标公司2013年未实现业绩承诺,则投资方有权要求原股东作出补偿。2014年投资方将其持有的目标公司的全部股权转让给新股东。因2015年出具的审计报告显示目标公司未达业绩指标,新股东以投资方的名义向原股东发出回购通知,并将投资方的高级管理人员列为联系人。2020年投资方向原股东发出催告函。

本案的问题是,2015年新股东向原股东发出的通知是否能代表投资方?这涉及诉讼时效是否经过的问题。

关于新股东。虽然投资方已将其持有的目标公司的全部股权转让给新股东,但对赌权利并非股权,而属于债权,是投资方与原股东在《业绩补偿及回购协议》中约定的内容。因本案投资方未将其在该协议下的全部债权转让给新股东,新股东无权以自身的名义向原股东主张对赌权利。在欠缺投资方授权的情况下,新股东无权代表投资方发出通知。

关于新股东通知函中的联系人。虽然该联系人为投资方的高级管理人员,但并非投资方的法定代表人,也没有证据显示其有代表投资方处理对赌权利相关事项的授权。

因此,法院认为,2020年投资方聘请的律师向原股东发出的催告函,才是投资方第一次向原股东主张权利的通知,不支持原股东关于诉讼时效的抗辩。

本案涉及的是谁有权代表投资方发出行权通知。除此之外,谁能代表对赌义务人接收通知,也是投资方发函时需要注意的问题。

上海市第一中级人民法院在一案[①]中认为,"星杉创富主张其员工洪某于

---

① 参见上海星杉创富股权投资合伙企业(有限合伙)与王吉万等股权转让纠纷案,上海市第一中级人民法院民事判决书,(2017)沪01民终11439号。

2015年12月30日前通过短信、电子邮件形式要求亨达公司董事会秘书江某通知被上诉人履行回购义务,因此星杉创富在系争补充协议所约定的期限前履行了告知义务;对此,本院认为,一、江某作为亨达公司的董事会秘书并不具有为作为亨达公司股东王吉万、单存礼、单玉萍、单玉香、王国昌与同为亨达公司股东星杉创富之间进行信息沟通的义务和职责,且星杉创富并未能提交证据证明如下事项:在星杉创富主张被上诉人王吉万、单存礼、单玉萍、单玉香、王国昌履行回购义务前,江某作为星杉创富与被上诉人王吉万、单存礼、单玉萍、单玉香、王国昌进行信息沟通的联络人的事实;如上所述,即便星杉创富工作人员曾将要求股东回购股份事宜告知了亨达公司的董事会秘书江某,但该行为并不能视作星杉创富实际通知了被上诉人王吉万、单存礼、单玉萍、单玉香、王国昌"。

广东省深圳市中级人民法院二审维持原判的一案①中,一审法院认为,"本案中,平和防务未提供任何证据证明其曾向汇融智能发送解除通知,须知罗汉如既非汇融智能法定代表人也非汇融智能的授权代表,不能当然地认为平和防务向罗汉如发送解除通知就是向汇融智能发送。从解除权行使的方式来看,平和防务应当通知对方而未通知,显然存在瑕疵",故对平和防务行使解除权的抗辩意见不予采纳。

另外,如果合同对接收通知的联系人已有约定,则应向约定的主体通知,否则可能被认为通知不产生效力。例如,北京市第三中级人民法院审理的一案②中,《融资协议》约定,"除非另有约定,所有本协议项下通知、诉求、权利主张、要求及其他信息交互('通知'),均应以书面形式做出……则该等通知应视为具有通知效力……致乐融致新公司和现有股东:收件人:杨某"。该院认为,"根据《融资协议》约定,信利公司向乐融致新公司和现有股东发送包括解除通知在内的通知时,收件人应为杨某,只有向杨某发送解除通知时,才能产生向乐融致新公司和现有股东送达的效力。根据信利公司提交的证据,并无向杨某发送解除通知的相应邮寄单据,虽然乐融致新公司已确认收到信利公司发送的解除通知,但这并不能视为信利公司已向全部合同相对方送达了解除通知。信利公司送达解除通知的方式不符合《融资协议》的约定,且现有证据并不能证明该解除通知已到达《融资协议》的全部相对方并产生效力……信利公司向《融资

---

① 参见深圳市前海平和防务科技产业股权投资企业、深圳汇融智能产业控股有限公司合同纠纷案,深圳市中级人民法院民事判决书,(2019)粤03民终26244号。
② 参见信利电子有限公司与乐视控股(北京)有限公司等新增资本认购纠纷案,北京市第三中级人民法院民事判决书,(2019)京03民初209号。

协议》全部相对方送达解除通知不符合合同约定,故信利公司关于《融资协议》已解除的主张,缺乏事实及法律依据",不予采信。

◈ 小结与建议

投资方:建议在投资协议中约定送达地址及双方授权联系人的具体信息,以便投资方主张权利时进行通知。如果协议未对此进行明确且投资方为公司,建议回购及补偿通知加盖公章,由法定代表人签字后寄出。

创始人方:建议关注投资方发出的回购及补偿通知是否符合规范,这可能影响诉讼时效以及逾期支付违约金的起算等。

6.7 对赌义务人为目标公司"或"原股东的，可将二者均列为被告吗？

对赌条款触发后，通常以投资方发出通知作为对赌义务履行的启动条件。如果约定的对赌义务人并非原股东"及"目标公司，而是原股东"或"目标公司，就涉及投资方选择履行主体的问题。

一旦选择对赌义务人，就不能更改。例如，重庆市高级人民法院在一案[①]中认为，根据《股权转让协议》和《股权转让补充协议》的约定，"华商智汇公司未能按约实现IPO或者被第三方收购时，汉明达公司退出华商智汇公司的方式包括华商智汇公司赎回股权或实际控制人回购股权两种方式"，"聊天记录中的汉明达公司退出，应当是指汉明达公司通过赎回或者回售的方式退出"，"因汉明达公司已选择行使回售权，故其要求华商智汇公司共同回购股权的诉讼请求，本院不予支持"。

实践中，股权回购与业绩补偿条款触发后，不少投资方发出的通知并不明确履行义务的主体，而是列明所有可选择的对赌义务人。从保障投资方利益的角度出发，这么做既有利于扩大支付来源，又保留了对赌义务人的选择权，更为稳妥。例如，上海市第一中级人民法院二审维持原判的一案[②]中，股权回购条款触发后，投资方向全体回购义务人发出通知，并未选择具体的回购对象。在投资方接收目标公司的部分付款后，投资方在诉讼中选择由原股东支付剩余回购款，法院予以支持，认为收款不能推定投资方对回购主体的选择。

接下来的问题是，如果投资方未在通知中选定对赌义务人，到了诉讼程序，仍可不明确作出选择吗？

主题案例：北京麒麟网文化股份有限公司等与上海清科共创投资合伙企业（有限合伙）股权转让纠纷案[③]

2011年12月，投资方与目标公司及原股东签订《增资协议》，约定业绩及上

[①] 参见河北汉明达信息产业创业投资有限公司与冯建国、谷斌等请求公司收购股份纠纷案，重庆市高级人民法院民事判决书，(2020)渝民终1811号。
[②] 参见杭州雷雨春投资管理合伙企业（有限合伙）公司增资纠纷案，上海市第一中级人民法院民事判决书，(2018)沪01民终13780号。
[③] 参见北京市第一中级人民法院民事判决书，(2021)京01民终175号。

市目标。

2015年3月9日，前述主体签署《协议书》约定：如果目标公司未能在2017年6月30日之前完成首次公开发行股票并上市，投资方有权要求目标公司或原股东回购投资方所持有的股份。如果目标公司的回购行为受法律的限制，则原股东应以其取得的分红或从其他合法渠道筹集的资金收购投资方的股份。目标公司、原股东对本协议约定的股份回购义务承担连带责任。

2019年3月26日，投资方向目标公司及原股东发送《股份回购通知书》，提出目标公司至今未能上市，已触发《协议书》中的回购条款。现投资方向全体回购义务人发送通知，要求回购义务人在收到本通知之日起两个月内完成回购或受让。

投资方提起诉讼，请求判令原股东、目标公司按照《协议书》的约定回购/受让投资方持有的目标公司股份。

北京市海淀区人民法院一审认为：

本案诉讼请求中，投资方并未就"公司或公司原股东回购或受让"作出选择。但应指出，没有作出选择，并不意味着没有明确的诉讼请求，只是该诉讼请求中包含了责任主体的可选择性。

关于回购。投资方所持有的目标公司股份，系目标公司增发股份而来，并非从目标公司原股东名下受让而来，故其所述"回购请求"仅能指向目标公司。《公司法》第142条针对股份有限公司的规定，除了"减少公司注册资本"等法定情形外，目标公司不得收购本公司股份。同时，按照公司法及目标公司章程的规定，减少公司注册资本等事项应当由股东大会作出决议并履行严格的程序。在目标公司没有履行减资程序的情况下，投资方要求目标公司回购股份，有违法律规定和公司章程；投资方的该项请求，一审法院不予支持。

关于受让。在要求目标公司回购股份未获支持的情况下，投资方能否请求公司原股东受让其股权，即成本案的关键问题。投资方发送的《股份回购通知书》中，无疑包含了要求全体原股东承担受让义务的内容。依据《协议书》的约定，投资方有权要求原股东支付投资方出让名下股权的相应价款。据此，投资方有权就股权转让价款向全部或部分原股东主张权利。但是，投资方要求目标公司承担连带责任，无异于要求目标公司以自己的财产承担自己股权价款的相应份额的给付责任，违反了公司资本维持原则，故一审法院对该部分主张不予支持。

北京市第一中级人民法院二审维持原判。

6.7 对赌义务人为目标公司"或"原股东的,可将二者均列为被告吗?

本案中,各方约定如果目标公司未按期上市,则投资方有权要求目标公司或原股东回购其持有的股权。回购条款触发后,投资方向目标公司及原股东均发送了通知,未就回购义务人作出选择。在诉讼请求中,投资方依然未选择回购主体,而是一并将目标公司及原股东列为被告,请求二者"回购/受让"股份。

法院认为,虽然投资方在诉讼过程中仍未作出选择,但这并不导致诉讼请求不明确,而是包含了"责任主体的可选择性"。该份判决书并未显示庭审中投资方主动选择回购主体,而是由法院基于目标公司尚未减资的事实,从可履行性上作出分析,最终支持投资方要求原股东回购的请求。

其他案件中,法院也认为,虽然对赌协议约定投资方在原股东及目标公司中选择一方作为对赌义务人,但这并不妨碍投资方在诉讼请求中将二者均列为被告。

北京市朝阳区人民法院审理的一案[①]中,投资方互联创业将目标公司爱购公司和4名自然人原股东均列为被告,要求5被告回购其持有的目标公司的全部股权。该院认为,"《融资协议》约定在满足合同约定的回购条件后,互联创业可以要求爱购公司或股东进行回购。从文义解释的角度来看,回购主体公司和股东之间是选择的关系,而非并列的关系,故互联创业可以选择公司或者股东主张回购。但是,鉴于在非法定条件下,法律不允许公司回购股东的股权的相关规定,故互联创业无权要求爱购公司承担股权回购义务,其仅可以向于晓晞、赵樾为、蒋玉萍、蒋青莲主张行使回购请求权"。

除将所有可选择的对赌义务人共同列为被告外,实务中有的投资方还通过提出备用诉讼请求的方式提出多层次的请求,如先提出由目标公司回购,如果法院不支持则由原股东回购。

上海市松江区人民法院审理的一案[②]中,合同约定如果特定情形发生,投资方有权要求目标公司或原股东回购其股权。该等情形发生后,投资方提起的诉讼请求为:(1)由目标公司回购其持有的股权;(2)若目标公司不符合股权回购条件,则由原股东回购。该院认为,前述诉讼请求"符合我国民事诉讼法的规定,备用诉讼请求并非诉讼请求不明确、不具体。在民事诉讼程序中,原告或被告提出的选择性的请求或抗辩,称为'预备合并之诉'。针对同一事实主张,原

---

① 参见北京互联创业投资合伙企业(有限合伙)与赵樾为合同纠纷案,北京市朝阳区人民法院民事判决书,(2021)京 0105 民初 57139 号。

② 参见上海中汇金玖贰股权投资管理合伙企业、南通金玖锐信创业投资基金合伙企业与中标建设集团股份有限公司、陈晓东等股权转让纠纷案,上海市松江区人民法院民事判决书,(2019)沪 0117 民初 19705 号。

告提出主位诉讼请求及以主位诉讼请求不成立为条件的备用诉讼请求,两项请求虽然存在互斥关系,但非矛盾主张,二者有主次、轻重之分,符合我国民事诉讼法的规定。1.原告主张备用诉讼请求,实质是要求将主位诉讼请求之诉与备用诉讼请求之诉合并审理,鉴于两诉诉讼当事人相同、事实主张相同,宜于合并审理。参照我国民事诉讼法第五十二条和第一百四十条关于共同诉讼及增加诉讼请求、有独立请求权第三人之诉合并审理的规定,合并审理符合诉讼经济原则,提高审判效率,减少诉累,减轻当事人负担,便于纠纷一次解决;2.备用诉讼请求未剥夺或限制被告的辩论权利,被告可以针对主位诉讼请求与备用诉讼请求分别提出答辩意见,亦不增加被告的答辩负担;3.主位诉讼请求与备用诉讼请求虽然互斥,但二者均是明确、具体的,符合我国民事诉讼法第一百一十九条关于起诉条件的规定。本案中,中汇合伙、金玖合伙所提出的第1、2项诉讼请求与第3项诉讼请求构成主位与备用诉讼请求关系,基于各方间《增资扩股协议》约定中汇合伙、金玖合伙有选择回购主体的权利,而选择中标公司作为回购主体又可能面临法律或事实上障碍,中汇合伙、金玖合伙提出备用诉讼请求,是其行使诉讼权利的体现,依法应予保障,人民法院不得拒绝裁判。在民事诉讼中,人民法院行使审判权,及时对民事权利义务关系作出确认,定分止争,以保护当事人合法权益,维护社会经济秩序。法律并不禁止在一案中审理两个或两个以上法律关系。中标公司、陈晓关于备用诉讼请求不符合审判基本原则的答辩意见",不予采纳。

另外,关于回购或补偿条款触发后的义务主体,如果约定的并非原股东"或"目标公司,而是投资方与原股东及目标公司分别签署含有对赌条款的文件,则投资方要求原股东履行义务,并不意味着放弃向目标公司主张权利,反之亦然。例如,最高人民法院审理的一案[①]中,投资方与目标公司及原股东等签订的《增资协议》约定,如目标公司朝阳飞马未能达到承诺的利润,或自投资方支付投资款之日起30个月内未能实现在国内A股上市,则投资方中科汇商、中科汇银有权要求朝阳飞马回购所持有的股份。因目标公司未如期上市,投资方与目标公司及原股东签订《股份转入协议》及《补充协议》,约定投资方将其持有的股权转让给原股东。最高人民法院认为,"中科汇银、中科汇商因朝阳飞马未实现上市的目标而享有了两种选择性的救济途径,其既可以依据《增资协议》的约定要求朝阳飞马回购股份,也可以依据《股份转入协议》及其《补充协议》要求汪

---

① 参见汪兆海等与深圳中科汇商创业投资有限公司等股权转让合同纠纷案,最高人民法院民事判决书,(2014)民二终字第00107号。

兆海、杨乃义受让股权并支付股权转入款。虽然汪兆海、杨乃义举证证明中科汇银、中科汇商委托北京市铭达律师事务所律师按照《增资协议》向朝阳飞马主张了股份回购的权利,但在其权利未实现的情况下,并不妨碍中科汇银、中科汇商依据《股份转入协议》及其《补充协议》向汪兆海、杨乃义主张受让股权并支付股权转入款的权利,也没有证据证明汪兆海、杨乃义明确放弃了此种权利。因此,中科汇银、中科汇商依据《股份转入协议》及其《补充协议》起诉汪兆海、杨乃义,主张继续履行协议并承担逾期履行的违约责任,于法有据",予以支持。

◆ 小结与建议

投资方:约定的对赌义务人有多个,但投资方仅能选择向其中部分对赌义务人主张权利的,无论在通知还是诉讼、仲裁中,投资方可考虑暂时不作选择,而是将全部对赌义务人均列为回购或补偿的主体,便于有履行能力的对赌义务人进行回购或补偿。

创始人方:如果投资方发出的通知未选择履行对赌义务的主体,可考虑由适合的主体履行义务,获得一定的主动权。

6.8 选择估值调整方式后，投资方还能单方变更吗？

不少业绩补偿条款约定,一旦目标公司未实现对赌目标,则投资方有权选择估值调整方式,如现金补偿或股权补偿或混合补偿(以下简称"业绩补偿选择条款")。投资方作出选择后,还能单方变更吗？

上市目标未达成,通常约定股权回购。而业绩对赌失败,则一般约定补偿。除现金外,投资方还可选择股权补偿。例如,北京市高级人民法院审理的一案①中,《补充协议》约定,"如果万安公司2016—2018年任何一年度业绩未达到承诺水平,向艺公司及/或实际控制人须选择下述任何一种补偿方式或者两种补偿方式的组合对昆颉中心予以补偿:1.2.1.1 股权补偿方式(略),1.2.1.2 现金补偿方式,现金补偿金额=投资款5500万元×(1-实际实现的业绩÷承诺的业绩指标)"。

业绩补偿选择条款的性质为选择之债。《民法典》第515条第1款规定:"标的有多项而债务人只需履行其中一项的,债务人享有选择权;但是,法律另有规定、当事人另有约定或者另有交易习惯的除外。"选择之债需符合三个要素:一是标的有多项;二是债务人只需履行一项;三是标的内容需经选择而确定。业绩补偿选择条款中,补偿方式通常有多种,补偿义务方只履行其中一种,履行形式由投资方选择确定。

根据选择之债的规定,补偿方式一经选择,未经对方同意不得变更。《民法典》第516条第1款规定:"当事人行使选择权应当及时通知对方,通知到达对方时,标的确定。标的确定后不得变更,但是经对方同意的除外。"

主题案例:珠海中卫易健股权投资基金与上海升登永文化传播有限公司、林恺其他与公司有关的纠纷案②

2017年,投资方与目标公司、实际控制人及案外人团队股东签署《关于升登永公司之增资协议》。

同时,各方签署《关于升登永公司之增资协议之补充协议》(以下简称《补充

---

① 参见扬州万安燃气有限公司等合同纠纷案,北京市高级人民法院民事判决书,(2020)京民终677号。

② 参见上海市第二中级人民法院民事判决书,(2021)沪02民终1475号。

协议》),团队股东及实际控制人承诺目标公司2017年、2018年销售收入分别不低于2000万元、2500万元。若目标公司未完成上述目标,投资人有权要求目标公司实际控制人或/和目标公司对其作出股权补偿或现金补偿。在经投资人认可的审计机构审计的2017年度审计报告或2018年度审计报告出具日后的两个月内进行业绩调整。如果团队股东和实际控制人超过30日未进行前述业绩调整,则投资人有权要求目标公司或团队股东或实际控制人购买其股权。

2018年12月29日,投资方工作人员向实际控制人等发送《告知函》,要求按照《补充协议》,在2019年2月28日前完成估值调整及工商变更。

根据2019年2月28日的目标公司《审计报告》,目标公司2018年业绩对赌失败。

2020年1月3日,投资方向目标公司、实际控制人发送《通知函》,要求后者对其进行现金补偿。次日,实际控制人签收该函件。

投资方提起诉讼,请求判令实际控制人及目标公司连带支付现金补偿款等。

上海市黄浦区人民法院一审认为:

《告知函》明确,将对目标公司进行财务审计,在完成估值调整后进行"工商变更"。无论是该函件对补充协议的引用,抑或关于"工商变更"的表述,均表明投资方选择通过股权补偿的方式进行业绩调整。在实际控制人、目标公司收到投资方发送的《告知函》时,投资方完成了对实际控制人等所享有的选择之债的选择,该选择完成之时,《补充协议》各方当事人关于业绩调整的权利义务确定。

虽然投资方与实际控制人后续就股权补偿的细节进行了长时间磋商,但法律允许当事人对合同权利义务作出变更。根据微信聊天记录,投资方工作人员多次发送重组协议终稿,协议其他各方均无异议。即便各方未就重组协议,亦即股权补偿的变更达成一致,鉴于《补充协议》对股权补偿的公式作出明确约定,各方的权利义务并不受影响。

因此,除非实际控制人、目标公司同意,否则投资方不得变更业绩调整方式。本案中,实际控制人、目标公司均不同意业绩调整由股权补偿变更为现金补偿,故对于投资方向实际控制人、目标公司提出的现金补偿的诉请不予支持。

上海市第二中级人民法院二审维持原判并认为:

本案中,补充协议约定了股权补偿、现金补偿两种业绩调整方式,投资方享有选择权。在投资方行使选择权后,当事人之间权利义务形式得以最终确定。《补充协议》对当事人之间义务履行形式的或然性及选择权的设定,符合《民法典》关于选择之债的本质特征。在本案所涉法律事实发生时,没有法律、司法解释就此予以规范的情形下,一审法院参照《民法典》关于选择之债的精神就本案作出判定,合法有据。投资方已经选择了股权补偿的业绩调整方式,且各方对股权补偿的具体方式进行了协商和努力,在未经对方当事人同意的情形下,投资方不得以单方发出《通知函》的形式随意变更业绩调整方式,防止法律关系处于不合理的不安定的状态,这也符合合同的协商原则和意思自治精神。

本案中,各方约定如果目标公司 2018 年业绩对赌失败,投资方有权选择现金补偿或股权补偿,并约定了具体的计算方式。因目标公司未达到业绩承诺目标,投资方向对赌义务人发出《告知函》,要求目标公司完成估值调整及工商变更。2020 年投资方又向对赌义务人发出《通知函》,要求实际控制人作出现金补偿。

法院认为,《补充协议》关于股权或现金补偿的业绩调整方式,符合《民法典》选择之债的特征。投资方于 2018 年发出的《告知函》已就补偿方式作出选择,即股权补偿。在未经对方当事人同意的情况下,投资方不得单方变更业绩调整方式,故法院不支持投资方提出的现金补偿请求。

其他案件中法院也认为,如果对赌条款约定投资方有权选择现金或股权补偿,一旦投资方作出选择,除非对方同意改变,后续的主张应与先前的选择保持一致,否则不予支持。

广东省广州市中级人民法院二审审理的一案①中,一审法院认为,"各方约定的股权回购与现金补偿方式之间的适用关系是二者择其一,国政二号企业已选择了现金补偿方式,并明确表示不要求刘宇兵回购其所持广州怡文股份,故其在本案中再请求刘宇兵向其支付股权回购款本金及溢价款、支付未按时支付股份回购款及溢价款的逾期利息,无事实及法律依据"。二审法院对前述内容予以维持。

北京市西城区人民法院在一案②中认为,"夜光达公司 2018 年度的审计报告显示,夜光达公司的利润未达到许明旗承诺的标准,已经触发补偿条款,刘丁凤有权要求选择股权或现金补偿,现刘丁凤选择现金补偿,根据合作协议约定的现金补偿的计算方式,经本院核算为 17932762.90 元,故关于刘丁凤要求许明旗支付现金补偿的诉讼请求,符合合同约定和法律规定",予以支持。

---

① 参见广州星海国政二号投资合伙企业、刘宇兵合同纠纷案,广州市中级人民法院民事判决书,(2021)粤 01 民终 1354 号。
② 参见刘丁凤与许明旗合同纠纷案,北京市西城区人民法院民事判决书,(2019)京 0102 民初 34567 号。

如果对赌条款触发后,投资方不确定哪种补偿方式更适合,也可在诉讼中选择。

上海市浦东新区人民法院在一案[①]中认为,"2015 年飞田公司的净利润未达到七位被告向原告承诺的业绩目标的 90%,而七位被告至今未明确表示选择两种补偿方式中的何种方式,现原告按第二种补偿方式向七位被告主张,未加重七位被告的履行义务,并无不妥"。

北京市高级人民法院二审维持原判的一案[②]中,一审法院认为,"对于向艺公司与樊某某就未实现业绩承诺应当承担的法律责任,《补充协议》中约定了股权补偿、现金补偿或混合补偿三种方式,并赋予向艺公司及樊某某相应选择权。经询,向艺公司与樊某某明确表示不便于进行股权补偿,应视为其选择现金补偿方式,故昆颉中心要求支付现金补偿具有合同依据"。

◆ **小结与建议**

投资方:约定对赌条款触发后投资方有权选择补偿方式的,建议慎重选择。因为选定之后,除非对赌义务人同意,否则无法单方变更。

创始人方:关于估值调整方式,投资方作出选择后又单方变更的,创始人方有权提出抗辩。

[①] 参见国泰元鑫资产管理有限公司与上海怡昌投资发展有限公司、于秀珍等其他合同纠纷案,上海市浦东新区人民法院民事判决书,(2017)沪 0115 民初 7409 号。

[②] 参见扬州万安燃气有限公司等合同纠纷案,北京市高级人民法院民事判决书,(2020)京民终 677 号。

6.9 提起诉讼或申请仲裁,可视为投资方向对赌义务人发出主张权利的通知吗?

投资协议一般约定,对赌义务人的履行以投资方发出通知为启动条件。常见的通知是立案之前投资方向对赌义务人发出的书面函件。在预计对赌义务人不可能按照通知进行支付的情况下,为尽快推进法律程序,投资方可能在未发函通知的情况下直接提起诉讼或申请仲裁。投资方提起诉讼或申请仲裁的行为可以视作通知吗?

"通知"可能成立民事法律行为,具有设立、变更、终止民事法律关系的效力。《民法典》第133条规定:"民事法律行为是民事主体通过意思表示设立、变更、终止民事法律关系的行为。"第134条第1款规定:"民事法律行为可以基于双方或者多方的意思表示一致成立,也可以基于单方的意思表示成立。"第565条规定:"当事人一方依法主张解除合同的,应当通知对方。合同自通知到达对方时解除……"第546条第1款规定:"债权人转让债权,未通知债务人的,该转让对债务人不发生效力。"

关于"通知",我国法律并未作出定义,不过可以理解为意思表示的传达,包括书面、口头或其他形式。《民法典》第135条规定:"民事法律行为可以采用书面形式、口头形式或者其他形式;法律、行政法规规定或者当事人约定采用特定形式的,应当采用特定形式。"《民法典总则编解释》第18条规定:"当事人未采用书面形式或者口头形式,但是实施的行为本身表明已经作出相应意思表示,并符合民事法律行为成立条件的,人民法院可以认定为民法典第一百三十五条规定的采用其他形式实施的民事法律行为。"

在合同解除上,法律明确规定起诉状或仲裁申请书副本可以视为相关主张的通知。《民法典》第565条第2款规定:"当事人一方未通知对方,直接以提起诉讼或者申请仲裁的方式依法主张解除合同,人民法院或者仲裁机构确认该主张的,合同自起诉状副本或者仲裁申请书副本送达对方时解除。"

此外,有案件显示,法院支持债权人通过诉讼的方式通知债务人债权转让的事宜。例如,最高人民法院在一案①中认为,"农投金控与元化公司签订的《债权

---

① 参见郑州华晶金刚石股份有限公司、郑州元化企业管理咨询有限公司民间借贷纠纷案,最高人民法院民事裁定书,(2021)最高法民申1575号。

6.9 提起诉讼或申请仲裁,可视为投资方向对赌义务人发出主张权利的通知吗?

转让协议书》……合法有效。元化公司从农投金控处受让案涉债权后,通过诉讼的方式通知加速器公司、郑州华晶公司、河南华晶公司、郭留希债权转让事宜,符合原《中华人民共和国合同法》第八十条第一款'债权人转让权利的,应当通知债务人'的规定,属于有效通知"。

主题案例:九江联豪九鼎投资中心(有限合伙)与谢锋与公司有关的纠纷案①

2011年7月1日,投资方与目标公司及原股东签订《增资扩股协议》及《补充合同》。

2014年5月4日,投资方与原股东签订《协议书》,约定:如果目标公司在2014年6月30日前未提交发行上市申报材料并获受理;或者目标公司在2014年12月31日前没有完成挂牌上市,投资方有权选择在上述任一情况出现后要求原股东及/或原股东指定的第三方购买投资方持有的全部目标公司的股份。

目标公司在新三板挂牌后,并未进行A股上市的申报。

投资方以《协议书》为依据提起诉讼,请求原股东支付股份转让款。在提起诉讼之前,投资方未通知原股东履行回购义务。

北京市第三中级人民法院认为:

原股东履行股份回购义务需以投资方通知作为启动条件,故其何时作出通知以及作出通知是否存在时间限制则尤为关键。

本案双方当事人均认可投资方在提起相关诉讼之前并未通知要求原股东履行股份回购义务,故投资方提起诉讼的行为应当认定为其根据《协议书》约定向原股东作出通知的意思表示。根据已查明的事实,投资方曾于2018年5月23日向法院提起诉讼主张本案项下的权利,该行为应视为其向原股东作出股份回购通知。

本案中,各方约定如果目标公司未如期上市,则投资方有权要求原股东回购股权。回购条款触发后,投资方没有发函通知,而是直接起诉原股东回购股权。

法院认为,投资方提起诉讼的行为,应当视为向原股东作出通知的意思表示。

---

① 参见北京市第三中级人民法院民事判决书,(2019)京03民终9876号。

其他案件中法院亦持相同观点,即投资方起诉对赌义务人主张权利的,视为发出书面通知。

北京市高级人民法院二审维持原判的一案①中,一审法院认为,"兴博九鼎中心主张其以起诉状的方式通知毕京洲支付股权转让款,毕京洲于2019年3月27日收到起诉状,应在3个月内即2019年6月27日前履行义务",支持毕京洲"自2019年6月28日承担逾期付款的违约责任"。

江西省高级人民法院在一案②中认为,按照《合作协议》的约定,蓝海公司主张回购应提前10天发出回购通知,"虽然蓝海公司并未发出回购通知,但其以提起诉讼的方式实际上已经向中标公司、陈晓东、陈晓锋、陈永科发出了回购的请求"。

广州市白云区人民法院在一案③中认为,"《股权回购协议》还约定,原告需要被告子钰环境公司回购股权,应当向被告子钰环境公司发出回购股权的书面通知,被告子钰环境公司在收到回购股权通知之日起十天内,向原告支付股权回购款。本案中,原告以诉讼的方式通知被告子钰环境公司回购股权,该行为视为原告履行了向被告子钰环境公司发出回购股权书面通知"。

天津市第二中级人民法院处理的一案④中,就起诉是否能视为发出回购通知的问题,该院认为,"各方在合同中所约定的股权回购通知义务,其目的是要达到让上诉人知晓被上诉人要求其回购股权的意思表示,并为履行相关回购义务进行必要的准备。被上诉人并未提供证据证明其在诉前向上诉人进行过通知,然而其向一审法院起诉时已明确表达出该意思表示。在一审法院将相关应诉材料特别是民事起诉状送达上诉人后,即起到书面通知的效果。虽然被上诉人借助的起诉通知形式未被当事人约定在合同之中,但形式上的改变对结果并不产生实质性影响,对上诉人的实体权利亦未造成损害。因此,在此通知形式问题上,起诉通知与书面通知的效果是等同的,起诉通知应视为被上诉人已向上诉人发出了股权回购通知"。

---

① 参见上海巨什机器人科技有限公司等与苏州兴博九鼎投资中心(有限合伙)合同纠纷案,北京市高级人民法院民事判决书,(2020)京民终165号。
② 参见江西中文传媒蓝海国际投资有限公司、中标建设集团股份有限公司合同纠纷案,江西省高级人民法院民事判决书,(2020)赣民终776号。
③ 参见黄庆华与广州市子钰环境清洁服务有限公司、许自焕合同纠纷案,广州市白云区人民法院民事判决书,(2018)粤0111民初14225号。
④ 参见刘炜林等诉李飞合同纠纷案,天津市第二中级人民法院民事判决书,(2017)津02民终4638号。

湖南省长沙市中级人民法院在一案①中认为,"因华菱津杉创投基金已于2020年8月3日向本院提出要求曹典军、张丽萍进行股权受让的诉讼,应视为其已对曹典军、张丽萍作出股权回购的意思表示,故曹典军、张丽萍负有在2020年11月1日前向华菱津杉创投基金支付股权回购款的义务"。

需要注意的是,投资方以提起诉讼或申请仲裁的方式向对赌义务人发出通知的,立案时对赌义务人还没有违约,尚未产生逾期违约金。例如,江苏省高级人民法院二审维持原判的一案②中,一审法院认为,《投资协议》虽然有违约责任条款,但根据约定内容,刘立刚、叶革雄在收到股权回购书面通知之日起未在60日内向投资方付清股权回购全部价款的才能构成违约,承担相应的违约责任。"本案中,领翔投资中心在提起诉讼前未书面通知要求刘立刚、叶革雄支付股权回购款,而是以提起诉讼的方式要求刘立刚、叶革雄履行上述义务,故刘立刚、叶革雄在本案诉讼之前并不存在合同约定的违约行为,领翔投资中心要求刘立刚、叶革雄支付违约金的诉讼请求",不予支持。

◆ 小结与建议

投资方:投资方提起诉讼或申请仲裁,通常被视为向对赌义务人作出行权通知的意思表示。不过,从减少争议焦点的角度,对赌条款触发后,建议投资方在起诉或申请仲裁前,先按照约定的方式向对赌义务人主张权利。

创始人方:投资方未发出回购或补偿通知,而是直接以诉讼或仲裁方式主张权利的,创始人方不太可能被判定支付逾期付款违约金。

---

① 参见华菱津杉(湖南)信息产业创业投资基金企业与曹典军、张丽萍股东出资纠纷案,长沙市中级人民法院民事判决书,(2020)湘01民初1395号。
② 参见叶革雄、刘立刚与无锡国联领翔中小企业成长投资中心、李瑞文等股权转让纠纷案,江苏省高级人民法院民事判决书,(2018)苏民终1517号。

6.10 股权回购条款触发后,投资方可以向目标公司主张返还资本公积金吗?

不同于注册资本,资本公积金并不对外公示,难以使第三人产生依赖利益。既然如此,在目标公司回购股东股权时,是否可将二者区别对待,即投资方可否要求目标公司退还其投资款中计入资本公积金的部分?

资本公积金,主要包括资本溢价等。投资方投入目标公司的资金,超过注册资本的部分,计入资本公积金。《公司法》第213条规定:"公司以超过股票票面金额的发行价格发行股份所得的溢价款、发行无面额股所得股款未计入注册资本的金额以及国务院财政部门规定列入资本公积金的其他项目,应当列为公司资本公积金。"《企业财务通则》第17条第1款规定:"对投资者实际缴付的出资超出注册资本的差额(包括股票溢价),企业应当作为资本公积管理。"《企业会计制度》第80条规定:"……投资者以现金投入的资本,应当以实际收到或者存入企业开户银行的金额作为实收资本入账。实际收到或者存入企业开户银行的金额超过其在该企业注册资本中所占份额的部分,计入资本公积……"第82条规定:"资本公积包括资本(或股本)溢价、接受捐赠资产、拨款转入、外币资本折算差额等。资本公积项目主要包括:(一)资本(或股本)溢价,是指企业投资者投入的资金超过其在注册资本中所占份额的部分……"

资本公积金用于弥补亏损、扩大生产经营或转为公司资本。《公司法》第214条第1、2款规定:"公司的公积金用于弥补公司的亏损、扩大公司生产经营或者转为增加公司注册资本。公积金弥补公司亏损,应当先使用任意公积金和法定公积金;仍不能弥补的,可以按照规定使用资本公积金。"

资本公积金应在资产负债表中列明。《企业会计制度》第79条规定:"所有者权益,是指所有者在企业资产中享有的经济利益,其金额为资产减去负债后的余额。所有者权益包括实收资本(或者股本)、资本公积、盈余公积和未分配利润等。"《企业财务会计报告条例》第9条规定:"资产负债表是反映企业在某一特定日期财务状况的报表……在资产负债表上,所有者权益应当按照实收资本(或者股本)、资本公积、盈余公积、未分配利润等项目分项列示。"

资本公积金不属于必须公示的内容。《企业信息公示暂行条例》第9条规定:"企业年度报告内容包括:……(四)企业为有限责任公司或者股份有限公

6.10 股权回购条款触发后,投资方可以向目标公司主张返还资本公积金吗?

司的,其股东或者发起人认缴和实缴的出资额、出资时间、出资方式等信息;……(七)企业从业人数、资产总额、负债总额、对外提供保证担保、所有者权益合计、营业总收入、主营业务收入、利润总额、净利润、纳税总额信息。前款第一项至第六项规定的信息应当向社会公示,第七项规定的信息由企业选择是否向社会公示。经企业同意,公民、法人或者其他组织可以查询企业选择不公示的信息。"

可否认为,投资方有权要求目标公司返还其计入资本公积金的部分?对此,最高人民法院在对《九民纪要》的理解中持否定态度。"投资方入股目标公司时,其投资的小部分进入'资本',多数进入资本公积金。有观点认为,在目标公司'对赌'失败的情况下,进入资本公积金的金钱可以用来补偿投资方。我们认为这一观点在现行法下是不能成立的。……因此,在投资方作为目标公司的股东的情况下,无论基于什么原因,都不能从公司'资本公积金'中拿走金钱。"[①]虽然2023年修订的《公司法》删除了原《公司法》关于"资本公积金不得用于弥补公司的亏损"的规定,但是修订后的《公司法》依然规定了"公司成立后,股东不得抽逃出资"的内容。既然资本公积金与注册资本均属于公司资本范畴,那么资本公积金不得任意返还股东。

最高人民法院的前述态度并非没有道理,从会计角度,资本公积金退还股东的,限于通过减少注册资本而相应减少资本公积金的方式,也就是说,同样需要经过减资程序。中国注册会计师协会于2004年2月19日发布的《中国注册会计师协会专家技术援助小组信息公告第8号》中规定:"与'资本公积——资本溢价'有关的三个问题:1.企业投资者投入的资金超过其注册资本所占份额的部分是否都应确认为'资本公积——资本溢价'?……3.经股东会决议,企业能否将'资本公积(资本溢价)'退还股东?答:1.根据企业出资者签署的与出资有关的协议或合同,如果出资者共同约定将某出资者超过其注册资本所占份额的部分作为所有者权益,则企业确认为'资本公积——资本溢价';如果出资者共同约定将某出资者超过其注册资本所占份额的部分作为负债,待一定期间需要偿还给出资者的,则应确认为对某出资者的负债,计入'其他应付款'……3.除非因企业减少注册资本而相应地减少'资本公积——资本溢价',否则企业不能将'资本公积(资本溢价)'退还股东。"

[①] 最高人民法院民事审判第二庭编著:《〈全国法院民商事审判工作会议纪要〉理解与适用》,人民法院出版社2019年版,第119页。

主题案例：新余甄投云联成长投资管理中心、广东运货柜信息技术有限公司新增资本认购纠纷、买卖合同纠纷案①

2016年4月28日，投资方与目标公司等主体签订《增资协议》，约定投资方向目标公司增资1050万元，其中76.1421万元计入注册资本，973.8579万元计入资本公积。

同日，上述各方签订《增资协议的补充协议》，约定若目标公司未完成2016年或2017年业绩指标，或未能在2018年12月31日前上市，则目标公司承诺回购投资方的股权，年复合投资收益率不低于15%。

2016年5月27日，投资方向目标公司转款1050万元。

2017年3月24日，因目标公司既未达到业绩承诺目标又未能上市，投资方向目标公司发函要求回购股权。

投资方提起诉讼，请求判令目标公司支付投资方股权回购款（以973.8579万元为基数，按15%的年收益率计算）等。

投资方认为，其要求目标公司支付的该部分股权回购款不是注册资本，而是资本公积金，不存在减少注册资本的情形。

江西省高级人民法院认为：

股东向公司已缴纳的出资，无论是计入注册资本还是计入资本公积金，都已属于公司所有，是公司资产的构成部分，同样基于公司资本维持原则的要求，如果将资本公积金返还股东，将导致公司资本规模的减少，损害公司的财产和信用基础，损害公司债权人的利益，故股东不得任意要求公司返还。

综上，投资方要求目标公司支付列入公司资本公积金部分的股权回购款不能成立，本院不予支持。

本案中，投资方向目标公司的增资总额为1050万元，其中76.1421万元计入注册资本，973.8579万元计入资本公积。各方约定如果业绩指标或上市承诺未实现，则目标公司应回购投资方的股权。回购条款触发后，投资方要求目标公司支付股权回购款，计算基数为计入资本公积的部分。

法院驳回投资方的请求。资本公积金属于目标公司的资产，同样适用资本维持原则。股东的出资，无论是计入注册资本还是资本公积金，股东都不得任意要求返还。

---

① 参见江西省高级人民法院民事判决书，(2019)赣民终178号。

6.10 股权回购条款触发后,投资方可以向目标公司主张返还资本公积金吗?

大多数案件中法院也认为,与注册资本一样,投资方请求目标公司返还资本公积金的,如果未经法定程序,不予支持。

最高人民法院在一案①中认为,"本案争议焦点为,新湖集团已注入青海碱业的资本公积金能否返还……本案《增资扩股协议》解除后,新湖集团请求判令浙江玻璃、董利华、冯彩珍返还其出资款中的资本公积金336884976.80元。但《增资扩股协议》的性质决定了新湖集团所诉的这部分资本公积金不能得以返还。《增资扩股协议》的合同相对人虽然是浙江玻璃、董利华、冯彩珍,但合同约定增资扩股的标的却是青海碱业。合同履行过程中,新湖集团也已将资本金直接注入了青海碱业。青海碱业系合法存在的企业法人。浙江玻璃、董利华、冯彩珍均不再具有返还涉案资本公积金的资格。至于青海碱业能否返还新湖集团已注入的这部分资本公积金,关乎资本公积金的性质。新湖集团认为,本案中其因《增资扩股协议》注入的资本公积金不同于《公司法》中规定的'出资',可以抽回的主张,依据不足。股东向公司已交纳的出资无论是计入注册资本还是计入资本公积金,都形成公司资产,股东不得请求返还。二审判决未支持新湖集团返还资本公积金的请求,并无不当"。

最高人民法院在另一案②中认为,虽然"纪定强有权要求返还款项,但合同中的自由约定应以不违反法律强制性规定为前提。纪定强要求茂钰公司返还与增资额等额款项的诉请涉及公司资本制度,公司资本制度多为强行性规范。《投资合作协议》约定纪定强以2250万元的对价获得茂钰公司25%的股份,其中360万元注入注册资本,1890万元注入资本公积,但无论是注册资本还是资本公积,均是公司资本,公司以资本为信用,公司资本的确定、维持和不变,是保护公司经营发展能力,保护债权人利益以及交易安全的重要手段。纪定强对茂钰公司具有相应股权,只能依法行使股东权利,不得抽回出资"。

江苏省高级人民法院二审维持原判的一案③中,一审法院认为,"未经法定程序,不得将资本公积金任意返还给投资人。第一,此系公司资本原则的必然要求。公司资本原则系由公司法所确立的在公司设立、营运以及管理过程中,为确保公司资本的确定、维持、不变而必须遵循的法律准则。公司资本制度对于保护债权人的利益和交易安全极为重要。资本公积金虽然不同于公司的注册资本需

---

① 参见浙江新湖集团股份有限公司与浙江玻璃股份有限公司等增资纠纷案,最高人民法院民事裁定书,(2013)民申字第326号。
② 参见卓桂生与纪定强合同纠纷案,最高人民法院民事裁定书,(2015)民申字第811号。
③ 参见南通中南房地产开发有限公司与南通邦豪置业有限公司、江苏远鹏置业有限公司等合同纠纷案,江苏省高级人民法院民事判决书,(2019)苏民终1446号。

要在工商部门登记,但根据前述,其与注册资本均属于公司资本范畴,即股东向公司缴纳的出资无论是计入注册资本抑或资本公积金,均形成公司资产,目的在于巩固公司的财产基础,加强公司信用和对外偿债能力。根据资本维持原则的要求,公司在其存续期间,应当维持与其资本额相当的实有资产。如果允许资本公积金任意返还给投资人,实质是未经法定程序,随意减少公司资本,无疑是对资本维持原则的冲击,严重损害债权人的利益、交易秩序和交易安全。因此,对已计入公司资本公积金的投资款,股东可以按照出资比例向公司主张所有者权益,但不得抽回,也不得转变为对公司的债权变相减少公司资本。第二,此系《中华人民共和国公司法》规范逻辑的当然要求。《中华人民共和国公司法》第一百六十八条对公司公积金的用途进行了限定,即公司的公积金用于弥补公司的亏损、扩大公司生产经营或者转为增加公司资本,但是资本公积金不得用于弥补公司的亏损。据此,法律将'弥补公司亏损'亦排除在公司资本公积金的用途之外,仅可用于扩大公司生产经营或者转为增加公司资本,根据'举重以明轻'这一法律当然解释原则,将已计入公司资本公积金的投资款任意返还给投资人当然系法律所禁止之行为。另,基于公司资本三原则的要求,《公司法》第一百七十七条明确规定了公司减少注册资本的法定程序和限制……资本公积金与注册资本同属公司资本,注册资本不能任意减少,如需减少必须经过法律规定的程序,同理,资本公积金当然也不能仅经过公司及其股东之间的约定任意减少甚至将其转化为股东对公司的债权。诚然,在《中华人民共和国公司法》对资本公积金的减少没有规定的情形下,资本公积金的减少并非无路径可循,股东减少计入资本公积金的出资的权利并未受到损害。如可参照注册资本减少的规定适用于资本公积金的减少,或按照《中华人民共和国公司法》第一百六十八条的规定,将资本公积金转为增加公司注册资本,再按照注册资本减少的规定适用"。

江苏省高级人民法院在一案①中认为,"实践中,投资人投资额大于注册资本的情况较为常见,相关差额款项的性质取决于各方投资人的一致意见。本案中,中南公司共计投入邦豪公司9483.7万元,其中注册资本为4301.29万元,差额部分为5182.41万元。五方投资人在《联合开发协议书》和股东会决议中已经确定3.5亿元均为投资款性质,虽然大于注册资本的差额部分没有作为注册资本在工商部门进行登记,但公司的资本公积金亦不能随意撤回。案涉承诺书内容为邦豪公司向中南公司返还大于注册资金的投资款部分,违反了公司法资本

---

① 参见南通中南房地产开发有限公司与南通邦豪置业有限公司、江苏远鹏置业有限公司等合同纠纷案,江苏省高级人民法院民事判决书,(2019)苏民终1446号。

6.10 股权回购条款触发后,投资方可以向目标公司主张返还资本公积金吗?

维持原则,损害了邦豪公司及其债权人的合法权益,应属无效,故中南公司依据该承诺书要求邦豪公司及其他股东向其返还资金,不应得到支持"。

浙江省杭州市中级人民法院在一案①中认为,"案涉合同为有关增资扩股的投资协议及补充协议,其解除的后果既应遵循合同法的规定亦应不违背公司法的规定。《中华人民共和国公司法》对于公司增资有明确规定,公司资本一经增加,非依法定程序不可随意变更,股东向公司已交纳的出资无论是计入注册资本还是计入资本公积金,都形成公司资产,股东不得请求公司返还。本案中,富爵天泽合伙企业已向威达仕公司支付增资款人民币1200万元,其中401.79万元作为认缴的注册资本完成实缴,其已取得威达仕公司8.57%股权,其余798.21万元则根据约定计入公司资本公积,故富爵天泽合伙企业要求返还该1200万元及要求赔偿利息损失的主张与法律规定相悖,不应得到支持"。

如果目标公司已将资本公积金转给投资方,目标公司有权主张返还。例如,最高人民法院在一案②中认为,"不论从公司法还是合同法角度分析,涉案被转出的1.5亿元资本公积金均应返还丽港公司"。"从公司法角度来讲,本案转出的资本公积金应予以返还。《中华人民共和国公司法》第三条第一款规定:'公司是企业法人,有独立的法人财产,享有法人财产权。公司以其全部财产对公司的债务承担责任。'第一百六十八条第一款规定:'公司的公积金用于弥补公司的亏损、扩大公司生产经营或者转为增加公司资本。但是,资本公积金不得用于弥补公司的亏损。'资本公积金不仅是企业所有者权益的组成部分,亦是公司资产的重要构成,而公司资产在很大程度上代表着公司的资信能力、偿债能力、发展能力,在保障债权人利益、保证公司正常发展、维护交易安全方面起着重要作用。公司作为企业法人,具有独立人格和独立财产,而独立财产又是独立人格的物质基础。出资股东可以按照章程规定或协议约定主张所有者权益,但其无正当理由不得随意取回出资侵害公司财产权益。本案中,《增资合同》明确约定,银基公司向丽港公司增资2亿元,持有丽港公司40%股权,其中2000万元进入丽港公司注册资本,1.8亿元进入资本公积金。因此,涉案1.5亿元资本公积金本应属于丽港公司资产,无正当理由转出后,理应予以返还,一审认定该行为属于抽逃出资行为并无不当。""从合同法角度来讲,本案

---

① 参见杭州富爵天泽投资管理合伙企业与广州威达仕厨房设备制造有限公司、程广礼公司增资纠纷案,杭州市中级人民法院民事判决书,(2019)浙01民初4334号。
② 参见银基烯碳新材料集团股份有限公司、连云港市丽港稀土实业有限公司公司增资纠纷案,最高人民法院民事判决书,(2018)最高法民终393号。

转出的资本公积金亦应予以返还。"根据《合同法》的相关规定,银基公司负有依约足额增加出资的合同义务。"银基公司虽有出资行为,但随后1.5亿元的出资在无正当理由的情况下被转出,其转出行为违反诚实信用原则、不符合合同约定、不利于合同目的的实现。因此,涉案1.5亿元资本公积金根据合同约定亦应予以返还。"

只有在履行法定程序的情况下,投资方关于退回资本公积金的请求才可能获得支持。

江苏省苏州市中级人民法院审理的一案①中,目标公司希华公司通过股东会决议,确认公司注册资金由1111.1万元减资为注册资金222万元。之后又通知了全体债权人,发布了减资公告,并办理了工商变更登记。该院认为,"被申请人对希华公司投资1000万元、占公司10%股权,其中111.1万元为注册资本,多于注册资金部分的金额共计888.9万元作为资本公积金,可以反映888.9万元资本公积金系由被申请人增资溢价部分形成。《退资协议》约定,再审申请人同意被申请人撤资,财务报表的所有者权益项下减少888.9万元(包括注册资本和资本公积等),同意向被申请人支付人民币888.9万元。其中被申请人的实缴注册资本相应的变更为22万元,注册资本减资金额为89.1万元。其余部分系双方对减少注册资金的投资溢价部分的处理作出了约定。因希华公司对减少注册资金通过了股东会决议并履行了法定程序,且相应内容并未违反《中华人民共和国公司法》的强制性规定",故"对再审申请人提出的《退资协议》为无效的主张不予支持"。

陕西省高级人民法院在一案②中认为,"资本公积金是由投入资本本身所引起的增值,与公司生产经营没有直接关系,是一种准资本金或者公司后备资金,属于公司资产,是企业所有者权益的组成部分,可以按照法定程序转为注册资本金,故资本公积金与公司注册资本的性质存在明显不同,不能等同于公司注册资本,公司依照法定程序作出的关于减少资本公积金的决议亦不能认定为抽逃出资。本案中,新里程公司于2011年8月30日召开全体股东参加的股东会,作出《关于股东减少资本公积的股东会决议》,从资本公积金中给郭明星退还560万元。根据《中华人民共和国公司法》第三十七条的规定,上

---

① 参见希华通信(苏州)有限公司与吴彩萍、陆燕等公司减资纠纷案,苏州市中级人民法院民事裁定书,(2018)苏05民申500号。
② 参见西安市新里程投资有限公司与郭明星、张鹏、张志兴损害公司利益责任纠纷案,陕西省高级人民法院民事判决书,(2020)陕民终633号。

述行为属于新里程公司经营中的自治行为,不违反法律规定,该决议作出后,无股东向法院申请撤销或者确认无效,也不属于《最高人民法院关于适用〈中华人民共和国公司法〉若干问题的规定(三)》第十二条所规定的抽逃出资的情形。且上述决议系新里程公司股东会作出,并非郭明星个人所为。故新里程公司从资本公积金中给郭明星退还560万元,不能认定为被上诉人郭明星抽逃出资行为"。

不过,也有较早的案例显示不同观点,即投资方虽无权要求目标公司返还注册资本,但可要求计入资本公积金的部分。例如,山东省高级人民法院在一案[1]中认为,"因瀚霖公司未在2011年实现净利润16000万元以上且在2013年年底已经不可能完成上市,协议约定曹务波购买股权条件已经成就,香樟投资中心根据合同约定,诉请曹务波购买其股权并承担相应的赔偿责任符合合同约定,本院予以支持。香樟投资中心诉请瀚霖公司回购其700万元股权违反公司法规定,本院不予支持,但主张偿还作为公积金部分4200万元及其资金成本部分,本院应予支持"。

❖ 小结与建议

投资方:投资方向目标公司主张返还资本公积金的,同样需要先履行法定程序。

创始人方:无论投资方要求目标公司返还的是注册资本还是资本公积金,创始人方均可以目标公司尚未履行减资程序为由拒绝。如果投资方已取回资本公积金,目标公司有权要求返还。

---

[1] 参见山东瀚霖生物技术有限公司、曹务波与公司有关的纠纷案,山东省高级人民法院民事判决书,(2013)鲁商初字第18号。

七、回购协议签署阶段

7.1 对赌协议约定需另行签订《股权回购协议》的，为预约合同吗？

有些投资协议约定，股权回购条款触发后，对赌双方还需另行签订《股权回购协议》。在股权回购条款已涵盖价款计算方式、支付主体等要素的情况下，对赌协议与《股权回购协议》是预约合同与本约合同的关系吗？

签订预约合同的目的在于签订本约合同。《民法典》第 495 条第 1 款规定："当事人约定在将来一定期限内订立合同的认购书、订购书、预订书等，构成预约合同。"

对本约合同与预约合同的区分，综合对尊重意思自治、鼓励交易、保护信赖利益及交易安全、维护消费者权益等多种价值的权衡与取舍，主要有以下三种裁判思路[①]：

第一种思路，内容决定论。如果合同已包括标的物、数量、价款等必要条款，达到无须另行订立合同即可强制履行的程度，则应认定为本约。

最高人民法院在一案[②]中认为，"《土地转让定金协议》系双方当事人真实意思表示，从名称上看类似于预约合同，合同中也有'待甲、乙双方签订正式转让合同后'的表述。但是，从该协议整体分析，协议对转让土地的面积、位置、诉争土地的其他具体信息、转让价款、支付方式、税费承担、违约责任等均有明确约定，具备了合同的主要条款"。因此，应当认定该《土地转让定金协议》为土地使用权转让的本约合同。

商品房买卖纠纷相关司法解释即采取该种思路。具备商品房买卖合同要素的预订、认购协议，应当认定为商品房买卖的本约合同。最高人民法院《关于审理商品房买卖合同纠纷案件适用法律若干问题的解释》第 5 条规定："商品房的认购、订购、预订等协议具备《商品房销售管理办法》第十六条规定的商品房买卖合同的主要内容，并且出卖人已经按照约定收受购房款的，该协议应当认定为商品房买卖合同。"《商品房销售管理办法》第 16 条第 2 款规定："商品房买卖合同应当明确以下主要内容：（一）当事人名称或者姓名和住所；（二）商品房基本状况；（三）商品房的销售方式；（四）商品房价款的确定方式及总价款、付款方

---

① 参见孙超：《预约和本约的关系探讨》，载《人民司法（案例）》2017 年第 26 期。
② 参见卢济政与四川省齐祥食品有限公司土地使用权转让合同纠纷案，最高人民法院民事判决书，（2013）民提字第 165 号。

式、付款时间;(五)交付使用条件及日期;(六)装饰、设备标准承诺;(七)供水、供电、供热、燃气、通讯、道路、绿化等配套基础设施和公共设施的交付承诺和有关权益、责任;(八)公共配套建筑的产权归属;(九)面积差异的处理方式;(十)办理产权登记有关事宜;(十一)解决争议的方法;(十二)违约责任;(十三)双方约定的其他事项。"

第二种思路,意思决定论。只要当事人约定需订立本约的意思,即使合同内容与本约已十分接近,也应认定为预约合同。

最高人民法院在一案①中认为,本案焦点为是否可以依据案涉协议第10.4条的约定直接进行股权收购。就此首先应审查第10.4条的约定是本约还是预约。判断双方当事人订立的合同系本约还是预约的根本标准为双方是否有意在将来订立一个新的合同,如果当事人存在明确的将来订立本约的意思表示,即使预约的内容与本约接近,通过合同解释从预约中可推导出本约的全部内容,也应当将合同认定为预约合同。

最高人民法院在另一案②中认为,"《广东同江医院有限公司股东会决议》中关于同江医院股权转让的条款虽基本成立,但因当事人还有特别约定另需订立股权转让合同,不宜认定股权转让合同已经成立,故王忠诚公司、张玉琪关于股权转让合同本约直接成立的主张并无法律依据而不能成立"。

第三种思路,折中的观点。结合当事人意思与合同内容综合判断。

最高人民法院在一案③中认为,"预约和本约的区分标准,应当根据当事人在合同中的意思表示加以确定。当事人的意思表示不明确或有争议时,应当通过考察合同内容是否包含合同成立的要素,以及合同内容是否确定到无需另行订立本约即可强制履行等因素加以确定"。

江苏省南京市中级人民法院在一案④中认为,"判断一份合同属于本约还是预约,应探究当事人的真实意思。当事人的意思不明或有争执时,应通观合同全部内容加以确定,如合同要素已经明确,其他事项也约定详细,宜认定为本约,以

---

① 参见陈欢、浙江佐力药业股份有限公司合同纠纷案,最高人民法院民事裁定书,(2021)最高法民申5329号。
② 参见张玉琪等与佛山市顺德区银景房产有限公司等股权转让纠纷案,最高人民法院民事裁定书,(2016)最高法民申200号。
③ 参见恒大地产集团上海盛建置业有限公司等与融创鑫恒投资集团有限公司等股权转让纠纷案,最高人民法院民事判决书,(2018)最高法民终813号。
④ 参见镇江苏宁环球医美产业基金合伙企业(有限合伙)与卓光明、卓淑英等股权转让纠纷案,南京市中级人民法院民事判决书,(2018)苏01民终2561号。

促进交易、维护交易安全。本案中,涉案框架协议具备了当事人、标的、价款、股权交割期限、争议解决、违约责任等合同要素,同时还约定了过渡期、交易方式、董事会及管理层安排、承诺事项、尽职调查、保密、交易费用、排他期、竞业禁止及其他承诺、未尽事宜等其他事项。涉案框架协议约定的双方权利义务明确清晰,基本囊括了股权转让的所有事项,故该协议并非约定将来订立一定合同的合同,应属于本约"。

  对此,目前最高人民法院的态度倾向于第三种,并非简单地依据合同作出认定,而是综合考虑,探寻当事人的真实意思表示。区分本约合同与预约合同的关键,在于当事人是否"保留对最终完成交易的决策权","如果其真实意思并非约定在将来一定期限内另行订立合同,而仅是将已经达成的合意以特定形式重新予以表达,则不应将当事人之间的法律关系认定为预约合同关系"①。《民法典合同编解释》第6条规定:"当事人以认购书、订购书、预订书等形式约定在将来一定期限内订立合同,或者为担保在将来一定期限内订立合同交付了定金,能够确定将来所要订立合同的主体、标的等内容的,人民法院应当认定预约合同成立……当事人订立的认购书、订购书、预订书等已就合同标的、数量、价款或者报酬等主要内容达成合意,符合本解释第三条第一款规定的合同成立条件,未明确约定在将来一定期限内另行订立合同,或者虽然有约定但是当事人一方已实施履行行为且对方接受的,人民法院应当认定本约合同成立。"最高人民法院发布民法典合同编通则解释相关典型案例,案例二"某通讯公司与某实业公司房屋买卖合同纠纷案"中,法院认为,判断当事人之间订立的合同系本约还是预约的根本标准应当是当事人的意思表示,即当事人是否有意在将来订立一个新的合同,以最终明确在双方之间形成的某种法律关系的具体内容。如果当事人存在明确的将来订立本约的意思,那么,即使预约的内容与本约已经十分接近,且通过合同解释,从预约中可以推导出本约的全部内容,也应当尊重当事人的意思表示,排除这种客观解释的可能性。不过,对于当事人之间是预约还是本约关系,不能仅凭一份孤立的协议就简单地加以认定,而是应当综合审查相关协议的内容以及当事人嗣后为达成交易进行的磋商甚至具体的履行行为等事实,从中探寻当事人的真实意思,并据此对当事人之间法律关系的性质作出准确的界定。

---

① 最高人民法院民事审判第二庭、研究室编著:《最高人民法院民法典合同编通则司法解释理解与适用》,人民法院出版社2023年版,第99、101页。

主题案例:陈晓峰与黄立栋股权转让合同纠纷案①

2015年7月7日,投资方与目标公司签订《福建两岸包装制业股份公司增资扩股意向书》,认购价款共计90万元,取得目标公司50万股股份。

2015年7月8日,目标公司发起人以承诺人身份向投资方出具《承诺函》:目标公司若未能在2016年3月31日前取得在全国股转系统挂牌上市的同意函,则从2016年4月1日起,发起人将无条件根据投资方的书面指示,与投资方签署股份转让协议,受让其持有的目标公司50万股股份,受让金额106.20万元,投资方配合目标公司按时完成相关的工商变更手续。

双方均确认,目标公司至今未能在上述系统挂牌上市。

投资方提起诉讼,请求发起人履行股份转让承诺,支付投资方股权转让款及逾期违约损失。

发起人认为:双方未签订股份转让协议,《承诺函》性质为预约合同,不具备买卖合同所要求的转让价款支付期限、股权过户期限等基本要素。

福建省福州市中级人民法院认为:

发起人向投资方出具的《承诺函》明确约定了持股人、股权转让份额、股权对价、付款条件、办理工商变更手续协助义务及交易税费承担等内容,已具备正式股权转让合同的核心要素,是合法有效的附生效条件的股权转让合同。由于目标公司未能在2016年3月31日前取得在全国股转系统挂牌上市的同意函,故案涉股权转让所附的生效条件已经成就,发起人应根据投资方的书面指示无条件受让股份。发起人关于《承诺函》性质为预约合同的理由,本院不予采纳。

本案中,发起人向投资方出具《承诺函》,如果目标公司未在指定的期限挂牌新三板,则将无条件根据投资方的书面指示,与投资方签署股份转让协议,回购投资方持有的目标公司50万股股份,受让金额为106.20万元。因目标公司未如期挂牌,投资方依据《承诺函》向发起人主张股权回购款等。

发起人辩称,《承诺函》为预约合同,双方尚未签订股份转让协议。

根据《承诺函》的内容,双方已就股权回购的触发条件(未按约挂牌)、标的物(目标公司股权)、数量(50万股)及价格(106.20万元)达成合意。

本案《承诺函》欠缺的要素是回购期限,不过这可以按照合同漏洞的规则

---

① 参见福州市中级人民法院民事判决书,(2017)闽01民终1119号。

予以确定。履行期限不明的,债权人可以在给对方必要准备时间的情况下随时要求履行。《民法典》第511条规定:"当事人就有关合同内容约定不明确,依据前条规定仍不能确定的,适用下列规定:……(四)履行期限不明确的,债务人可以随时履行,债权人也可以随时请求履行,但是应当给对方必要的准备时间……"

本案《承诺函》已就合同标的、数量、价款等主要内容达成合意。而且,发起人已表明"无条件根据投资方的书面指示"签订股份转让协议,可见发起人并未保留是否最终签署该协议的决策权。因此,依据发起人的真实意思表示,《承诺函》构成本约合同。本案法院不支持《承诺函》性质为预约合同的抗辩。

与本案类似,佛山市中级人民法院二审维持原判的一案[①]中,关于涉案回购条款的性质,一审法院认为,梁文格、柳丹抗辩称回购条款属预约合同,即便两人存在违约,也只应承担预约合同的违约责任。预约是指为将来订立一定契约的契约,判断合同是否为预约合同的主要标准应系当事人意思表示,即当事人是否有意在将来订立一个新的合同以最终明确在双方之间形成的某种法律关系。"涉案回购条款虽约定双方应另行签订股份回购协议,但回购条款已经明确回购条件、数量、价格、时间,具备正式股权回购协议的主要内容,可直接据此履行而无须另订本约。且,该回购条款的性质系双方当事人约定的补偿条款,类似一般合同的违约条款或者保证条款,而股权回购只是支付补偿款的一种方式,不宜单独界定为预约合同。"

不少案件中,法院亦持相同观点,即对赌双方约定应另行订立《股权回购协议》但实际并未签署的,不影响投资方取得股权回购款的权利。

北京市第三中级人民法院审理的一案[②]中,《协议书》约定,原股东承诺,投资方在本次股权转让完成1年后,有权要求原股东受让全部股权。原股东向投资方支付股权转让款的条件中,唯一未实现的为原股东"应自收到上述通知之日起10日内与发出通知方签署股权转让协议"。关于在股权转让协议未签订的情况下,原股东是否应支付股权转让款,该院认为,原股东在收到投资方书面通知后,无正当理由未依约与其签订股权转让协议,已构成违约。根据《协议书》有关违约责任的约定,投资方作为守约方,有权要求违约方原股东继续履行《协

---

① 参见梁文格、柳丹合伙协议纠纷、股权转让纠纷案,佛山市中级人民法院民事判决书,(2018)粤06民终6638号。

② 参见皮胜利与净雅食品集团有限公司股权转让纠纷案,北京市第三中级人民法院民事判决书,(2015)三中民(商)终字第10907号。

议书》，即要求原股东受让投资方持有的股权，并支付股权转让款。

上海市第一中级人民法院审理的一案①中，投资方与控股股东在《投资协议》中约定，回购条款触发后，控股股东应在收到投资方回购通知后签署《股权回购协议》。控股股东对赌失败收到回购通知后，却未签署股权回购协议。该院认为，"浙农合伙企业于2020年3月30日向鲁克银发函要求支付股权回购款后，鲁克银并未按协议约定与浙农合伙企业签署股权回购协议、支付股权回购款，应当构成违约，承担违约责任。鲁克银现以未签订股权回购协议为由认为其尚未支付股权回购款未构成违约的上诉主张，不符合协议约定"，不予采信，支持投资方要求控股股东支付股权回购款的诉讼请求。

江苏省高级人民法院审理的一案②中，原股东主张各方尚未签订股份回购协议，故投资方无权直接主张股份回购款。该院认为，因投资方要求原股东回购其股份的条件已经成就，而原股东就股份回购这一约定所负有的合同义务即为支付约定的股份回购款，且投资方在庭审中明确其在收到原股东支付的回购款后即放弃股权并配合原股东办理变更登记手续，故投资方直接要求原股东履行股份回购约定项下的付款义务，符合《增资补充协议》的约定，合法有据。

但是，也不能一概而论地认为，投资协议约定回购条款触发后需另行签订《股权回购协议》的，投资协议一律构成本约合同，应根据个案情况具体分析，探寻当事人的真实意思表示。

广东省东莞市中级人民法院审理的一案③中，《还款承诺书》仅约定"尽快回购剩余股权，届时将签署回购协议，具体回购细节以回购协议约定为准"。该院认为，"在双方未签订具体回购协议的前提下，不能以曾签订的《协议书》来推定回购条件与之前一致……赵新春认为应按6500000元对价回购剩余迈科公司股权的主张缺乏事实依据"，"对于赵新春持有的迈科公司剩余股份亦应通过双方的另行协商确定"。

---

① 参见杭州浙农科众创业投资合伙企业、鲁克银与樊荣、上海徽翔阅投资管理合伙企业等股权转让纠纷案，上海市第一中级人民法院民事判决书，(2021)沪01民终1387号。

② 参见光大金控创业投资有限公司与任马力等协议纠纷案，江苏省高级人民法院民事判决书，(2014)苏商初字第00029号。

③ 参见赵新春与李中延股权转让纠纷案，东莞市中级人民法院民事判决书，(2019)粤19民终7179号。

7.1 对赌协议约定需另行签订《股权回购协议》的,为预约合同吗?

浙江省绍兴市中级人民法院在一案①中认为,"《股权回购框架协议》仅约定双方应于 2018 年 4 月 30 日前签署正式股权回购协议,并未对具体回购事项进行约定。因此,金科公司要求四被告支付股权回购款及星河公司对股权回购款及利息承担连带责任的诉请不能成立,应予驳回"。

另外,是否为预约合同的问题,并不仅在约定应另行签订《股权回购协议》的情况下才出现。对赌义务人可能会抗辩,投资协议没有明确支付期限从而构成预约合同。不过,法院对此一般不予支持。只要对赌协议未约定将来需另行签订合同,则即便未明确支付期限,也依然为本约合同。

浙江省高级人民法院在一案②中认为,"至于《盈利预测补偿协议》第三条'补偿方式的确认'应认定为预约合同条款还是本约合同条款,该问题将直接影响银江公司在约定的业绩补偿条件成就时行使请求权的方式及范围……《盈利预测补偿协议》中并未约定将来需另行签订一个新的合同,也没有体现出当事人有意在将来就合同条款作进一步磋商的任何意思表示。与本约相比,预约应属交易之例外,在当事人并未就将来需订立本约作特别约定的情况下,一般宜认定合同为本约"。

北京市第一中级人民法院二审维持原判的一案③中,一审法院认为,就《补充协议》的上述约定是否为预约合同的问题,"根据《补充协议》约定的内容已能够确定当事人的姓名、回购的标的及数量、回购金额、款项的支付时间,且各方亦未约定在将来一定期限内签订本约合同,故上述《补充协议》系本约合同,并非预约合同。张晓峰以《补充协议》系预约合同,双方未签署正式的股权转让协议为由,辩称回购条件未成就,亦缺乏法律依据",不予支持。

实际上,对赌协议的股权回购条款通常已明确价款计算方式、支付义务人等具体内容,没有必要另行签订《股权转让协议》。例如,浙江省高级人民法院在一案④中认为,"中基公司上诉主张起诉前盘古企业与其没有签订《股权转让协议》,对此,一审认定当事人在《补充协议》中约定的股权回购条款实质上是当事

---

① 参见浙江金科文化产业股份有限公司、深圳市星河互动科技有限公司、卫东冬等合同纠纷案,绍兴市中级人民法院民事判决书,(2018)浙 06 民初 79 号。
② 参见银江股份有限公司与李欣合同纠纷案,浙江省高级人民法院民事判决书,(2016)浙民初 6 号。
③ 参见徐文中与杨似三等合同纠纷案,北京市第一中级人民法院民事判决书,(2021)京 01 民终 9662 号。
④ 参见新疆盘古大业股权投资有限合伙企业、中基国际投资(香港)有限公司与公司有关的纠纷案,浙江省高级人民法院民事判决书,(2018)浙民终 629 号。

人之间就特定条件触发时达成的股权转让合意,当事人应按约履行而无需再以另行签订股权转让协议为前提"。

◆ 小结与建议

投资方:虽然不少案件中法院认为,对赌双方约定应另行订立《股权回购协议》但实际并未签署的,不影响投资方取得股权回购款的权利,但不能一概而论地推定所有如此约定的投资协议均构成本约合同。因此,建议避免约定对赌条款触发后,双方还需另行签订《股权回购协议》。如果已经约定,建议在立案前向对赌义务人发出配合股权回购的通知,以免法院认为未履行取得股权回购款的前置程序。例如,广州市中级人民法院二审撤销一审判决的一案[①]中,一审法院认为,投资方未按照《补充协议》的约定签订《股权转让协议》,绕过程序性约定,直接以提起诉讼的方式要求原股东履行股权回购义务,理据尚不充分。因此,对投资方的诉讼请求暂不予支持。

创始人方:建议约定回购条款触发后,投资方与创始人方还需另行签订《股权回购协议》。此外,建议尽可能弱化投资协议中回购义务人及回购价款的确定性,为日后谈判留有空间。

[①] 参见深圳市某股权投资企业(有限合伙)与潘某某股权转让纠纷案,广州市中级人民法院民事判决书,(2022)粤01民终17766号。

7.2 工商备案存在不止一份《股权转让协议》的,以哪份为准?

股权回购条款触发后,对赌义务人与投资方已经签署《股权转让协议》的,可能因办理工商备案等原因,又签订一份《股权转让协议》,实际履行应以哪份为准?

就同一笔股权转让交易所签订的不同版本《股权转让协议》,在股权转让价款、责任承担等方面一般约定不同。其中,体现当事人真实意思表示的,只能有一份,其余的为虚假意思表示。

以虚假意思表示实施的民事法律行为无效。《民法典》第146条第1款规定:"行为人与相对人以虚假的意思表示实施的民事法律行为无效。"第143条规定:"具备下列条件的民事法律行为有效:……(二)意思表示真实……"《民法典合同编解释》第14条第1款规定:"当事人之间就同一交易订立多份合同,人民法院应当认定其中以虚假意思表示订立的合同无效……"

隐藏的民事法律行为,如果不存在无效的情形,应为有效。《民法典》第146条第2款规定:"以虚假的意思表示隐藏的民事法律行为的效力,依照有关法律规定处理。"第143条规定:"具备下列条件的民事法律行为有效:(一)行为人具有相应的民事行为能力;(二)意思表示真实;(三)不违反法律、行政法规的强制性规定,不违背公序良俗。"

主题案例:深圳澳银投资管理有限公司与王晔股权转让合同纠纷案[①]

2018年3月13日,投资方与目标公司及原股东等签订《增资协议》,约定投资方投资100万元,取得目标公司0.7336%的股权。

同日,前述主体签订《补充协议》,对业绩对赌、股权回购等作出相关约定。

2019年10月20日,原股东向投资方发函:经双方充分沟通,我方决定自2019年10月31日起,提前履行《补充协议》约定的股权回购义务,并载明具体的付款时间与金额。

2019年10月31日,原股东向投资方账户转款8000元,摘要为"股权回

[①] 参见北京市海淀区人民法院民事判决书,(2020)京0108民初7234号。

购款"。

2020年1月,投资方与原股东、目标公司签订《股权转让协议书》,约定:投资方将其持有的目标公司0.7336%的股权转让给原股东,转让价款按投资本金加上年化投资收益率10%计算。在办理股权转让的工商变更登记中,如工商或其他相关部门要求转让方、受让方及其他相关方另行签署符合其要求的股权转让合同(以下简称"格式合同"),方能办理相关审批或股权变更登记,则双方应及时签署格式合同。上述格式合同仅用于工商登记使用,本协议应当作为格式合同的补充合同,格式合同未尽事宜或与本协议约定不一致的,均应以本协议为准。

2020年4月22日,投资方与原股东签署《股权转让协议》,此份协议经北京市工商行政管理局备案,其中载明:投资方同意将其所持有目标公司25962.84元人民币(认缴,且已实缴)出资作价1元转让给原股东。

投资方提起诉讼,请求判令原股东向其支付股权转让款992000元及回购款利息。

原股东抗辩称,应以经工商备案的股权转让协议为准。

北京市海淀区人民法院认为:

本案的争议焦点在于投资方与原股东针对同一笔股权共签订两份股权转让协议,应履行哪一份协议。

根据双方于2020年1月签订的《股权转让协议书》,双方约定的条款实际为对抗工商变更登记中可能出现的不同版本股权转让协议书而制定的"特别条款"。

根据法律规定,针对以虚假的意思表示隐藏的法律行为的效力,应当依照法律规定处理。此条款中涉及隐藏行为及虚伪表示。所谓隐藏行为,又称隐匿行为,是指在虚伪表示掩盖之下,行为人与相对人真心所欲达成的民事法律行为。若同时存在虚伪表示与隐藏行为,则虚伪表示无效,隐藏行为并不因此无效,其效力如何,应当依据有关法律规定处理。具体来说,如果这种隐藏行为本身符合该行为的生效要件,那么就可以生效。

现两份股权转让协议书存在股权转让金额不同的情况,工商备案版《股权转让协议》为虚伪表示,2020年1月签订的《股权转让协议书》为隐藏行为,在隐藏行为不存在认定合同无效事由的情况下,应当认定其效力,并应同时否定工商备案版《股权转让协议》的效力。

法院判决支持投资方的全部诉讼请求。

本案中,股权回购条款触发后,原股东与投资方于2020年1月签署《股权转让协议书》(以下简称"1月《协议》"),约定股权回购价款为投资本金100万元加10%年化收益率,如办理工商变更登记另行签订合同,以本协议为准。就该笔股权转让,双方又于2020年4月签订《股权转让协议》(以下简称"4月《协议》"),提交工商部门备案,其中股权转让价款约定为1元。

投资方依据1月《协议》提起诉讼,请求判令原股东支付股权投资款等,原股东抗辩称应按照4月《协议》的约定执行。

4月《协议》并非当事人的真实意思表示,系虚伪表示,应为无效。根据1月《协议》,4月《协议》的目的仅是进行工商登记,具体约定以1月《协议》为准。1月《协议》体现了当事人的真实意思表示,属于隐藏行为,在不存在其他无效事由的情况下,应为有效。

本案法院依照1月《协议》的内容,判决支持投资方的诉讼请求。

其他案件中法院亦认为,对于同一笔股权交易,当事人因工商备案签署多个版本股权转让协议的,一般以当事人约定选择的版本为准。

上海市高级人民法院二审维持原判的一案①中,原股东辩称《股权转让及增资协议》并非最终版本,工商备案的《股权转让及增资协议》系最终版本,协议的最终版本及目标公司章程中均已删去对赌和原股东承担连带责任的条款,即投资方已经放弃了对赌条款,原股东不应承担连带责任。对此,上海市第一中级人民法院一审认为,"涉案《股权转让及增资协议》19.1条约定……根据办理商务、工商等政府管理部门变更登记的要求向相关政府管理部门提供的投资协议不构成对本协议的调整,应以本协议及其补充协议为准……根据该约定,工商备案的《股权转让及增资协议》应系根据市场监管部门备案要求而提供。协议各方当事人就存在备案和未备案两份《股权转让及增资协议》情形下受哪份协议约束已作出明确约定,且该约定不违反法律规定,该约定有效。因此,工商备案的《股权转让及增资协议》不构成对新华天行提供的涉案《股权转让及增资协议》的调整"。

湖北省高级人民法院二审维持原判的一案②中,一审法院认为,"远安巨能公司与黄祖新等三人于2013年10月4日签订《股权转让合同》后,虽在工商部

---

① 参见古俊银与南京新华天行股权投资企业、上海尚派商务信息咨询有限公司等其他合同纠纷案,上海市高级人民法院民事判决书,(2020)沪民终130号。
② 参见远安巨能燃料有限公司与黄祖新、朱玉琼股权转让纠纷案,湖北省高级人民法院民事判决书,(2015)鄂民二终字第00223号。

门办理股权变更登记时另行签订一份《股权转让协议》（以下简称《备案合同》）用以备案，但2013年10月4日《股权转让合同》明确约定"因办理股权变更登记手续而需另按工商管理部门格式要求签订的合同与本合同不一致的，以本合同为准"，故2013年10月4日所签《股权转让合同》为各方当事人真实意思表示，应作为本案实体处理的依据"。

广东省深圳市中级人民法院二审维持原判的一案①中，关于哪一份股权转让协议是各方实际履行依据的问题，一审法院采纳投资方的主张，理由之一为投资方提交的《股权转让协议》明确约定"本协议所签订的条款如与其它相关协议有冲突，以本协议为准"，且原股东提交的《股权转让协议书》载明协议文本需交工商行政管理部门一份，以上足以印证投资方所主张的《股权转让协议》系各方履行的依据，而《股权转让协议书》系为办理工商变更登记所需的事实。

四川省成都市中级人民法院二审维持原判的一案②中，一审法院认为，"根据2017年8月8日《股权转让协议书》的约定，若工商登记版本与协议不一致，以该协议为准"，故"认定2017年8月8日的《股权转让协议书》系各方真实意思表示，各方应按该份协议履行"。

如果各方以虚假意思表示签订并进行工商备案的合同被证明是出于避税目的，则可能因恶意串通损害他人合法权益而被认定为无效。

最高人民法院在一案③中认为，关于案涉《股权转让协议一》《股权转让协议二》的法律效力问题，双方签署的《股权转让协议一》《股权转让协议二》内容相同，对后者当事人予以了公证。该两份协议第3条"转让价款及支付方法"中，约定股权转让价款为800万元，而在之后签订的《股权转让补充协议书》中，约定股权转让价款为6560万元，双方当事人均认可《股权转让协议一》与《股权转让协议二》是为了用于股权工商变更登记而签订，该价格条款其后亦并未实际履行，双方实际是依照《股权转让补充协议书》履行的。显然，800万元的股权转让价格显著低于市场交易价格，如此约定目的在于规避国家税收，根据《合同法》第52条第（二）项"恶意串通，损害国家、集体或者第三人利益"的合同应当无效的规定，原审判决确认该两份协议无效，适用法律正确，本院予以维持。

---

① 参见陈坤虎、樊耀雯股权转让纠纷案，深圳市中级人民法院民事判决书，(2018)粤03民终15346号。

② 参见向芳碧、王永华等股权转让纠纷案，成都市中级人民法院民事判决书，(2021)川01民终7585号。

③ 参见蓝鸿泽等与雷帮桦等股权转让纠纷案，最高人民法院民事判决书，(2015)民二终字第321号。

《股权转让补充协议书》合法有效,且不存在《合同法》第 54 条有关合同应当予以撤销的法定情形,该《股权转让补充协议书》应当继续履行。

陕西省高级人民法院在一案①中认为,"该约定足以证明,缪晓宏[与]泰鑫公司签订《股权转让协议》只是《股权转让合同》履行过程中的步骤和程序安排,《股权转让协议》中为当事人设定的各种权利与义务均应以《股权转让合同》为基准,并不得与《股权转让合同》相冲突。因此,《股权转让合同》对案涉股权转让的相关内容具有确定性和主导性的作用,《股权转让协议》只是《股权转让合同》的从属性文件,只对《股权转让合同》具有补充作用,二者相关条款发生冲突时,应当以《股权转让合同》为准,这既是对当事人意思表示的尊重,亦符合本案的实际情况,原审依据《股权转让合同》认定本案的股权转让对价为 1062.5 万元正确"。根据《合同法》第 52 条第(二)项的规定,"在本案《股权转让协议》中,缪晓宏与泰鑫公司约定的 62.5 万元股权转让价款,涉嫌损害国家税收征管利益,该约定应为无效"。

存在多份《股权转让协议》但未明确约定以哪份为准的,法院会综合认定哪一份反映当事人的真实意思表示。

最高人民法院在一案②中认为,"而结合两份协议其他的约定看,林琪提交的《股权转让协议》……内容前后矛盾;农垦书画院、农垦工委会提交的《股权转让协议》此项约定前后一致。二审法院综合工商登记林琪实际受让 65% 股权的事实,认定双方就转让 65% 股权以及转让价款为 2800 万元达成合意,并无不当。虽然 2011 年 5 月 15 日《股权转让协议》形成时间较后且在工商部门登记,但该协议形成时间与当事人申请股权工商变更登记的时间为同一天,相关股东会决议、章程修正案等亦在当天形成,而在此之前林琪已支付了 1500 万元股权转让款,与 2011 年 5 月 15 日《股权转让协议》约定的 1040 万元明显不符,林琪也未在本案诉讼前要求返还超付的 460 万元,不符合一般常理。二审判决据此认定 2011 年 5 月 15 日《股权转让协议》仅是双方为办理工商变更登记而临时制作,并非当事人真实意思表示,亦无不当"。

河南省高级人民法院二审维持原判的一案③中,一审法院认为,"《补充协议

---

① 参见陕西鑫烨商贸有限公司等与缪晓宏股权转让纠纷案,陕西省高级人民法院民事判决书,(2015)陕民二终字第 00028 号。

② 参见林琪、河南省腾达农副产品质量检测有限公司股权转让纠纷案,最高人民法院民事裁定书,(2018)最高法民申 4080 号。

③ 参见马新生与河南中储粮购销公司等股权转让纠纷案,河南省高级人民法院民事判决书,(2019)豫民终 217 号。

书》约定内容与双方另一有效合同即《股权转让合同》相互矛盾……首先,从合同成立时间上看,《补充协议书》在前,《股权转让合同》在后,成立在先的合同与成立在后的合同约定不一致的,应以成立在后的为准;其次,《股权转让合同》经股东会决议通过,以新粮公司资产评估报告为基础,程序合法,内容真实有效,并经工商备案登记,具有对外公示效力,而《补充协议书》仅有中央储备粮河南公司合同专用章,无其法定代表人或其他相关负责人签字,形式存在瑕疵;再者,如《补充协议书》约定,股权过户是为了以新粮公司经营所得清偿所欠中储粮购销公司债务,但新粮公司系独立的法人主体,其依法独立自主地从事民事法律行为,开展商业经营活动,并无证据证明本案所涉股权转让对新粮公司的经营存在重大影响,故并无以股权变更作为其经营偿债前提的必要,相形之下,《股权转让合同》更符合当事人的真实意思表示"。综上,《股权转让合同》的效力应优于《补充协议书》。

❖ 小结与建议

投资方:如果就同一笔股权转让交易签订不止一份《股权转让协议》,为避免争议,建议明确约定以哪份为准。

创始人方:建议各版本《股权转让协议》签署的日期不同,并在后签署对创始人方有利的版本,避免明确约定以哪份为准。

7.3 侵害股东优先购买权，《股权回购协议》是否无效？

目标公司性质为有限责任公司的，股权回购条款触发后，投资方依据约定主张回购股权时，对赌义务人可能主张股权回购的约定因侵害目标公司其他股东的优先购买权而无效。法院会支持该等抗辩吗？

除非章程另有约定，股东可对内相互转让股权，但对外转让股权则应通知其他股东股权转让的数量、价格、支付方式和期限等事项，其他股东在同等条件下有优先购买权。2023年修订的《公司法》第84条将原《公司法》第71条修订为："有限责任公司的股东之间可以相互转让其全部或者部分股权。股东向股东以外的人转让股权的，应当将股权转让的数量、价格、支付方式和期限等事项书面通知其他股东，其他股东在同等条件下有优先购买权。股东自接到书面通知之日起三十日内未答复的，视为放弃优先购买权。两个以上股东行使优先购买权的，协商确定各自的购买比例；协商不成的，按照转让时各自的出资比例行使优先购买权。公司章程对股权转让另有规定的，从其规定。"

被损害优先购买权的股东，在一定期限内有权以同等条件购买股权。《公司法解释（四）》第21条规定："有限责任公司的股东向股东以外的人转让股权，未就其股权转让事项征求其他股东意见，或者以欺诈、恶意串通等手段，损害其他股东优先购买权，其他股东主张按照同等条件购买该转让股权的，人民法院应当予以支持，但其他股东自知道或者应当知道行使优先购买权的同等条件之日起三十日内没有主张，或者自股权变更登记之日起超过一年的除外。前款规定的其他股东仅提出确认股权转让合同及股权变动效力等请求，未同时主张按照同等条件购买转让股权的，人民法院不予支持，但其他股东非因自身原因导致无法行使优先购买权，请求损害赔偿的除外。股东以外的股权受让人，因股东行使优先购买权而不能实现合同目的的，可以依法请求转让股东承担相应民事责任。"

侵害优先购买权是否影响股权转让合同的效力？对此，无法从《公司法》及《公司法解释（四）》得出明确的结论。在《九民纪要》出台前，司法实践中主要存在四种观点：

第一，无效：原《公司法》第71条属于效力性强制性规定，违反该条规定导致无效。例如,广东省韶关市中级人民法院在一案①中认为,股权转让方将股权转让给非股东时,未按照《公司法》(2018年修正)第71条第2款的规定将股权转让事项告知其他股东,亦未征求其他股东的同意,损害了其他股东的权益。依据《合同法》第52条的规定,原审认定当事人与非股东签订的合同无效,并无不当,予以维持。

第二,可撤销:被侵害优先购买权的股东,有权请求法院撤销股权转让合同。例如,北京市第一中级人民法院在一案②中认为,股权转让方未提供证据证明其已依法将股权转让事宜通知了公司其他股东,侵害了其他股东享有的知情权与优先购买权,故该份股东出资转让协议应为可撤销协议,其他股东有权在法定期限内请求人民法院撤销。

第三,效力待定:侵害股东优先购买权的,股权转让合同的效力待定,如果其他股东放弃优先购买权,则股权转让合同有效。例如,深圳市中级人民法院在一案③中认为,一审认定该约定存在侵犯其他股东优先购买权,属无效条款,适用法律错误。上述约定即使涉及其他股东的优先购买权问题,也属于效力待定的条款,并非当然无效。经审理查明,本案诉讼过程中,股权转让方向其他股东征询股权转让事宜,其他股东在指定期限乃至本案诉讼终结时均没有明确表示要行使优先购买权,应视为放弃该项权利。

第四,有效:股东优先购买权被侵害不否定股权转让合同的效力。例如,南京市秦淮区人民法院在一案④中认为,即使股权转让方未就案涉股权转让事宜告知其他股东,侵害了其他股东的优先购买权,但侵害股东的优先购买权并非违反效力性强制性规定,并不导致股权转让合同无效。

《九民纪要》采取前述第四种观点。即便存在侵害其他股东优先购买权的情形,如无其他影响合同效力的事由,股权转让合同应当认定为有效。《九民纪要》规定:"审判实践中,部分人民法院对公司法司法解释(四)第21条规定的理解存在偏差,往往以保护其他股东的优先购买权为由认定股权转让合同无效。

---

① 参见李启华与欧阳建新等合同纠纷案,韶关市中级人民法院民事判决书,(2018)粤02民终1551号。
② 参见朱国兴与王立英、刘博股权转让纠纷案,北京市第一中级人民法院民事判决书,(2012)一中民终字第10244号。
③ 参见深圳市丰泰瑞达实业有限公司、卢泽和股权转让纠纷案,深圳市中级人民法院民事判决书,(2019)粤03民终11594号。
④ 参见张芸与江苏省演艺集团有限公司等股权转让纠纷案,南京市秦淮区人民法院民事判决书,(2013)白商初字第231号。

准确理解该条规定,既要注意保护其他股东的优先购买权,也要注意保护股东以外的股权受让人的合法权益,正确认定有限责任公司的股东与股东以外的股权受让人订立的股权转让合同的效力。一方面,其他股东依法享有优先购买权,在其主张按照股权转让合同约定的同等条件购买股权的情况下,应当支持其诉讼请求,除非出现该条第1款规定的情形。另一方面,为保护股东以外的股权受让人的合法权益,股权转让合同如无其他影响合同效力的事由,应当认定有效。其他股东行使优先购买权的,虽然股东以外的股权受让人关于继续履行股权转让合同的请求不能得到支持,但不影响其依约请求转让股东承担相应的违约责任。"

主题案例:张立忠、柳莉与公司有关的纠纷案①

2011年8月,投资方与目标公司签订《增资扩股协议》,约定投资方以增资的方式,取得目标公司19.55%的股权。

同日,投资方与目标公司及实际控制人签订《增资扩股补充协议》。目标公司及实际控制人承诺:如果目标公司在投资方增资到位36个月内没有上市,投资方有权要求目标公司及实际控制人或其指定的主体回购投资方持有的目标公司全部或部分股权。

目标公司有包括实际控制人、投资方在内的30名股东。《公司章程》第16条规定:股东转让股份,应当经其他过半数股权的股东同意,其他过半数股权的股东不同意转让的,不同意的股东应当购买该转让的股权,不购买视为同意。第17条规定:经股东同意转让的股份,在同等条件下,其他股东有优先购买权,两个以上股东主张行使优先购买权的,协商确定各自的购买比例;协商不成的,按照转让时各自的出资比例行使优先购买权。

目标公司未如期上市,投资方提起诉讼,请求实际控制人回购股权。一审、二审法院支持了投资方的请求。

实际控制人申请再审称:《增资扩股补充协议》中关于实际控制人股权回购的约定未经股东会同意,侵害了其他股东的优先购买权,且违反《公司章程》第16条的规定,应认定为无效。

最高人民法院认为:

根据目标公司《公司章程》第16条的规定,股东不论是对内还是对外转让股权,均应当经其他过半数股权的股东同意。本案中,并无证据证明《增资扩股

---

① 参见最高人民法院民事裁定书,(2018)最高法民申908号。

补充协议》中关于实际控制人股权回购的约定经过股东会同意或者其他过半数股权的股东同意,《增资扩股补充协议》的上述约定侵害了其他股东的优先购买权。

但是,有限责任公司股东之间的股权回购协议系对将来转让股权的约定和安排,股东之间转让股权未损害公司以及其他债权人的利益,也未破坏有限责任公司的人合性,即便未召开股东会或者违反公司章程的规定,侵害了其他股东的优先购买权,在不存在《合同法》第52条规定的情形时,并不必然导致股权回购协议无效。且实际控制人亦未提交证据证明其他股东拟行使优先购买权。

故《增资扩股补充协议》中关于实际控制人回购投资方股权的约定是缔约双方的真实意思表示,没有损害目标公司及其债权人的利益,不违反法律法规的禁止性规定,应为合法有效,实际控制人该项申请再审理由不能成立。

本案中,各方约定如果目标公司未能如期上市,则投资方有权要求目标公司及实际控制人回购股权。目标公司的章程规定,无论是对内还是对外转让股权,应当经其他过半数股权的股东同意。因目标公司未能如期上市,投资方提起诉讼,请求判令实际控制人回购股权。

实际控制人辩称,对赌协议中的股权回购条款侵害了其他股东的优先购买权,应为无效。

最高人民法院认为,即便违反目标公司的章程、侵害其他股东的优先购买权,也不必然导致回购约定无效。该约定不存在《合同法》第52条规定的情形,合法有效。

其他案件中,法院亦认为,侵害股东优先购买权,并不导致合同无效。

最高人民法院在一案[①]中认为,"关于《产权交易合同》的效力与股东优先购买权的关系问题。《公司法解释四》第二十一条第一款、第二款规定……准确理解该条规定,既要注意保护其他股东的优先购买权,也要注意保护股东以外的股权受让人的合法权益,正确认定有限责任公司的股东与股东以外的股权受让人订立的股权转让合同的效力。一方面,其他股东依法享有优先购买权,在其主张按照股权转让合同约定的同等条件购买股权的情况下,应当支持其诉讼请求,除非出现该条第一款规定的超期行权情形。另一方面,为保护股东以外的股权受让人的合法权益,股权转让合同如无该条第一款规定的欺诈、恶意串通等影响合

---

① 参见河南中州铁路控股有限公司、山东海盾投资管理有限公司等股权转让纠纷案,最高人民法院民事判决书,(2020)最高法民终1253号。

同效力的事由,应当认定有效。其他股东行使优先购买权的,虽然股东以外的股权受让人关于继续履行股权转让合同的请求不能得到支持,但不影响其依约请求转让股东承担相应的违约责任。即股东优先购买权的行使与股权转让合同效力的认定并无必然关系。本案中,因不存在欺诈、恶意串通等影响《产权交易合同》效力的情形,一审判决关于中州控股公司股东优先购买权的法律救济并非以确认《产权交易合同》无效为前提的认定并无不当。综上所述,不管公司股东对外转让股权是否损害公司其他股东的优先购买权,股权转让合同本身若不存在合同法第五十二条规定的无效情形,均应认定合法有效"。

湖南省怀化市中级人民法院二审维持原判的一案①中,一审法院认为,"基于负担行为与处分行为的区分,处分行为无效不影响负担行为的效力,股权转让合同并不必然导致股权变动。即使认定股权转让协议有效,也并不必然对优先购买权产生实质性侵害,如果当事人主张行使优先购买权,该股权转让合同将难以实际履行,也就是说,股权转让的限制仅仅构成对股权物权性的限制,不会对股权转让合同的效力产生影响"。

广东省广州市中级人民法院在一案②中认为,"股东优先购买权的行使目的在于通过保障其他股东优先获得拟转让股份而维护公司内部信赖关系,因此,法律所要否定的是股东以外的股权受让人在同等条件下优先于公司其他股东取得公司股份的行为,而不是否定转让股东与股东以外的股权受让人之间订立的股权转让合同的效力。事实上,合同的效力亦是可以与权利变动的结果相区分的。因此,在股权转让协议本身不存在其他影响合同效力的事由、且转让股东和股东以外的股权受让人亦不存在恶意串通以损害其他股东优先购买权的情况下,股东向公司以外的受让方转让股份的协议效力应当得到肯定"。

湖北省武汉市中级人民法院在一案③中认为,关于案涉《股权转让协议书》的效力,《公司法》第 71 条并非效力性强制性规定,"案涉《股权转让协议书》在无《中华人民共和国合同法》第五十二条所规定的合同无效的情形下,即使违反上述法律规定与天证公司章程,也不必然导致无效。法律否定的是股东以外的股权受让人优于公司其他股东取得公司股权的行为,而不是转让股东于[与]公

---

① 参见樊燕、张安安合伙协议纠纷案,怀化市中级人民法院民事判决书,(2021)湘 12 民终 2106 号。
② 参见潘海志、郑捷股权转让纠纷案,广州市中级人民法院民事判决书,(2020)粤 01 民终 24122 号。
③ 参见董行、湖北泰华娱乐有限公司股权转让纠纷案,武汉市中级人民法院民事判决书,(2020)鄂 01 民终 10435 号。

司股东以外的股权受让人之间股权转让合同的效力。其二,基于负担行为与处分行为的区分,股权转让合同并不必然导致股权变动,即使认定没有满足天证公司其他股东优先购买权的《股权转让协议书》有效,也并不必然产生对其他股东优先购买权的实质侵害,亦即《中华人民共和国公司法》第七十一条对股权转让的限制仅仅构成对股权物权性的限制,不会对股权转让合同效力产生影响。其三,结合《全国法院民商事审判工作会议纪要》第9条规定,为保护股东以外的股权受让人的合法权益,股权转让合同如无其他影响合同效力的事由,应当认定有效"。

北京市朝阳区人民法院在一案①中认为,"从山东青云的股权结构来看,张东坡并不持有山东青云的股权,因此张东坡主张双方签署的《回购协议》违反了《中华人民共和国公司法》第71条的规定,应属无效,本院认为该条规定并非强制性的效力规定,因此没有获得其他股东过半数的同意,并不会直接导致股权转让合同无效的后果,但可能会因其他股东要行使优先购买权而导致合同无法履行。除非《回购协议》存在《中华人民共和国合同法》第52条规定的情形,但从合同的签署和相应对价约定来看,也不存在恶意串通,损害第三人利益的情形,因此张东坡关于《回购协议》无效的意见不能成立"。

◆ 小结与建议

侵害其他股东优先购买权本身并不导致股权回购条款或《股权回购协议》无效。

投资方:从避免纠纷的角度出发,如果回购股权的主体并非目标公司股东,签订《股权回购协议》或发送回购通知时,建议向其他股东发函告知股权转让的数量、价格、支付方式和期限等事项。

创始人方:侵害股东优先购买权并不导致股权回购条款或《股权回购协议》无效,《九民纪要》出台前可能成立的抗辩如今已难以被支持。

---

① 参见北京青云盛世科技中心(有限合伙)与张东坡股权转让纠纷案,北京市朝阳区人民法院民事判决书,(2021)京0105民初27700号。

7.4 未就股权转让通知其他股东,《股权回购协议》能否实际履行?

如问题 7.3 所述,侵害股东优先购买权并不影响《股权回购协议》的效力。但正如《九民纪要》认可目标公司与投资方对赌的效力,却未必支持投资方要求目标公司回购股权的请求,认可合同效力是一回事,判决履行是另一回事。就股权转让事项应当通知却未通知其他股东的,法院会支持投资方要求对赌义务人履行《股权回购协议》的主张吗?

优先购买权受侵害的股东,有权在规定的期限内主张以同等条件购买该转让股权。《公司法解释(四)》第 21 条规定:"有限责任公司的股东向股东以外的人转让股权,未就其股权转让事项征求其他股东意见,或者以欺诈、恶意串通等手段,损害其他股东优先购买权,其他股东主张按照同等条件购买该转让股权的,人民法院应当予以支持,但其他股东自知道或者应当知道行使优先购买权的同等条件之日起三十日内没有主张,或者自股权变更登记之日起超过一年的除外。前款规定的其他股东仅提出确认股权转让合同及股权变动效力等请求,未同时主张按照同等条件购买转让股权的,人民法院不予支持,但其他股东非因自身原因导致无法行使优先购买权,请求损害赔偿的除外。股东以外的股权受让人,因股东行使优先购买权而不能实现合同目的的,可以依法请求转让股东承担相应民事责任。"

如果其他股东主张按同等条件购买被转让的股权,则《股权转让协议》不能实际履行。

湖北省武汉市中级人民法院审理的一案[①]中,受让方依据《股权转让协议书》提起诉讼,请求判令转让方及目标公司将股权转让给受让方并配合办理变更手续。该院认为,"案涉《股权转让协议书》并未违反法律、行政法规的效力性强制性规定,应为合法、有效……关于案涉《股权转让协议书》是否能够继续履行……鉴于天证公司其他股东钟新民已主张行使优先购买权,故案涉《股权转让协议书》已不能实际履行……对董行关于泰华公司应向其转让泰华公司拥有的天证公司 33.33%股权的诉讼请求不予支持"。

---

① 参见董行、湖北泰华娱乐有限公司股权转让纠纷案,武汉市中级人民法院民事判决书,(2020)鄂 01 民终 10435 号。

广东省深圳市中级人民法院在一案①中认为,"物资集团与城投公司之间的《股权转让协议书》属于股东向全体股东以外的人转让股权的情形,依法应当履行上述程序。而目前案涉股权转让未经其他股东过半数同意且建材设备公司的其他股东作为第三人亦在本案中对案涉股权主张了优先购买权,故该股权转让协议未履行法定及公司章程规定的程序,尚不符合实际履行的条件,物资集团、城投公司的主张不能成立"。

山东省青岛市中级人民法院在一案②中认为,"当公司其他股东在合理期限内主张优先购买权时,只产生股权转让合同不能实际履行的后果,受让人不能按股权转让合同的约定受让股权成为公司股东,但不影响股权转让合同的效力"。

未就股权转让事项通知其他股东且其他股东未主张行使优先购买权的,法院会支持投资方履行回购协议的主张吗?

主题案例:冯鑫等与天津平禄电子商务有限公司合同纠纷案③

2016年9月,投资方与实际控制人(非股东)签订《回购协议》,约定如果出现暴风集团(目标公司股东之一)股权市值低于10亿元等情形,投资方有权要求实际控制人回购目标公司的股权。

目标公司章程约定,"股东向股东以外的人转让股权,应当经其他股东三分之二及以上同意。股东应就其股权转让事项书面通知其他股东征求意见,其他股东自接到书面通知之日起满三十天未答复的,视为同意转让。其他股东半数以上不同意转让的,不同意的股东应当购买该转让的股权,不购买的,视为同意转让。经股东同意转让的股权,在同等条件下,其他股东有优先购买权"。

由于股权回购条款触发,投资方提起诉讼,请求之一为判令实际控制人支付股权回购款。

实际控制人辩称其并非目标公司股东,投资方在未就其股权转让事项书面通知目标公司其他股东并征求同意的情况下,直接起诉实际控制人要求其受让股权并支付价款不符合法律规定。

北京市第三中级人民法院认为:

---

① 参见深圳市物资集团有限公司与深圳市建材设备有限公司与公司有关的纠纷案,深圳市中级人民法院民事判决书,(2019)粤03民终10254号。

② 参见万君娣、王勇等股权转让纠纷案,青岛市中级人民法院民事判决书,(2022)鲁02民再127号。

③ 参见北京市第三中级人民法院民事判决书,(2019)京03民终8116号。

7.4 未就股权转让通知其他股东,《股权回购协议》能否实际履行?

本案中,关于对股东向股东以外的人转让股权,目标公司章程约定的事项与《公司法》一致。在一审审理过程中,投资方已按照《公司法》及公司章程的约定,分别以电子邮件、EMS邮寄方式向目标公司的其他股东发送了《关于转让股权的通知》,告知其他股东股权转让事宜并限期30日答复。如今,30日期限已过,目标公司其他股东均未答复,应视为其同意股权转让事宜。故投资方要求向实际控制人转让其股权的请求,已满足《公司法》及目标公司章程规定的程序性要求,符合法律和双方合同约定。一审法院判决实际控制人向投资方给付股权回购款,处理正确,本院予以维持。

本案中,负有股权回购义务的实际控制人并非目标公司股东。针对投资方提起的回购请求,实际控制人辩称投资方未就股权回购事宜征求其他股东的同意,不符合法律规定。

一审程序中,投资方向目标公司其他股东发出股权转让的通知,其他股东均未在法律规定的30日内回购。法院认为投资方的主张符合法律规定,《回购协议》应予履行,实际控制人应向投资方给付股权回购款。

本案投资方在诉讼程序中履行了《公司法》规定的征求其他股东同意的法定程序,避开了可能侵害目标公司其他股东优先购买权的问题。该等做法值得借鉴。实际上,考虑到对赌条款约定的股权回购价款金额不低,其他股东愿意以同等条件购买的可能性并不高。

但如果投资方始终没有向目标公司的其他股东发出征求同意的函件,法院会支持实际控制人的抗辩吗?

较多案件中法院认为,只要没有证据显示其他股东主张优先回购权,则判决履行《股权转让协议》。

广东省深圳市中级人民法院在一案[①]中认为,"股东未经其他股东过半数同意而向股东以外的人转让股权,并非直接导致股权转让合同无效,而是可能会因其他股东主张行使优先购买权致使股权转让合同无法实际履行,并且,从公平保护各方利益的角度出发,主张行使优先购买权的其他股东须自知道或者应当知道行使优先购买权的同等条件之日起三十日内、自股权变更登记之日起一年内主张以同等条件购买。因此,在没有其他股东在本案中主张行使优先购买权的情况下,一审法院主动依职权评判股权转让合同效力并以合同能否实际履行处

---

① 参见姜哲、李玉香等股权转让纠纷案,深圳市中级人民法院民事裁定书,(2021)粤03民终9258号。

于不确定状态为由驳回姜哲的诉讼请求,属适用法律错误"。

广东省深圳市中级人民法院二审维持原判的一案①中,一审法院认为,"关于黄应琼主张的霍秀海未征求其他股东意见问题。如前所述,协议签订后,黄应琼未要求过履行合同,霍秀海履行相关义务的期限尚未确定。目前也并无股东明确表示主张优先购买权,即使霍秀海尚未征求其他股东意见,也不能据此推定在履行期限届满前霍秀海不能履行相关义务。如果在合同履行过程中,出现霍秀海未履行通知义务或其他股东主张优先购买权等致使合同无法继续履行的情形,黄应琼可再向霍秀海主张权利"。

向股东之外的主体转让股权,并不必然要求另行通知其他股东股权转让事项。如果含有股权回购内容的投资协议已由全部股东签署,便已达到通知其他股东的目的。例如,江西省高级人民法院在一案②中认为,"《补充协议》签订的主体是投资方甄投中心、目标公司、运货柜公司的全体股东及案外人任涛,该协议中关于'若运货柜公司无法履行回购义务时,任涛承担无条件的全额连带回购责任'的约定是得到了运货柜公司全体股东认可的,且一审诉讼中甄投中心亦向全部股东发出了是否行使优先购买权的函,有的股东放弃有的未回复,根据法律规定此时任涛行使股权回购并不存在法律上的障碍"。

◆ 小结与建议

投资方:如果股权回购义务人不是目标公司股东,建议及时按照《公司法》第84条的规定,将股权转让的数量、价格、支付方式和期限等事项书面通知其他股东。

创始人方:鉴于《公司法》第84条明确规定了其他股东视为放弃优先购买权的情形,创始人方提出的优先购买权抗辩,难以达到免予支付回购款的目的。

---

① 参见黄应琼、霍秀海股权转让纠纷案,深圳市中级人民法院民事判决书,(2019)粤03民终27146号。

② 参见任涛、新余甄投云联成长投资管理中心合伙协议纠纷案,江西省高级人民法院民事判决书,(2020)赣民终297号。

7.5 投资方与目标公司签订回购协议，就可以规避减资程序吗？

投资方基于对赌协议向目标公司主张股权回购的，法院应审查目标公司是否完成减资程序，如未完成则不予支持。但完成减资应履行召开股东会、公告债权人等程序，步骤繁琐还需其他股东配合。投资方可否通过其他途径直接合法地从目标公司取回投资款？

投资方依据对赌协议向目标公司主张股权回购款的，如果目标公司未履行减资程序，投资方的请求应予驳回。《九民纪要》规定："投资方与目标公司订立的'对赌协议'在不存在法定无效事由的情况下，目标公司仅以存在股权回购或者金钱补偿约定为由，主张'对赌协议'无效的，人民法院不予支持，但投资方主张实际履行的，人民法院应当审查是否符合公司法关于'股东不得抽逃出资'及股份回购的强制性规定，判决是否支持其诉讼请求。投资方请求目标公司回购股权的，人民法院应当依据《公司法》第35条关于'股东不得抽逃出资'或者第142条关于股份回购的强制性规定进行审查。经审查，目标公司未完成减资程序的，人民法院应当驳回其诉讼请求。"

如果投资方向目标公司主张股权回购款的依据不是对赌协议，而是《股权回购协议》，法院还要审查目标公司的减资情况吗？股权回购条款触发后，不少投资方会与目标公司达成《股权回购协议》，或取得目标公司单方出具的还款承诺，约定目标公司应在一定期限内回购投资方的股权。投资方主张股权回购款的依据不同，法院的处理结果会不同吗？

主题案例：彭仁香、张晨翔等合同纠纷案①

2015年1月6日，投资方与目标公司签订《股权投资协议书》，约定投资方投资100万元。

同日，投资方与原股东签订《股权投资补充协议书》，约定：签订本协议3年内，如目标公司未能在新三板挂牌上市交易，经投资方提出申请可以退出投资，原股东承诺以年化收益率12%回购投资方全部股权。

2018年2月1日，投资方与目标公司签订《股权回购合同》，约定：目标公司

---

① 参见广州市中级人民法院民事判决书，(2021)粤01民终6009号。

同意回购投资方的股份。自2018年4月起,目标公司每月30日前支付16万元,最后一期支付12万元,最迟于2018年12月30日前全部支付完毕。股权回购价款全部支付完毕后,投资方注销股权并到工商、税务部门进行备案。

投资方提起诉讼,请求判令目标公司向其支付股权回购款等。

投资方认为:根据《股权回购合同》的约定,支付股权回购款是前提条件,注销股权,到工商、税务部门备案是附随义务,而非相反履行顺序。而且,对投资方的股权回购经过了法定程序要求的股东大会同意。

广东省广州市中级人民法院认为:

关于《股权投资协议书》《股权投资补充协议书》及《股权回购合同》的效力,在履行方式满足保护公司和债权人利益的前提下,关于股权回购和金钱补偿的约定本身并不存在《合同法》第52条规定的无效事由。目标公司主张上述协议因违反《公司法》第20条、第142条的规定而无效,理据不足,本院不予支持。

《股权回购合同》约定由目标公司先支付回购价款再"注销股权",但目标公司向股东回购股份、支付回购价款,将影响目标公司注册资本,进而影响目标公司外部债权人的利益,只有在公司债权人利益得到保护之后,作为公司股东的投资方请求目标公司回购股份才具有正当性,而保护债权人利益的方式即为依据公司法的规定履行减少注册资本程序。

据此,在目标公司没有履行减资程序以保护债权人利益的情况下,投资方主张目标公司支付回购价款,本院不予支持。

本案中,合同约定如果目标公司未能如期上市,则原股东应回购投资方的股权。因目标公司未能上市,投资方与目标公司签订《股权回购合同》,约定由目标公司回购股权,之后再办理股权注销。投资方提起诉讼,请求判令目标公司支付股权回购款。

法院认为,《股权回购合同》不存在无效事由,合法有效,但其关于先行回购股权的约定影响目标公司债权人的利益。只有在先减资、保护债权人利益后,目标公司再回购股东股权才具有正当性。因目标公司尚未履行减资程序,故不支持投资方关于股权回购的请求。

其他案件中法院亦认为,只要股东向公司主张返还出资,无论其主张的依据是否为对赌协议,均应先行完成减资程序,否则不支持股东要求公司支付股权回购款的主张。

北京市高级人民法院在一案①中认为,"星烁公司在未完成必要的减资程序之前,汇信广瑞中心请求星烁公司履行股份回购义务无法得到人民法院的支持,当然也无法依据《还款承诺函》向星烁公司主张支付回购价款及利息"。

广东省深圳市中级人民法院在一案②中认为,"上诉人卓尔教育公司回购被上诉人易亮持有的公司股权,应先履行减资程序,现上诉人卓尔教育公司未履行减资程序,《股份退出意向书》并不具备履行条件,被上诉人易亮主张上诉人卓尔教育公司支付股权回购款 250000 元,不符合法定要求,应予以驳回。一审判决上诉人卓尔教育公司支付易亮股份回购款 250000 元,处理有误,本院予以纠正"。

山西省长治市中级人民法院在一案③中认为,"案涉《退股协议》虽明确约定了由晋煜杰公司回购杨浩的股权,但在晋煜杰公司未完成减资程序的情况下,杨浩要求履行退股协议将直接造成不当减少公司资产、损害债权人合法利益,为保证公司资本维持",原审驳回支付回购款的请求的认定并无不当。

此外,投资方规避减资程序的其他方式,如以公司向投资方提供的借款抵销投资方的投资款,或将出资款的性质转为借款,法院均不予支持。

例如,最高人民法院在一案④中认为,"原审法院认为公司减资有严格的条件和程序,张德军未举证证明公司股东会已形成减资决议或各投资人之间就减资或退回投资款达成一致意见,公司账目上对抵销事实未有明确记载,张德军向爱依公司出具的《借据》中也未体现通过借款方式对投资款进行抵销的内容,原审法院认为张德军主张案涉 4000 万元债务已经抵销的理由不能成立,有事实和法律依据"。

浙江省温州市中级人民法院在一案⑤中认为,"虽然佰金小贷公司 2015 年 9 月 8 日的股东大会作出了'在本公司股东所担保的贷款金额将作为抵扣减资或撤资退回股本金额度'的相关决议,但根据公司资本维持原则,公司的减资、撤

---

① 参见安凤占等与王明光等股权转让纠纷案,北京市高级人民法院民事判决书,(2019)京民终 154 号。
② 参见深圳卓尔教育科技有限公司、易亮请求公司收购股份纠纷案,深圳市中级人民法院民事判决书,(2021)粤 03 民终 349 号。
③ 参见杨浩与山西晋煜杰信息技术服务有限公司、王晟洁合同纠纷案,长治市中级人民法院民事判决书,(2020)晋 04 民终 2550 号。
④ 参见张德军与江西爱依投资有限公司借款合同纠纷案,最高人民法院民事裁定书,(2021)最高法民申 3774 号。
⑤ 参见杨斌斌、杨道吾借款合同纠纷案,温州市中级人民法院民事判决书,(2018)浙 03 民终 3541 号。

资需要按照法律规定的流程办理相应的手续,至今佰金小贷公司并未办理相应的减资、撤资手续,因此,杨斌斌、杨道吾、陈珊珊主张涉案借款已作为股本金抵扣,本案债权债务已经消灭的上诉理由不能成立"。

四川省成都市中级人民法院在一案①中认为,"《增资协议》解除,瑞昊企业是否已由股东转变为债权人身份,无声公司应否退款的问题……瑞昊企业与无声公司协议将出资款转化为借款返还,实质上等同于股东未经法定程序任意抽回出资,将造成公司资产的不当减少,显然有违公司资本的确定、维持和不变原则,直接影响公司的经营能力和债权人利益保护。因此,在瑞昊企业的出资已转化为公司资本的情况下,应按照《公司法》的特别规定执行。现本案双方虽均确认协议解除,但未经法定的减资程序或者约定股权转让、股权回购等方式退出,瑞昊企业仍系无声公司股东,其主张已由股东转化为普通债权人的身份并要求返还款项不符合《公司法》的规定,其主张不应得到支持"。

如果目标公司在未减资的情况下已回购股东股权,目标公司有权要求股东返还该等款项。例如,云南省大理白族自治州中级人民法院二审维持原判的一案②中,一审法院认为,王珏依据公司减资协议"已从三农公司退回出资250000元,但该减资行为未经法定程序进行(经股东会决议、编制资产负债表及财产清单、通知债权人并刊登公告等),损害公司权益,现三农公司反诉请求其返还该250000元及相应利息,依法应予支持"。

只有在公司已履行减资程序的情况下,法院才可能支持公司返还股东投资款的主张。例如,江苏省南通市中级人民法院在一案③中认为,"原审法院根据张广东提供的东坤公司股东会议决议、减资公告等证据确认张广东退股的事实,还根据张广东提供的债务清偿或提供担保责任书和东坤公司同意分期退还张广东出资款,但在承诺期限内该公司已连续两期未支付的事实,支持张广东主张的东坤公司承担返还全部40万元投资款及利息符合法律规定"。

---

① 参见深圳瑞昊投资发展合伙企业、四川无声信息技术有限公司合同纠纷案,成都市中级人民法院民事判决书,(2021)川01民再14号。
② 参见王珏、云南三农传媒有限公司合同纠纷案,云南省大理白族自治州中级人民法院民事判决书,(2020)云29民终1680号。
③ 参见张广东与南通东坤电力设备有限公司、张燕等退伙纠纷案,南通市中级人民法院民事裁定书,(2018)苏06民申274号。

7.5 投资方与目标公司签订回购协议,就可以规避减资程序吗?

◆◆ **小结与建议**

投资方:无论投资方主张的依据是否为对赌协议,只要涉及目标公司回购自身股权的问题,均应适用《公司法》的规定。《股权回购协议》或《还款函》等形式,都不能规避减资程序的前置性要求。

创始人方:如果先前约定的对赌义务人为原股东,对赌条款触发后,建议签订《股权回购协议》时,争取将对赌义务人变更为目标公司。在未履行减资程序的情况下,目标公司无须向投资方支付回购款,即便目标公司已实际支付回购款,也可判决投资方返还该等款项。

八、诉讼或仲裁阶段

8.1 《补充协议》未约定管辖的，受《增资协议》中仲裁条款的约束吗？

对赌案件通常涉及多份合同，如果《增资协议》或《股权转让协议》等主合同含有仲裁条款，而含有对赌条款的《补充协议》没有约定管辖，对赌双方可否将《补充协议》引起的争议依据主合同的约定提起仲裁？

自愿原则是仲裁制度的基石。当事人达成仲裁协议，是仲裁委员会受理案件的前提。《仲裁法》第4条规定："当事人采用仲裁方式解决纠纷，应当双方自愿，达成仲裁协议。没有仲裁协议，一方申请仲裁的，仲裁委员会不予受理。"

根据我国法律规定，仲裁协议应采取书面形式，包含请求仲裁的意思表示、仲裁事项及选定的仲裁委员会。《仲裁法》第16条规定："仲裁协议包括合同中订立的仲裁条款和以其他书面方式在纠纷发生前或者纠纷发生后达成的请求仲裁的协议。仲裁协议应当具有下列内容：（一）请求仲裁的意思表示；（二）仲裁事项；（三）选定的仲裁委员会。"

如果没有仲裁协议或裁决的事项不属于仲裁协议的范围，则仲裁委员会无权仲裁，超裁的部分存在被撤销的风险。《仲裁法》第58条规定："当事人提出证据证明裁决有下列情形之一的，可以向仲裁委员会所在地的中级人民法院申请撤销裁决：（一）没有仲裁协议的；（二）裁决的事项不属于仲裁协议的范围或者仲裁委员会无权仲裁的……"

可否据此认为，对于没有约定管辖且当事人之后也未达成仲裁条款的合同引起的争议，一定不能提交仲裁机构解决？

答案是否定的。如果该合同是无法独立存在、必须依附于主合同的补充合同，而主合同又含有仲裁条款，则补充合同受主合同中仲裁条款的约束。在一个公报案例①中，最高人民法院认为，"关于主合同约定的争议解决方式是仲裁，补充协议没有约定争议解决方式，仲裁机构是否可对主合同和补充协议一并进行仲裁的问题。本院认为，当事人自愿达成合法有效协议或仲裁条款选定仲裁机构解决其争议纠纷，是采用仲裁方式解决争议纠纷的前提。如果当事人没有约定其争议纠纷由仲裁机构解决，通常情况下，仲裁机构无权对该争议纠纷予以仲

---

① 参见湖南华厦建筑有限责任公司与常德工艺美术学校不服执行裁定案，最高人民法院执行裁定书，（2015）执申字第33号。

裁。但存在主合同与补充协议的情形时,当事人在主合同中约定其争议纠纷由仲裁机构解决,对于没有约定争议纠纷解决方式的补充协议可否适用该约定,其关键在于主合同与补充协议之间是否具有可分性。如果主合同与补充协议之间是相互独立且可分,那么,在没有特别约定的情况下,对于两个完全独立且可分的合同或协议,其争议解决方式应按合同或补充协议约定处理。如果补充协议是对主合同内容的补充,必须依附于主合同,而不能独立于主合同存在,那么,主合同所约定的争议解决条款也适用于补充协议"。

主题案例:中驰车福互联科技(北京)有限公司等与深圳市金丰创富控股有限公司申请撤销仲裁裁决案[①]

2017年9月7日,投资方与原股东签订《增资扩股及股权回购协议》,约定"因履行本协议出现争议的,各方应通过友好协商解决,协商不成的,应提交北京仲裁委员会按照该会届时有效的仲裁规则进行仲裁"。

2018年1月25日,投资方与目标公司及原股东签订《补充协议》,约定原股东与投资方已于2017年9月7日共同签署了《增资扩股及股权回购协议》(以下简称"原协议"),各方拟就投资方对目标公司增资扩股及股权回购事宜进行补充约定。原协议项下其余未修改之约定仍然有效,对各方具有法律约束力。补充协议为原协议不可分割的部分,与原协议具有同等法律效力。

投资方向北京仲裁委员会提起仲裁,仲裁请求包括原股东回购股权、支付股权回购款及利息,目标公司依约向投资方提供财务报表等。

仲裁程序中,目标公司向北京仲裁委员会提交了管辖异议申请,认为目标公司与投资方签署的《补充协议》并未对管辖进行约定。

仲裁庭认为,当事人在主合同中约定其争议纠纷由仲裁机构解决,对于没有约定争议纠纷解决方式的补充协议是否适用主合同关于纠纷解决的约定,关键在于主合同与补充协议之间是否具有可分性,如果补充协议仅是对主合同内容的补充,依附于主合同,而不能独立于主合同存在,则主合同所约定的争议解决条款也适用于补充协议。该仲裁案件中,补充协议是对原股东对于投资方持有的目标公司的股权回购义务与责任的补充和细化,且补充协议亦明确约定其为案涉股权回购协议不可分割的部分。因此,仲裁庭认为,尽管补充协议未明确约定争议解决条款,本案股权回购协议中的争议解决条款也应当适用于补充协

[①] 参见北京市第四中级人民法院民事裁定书,(2019)京04民特576号。

8.1 《补充协议》未约定管辖的,受《增资协议》中仲裁条款的约束吗?

议,即北京仲裁委员会对于补充协议项下的纠纷有管辖权。

北京仲裁委员会作出(2019)京仲裁字第1925号裁决书,裁决原股东回购投资方持有的目标公司的全部股权、支付股权回购款及利息,驳回其他仲裁请求。

原股东及目标公司请求法院撤销涉案裁决,理由是目标公司与投资方未达成有效的仲裁协议,仲裁庭无权管辖。投资方系依据《增资扩股及股权回购协议》中约定的仲裁条款对目标公司申请仲裁,但目标公司并非《增资扩股及股权回购协议》的当事方,该仲裁条款对目标公司无效。《补充协议》与《增资扩股及股权回购协议》是完全独立、可分的两份协议,《增资扩股及股权回购协议》中的仲裁条款不能及于《补充协议》。

北京市第四中级人民法院认为:

本案是当事人申请撤销国内仲裁裁决案件,应依据《仲裁法》第58条的规定,对本案进行审查。

当事人在主合同中约定其争议纠纷由仲裁机构解决,对于没有约定争议纠纷解决方式的补充协议是否适用于主合同关于纠纷解决的约定,关键在于主合同与补充协议之间是否具有可分性,如果补充协议仅是对主合同内容的补充,依附于主合同,而不能独立于主合同存在,则主合同所约定的争议解决条款也适用于补充协议。

本案中,原股东与投资方于2017年9月签订《增资扩股及股权回购协议》,约定了因履行本协议出现争议,应提交北京仲裁委员会解决的仲裁条款,而根据原股东、投资方、目标公司于2018年1月25日签订的《补充协议》,无论是从名称还是内容均可以看出,该《补充协议》系三方对2017年9月签订的《增资扩股及股权回购协议》中投资方对目标公司增资扩股及股权回购事宜进行的补充约定,且该《补充协议》明确载明,《增资扩股及股权回购协议》项下其余未修改之约定仍然有效,对各方具有法律约束力;《补充协议》为《增资扩股及股权回购协议》不可分割的部分。

由此可见,《补充协议》与《增资扩股及股权回购协议》具有不可分性,且《补充协议》是对《增资扩股及股权回购协议》的补充与细化,不涉及变更原有争议解决方式,也未约定新的争议解决方式。《补充协议》与《增资扩股及股权回购协议》作为一个合同整体,《增资扩股及股权回购协议》中的仲裁条款对《补充协议》中的各方当事人具有法律效力,北京仲裁委员会对于当事人各方针对案涉合同项下争议提起的仲裁申请有权进行裁决。

本案中,投资方与原股东两方签订的主合同《增资扩股及股权回购协议》

含有仲裁条款,而投资方与原股东及目标公司三方签订的《补充协议》没有约定争议解决条款,但载明其为主合同不可分割的部分,主合同未修改的部分对各方均有约束力。股权回购条款触发后,投资方针对原股东及目标公司提起仲裁。

目标公司辩称,其并非主合同的签订方,其签署的《补充协议》未约定仲裁条款,主合同中的仲裁条款对其无效,不及于《补充协议》。

本案法院认为,如果《补充协议》是对主合同的补充,依附于主合同,则主合同的争议解决条款对补充协议有约束力。本案中,无论是《补充协议》的标题还是内容,均为对《增资扩股及股权回购协议》的细化,且《补充协议》明确约定其为《增资扩股及股权回购协议》不可分割的一部分。因此,《增资扩股及股权回购协议》约定的仲裁条款对《补充协议》具有约束力。

在其他对赌案件中,法院亦认为,对主协议起补充完善作用且未约定管辖的补充协议,依附于主合同,受主合同仲裁条款的约束。

北京市第四中级人民法院在一案[①]中认为,"《最高人民法院关于适用〈中华人民共和国仲裁法〉若干问题的解释》第二条规定,当事人概括约定仲裁事项为合同争议的,基于合同成立、效力、变更、转让、履行、违约责任、解释、解除等产生的纠纷都可以认定为仲裁事项。《补充协议》的内容属于双方对于《投资协议》内容的补充和完善,二者内容密切相关,《补充协议》的内容不能独立于《投资协议》的内容而单独存在,双方亦未明确排除《投资协议》中的仲裁条款的适用,故此,此部分争议的解决属于《投资协议》中的约定的仲裁协议范围,北仲对该案有管辖权"。

北京市第四中级人民法院审理的一案[②]中,"陈九霖认为涉案三份协议为独立协议,《补充协议》并无仲裁条款。其又并非《增资协议》《股权转让协议书》的合同相对方,故两份协议中的仲裁条款不能及于《补充协议》"。该院认为,"《增资协议》的签字页上显示有陈九霖的签字。而《补充协议》载明居然之家与陈九霖、陈久红、兰德伟业及约瑟投资其他股东一起签订了《增资协议》,陈九霖作为《补充协议》的签订方应该知晓且认可该内容……仅基于此,陈九霖和居然之家之间就存在合法有效的仲裁协议","三份协议签订时间均为2015年8月

---

① 参见周建芳与北京天星晨曦投资中心(有限合伙)申请撤销仲裁裁决案,北京市第四中级人民法院民事裁定书,(2021)京04民特282号。

② 参见陈九霖与北京居然之家投资控股集团有限公司申请确认仲裁协议效力案,北京市第四中级人民法院民事裁定书,(2023)京04民特140号。

27日,约定的内容包括居然之家通过增资认购、股权受让方式获得约瑟投资的部分股权,为保证居然之家的基本权益,达到约定的条件时,陈九霖、陈久红、兰德伟业三方回购居然之家持有的约瑟投资的相应股权。据此,三份协议的联系紧密,《补充协议》并非一份独立的协议,需与另外两份协议一并审查,三份协议可以视为一个完整的意思表示,故《增资协议》《股权转让协议书》中的仲裁条款亦可适用于《补充协议》"。

四川省成都市中级人民法院在一案①中认为,"本案争议的焦点为《股权转让协议》、《增资协议》中约定的仲裁条款对《补充协议》是否具有约束力。对此本院认为,首先,根据上述三份合同条款的表述,上述三份合同之间相互关联,虽然各合同文本约定事项不一致,但《补充协议》的约定事项系基于《股权转让协议》、《增资协议》的订立和履行为前提。其并非独立于《股权转让协议》、《增资协议》而存在,其系对《股权转让协议》、《增资协议》的补充。《股权转让协议》、《增资协议》中的仲裁条款适用于《补充协议》"。

此外,不少《补充协议》含有"本协议未规定的事宜适用《增资协议》规定"的内容,该等约定不但表明《补充协议》未规定的争议解决方式应适用《增资协议》,还体现出《补充协议》与《增资协议》之间的不可分性。因此,有的法院依据该约定,即认为《补充协议》受《增资协议》仲裁条款的约束。

北京市第四中级人民法院在一案②中认为,《补充协议》无争议解决方式的约定,至于《补充协议》是否适用《增资协议》中的争议解决方式则需要审查两份协议是否存在不可分性,而审查的基础是对二协议具体条款的查明、认定。《补充协议》第4.2条约定,其他本补充协议未规定的有关的事宜,适用增资协议的规定;第4.5条约定,增资协议和本补充协议构成各方之间就本次增资扩股所达成的完全合意。增资协议和本补充协议签署前存在的、或与本补充协议相矛盾或抵触的一切合意均应以本协议优先执行。本补充协议与增资协议存在冲突和不一致之处,以本补充协议为准。根据上述约定,争议解决方式作为"本补充协议未规定的有关的事宜"应该"适用增资协议",同时仍是根据上述约定,《补充协议》及《增资协议》均为增资扩股各方达成的"完全合意",两份协议作为增资扩股各方合意的总体呈现,密不可分、无法独立存在,因

---

① 参见四川新力实业集团有限公司、成都创新风险投资有限公司申请确认仲裁协议效力案,成都市中级人民法院民事裁定书,(2017)川01民特433号。
② 参见韩后化妆品股份有限公司等与南通衡麓泰富投资中心(有限合伙)申请撤销仲裁裁决案,北京市第四中级人民法院民事裁定书,(2020)京04民特328号。

此,王国安等认为《补充协议》无仲裁协议,不应由仲裁委管辖的理由不能成立,不予支持。

北京市第四中级人民法院在另一案①中认为,"虽然《补充协议》中未约定仲裁条款,但约定该补充协议未约定的,仍以《事宜协议》为准,因此《事宜协议》的仲裁条款对拓达公司具有约束力,因此拓达公司与三被申请人因《事宜协议》《补充协议》产生的争议受《事宜协议》中仲裁条款的约束"。

北京市第四中级人民法院在一案②中认为,"《补充协议》中虽未明确约定仲裁条款,但《补充协议》中明确约定各方同意继续履行原协议,补充协议未约定或约定不明的,按原协议约定履行。据此,应当认定《补充协议》虽未重新约定争议管辖方式,但其作为《股权转让协议》的补充协议,二者密不可分,仍适用《股权转让协议》的仲裁条款管辖"。

广东省广州市中级人民法院在一案③中认为,《湖南贵之步工贸有限公司增资协议之补充协议》是对《湖南贵之步工贸有限公司增资协议》的补充约定,二者均是针对湖南贵之步工贸有限公司增资一事,为不可分割的有机整体。并且,《湖南贵之步工贸有限公司增资协议之补充协议》也明确约定,"本补充协议没有涉及的事项,仍按照《湖南贵之步工贸有限公司增资协议》执行"。显然,该补充协议的争议解决也适用《湖南贵之步工贸有限公司增资协议》约定的仲裁条款。因此,广州仲裁委在审理李一婕的仲裁申请时,以该《湖南贵之步工贸有限公司增资协议之补充协议》作为仲裁依据并无不当。

◆ 小结与建议

如果《补充协议》依附于《增资协议》等主合同,则未约定管辖的《补充协议》受《增资协议》中仲裁条款(如有)的约束。

投资方:由于投资方通常是法律程序的启动者,为避免程序因管辖的原因被拖延,建议每一份协议均明确管辖,并确保各协议的管辖条款一致。

---

① 参见阿拉尔市拓达伟业智能科技发展有限公司与李艳等申请撤销仲裁裁决案,北京市第四中级人民法院民事裁定书,(2022)京04民特439号。

② 参见刘峰与北京众旺达汽车租赁有限公司等申请确认仲裁协议效力案,北京市第四中级人民法院民事裁定书,(2020)京04民特339号。

③ 参见郑靖、李一婕申请撤销仲裁裁决案,广州市中级人民法院民事裁定书,(2018)粤01民特358号。

8.1 《补充协议》未约定管辖的,受《增资协议》中仲裁条款的约束吗?

创始人方:对于主合同约定仲裁条款而补充协议未约定管辖的,如果补充协议并非对主合同的完善或变更,二者在主体、内容、权利义务方面完全独立,则创始人方提出的补充协议不受主合同仲裁条款约束的管辖异议可能被支持。

8.2 其他对赌义务人是否为必要共同诉讼人？

约定多位对赌义务人的,对赌条款触发后,投资方可能仅起诉部分对赌义务人。对于一审法院支持投资方请求的,被起诉的对赌义务人可能上诉称,未被起诉的对赌义务人属于必要共同诉讼人,一审程序遗漏当事人,原审判决应予撤销。该等主张成立吗？

共同诉讼分为普通共同诉讼和必要共同诉讼。《民事诉讼法》第 55 条第 1 款规定:"当事人一方或者双方为二人以上,其诉讼标的是共同的,或者诉讼标的是同一种类、人民法院认为可以合并审理并经当事人同意的,为共同诉讼。"

普通共同诉讼是指当事人一方或双方为二人以上,其诉讼标的属于同一种类,人民法院认为可以合并审理,并经当事人同意而共同进行的诉讼。① 普通共同诉讼之所以把同种类的诉讼合并审理,是为了方便当事人诉讼和法院审判。例如,房管所要起诉多个租户,虽然房管所与每一个租户构成一个独立的合同关系,但为了简便程序,可以把这些可以分开的诉讼放在一个程序中审理。②

必要共同诉讼是指当事人一方或双方为二人以上,诉讼标的共同的诉讼。③ 必要共同诉讼是不可分之诉,共同诉讼人必须一并参加诉讼,否则难以查清事实,无法适用法律。④

《民事诉讼法解释》列举了几类必要共同诉讼人,如保证合同纠纷中,债权人仅起诉保证人的,法院应当通知被保证人作为共同被告参加诉讼。

除非属于《民事诉讼法解释》列明的必要共同诉讼情形,否则连带债务人一般不属于必要共同诉讼人。最高人民法院在一案⑤中明确指出,《民事诉讼法

---

① 参见江伟、肖建国主编:《民事诉讼法》(第 7 版),中国人民大学出版社 2015 年版,第 131 页。
② 参见最高人民法院民事审判第三庭蒋志培庭长在广东省知识产权审判工作座谈会上的讲话——广东的知识产权审判工作要做大、做好、做强,2004 年 5 月 27 日。
③ 参见江伟、肖建国主编:《民事诉讼法》(第 7 版),中国人民大学出版社 2015 年版,第 132 页。
④ 参见最高人民法院民事审判第三庭蒋志培庭长在广东省知识产权审判工作座谈会上的讲话——广东的知识产权审判工作要做大、做好、做强,2004 年 5 月 27 日。
⑤ 参见天水释安科工贸总公司徽县闫家沟铅锌矿、白银有色金属公司破产清算组采矿权纠纷案,最高人民法院民事裁定书,(2019)最高法民申 6212 号。

解释》"列举了几类必要共同诉讼人,包括必要共同诉讼原告和必要共同诉讼被告","债权人原则上有权对全部或者部分连带债务人提起诉讼,故除上述司法解释明确规定的几种必要共同诉讼被告情形外,其他情形的连带债务人一般不属于必要共同诉讼人"。

必要共同诉讼人没有参加诉讼的,法院应当通知其参加。《民事诉讼法解释》第73条规定:"必须共同进行诉讼的当事人没有参加诉讼的,人民法院应当依照民事诉讼法第一百三十五条的规定,通知其参加;当事人也可以向人民法院申请追加……"

必要共同诉讼人因不能归责于自身的原因未参加诉讼的,属于严重违反法定程序的情形,原审判决可能被撤销。《民事诉讼法》第177条规定:"第二审人民法院对上诉案件,经过审理,按照下列情形,分别处理:……(四)原判决遗漏当事人或者违法缺席判决等严重违反法定程序的,裁定撤销原判决,发回原审人民法院重审……"《民事诉讼法解释》第420条第1款规定:"必须共同进行诉讼的当事人因不能归责于本人或者其诉讼代理人的事由未参加诉讼的,可以根据民事诉讼法第二百零七条第八项规定,自知道或者应当知道之日起六个月内申请再审,但符合本解释第四百二十一条规定情形的除外。"

主题案例:李越鹏、王宁与深圳市创新投资集团有限公司股权转让纠纷案[①]

2015年,投资方与目标公司及三位原股东签署《增资合同》及《增资合同之补充协议》,约定:在下列情况下,三位原股东应确保投资方的股权得以全部被回购或被收购……公司在2018年之前未能完成IPO或被收购;原股东在此共同连带保证……如有违约,其应连带承担投资方因此所导致的经济损失。

因目标公司未在2018年之前完成IPO或被收购,股权回购条款已触发,投资方向3位原股东发函要求回购。

投资方针对3位原股东中的两位提起诉讼,要求其按照增资前各自持股比例履行股权回购义务。一审法院支持投资方的诉讼请求。

原股东上诉认为:未被起诉的那位原股东应为必要共同诉讼人,一审法院未将其列为被告,程序违法。

陕西省西安市中级人民法院认为:

---

① 参见西安市中级人民法院民事判决书,(2021)陕01民终4450号。

本案系合同之债,《增资合同之补充协议》第 2.3 条关于股权回购时各股东的责任承担约定,"原股东在此共同连带保证……如有违约,应连带承担投资方因此所导致的经济损失",故 3 位原股东均负有向投资方承担全部责任的义务,现投资方在本案中仅起诉两位原股东,并不影响这两位原股东负有的对投资方应当承担的全部赔偿责任,未被起诉的原股东并非本案必要共同诉讼的被告,一审法院未将其追加为被告并无不当,不构成程序违法。对原股东上诉认为一审法院漏列被告,程序违法的主张,本院不予采纳。

本案中,各方约定如果目标公司未能如期上市或被收购,3 位原股东应就回购投资方的股权承担连带责任。回购条款触发后,投资方仅起诉其中两位原股东。一审法院支持投资方的诉讼请求。

两位原股东上诉称,另一位原股东为必要共同诉讼人,一审法院遗漏被告,程序违法。

法院认为,本案 3 位原股东并非必要共同诉讼的被告,一审法院支持投资方仅起诉部分原股东,没有遗漏当事人。

一般情况下,债权人请求连带责任人承担责任的,不属于必要共同诉讼。法律明确规定,债权人有权对连带责任人中的一人或数人提起诉讼。既然各诉讼独立,并非必须合并,也就不可能是必要共同诉讼。《民法典》第 178 条第 1 款规定:"二人以上依法承担连带责任的,权利人有权请求部分或者全部连带责任人承担责任。"

其他案件中,法院也认为,对赌义务人为多位且相互之间承担连带责任的,投资方有权仅起诉其中部分对赌义务人,未被起诉的对赌义务人并非必要共同诉讼人。

江苏省高级人民法院在一案①中认为,目标公司未达承诺的业绩,"周善龙等国发公司大股东及管理层股东应按约予以补偿。因补充协议对于'大股东以及管理层股东'的补偿责任的约定,但并未作出按份承担责任约定,故应当理解连带补充责任,在此情况下,国发公司起诉周善龙一人并无不妥。周善龙申请再审称本案应该追加其他大股东和管理层股东一并作为被告,因其他大股东及管理层股东并非必要的共同诉讼参与人,一、二审法院未予采纳,并无不当"。

---

① 参见周善龙与苏州国发创新资本投资有限公司增资纠纷案,江苏省高级人民法院民事裁定书,(2019)苏民申 7659 号。

江苏省徐州市中级人民法院在一案①中认为,"关于应否追加必要共同诉讼人问题。融汇公司原股东系涉案投资协议及补充协议的签订方,亦承担相应的责任。财润公司作为权利人,是否诉请要求其他各原股东承担责任,系对自身权利的处分。上诉人汇和公司主张其他融汇公司原股东为本案必要共同诉讼人,应追加参与诉讼,无法律依据,本院不予采纳"。

此外,原股东以签署对赌协议的其他主体未参与诉讼为由,主张一审遗漏当事人的,法院也不予支持。

北京市第三中级人民法院在一案②中认为,"融川公司及李舸上诉提出《投资协议》系由莱茵公司、李舸、新光环宇公司、思博特公司四方共同签订,合同各方均须到庭方可查明《投资协议》是否真实有效,一审法院在遗漏必须到庭参加诉讼的案件当事人的情况下,直接认定《投资协议》真实有效,剥夺了其他应到庭当事人的辩论权,程序违法。本院认为,本案争议仅涉及《投资协议》中莱茵公司与李舸之间的权利义务关系,与其他投资人无涉,其他投资人亦非必要共同诉讼人,一审法院未追加其为当事人不违反法律规定。融川公司及李舸上诉提出一审法院存在严重违反法定程序的情形,于法无据,本院不予采纳"。

上海市高级人民法院在一案③中认为,本案中投资方并未向目标公司提出请求权,目标公司与原股东之间不存在共同的诉讼标的,不是必要共同诉讼当事人。

甘肃省高级人民法院在一案④中认为,关于一审审理程序是否违法的问题。众和友中心主张《投资协议》《补充协议》的签订主体并非只有众和友中心和张尔波两方,而张尔波请求解除两份协议时,一审法院未将其余各方列为共同被告,违反法律程序。鑫波合伙企业一审中起诉的是众和友中心和冯得祥,并未将《投资协议》和《补充协议》中其余各方签订主体列为当事人,在一审法院审理过程中,其余各方主体和众和友中心也未向一审法院申请参加诉讼,且本案一审处理结果并未判决其余各方签订主体承担责任,其权利未受到影响。故众和友中

---

① 参见江苏融汇石英材料科技有限公司、江苏汇和新材料科技集团有限公司与徐州财润资产管理有限公司金融借款合同纠纷案,徐州市中级人民法院民事判决书,(2021)苏03民终2966号。
② 参见李舸等与莱茵国际体育投资管理有限公司保证合同纠纷案,北京市第三中级人民法院民事判决书,(2020)京03民终7167号。
③ 参见杨建兴、章建荣等与上海达顺创业投资中心、吴传龙股权转让纠纷案,上海市高级人民法院民事判决书,(2019)沪民终282号。
④ 参见甘肃众和友商务中心、浙江自贸区鑫波企业管理合伙企业(有限合伙)等合同纠纷案,甘肃省高级人民法院民事判决书,(2022)甘民终127号。

心关于一审程序违法的主张不能成立,不予支持。

四川省成都市中级人民法院在一案①中认为,"由于本案是因《增资协议》引发的原股东与新投资人之间的纠纷,增资对象四川投促公司并非本案必要共同诉讼当事人,甘力主张一审法院遗漏了四川投促公司,应发回重审的意见,不能成立,本院不予支持"。

◆ 小结与建议

投资方:约定对赌义务人之间承担连带责任的,投资方有权仅针对部分对赌义务人提出主张,未被起诉的对赌义务人并非必须参加诉讼的必要共同诉讼人。

创始人方:关于其他签署对赌协议的主体为必要共同诉讼人的抗辩,难以被法院支持。

---

① 参见石本强、甘力、重庆促新实业有限公司等与公司有关的纠纷案,成都市中级人民法院民事判决书,(2018)川01民终14901号。

8.3 目标公司并非对赌义务人的，是否为必须参加诉讼的第三人？

在目标公司并非对赌义务人且投资方也未向目标公司主张权利的情况下，目标公司是否应列为第三人参加诉讼？

第三人分为两种：一是有权提起诉讼的有独立请求权的第三人；二是与案件处理结果有法律上利害关系的无独立请求权的第三人。《民事诉讼法》第59条第2款规定："对当事人双方的诉讼标的，第三人虽然没有独立请求权，但案件处理结果同他有法律上的利害关系的，可以申请参加诉讼，或者由人民法院通知他参加诉讼。人民法院判决承担民事责任的第三人，有当事人的诉讼权利义务。"

遗漏当事人，属于应发回重审的严重违反法定程序的行为。《民事诉讼法》第177条第1款规定："第二审人民法院对上诉案件，经过审理，按照下列情形，分别处理：……（四）原判决遗漏当事人或者违法缺席判决等严重违反法定程序的，裁定撤销原判决，发回原审人民法院重审。"

虽然前述规定并未明确"遗漏当事人"是否包括遗漏第三人，但司法实践认为，如果一审法院应当追加却未追加第三人，则属于遗漏当事人，应发回重审。

北京市第二中级人民法院在一案①中认为，"本案有必要追加北京领音信息技术有限公司为第三人，以便进一步查清涉案《广告发布合同》的履行情况。依照《中华人民共和国民事诉讼法》第一百七十七条第一款第四项规定"，裁定撤销原判，发回重审。

北京市第一中级人民法院在一案②中认为，"一审法院应当追加福郁华公司为本案第三人，就福郁华公司与刘淑迎之间是否存在债权转让关系、福郁华公司对虎峪公司是否享有债权等事项进行审查，并据此判断刘淑迎的相应诉讼请求是否成立。依照《中华人民共和国民事诉讼法》第一百七十七条第一款第四项之规定"，裁定撤销原判，发回重审。

---

① 参见北京瀚海博联公关策划有限公司与北京中盛美广告有限责任公司广告合同纠纷案，北京市第二中级人民法院民事裁定书，(2021)京02民终14601号。
② 参见北京市昌平虎峪自然风景区旅游服务公司等与刘淑迎买卖合同纠纷案，北京市第一中级人民法院民事裁定书，(2021)京01民终10353号。

上海市第三中级人民法院在一案①中认为,"当事人申请将隧道局公司列为第三人于法有据,对查明案件事实确有重要作用。一审法院遗漏第三人隧道局公司,严重违反法定程序。综上……依照《中华人民共和国民事诉讼法》第一百七十七条第一款第四项之规定",一审法院遗漏应当参加诉讼的第三人,程序违法,本案需发回重审。

江西省高级人民法院在一案②中认为,"为查清这一案件基本事实,一审诉讼过程中,陈冬英、江虹、上饶清林实业有限责任公司以案件处理结果同其有法律上的利害关系为由,申请将张波兰作为第三人参加诉讼,该请求并无不当,但一审法院对该申请既未予以回应,也未将张波兰列为第三人通知其参加诉讼,故一审判决存在遗漏诉讼当事人的情形,严重违反法定程序,应发回一审人民法院重审"。

主题案例:旷智(天津)国际贸易有限公司、王一鸣股权转让纠纷案③

2015年1月15日,投资方与原股东签订《关于天津市蔓莉卫生制品有限公司之股权转让协议书》(以下简称《股权转让协议书》),约定投资方受让原股东持有的目标公司的股权。

同日,投资方与目标公司、原股东及目标公司的时任法定代表人签订《股权转让协议书之补充协议》。原股东就目标公司2016年至2018年的净利润作出承诺,若未达到,投资方有权要求原股东作出业绩补偿。

根据目标公司委托会计师事务所出具的审计报告,目标公司2016年度、2017年度未达到业绩承诺目标。

投资方以原股东为被告提起诉讼,请求判令原股东支付业绩补偿款等。

原股东主张本案欠缺必要的诉讼当事人,必须追加目标公司和目标公司的前法定代表人才能查明案件事实,从而判断投资方是否存在违约行为。

最高人民法院认为:

关于本案是否必须追加第三人。本案所涉系投资方、原股东之间基于合同所产生的权利义务关系,根据该法律关系,本案需要查明的事实主要系双方之间签订的一系列合同内容是否为各方当事人的真实意思表示及各方当事人是否已

---

① 参见杭州开宇建筑劳务有限公司与陈名福建设工程施工合同纠纷案,上海市第三中级人民法院民事裁定书,(2022)沪03民终31号。
② 参见薛建军、沈钧民间借贷纠纷案,江西省高级人民法院民事裁定书,(2019)赣民终554号。
③ 参见最高人民法院民事裁定书,(2020)最高法民申1616号。

8.3 目标公司并非对赌义务人的,是否为必须参加诉讼的第三人?

按约履行义务。

虽然案涉合同中提及目标公司或者目标公司的前法定代表人,但目标公司并非合同关系的相对方,内容亦未涉及其实体权利或义务,且投资方并未对目标公司和目标公司的前法定代表人提出诉讼请求,也未有证据显示目标公司或目标公司的前法定代表人提出其与本案存在法律上的利害关系,故原审法院认为目标公司和目标公司的前法定代表人不属于必须参加本案诉讼的当事人,未予追加其为第三人并无不当。

原股东如认为需向目标公司和目标公司的前法定代表人了解核实才能查明案件相关事实,可以依法以其他形式主张,但该理由并不构成目标公司或目标公司的前法定代表人必须参加诉讼的法定情形。原股东的该再审理由不能成立。

本案中,投资方与目标公司、原股东及目标公司的前法定代表人签订了《股权转让协议书之补充协议》。其中,原股东承诺如果目标公司未达到业绩指标,则投资方有权要求原股东作出补偿。因业绩补偿条款触发,投资方以原股东为被告提起诉讼,要求支付补偿款等。

原股东辩称,为查明投资方的违约事实,法院应追加目标公司及其前法定代表人为第三人参加诉讼。

最高人民法院认为,涉案合同虽提及目标公司及其前法定代表人,但二者并非案涉合同的相对方,不承担合同的实体权利义务,且投资方未就其提起诉讼,没有证据显示其与本案有法律上的利害关系。因此,目标公司及其前法定代表人并非必须参加诉讼的当事人,原审法院未将其追加为第三人并无不当。

其他案件中,法院也认为,对赌案件中,目标公司不是对赌义务人且未被列为被告的,不是必须参加诉讼的第三人。

广东省高级人民法院在一案[①]中认为,"关于本案是否应当追加中兴牧业公司作为第三人参加诉讼的问题。本案《股权回购协议》约定的是目标公司中兴牧业公司的两个股东兴业凯富投资中心与东方汇富公司之间的股权转让,中兴牧业公司在本案中既无独立请求权,也非协议约定的义务承担方,本案的处理结果与中兴牧业公司并无法律上的直接利害关系,因此,中兴牧业公司并非本案必须参加诉讼的第三人。东方汇富公司上诉主张一审法院遗漏必须参加诉讼的第

---

① 参见深圳市东方汇富创业投资管理有限公司、北京兴业凯富创业投资中心股权转让纠纷、买卖合同纠纷案,广东省高级人民法院民事判决书,(2018)粤民终1240号。

三人,程序违法,依据不足,本院不予采信"。

北京市高级人民法院审理的一案①中,关于目标公司是否为必须参加诉讼的第三人,该院认为,"《投资协议》实际上是聚鑫华商中心作为投资方与作为融资方的刘少甫和郑婷签订的对赌协议,宝利明威公司作为对赌协议的目标公司,不是必须参加诉讼的当事人。一审法院审理程序并无不当之处。文振邦的此项上诉理由不成立",不予采信。

宁夏回族自治区高级人民法院在一案②中认为,"汉唐公司与煤城记忆基金自愿签订案涉《股权转让协议》,因股权转让产生争议,煤城记忆基金主张汉唐公司支付股权转让款,案涉《股权转让协议》的合同主体是煤城记忆基金和汉唐公司。2018年煤城记忆基金、汉唐公司和目标公司三方签订……补充协议中也没有显示关于目标公司在案涉股权转让方面权利和义务有明确约定的内容……一审法院查明了本案事实,当事人也认可,故汉唐公司关于目标公司与本案处理结果有重大利害关系,一审判决遗漏必须参加诉讼的当事人的上诉主张缺乏事实和法律依据,不予采纳"。

北京市第一中级人民法院在一案③中认为,"屠振杰上诉认为应追加目标公司名和集团作为第三人参加诉讼,本院认为,富盈中心依据《股权收购协议书》提起本案诉讼,要求屠振杰履行支付股权收购价款、回购其名下股权的义务,本案应属股权转让纠纷,名和集团仅是股权转让的目标公司,不是《股权收购协议书》的一方当事人,不享有该协议项下的权利义务,不应作为当事人参与本案诉讼"。

◆ 小结与建议

投资方:如果目标公司并非对赌义务人,投资方主张对赌权利时无须将其列为被告或第三人。

创始人方:在目标公司不是对赌义务人的情况下,创始人方以一审程序遗漏第三人目标公司为由要求撤销判决的,难以得到法院支持。

---

① 参见文振邦等与北京聚鑫华商投资管理中心(有限合伙)股权转让纠纷案,北京市高级人民法院民事判决书,(2020)京民终15号。
② 宁夏汉唐房地产开发有限公司与宁某、李某股权转让纠纷案,宁夏回族自治区高级人民法院民事判决书,(2020)宁民终387号。
③ 屠振杰等股权转让纠纷案,北京市第一中级人民法院民事判决书,(2018)京01民终5599号。

8.4 投资方可在一个案件中一揽子提出主张吗?

对赌纠纷发生后,从降低成本的角度出发,投资方更倾向于在一个案件中向所有责任方一并提出主张,如依据投资协议的不同条款向目标公司及原股东主张不同的权利,裁判机构会支持吗?

如果通过诉讼解决,则要符合合并审理的规定。最高人民法院在第六巡回法庭2019年度参考案例①中提到,合并审理的诉主要包含三种情况:

一是诉讼标的系同一或者同类的共同诉讼。《民事诉讼法》第55条第1款规定:"当事人一方或者双方为二人以上,其诉讼标的是共同的,或者诉讼标的是同一种类、人民法院认为可以合并审理并经当事人同意的,为共同诉讼。"

二是基于同一事实提起的诉讼。《民事诉讼法解释》第221条规定:"基于同一事实发生的纠纷,当事人分别向同一人民法院起诉的,人民法院可以合并审理。"法律事实是法律规范所规定的能够引起法律关系产生、变更或消灭的现象,如果各个单纯之诉所依据的事实关系或法律关系并不具有一致性,或者重叠性较小以至于不足以产生相互矛盾的裁判,则认为各个单纯之诉并不符合合并的要件。②

三是本诉和反诉。《民事诉讼法解释》第232条规定:"在案件受理后,法庭辩论结束前,原告增加诉讼请求,被告提出反诉,第三人提出与本案有关的诉讼请求,可以合并审理的,人民法院应当合并审理。"第233条规定:"反诉的当事人应当限于本诉的当事人的范围。反诉与本诉的诉讼请求基于相同法律关系、诉讼请求之间具有因果关系,或者反诉与本诉的诉讼请求基于相同事实的,人民法院应当合并审理……"

据此,法院合并审理的案件可能存在一个以上的法律关系。最高人民法院《关于印发修改后的〈民事案件案由规定〉的通知》规定:"存在多个法律关系时个案案由的确定。同一诉讼中涉及两个以上的法律关系的,应当根据当事人诉争的法律关系的性质确定个案案由;均为诉争的法律关系的,则按诉争的两个以上法律关系并列确定相应的案由。"

---

① 参见甘肃华远实业有限公司等诉兰州银行股份有限公司庆阳分行等金融借款合同案。
② 参见沈德咏主编:《最高人民法院民事诉讼法司法解释理解与适用》(上),人民法院出版社2015年版,第575页。

如果通过仲裁解决,仲裁规则可能规定,只要多份协议约定的仲裁机构相同,且该等协议具有关联性,则当事人因多份协议产生的纠纷有可能在一个案件中解决。

例如,《深圳国际仲裁院仲裁规则》第17条规定:"多份合同的单次仲裁"规定:"(一)当事人之间因多份合同、主从合同或其他关联合同引起的争议,如果多份合同、主从合同或关联合同的仲裁协议都约定由仲裁院仲裁,且相关争议源于同一交易或同一系列交易,申请人可以在单次仲裁中就多份合同、主从合同或关联合同争议一并提出仲裁申请。"

又如,《北京仲裁委员会仲裁规则》第8条"多份合同合并申请"规定:"(一)在满足以下各项条件时,当事人可以就多份合同项下的争议在同一案件中合并申请仲裁:1. 多份合同的仲裁协议内容相同或相容。2. 多份合同存在主从合同关系;或多份合同存在相同当事人且仲裁标的为同一种类或有关联。(二)当事人就多份合同合并申请仲裁的,由本会根据实际情况决定是否同意。本会同意后,其他当事人对多份合同合并申请仲裁提出异议的,由仲裁庭作出决定。"

主题案例:朱泽堂、深圳市创新投资集团有限公司合同纠纷案①

2011年4月7日,投资方与目标公司、原股东及案外人签订《增资合同书》,约定投资方向目标公司增资2540万元,持有其4.126%的股权。

同日,投资方与目标公司、原股东签订《补充协议》,约定如果目标公司未实现2011年的经营目标,投资方有权要求目标公司支付现金补偿。

2014年2月27日,投资方与目标公司、原股东签订《回购协议》,约定由于目标公司2011年的业绩目标未达成,原股东同意回购投资方持有的目标公司4.126%的股权。

投资方提起诉讼请求:判令目标公司支付现金补偿款2716.6万元;原股东支付股权回购款2540万元等。

目标公司认为:投资方的第一项、第二项诉请不是同一法律关系,诉讼主体不同、标的不同,不能一起诉讼。

武汉市中级人民法院认为:

案涉《增资合同书》《补充协议》《回购协议》均系本案三方当事人共同签订,3份协议均系各方就增资、现金补偿和股权回购等事项所达成的约定,3份协

---

① 参见湖北省高级人民法院民事判决书,(2020)鄂民终495号。

议在签订时间、内容上亦具有连续性。投资方基于上述协议对目标公司和原股东提出不同诉请,系其对诉讼权利的合法处分。目标公司的上述主张并无法律依据,不予支持。

就该问题,湖北省高级人民法院认为一审判决已经阐明,不再赘述。

本案中,投资方与目标公司及原股东签署了《补充协议》及《回购协议》。前者约定如果目标公司未达到业绩承诺目标,投资方有权要求目标公司作出现金补偿;后者则是基于目标公司未达到业绩指标的事实,原股东同意回购投资方持有的目标公司的全部股权。

针对投资方提起的两项诉讼请求,即目标公司支付现金补偿与原股东支付股权回购款,目标公司辩称不是同一法律关系,主体与标的不同,不应合并审理。

确实,本案不属于前述合并审理的第一种情况。投资方与目标公司及原股东的法律关系相互独立,构成独立的诉讼标的,不属于必要共同诉讼。而且这两个法律关系并非同一种类,也不是普通共同诉讼。

合并审理的情形并不限于诉讼标的系同一或者同类的共同诉讼。实际上,第一项、第二项诉讼请求基于同一个法律事实,即目标公司未实现业绩承诺。因此,本案属于前述第二种合并审理的情况。

法院认为,涉案协议在签订时间、内容上具有连续性,投资方有权据此对目标公司和原股东提出不同的诉讼请求。

实务中,投资方向对赌义务人主张股权回购款或现金补偿时,可能还会主张违约金。如果违约金系对赌义务人逾期支付回购款或补偿款产生的,法院通常予以支持。

北京市第二中级人民法院二审维持原判的一案[1]中,一审法院认为,"关于左鹏强及远鹏智慧公司应当承担的回购义务及违约责任。根据一审法院查明的事实,《增资扩股协议》第6.3条约定的股份回购条件已经成就,左鹏强及远鹏智慧公司应当按照约定回购股份。对于亦国投公司主张的回购价款,协议约定回购价格包括3000万元本金部分及按照年利率12%计算的单利部分,亦国投公司的主张符合合同约定的部分",予以支持。"对于亦国投公司主张的违约金及违约金利息部分,本质上均属于违约金性质,因协议对违约金有明确约定,鉴于国电远鹏公司未及时履行回购义务构成违约","对亦国投公司主张违约金及利

---

[1] 参见北京远鹏综合智慧能源投资集团有限公司等与北京亦庄国际投资发展有限公司公司增资纠纷案,北京市第二中级人民法院民事判决书,(2023)京02民终4403号。

息部分,在考虑满足违约金惩罚及补偿的功能的基础上,酌情予以支持部分"。

浙江省杭州市中级人民法院二审维持原判的一案①中,一审法院认为,"天堂硅谷合伙企业要求六被告按协议约定回购其持有的股权,符合合同约定","予以支持……回购条件成就后……但四被告未按《协议书》约定于收到回购通知之日起三十日内履行回购义务支付回购款,显属违约,应承担违约责任",判决原股东支付股权回购款及逾期付款违约金。

但是,因相关主体的其他行为所产生的违约责任,则可能被认为应另案处理。

江西省高级人民法院在一案②中认为,"甄投中心请求运货柜公司、龙某支付其股权回购款,理由有二:一是认为运货柜公司、龙某存在违约行为,故基于《增资协议》第9.2条约定提出请求,二是认为双方约定的股权回购条件已经成就,故基于《补充协议》第2.1.1条的约定提出请求。对此,本院经审查认为,《增资协议》第9.2条的约定,若运货柜公司、龙某违约,甄投中心有权单方解除协议并要求对方返还已缴付的全部投资款。而《补充协议》第2.1.1条则约定在股权回购条件成就时,甄投中心可以要求运货柜公司履行回购义务,按约定的标准支付股权回购款。可见,《增资协议》约定的责任属于违约责任,《补充协议》约定的则是继续履行回购义务的合同责任,两者适用的情形不同,要求对方承担的责任内容、款项金额均不相同,无法由甄投中心混同后在一案中一并主张。在此情况下,一审法院庭审时对甄投中心进行了释明,甄投中心明确其本案主张的是要求两被上诉人支付股权回购款、履行回购义务。故本案一审、二审均应围绕该项请求是否成立进行审理。至于运货柜公司、龙某的行为是否构成违约,应否承担违约责任的问题,不属于本案的审理范围"。

北京市第二中级人民法院二审维持原判的一案③中,一审法院认为,"关于本案的法律关系争议。亦国投公司根据《增资扩股协议》,以《增资扩股协议》作为主协议的《抵押协议》及《一致行动协议》提起本案诉讼并提出相应诉求,但《增资扩股协议》及《一致行动协议》的签订主体不同,涉及主要内容不同。《增资扩股协议》就亦国投公司认购国电远鹏公司新增资本事项作出相关约定,签

---

① 参见朱建静与上海正赛联创业投资有限公司合同纠纷案,杭州市中级人民法院民事判决书,(2018)浙01民终9661号。
② 参见新余甄投云联成长投资管理中心、广东运货柜信息技术有限公司新增资本认购纠纷、买卖合同纠纷案,江西省高级人民法院民事判决书,(2019)赣民终178号。
③ 参见北京远鹏综合智慧能源投资集团有限公司等与北京亦庄国际投资发展有限公司公司增资纠纷案,北京市第二中级人民法院民事判决书,(2023)京02民终4403号。

订主体为本案各方当事人,而《一致行动协议》就亦国投公司成为国电远鹏公司股东后,与原股东之间就'一致行动'事项作出的相关约定,签订主体为亦国投公司及左鹏强、远鹏智慧公司。综合亦国投公司在本案中所列当事人以及双方诉辩意见,本案主要的争议部分为亦国投公司主张的回购相关权利义务",故"对《一致行动协议》项下的诉求部分即亦国投公司依据该协议要求左鹏强及远鹏智慧公司分别支付违约金的诉求,不予处理,亦国投公司可另行主张。对于左鹏强、国电远鹏公司、远鹏智慧公司关于第五、六项诉讼请求与本案不能合并审理的意见","亦国投公司依据《抵押协议》提出第五、六项诉讼请求,而《抵押协议》系从属于《增资扩股协议》的从合同,故可在本案中一并进行审理"。

此外,投资方依据《增资协议》中关于目标公司知情权的约定,在一个案件中既主张股权回购,又要求信息披露的,法院一般不予合并审理,投资方需撤回部分请求。

最高人民法院在一案[①]中认为,"九鼎投资中心变更、撤回了部分诉讼请求,最终诉讼请求内容系因案涉两份协议内容引起,并不包括要求宜都天峡公司(目标公司)提供公司相关财务报表的内容,故本案仅系合同纠纷,原审法院并不存在违法合并审理的情形"。

上海市第一中级人民法院审理的一案[②]中,投资方在一审审理中,将诉讼请求变更为判令原股东支付股权回购款、业绩补偿款等,并申请撤回要求目标公司提供审计报告的诉讼请求。

深圳市龙岗区人民法院在一案[③]中认为,"原告本案中的诉讼请求属股东知情权纠纷、公司盈余分配纠纷、请求公司收购股份纠纷等不同具体案由下的纠纷,不宜合并审理,本案按原告选择的请求公司收购股份纠纷进行审理"。

但在仲裁中,投资方有可能将《增资合同》《补充合同》及《股权回购合同》中产生的全部争议,在一个案件中一并解决。

上海仲裁委员会作出的一份裁决书显示,申请人季秋野提出的仲裁请求包括:原股东支付股权回购款,以及目标公司鲁班公司向其支付没有按约提供季度运营报告、年度财务报表的违约金。仲裁庭经审理后认为,支持关于股权回购款

---

① 参见蓝泽桥、宜都天峡特种渔业有限公司、湖北天峡鲟业有限公司与苏州周原九鼎投资中心(有限合伙)其他合同纠纷案,最高人民法院民事判决书,(2014)民二终字第111号。

② 参见杭州浙农科众创业投资合伙企业、鲁克银与樊荣、上海徽翔阅投资管理合伙企业等股权转让纠纷案,上海市第一中级人民法院民事判决书,(2021)沪01民终1387号。

③ 参见陈柱祺与深圳市加力邦科技有限公司与公司有关的纠纷案,深圳市龙岗区人民法院民事判决书,(2020)粤0307民初36207号。

的主张,但"季秋野对杨宝明、广运公司和鲁班公司提供的公司网站上财务报表截图和审计报告等证据的真实性无异议并且知晓这些报告的内容和获取途径,且在《股权投资协议书》签订后至双方就回购发生争议的期间从未主张过此项权利。同时,季秋野主张的分配利润的条件尚不具备。对季秋野主张的鲁班公司未按约提供季度运营报告、年度财务报表的违约金及分配利润的请求,仲裁庭均不予支持"。该案中,虽然仲裁庭并未支持投资方有关目标公司违反披露义务产生的违约金,但不支持的理由并非不能合并审理,而是投资方未能证明目标公司违反披露义务。[①]

深圳国际仲裁院作出的一份裁决书中,投资方基于含有对赌条款的《投资协议书》、投资方向目标公司提供借款的《可转债协议》以及目标公司和原股东偿还借款本息及履行回购义务的《回购款协议》提起仲裁,仲裁请求包括原股东支付股权回购款、目标公司偿还借款本金等。仲裁庭支持了前述仲裁请求。[②]

◆ 小结与建议

投资方:如果通过诉讼解决争议,则因《增资协议》或《股权转让协议》及《补充协议》产生的所有争议,未必能在一个案件中全部解决。而通过仲裁,则存在在一个案件中解决相关方全部争议的可能性。毕竟,仲裁更注重纠纷解决的效率。

创始人方:投资方提出多项诉讼请求的,建议关注该等请求是否属于可以一并审理的事项,如否,则可作为抗辩意见提出。

---

① 参见杨宝明等与季秋野申请撤销仲裁裁决案,上海市第一中级人民法院民事裁定书,(2019)沪01民特639号。

② 参见深圳国际仲裁院、中国国际仲裁研究院编著:《"对赌协议"典型仲裁案例与实务精要》,北京大学出版社2021年版,第383页。

8.5 投资方能否同时主张业绩补偿与股权回购？

业绩补偿及股权回购,作为最典型的特殊权利条款,经常出现在同一份投资协议中。实践中,不乏投资者基于该等约定同时向对赌义务人主张现金补偿及股权回购的情形。对此,裁判机构是否会支持？

如果合同对补偿与回购的关系存在明确的约定,则按约定处理。例如,北京市高级人民法院二审维持原判的一案①中,一审法院认为,"《补充协议》第二条股权回购义务第2款中约定:若宏睿投资企业选择行使回购权,宏睿投资企业此前从九次方公司获得的所有分红或从王叁寿得到的补偿将冲抵其应得的回购价款。从该条款的文意理解,宏睿投资企业在选择行使股权回购权利的同时,要扣除已获得的分红或补偿款。故宏睿投资企业仅能择其一进行主张,不能同时主张王叁寿支付现金补偿和回购股权,王叁寿该项抗辩,具有合同依据",予以采信。

如果对赌双方未对这两个条款的关系作出约定,如何处理？

主题案例：山东宏力艾尼维尔环境科技集团有限公司、天津普凯天吉股权投资基金合伙企业公司增资纠纷案②

2011年11月,投资方与目标公司及原股东签订《关于山东宏力空调设备有限公司之增资协议》(以下简称《增资协议》)及《补充协议》,《补充协议》第2.3条约定:若目标公司2012年经审计净利润未达到4500万元,则投资方有权要求原股东给予现金补偿,补偿金额=3337.835万元*(1-2012年净利润/5000);第3.1条约定:目标公司在2014年12月31日前因任何其他事件导致不能在中国境内A股市场公开发行并上市的,投资方有权要求原股东回购投资方所持股权。

目标公司2012年度的净利润没有达到4500万元。扣除非经常性损益之前的净利润为35060073.98元,扣除非经常性损益之后的净利润为28469720.84元。

2012年11月至2013年12月沪深股市IPO暂停1年零3个月。

---

① 参见王叁寿与湖北省宏睿智能产业股权投资基金合伙企业(有限合伙)合同纠纷案,北京市高级人民法院民事判决书,(2021)京民终272号。

② 参见最高人民法院民事裁定书,(2019)最高法民申5691号。

投资方基于《补充协议》第2.3条和第3.1条的约定,起诉要求原股东支付现金补偿款及股权回购款。

二审法院支持原股东的前述请求。

原股东申请再审,认为二审法院同时判决原股东承担业绩补偿责任和股权回购责任,存在矛盾。

最高人民法院认为,关于同时支持业绩补偿和股权回购是否矛盾的问题。根据《补充协议》第2.3条和第3.1条的约定,业绩补偿适用的条件是目标公司2012年净利润达不到4500万元,而股权回购适用的条件是目标公司不能于2014年12月31日前在A股上市,两者适用条件和约定的行权时间并不相同。业绩补偿条件成就之时,案涉股权回购条件尚未成就,投资方仍为目标公司的股东,并不存在原股东主张的投资方不是股东,不享有业绩补偿权利,同时支持业绩补偿和股权回购权利存在矛盾的问题。

本案中,合同约定了"业绩补偿"条款:如果目标公司2012年净利润未达到4500万元,则原股东应补偿投资方;"股权回购"条款:如果目标公司未能于2014年年底在A股上市,则原股东应回购投资方的股权。目标公司既未达到业绩目标,也未在约定的时间上市,投资方向原股东同时主张业绩补偿和股权回购。原审判决支持投资方的请求。

原股东申请再审称,原股东同时承担业绩补偿责任和股权回购责任存在矛盾。

最高人民法院支持投资方同时主张业绩补偿和股权回购的请求,理由是二者的适用条件和约定的行权时间并不相同。

本案中,目标公司2012年的净利润为2800余万元,虽然未达到业绩承诺的4500万元,但不必然导致2014年年底无法在A股上市。当时的上市规则仅要求最近三个会计年度净利润为正,且累计超过3000万元,低于合同约定的2012年4500万元的要求。《首次公开发行股票并上市管理办法》(已失效)第26条规定:"发行人应当符合下列条件:(一)最近3个会计年度净利润均为正数且累计超过人民币3000万元,净利润以扣除非经常性损益前后较低者为计算依据;(二)最近3个会计年度经营活动产生的现金流量净额累计超过人民币5000万元;或者最近3个会计年度营业收入累计超过人民币3亿元……"

关于投资方是否可以同时主张业绩补偿和股权回购,有的案件中法院持肯定态度,业绩补偿和股权回购为独立并行的条款,应尊重当事人的意思自治,否则会挫伤投资方的积极性。

北京市高级人民法院在一案①中认为,"首先,《补充协议》中既约定了业绩补偿条款也约定了股权回购条款,两个条款均是独立的并行条款。上述条款是各方当事人的真实意思表示,亦未违反我国法律法规的强制性规定,故应当尊重当事人的意思自治;其次,中信资本公司要求谢立新给付业绩补偿款及股权回购款的依据是目标公司未达到经营目标业绩,导致实际估值与签订对赌协议时的预设估值有差距,与中信资本公司是否保持股东身份没有因果关系。本案中业绩补偿款的支付主体是谢立新而非目标公司,亦不存在股东身份的障碍;第三,《补充协议》是投融资双方对目标公司未来的估值进行调整的协议。投资人在投资当时,对于投资收益的期望本身也就包含了每年度业绩收入带来的收益和最终退出时股权产生的溢价两个部分,投资人以高溢价认购公司股份,其中对于目标公司的估值也是以上述两种收益作为基础的。因此,股东或者实际控制人的业绩补偿及股权回购义务是和投资方高溢价认购目标公司股权义务相对应的,符合合同相对人权利义务相一致的原则,亦不会违反公平原则"。

北京市高级人民法院在另一案②中认为,"案涉相关协议同时设置业绩补偿条款和股权回购条款,构成盛世聚浦合伙以高溢价认购时空能源公司股权的前提与基础。因为有业绩补偿条款和股权回购条款,盛世聚浦合伙才会愿意在信息不对称且无法控制时空能源公司经营管理的情况下以高溢价认购目标公司股权。时空汽车公司的业绩补偿和股权回购义务是和盛世聚浦合伙高溢价认购目标公司股权相对应的,符合权利义务相一致的原则。其次,业绩补偿条款和股权回购条款并非对盛世聚浦合伙的保底。盛世聚浦合伙投资时空能源公司获得股权,目的并非是按期获得固定收益,业绩补偿条款和股权回购条款也并非盛世聚浦合伙逃避投资风险的保底条款。盛世聚浦合伙和时空汽车公司真实的交易目的是通过增资为时空能源公司的经营获得资金,从而完成对赌协议设定的经营目标业绩,达到双方共赢的局面。时空能源公司的净利润目标能否成就取决于该公司的经营,在签订对赌协议时是不确定的,能否主张以及主张的数额都是不确定的。因此,同时支持业绩补偿和股权回购,并不会脱离设置对赌协议的初衷。再次,股东身份的变化并不会导致业绩补偿和股权回购存在矛盾"。盛世

---

① 参见谢立新与中信资本文化旅游(成都)股份有限公司合同纠纷案,北京市高级人民法院民事判决书,(2020)京民终308号。
② 参见时空电动汽车股份有限公司等与浙江亚丁投资管理有限公司等股权转让纠纷案,北京市高级人民法院民事判决书,(2021)京民终102号。

聚浦合伙要求业绩补偿和股权回购的原因是时空能源公司未达到经营目标业绩，"导致实际估值与签订对赌协议时的预设估值有差距，与是否保持股东身份没有因果关系。只要盛世聚浦合伙在业绩补偿条件成就时是股东身份即可。此外，业绩补偿金和股权回购款是对投资方收益的补偿和退出路径，与违约金的性质明显不同"。

长沙市天心区人民法院在一案①中认为，"业绩补偿与股权回购是原被告间针对万通科技经营行为不同阶段的估值调整。业绩补偿是原告作为投资方对万通科技经营业绩的要求，目的是为实现其基于股东身份获取相应投资收益；而股权回购的目的则是原告为确保万通科技在约定时间内不能实现在中国境内 A 股上市时可顺利退出。因《补充协议》系发生于投资方与万通科技实际控制人之间，该估值调整的约定既不为法律、行政法规所禁止，亦不会影响万通科技债权人及万通科技的利益；同时，原告要求股权回购的后果将是丧失其万通科技股东的主体地位，但并不应该影响其作为公司股东期间应当享用的股东权益，如仅限定为股权回购或业绩补偿中的一种，势必会挫伤投资方在高溢价投资目标公司后通过估值调整实现合同目的的积极性，有违投资方对实体经济特别是科技创新企业投资原则"。

不过，有的案件中裁判机构持否定意见，认为同时支持业绩补偿和股权回购存在重复计算，有违公平。

北京市第一中级人民法院在一案②中认为，"首先，从协议内容来看，涉案协议实质为对赌协议，本案对赌协议虽然同时约定了 2015 年业绩承诺和2016 年挂牌承诺，但是从合同目的及对赌标的角度来看，主要是投融资双方因对赌而产生的股权回购；其次，前海盛世企业作为投资人要求目标公司各股东进行业绩补偿，前海盛世企业依然保持星河互联公司股东身份不变，但是前海盛世企业要求回购股权，实质是退出星河互联公司，不再拥有股东身份，两者存在一定矛盾；再次，如星河互联公司在 2016 年 12 月 31 日之前未完成挂牌，则之前的业绩很可能未达到相应要求，从协议约定的业绩补偿方式来看，补偿方式之一为'要求原股东中任意一方或多方受让投资方持有的目标公司的部分股权'，该方式与股权回购义务有重合之处，说明星河互联公司未

---

① 参见湖南德源高新创业投资有限公司与彭红娜合同纠纷案，长沙市天心区人民法院民事判决书，(2020)湘 0103 民初 1687 号。
② 参见深圳前海盛世圣金投资企业(有限合伙)与徐茂栋等股权转让纠纷案，北京市第一中级人民法院民事判决书，(2017)京 01 民初 814 号。

如期挂牌的法律后果中已经处理了业绩补偿,前海盛世企业单独索要的2015年业绩补偿,存在重复计算。综上,本院依据协议,仅支持前海盛世企业关于股权回购本金、利息及违约金的主张,对于业绩补偿折价款及业绩补偿违约金的主张不予支持"。

深圳国际仲裁院作出的一份裁决中载明,"仲裁庭认为,利润保障条款和股权回购条款之间存在着一种替换或者排斥的关系,并非平行或者并列关系。仲裁庭同时注意到,例如保障条款和股权回购条款之间实际上存在着合同约定的触发条件的差异,前者是以明确的净利润标准作为条件","后者则以上市、亏损和低于保底利润的50%作为条件。上述条件的不同,也说明各方当事人在签订合同的时候,从真实意思表示上来说,至少在意图、动机层面上,是将两个条款分别对应不同的交易和违约情形的。在本案中,由于利润保障条款和股权回购条款的条件发生了重叠,第一被申请人已经进入破产重整阶段,因此导致两个条件从申请人的角度均可以适用的情形"。"如果两个选择权所对应的违约情形是针对同一个违约行为,那么针对同一个违约行为,不应当出现两个并列的损失计算。"对赌协议"并未具体针对公司的管理行为,而是针对管理业绩水平,即选择权所针对的是行为产生的后果而非行为本身"。股权回购条款"效果和解除合同是类似的。这与业绩补偿近似于合同存续期内的'担保'业绩的特性存在着根本性的差异"。"股权回购条款中的这种情形,决定了在此类交易中,属于最终的、最高的救济标准,如果在这标准之上继续追加其他的损失,就会导致:或者被申请人因为一个持续的违约行为而遭受两次责任追究,或者被申请人在本案合同项下的损失,超出了其对于股权、股份的合理预期。由于上述特点,在对赌协议中,也会产生利润保障条款对股权回购条款的一定程度的排他性。""仲裁庭认为,结合合同约定、交易模式,两者之间的关系是清晰的,因此关于并列注重的请求,仲裁庭认为两类请求之间存在着排斥性。由于事实发生重叠,同时也就意味着违约行为的重合,对重合的违约行为,使用双重合同条款的话,与《民法通则》第122条,《合同法》第5条、第6条、第113条,《民法总则》第6条和第7条等规定相冲突。"[①]

与前述案例不同,主题案例中,最高人民法院并未笼统、概括性地判定是否应同时支持业绩补偿与股权回购,而是具体分析二者在个案中的"适用条件"与"行权时间"是否相同。如果不同,则可同时主张;如果相同,则二选一。主题案

[①] 深圳国际仲裁院、中国国际仲裁研究院编著:《"对赌协议"典型仲裁案例与实务精要》,北京大学出版社2021年版,第242—244页。

例并非孤例,其他案件中也有法院先分析这两个条款的适用前提是否相同再行判决。

河南省高级人民法院在一案①中认为,"《投资人保障协议》中虽然没有约定现金补偿与股权回购是选择行使还是二者同时行使,但根据《投资人保障协议》的约定,其目的在于保障凌济政投资期间获得稳定收益。其中,现金补偿是以民正农牧公司三年净利润低于协议约定的标准为前提,以承诺的2017年、2018年、2019年三年累计净利润与实际累计净利润之差乘以凌济政的持股比例计算。支付股权回购款前提条件是2017年至2020年公司净利润复合增长率低于20%,按照凌济政投资额加上年化15%的收益计算。因此协议约定凌济政请求现金补偿与股权回购款的行权条件均是以民正农牧公司的经营利润指标下降为前提,即在民正农牧公司经营业绩下滑、利润下降的情况下,存在同时符合现金补偿和支付股权回购款条件的可能性,存在重合之处。故,现金补偿与股权回购属于二者择其一的关系。鉴于凌济政请求孙祥旗、张李帅履行股权回购义务,说明其已决定退出民正农牧公司。因此,本院对凌济政关于支付股权回购款的诉讼请求予以支持,对凌济政请求支付现金补偿的请求不予支持"。

广东省广州市中级人民法院在一案②中认为,"虽然合作协议、补充协议中没有明确约定股份回购与现金补偿是二者择其一还是同时适用的关系,但从协议约定的股份回购价格以及现金补偿款的计算方式来看,股份回购价格是以国政二号企业的投资本金加持股时间,以每年10%的溢价进行计算,而现金补偿数额是以国政二号企业的投资金额、持股比例以及广州怡文2015年度的实际报表净利润、约定市盈率为基数进行计算。上述两种计算方式均体现了广州怡文达不到约定业绩数额时刘宇兵应对国政二号企业承担一定的补偿责任,在补偿数额计算上均带有一定的补偿及惩罚性质。此外,协议约定实际利润少于6000万元触发股权回购条款,实际报表利润少于8000万元触发现金补偿条款。根据触发条件内容、补偿计算方式,上述触发条件应理解为:当实际利润少于6000万元,国政二号企业可要求刘宇兵回购股权或作出现金补偿;当实际利润在6000万元至8000万元之间的,国政二号企业只能要求刘宇兵作出现金补偿,即当实

---

① 参见凌济政、张现伟等股权转让纠纷案,河南省高级人民法院民事判决书,(2020)豫民终1312号。
② 参见广州星海国政二号投资合伙企业、刘宇兵合同纠纷案,广州市中级人民法院民事判决书,(2021)粤01民终1354号。

际利润少于 6000 万元时,回购股权与现金补偿属于二者择其一的关系。另外,需要指出的是,本案所涉协议约定的股权回购与现金补偿的适用前提相同,即未达到实际报表利润,只是分属于不同利润空间范围的对应方式,但国政二号企业提交的参考案例中协议的约定与此不同,参考案例中协议是针对不同适用前提分别约定了股权回购与现金补偿两种方式,两者同时适用不矛盾,可以同时适用。故国政二号企业提交的参考案例不具有相似性,不能作为本案裁判的参考依据。综上,国政二号企业已获得了部分现金补偿,故其在本案中再请求刘宇兵向其支付股权回购款本金、溢价款及逾期利息,无事实及法律依据,一审法院不予支持正确,本院予以维持"。

北京市顺义区人民法院审理的一案[①]中,股权转让协议约定,如果目标公司 2016 年、2017 年两年审计后税后净利润没有达到 3.2 亿元,投资方有权要求原股东作出现金补偿;《承诺函》载明,原股东承诺如果目标公司 2016 年度与 2017 年度经审计的净利润之和低于 3.2 亿元或者原股东不再为公司的实际控制人,则投资方有权要求回购股权。因目标公司未能达到前述业绩承诺,投资方同时向原股东主张现金补偿及股权回购。该院认为,"本案中现金补偿、股权回购的前提条件相同,基于公平原则,应将现金补偿、股权回购一并予以考量,在计算股权回购价格时扣除现金补偿"。

◆ 小结与建议

目前,裁判机构对于投资方是否可以同时主张业绩补偿与股权回购的观点尚未统一。

投资方:建议在投资协议中明确,业绩补偿条款与股权回购条款为并列关系,已经支付补偿款的,不影响股权回购款的支付。此外,尽量避免约定业绩补偿条款与股权回购条款的触发情形相同,以免被认为重复计算,有失公平。

诉讼或仲裁中,对于没有约定二者为并列关系的,建议强调二者的适用条件、行权时间不同,不存在互相排斥的情形。

创始人方:建议在投资协议中明确,业绩补偿条款与股权回购条款为选择关系,已经支付的补偿款,应在股权回购款中扣除,如"回购总价款=投资方出资

[①] 参见北京中投金达投资管理中心(有限合伙)与宋优春股权转让纠纷案,北京市顺义区人民法院民事判决书,(2020)京 0113 民初 7902 号。

数额×(1＋x%)－目标公司历年累计向投资方实际支付的股息和红利－原股东支付的现金补偿"。

法律程序中,对于没有约定二者为选择关系的,建议强调业绩补偿及股权回购均由相同的事实触发,如果同时支持则重复计算,违反公平原则。

8.6 投资方可以同时主张股权补偿与现金补偿吗?

正如投资方同时主张股权回购与业绩补偿可能因违背公平原则而存在争议,约定业绩条款触发时对赌义务人应支付现金补偿与股权补偿的,也可能存在类似问题。那么,投资方能同时要求股权补偿与现金补偿吗?

常见的业绩补偿条款约定,投资方有权在股权补偿、现金补偿及股权回购中选择其一。例如,最高人民法院审理的一案①中,合同约定,"若公司2016年经审计的净利润未达到上述承诺业绩的80%,则甲方有权要求乙方以其自有资金或自筹资金对甲方进行补偿现金或股权补偿(优先现金补偿)"。又如,江西省南昌市中级人民法院审理的一案②中,《利润补偿协议》约定目标公司实际净利润未达到承诺净利润的,"投资方有权选择以现金补偿、股权补偿、股权回购等任一方式要求业绩承诺人进行补偿"。再如,北京市海淀区人民法院审理的一案③中,《补充协议》约定,"目标公司估值进行调整后,投资人在以下两种补偿方式中择其一获得补偿:第一种为股权补偿,第二种为乙方补偿投资人投资成本(以下称现金补偿)"。

对于约定择一补偿的,投资方不能同时主张不同的补偿方式。例如,上海市宝山区人民法院在一案④中认为,"根据《补充协议(二)》的约定,在席争鸣等人未完成祥发公司净利润承诺指标时,原告可要求现金补偿或股权补偿。换言之,原告只能就现金补偿和股权补偿择一主张,不能同时主张,而原告的第1项至第4项诉请既有现金补偿又有股权补偿,不应在本案中一并主张"。

不过,并非所有对赌协议都约定择一补偿,也存在业绩补偿由现金及股权共同组成的情况。例如,北京市高级人民法院审理的一案⑤中,当事人约定,"如果

---

① 参见翟红伟、青海汇富科技成果转化投资基金其他科技成果权纠纷案,最高人民法院民事裁定书,(2022)最高法民申419号。
② 参见国旅联合股份有限公司与粉丝投资控股(北京)有限公司、北京嘉文宝贝文化传媒有限公司合同纠纷案,南昌市中级人民法院民事判决书,(2020)赣01民初727号。
③ 参见深圳市盛桥创鑫投资合伙企业(有限合伙)与郝海涛等公司增资纠纷案,北京市海淀区人民法院民事判决书,(2015)海民(商)初字第04230号。
④ 参见上海君道住宅工业有限公司与席争鸣、吴杰等股权转让纠纷案,上海市宝山区人民法院民事裁定书,(2020)沪0113民初15124号。
⑤ 参见扬州万安燃气有限公司等合同纠纷案,北京市高级人民法院民事判决书,(2020)京民终677号。

万安公司2016—2018年任何一年度业绩未达到承诺水平,向艺公司及/或实际控制人须选择下述任何一种补偿方式或者两种补偿方式的组合对昆颉中心予以补偿:……股权补偿方式……现金补偿方式"。又如,山东省济南市中级人民法院审理的一案①中,当事人约定,"业绩补偿由现金补偿及股权补偿两部分构成,其中现金补偿金额合计为4000万元,甲方和/或乙方分别向丙方及丁方补偿2000万元;乙方将其持有的甲方12%股权作为股权补偿,分别向丙方、丁方无偿转让其持有甲方6%的股权"。

对于约定组合补偿的,业绩条款触发后,法院会支持投资方同时要求股权补偿和现金补偿的主张吗?

主题案例:上海普丽盛包装股份有限公司与顾凯伦股权转让纠纷案②

2015年11月及2017年9月,投资方与经营方分别签订《投资合作协议》及《投资合作协议之补充协议》,约定共同设立目标公司。投资方拟投资6000万元,持有目标公司60%股权,经营方出资1000万元,持股40%。经营方承诺:目标公司2017年、2018年、2019年、2020年实现经审计的净利润(扣除非经常性损益后)分别不低于800万元、1000万元、1200万元、1400万元。如目标公司任一年度净利润低于目标利润,经营方应就未达到承诺利润的部分对投资方进行补偿;优先以目标公司的股权进行补偿,股权不足的以现金补足;应补偿金额=(累计承诺扣除非经常性损益后的净利润数−累计实现扣除非经常性损益后的净利润数)/累计承诺扣除非经常性损益后的净利润数总和×本次投资后目标公司的估值×经营方持有目标公司的股权比例。应补偿股权数量=应补偿金额/累计承诺扣除非经常性损益后的净利润数总和×经营方持有目标公司股权数量;投资方以1元总价向经营方受让其应补偿的目标公司股权数量。

2018年4月,双方签订《业绩补偿履行协议》,因2017年目标公司业绩未达承诺,经营方应补偿投资方9945632.33元,经营方变更工商登记,持股比例变为26.74%。

根据目标公司2018年度《专项审计报告》,目标公司2018年度的净利润为−32524640.08元,扣除非经常性损益后净利润为−32697870.65元。

---

① 参见宏源汇富创业投资有限公司与庞鹏远等与公司有关的纠纷案,济南市中级人民法院民事判决书,(2020)鲁01民初705号。

② 参见上海市金山区人民法院民事判决书,(2020)沪0116民初4439号。

投资方于 2019 年 6 月及 2020 年 1 月两次函告经营方要求其承担补偿责任,经营方未予履行。

投资方提起诉讼,请求判令经营方将目标公司 26.74% 的股权以 1 元人民币的总价全部转让给投资方,向投资方支付 6406914.00 元现金补偿款,并支付违约金等。

上海市金山区人民法院认为:

经营方在 2018 年度负责管理经营目标公司期间,没有完成承诺的 1000 万元净利润,应当承担业绩补偿责任。应当补偿金额=[累计承诺扣除非经常性损益后的净利润数 1800 万元(2017 年承诺 800 万元、2018 年承诺 1000 万元)－累计实现扣除非经常性损益后的净利润数－32157094.9 元(2017 年双方确认的净利润 540775.75 元、2018 年净利润－32697870.65 元)]/累计承诺扣除非经常性损益后的净利润数总和 4400 万元(2017 年至 2020 年承诺净利润)×本次投资后公司的估值 1 亿元×经营方持有公司的股权比例 40%－累计已补偿金额 9945632.33 元(2017 年度当期应补偿金额)。应当补偿金额为 35651726.67 元。

根据《投资合作协议》第 3.5 条的约定,补偿方式为优先以公司的股权进行补偿,股权不足的以现金补偿。股权补偿的计算公式为:应补偿股权数量=应补偿金额 35651726.67 元/累计承诺扣除非经常性损益后的净利润数总和 4400 万元×经营方持有目标公司股权数量 1000 万股。应补偿股权数量为 8102665 股,因 2017 年业绩补偿后,经营方实际持有的目标公司股权是 6684790 股,故本次股权补偿数量为 6684790 股。根据协议约定投资方以 1 元总价向经营方受让其应补偿的目标公司股权数量。

对不足部分进行现金补偿。现金补偿数计算方式:应补偿金额 35651726.67 元/应补偿股权数量 8102665 股×1417875 股(应补偿股权数量 8102665 股－实际股权补偿数量 6684790 股),现金补偿数为 6238650.12 元。

经营方在未完成承诺业绩后应当承担补偿责任,但在投资方两次函告后仍未履行,应当承担违约责任。但协议对违约金具体计算方式约定不明,投资方现要求经营方承担以股权补偿数和现金补偿数之和作为违约金计算基数,按照贷款利率计算利息损失,其实质就是资金占用损失。但股权不是现金,以股权数作为利息计算基数没有法律依据,所以不能列入计算范围,本案违约金计算基数确定为 6238650.12 元。

判决部分包括:经营方将其持有目标公司 26.74% 股权(合计 6684790 股)变更登记至投资方名下,并支付现金补偿款 6238650.12 元。

本案中，投资方与经营方共同设立目标公司，经营方承诺如果目标公司业绩未达标，则向投资方补偿，优先以股权补偿，不足部分以现金补偿。因目标公司经营业绩未达承诺，投资方要求经营方作出股权补偿及现金补偿。

投资方同时主张股权补偿与现金补偿可能涉及公平问题。经营方出资1000万元，持有目标公司40%的股权。由于目标公司2017年业绩未达标，原股东已经向投资方转让过一部分股权。后因目标公司2018年业绩又未达标，投资方要求取得原股东持有的目标公司的剩余全部股权，并且额外支付现金补偿。

不过，本案法院还是支持了投资方基于合同约定提出的请求，判决经营方将其持有的目标公司的全部股权变更登记至投资方名下，并支付600余万元的现金补偿款。

实务中，业绩补偿条款大多约定现金补偿或股权回购，因此投资方同时主张股权补偿及现金补偿的案例极少。在现有案例中，法院亦未否定股权补偿与现金补偿共存的约定的效力。

最高人民法院审理的一案①中，再审申请人主张，业绩补偿承诺条款及据此签订的《股权转让及补偿协议》无效，投资方诉请对赌义务人作出股权补偿及现金补偿，不能成立。该院认为，"《股权转让及补偿协议》，对股权补偿和现金补偿作出明确约定，但再审申请人并未依照该协议的约定履行义务"，驳回再审申请。

东莞市第一人民法院在一案②中认为，"《补充协议一》第一条约定被告张新雄在履行股权补偿基础上，同意'另行'支付原告现金1737500元作为补偿……原告请求被告张新雄支付现金补偿款1737500元合法有据，本院予以支持"。

北京市第一中级人民法院二审维持原判的一案③中，一审法院认为，"《补充协议二》中约定，如毛凯按照协议约定向天星投资中心支付现金补偿款且完成股权补偿"，天星投资中心同意"2017年的业绩承诺由净利润不低于6000万元调整为净利润不低于4000万元"，"因毛凯未依约履行股权补偿义务，故2017年业绩承诺仍应以调整前为准，即净利润不低于6000万元"。

---

① 参见浙江尼尔迈特针织制衣有限公司、鄂州市嘉禾医疗科技有限公司等股权转让纠纷案，最高人民法院民事裁定书，(2021)最高法民申7802号。
② 参见东莞市科技创业投资合伙企业与张新雄、张翼与公司有关的纠纷案，东莞市第一人民法院民事判决书，(2016)粤1971民初19937号。
③ 参见毛凯与北京天星开元投资中心(有限合伙)股权转让纠纷案，北京市第一中级人民法院民事判决书，(2021)京01民终8332号。

◆ 小结与建议

投资方：如果符合对赌协议约定的情形，法院较可能支持投资方同时主张股权补偿与现金补偿。

创始人方：不建议在业绩补偿条款中赋予投资方同时主张股权补偿与现金补偿的权利，可考虑约定"股权补偿完成后投资方不再要求对赌义务人进行现金补偿"。

8.7 投资方主张股权回购却未要求工商变更登记，对赌义务人可以行使同时履行抗辩权吗？

在依据股权回购条款提出的诉讼请求中，投资方通常可选择：仅主张支付款项，如判令对赌义务人向投资方"支付股权回购款"；或一并主张配合变更股权登记，如判令对赌义务人向投资方"支付股权回购款，并协助投资方将诉争股权变更至原股东名下"。

对于投资方选择第一种方案的，如果投资协议未约定支付股权回购款与变更股权的顺序，对赌义务人可能辩称，股权回购是双务法律行为，以投资方未办理股权变更登记为由，行使同时履行抗辩权，拒绝支付股权回购款。该等抗辩成立吗？

同时履行抗辩权的适用条件：一是互负债务，二是没有先后履行顺序。《民法典》第 525 条规定："当事人互负债务，没有先后履行顺序的，应当同时履行。一方在对方履行之前有权拒绝其履行请求。一方在对方履行债务不符合约定时，有权拒绝其相应的履行请求。"

除此之外，还有第三个条件，即互负的债务均已届清偿期。"同时履行抗辩权制度目的在于使合同双方债务同时履行、双方享有的债权同时实现。因此，只有在双方的债务同时届期时，才能行使同时履行抗辩权。如果债务依据其性质或约定为非同时到期的情形，即其中一方当事人有先履行的义务，而对方所负债务尚未届履行期，则有先履行义务的一方当事人无权主张同时履行抗辩权。"[①]

常见的对赌协议约定，股权回购条款触发后，对赌义务人应在收到投资方发出通知后的一定期限内履行支付义务，而投资方应配合变更股权登记的履行期限，则往往没有约定。在该等情况下，如果双方未达成补充协议又无法按照合同条款或交易习惯确定履行期限，投资方可以随时履行，对赌义务人也可随时要求履行。《民法典》第 511 条规定："当事人就有关合同内容约定不明确，依据前条规定仍不能确定的，适用下列规定：……（四）履行期限不明确的，债务人可以随时履行，债权人也可以随时请求履行，但是应当给对方必要的准备时间……"

---

① 最高人民法院民法典贯彻实施工作领导小组主编：《中华人民共和国民法典合同编理解与适用（一）》，人民法院出版社 2020 年版，第 430 页。

8.7 投资方主张股权回购却未要求工商变更登记,对赌义务人可以行使同时履行抗辩权吗?

主题案例:翟喆等与上海温鼎投资中心(有限合伙)等股权转让纠纷案①

2014年12月5日,投资方与目标公司及原股东签订《增资扩股协议》,约定投资方通过增资形式投资目标公司。

同日,前述主体签订《增资扩股协议的补充协议》,约定:如果投资方2018年6月30日前未提交发行上市申报材料并获受理;2019年6月30日前没有完成挂牌上市,则投资方有权选择在上述任何一种情况出现后要求原股东回购投资方持有的全部或部分目标公司股份。原股东最迟在投资方通知要求受让之日起3个月内执行完毕。

目标公司自认未能在2018年6月30日之前提交发行上市申报材料并获受理。

投资方提起诉讼,请求判令原股东支付股份转让款等。

原股东辩称:合同对股份回购的履行顺序并未约定,为避免股份回购后无法及时办理股份转让手续,损害自身甚至目标公司的利益,原股东有权主张同时履行抗辩权。

北京市高级人民法院认为:

对于原股东关于其有权主张同时履行抗辩权。《增资扩股协议的补充协议》约定,在目标公司或原股东触发约定的退出条款时,投资方有权要求原股东购买其持有全部或部分目标公司的股份,即《增资扩股协议的补充协议》已经约定原股东支付股份转让款在先,故原股东关于同时履行抗辩权的上诉理由不成立,本院不予采信。基于此,在原股东没有按约支付股份转让款的情况下,一审判决对于案涉股份变更未予处理并无不当。

本案中,因目标公司未如期上市,投资方依据股权回购条款提起诉讼,请求判令原股东支付股份转让款。

原股东辩称,合同未约定回购的履行顺序,其有权在投资方未办理股权转让手续前行使同时履行抗辩权,拒绝支付股份转让款。

但是,本案不满足行使同时履行抗辩权所要求的条件:没有先后履行顺序及互负的债务均已届清偿期。虽然合同没有约定转让款支付与股权变更的顺序,但双方约定股份回购条款触发后,原股东应当在收到通知后的3个月内支付

---

① 参见北京市高级人民法院民事判决书,(2019)京民终163号。

股份转让款,暗含原股东先行支付转让款的意思。原股东支付股份转让款的义务已届清偿期,但现有证据并未表明投资方已超过变更登记的履行期间。

法院认为,合同已明确回购条款触发后,投资方有权要求原股东回购股份,即原股东支付转让款在先,原股东无权行使同时履行抗辩权。

其他案件中法院亦认为,对赌义务人以投资方未办理股权工商变更登记为由行使同时履行抗辩权的,或对赌义务人抗辩投资方只要求支付转让款的诉讼请求不能独立成立的,不予支持。

四川省高级人民法院在一案①中认为,"同时履行抗辩权适用的情形是双方互负义务且不分先后顺序的情况。而《承诺函》上明确约定娇子投资公司支付款项的时间为'本承诺书做出后9个月内支付给贵公司',但并没有约定办理股权过户的时间。本案诉讼中娇子投资公司亦未提出股权过户的要求,但其承诺的回购价款支付时间已经届满。因此,娇子投资公司应当兑现承诺,履行《承诺函》约定的义务,向贺盈实业公司支付回购价款"。

北京市第四中级人民法院审理的一案②中,原股东辩称,股权回购款的支付与股权转让为相对性义务,鉴于《增资协议》就股权回购款的支付及回购股权的变更登记没有约定先后顺序,因此,投资方只要求支付回购款的诉请,不能独立得到支持。该院认为,"《增资协议》中就股权回购中涉及的股权转让事宜未进行明确约定,亦未约定股权回购款支付与股权转让的先后履行顺序,故上海电气公司在本案中仅主张股权回购款不违反合同约定","对加华同创公司的上述抗辩意见不予支持。加华同创公司、江胜宗在支付上述股权转让款后,上海电气公司应将相应的股权变更至加华同创公司、江胜宗名下,因江胜宗未到庭就股权转让事项发表意见,故具体股权转让事项由各方另行解决"。

重庆市第一中级人民法院审理的一案③中,邓电明认为其可以以案涉股权尚未变更登记为由行使同时履行抗辩权。该院认为,"邓电明回购股权的义务系约定的负担条件成就而生成,应当按约及时履行,信惠公司亦应及时协助变更案涉股份登记,但邓电明无权在约定回购条件成就的情形下违约怠于履行或不履行相应义务。且信惠公司并未表示拒绝协助履行变更登记义务,邓电明并未在本案中相应

---

① 参见浙江贺盈实业投资有限公司与成都娇子投资发展有限公司、李飞、谢宇股权转让合同纠纷案,四川省高级人民法院民事判决案,(2014)川民初字第71号。
② 参见上海电气集团股份有限公司与查知能等股权转让纠纷案,北京市第四中级人民法院民事判决书,(2020)京04民初332号。
③ 参见邓电明与重庆信惠投资有限公司、宋春媛等股权转让纠纷案,重庆市第一中级人民法院民事判决书,(2019)渝01民终5305号。

提出反诉。如信惠公司违反相关义务,邓电明可另案主张其相应权利"。

福建省泉州市中级人民法院在一案①中认为,"两协议对于华翔公司回购股份后,股权变更登记手续办理时间未作约定,根据《中华人民共和国合同法》第六十条第二款'当事人应当遵循诚实信用原则,根据合同的性质、目的和交易习惯履行通知、协助、保密等义务'的规定,陈月华收取华翔公司回购款后,有义务协助华翔公司办理案涉股权变更登记手续,二审期间,陈月华也表示愿意积极配合华翔公司办理股权变更登记手续。华翔公司以案涉股权未办理变更登记为由,主张其享有同时履行抗辩权,有违法律规定,不予支持"。

苏州工业园区人民法院在一案②中认为,"被告极致公司累计亏损已超过《增资协议》签订时公司净资产的20%,协议约定的股权回购条件业已成就,合同相对方应按约履行双方约定的回购义务。被告以未办理股权变更手续主张同时履行抗辩权,鉴于《增资协议》中未约定以办理股权变更手续作为支付股权回购对价的前提条件,被告该抗辩,本院不予采纳"。

成都高新技术产业开发区人民法院在一案③中认为,"向原告成都高投公司支付全部股权转让价款是被告成都新方向公司的主要义务,在完成向原告成都高投公司支付全部的股权转让价款后,再按照法定程序办理股权转让登记,符合法律规定。且现原告成都高投公司向本院递交《承诺书》,同意在被告成都新方向公司支付股权转让款后配合办理工商变更登记,故对被告成都新方向公司的该辩称意见,本院不予采纳"。

◆ 小结与建议

投资方:投资方可以仅请求支付股权回购价款,而不同时要求办理股权变更登记。对赌义务人以此为由主张行使同时履行抗辩权的,法院不予支持。

创始人方:创始人方成功行使同时履行抗辩权的前提是,变更股权与支付回购款均已届清偿期,且没有先后履行顺序。除非股权回购与变更股权之日约定为同一天,否则同时履行抗辩权的主张难以被裁判机构支持。

---

① 参见福建泉州市华翔海洋生物科技有限公司、福建省金燕海洋生物科技股份有限公司合同纠纷案,泉州市中级人民法院民事判决书,(2018)闽05民终3937号。

② 参见杭州祥晖翎裕股权投资基金合伙企业与李征、刘虎等公司增资纠纷案,苏州工业园区人民法院民事判决书,(2020)苏0591民初7333号。

③ 参见成都高投创业投资有限公司与成都新方向科技发展有限公司股权转让纠纷案,成都高新技术产业开发区人民法院民事判决书,(2015)高新民初字第4976号。

8.8 投资方仅主张股权回购款的，对赌义务人应反诉要求变更工商登记吗？

如问题8.7所述，投资方起诉对赌义务人主张支付股权回购款时，"可以"而非"必须"一并提出变更工商登记。在投资方仅主张支付股权回购款且被支持的情况下，裁判机构会主动判决或裁决投资方配合办理股权变更登记吗？

法院判决超出诉讼请求的，属于可以申请再审的情形。《民事诉讼法》第211条规定："当事人的申请符合下列情形之一的，人民法院应当再审：……（十一）原判决、裁定遗漏或者超出诉讼请求的……"

仲裁裁决超出仲裁请求的，存在被撤销的风险。《仲裁法解释》第19条规定："当事人以仲裁裁决事项超出仲裁协议范围为由申请撤销仲裁裁决，经审查属实的，人民法院应当撤销仲裁裁决中的超裁部分。但超裁部分与其他裁决事项不可分的，人民法院应当撤销仲裁裁决。"

在超出诉讼请求风险与减少当事人诉累之间，法院会选择如何处理？

主题案例：王海波与上海中嘉兴华创业投资合伙企业（有限合伙）合同纠纷案[①]

2013年3月，投资方与目标公司及原股东签订《增资扩股协议》及《补充协议》，认购目标公司新增注册资本。

2015年12月，前述主体签订《协议书》，约定：如果目标公司在2017年12月31日前未直接或间接上市，投资人有权要求原股东回购股权。

由于目标公司未能上市，投资方提起诉讼，请求判令原股东支付股权回购款及违约金。

一审法院判决：原股东于判决生效后10日内向投资方支付股权回购款等。

原股东上诉，请求改判一审判决回购款的金额，及投资方在原股东履行支付股权回购款后30日内配合原股东及目标公司办理股权交割变更登记事宜。

北京市第三中级人民法院认为：

关于原股东上诉要求投资方配合办理股权变更登记事宜，鉴于原股东在一审中并未提出该项反诉请求，故本院对此不予处理，各方可另行解决。

---

① 参见北京市第三中级人民法院民事判决书，(2020)京03民终1009号。

8.8 投资方仅主张股权回购款的,对赌义务人应反诉要求变更工商登记吗?

本案中,因目标公司未如期上市,投资方依据对赌协议的约定,请求原股东支付股权回购款。一审法院支持投资方的前述请求。

原股东上诉称,判决主文应包括股权变更登记的内容。

二审法院认为,原股东在一审中未对此提出反诉,本院不予处理,应另案解决。

不少案件中法院持相同观点,即除非对赌义务人提出反诉,否则法院支持投资方股权回购款请求的,不会主动判决投资方办理股权变更登记。

深圳市中级人民法院审理的一案①中,原股东上诉称,"原审判决仅判令蔡伦单方面向桂能公司支付股权回购款,但对桂能公司何时回转股权、回转的数额、时限、方式等均无提及,不符合案结事了的审判要求。双方即便履行股权回购也应遵循等价有偿、公平公允的原则"。该院认为,"关于桂能公司回转股权的时间、数额、时限、方式等,《协议书》对此已有约定,各方当事人应遵照执行,对约定不明之处,相关当事人可依照《中华人民共和国合同法》第六十一条、第六十二条、第七十七条等法律规定进行补充或另行约定,如桂能公司存在违约或违反法律规定的情形,蔡伦可另循法律途径主张权利,一审法院根据当事人在本案中提出的诉请作出相应判决符合法律规定"。

重庆市第一中级人民法院在一案②中认为,"邓电明回购股权的义务系约定的负担条件成就而生成,应当按约及时履行,信惠公司亦应及时协助变更案涉股份登记,但邓电明无权在约定回购条件成就的情形下违约怠于履行或不履行相应义务。且信惠公司并未表示拒绝协助履行变更登记义务,邓电明并未在本案中相应提出反诉。如信惠公司违反相关义务,邓电明可另案主张其相应权利"。

对于投资方主张股权回购款时未要求变更工商登记的,法院有三种处理方式:

第一种处理方式,对赌义务人如要求变更登记应提起反诉或另案解决,如主题案例。

第二种处理方式,法院主动在作为执行依据的判决书主文部分要求投资方在收到股权回购款后配合办理股权变更手续。《人民法院民事裁判文书制作规范》规定,民事裁判文书"由标题、正文、落款三部分组成",正文包括如下内容,"(一)当事人的基本情况……(二)委托诉讼代理人的基本情况……(三)当

---

① 参见广西桂能科技发展有限公司、蔡伦合同纠纷案,深圳市中级人民法院民事判决书,(2018)粤 03 民终 3603 号。

② 参见邓电明与重庆信惠投资有限公司、宋春媛等股权转让纠纷案,重庆市第一中级人民法院民事判决书,(2019)渝 01 民终 5305 号。

事人的诉讼地位……(四)案件由来和审理经过……(五)事实……(六)理由……4.说理应当围绕争议焦点展开,逐一进行分析论证,层次明确。对争议的法律适用问题,应当根据案件的性质、争议的法律关系、认定的事实,依照法律、司法解释规定的法律适用规则进行分析,作出认定,阐明支持或不予支持的理由。5.争议焦点之外,涉及当事人诉讼请求能否成立或者与本案裁判结果有关的问题,也应在说理部分一并进行分析论证……(七)裁判依据。1.引用法律、法规、司法解释时,应……(八)裁判主文……裁判主文内容必须明确、具体、便于执行。3.多名当事人承担责任的,应当写明各当事人承担责任的形式、范围……"。

最高人民法院部分维持原判的一案①中,投资方起诉要求原股东支付股权回购款,原股东未提起反诉。一审法院判决在支持回购款的基础上,判决"成都娇子投资发展有限公司履行完毕上述一、二项付款义务后,浙江贺盈实业投资有限公司应当在十五日内,将所持有的成都休旅城投资有限公司13.3%的股权过户到成都娇子投资发展有限公司名下并协助办理股权变更相关工商登记手续"。

山东省高级人民法院审理的一案②中,一审法院根据《股份转让协议》《补充协议》的约定判决原股东支付投资方股权回购款,二审的争议焦点为是否应当一并判决投资方返还原股东股份。二审法院认为,"涉案的《股份转让协议》《补充协议》均是当事人的真实意思表示,内容合法有效。在合同约定的股权回购条件成立的情况下,根据合同当事人意思自治、诚实信用的原则,楼天汝应信守承诺,回购天一公司10%的股权。根据权利义务对等和节约诉讼资源的原则,楼天汝支付股权回购款后,科鑫投资合伙企业亦应协助将其所持的股份变更到楼天汝的名下",故在维持原审裁判的基础上,在判决主文部分加了一项:投资方在原股东履行原审判决第一项义务后30日内协助将目标公司10%股权变更到原股东名下。

福建省高级人民法院审理的一案③中提到,"关于一审判决是否超出诉讼请求范围,二审法院认为,一审期间,携创企业同意配合许文聪办理股权变更登

---

① 参见李飞等与浙江贺盈实业投资有限公司股权转让纠纷案,最高人民法院民事判决书,(2017)最高法民终498号。
② 参见上海科鑫领富投资合伙企业与楼天汝合伙协议纠纷、股权转让纠纷案,山东省高级人民法院民事判决书,(2016)鲁民终101号。
③ 参见蔡景文、许文聪股权转让纠纷案,福建省高级人民法院民事判决书,(2020)闽民再101号。

8.8 投资方仅主张股权回购款的,对赌义务人应反诉要求变更工商登记吗?

记,在许文聪支付股权回购款后,携创企业配合许文聪办理股权变更登记手续属于履行附随义务,为避免当事人诉累,一审一并作出处理并无不妥",维持一审判决。

上海市虹口区人民法院审理的一案①中,投资方起诉请求判令原股东支付股权回购款。该院除在判决主文部分裁判原股东应支付股权投资款外,判决上述股权回购义务履行完毕后30日内,投资方应配合将其持有的目标公司0.8215%股权变更登记至原股东名下。

第三种处理方式,法院仅在判决书理由部分提到投资方应当在收到股权回购款后配合办理股权变更手续,但未在判决主文提及。也就是说,如果投资方收到款项后不配合办理股权变更登记,对赌义务人也无法依据该判决申请执行,要求投资方履行变更手续。

最高人民法院在一案②中认为,传媒集团、领航公司在本案未提起反诉,而润信鼎泰、鼎泰资本、美锦公司的诉讼请求并不包含返还相应股份,因此,二审法院未判决润信鼎泰、鼎泰资本、美锦公司将持有的领航公司股权返还传媒集团,符合法律规定……传媒集团履行二审判决确定的义务后,润信鼎泰、鼎泰资本、美锦公司应向传媒集团或其指定的第三方返还相应股份。

北京市第四中级人民法院在一案③中认为,"加华同创公司、江胜宗在支付上述股权转让款后,上海电气公司应将相应的股权变更至加华同创公司、江胜宗名下,因江胜宗未到庭就股权转让事项发表意见,故具体股权转让事项由各方另行解决"。

上海市崇明区人民法院审理的一案④中,投资方请求判令原股东向其支付股权回购款及投资收益。该院在理由部分认为,原股东支付股权回购款后,投资方应配合原股东及目标公司办理股权变更登记。

南京市玄武区人民法院审理的一案⑤中,投资方请求判令原股东向其偿还

---

① 参见厦门东网融创股权投资基金管理合伙企业与上海英翼通讯科技有限公司、余慧其他合同纠纷案,上海市虹口区人民法院民事判决书,(2020)沪0109民初12150号。
② 参见广东南方广播影视传媒集团有限公司、广东南方领航影视传播有限公司公司增资纠纷案,最高人民法院民事裁定书,(2020)最高法民申6234号。
③ 参见上海电气集团股份有限公司与查知能等股权转让纠纷案,北京市第四中级人民法院民事判决书,(2020)京04民初332号。
④ 参见盛虞(上海)资产管理中心与张轶骏、吴震等股权转让纠纷案,上海市崇明区人民法院民事判决书,(2019)沪0151民初8769号。
⑤ 参见董铭勤与南京中创水务集团股份有限公司、余胜者等与公司有关的纠纷案,南京市玄武区人民法院民事判决书,(2019)苏0102民初8572号。

投资本金及收益。该院在理由部分认为,在原股东支付股权回购款后,投资方所持有的目标公司的对应股权亦应交付原股东,投资方应配合办理相应股权变更登记。

以上三种处理方式均有其存在的理由及不足之处。

第一种处理方式完全避免了超出诉讼请求的风险。但是对赌义务人可能需另行提起诉讼解决,纠纷解决的效率不高。

第二种处理方式节省司法资源,减少当事人诉累。对赌义务人可以依据判决主文的内容,在投资方收到回购款却未配合办理股权变更登记时,直接向法院申请执行。但是,该等方式可能被认为超出诉讼请求。

第三种处理方式是前两种处理方式的折中,法院仅在理由部分主动提及股权变更事宜。但判决主文没有该等内容,对赌义务人难以据此直接申请执行。

◆ 小结与建议

投资方:向对赌义务人主张股权回购款时,投资方"可以"而非"必须"一并要求对方配合办理股权变更登记。

创始人方:投资方仅主张支付股权回购款的,考虑到法院或仲裁机构未必主动裁判投资方配合办理股权变更登记,为避免之后的争议,创始人方可视情况提出反诉或反请求,要求投资方配合办理工商变更登记。

8.9 对赌协议中含有"保证"的，一定构成法律意义上的保证吗？

不少对赌协议都含有"保证"或"担保"等表述。例如，"原股东及/或目标公司保证：如果目标公司未能达到业绩或上市目标，则原股东及/或目标公司承担股权回购及/或现金补偿责任"，或将回购及补偿条款约定在"陈述与保证"部分。该等"保证"或"担保"一定构成法律意义上的保证吗？

存在前述情形的，对赌义务人可能抗辩其承担的是保证责任，并以超过保证期限等理由拒绝承担责任。例如，福建省厦门市中级人民法院审理的一案①中，对赌条款约定，如果目标公司未实现业绩承诺，则原股东承诺担保赔偿。原股东抗辩称其承担的是保证责任，已超过法定保证期间。又如，北京市高级人民法院审理的一案②中，原股东之妻辩称，原股东股权回购承诺的性质为担保之债，担保之债不能认定为夫妻共同债务。

该等抗辩有一定合理性。对赌义务人的回购及补偿保证，有利于投资方，与保证人保障债权人的利益相近。而且，对赌义务人为原股东的，在投资方增资入股的情况下，原股东并未因为投资方的交易获得直接利益，这与保证的单务性类似。因此，关于对赌协议的性质，存在保证合同说。

但是，构成保证与否，取决于是否符合保证的法律特征，如是否存在主债务。保证合同是从合同，具有从属性，如果没有主债务，就不可能有担保债务。《民法典》第681条规定："保证合同是为保障债权的实现，保证人和债权人约定，当债务人不履行到期债务或者发生当事人约定的情形时，保证人履行债务或者承担责任的合同。"第682条规定：'保证合同是主债权债务合同的从合同……"

补充性是保证合同的另一要素。保证责任的履行需要满足前提条件，只有在主债务人不履行到期债务或发生约定的情形时，保证人才负有履行保证债务的责任。而且，保证人必须是债务人之外的第三人。③《民法典》第687条第1

---

① 参见厦门金泰九鼎股权投资合伙企业与骆鸿、江西旭阳雷迪高科技股份有限公司公司增资纠纷案，厦门市中级人民法院民事判决书，(2014)厦民初字第137号。
② 参见金燕与建银文化产业股权投资基金(天津)有限公司合同纠纷案，北京市高级人民法院民事判决书，(2018)京民终18号。
③ 参见最高人民法院民法典贯彻实施工作领导小组主编：《中华人民共和国民法典合同编理解与适用(四)》，人民法院出版社2020年版，第1282页。

款规定:"当事人在保证合同中约定,债务人不能履行债务时,由保证人承担保证责任的,为一般保证。"第 688 条第 1 款规定:"当事人在保证合同中约定保证人和债务人对债务承担连带责任的,为连带责任保证。"

一般保证的补充性体现在债务人应先承担责任,保证人承担责任的前提是"债务人不能履行债务"或"无力偿还债务"。除非法定列明的情形,一般保证人仅在主合同经审判或仲裁且债务人经强制执行仍不能履行债务的情况下才承担责任。《民法典》第 687 条第 2 款规定:"一般保证的保证人在主合同纠纷未经审判或者仲裁,并就债务人财产依法强制执行仍不能履行债务前,有权拒绝向债权人承担保证责任,但是有下列情形之一的除外:(一)债务人下落不明,且无财产可供执行;(二)人民法院已经受理债务人破产案件;(三)债权人有证据证明债务人的财产不足以履行全部债务或者丧失履行债务能力;(四)保证人书面表示放弃本款规定的权利。"《民法典担保制度解释》第 25 条第 1 款规定:"当事人在保证合同中约定了保证人在债务人不能履行债务或者无力偿还债务时才承担保证责任等类似内容,具有债务人应当先承担责任的意思表示的,人民法院应当将其认定为一般保证。"

连带保证中,虽然没有债务人应先行承担责任的规定,但保证人承担责任以债务人不履行债务为前提,依然具有补充性。债务的履行人依然是主债务人,债权人有权在主债务人违约的即刻,要求连带保证人承担责任。《民法典担保制度解释》第 25 条第 2 款规定:"当事人在保证合同中约定了保证人在债务人不履行债务或者未偿还债务时即承担保证责任、无条件承担保证责任等类似内容,不具有债务人应当先承担责任的意思表示的,人民法院应当将其认定为连带责任保证。"

据此,本问题第一段列举的对赌条款不符合保证合同的前述特征。实现对赌目标,并非主债务,而是附条件合同中条件部分的内容。因欠缺主债务人,也就谈不上主债务人不履行到期债务的情形。因此,该等约定不具有保证合同的从属性和补充性。

主题案例:林靖、天津璟涵文化发展有限公司等合同纠纷案[①]

2018 年 1 月 2 日,投资方与目标公司签订《增资协议书》,约定:投资方以增资扩股的方式向目标公司投资 300 万元,持有目标公司 3% 的股权。目标公司创始人向投资方承诺:目标公司 2018 年、2019 年扣除非经常性损失后净利润分别

[①] 参见厦门市中级人民法院民事判决书,(2022)闽 02 民终 2108 号。

不得低于 2000 万元和 3000 万元,否则目标公司创始人应按照业绩未达成比例对应投资款溢价 12% 回购投资方持有的目标公司的股权。《增资协议书》后的"实际管理人及创始人"落款处有创始人的签字。

2018 年 1 月 18 日,创始人及目标公司作为保证人向投资方出具《承诺与保证函》,其中第 2 条约定,如果目标公司未达成 2018 年、2019 年的净利润,则创始人及目标公司回购投资方的股权;第 5 条约定,如上述回购条款触发启动时,目标公司若无能力回购,则创始人以自己名下的资产,包括但不限于股票、房产、现金、债券进行补偿。

因目标公司 2018 年、2019 年净利润目标均未达成,投资方提起诉讼,请求判令创始人立即向投资方支付投资款及利息等。

创始人抗辩:《承诺与保证函》性质应为保证合同,并非股权回购合同。根据该函第 5 条的约定,只有在目标公司无力支付时,才由创始人进行补偿,性质上属于一般保证合同责任,是对目标公司回购股权进行的保证。投资方主张,创始人承担独立的股权回购义务,而非保证义务。

厦门市思明区人民法院一审认为:

关于《承诺与保证函》的性质问题。创始人在《增资协议书》中明确作出股权回购的意思表示,创始人亦在《承诺与保证函》中明确承诺净利润未达标时由其回购投资方持有的目标公司股权,该回购意思表示清楚、明确。

《承诺与保证函》第 5 条关于创始人以其财产进行补偿的约定,系以目标公司无力回购并支付投资款利息为前提条件,该约定是各方之间关于其内部清偿顺序的约定,并非变更《承诺与保证函》中各方股权回购的意思表示,不影响各方根据《承诺与保证函》第 2 条履行对外承担股权回购的义务。

故创始人关于《承诺与保证函》系保证合同且保证期间届满无须承担保证责任的抗辩意见不予采纳。

厦门市中级人民法院二审维持原判。

本案中,创始人在《增资协议书》中承诺,如果目标公司未达成业绩目标,则回购投资方持有的目标公司的股权。之后,创始人又以保证人身份在《承诺与保证函》中重申前述内容,并约定股权回购条款触发后,如果目标公司无能力回购,则由创始人补偿投资方。因业绩目标未达成,投资方起诉要求创始人回购股权。

创始人辩称,其承担的并非回购责任,而是保证责任,如今保证期限已届满。

创始人主张其承担的是保证责任,并非完全没有依据。《承诺与保证函》的标题中含有"保证"二字,且创始人是以"保证人"身份签署的该函件。但合同内容含有"保证",是否必然构成法律意义上的担保?

本案法院的答案为否。《增资协议书》与《承诺与保证函》中,创始人回购股权的意思表示明确,《承诺与保证函》中约定目标公司无力回购为创始人支付的前提,系内部清偿顺序的约定,并未变更股权回购的意思。因此,创始人承担的并非保证责任。

与本案类似,其他案件中法院也并非仅凭对赌协议中含有"保证"或"担保"二字,就认为构成保证。

广西壮族自治区高级人民法院审理的一案[①]中,《业绩承诺与补偿协议》载明,实际控制人向投资方"保证":目标公司未来两年的年度"保证"净利润应至少达到以下指标:2015年度"保证"净利润不低于6000万元;2016年度"保证"净利润不低于22000万元。如果目标公司在2015年度和2016年度中的任一会计年度的年度实际净利润未达到前述"保证"净利润,则实际控制人将以现金形式给予投资方及时、充分、有效的补偿。因目标公司业绩未达标,投资方起诉要求实际控制人作出现金补偿。实际控制人辩称其作出业绩补偿承诺是法律意义上的担保。该院认为,"在案涉交易框架中,林军作出业绩补偿承诺是以前海公司代表节节高2号资管计划购买桂东磷业公司持有的明利公司股份为基础,明利公司实际控制人林军作出的业绩补偿承诺实际为受让股东的投资利益做保障,该利益保障承诺促成双方的股权投资交易。从交易双方的对价给付内容看,桂东磷业公司与林军的行为存在一致性,均为换取另一方作出购买明利公司股份的允诺,两者在本质上构成了股权投资交易中的一方。故而,本案的基础法律关系为股权转让关系,实际控制人林军所作出的业绩补偿承诺、桂东磷业公司转让600万股份与前海公司支付3000万元形成交易对价,桂东磷业公司与林军共同构成该股权投资交易中前海公司的相对方,两者分别独立地对前海公司负担不同性质的义务,《业绩承诺与补偿协议》本质是该股权转让关系中卖方义务的组成部分。由此,对林军认为其作出业绩补偿承诺是法律意义上的担保的主张",故不予支持。

是否构成法律意义上的保证,关键在于是否符合保证的法律关系特征。

[①] 参见林军、前海开源资产管理有限公司股权转让纠纷案,广西壮族自治区高级人民法院民事裁定书,(2019)桂民申1647号。

8.9 对赌协议中含有"保证"的,一定构成法律意义上的保证吗?

福建省厦门市中级人民法院在一案①中认为,"骆鸿作为对赌条款的相对方应对投资人直接承担补偿责任,而非担保责任。讼争对赌条款约定'旭阳雷迪公司未能实现年度净利润,应对投资方进行补偿,骆鸿承诺担保赔偿',该条款虽然字面表现为'担保赔偿',但对赌条款的设立目的在于帮助投资方控制和锁定投资风险,解决旭阳雷迪公司的融资问题,实现公司上市的目的。为有效地约束和激励公司改善经营管理,骆鸿作为旭阳雷迪公司的大股东,基于对公司的控制力,激励公司实现业绩目标,其作为《增资协议》及《补充协议》的签约方,系以控股股东的身份对投资人承诺进行业绩补偿。根据《担保法》第六条之规定,保证是指保证人和债权人约定,当债务人不履行债务时,保证人按照约定履行债务或者承担责任的行为。在保证合同法律关系中债权人与债务人之间构成主合同关系,债务人与保证人之间构成委托合同关系,在这个关系中,债务人作为委托人,保证人作为受托人,保证人接受债务人的委托出面担任保证人。骆鸿系讼争《增资协议》和《补充协议》的相对方,本案并不存在主从合同关系,不符合保证合同法律关系的特征。因此,本院认为,骆鸿承诺的'担保赔偿'非担保法意义上的保证,而是控股股东与投资人就未来一段时间内目标公司的经营业绩进行约定,如目标企业未实现约定的业绩,则需按一定标准与方式对投资人进行补偿的条款。骆鸿作为对赌条款的相对方应对投资人直接承担补偿责任,而非担保责任。所以,本案不存在超过保证期间的问题"。

北京市高级人民法院审理的一案②中,《补充协议》约定投资方向目标公司发出赎回通知后未收回投资款及每年15%收益的,投资方有权要求原股东回购股权,任一股东均有义务支付全额投资款及收益,支付款项的一方有权向其他原股东追偿。原股东称其在《补充协议》上签字的行为构成保证。该院认为,"首先,从《补充协议》的内容看,协议并未直接表述姜强、苗步林、石秋焕、张欣欣、闫小英、张冬驹、王安承担的是'保证'责任,且股权回购条款系双务合同,相关主体履行股权回购义务,既负担金钱给付的债务,也取得投资方转让的相应股权。因此,北京中投公司及姜强、苗步林、石秋焕、张欣欣、闫小英、张冬驹、王安的回购义务并非只指承担给付股权回购价款的金钱债务,也包括了要求南京钢研合伙企业转让股权的权利。案涉合同中关于姜强、苗步林、石秋焕、张欣欣、闫

---

① 参见厦门金泰九鼎股权投资合伙企业与骆鸿、江西旭阳雷迪高科技股份有限公司公司增资纠纷案,厦门市中级人民法院民事判决书,(2014)厦民初字第137号。
② 参见张冬驹等与南京钢研创业投资合伙企业(有限合伙)股权转让纠纷案,北京市高级人民法院民事判决书,(2021)京民终495号。

小英、张冬驹、王安在出现相应情形时应当进行股权回购的约定,不符合保证的一般特征。其次,虽然姜强、苗步林、石秋焕、张欣欣、闫小英、张冬驹、王安与北京中投公司相比,履行回购义务成就的时间不同,但如前所述,股权回购相关约定系基于意思自治对于不同主体回购义务触发条件的分别约定,回购主体既承担给付股权回购款的义务,也享有受让股权的权利,因此不存在主、从债务之分。再次,《补充协议》约定了丙方即姜强、苗步林、石秋焕、张欣欣、闫小英、张冬驹、王安之间在支付款项后可相互追偿,但未约定姜强、苗步林、石秋焕、张欣欣、闫小英、张冬驹、王安可以就股权回购款向北京中投公司追偿,亦不符合保证的特征"。

含有对赌义务人"保证"或"担保"的不少案件中,无论是对赌义务人还是法院,均未提出对赌义务人承担的是保证责任。

广州市海珠区人民法院审理的一案①中,股东转让合同约定,原股东"保证"目标公司2016年及2017年累计实现的净利润不少于2000万元,如若不足,投资方有权要求原股东进行补偿;原股东"保证"2016年9月30日前完成对目标公司的股份制改造,如目标公司未在2017年12月31日前完成新三板上市,原股东负责对投资方股份进行回购。因目标公司业绩及上市对赌均未达成,投资方提起诉讼,要求原股东支付业绩补偿款及股权回购款等。该院认为,"现被告方不能举证证明广东邦世迪在2016年及2017年度累计实现净利润不少于2000万元,亦没有证据证明其非因自身原因导致至今仍不能完成新三板上市,故原告的上述请求,有理",予以支持。

福建省泉州市中级人民法院审理的一案②中,《股权转让协议补充协议》载明:原股东"承诺保证"目标公司于2016年5月31日前完成在全国中小企业股份转让系统挂牌、上市或者被上市公司收购;若未能完成,投资方有权要求原股东回购股份。原股东"保证"在投资方提出股份回购要求之日起3个月内以现金方式支付全部股份受让款。因目标公司未如期上市或被收购,投资方提起诉讼,请求判令原股东向其支付股权回购款、违约金等。该院认为,原股东应当向投资方支付股权回购款及违约金等。

---

① 参见黄世彪与广州邦世迪生物技术有限公司、刘新建股权转让纠纷案,广州市海珠区人民法院民事判决书,(2018)粤0105民初5937号。
② 参见福建泉州市华翔海洋生物科技有限公司、福建省金燕海洋生物科技股份有限公司合同纠纷案,泉州市中级人民法院民事判决书,(2018)闽05民终3937号。

8.9 对赌协议中含有"保证"的,一定构成法律意义上的保证吗?

◆ 小结与建议

投资方:对赌协议中含有"保证"或"担保"的,是否构成法律意义上的担保,取决于是否符合保证的法律特征,如存在主债务、具有补充性等。

创始人方:对赌协议提及"保证"或"担保"的,可尝试抗辩其承担的是保证责任,并以超过保证期间、保证未有效设立等理由拒绝承担对赌责任。但该等抗辩获得支持的前提是,合同的约定符合担保的定义,如存在主债务、创始人为主债务人之外的第三人等。

8.10 目标公司未减资无法回购股权的，应承担逾期付款违约金吗？

目标公司为对赌义务人的，如果未经减资程序，法院不支持投资方针对目标公司的回购请求。接下来的问题是，考虑到股权回购条款已触发，目标公司是否应当承担未按约回购产生的违约责任？

关于这一问题，目前存在两种截然相反的裁判观点：

第一，目标公司应当承担违约责任。目标公司未能及时履行减资程序违反了合同的附随义务，应承担延迟履行产生的违约责任。

例如，北京市高级人民法院在一案①中认为，"根据《补充协议》中的约定，北京中投公司未能在约定时间内足额支付南京钢研合伙企业赎回价款的，除承担约定的违约责任外，每日应另按日万分之五就赎回价款逾期部分向投资方支付违约金。现由于北京中投公司未履行符合《公司法》规定的减资程序导致南京钢研合伙企业未能及时收到赎回价款，南京钢研合伙企业据此要求北京中投公司承担逾期付款违约金具有合同依据"，"各方在签订《投资协议》和《补充协议》时及合同履行过程中，应当对己方能否履行相应的义务有合理预期并如实履行，北京中投公司未能及时履行减资程序违反了合同的附随义务，导致其未能在约定时间内足额支付南京钢研合伙企业赎回价款，其应承担因未及时履行合同义务而产生的迟延履行违约责任"，"目标公司在不回购股权的情况下，其基于未履行股权回购义务支付违约金，并不导致公司注册资本的减少，亦不必然导致债权人利益受损。鉴于资本维持原则的规范目的以及北京中投公司对于其一时（自始）给付不能具有可归责性，北京中投公司应当按照《补充协议》的约定向南京钢研合伙企业支付逾期履行违约金"。

第二，目标公司不应当承担违约责任。《公司法》禁止抽逃出资的规定，不仅限制目标公司回购股权，同样适用于目标公司未能回购股权产生违约金的情形。

---

① 参见张冬驹等与南京钢研创业投资合伙企业（有限合伙）股权转让纠纷案，北京市高级人民法院民事判决书，(2021)京民终495号。

8.10 目标公司未减资无法回购股权的,应承担逾期付款违约金吗?

主题案例:北京润信鼎泰投资中心等与广东南方广播影视传媒集团有限公司等公司增资纠纷案①

2014年11月28日,投资方与目标公司及控股股东签订《增资扩股协议》,约定投资方增资1.4亿元。

同日,前述主体又签署《补充协议》,约定:如果目标公司未能在2018年6月30日前实现上市,投资方有权要求目标公司在两个月内回购其持有目标公司的全部或部分股权,控股股东应协助目标公司予以执行。目标公司超过期限不予回购,每超过一天以其应支付的回购价款按照每日万分之五计算违约金。控股股东对目标公司在本协议中的义务承担连带责任。

目标公司未在约定的2018年6月30日前实现上市。投资方提起诉讼,请求目标公司支付股权回购款,并以此为基数支付每日万分之五的违约金。

广东省高级人民法院认为:

目标公司未如期上市,确已触发了《补充协议》约定的股份回购义务。根据《补充协议》的约定,控股股东亦可视为案涉股份的回购义务人。

本案中,目标公司如回购自己的股份,根据《公司法》第35条有关"公司成立后,股东不得抽逃出资"的规定,应履行法定的减资程序,由于投资方并未提交证据证明目标公司已依法履行了法定的减资程序,一审法院因此认定投资方在本案中无权直接要求目标公司收购自己公司的股份,并据此驳回了投资方基于此而主张目标公司应赔偿其回购可得利益损失及该项违约金损失的诉讼请求并无不当,本院予以维持。

本案中,合同约定如果目标公司未如期上市,投资方有权要求目标公司回购股权,目标公司逾期回购应支付违约金。回购条款触发后,投资方提起诉讼,向目标公司主张股权回购款及逾期付款违约金。

对此,法院均予驳回,理由是投资方未证明目标公司已履行减资程序,无权要求目标公司支付股权回购款及违约金。

大多数案例与本案类似,即目标公司为对赌义务人的,如果目标公司尚未减资,则法院不支持投资方关于目标公司支付股权回购款及逾期回购违约金的请求。

其中,有的法院未具体说明理由,仅以目标公司未减资为由驳回投资方的

---

① 参见广东省高级人民法院民事判决书,(2019)粤民终2507号。

主张。

广东省深圳市中级人民法院审理的一案①中，投资方要求目标公司支付回购款及逾期付款违约金等。该院认为，"现无证据证明慧通公司已依法定程序履行了减资手续，或有其他满足《公司法》第一百四十二条规定的例外情形的，故林家卯在本案一审法庭辩论终结前请求慧通公司回购股权，一审法院不予支持。林家卯可待《公司法》第一百四十二条规定的例外情形出现时，再行主张慧通公司按照协议约定履行股份回购义务、支付回购价款及承担相应的违约责任"。

杭州市西湖区人民法院在一案②中认为，"没有证据显示目标公司已完成减资程序，原告要求目标公司支付回购款、逾期付款违约金、律师费的诉讼请求，本院不予支持"。

北京市海淀区人民法院在一案③中认为，"华谊公司支付的投资款1200万元经工商变更登记后，已实际转为苍轩公司的资产。在苍轩公司未经依法减资的情况下，华谊公司与崔春玉、赵京虎约定由苍轩公司代为履行退还投资款的义务，实属变相抽逃出资。基于此，华谊公司要求苍轩公司向其退还投资款并支付违约金、律师费损失，缺乏法律依据，本院不予支持"。

有的案件中法院则指出，即便目标公司未回购股权构成违约，支付逾期违约金也属于变相抽逃出资，不予支持。

北京市高级人民法院二审维持原判的一案④中，一审法院认为，"在合同履行方面，二被上诉人作为玖美公司股东，依据合同约定要求玖美公司履行回购股份之义务亦应符合公司法第三十五条关于'股东不得抽逃出资'及第一百四十二条关于股份回购的强制性规定之要求，就本案而言，玖美公司并未完成减资，不符合公司回购股份的条件，若支持二被上诉人该项诉求，即要求玖美公司承担回购义务或支付基于回购义务而产生的违约金，则相当于让玖美公司股东变相抽逃或部分抽逃出资，有违法律的强制性规定"，故对二原告的该项诉求不予支持。

---

① 参见林家卯、深圳市慧通天下科技股份有限公司管理人股票回购合同纠纷案，深圳市中级人民法院民事判决书，(2020)粤03民终12735号。

② 参见浙江信海创业投资合伙企业与北京博曼迪汽车科技有限公司、汪海波合同纠纷案，杭州市西湖区人民法院民事判决书，(2020)浙0106民初839号。

③ 参见华谊兄弟(天津)体育文化有限公司与赵京虎等合同纠纷案，北京市海淀区人民法院民事判决书，(2021)京0108民初14166号。

④ 参见爵美名盟国际贸易(北京)有限公司等与深圳市红土信息创业投资有限公司等股权转让纠纷案，北京市高级人民法院民事判决书，(2020)京民终549号。

8.10 目标公司未减资无法回购股权的,应承担逾期付款违约金吗?

浙江省高级人民法院在一案①中认为,"地博公司无须支付海利得公司9828万元股份回购款及逾期付款违约金。作为目标公司的地博公司虽然违约,但其不能因此对公司股东承担赔偿责任……基于公司资本维持原则,在未经公司注册资本金变动和公示程序的情形下,公司不得以任何形式向股东清偿认购股份产生的债务。故地博公司不能因海利得公司认购股份目的没有达到而承担赔偿责任"。

有的法院甚至认为,目标公司未能减资并非其过错,不构成违约,也就谈不上支付违约金。

湖南省高级人民法院在一案②中认为,"城建公司与兆富公司签署了股权回购的'对赌协议',虽然双方的往来函件表明约定的回购条件已成就,但城建公司并未提供证据证明股权回购已完成了上述法律规定的减资程序。城建公司系兆富公司第一大股东,并向兆富公司派驻了监事长,在其拟请求兆富公司回购其股权时,城建公司有权召集兆富公司股东召开股东会商议减资事项、配合完成上述减资程序,故减资程序未完成不能完全归咎于兆富公司。且城建公司亦未提交证据证明上述减资事项未完成,系兆富公司不作为而无法完成。在此情形下,城建公司诉请兆富公司支付违约金,没有事实基础"。一审法院提到,"若兆富公司在具备履行条件时不予履行上述两项义务,城建公司可另行主张违约金"。

上海市松江区人民法院审理的一案③中,《增资扩股协议》中约定,守约方有权要求违约方赔偿守约方的经济损失,包括法律费用等。投资方请求目标公司及原股东回购股份,并由二者承担律师费。该院认为,"中标公司回购中汇合伙、金玖合伙所持股份,应符合公司法的规定,依据我国公司法第一百四十二条的规定,股份有限公司只有在特定情形下才能收购本公司股份,如为减少公司注册资本而收购股份的还应当经股东大会决议。该规定系公司资本维持原则之体现,为保护债权人合法权益和社会公共利益。因中标公司就回购中汇合伙、金玖合伙所持股份并未经股东大会决议减资,中汇合伙、金玖合伙对中标的回购主张

---

① 参见广西地博矿业集团股份有限公司、浙江海利得新材料股份有限公司新增资本认购纠纷、买卖合同纠纷案,浙江省高级人民法院民事判决书,(2017)浙民终875号。
② 参见株洲市城市建设发展集团有限公司、湖南兆富投资控股(集团)有限公司等股权转让纠纷案,湖北省高级人民法院民事判决书,(2021)湘民终960号。
③ 参见上海中汇金玖贰股权投资管理合伙企业、南通金玖锐信创业投资基金合伙企业与中标建设集团股份有限公司、陈晓东等股权转让纠纷案,上海市松江区人民法院民事判决书,(2019)沪0117民初19705号。

亦不符合公司法第一百四十二条第一款规定的其他情形,中标公司回购中汇合伙、金玖合伙所持股份存在法律障碍,无法履行。中汇合伙、金玖合伙主张中标公司回购股份的诉讼请求",不予支持,"《增资扩股协议》中约定,守约方有权要求违约方赔偿守约方的经济损失,包括法律费用等。陈晓东、陈永科未按约履行股份回购义务,中汇合伙、金玖合伙通过诉讼方式主张权利,由此产生法律费用应由陈晓东、陈永科赔偿"。虽然本案法院没有明说,但通过裁判内容,尤其是律师费的承担,已能看出其态度,即目标公司因未减资无法回购的,不构成违约。

该等观点并非没有道理。目标公司是否减资,取决于是否经股东会决议通过。《公司法》第 66 条第 2、3 款规定:"股东会作出……减少注册资本的决议……应当经代表三分之二以上表决权的股东通过。"上海市高级人民法院在一案①中认为,"尽管公司法规定公司减资时的通知义务人是公司,但公司减资系股东会决议的结果,是否减资以及如何减资完全取决于股东的意志"。

而且,目标公司减资程序未完成,其回购的合同义务尚未成就。既然尚未成就,也就不存在违约的前提。例如,最高人民法院在一案②中认为,"银海通投资中心针对奎屯西龙公司的诉讼请求为'在新疆西龙公司不能履行回购义务时向银海通投资中心支付股权回购价款 13275000 元',其诉求的该义务属于担保合同义务,而担保合同义务具有从属性,即履行担保合同义务的前提条件是主合同义务履行条件已成就。现新疆西龙公司的减资程序尚未完成,股份回购的主合同义务尚未成就,故奎屯西龙公司的担保义务未成就"。

◆ 小结与建议

在目标公司未减资不承担回购责任的情况下,关于对赌义务人目标公司是否承担逾期支付违约金的问题,法院的裁判思路存在分歧。

投资方:建议约定目标公司为原股东履行对赌协议提供连带责任担保。如果创始人方只同意对赌义务人为目标公司,则建议约定原股东有义务在收到投资方回购通知的一定期限内促成目标公司减资完成,否则原股东应当承担违约

---

① 参见上海博达数据通信有限公司与杨嘉林等买卖合同纠纷案,上海市高级人民法院民事判决书,(2020)沪民再 28 号。
② 参见北京银海通投资中心、新疆西龙土工新材料股份有限公司股权转让纠纷案,最高人民法院民事裁定书,(2020)最高法民申 2957 号。

8.10 目标公司未减资无法回购股权的,应承担逾期付款违约金吗?

责任,并约定违约金的计算方式。

创始人方:尽量避免目标公司被约定为原股东履行对赌协议的保证人。在目标公司为对赌义务人的情况下,建议在投资协议中约定,投资方对于启动减资程序应当履行一定的义务,以降低目标公司承担逾期回购违约责任的可能性。

8.11 司法审计费用最终由谁承担？

对赌纠纷中，一旦法院准许对目标公司的财务账目进行司法审计，就产生审计费用的支付问题。该笔费用最终由谁承担？

诉讼程序中的司法审计，性质为鉴定。最高人民法院《关于印发〈人民法院司法鉴定工作暂行规定〉的通知》第2条规定："本规定所称司法鉴定，是指在诉讼过程中，为查明案件事实，人民法院依据职权，或者应当事人及其他诉讼参与人的申请，指派或委托具有专门知识人，对专门性问题进行检验、鉴别和评定的活动。"第15条规定："司法鉴定机构可受人民法院的委托，对拟作为证据使用的鉴定文书、检验报告、勘验检查记录、医疗病情资料、会计资料等材料作文证审查。"

申请鉴定方应在指定期限内预交鉴定费用，否则视为放弃申请。《证据规定》第31条第1款规定："当事人申请鉴定，应当在人民法院指定期间内提出，并预交鉴定费用。逾期不提出申请或者不预交鉴定费用的，视为放弃申请。"

对于预交之后鉴定费用最终由谁负担的问题，《诉讼费用交纳办法》未予明确。《诉讼费用交纳办法》第6条规定："当事人应当向人民法院交纳的诉讼费用包括：（一）案件受理费；（二）申请费；（三）证人、鉴定人、翻译人员、理算人员在人民法院指定日期出庭发生的交通费、住宿费、生活费和误工补贴。"鉴定人因出庭发生的费用被明确列为诉讼费用，但鉴定费用本身的性质却未列明。

一种观点是，应按谁主张、谁负担的原则分配。《诉讼费用交纳办法》第12条第1款规定："诉讼过程中因鉴定、公告、勘验、翻译、评估、拍卖、变卖、仓储、保管、运输、船舶监管等发生的依法应当由当事人负担的费用，人民法院根据谁主张、谁负担的原则，决定由当事人直接支付给有关机构或者单位，人民法院不得代收代付。"

另一种观点是，鉴定费用属于诉讼费用，由败诉方承担。部分胜诉、部分败诉的，按照案件的具体情况决定诉讼费用的承担。已失效的最高人民法院《关于印发〈《人民法院诉讼收费办法》补充规定〉的通知》，将鉴定费用归为"其他诉讼费用"之列。该通知规定，"《办法》第一章第四条人民法院认为应当由当事人负担的其他诉讼费用，具体内容为：1.非财产案件当事人应当负担勘验、鉴定、公告、翻译所实际支出的费用"。《诉讼费用交纳办法》第29条规定："诉讼费用由败诉方负担，胜诉方自愿承担的除外。部分胜诉、部分败诉的，人民法院根据案件的具体情况决定当事人各自负担的诉讼费用数额。共同诉讼当事人败诉的,人民法院根据其对诉讼标的的利害关系,决定当事人各自负担的诉讼费用数额。"

实践中,哪一种是法院的主流意见?

主题案例:唐佳等与上海荟睿创业投资合伙企业(有限合伙)等与公司有关的纠纷案[①]

2014 年 11 月 1 日,投资方与原股东签署《投融资框架协议书》,约定股权转让后,如果目标公司 2017 年税后净利润不足 2000 万元,则原股东需补偿投资方。

投资方提起诉讼,请求判令原股东支付补偿款,并承担本案审计费用。

2019 年 8 月,投资方向法院提出司法审计申请,申请对目标公司 2016 年度及 2017 年度的财务账目(收入、支出及利润)进行审计。经法院委托,某会计师事务所出具《会计鉴定意见书》,其中载明:2016 年度与 2017 年度,目标公司的净利润分别为 -4200094.64 元和 -86065.88 元。投资方为此支付审计费用 4 万元。

原股东辩称,并非其提出的审计申请,审计费用应由提出该请求的投资方承担。

上海市徐汇区人民法院一审认为:

结合《会计鉴定意见书》来看,目标公司 2017 年度税后净利润并未达到预期,原股东应对投资方作出补偿。对于投资方诉请的审计费用 4 万元,一审法院亦一并予以支持。

上海市第一中级人民法院二审认为:

关于审计费用 4 万元,根据《诉讼费用交纳办法》,诉讼费用包括案件受理费和申请费等,且诉讼费用由败诉方承担,故一审法院判决由原股东负担,并无不当。

本案中,投资方依据业绩补偿条款提起诉讼,向原股东主张补偿款及司法审计费用。投资方申请对目标公司的财务账目进行司法审计,一审法院予以准许。

原股东辩称,审计费用应由司法鉴定申请方支付。

[①] 参见上海市第一中级人民法院民事判决书,(2020)沪 01 民终 6711 号。

法院认为,鉴定费用属于诉讼费用,应由败诉方即原股东承担。

另一个对赌案件中,在审计费用的承担上,法院采取的并非谁主张、谁负担的思路,而是根据案件的具体情况,判决双方各承担一半。上海市第二中级人民法院审理的一案①中,经投资方申请,一审法院委托会计师事务所对目标公司2012年的净利润进行审计。但审计申请被退回,理由是目标公司提交的会计核算资料与税务、工商取得的数据不一致,无法确认其提供会计资料的真实及正确性。一审法院驳回投资方的全部诉讼请求,受理费由投资方承担,但根据前述会计师事务所的回复意见,综合本案情况,确定审计费用由双方各半负担。上海市第二中级人民法院认为,"一审法院根据审计申请的提出主体以及上审事务所的回复意见等,综合考量了双方责任,确定审计费用由双方各半负担,未有不当",予以确认。

司法实践中,较多法院认为,鉴定费用属于诉讼费用,按照案件判决结果决定。

最高人民法院在一案②中认为,"鉴定费用属于诉讼费用范围……一审法院根据案件具体情况决定双方当事人各自负担的诉讼费用数额并无不当"。

最高人民法院在一案③中认为,"关于司法鉴定审计费用的承担问题……司法鉴定审计费用,属于诉讼费用"。

最高人民法院在一案④中认为,"本案的审计费用在性质上属司法鉴定……二审法院根据双方当事人的诉讼请求及判决结果判定本案审计费用的负担,并无不当"。

最高人民法院在一案⑤中认为,"案涉鉴定费850000元属于本案的诉讼费用,应由法院确定双方各自应当负担的部分"。

但要注意,也有案件中法院按照谁主张、谁负担的原则分配。例如,最高人民法院在一案⑥中认为,"关于18万元审计费用的承担问题,凯勋公司作为本案

---

① 参见上海运时投资管理有限公司与上海新虹伟信息科技股份有限公司、袁伟等与公司有关的纠纷案,上海市第二中级人民法院民事判决书,(2018)沪02民终6986号。
② 参见中国华冶科工集团有限公司、新疆昆仑钢铁有限公司建设工程施工合同纠纷案,最高人民法院民事判决书,(2021)最高法民终304号。
③ 参见中铝河南铝业有限公司、河南中孚实业股份有限公司合同纠纷案,最高人民法院民事判决书,(2016)最高法民终507号。
④ 参见厦门中信房地产有限公司与惠扬(厦门)房地产发展有限公司合作开发经营房地产合同纠纷案,最高人民法院民事裁定书,(2016)最高法民申3107号。
⑤ 参见浙江鼎元建设有限公司与九江市暨阳置业有限公司建设工程施工合同纠纷案,最高人民法院民事判决书,(2018)最高法民终524号。
⑥ 参见昆明市凯勋房屋拆迁有限公司、云南城投同德房地产开发有限公司合同纠纷案,最高人民法院民事判决书,(2020)最高法民再338号。

一审原告,应由其举证证明同德公司尚欠合同价款的金额,凯勋公司故而申请进行审计,一审法院在准许其会计审计申请时亦已向其释明费用由其自担,故一审、二审判决该审计费用由凯勋公司负担并无不当"。

对于当事人在合同中对审计费用进行约定的,法院尊重当事人的约定。例如,最高人民法院在一案①中认为,"在双方当事人已有明确约定的情况下,应尊重当事人的意思自治,不宜在无确定依据的情况下自由裁量。一审法院未按照合同约定确定审计费负担缺乏事实依据和法律依据,本院予以纠正"。

◆ 小结与建议

关于审计费用最终由谁承担的问题,目前裁判思路尚未完全统一。

投资方:为降低不确定性,建议在合同中对审计费用的承担作出约定,如"对赌义务人承担投资方实现债权的费用,包括但不限于投资方支付的仲裁费、诉讼费、保全担保费、审计等鉴定费用、律师代理费及差旅费等"。

创始人方:由于申请司法鉴定的一般为投资方,建议约定"审计费用由申请审计方承担"。

---

① 参见江苏省建设集团有限公司、大庆嘉丽房地产开发有限公司建设工程施工合同纠纷案,最高人民法院民事判决书,(2020)最高法民终398号。

8.12 投资方支付的律师费由谁承担?

对赌案件中,如果合同未约定律师费由谁承担,投资方向对赌义务人主张律师费的,法院会支持吗?

如果争议通过仲裁解决,根据主流仲裁规则,仲裁庭有权依据仲裁请求,在考虑有关因素的基础上,确定败诉方承担胜诉方支出的合理律师费。

《中国国际经济贸易仲裁委员会仲裁规则》第52条"费用承担"规定:"……(二)仲裁庭有权根据案件的具体情况在裁决书中裁定败诉方应补偿胜诉方因办理案件而支出的合理费用。仲裁庭裁定败诉方补偿胜诉方因办理案件而支出的费用是否合理时,应具体考虑案件的裁决结果、复杂程度、胜诉方当事人及/或代理人的实际工作量以及案件的争议金额等因素。"

《北京仲裁委员会仲裁规则》第52条"费用承担"规定:"……(四)仲裁庭有权根据当事人的请求在裁决书中裁定败诉方补偿胜诉方因办理案件支出的合理费用,包括但不限于律师费、保全费、差旅费、公证费等。仲裁庭在确定上述费用时,应考虑案件的裁决结果、复杂程度、当事人或代理人的实际工作量以及案件的争议金额等有关因素。"

《深圳国际仲裁院仲裁规则》第64条"费用承担"规定:"……(四)仲裁庭有权根据当事人的请求在裁决书中决定败诉方补偿胜诉方因办理案件支出的合理费用,包括但不限于律师费、保全费、差旅费、公证费和证人作证费用等。仲裁庭在确定上述费用时,应考虑案件的裁决结果、复杂程度、当事人或代理人的实际工作量以及案件的争议金额等有关因素。"

如果通过诉讼解决对赌争议,合同对于律师费由败诉方承担有约定的,法院予以支持。例如,最高人民法院在一案[①]中认为,"《股权转让合同》第11条第2款约定:'……除非生效法律文书另有规定,双方为解决争议而实际支付的费用(包括但不限于诉讼费和合理的律师费)由败诉方承担'……虽然法律并无败诉方承担股权转让纠纷案件中胜诉方律师费等费用的明文规定,但由于双方对此费用承担问题达成合意,该合意不涉及他人利益,法律对此并不禁止。因此,一审法院认定吉林森工集团承担蓝海济世合伙企业为本案支付的诉讼保全责任

---

① 参见中国吉林森林工业集团有限责任公司与鹰潭蓝海济世投资管理有限合伙企业股权转让纠纷案,最高人民法院民事判决书,(2019)最高法民终1642号。

保险费、律师费,有合同及事实依据,并无不当,本院予以维持"。

但在合同没有明确约定律师费由谁承担的情况下,因为目前没有具有普遍约束力的相关规定,实践中通常由当事人自己承担。

不过近几年,最高人民法院已在部分领域的司法解释中,将律师费视作胜诉方的损失和合理开支,列入可支持的范围,例如:

最高人民法院《关于审理著作权民事纠纷案件适用法律若干问题的解释》第26条规定:"著作权法第四十九条第一款规定的制止侵权行为所支付的合理开支,包括权利人或者委托代理人对侵权行为进行调查、取证的合理费用。人民法院根据当事人的诉讼请求和具体案情,可以将符合国家有关部门规定的律师费用计算在赔偿范围内。"

最高人民法院《关于审理商标民事纠纷案件适用法律若干问题的解释》第17条规定:"商标法第六十三条第一款规定的制止侵权行为所支付的合理开支,包括权利人或者委托代理人对侵权行为进行调查、取证的合理费用。人民法院根据当事人的诉讼请求和案件具体情况,可以将符合国家有关部门规定的律师费用计算在赔偿范围内。"

最高人民法院《关于审理证券市场虚假陈述侵权民事赔偿案件的若干规定》第20条第2款规定:"控股股东、实际控制人组织、指使发行人实施虚假陈述,发行人在承担赔偿责任后要求该控股股东、实际控制人赔偿实际支付的赔偿款、合理的律师费、诉讼费用等损失的,人民法院应当予以支持。"

最高人民法院《关于证券纠纷代表人诉讼若干问题的规定》第25条规定:"代表人请求败诉的被告赔偿合理的公告费、通知费、律师费等费用的,人民法院应当予以支持。"

最高人民法院《关于审理利用信息网络侵害人身权益民事纠纷案件适用法律若干问题的规定》第12条第1款规定:"被侵权人为制止侵权行为所支付的合理开支,可以认定为民法典第一千一百八十二条规定的财产损失。合理开支包括被侵权人或者委托代理人对侵权行为进行调查、取证的合理费用。人民法院根据当事人的请求和具体案情,可以将符合国家有关部门规定的律师费用计算在赔偿范围内。"

前述规定合理,从性质来说,律师费属于财产利益,完全可以作为损失主张。上海市高级人民法院《关于印发〈关于民事案件审理的几点具体意见〉的通知》规定:"14.律师费可否作为损失要求赔偿? 我们认为,所谓损失,是指因违约方或加害人的不法行为给受害人带来的财产利益的丧失。律师费在性质上应属于财产利益,原则上可以作为损失,但不能超过加害人或违约方应当预见到的范围……"

主题案例：张冬驹等与南京钢研创业投资合伙企业（有限合伙）股权转让纠纷案[①]

2013年12月，投资方与目标公司签订《投资协议》，约定投资方以增资方式取得目标公司2.027%的股权。

同日，投资方与目标公司及原股东签订《补充协议》，约定业绩补偿及股权回购条款。此外，各方约定，任何一方未能按本协议的约定履行其义务，视为违约。违约方应赔偿因其违约而给守约方造成的损失。

由于目标公司未在协议约定的时间内完成对赌目标，投资方向原股东及目标公司发函要求回购及补偿。

因原股东及目标公司未进行支付，投资方提起诉讼，请求判令原股东及目标公司回购股权、支付违约金，并承担律师费60万元及财产保全担保费等。

根据《委托代理合同》，律师代理费金额共计60万元，支付节点是合同签署后5个工作日内支付30%；取得一审判决后，支付50%。一审庭审中确认投资方已实际支付律师费18万元。

北京市第三中级人民法院一审认为：

关于投资方主张的律师费及财产保全担保费问题。根据《补充协议》的约定：本协议签署后，任何一方未能按本协议的规定履行其义务，被视为违约。违约方应赔偿因其违约而给守约方造成的损失。根据已查明的事实，可以认定投资方因本案诉讼已支付18万元律师费及7.7265万元财产保全担保费，该费用属于投资方为维护自身权益而支出的合理费用，性质上属于因目标公司及原股东违约而给投资方造成的实际损失，故一审法院对投资方主张的18万元律师费及财产保全担保费予以支持。关于投资方主张的余下42万元律师费，投资方应在实际支付后另行主张。

一审法院判决原股东及目标公司向投资方支付律师费18万元。

二审中，投资方在上诉答辩中请求二审法院依法判决驳回上诉，并判决目标公司及原股东支付投资方二审律师费30万元。

北京市高级人民法院维持一审法院的前述判决，并认为投资方未提起上诉，其要求本院在二审中支持其一审判决后支付的律师费用，本院无法支持。

---

① 参见北京市高级人民法院民事判决书，（2021）京民终495号。

本案中，投资协议没有明确律师费由败诉方承担，仅约定违约方应赔偿因其违约而给守约方造成的损失。对赌条款触发后，投资方提起诉讼，请求判令原股东及目标公司支付回购款及 60 万元律师费等。

法院认为，投资方主张的律师费属于维权支出的合理费用，性质为目标公司及原股东给其造成的实际损失，支持投资方已实际支付的 18 万元律师费。

部分案件中法院亦持相同观点，即合同约定"违约方赔偿守约方因违约行为遭受损失的"，律师费被理解为守约方的损失，由违约方承担。

北京市高级人民法院二审维持原判的一案①中，一审法院认为，"根据《投资合同》《变更协议 1》《变更协议 2》的约定……如果未依约收到投资收益款、股权回购款，国开基金公司有权要求北京如意公司承担违约责任……国开基金公司提起本案诉讼，并为此已支付律师费 20 万元。因北京如意公司违约不履行义务，国开基金公司为维护自身权利而支出的律师费 20 万元属于其合理损失，北京如意公司应予赔偿"。

广东省高级人民法院审理的一案②中，《股权转让协议》约定，"违约方应当负责赔偿其违约行为给守约方造成的所有直接或间接损失，以使守约方恢复到该违约事件不发生的情形下守约方可以达到的状态"。投资方请求目标公司和原股东支付律师费及诉讼保全担保费。该院认为，"一审判决认定力鼎企业支出的律师费、诉讼保全担保费系为实现其债权而支出的合理费用，对力鼎企业请求李向前、比克公司等负担律师费、诉讼保全担保费的诉讼请求予以支持，有合同和法律依据，处理正确"。

安徽省高级人民法院审理的一案③中，《增资补充协议》约定，"双方同意，一旦发生违约行为，违约方应赔偿因其违约而给守约方造成的损失"。该院认为，"根据《增资补充协议》违约责任条款第 4.2 条约定，袁学才逾期回购股权构成违约，还应赔偿因其违约给中宁枸杞创投造成的损失。中宁枸杞创投支付的律师费 10 万元及保全担保费 13750 元，系因袁学才逾期回购股权构成违约从而引发本案诉讼所产生的合理损失，故一审判决该费用损失由袁学才承担，亦无不当"。

---

① 参见国开发展基金有限公司等与北京如意时尚投资控股有限公司等合同纠纷案，北京市高级人民法院民事判决书，(2021)京民终 1010 号。
② 参见李向前等与广州力鼎凯得股权投资基金合伙企业(有限合伙)股权转让纠纷案，广东省高级人民法院民事判决书，(2021)粤民终 980 号。
③ 参见袁学才与宁夏中宁枸杞产业创业投资企业公司增资纠纷案，安徽省高级人民法院民事判决书，(2022)皖民终 65 号。

广东省广州市中级人民法院在一案①中认为,"《增资扩股协议》第11.2条约定:除本协议特别约定外,任何一方违反本协议,致使他方承担任何费用、责任或蒙受任何损失,违约方应向守约方赔偿。赔偿的范围包括另一方就本协议项下交易已发生的各种开支、费用以及合理预期收入。而案涉律师费为因冯志军、陆素香违约导致毛志义诉讼维权的合理支出,毛志义已提交证据证明其已支付律师费3万元的事实,一审法院根据上述合同约定判令该费用由冯志军、陆素香连带承担并无不当,本院予以维持。冯志军、陆素香认为一审法院判令其两人承担律师费没有事实基础的主张没有事实和法律根据",不予采信。

然而,大多数案件中法院认为,在合同没有明确约定的情况下,不支持律师费由败诉方承担的诉讼请求,理由是律师费并非必要支出。

最高人民法院在一案②中认为,"盘古企业作为对赌协议的投资方在对赌协议中是梓昆公司的债权人,在股份回购情形出现时,有权要求各方承担相应合同责任","盘古企业认为其支出的律师费应当由对方承担,但该主张没有合同依据,亦非盘古企业必然产生的损失,故一、二审判决未支持盘古企业关于律师费的主张,亦无不妥"。

北京市高级人民法院在一案③中认为,"双方当事人争议的焦点是:一、业绩补偿条款与股权回购价款是否可以同时适用;二、律师费和财产保全费是否应该得到支持","双方签署的投资协议以及补充协议中对于律师费、财产保全保险费均未进行明确约定,该等费用亦不属于中信资本公司的必然合理支出,中信资本公司的该等主张没有合同和法律依据,依法不应支持"。

北京市第二中级人民法院在一案④中认为,"《合作开发协议》《股权回购协议》中并没有明确对律师费、保全保险费的负担做出约定,律师费、保全保险费不属于必要支出的费用",故对主张的律师费不予支持。

北京市第一中级人民法院二审维持原判的一案⑤中,《股份回购及代偿协

---

① 参见冯志军、陆素香等新增资本认购纠纷、买卖合同纠纷案,广州市中级人民法院民事判决书,(2022)粤01民终3649号。

② 参见新疆盘古大业股权投资有限合伙企业、梓昆科技(中国)股份有限公司与公司有关的纠纷案,最高人民法院民事裁定书,(2019)最高法民申4797号。

③ 参见谢立新与中信资本文化旅游(成都)股份有限公司合同纠纷案,北京市高级人民法院民事判决书,(2020)京民终308号。

④ 参见嘉兴鼎瑞投资合伙企业(有限合伙)等与西安和骏置业有限公司等合同纠纷案,北京市第二中级人民法院民事判决书,(2021)京02民初300号。

⑤ 参见中基能有限公司与北京创金兴业投资中心(有限合伙)合同纠纷案,北京市第一中级人民法院民事判决书,(2021)京01民终9362号。

议》约定,"任何一方违反本协议约定的,应在其他方书面要求其进行改正的期间内进行改正,并赔偿其他方因此而受到的损失(包括但不限于守约方因此支出的违约金、赔偿金、诉讼费、保全费、公告费、交通费、差旅费等)"。一审法院认为,"就创金中心关于律师费的诉讼请求,因《股份回购及代偿协议》未明确约定有违约方应承担相应的律师费支出,律师费并非本次纠纷的必要支出与必然损失,创金中心的该项诉请无事实及法律依据",不予支持。

广东省广州市中级人民法院二审维持原判的一案①中,一审法院认为,"关于律师费。双方未在协议中对承担律师费进行明确约定,且该费用并非本案诉讼的必要支出,乾和公司主张律师费缺乏理据",不予支持。

◆ **小结与建议**

目前,法院较为普遍的观点是,如果合同对律师费的承担没有明确约定,不支持律师费由败诉方承担的主张。

投资方:鉴于投资方往往是法律程序的启动者,建议在投资协议中明确约定对赌义务人应承担投资方为实现权益而支付的全部律师费,包括按照合同约定尚未实际支付但应当支付的部分,如风险代理费。

创始人方:如果投资方要求约定律师费的承担,建议仅同意约定"违约方应赔偿因其违约而给守约方造成的损失"。

---

① 参见傅联军、周远贵合同纠纷案,广州市中级人民法院民事判决书,(2020)粤01民终21689号。

8.13 业绩补偿金额可否以公平原则等理由调低?

不同于股权回购款约定的年化收益率,业绩补偿的数额通常约定为目标公司的承诺利润与实际利润之差。在目标公司实际利润为负的情况下,业绩补偿的金额会很高。因此,对赌义务人关于调低业绩补偿金额的抗辩并不鲜见。除情势变更及不可抗力外,调低业绩补偿金额的常见理由有三:

第一,补偿总额与投资金额不对等,违反公平原则。《民法典》第6条规定:"民事主体从事民事活动,应当遵循公平原则,合理确定各方的权利和义务。"

第二,投资方不承担风险,对赌义务人未受益,显失公平。显失公平的适用条件有二:一是一方利用对方处于危困状态、缺乏判断能力等情形;二是导致行为成立时显失公平。《民法典》第151条规定:"一方利用对方处于危困状态、缺乏判断能力等情形,致使民事法律行为成立时显失公平的,受损害方有权请求人民法院或者仲裁机构予以撤销。"

第三,补偿金额性质为违约金,过高的应当调低。《民法典》第585条第2款规定:"约定的违约金低于造成的损失的,人民法院或者仲裁机构可以根据当事人的请求予以增加;约定的违约金过分高于造成的损失的,人民法院或者仲裁机构可以根据当事人的请求予以适当减少。"

主题案例:翟红伟、青海汇富科技成果转化投资基金合同纠纷案[①]

2016年12月18日,投资方与目标公司及控股股东等签订《增资协议》,约定投资方向目标公司增资2000万元,持有目标公司11.11%的股权。

同日,投资方与控股股东签订《补充协议》约定:控股股东承诺2016年度目标公司的净利润将达到2000万元(扣除非经常性损益后的净利润),若目标公司2016年经审计的净利润未达到上述承诺业绩的80%,则投资方有权要求控股股东以其自有资金或自筹资金对投资方进行现金补偿或股权补偿(优先现金补偿)。现金补偿金额=投资方的投资额×[1－2016年度实际净利润/2000万元]。类似的,双方还约定了2017年度、2018年度的业绩承诺与补偿。

目标公司2016年度的净利润为10275000元、2017年度的净利润为10992000元、2018年度的净利润为6742000元,均未达到业绩承诺目标。

---

① 参见最高人民法院民事裁定书,(2022)最高法民申419号。

2019年4月和9月,投资方向控股股东提出补偿要求,但控股股东未支付任何款项。

投资方提起诉讼,请求判令控股股东向投资方支付2016年的业绩补偿款972.5万元、2017年的业绩补偿款1267.2万元、2018年的业绩补偿款1730.32万元,三项合计为3970.02万元等。

控股股东申请再审称:业绩补偿本质为估值调整机制,若投资人利用该机制获得远超估值的收益,法院应当结合具体情况、公平原则及违约金调整原则对业绩补偿款进行调整,以实现合同双方权利义务对等,实现公平正义的现实需要。

最高人民法院认为:

(一)关于本案应否适用《合同法》第5条公平原则的问题

《补充协议》本质上是投资方与融资方达成的股权性融资协议,其目的是解决交易双方对目标公司未来发展的不确定性、信息不对称以及代理成本而设计的包含了股权回购、金钱补偿等对未来目标公司的估值进行调整的协议,系资本市场正常的激励竞争行为,双方约定的补偿金计算方式是以年度净利润在预定的利润目标中的占比作为计算系数,体现了该投资模式对实际控制人经营的激励功能,符合股权投资中股东之间对赌的一般商业惯例,不构成"明股实债"或显失公平的情形,依法不应适用《合同法》第5条的公平原则对当事人约定的权利义务进行干预调整。二审法院认定上述约定有效,双方均应按照约定全面履行,在业绩补偿款支付条件已经成就的情况下,对投资方要求控股股东支付补偿款的请求予以支持,依法有据,并无不当。

虽然依据《补充协议》约定计算的3年业绩补偿款总额高出投资本金,但因该约定是双方自由协商的结果,控股股东应承担该商业风险,且该利润补偿款平均至各年度,增幅占比为61.75%,在该类商业投融资业务中,并不构成畸高显失公平的情形,控股股东也未就案涉合同在法定期间内主张撤销,二审法院不予支持其调整业绩补偿款的请求,并无不当。控股股东以2016年、2017年、2018年3年的业绩补偿款累计已经高出投资方投资款本金2000万元为由,主张依据《合同法》第5条即公平原则调整业绩补偿款,依据不足,依法不能成立。

(二)关于本案应否适用《合同法》第114条违约金调整规定对本案合同约定的业绩补偿款进行调整的问题

投资方与控股股东签订的《补充协议》中约定的业绩补偿款系针对目标公司在2016年、2017年、2018年经营的不确定性,对目标公司利润进行估值,给实际控制人控股股东设定实现净利润目标的合同义务,该义务具有不确定性。因此,协议约定如果目标公司未达到既定业绩目标由控股股东对投资方支付业绩补偿款本质上是合同义务所附条件,而不是一方不履行合同义务的违约责任,依法不应适用《合同法》第 114 条有关违约金调整的规定。控股股东的该项再审理由,依法不能成立。

本案中,投资方向目标公司增资 2000 万元成为其股东,控股股东承诺如果目标公司未达到 3 年的业绩指标,则补偿投资方。目标公司 3 年的净利润均未达承诺目标,投资方按照约定的计算方式要求现金补偿近 4000 万元。

控股股东辩称,法院应当基于公平原则及违约金调整原则对业绩补偿款作出调整,以实现权利义务对等及公平正义。

最高人民法院认为,本案对赌协议符合一般商业惯例,不应适用《合同法》第 5 条公平原则进行干预。虽然业绩补偿金额高出投资金额,但利润补偿款平均至各年度,增幅占比为 61.75%,在该类投资中并不畸高而显失公平,且控股股东未在法定期限内主张撤销。此外,业绩补偿并非不履行合同的违约责任,不适用违约金调整的规定。因此,控股股东应按约支付补偿款。

需要注意的是,最高人民法院并未一概而论地认为所有对赌协议一律不适用公平原则、不构成显失公平,而是将补偿款平均到各年度具体分析后得出本案情况并不显失公平的结论。其他案件中,法院也有类似的考虑。例如,上海市第二中级人民法院二审维持原判的一案[1]中,一审法院认为,"被上诉人有权依据《投资协议》的回购条款的约定,要求两上诉人支付被上诉人投资款 90 万元的两倍即 180 万元。同时,考虑到被上诉人实际支付投资款的日期为 2013 年 5 月 9 日及 2013 年 6 月 25 日",故"被上诉人诉请回购款为 180 万元亦于法无悖"。

与本案类似,对赌义务人以违反公平原则、应适用违约金规定调整补偿金额的抗辩,法院大多不予支持。

北京市高级人民法院审理的一案[2]中,原股东辩称补充协议的约定严重违反公平原则,投资方仅投入 4600 万元,但仅 2016 年度补偿就有 1.624 亿元,后续还有 2017 年、2018 年的业绩补偿,超出投资方投资额的几倍甚至十几倍。该院认为,支付 1.624 亿元具有合理性,这是各方明确表示一致同意并确认的内容,"交易双方均将面临对目标公司未来发展的不确定性、信息不对称以及产生

---

[1] 参见马海滨等与杭州游侠汇创业投资合伙企业(有限合伙)股权转让纠纷案,上海市第二中级人民法院民事判决书,(2022)沪 02 民终 3243 号。

[2] 参见徐茂栋等与卜丽君合同纠纷案,北京市高级人民法院民事判决书,(2020)京民终 167 号。

代理成本等风险,也因此将导致投资方获得巨大投资利益或者遭受巨大投资损失的可能性","对于喀什诚合公司提出该1.624亿元款项具有违约金的属性,相应违约金条款应属无效,且约定金额明显过高,应当予以调整的上诉理由","依照合同法第一百一十四条关于违约金的规定,违约金具有赔偿性及惩罚性的特征,违约金比例对应的是一定合同标的额或者损失数额基数。而'对赌'框架下的交易模式应属于股权性融资与目标公司市场化估值之间进行调整的交易模式,其中的各类补偿方式,与合同标的额或者损失数额无关"。

广东省广州市中级人民法院在一案①中认为,"一审判决的业绩补偿款及违约金的金额,均符合补充协议的约定,也在法律允许范围之内,并不存在过高的情形……通过认购股份,投资方对目标公司的增资缓解了融资方的资金困难,同时因目标公司的未来发展具有不确定性也承担了投资风险,投资方按照合同约定获得现金补偿,符合鼓励投资及诚实信用原则。各方严格按约履行,才能促使引资者信守承诺,也保障投资方得到约定的补偿。故一审判决并未导致各方利益失衡,陈作智称一审业绩补偿款及违约金过高,违背公平原则的上诉理由不成立"。

不过,也有部分案件中法院基于公平原则降低业绩补偿金额。

安徽省高级人民法院二审维持原判的一案②中,投资方向目标公司增资3400多万元成为其股东,原股东承诺如果目标公司未达到3年的业绩指标,则按承诺净利润值与实际净利润值的差额补偿投资方。目标公司3年的净利润均为负,投资方按照约定的计算方式要求现金补偿近1.3亿元。一审法院未完全支持投资方的主张,基于公平原则作出了调整,判决原股东赔偿3年承诺的目标公司净利润之和。一审法院认为,从双方签订补充协议的合同目的来看,皖新投资公司与张璇、吴旭东约定利润补偿条款,系确保其投资有一定比例的预期收入,而无论智慧超洋公司经营状况如何。张璇、吴旭东按照合同约定的年度利润最高补偿额对皖新投资公司进行补偿,已经达到了皖新投资公司对投资补偿的最高预期,足以实现皖新投资公司订立合同的目的。从公平角度来看,在智慧超洋公司年度利润为负数的情况下,如果按照双方约定的业绩补偿计算公式,可能的结果是企业亏损越多,皖新投资公司得到的业绩补偿越多。皖新投资公司虽

---

① 参见陈作智、宁波鼎明锋道万年青投资合伙企业合同纠纷案,广州市中级人民法院民事判决书,(2020)粤01民终4171号。

② 参见张璇、皖新文化产业投资(集团)有限公司合同纠纷案,安徽省高级人民法院民事判决书,(2020)皖民终520号。

出资3412.2万元,但3年后主张业绩补偿款129061946.05元,其投资收益比明显超过正常合理的水平。综合以上分析,案涉业绩利润补偿的合理区间应当为零至合同约定的年度利润指标之间,即补偿的起点应从净利润为零时起算,不足约定指标部分,按合同约定的计算方式予以补偿。二审法院认为,"对于补偿款数额,一审法院基于其本质系实际控制人向投资人承诺的投资回报的认定,进而确定业绩补偿款从净利润为零时起算,亦充分体现了公平原则"。

实务中,对赌当事人主张对赌协议不公平的,法院更多的是按显失公平的标准进行判断。梁慧星先生认为,"公平原则不具有授权条款的性质,不得作为裁判案件的依据"①。

一般情况下,对赌义务人很难举证满足显失公平的要件。首先,关于"处于危困状态、缺乏判断能力"。不同于普通民事主体,对赌协议的各方均系成熟、理性的商事交易主体,通常不符合该要件。其次,关于合同成立时"显失公平"。即便表面看起来对赌协议对原股东不利,但商业利益取舍的判断本身就是当事人自身依据市场因素综合考量后作出的,在此环节上不能无视市场因素而单纯以法律概念上的公平原则进行衡量,否则即是对当事人自身商业利益判断和契约自由的干涉。② 因此,对赌义务人以显失公平为由抗辩的,大多数案件中法院都以依据不足为由不予支持。

最高人民法院审理的一案③中,《股权转让协议》约定原股东将其持有9%的股权无偿转让给投资方,若目标公司2015年的净利润为负数,原股东还应将其持有目标公司11%的股权无偿赠送给投资方。因2015年目标公司净利润为负,投资方要求原股东无偿转让11%的股权作为补偿。原股东辩称,前述约定违反公平、等价有偿原则而无效,其也有权以显失公平为由请求撤销。关于显失公平问题,该院认为,"王贤英作为煌盛公司持股20%的股东,参与市场竞争,可获得商业投资回报,在订立合同时对于商业风险应具有判断能力。对赌协议的约定存在商业风险,协议中对于股权付款方式的约定清楚,没有争议,双方对于可能存在的风险表示接受……现王贤英以自身经验不足主张撤销合同,不符合商业逻辑和商业习惯,与其之前行为不符,也无法律依据。同时,对于显失公平的判断时间点,《中华人民共和国民法总则》第一百五十一条规定为'民事法律行

---

① 梁慧星:《民法总论》(第5版),法律出版社2017年版,第49页。
② 参见无锡清研投资有限公司与李方生、木佳化工(上海)有限公司请求公司收购股份纠纷案,无锡市滨湖区人民法院民事判决书,(2017)苏0211民初6280号。
③ 参见王贤英股权转让纠纷案,最高人民法院民事裁定书,(2019)最高法民申3411号。

为成立时'。本案《股权转让协议》签订时,煌盛公司负债较高,2015 年至 2017 年扣除非经常性损益后的净利润处于不确定状态,并且双方约定的股权转让价款高于煌盛公司的股权价值。可见,合同订立时京再瑞合伙企业对于煌盛公司经营也存在着相应的商业风险,而非双方权利义务失衡。因此,王贤英提供的证据不足以证明《股权转让协议》签订时存在显失公平,不予支持"。

北京市高级人民法院审理的一案[①]中,投资方向目标公司增资 1.93 亿元,各方约定了 3 年的业绩对赌,第一年业绩承诺未实现,投资方起诉原股东要求业绩补偿 1 亿多元。原股东认为其因投资方的增资仅获益不到 4000 万元,却承担高额补偿金,存在显失公平的情形。该院认为,"《股权转让暨增资协议》中约定的业绩补偿计算公式是缔约各方当事人经协商确定,亚派光电公司原股东未举证缔约时存在法律规定的显失公平的情形,且估值调整机制本身就是根据未来企业经营情况进行的调节,缔约各方对于目标业绩存在无法达成的可能性及相应后果均有预期。亚派光电公司原股东关于《股权转让暨增资协议》中约定的业绩补偿计算公式明显不公平的上诉理由没有事实和法律依据",不予采信。

浙江省高级人民法院在一案[②]中认为,"关于是否显失公平的问题。民法中的显失公平主要是由于民事主体基于信息不对称、地位不平等、意思表示受到限制等原因,导致法律行为的内容严重不对价,违反了权利义务相一致的原则。而本案中增资以及对赌关系中各方均非传统的自然人主体,在交易能力、信息获取能力等方面与普通民事主体不同,属于典型的商事行为,从上述计算方式中可知,补偿金额与企业估值、企业经营预期等相关,取决于当事人的风险预测和风险偏好,应属于意思自治和可自我控制的范围,且虽黎承健不能直接从增资中获取利益,但其为金茂公司大股东,金茂公司获取大量增资与其有实际利益关联,综上,案涉'对赌条款'不能认定显失公平"。

江苏省苏州市中级人民法院在一案[③]中认为,"本案中双方之间的业绩对赌协议发生在目标公司股东和公司实际控制人之间,属于典型的商事行为,完全取决于当事人的风险预测和风险偏好,应属于意思自治和可自我控制的范围。按照商事合同的风险自担原则,如无其他导致意思表示瑕疵的因素,不能由此作出

---

① 参见王迺琴等与北京航天科工信息产业投资基金(有限合伙)等合同纠纷案,北京市高级人民法院民事判决书,(2020)京民终 475 号。
② 参见黎承健等与浙江卓景创业投资有限公司公司增资纠纷案,浙江省高级人民法院民事判决书,(2015)浙商终字第 84 号。
③ 参见阮军与刘斌合同纠纷案,苏州市中级人民法院民事判决书,(2019)苏 05 民终 4176 号。

显失公平的判断"。

广东省潮州市中级人民法院在一案①中认为,"黄文强上诉认为《补充协议》约定的业绩补偿计算方式显失公平。经审查,双方约定的业绩补偿计算方式是双方协商后在《补充协议》中明确予以约定,在新金山公司 2018 年的年度业绩无法达到黄文强及相兑企业约定的业绩目标时,双方已经按照《补充协议》的约定另行签订了《补偿协议》,明确了应支付的业绩补偿款为 844953 元,黄文强也已支付了其中部分业绩补偿款 20 万元,因股东之间自愿达成的利润分配或业绩补偿未受到法律法规的禁止,黄文强主张《补充协议》约定的业绩补偿计算方式显失公平依据不足",不予支持。

不仅业绩补偿款,关于股权回购款显失公平的抗辩,通常也难以被支持。

在云南省高级人民法院二审维持原判的一案②中,原股东承诺若业绩未达约定等情形发生,则以 1900 万元回购投资方持有的目标公司股份。原股东认为《股权投资协议》中约定的股份回购款 1900 万元远远高于投资方的投资款 990 万元,对于目标公司、目标公司的债权人及合同相对方明显不公平。对此,一审法院认为,"《股权投资协议》系各方当事人在平等自愿的基础上签订,张建玮、万家欢公司、杨树云、蓝莓公司并未提交证据证明订立合同时存在一方当事人利用优势或者利用对方没有经验,致使双方的权利义务明显违反公平、等价有偿原则的情况,故张建玮、万家欢公司、杨树云、蓝莓公司主张股份回购款的约定明显不公平的理由不成立"。

广东省深圳市中级人民法院审理的一案③中,原股东辩称,业绩条款约定投资方"不承担任何投资风险的情况,只享受公司的利润分配,且在未尽投资人或股东的义务,即要求张驰明承担全部的投资风险,违反了公平公正的原则,违背了商事交易的过程正义"。该院认为,"《投资协议书》为典型的商事合同,对赌关系双方均系成熟、理性的商事交易主体,协议中原股东的股权回购义务与公司估值、公司经营预期等相关,取决于对赌关系双方的风险预测和风险偏好,属于意思自治的范围,并未违反权利义务相一致的原则,且张驰明虽不能直接从目标公司增资中获取利益,但其为天易联公司的大股东及实际控制人,天易联公司获

---

① 参见黄文强与杭州相兑昌盛股权投资管理合伙企业(有限合伙)合同纠纷案,潮州市中级人民法院民事判决书,(2021)粤 51 民终 93 号。
② 参见张建玮、云南凯威特投资有限公司合同纠纷案,云南省高级人民法院民事判决书,(2020)云民终 977 号。
③ 参见张驰明、深圳市力合创业投资有限公司股权转让纠纷案,深圳市中级人民法院民事判决书,(2019)粤 03 民终 34061 号。

取大量增资与其实际利益密切关联,故案涉对赌条款亦不存在显失公平的情形"。

◆ **小结与建议**

以违反公平原则、构成显失公平、适用违约金规定为由抗辩调低业绩补偿金额的,法院大多不予支持。

投资方:为降低裁判机关调整补偿金额的概率,建议从补偿款平均到投资方持股期间年化收益的角度,强调补偿金额并不畸高。

创始人方:鉴于法院大多不支持调整补偿金额的主张,在签订业绩补偿条款时,要特别注意计算方式的约定。如果补偿金额为承诺净利润值与实际净利润值之间的差额,考虑到目标公司可能存在利润为负的情况,建议约定补偿金额的上限值。履行协议过程中,如果发现依据业绩对赌条款计算出来的金额畸高,建议及时向裁判机关请求撤销该等约定。

8.14 股权回购的收益率可以参照违约金或借贷的规定调低吗?

常见的股权回购价款计算公式为"回购价格=投资款×(1+X%×天数)—分红",也有的约定按复利计算。不少对赌义务人抗辩约定的收益率过高,要求按照或参照违约金或借贷的规定调低,法院支持吗?

违约金过高的,当事人可以请求裁判机关予以调低。《民法典》第585条规定:"当事人可以约定一方违约时应当根据违约情况向对方支付一定数额的违约金,也可以约定因违约产生的损失赔偿额的计算方法。约定的违约金低于造成的损失的,人民法院或者仲裁机构可以根据当事人的请求予以增加;约定的违约金过分高于造成的损失的,人民法院或者仲裁机构可以根据当事人的请求予以适当减少……"

借款利率不得超过一年期贷款市场报价利率的4倍。《民间借贷规定》第25条规定:"出借人请求借款人按照合同约定利率支付利息的,人民法院应予支持,但是双方约定的利率超过合同成立时一年期贷款市场报价利率四倍的除外。前款所称'一年期贷款市场报价利率',是指中国人民银行授权全国银行间同业拆借中心自2019年8月20日起每月发布的一年期贷款市场报价利率。"第29条规定:"出借人与借款人既约定了逾期利率,又约定了违约金或者其他费用,出借人可以选择主张逾期利息、违约金或者其他费用,也可以一并主张,但是总计超过合同成立时一年期贷款市场报价利率四倍的部分,人民法院不予支持。"

主题案例:宁波丰年君元投资合伙企业(有限合伙)与新余航丰投资管理有限公司等股权转让纠纷案[①]

2016年3月,投资方与目标公司及原股东等签订《股权转让协议》,约定投资方受让原股东所持目标公司9.17%的股权,对价为1200万元。当下列任一情形出现并且投资方发出书面通知要求时,原股东必须收购投资方所持全部目标公司的股权,收购价格为投资方合计支付的款项加上20%的年复合收益率计算的金额,受让价款=投资方合计支付的投资款×$(1+20\%)^n$—投资方届时因已

---

① 参见北京市海淀区人民法院民事判决书,(2019)京0108民初45158号。

转让部分目标公司股权所取得的收入:……目标公司2016年度净利润低于1400万元或2017年度净利润低于2100万元。

2015年9月16日及2016年3月31日,投资方分别向原股东转账700万元及500万元,摘要为支付股权转让。

目标公司2017年审计报告及财务报表显示,目标公司2017年度净利润为-6487878.06元。

2019年5月10日,投资方向原股东发出催告函,要求回购股权。

投资方提起诉讼,请求判令原股东支付股权回购款(以1200万元为基数,按照20%的年复合利率,自2015年9月16日起至实际支付之日止),回购投资方持有的目标公司9.17%的股权。

原股东辩称,约定的复合利率过高,应予以调整。

北京市海淀区人民法院认为:

案涉《股权转让协议》关于投资方有权要求原股东购买其持有的目标公司的全部股份并支付相应回购款的约定,系对赌条款,系以公司的未来经营业绩为准调整投资者进入时对公司的估值的一种机制,该协议系原股东与投资方的真实意思表示,而且关于回购款计算方式的约定,并非合同法意义上的违约金,根据促进交易进行、维护交易安全的商事审判理念,司法权对于上述条款应当予以充分尊重。因此,对于原股东请求对回购款计算标准进行调低的意见,本院不予支持。

原股东应当向投资方支付股权回购款,用以回购原股东持有的目标公司的股权,该股权回购款的计算方式为1200万元加上20%年复合收益率的金额,即 $1200万元 \times (1+20\%)^n$,n 自2015年9月16日开始计算,至投资方收到所有受让款之日结束,n 以年为单位,精确计算到月,保留小数点后两位。

本案中,合同约定如果目标公司业绩未达标,则投资方有权要求原股东按照投资款1200万元加上20%的年复合收益率计算所得金额回购股权。回购条款触发后,投资方依约提起诉讼。

原股东辩称,20%的年复合收益率过高,应予调整。

法院认为,回购款并非违约金,从维护交易安全的角度出发,应当充分尊重当事人的意思自治。因此,不支持原股东的抗辩,不予调低收益率。

不少案件中,法院亦持相同观点,即股权回购款并非违约金或借款,或以约定的收益率不高为由,不予调低。

北京市高级人民法院在一案①中认为,"业绩补偿金和股权回购款是对投资方收益的补偿和退出路径,与违约金的性质明显不同,不应适用合同法第二十九条的规定",判决原股东向投资方支付股权回购款。

广东省高级人民法院在一案②中认为,"依合同中有效条款的约定,如果旺达股份公司在 2012 年 6 月 30 日不能获批上市,旺达集团公司应按每年 25% 的投资回报支付给张瑞芳",判决旺达集团公司应于本判决生效之日起 10 日内支付张瑞芳投资回报款以 3800 万元作为基数从 2010 年 1 月 1 日开始按每年 25% 计至判决解除合同之日止。

在北京市朝阳区人民法院审理的一案③中,原股东主张年利率 12% 的投资利息过高,该院认为,"投资利息属于股权回购款的一部分,股权回购价款的计算方式系双方真实意思表示,系当事人对于股权价值的约定,并非基于借贷关系产生的利息,因此对于投资利息的计算标准应遵从双方当事人的约定"。

北京市第三中级人民法院审理的一案④中,《回购协议》约定按收益率 10% 的单利计算股权回购款,并按每日万分之三的利率加计逾期回购的违约金。原股东主张回购价款及违约金过高。该院认为,"一审法院综合考虑上述合同履行情况及诚实信用原则,认为回购金额和违约金计算并不存在畸高的情况,并支持天星投资中心要求陈阳支付股份回购款及违约金的请求,并无不当"。

北京市第三中级人民法院在一案⑤中认为,"依据协议,回购价格为天任天鸿基金该次参与定向发行股份时实际投资金额本金和按每年 12% 利息计算的资金成本回报(不计算复利)。二审期间,中彩益福公司称其对本金部分认可,仅对利息计算标准有异议。但其该项主张缺乏合同及法律依据,本院不予支持"。

常州市钟楼区人民法院在一案⑥中认为,"股份回购条款中关于股份回购价

---

① 参见时空电动汽车股份有限公司等与浙江亚丁投资管理有限公司等股权转让纠纷案,北京市高级人民法院民事判决书,(2021)京民终 102 号。
② 参见张瑞芳等与旺达纸品集团有限公司等股权转让纠纷案,广东省高级人民法院民事判决书,(2014)粤高法民四终字第 12 号。
③ 参见吕良伟合同纠纷案,北京市朝阳区人民法院民事判决书,(2019)京 0105 民初 19444 号。
④ 参见陈阳与北京天星盛世投资中心(有限合伙)股权转让纠纷案,北京市第三中级人民法院民事判决书,(2020)京 03 民终 12780 号。
⑤ 参见北京中彩益福科技有限公司与珠海天任天鸿股权投资基金(有限合伙)股权转让纠纷案,北京市第三中级人民法院民事判决书,(2021)京 03 民终 198 号。
⑥ 参见景德镇市伟新创业投资中心与杨建如、杨建强等公司增资纠纷案,常州市钟楼区人民法院民事判决书,(2019)苏 0404 民初 1125 号。

款约定为：原告投资额×(1＋10%×资金使用年限)－捷顺公司累计对原告进行的分红。该约定虽为相对固定收益，但约定的年回报率为10%，与同期企业融资成本相比并不明显过高，不存在脱离目标公司正常经营下所应负担的经营成本及所能获得的经营业绩的企业正常经营规律。捷顺公司、原告及捷顺公司股东关于上述投资收益的约定，不违反国家法律、行政法规的禁止性规定，不存在《中华人民共和国合同法》第五十二条规定的合同无效的情形，亦不属于合同法所规定的格式合同或者格式条款，不存在显失公平的问题"。

但是，也有不少案件中法院参照违约责任或民间借贷利率的规定对股权回购的收益率作出调整。

上海市高级人民法院在一案①中认为，"本院注意到一审法院因补充协议第2.3.1条回购款计算方式涉及年利率12%的复利计算，将毅智集团、宁波宝威、邬招远、韩梧丰、张翌应付的回购款总额酌定为不能超过软银天源、软银天保、软银宏达投资总额加上以A轮投资总额为基数，以年利率24%计算的利息之和；超过的部分，应按照年利率24%计算……结合一审法院对该节论述的前后语境以及软银天源、软银天保、软银宏达在二审期间对其一审诉请明确的意见，为免引起理解歧义，本院将一审法院认定的毅智集团、宁波宝威、邬招远、韩梧丰、张翌应付的回购款总额进一步明确为不能超过软银天源、软银天保、软银宏达投资总额加上以A轮投资总额为基数，以年利率24%计算的利息之和，并将据此对一审判决主文表述作相应变更"。

上海市松江区人民法院在一案②中认为，"鉴于'对赌'条款与违约责任性质最为相近，参照我国合同法第一百一十四条的规定，当事人对约定的违约金过分高于造成的损失，可以请求人民法院适当减少。现互捷合伙答辩否定中汇合伙的回购主张，伏彩瑞答辩请求调整回购价格中收益计算方式，本院酌情调整确定，互捷合伙回购中汇合伙所持沪江公司全部股份的价格以投资本金加按年息6%计算的收益确定"。

上海市松江区人民法院在一案③中认为，"鉴于'对赌条款'系对承诺内容未

---

① 参见邬招远、韩梧丰等公司增资纠纷案，上海市高级人民法院民事判决书，(2020)沪民终56号。

② 参见上海中汇金玖四期股权投资基金管理合伙企业与上海互捷企业管理咨询合伙企业、上海城客投资管理有限公司等股权转让纠纷案，上海市松江区人民法院民事判决书，(2020)沪0117民初9687号。

③ 参见A机器人技术有限公司与上海B投资合伙企业、姜某股权转让纠纷案，上海市松江区人民法院民事判决书，(2020)沪0117民初12062号。

达到时的替代履行,性质上与违约金条款相近,可以参照适用,如果约定的补偿过高,当事人有权提请人民法院调整"。

◆ **小结与建议**

关于股权回购的收益率是否可以调低,法院裁判思路不统一。

投资方:针对对赌义务人要求调低收益率的抗辩,建议强调股权回购款的性质不是借款或违约金,收益率不应适用或参照借贷或违约金的规定。

创始人方:约定股权回购款的计算公式时,为降低可能支付的金额,建议一方面尽可能降低收益率,另一方面尽量缩短收益率适用的期间,如将天数限定为投资款到账日至对赌条款触发日。

诉讼或仲裁中,建议视情况提出调低股权回购收益率的抗辩,有可能被支持。

8.15 逾期付款违约金可以在股权回购款或业绩补偿款被支持的情况下调低吗?

对赌案件中,投资方请求支付股权回购款及/或业绩补偿款的,可以一并请求支付逾期付款产生的违约金。考虑到股权回购款或业绩补偿款都含有补偿的意思,因此存在重复计算之嫌。在法院判决支付股权回购款或业绩补偿款的情况下,对赌义务人还应当支付逾期支付产生的违约金吗?如果需要,违约金可以调低吗?

对于第一个问题,答案是肯定的。股权回购款与业绩补偿款主要用于弥补目标公司经营状况的预估值与实际情况的差距,而逾期支付违约金是为了补偿对赌义务人未按约支付给投资方带来的损失。因此,二者弥补的事项不同。江苏省南京市中级人民法院在一案中认为,根据投资协议的约定,年复合投资回报率系计算回购款的因素之一,该计算方式并不免除原股东未按约支付回购款的法定违约责任。

对于第二个问题,既然对赌案件中的违约金与其他案件中的违约金相比并无特殊之处,那么根据法律规定,违约金过高的,法院或仲裁机构可以依申请调低。《民法典》第585条第2款规定:"约定的违约金低于造成的损失的,人民法院或者仲裁机构可以根据当事人的请求予以增加;约定的违约金过分高于造成的损失的,人民法院或者仲裁机构可以根据当事人的请求予以适当减少。"

主张调低违约金的违约方,应承担结果意义上的举证责任;主张违约金合理的守约方,应承担行为意义上的举证责任。《九民纪要》第50条规定,"主张违约金过高的违约方应当对违约金是否过高承担举证责任"。《民法典合同编解释》第64条第1、2款规定:"当事人一方通过反诉或者抗辩的方式,请求调整违约金的,人民法院依法予以支持。违约方主张约定的违约金过分高于违约造成的损失,请求予以适当减少的,应当承担举证责任。非违约方主张约定的违约金合理的,也应当提供相应的证据。"对于前条规定,最高人民法院指出:"违约方承担结果意义上的举证责任与守约方承担行为意义上的举证责任(提交相应证据的义务)相结合的做法既符合证据法的法理,也符合实际情况……当双方当事人都根据此规定提供相应证据而有关案件事实仍然处于真伪不明状态时,违约方要承担结果意义上举证不能的责任。但守约方如果掌握相应证据而不提供,尤其是人民法院责令其提交而其仍不提交时也要承担相应的不利后果。"①

法院衡量违约金是否过高从而予以调低时,应以损失为基础,兼顾合同主体、交易类型、合同的履行情况、当事人的过错程度、履约背景等因素,遵循公平及诚信原则。《民法典合同编解释》第 65 条规定:"当事人主张约定的违约金过分高于违约造成的损失,请求予以适当减少的,人民法院应当以民法典第五百八十四条规定的损失为基础,兼顾合同主体、交易类型、合同的履行情况、当事人的过错程度、履约背景等因素,遵循公平原则和诚信原则进行衡量,并作出裁判。约定的违约金超过造成损失的百分之三十的,人民法院一般可以认定为过分高于造成的损失。恶意违约的当事人一方请求减少违约金的,人民法院一般不予支持。"《民法典》第 584 条规定:"当事人一方不履行合同义务或者履行合同义务不符合约定,造成对方损失的,损失赔偿额应当相当于因违约所造成的损失,包括合同履行后可以获得的利益;但是,不得超过违约一方订立合同时预见到或者应当预见到的因违约可能造成的损失。"

需要注意的是,民间借贷利率的上限并非判断违约金是否过高的标准,而应当综合确定。《九民纪要》规定:"认定约定违约金是否过高,一般应当以《合同法》第 113 条规定的损失为基础进行判断,这里的损失包括合同履行后可以获得的利益。除借款合同外的双务合同,作为对价的价款或者报酬给付之债,并非借款合同项下的还款义务,不能以受法律保护的民间借贷利率上限作为判断违约金是否过高的标准,而应当兼顾合同履行情况、当事人过错程度以及预期利益等因素综合确定。"

法院在综合考虑各种因素之后,认为违约金过高应予调低的,除酌定外,判定对赌义务人应支付的违约金及股权回购溢价等之和,所参照的标准,大体分为以下情形:

1. 民间借贷的利率标准

民间借贷的利息,包括违约金等其他费用,总计不得超过一年期贷款市场报价利率的 4 倍。

《民间借贷规定》第 25 条规定:"出借人请求借款人按照合同约定利率支付利息的,人民法院应予支持,但是双方约定的利率超过合同成立时一年期贷款市场报价利率四倍的除外。前款所称'一年期贷款市场报价利率',是指中国人民银行授权全国银行间同业拆借中心自 2019 年 8 月 20 日起每月发布的一年期贷

---

① 最高人民法院民事审判第二庭、研究室编著:《最高人民法院民法典合同编通则司法解释理解与适用》,人民法院出版社 2023 年版,第 720 页。

款市场报价利率。"第 29 条规定:"出借人与借款人既约定了逾期利率,又约定了违约金或者其他费用,出借人可以选择主张逾期利息、违约金或者其他费用,也可以一并主张,但是总计超过合同成立时一年期贷款市场报价利率四倍的部分,人民法院不予支持。"

上海市第二中级人民法院在一案①中认为,"关于逾期付款违约金的计付标准,一审法院根据徐鸿飞、居凡所称违约金计算标准过高,应予调整的抗辩意见,参照《最高人民法院关于审理民间借贷案件适用法律若干问题的规定》的相关规定,在查明案件的事实基础上,综合鸿韵投资中心的实际损失,并兼顾双方履约情况、过错程度等因素,对鸿韵投资中心诉请主张的逾期付款违约金的计付标准予以调整,酌情判定应按鸿韵投资中心起诉时全国银行间同业拆借中心公布的一年期贷款市场报价利率的四倍减去回购款资金占用费中已经计入的年利率10%,确定计算的利率标准,并以 930 万元确定为计算基数,于法无悖,本院予以维持"。

重庆市高级人民法院在一案②中认为,"虽然一审法院迳行引用最高法院关于民间借贷司法解释的相关规定作为判定本案违约金的法律依据应属适用法律错误",但该院最终认定违约金的计算标准并无不当,对此予以维持。

2. 金融借款的利率标准

金融借款合同的利息,包括违约金等其他费用,总共不得超过年利率 24%。

《关于进一步加强金融审判工作的若干意见》规定:"严格依法规制高利贷,有效降低实体经济的融资成本。金融借款合同的借款人以贷款人同时主张的利息、复利、罚息、违约金和其他费用过高,显著背离实际损失为由,请求对总计超过年利率 24%的部分予以调减的,应予支持,以有效降低实体经济的融资成本。规范和引导民间融资秩序,依法否定民间借贷纠纷案件中预扣本金或者利息、变相高息等规避民间借贷利率司法保护上限的合同条款效力。"

最高人民法院二审维持原判的一案③中,合同约定回购利率为 8%/年,逾期回购的则按年利率 20%(即每日万分之五点五)的标准另行支付违约金。一审法院认为,"针对股权回购款中已计算了 8%的年利率,并综合各方履约情况及

---

① 参见徐鸿飞、居凡与赣州鸿韵股权投资中心、江苏鸿轩生态农业有限公司股权转让纠纷案,上海市第二中级人民法院民事判决书,(2021)沪 02 民终 4564 号。
② 参见江苏紫软投资有限公司等与重庆东证怀新股权投资基金合伙企业(有限合伙)股权转让纠纷案,重庆市高级人民法院民事判决书,(2020)渝民终 1948 号。
③ 参见上海银润传媒广告有限公司、陈向荣与浙江某某数元启投资合伙企业股权转让纠纷案,最高人民法院民事判决书,(2020)最高法民终 575 号。

合同性质,酌定调整为自2019年1月12日开始,以年利率16%支付违约金"。

北京市高级人民法院二审维持原判的一案①中,合同约定的股权年溢价率为10%,逾期回购违约金为0.05%/日。一审法院认为,"本案合同中约定的股权溢价款已经构成对盛创公司的补偿,如果完全按照本案合同约定的违约金条款执行,对于京奥港集团公司、京奥港房地产公司的惩罚无疑过重,即盛创公司主张的违约金数额确实过分高于其实际损失",依法予以酌减,"将2018年6月20日之后的股权溢价款和违约金之和的标准调整为以未予支付的投资股权本金117856800元为基数,按照年息百分之二十四计算"。

北京金融法院在一案②中认为,"虽然上述回购溢价、股权回购违约金、现金补偿、现金补偿违约金从形式上看均有相应的合同依据,并未违反法律、行政法规的强制性规定,但从本案《股权转让协议》及《补充协议》的整体约定可以看出,在公司未能完成A股上市的情况下,君康人寿公司实际上可以不承担任何作为股东的经营风险,而要求励振羽全部返还股权投资款的情况下,还可以得到回购溢价、现金补偿等固定收益。而对于励振羽而言,通过此形式上股权交易安排,在公司未能完成A股上市的情况下,其不仅需要支付融资本金,还包括回购溢价、现金补偿固定收益,及可能包括的未及时支付的股权回购违约金、现金补偿违约金。上述各项金额虽明目及支付条件不同,但实际上均为融资成本。合同约定的回购溢价、年度现金补偿、股权回购违约金、现金补偿违约金单项均形式合法,但在君康人寿公司一并主张的情况下,各项金额合计计算将可能导致励振羽实际承担的融资成本过高。本案中,君康人寿公司支付的股权转让款213900000元即为励振羽实际获得的融资款项,亦为君康人寿公司支付的投资本金,本院就君康人寿公司主张的回购溢价、年度现金补偿、股权回购违约金、现金补偿违约金等诉讼请求,以实际资金投入为基数,在年利率24%的合法范围内予以支持。超过部分,不再支持"。

3. 买卖合同的逾期付款标准

买卖合同的逾期付款违约金,除非合同已有约定,法院可按违约行为发生时一年期贷款市场报价利率加计30%~50%。

《民法典》第646条规定:"法律对其他有偿合同有规定的,依照其规定;没

---

① 参见王子华等与嘉兴信业盛创投资管理有限公司合同纠纷案,北京市高级人民法院民事判决书,(2019)京民终251号。
② 参见君康人寿保险股份有限公司与大连远洋渔业金枪鱼钓有限公司等股权转让纠纷案,北京金融法院民事判决书,(2021)京74民初304号。

有规定的,参照适用买卖合同的有关规定。"最高人民法院《关于审理买卖合同纠纷案件适用法律问题的解释》第 32 条第 1 款规定:"法律或者行政法规对债权转让、股权转让等权利转让合同有规定的,依照其规定;没有规定的,人民法院可以根据民法典第四百六十七条和第六百四十六条的规定,参照适用买卖合同的有关规定。"第 18 条第 4 款规定:"买卖合同没有约定逾期付款违约金或者该违约金的计算方法,出卖人以买受人违约为由主张赔偿逾期付款损失,违约行为发生在 2019 年 8 月 19 日之前的,人民法院可以中国人民银行同期同类人民币贷款基准利率为基础,参照逾期罚息利率标准计算;违约行为发生在 2019 年 8 月 20 日之后的,人民法院可以违约行为发生时中国人民银行授权全国银行间同业拆借中心公布的一年期贷款市场报价利率(LPR)标准为基础,加计 30～50% 计算逾期付款损失"。

上海市第二中级人民法院在一案①中认为,"按照 10% 年复利计算,将其换算为平均年利率后,平均年利率尚不足 12%,原告主张年利率为 24% 的逾期利息,明显过高,考虑到原告向被告焓龙公司主张逾期利息的计算基数约为最初投入资金的 1.5 倍,本院酌情将逾期利率的标准调整为同期中国人民银行公布的贷款基准利率的两倍或全国银行间同业拆借中心公布的贷款市场报价利率的两倍"。

主题案例:上海银润传媒广告有限公司、陈向荣与浙江某某数元启投资合伙企业股权转让纠纷案②

2015 年 2 月,投资方与目标公司及原股东签订《股权转让和增资协议》及《补充协议》,约定:如果目标公司 2015 年和 2016 年的合计实际净利润低于目标的 50%,目标公司必须回购投资方届时持有目标公司的全部股权,回购利率为 8%/年。投资方要求行使回购权的,目标公司应在投资方书面确认回购要求后的 18 个月内一次性或分期回购股权,逾期未回购的,则应按年利率 20% 的标准另行支付违约金。

2017 年 7 月 11 日,由于业绩承诺未达标,投资人向原股东及目标公司发函,要求回购其所持有的目标公司全部股权。

投资方提起诉讼,请求判令目标公司及原股东支付股权回购款,并按年利率 20% 的标准承担至实际付款日止的违约金。

---

① 参见海通开元投资有限公司与江苏焓龙集团有限公司、江苏凌特精密机械有限公司等公司增资纠纷案,上海市第二中级人民法院民事判决书,(2020)沪 02 民初 31 号之一。
② 参见最高人民法院民事判决书,(2020)最高法民终 575 号。

原股东请求调低违约金。

浙江省高级人民法院一审认为：

自投资方2017年7月11日发出要求回购股权的通知之日起，到2019年1月12日已超过合同约定的18个月支付期限。因此，违约金应从2019年1月12日起算。考虑到股权回购款中已计算了8%的年利率，并综合各方履约情况及合同性质，酌定调整为自2019年1月12日起，以截至2019年1月11日应支付的股权回购款324193534元为基数，按年利率16%支付违约金。

原股东与目标公司上诉：计算基数应以实际投资本金计算，调低一审判决年利率16%计算的违约金。原审判决认定以324193534元为基数计算违约金有违公平，因为其中已包括回购年利率8%计算出来的利息，再在该基础上按照年16%的标准计算违约金实质上属于计算复利，加重了目标公司及原股东的回购责任。

最高人民法院二审认为：

一审法院基于各方履约情况及合同性质，将违约金酌定调整为自2019年1月12日开始，以年利率16%支付，并无不当。

本案中，合同约定如果目标公司的业绩未达目标，则投资方有权要求目标公司及原股东按8%年化收益率回购股权，如果逾期未回购，则按年利率20%另行支付违约金。因回购条款触发，投资方向原股东及目标公司发出通知，但二者逾期未履行，投资方提起诉讼。

一审法院支持投资方要求原股东按年利率8%回购股权的请求，并将违约金的计算从约定的年利率20%减至16%。原股东上诉称，违约金利率应进一步调低，且计算基数应限于投资款本金，而不包括收益。

最高人民法院二审维持原判，认为一审法院将违约金酌定调整为年利率16%，并无不当。

对赌双方常约定的违约金有四种形式，均可能被调低。

第一种：违约金约定为年利率。

本案中，除支持投资方取得以年利率8%计算的股权回购款外，法院还支持逾期付款违约金，不过将约定的违约金年利率从20%调低为16%。

北京市高级人民法院二审维持原判的一案[①]中，"苏州九鼎中心主张庚健

---

① 参见庚健昆等与苏州荣丰九鼎创业投资中心（有限合伙）合同纠纷案，北京市高级人民法院民事判决书，(2019)京民终164号。

航、庾健昆应按年利率20%复利的标准按天计算向其支付违约金。一审庭审中,庾健航、庾健昆主张约定的违约金计算标准过高,请求一审法院予以调整。一审法院综合考量苏州九鼎中心融资成本、合同的履行情况、当事人的过错程度以及预期利益等因素,根据公平原则和诚实信用原则,认为将违约金的计算标准调整为年利率12%为宜"。

第二种:按日计算违约金。

深圳市福田区人民法院审理的一案①中,《股权转让协议》约定回购款逾期支付的,原股东需按每天0.1%的利率向投资方支付违约金,投资方未举证证明原股东逾期付款造成其实际损失。该院认为,"被告逾期支付款项的行为给原告造成的损失即为资金占用损失,故根据公平原则判令被告按照中国人民银行同期贷款利率支付违约金"。

北京市高级人民法院审理的一案②中,合同约定,"若乙方(时空汽车公司)未能及时、完整、有效履行本协议第1条所规定的收购义务的,每逾期一日,乙方应按照应付未付金额的万分之五向甲方支付违约金"。该院判决,"时空电动汽车股份有限公司于本判决生效之日起七日内向广州盛世聚浦股权投资合伙企业(有限合伙)支付未履行股权回购义务的违约金(以回购价款195092744.1元为基数,按照全国银行间同业拆借中心公布的同期一年期贷款市场报价利率计算……"。

第三种:违约金为总额的一部分。

深圳市福田区人民法院在一案③中认为,"关于违约金,原告主张按涉案《股份转让协议》约定即总价款的20%计算,二被告辩称违约金过高,并申请法院调整,本案中原告因两被告违约所造成的直接损失为资金被占用的损失。因原告资金被占用过程中两被告仍应按年利率8%支付股本收益,且没有证据显示原告资金被占用间接导致了原告的其他损失,故本院以实际损失为基础,综合合同的履行情况、当事人的过错程度以及预期利益等因素,根据公平原则和诚实信用原则,酌情将违约金调整为股权转让总价款的10%,即141万元"。

第四种:固定金额违约金。

---

① 参见伍英与江宁股权转让纠纷案,深圳市福田区人民法院民事判决书,(2019)粤0304民初25227号。

② 参见时空电动汽车股份有限公司等与浙江亚丁投资管理有限公司等股权转让纠纷案,北京市高级人民法院民事判决书,(2021)京民终102号。

③ 参见毕继立与陈瑶珠、陈晓君股权转让纠纷案,深圳市福田区人民法院民事判决书,(2019)粤0304民初50480号。

北京市西城区人民法院在一案①中认为，"关于违约金、罚息及利息，根据《补充协议》约定，张友秋、张萍逾期支付业绩补偿款的，应按年利率15%支付罚息；根据《2013年业绩补偿协议》的约定，张友秋、张萍逾期支付业绩补偿款的，应按日3‰的标准计算罚息且同时应当支付222031元违约金。此外，九鼎投资中心还与张友秋约定，按照年利率8%的标准从2014年5月1日起计收利息……张友秋、张萍答辩称，上述罚息、违约金约定过高……酌定统一的利息损失的起算时间为2014年5月1日，计算标准为年利率15%。对于超出部分违约金及利息损失的诉讼请求"，不予支持。

不少对赌案件中违约金都被调低，但这并不意味着所有案件的违约金当然能够被调低。

最高人民法院在一案②中认为，"虽然本案投资溢价率与违约金标准合计为年利率28.25%，相对于目前《最高人民法院关于审理民间借贷案件适用法律若干问题的规定》规定的利率保护上限24%稍高，但考虑本案并非民间借贷纠纷，一审法院未按此进行调整，并不属于适用法律错误的情形，本院对此予以维持。吉林森工集团上诉要求调低违约金的主张理据不足"，不予支持。

北京市高级人民法院在一案③中支持一审法院的判决，即既支持按照12%的年化收益率计算股权回购款，又支持支付投资方总额10%（450万元）的违约金。该院认为，"案涉协议约定的违约金是各方当事人约定的因违约而产生的损害赔偿额的计算方法，标准为'违约金为投资方投资总额的10%'即固定的违约金数额450万元；案涉各方作为从事商业经营活动的商事主体，预先确定了违约后的赔偿数额，以降低损失的举证成本、督促各方履行合同义务，其数额并未明显超出法律法规规定和交易惯例，应予以支持。股权回购价格的确定和违约金的确定依据各方当事人不同的预期，均系各方当事人的真实意思表示，未违反法律法规的强制性规定，一审法院对此认定正确，应予以维持"。

北京市第一中级人民法院审理的一案④中，投资方除按《补充协议》的约定

---

① 参见苏州工业园区嘉乾九鼎投资中心（有限合伙）与张友秋等合同纠纷案，北京市西城区人民法院民事判决书，(2016)京0102民初字第6389号。

② 参见中国吉林森林工业集团有限责任公司与鹰潭蓝海济世投资管理有限合伙企业股权转让纠纷案，最高人民法院民事判决书，(2019)最高法民终1642号。

③ 参见爵美名盟国际贸易（北京）有限公司等与深圳市红土信息创业投资有限公司等股权转让纠纷案，北京市高级人民法院民事判决书，(2020)京民终549号。

④ 参见深圳前海盛世轩金投资企业（有限合伙）与中麦控股有限公司股权转让纠纷案，北京市第一中级人民法院民事判决书，(2018)京01民初136号。

主张按 12% 的年化收益率计算股权回购款外,还要求按约定的万分之五支付违约金。该院认为,"违约金兼具补偿性和惩罚性,判断违约金数额是否过高应当根据守约方的实际损失、合同履行情况、违约方的过错程度以及预期利益等因素综合考量,商事合同通常情况下属于有偿、诺成性合同,系以营利为目标所发生的合同关系,当事人关于违约金条款的约定属于商事合同当事人意思自治范畴。虽然中麦控股公司主张违约金的计算标准过高,但其并未就违约金过分高于造成的损失一节举证予以证明",故"对其请求降低违约金计算标准的抗辩意见不予采信,对前海盛世企业关于违约金的诉讼请求,合理部分予以支持"。

上海市第二中级人民法院二审维持原判的一案①中,"《回购协议》约定,若一方违约,违约方应当向守约方支付按投资总额 30% 计算的违约金,如违约方向守约方支付的违约金不能弥补守约方全部损失的,违约方还应赔偿守约方全部损失,包括律师费等。李志伟向荣加林发出回购通知后,荣加林未依约履行回购义务,构成违约,应当承担违约责任。针对李志伟要求荣加林支付违约金 150 万元(500 万元 × 30%)的诉请,荣加林认为,违约金计算标准过高,应予调整。一审法院认为,《回购协议》违约责任部分对违约金计算标准约定明确,且计算标准并不违反法律法规的规定,故荣加林的抗辩意见不成立",对李志伟关于违约金的诉请予以支持。

❖ 小结与建议

在支持股权回购款或业绩补偿款的情况下,关于逾期付款违约金是否可能被调低以及调低多少的问题,法院裁判思路不一。

投资方:建议在诉讼或仲裁中,强调逾期付款违约金的约定就是为了降低关于造成损失的举证成本,在对方未能举证违约金过分高于损失的情况下,能够获得支持。从尊重当事人自由意志的角度,应当对该约定予以认可。

创始人方:建议提出调低违约金的抗辩:约定的违约金明显高于资金占用损失,应予调低。

---

① 参见李志伟、于海群与上海益拾蓓股权投资管理合伙企业、荣加林等股权转让纠纷案,上海市第二中级人民法院民事判决书,(2020)沪 02 民终 11324 号。

8.16 一方单独委托会计师事务所出具《审计报告》的，另一方可以申请重新审计吗？

关于目标公司是否实现业绩承诺，最直接的判断依据是《审计报告》，但该报告仅在会计师事务所被聘请的情况下才能作出。实践中，不乏当事人以《审计报告》系对方单方委托会计师事务所出具而质疑其客观性，进而反对以此作为判断目标公司业绩表现的依据。在对方已单方委托会计师事务所作出《审计报告》的情况下，另一方可以申请重新审计吗？

单方委托取得的"咨询意见"有阻却另一方申请"鉴定"的效力，但如果另一方有理由或证据足以反驳的，应准许重新鉴定。《证据规定》第41条规定："对于一方当事人就专门性问题自行委托有关机构或者人员出具的意见，另一方当事人有证据或者理由足以反驳并申请鉴定的，人民法院应予准许。"

对于"鉴定意见"申请重新鉴定的一方，面临承担比推翻"咨询意见"更高的举证责任。《证据规定》第40条第1款规定："当事人申请重新鉴定，存在下列情形之一的，人民法院应当准许：（一）鉴定人不具备相应资格的；（二）鉴定程序严重违法的；（三）鉴定意见明显依据不足的；（四）鉴定意见不能作为证据使用的其他情形。"

《审计报告》有可能被认定为"鉴定意见"。

最高人民法院审理的一案[①]中，再审申请方主张，东岳公司进行审计的鉴定方式并非合同约定方式、鉴定内容也仅为部分工程且调减部分亦与事实不符，东岳公司出具的鉴定报告不应作为认定涉案项目工程价款的依据，"原审法院未准许南通二建的司法鉴定申请，存在程序不当和法律适用错误。东岳公司鉴定意见实质为一方当事人委托出具的'咨询意见'，应依据《最高人民法院关于民事诉讼证据的若干规定》第四十一条规定而非第四十条规定准许南通二建的鉴定申请"。该院认为，"针对南通二建申请重新鉴定，原审法院依据《最高人民法院关于民事诉讼证据的若干规定》第四十条规定作出认定，不存在适用法律错误问题"。

---

① 参见江苏南通二建集团有限公司、聊城润泰投资有限公司建设工程施工合同纠纷案，最高人民法院民事裁定书，（2021）最高法民申2165号。

8.16 一方单独委托会计师事务所出具《审计报告》的,另一方可以申请重新审计吗?

青海省高级人民法院在一案①中认为,"青海金三角公司提交的以上《审计报告》,从证据的分类上属鉴定意见范畴,法律规定并未限制当事人自行委托鉴定,同时也赋予另一方当事人有证据足以反驳并申请重新鉴定的权利"。

广西壮族自治区玉林市中级人民法院审理的一案②中,上诉人为确定自己在本案中所遭受的经济损失,委托中新会计师事务所进行审计,出具了中新会审字(2016)第232号审计报告,该院认为,"中新会计师事务所中新会审字(2016)第232号审计报告制作过程程序合法、审计依据充分、审计机构拥有相应资质,在民事诉讼证据种类中属于鉴定意见,泰邦公司虽提出该报告系华兰公司单方委托而作出,其不予认可的异议,但其并未提出相反证据予以推翻,亦未申请重新鉴定","对该审计报告予以采信并认定华兰公司在本案中的经济损失为3933482.99元"。

主题案例:朱利民、厦门中创环保科技股份有限公司合同纠纷案③

2014年11月17日,投资方与原股东等签订《现金及发行股份购买资产协议》约定:目标公司应在2014年、2015年、2016年各会计年度结束后,由投资方聘请具有证券、期货业务资格的会计师事务所,就承诺期内各年度盈利承诺实现情况出具《专项审核报告》,并在承诺期限届满时对标的股权进行减值测试并出具《减值测试报告》。如目标公司在业绩承诺期内未能实现承诺净利润,或标的股权未通过减值测试,原股东等应进行补偿。

2014年9月1日,投资方与原股东等签订《备忘录》约定:就《专项审核报告》和《减值测试报告》,原则上由投资方届时聘请的年度报告会计师事务所出具,若有变更,需经双方认可。

2017年,投资方聘请希格玛会计师事务所作为目标公司2017年度审计机构。

2018年,希格玛会计师事务所出具《业绩承诺审核报告》《股权减值审核报告》。根据该等报告,目标公司2016年度未实现业绩承诺。

原股东申请再审称,希格玛会计师事务所出具的审计意见缺乏客观性。原

---

① 参见青海金三角面粉有限公司与马旌升、白明杰等损害公司利益责任纠纷案,青海省高级人民法院民事判决书,(2019)青民终92号。
② 参见华兰生物工程股份有限公司、山东泰邦生物制品有限公司侵权责任纠纷案,玉林市中级人民法院民事判决书,(2018)桂09民终1213号。
③ 参见最高人民法院民事裁定书,(2020)最高法民申1475号。

股东在一、二审中均书面申请重新审计目标公司业绩承诺实现情况,一、二审法院均未予准许,导致未能查清本案事实,一、二审程序严重违法。

最高人民法院认为:

由希格玛会计师事务所审核目标公司业绩和资产减值情况符合双方约定,原股东关于希格玛会计师事务所出具的《业绩承诺审核报告》《股权减值审核报告》缺乏客观性、审计依据存在重大疏漏的主张,均缺乏证据证实。该等报告可以作为认定原股东承担补偿责任的依据,故二审判决认定目标公司业绩无须重新审计,并无不当。原股东关于一、二审程序违法的主张,不能成立。

本案中,合同约定如果目标公司 2016 年业绩未达标,则原股东应补偿投资方。投资方聘请的会计师事务所出具的《专项审核报告》显示,目标公司业绩承诺未实现,投资方据此提出补偿主张。

原股东申请再审称,投资方聘请的会计师事务所出具的报告缺乏客观性,一、二审法院未准许其重新审计目标公司业绩情况的申请,程序严重违法。

法院认为,原股东未举证证明投资方单方委托会计师事务所出具的《专项审核报告》缺乏客观性或审计依据存在重大疏漏,二审判决认定无须重新审计,并无不当。

其他案件中,法院也认为,一方仅以《审计报告》由对方委托会计师事务所出具为由申请重新审计的,不予准许。

最高人民法院在一案[①]中认为,"曹慧芳认为天健所出具的易威斯公司 2016 年度审计报告不公允,但未能提供证据证明该审计报告存在错误,且会计报表均为易威斯公司出具,并附有易威斯公司和法定代表人曹雯钧的签章,审计报告对其进行了确认,原审法院对其重新审计的申请不予支持并无不当"。

北京市高级人民法院二审维持原判的一案[②]中,"虽然中赛科技公司表示因在股权转让后就没有实际参与经营活动,不了解目标公司的经营情况,审计报告是金鸿控股公司单方做出来的,对审计报告真实性不认可,并提交了司法审计申请。依据最高人民法院《关于民事诉讼证据的若干规定》第二十八条规定,一方当事人自行委托有关部门作出的鉴定结论,另一方当事人有证据足

---

① 参见曹慧芳与道明光学股份有限公司等合同纠纷案,最高人民法院民事裁定书,(2019)最高法民申 257 号。
② 参见江苏中赛环境科技有限公司与金鸿控股集团股份有限公司股权转让纠纷案,北京市高级人民法院民事判决书,(2019)京民终 124 号。

以反驳并申请重新鉴定的,人民法院应予准许。因中赛科技公司没有提交证据证明审计报告中存在错误,故一审法院对中赛科技公司提出的司法审计申请不予准许"。

四川省成都市中级人民法院在一案①中认为,"潘乾云、钟淑仙认为该审计报告为刘必雄、久远股份公司单方委托,不予认可,并要求法院组织双方进行重新审计。对此,本院认为……审计本应由双方共同委托进行以获得有信服力的结果;但根据查明的事实,刘必雄、久远股份公司并未将委托审计一事告知潘乾云、钟淑仙,未征询潘乾云、钟淑仙意见,而是单方委托并作出审计,有违双方审计的初衷;如果潘乾云、钟淑仙有证据或有理由足以反驳审计结果的,可以组织双方重新审计。本院就审计报告的内容询问潘乾云、钟淑仙意见时,潘乾云、钟淑仙仅陈述审计机构不具资质、审计方法不合理;以上事由与审计机构持有的有效证件载明情况不符,且审计报告中有附的财务凭证也显示,刘必雄、久远股份公司有向公司账户转账的事实;同时,在潘乾云、钟淑仙查阅公司会计凭证后,也未向本院提交证据证明该份审计报告存在不应被采信的事由,因此,本院对潘乾云、钟淑仙申请重新审计不予支持;一审采信审计报告有事实依据"。

广东省高级人民法院在一案②中认为,"关于劳伟昌要求某公司提供财务文件并审计经营利润的问题。劳伟昌以某公司提供用于审计的报表不真实从而导致审计报告不真实为由,要求重新审计,但劳伟昌并未举证予以证明其观点。因上述审计程序合法,且某公司委托的会计师事务所也具备审查企业会计报表、出具审计报告的资质,所做出的审计报告并无缺陷,应为定案的依据。因不具备重新审计条件,故法院对劳伟昌要求重新审计的诉讼请求不予支持"。

◆◆ 小结与建议

仅以《审计报告》系对方单独委托会计师事务所出具为由申请重新审计的,难以被法院支持。

投资方: 投资方主张业绩补偿的,建议将其单方委托会计师事务所出具的

---

① 参见潘乾云、钟淑仙公司增资纠纷案,成都市中级人民法院民事判决书,(2020)川01民终6994号。

② 参见劳伟昌与广东省佛山公路工程有限公司股东出资纠纷案,广东省高级人民法院民事裁定书,(2014)粤高法民二申字672号。

《审计报告》作为证据提交,有先发优势。

创始人方:如果创始人方不认可投资方单方委托会计师事务所出具的《审计报告》,建议申请重新审计时,应提供该报告存在依据不足等问题的相关证据。

8.17 《审计报告》存在瑕疵，可以申请重新审计吗？

如问题 8.16 所述，不少案件中法院将《审计报告》认定为鉴定意见。对赌案件的诉讼程序中，一方作为证据提交的《审计报告》，可能存在瑕疵，另一方基于此申请重新审计的，法院会准许吗？

有充足的证据或理由证明鉴定人不具备资格、鉴定程序严重违法或鉴定意见依据不足的，法院会准许重新鉴定。《证据规定》第 40 条第 1 款规定："当事人申请重新鉴定，存在下列情形之一的，人民法院应当准许：（一）鉴定人不具备相应资格的；（二）鉴定程序严重违法的；（三）鉴定意见明显依据不足的；（四）鉴定意见不能作为证据使用的其他情形。"

如果鉴定意见的瑕疵可以通过其他方式补正的，不予重新鉴定。《证据规定》第 40 条第 3 款规定："对鉴定意见的瑕疵，可以通过补正、补充鉴定或者补充质证、重新质证等方法解决的，人民法院不予准许重新鉴定的申请。"

对于重新鉴定，法院的态度是尽量避免不必要的部分。《第八次全国法院民事商事审判工作会议（民事部分）纪要》规定："当事人对鉴定人作出的鉴定意见的一部分提出异议并申请重新鉴定的，应当着重审查异议是否成立；如异议成立，原则上仅针对异议部分重新鉴定或者补充鉴定，并尽量缩减鉴定的范围和次数。"

申请重新鉴定的，需在举证期限届满前提出，否则视为放弃申请。《证据规定》第 31 条规定："当事人申请鉴定，应当在人民法院指定期间内提出，并预交鉴定费用。逾期不提出申请或者不预交鉴定费用的，视为放弃申请。对需要鉴定的待证事实负有举证责任的当事人，在人民法院指定期间内无正当理由不提出鉴定申请或者不预交鉴定费用，或者拒不提供相关材料，致使待证事实无法查明的，应当承担举证不能的法律后果。"《民事诉讼法解释》第 121 条第 1 款规定："当事人申请鉴定，可以在举证期限届满前提出。申请鉴定的事项与待证事实无关联，或者对证明待证事实无意义的，人民法院不予准许。"例如，青海省高级人民法院在一案[①]中认为，"青海金三角公司的鉴定申请未在一审以及二审指定的举证期间提出"，不符合《证据规定》当事人申请鉴定，应当在举证期限内提

---

① 参见青海金三角面粉有限公司与白明杰等损害公司利益责任纠纷案，青海省高级人民法院民事判决书，(2019) 青民终 91 号。

出的规定,对该鉴定申请不予准许。

一方当事人对另一方提供的《审计报告》有异议却没有申请重新审计的,法院依然会采信《审计报告》的结论。

浙江省高级人民法院二审维持原判的一案①中,一审法院认为,"大信会计师事务所出具的上述审计报告并未违反合同约定,且黎承健也未向法院提出重新审计的申请,故大信会计师事务所出具的大信审字(2013)第2-00788号、(2014)第2-00390号《审计报告》可以作为考量金茂公司2012年和2013年净利润的依据"。

山东省高级人民法院在一案②中认为,"谭格庄镇政府对审计报告所依据的资产负债表不予认可,其有义务和能力提供赵忠海承包前后企业资产变化情况的相关证据。在其拒不提供相应证据,也不申请重新进行审计的情况下,原审依据莱乡评字(2001)第16号审计报告,确定赵忠海承包经营期间企业资产增值数额,并无不当"。

山东省烟台市中级人民法院在一案③中认为,"原告虽对山东永大审计报告不予认可,主张该报告的依据不足,未对福滋公司全部账务凭证进行审计,但其不申请对福滋公司净资产进行重新审计,且原告未提交相关证据证明不存在应予调减净资产的相关证据,故对山东永大审计报告所确认的福滋公司的净资产金额应予以采信"。

福建省厦门市中级人民法院二审维持原判的一案④中,一审法院认为,"在畅行公司未申请重新审计、未提交反证的情况下","对中瑞诚事务所福建分所经审计确定的支出总额6440249.87元予以确认。

那么,在规定的期限内申请重新审计,并指出《审计报告》存在具体问题的,法院一定会准许吗?

---

① 参见黎承健等与浙江卓景创业投资有限公司公司增资纠纷案,浙江省高级人民法院民事判决书,(2015)浙商终字第84号。

② 参见莱阳市谭格庄镇人民政府与赵忠海企业承包合同纠纷案,山东省高级人民法院民事判决书,(2014)鲁民再字第15号。

③ 参见靳昊宇与徐义广股权转让纠纷案,烟台市中级人民法院民事判决书,(2017)鲁06民初445号。

④ 参见福州畅行网络技术有限公司与厦门天成盛世文化传播有限公司合同纠纷案,厦门市中级人民法院民事判决书,(2015)厦民终字第252号。

主题案例:孙杰与北京九鼎超越投资管理有限公司公司增资纠纷案①

2016年7月22日,投资方与目标公司及原股东等签订《增资扩股协议》,约定投资方拟以增资方式投资目标公司。

同日,投资方与原股东签订《补充协议》约定:如目标公司2018年实现的净利润低于2080万元,则投资方有权要求原股东受让其持有的全部或部分目标公司股份。

2019年4月18日,目标公司出具2018年度报告,其中审计报告载明:归属母公司所有者的净利润20826184.29元,归属于挂牌公司股东的扣除非经常性损益后的净利润为18178013.2元。

2019年9月9日,原股东向投资方发函要求回购。

投资方提起诉讼,请求判令原股东支付股权受让价款等。

庭审中,原股东称2018年度审计报告存在4项瑕疵会计处理,直接影响数额的准确性,并要求进行司法审计,具体为:(1)计入2019年度报告中的黑龙江广播电视台2018年签署的《战天狼》发行合同252000元,山西广播电视台2018年签署的《战天狼》发行合同170400元,母带均为2018年寄出,扣除成本222054.5元后的利润应当计入2018年;(2)2018年计提城建税、教育费附加、地方教育费附加为450842.17元,2018年目标公司实际缴纳增值税1862310.64元,按照规定,目标公司应缴纳城建税、教育费附加、地方教育费186231.06元,计提数据与实际缴纳差额为264611.11元,该笔已计入2019年报告,但应计入2018年报告,2018年净利润应增加198458.33元;(3)2017年计提财务费用利息312635.62元,因2018年对方放弃利息该笔款项计入营业外收入,按照该笔业务的实际性质应冲减2018年度财务费用,不应计入非经营性损益汇总营业外收入,该笔计入净利润的数额为234476.72元;(4)2018年6月5日,目标公司收到东阳市财政局直接支付零余额账户款项1040100元,该金额计入营业外收入本期金额,根据有关政策,该款项性质属于文化专项基金奖励范畴,应计入净利润的数额是780075元。为证明上述瑕疵会计处理,原股东申请北京兴华会计师事务所会计师贾某出庭作证,贾某出庭证言与原股东意见基本一致。

北京市朝阳区人民法院一审认为:

原股东以审计报告存在瑕疵为由否定条件成就并申请重新审计的要求不符合双方合同约定,一审法院不予采信,对审计申请不予准许。

二审庭审中,北京兴华会计师事务所依据二审法院要求,就目标公司2018

---

① 参见北京市第三中级人民法院民事判决书,(2021)京03民终10864号。

年审计报告有关问题提交《说明》,其认为目标公司的相关事项中,事项1关于黑龙江电视台和山西电视台收入确认,虽然可以进行调整,但金额较小而且不属于舞弊,根据其金额和性质,不影响投资人了解企业的财务状况和经营成果。因此,不需要进行差错更正;事项2关于2018年城建税和教育费附加,目标公司的账务处理本身并无不妥,既符合企业会计准则的要求也符合税法的规定,不需要也不应该进行调整;事项3关于2018年债权人利息豁免,目标公司将其计入营业外收入符合企业会计准则要求也符合业务实际,不需要进行调整;事项4关于新三板挂牌补助,目标公司将其计入营业外收入也是正确的,不需要进行调整。贾某亦到庭就目标公司2018年审计报告中的上述四事项发表意见并表示均不需要进行调整,只有重大差错才需要修改,对于事项1因金额较小,无须调整前期报表。

北京市第三中级人民法院二审维持原判并认为:

原股东虽主张2018年审计报告存在四点瑕疵,但根据北京兴华会计师事务所出具的《说明》及注册会计师贾某的证人证言,该审计报告并未达到应予修改的程度,故本院对原股东的主张不予采信。

本案中,合同约定如果目标公司的业绩目标未达成,则投资方有权要求原股东回购股权。目标公司出具的审计报告显示业绩目标未达成,投资方据此要求原股东回购股权。

原股东辩称,审计报告存在四项实体瑕疵,申请司法审计,一审法院不予准许。

二审法院认为,根据会计师事务所出具的《说明》及注册会计师的证言,审计报告存在的瑕疵未达到应当修改的程度,不支持原股东的抗辩,维持原判。

其他案件中,法院亦认为,声称审计报告存在问题并非申请重新审计的充分理由,仅在认定审计报告存在重大错误的情况下,才准许重新审计。

北京市高级人民法院审理的一案[①]中,关于《2017年度审计报告》是否应作为现金补偿条款的依据,一审法院认为,首先,《2017年度审计报告》系具有证券从业资格的审计机构出具,当属专业意见。其次,根据庭审中各方主张,分歧在于上述670万美元应当计入营业收入还是营业外收入科目,如计入营业收入科目,则不触发现金补偿条款,如计入营业外收入科目,则触发现金补偿条款。

---

① 参见王逦琴等与北京航天科工信息产业投资基金(有限合伙)等合同纠纷案,北京市高级人民法院民事判决书,(2020)京民终475号。

"上述分歧的前提涉及到670万美元是否属于非经常性损益的概念,如属于则应计入营业外收入,如不属于则应计入营业收入。根据中国证监会《公开发行证券的公司信息披露规范问答第1号——非经常性损益》规定,非经常性损益是指与公司正常经营业务无直接关系,以及虽与正常经营业务相关,但由于其性质特殊和偶发性,影响报表使用人对公司经营业绩和盈利能力作出正常判断的各项交易和事项产生的损益。亚派光电公司原股东主张亚派光电公司与深圳新飞通公司和东莞新飞通公司主营业务部分存在一致性,因此亚派光电公司收购深圳新飞通公司和东莞新飞通公司资产,是对亚派光电公司原有业务上下游产业的扩充,故深圳新飞通公司和东莞新飞通公司应当退还的670万美元不属于非经常性损益,即应当计入营业收入,而非营业外收入",对此,"亚派光电公司的主营业务为光电器件的开发、生产和销售等,亚派光电公司原股东主张亚派光电公司购买深圳新飞通公司和东莞新飞通公司资产从而获得收益属主营业务范围依据不足,其主张670万美元退款应当计入营业收入亦依据不足。并且,亚派光电公司在2017年财务记账时亦将上述款项记入营业外收入科目,亚派光电公司原股东主张记账工作是在航天科工公司和航天科工投资基金委派的财务总监管理下按其要求进行,并无事实依据;相反,瑞华会计师事务所据此将上述款项计入《2017年度审计报告》中营业外收入科目具有事实依据",鉴于上述,"对亚派光电公司原股东关于对亚派光电公司2017年度财务报表重新进行审计,以厘清670万美元相关财务问题的申请,不予准许"。

浙江省高级人民法院二审维持原判的一案[①]中,一方当事人提出司法会计鉴定的申请,理由是对方当事人单方委托出具的《审计报告》及《鉴证报告》违反会计准则且审计报告数据存在明显异常。一审法院认为,上述鉴证报告、审计报告由具备相应资质的专业中介机构中汇会所作出,且审计、鉴证对象是维尔公司认可并提供的公司2018年度财务报表,该委托审计、鉴证符合维尔公司章程的规定,也未违反《购买资产协议》的约定,应予认可。恒生电子等三被告认为远方信息单方委托、审计报告和鉴证报告违反会计准则、内容有误等主张,缺乏充足理由予以支持,不予采信。因此,对恒生电子等三被告的鉴定申请不予准许。

---

① 参见杭州远方光电信息股份有限公司、恒生电子股份有限公司合同纠纷案,浙江省高级人民法院民事判决书,(2020)浙民终501号。

最高人民法院再审审理的一案①中，原股东旷智公司认为投资方提交的审计报告程序违法，主张该审计单位非目标公司聘请、未经目标公司董事会审议，且"审计报告在'特别声明'中明确载明该审计报告仅限龙洲集团2016年度、2017年度披露之目的使用，不得用作任何其他目的，二审法院以该审计报告为依据判决旷智公司承担业绩补偿责任明显属于证据适用不当"。该院认为，"上述材料可以说明天职国际会计师事务所系接受天和能源公司委托进行审计，用以提交审计的基础报表资料亦已经天和能源公司相关负责人员及机构审核批准。天职国际会计师事务所依照法定程序对天和能源公司财务状况形成《审计报告》，现并无证据证明审计程序违法或审计结论错误，原审法院以此作为天和能源公司是否实现2016年度、2017年度业绩指标的判断标准有事实依据"。

北京市高级人民法院二审维持原判的一案②中，一审法院认为，"瑞华会计师事务所对同一项政府补助，2017年和2018年审计结果完全相反，属于重大审计错误，导致亚派光电公司扣非净利润被严重低估，应重新审计"。

❖ 小结与建议

投资方：只要出具《审计报告》的会计师事务所符合约定的资质、审计程序合法、其所依据的财务报表经目标公司确认，除非存在重大错误，法院一般不会同意重新审计。

创始人方：在投资方已提交《审计报告》的情况下，法院准许创始人方重新审计的前提至少有二：一是在举证期限内创始人方应提出重新审计的申请，而非仅以抗辩的形式提出异议；二是创始人方证明《审计报告》存在重大错误。

---

① 参见旷智（天津）国际贸易有限公司、王一鸣股权转让纠纷案，最高人民法院民事裁定书，（2020）最高法民申1616号。
② 参见谷仍贤等与北京航天科工信息产业投资基金（有限合伙）等合同纠纷案，北京市高级人民法院民事判决书，（2022）京民终216号。

8.18 判决主文列明以"股权价值为限"的,执行法院应如何处理?

关于对赌义务人仅以"股权为限"或"股权价值为限"承担回购责任的约定,如果法院未在审判程序中明确该等上限的具体金额,而是将以"股权价值为限"直接列入判决主文,执行法院会如何处理?是否会波及对赌义务人的其他财产?

判决主文中列明以"股权价值为限",并非对赌案件的首创。股权质押未办理登记或股权质押合同无效、法院判决质押方应承担责任的,法院可能会判决该方以"股权价值为限"承担赔偿责任。

北京市高级人民法院二审维持原判的一案[①]中,一审法院认为,"王麦克在《还款协议书》中承诺以其持有的神州巨电公司5%股权为本案借款提供质押担保,其作为出质人,负有办理出质登记的主要义务,但其未办理相应的登记手续,导致质权未有效设立,应承担相应的违约责任","王麦克的违约责任应以填补损失为主要功能,即王麦克应赔偿未有效设立质权给济安金信公司造成的损失",故"将王麦克的责任确定为以其提供质押的神州巨电公司5%股权价值为限,对神州巨电公司就本案中的债务不能偿还的部分向济安金信公司承担赔偿责任"。判决"王麦克对判决第一项所确定的神州巨电公司的债务,以神州巨电公司5%的股权价值为限,对神州巨电公司不能偿还的部分向济安金信公司承担赔偿责任"。

北京市第三中级人民法院在一案[②]中认为,"案涉《股权质押合同》系中安百联公司与许迎祺、杨智森为保证本案所涉《借款合同》履行设立的担保物权,是本案所涉《借款合同》的从合同","案涉《借款合同》依法应认定无效","《股权质押合同》应属无效。担保合同被确认无效后,债务人、担保人、债权人有过错的,应当根据其过错各自承担相应的民事责任……债权人中安百联公司、债务人维斯可尔公司、担保人许迎祺、杨智森对于案涉《股权质押合同》的无效均有过错,许迎祺、杨智森应以其持有的维斯可尔公司股权价值为限,对维斯可尔公司

[①] 参见北京神州巨电新能源技术开发有限公司与王麦克等民间借贷纠纷案,北京市高级人民法院民事判决书,(2021)京民终238号。

[②] 参见中安百联(北京)资产管理有限公司与杨智森等民间借贷纠纷案,北京市第三中级人民法院民事判决书,(2019)京03民初396号。

不能偿还部分承担三分之一的过错赔偿责任"。判决"三、被告许迎祺就上述第一项中被告北京维斯可尔科技发展有限责任公司不能清偿的部分,承担三分之一的清偿责任(以其持有的北京维斯可尔科技发展有限责任公司70%股权价值为限);四、被告杨智森就上述第一项中被告北京维斯可尔科技发展有限责任公司不能清偿的部分,承担三分之一的清偿责任(以其持有的北京维斯可尔科技发展有限责任公司30%股权价值为限)"。

此外,当事人也可能在其他类型的合同中约定以"股权价值为限"承担责任。对此,法院一般认可其效力,但判决中未必明确具体金额,而是将以"股权价值为限"直接列入判决主文。例如,北京市第三中级人民法院审理的一案①中,被告代振山出具《承诺函》,承诺"出质人代振山对主合同项下承担的质押担保责任以其持有的天津滨海扬子村镇银行股份有限公司的5%的股权价值为限"。该院判决,"被告代振山以其持有的天津滨海扬子村镇银行股份有限公司5%股权的初始投资额为限,就本判决第一、二项确定的被告沣沅弘(北京)控股集团有限公司所负债务及本案其应承担的诉讼费承担清偿责任。被告代振山承担保证责任后,有权向被告沣沅弘(北京)控股集团有限公司追偿"。

法院为何不在审判阶段明确以"股权价值为限"的金额?有可能认为以"股权价值为限"为执行中变价、拍卖后的价款,只能在执行程序中确定。最高人民法院《关于人民法院强制执行股权若干问题的规定》第11条第1款规定:"拍卖被执行人的股权,人民法院应当依照《最高人民法院关于人民法院确定财产处置参考价若干问题的规定》规定的程序确定股权处置参考价,并参照参考价确定起拍价。"例如,北京市朝阳区人民法院审理的一案②中,上海立宁中心出具《连带责任保证函》,承诺以其所持有的河北强鼎公司10%的股权对河北强鼎公司上述债务承担连带责任保证。该院认为,"在《连带责任保证函》中,上海立宁中心以持有的河北强鼎公司10%的股权提供连带责任保证担保,故上海立宁中心承担连带保证担保的财产范围应当仅限于其持有的河北强鼎公司10%的股权。案涉股权具体价值如何,能否最终担保案涉债权实现只有在执行程序中才能确定,但不因此影响在实体上对上海立宁中心责任承担的认定",判决"被告上海立宁企业管理中心(有限合伙)以其持有的河北强鼎实业有限公司10%股

---

① 参见恒天中岩投资管理有限公司与代振山等合同纠纷案,北京市第三中级人民法院民事判决书,(2019)京03民初109号。

② 参见刘萍与刘春华等民间借贷纠纷案,北京市朝阳区人民法院民事判决书,(2019)京0105民初23292号。

权对本判决第一项、第二项确定的债务承担连带清偿责任"。

对于能够在审判阶段确定以"股权价值为限"具体金额的,法院通常会在判决主文中列明金额。例如,最高人民法院再审的一案①中,刘昌宁出具的《担保函》载明:"本人刘昌宁自愿为中鼎翔公司欠商储公司的债务承担担保责任,担保资产为本人合法持有的贵阳金阳天合建材有限公司10%的股份(价值1000万元)。"该院认为,"案涉《担保函》系合法有效的股权质押合同,虽然双方并未对办理股权出质登记进行约定,但是作为股权出质人的刘昌宁负有向工商行政管理部门办理出质登记的义务,现刘昌宁并未办理案涉股权质押登记,违背了《担保函》的约定,存在违约行为……综合各方的违约情况和过错程度","酌定刘昌宁就其违约行为承担其在《担保函》中声明的担保物价值(1000万元)50%的民事责任",并判决"刘昌宁在500万元范围内对贵州中鼎翔贸易有限公司不能偿还部分向贵州商储胜记仓物流有限公司承担赔偿责任"。

主题案例:盛虞(上海)资产管理中心与张轶弢、吴震等股权转让纠纷案②

2017年1月16日,投资方与目标公司及转让方、管理层股东签署《股权转让协议》,约定投资方从转让方受让目标公司1%的股权,股权转让价款为2000万元。

同日,各方签订《补充协议》,其中股权回购条款约定,如果目标公司在2018年6月30日之前未能向中国证监会申报上市材料,或出现申报材料被撤回、终止、否决等情形,投资方有权立即要求管理层股东回购股权。管理层股东履行前述支付及补偿义务以其直接和间接持有的目标公司股权为上限。在投资方持有目标公司股权的情况下,管理层股东保证任何时候其所持有的目标公司至少2%的股份不得为投资方以外的主体设置抵押或质押,且上述股份不得在未来用于补偿投资方外的其他股东。若管理层股东违约,则应以其自有资产为上限承担本轮投资协议及补充协议的相关义务。

2019年4月11日,因目标公司未能上市,投资方向管理层股东及目标公司发送书面函件,要求回购股权。

---

① 参见贵州商储胜记仓物流有限公司、刘昌宁买卖合同纠纷案,最高人民法院民事判决书,(2019)最高法民再202号。
② 参见上海市崇明区人民法院民事判决书,(2019)沪0151民初8769号;上海市崇明区人民法院执行裁定书,(2020)沪0151执4407号。

投资方提起诉讼,请求判令管理层股东向投资方支付股权回购款2000万元及按年利率12%计算的投资收益等。

管理层股东辩称,其承担的责任以其直接和间接持有目标公司的股份2%为上限。

上海市崇明区人民法院认为:

关于管理层股东履行回购义务是否有上限。《补充协议》约定,管理层股东应以其直接和间接持有的目标公司股权为上限承担回购责任。投资方认为协议约定的"股权为限"仅指股权比例,管理层股东应以全部财产承担回购责任。而管理层股东则认为应指股权对应的价值。

所谓的股东持有公司的股权,本身就是指该股东持有公司一定比例的股权,而整个条款是对股权回购款的约定,对应的上限也应当是股权的价值。因此,管理层股东应以其直接和间接持有的目标公司股权价值为限承担回购责任。

同时,《补充协议》还约定,如果管理层股东违反约定抵押或质押股权的,应以其自有资产为上限承担本轮投资协议及补充协议的相关义务。上述内容也说明投资方、管理层股东对于何种情况下股东以其股权之外的财产承担责任有明确约定。两相对照,也可印证双方就回购义务的履行明确了以管理层股东所持目标公司股权的价值为限。

判决:管理层股东以其直接和间接持有的目标公司的股权价值为限,支付投资方股权回购款2000万元及以按年利率12%计算的投资收益。

上海市崇明区人民法院的执行情况:

法院通过执行网络查控系统向金融机构、车辆登记部门、证券机构、网络支付机构、自然资源部等发出查询通知,查询管理层股东名下的财产,并采取下列措施:冻结银行账户、查封车辆、轮候查封房产。

经穷尽财产调查措施,未发现管理层股东有可供执行的财产,法院裁定终结本次执行程序,本案执行标的15840340.17元及逾期利息、迟延履行利息未能执行到位。

本案各方约定,如果目标公司未能如期上市,投资方有权要求管理层股东回购股权,管理层股东的回购义务以其直接和间接持有的目标公司股权为上限。股权回购条款触发后,投资方提起诉讼,要求管理层股东支付股权回购款2000万元及投资收益。

管理层股东辩称,其回购责任以其持有目标公司的股权价值为上限。投资方则主张,管理层股东应以其全部财产承担回购责任。

法院支持管理层股东的意见,但没有写明如何确定股权价值的上限,而是直接将以"股权价值为限"列入判决主文。

同样的,本案的关联案件①中,在审判阶段,天津市滨海新区人民法院也采取相同做法,在判决部分载明以"股权价值为限",而没有在审判阶段确定具体金额。该院在判决主文部分载明,"被告北京和畅盛德管理咨询中心(有限合伙)、张轶弢、吴震、刘阔、刘光辉(在其直接或间接所持北京若森数字科技股份有限公司股权价值为限)"向原告支付股权回购款1500万元并支付投资收益等。

本案执行中,法院通过网络执行查控系统,全方位查询了管理层股东名下的财产,并采取冻结银行账户、查封车辆及房产等措施。

类似的,北京市第三中级人民法院在一案②中认为,主合同无效导致从合同《股权质押合同》无效,判决就借款人不能清偿的部分,由被告许迎祺、杨智森以其持有的维斯可尔公司"股权价值为限",承担过错赔偿责任,并在本案的执行程序中,冻结、划拨了两位被执行人的银行存款。

可见,判决主文列明以"股权价值为限"承担责任的,意味着对赌义务人持有目标公司股权之外的财产,亦可能在执行的范围之内。

❖ 小结与建议

投资方:约定对赌义务人的回购义务仅以"股权为限"或"股权价值为限"的,投资方提起诉讼时可对此不予理会。有案例显示,即便存在该等限制性约定,诉讼中也可能不被任何一方提及,法院的判决主文中也没有任何责任限制的表述。例如,北京市高级人民法院二审维持原判的一案③中,一审法院认为,根据《补充协议》的约定,如果目标公司未在约定的时间内提交 IPO 首发申请,则投资方有权要求原股东一方或多方以其直接或者间接持有的目标公司股权价值为限,以年化9%的回报率购买投资方所持有的目标公司部分或全部股权。因回购条款已触发,判决原股东向投资方支付回购款,但判决主文中并无以"股权

---

① 参见三千寰宇(天津)文化传播有限公司与张轶弢、吴震合同纠纷案,天津市滨海新区人民法院民事判决书,(2019)津 0116 民初 6075 号。
② 参见中安百联(北京)资产管理有限公司与杨智森等民间借贷纠纷案,北京市第三中级人民法院民事判决书,(2019)京 03 民初 396 号。
③ 参见郭佳等与珠海横琴乐瑞股权并购投资基金合伙企业(有限合伙)合同纠纷案,北京市高级人民法院民事判决书,(2021)京民终 208 号。

价值为限"的内容。

创始人方：法院判决主文直接列明对赌义务人以"股权价值为限"承担责任的，可能导致对赌义务人持有目标公司股权之外的财产被采取执行措施。因此，对于投资协议中约定对赌义务人以股权为限或以股权价值为限承担责任的，建议创始人方在诉讼中强调其承担的责任以"股权价值为限"，其履行回购义务的范围仅限于执行程序中通过拍卖、变卖等方式处置股权所得的价款，并尽可能说服法院将前述限制在判决主文中予以明确。

8.19 不可抗力能减免对赌义务吗？

客观事件导致对赌目标未达成，却由对赌义务人承担后果，似乎有违公平。因此，该等情况下，对赌义务人常提出不可抗力进行抗辩。但是，不可抗力影响的并非对赌义务的履行（如对赌义务人现金补偿或回购股权），而是触发对赌义务的情形（如目标公司的业绩或上市情况）。那么，不可抗力能减免对赌义务吗？

如果合同明确约定对赌义务人在不可抗力导致对赌条款触发时不承担责任，则对赌义务人可以此为由对抗对赌义务的履行。实务中，已有投资协议如此约定。例如，最高人民法院审理的一案①中，各方约定，"除去不可抗力，公司在2014年12月31日前因任何其他事件导致公司不能在中国境内A股市场公开发行并上市的，甲方有权在该事件发生后提前要求回购投资方股权，回购价格按照甲方投资成本加计同期贷款利息确定"。又如，北京市高级人民法院审理的一案②中，各方在投资协议中约定，"目标公司未能于2018年12月31日之前向中国证监会递交首次公开发行股票并上市（以下称'IPO'）的申请，但由于政策的原因及不可抗力原因导致目标公司不能递交IPO申请的除外"。

但是，对于没有前述除外约定的对赌协议，能否适用不可抗力抗辩？

从字面来看，被不可抗力影响的是"义务"或"责任"。《民法典》第180条规定："因不可抗力不能履行民事义务的，不承担民事责任。法律另有规定的，依照其规定。不可抗力是不能预见、不能避免且不能克服的客观情况。"第590条规定："当事人一方因不可抗力不能履行合同的，根据不可抗力的影响，部分或者全部免除责任，但是法律另有规定的除外……"

但业绩承诺或上市目标是义务吗？通常而言，答案是否定的。最高人民法院在一案③中明确指出，"业绩补偿条款非基于违约产生，其性质并非违约金"。也就是说，没有达成业绩目标不构成违约，业绩目标并非合同义务。

---

① 参见山东宏力艾尼维尔环境科技集团有限公司、天津普凯天吉股权投资基金合伙企业公司增资纠纷案，最高人民法院民事裁定书，(2019)最高法民申5691号。

② 参见谢立新与中信资本文化旅游（成都）股份有限公司合同纠纷案，北京市高级人民法院民事判决书，(2020)京民终308号。

③ 参见黎承健与浙江卓景创业投资有限公司公司增资纠纷案，最高人民法院民事裁定书，(2015)民申字第2593号。

实际上,对赌条款是附条件的合同。如果目标公司未实现对赌目标,则所附条件成就,对赌义务人应当按约履行回购或补偿的对赌义务。《民法典》第158条规定:"民事法律行为可以附条件,但是根据其性质不得附条件的除外。附生效条件的民事法律行为,自条件成就时生效……"

据此,严格按字面意思来说,由于对赌目标并非义务,而是所附条件的组成部分,并不符合《民法典》第180条不可抗力规定的适用条件。司法实践中,对此态度如何呢?

主题案例:嘉兴春秋楚庄九鼎投资中心(有限合伙)等与马春欣等合同纠纷案①

2011年12月,投资方与目标公司及原股东签订《增资扩股协议》。

同日,各方签订《增资扩股协议的补充协议》,第2条约定:如果目标公司2013年12月31日前未提交发行上市申报材料并获受理;或者目标公司2014年12月31日前没有完成挂牌上市,则投资方有权选择在上述任何一种情况出现后要求原股东受让投资方持有的全部或部分目标公司股权。

目标公司未在2014年年底完成上市。

2019年11月,投资方提起诉讼,请求判令原股东向其支付股权转让款等。

原股东抗辩的理由之一:目标公司不能上市是不可抗力的客观原因。在协议约定的上市期限内,恰逢证监部门于2012年10月到2014年1月暂缓新股上市。

北京市第二中级人民法院认为:

按照各方当事人在《增资扩股协议的补充协议》第2条中的约定,目标公司未上市的原因不影响投资方要求回购的权利,故对原股东关于目标公司未能上市不是原股东的原因所致,投资方应对不能上市承担过错责任的抗辩意见,本院不予采纳。

需要特别说明的是,原股东提交的证据材料显示的证监部门暂停新股发行审核所涉期间为2012年10月至2014年1月,而本案当事人约定的目标公司完成挂牌上市的截止时间为2014年12月31日,在没有其他证据佐证的情况下,不足以证明目标公司未能在双方约定的时间内上市是因不可抗力所致。

且即使确实存在不可抗力,按照当事人在《增资扩股协议》第13.6条中的

---

① 参见北京市第二中级人民法院民事判决书,(2019)京02民初765号。

约定,本案审理过程中,原股东没有提供证据证明其已按照上述约定履行了通知、提供适当证据等义务,以暂停履行其在该协议项下的义务,且其履行义务期限自动延展,从而影响投资方现要求其回购股权的权利。故对原股东关于不可抗力的抗辩意见,本院不予采纳。

本案中,合同约定如果目标公司在2014年年底没有上市,则投资方有权要求原股东回购股权。因目标公司未如期上市,投资方起诉原股东要求回购股权。

原股东辩称,目标公司不能上市是由于不可抗力即证监部门暂停新股发行所致。

法院明确指出,根据对赌条款的约定,目标公司未上市的原因为何,不影响投资方要求原股东回购的权利。

不过,本案法院驳回不可抗力抗辩,并不限于前述理由,还包括原股东未能证明不可抗力中的因果关系、未能通知等问题。

本案并非唯一一个认为不可抗力影响的仅是条件成就而非免除义务履行、驳回对赌义务人不可抗力抗辩的案例。

最高人民法院在一案①中认为,"双方对于'8.12 爆炸'事件是否属于不可抗力,是否影响案涉协议的履行并未明确达成一致意见……在'8.12 爆炸'事件发生后各方当事人另行签订了相关补充协议……并未对天和能源公司2016年、2017年应取得的业绩以及旷智公司向龙洲集团支付业绩补偿款的条件做相应的变更,可表明旷智公司亦认可该事件仅导致合同义务的顺延而非全部责任的免除,各方当事人并未就因该事件即可免除旷智公司支付业绩补偿款义务形成合意。因此即使原审法院将'8.12 爆炸'事件认定为不可抗力,旷智公司对因该事件的发生与免除其合同义务之间的因果关系仍负有举证责任,原审法院认为旷智公司主张其无须向龙洲集团承担业绩补偿责任的依据不足对其诉请未予支持并无不当"。

四川省崇州市人民法院在一案②中认为,"关于权高峰辩称依照合同约定天智公司不能达成业绩与实现对赌目标,是因为不可抗力造成,因此不承担股权回购和赔偿责任能否成立问题……本案中新同德合伙企业并未主张违约责任,而

---

① 参见旷智(天津)国际贸易有限公司、王一鸣股权转让纠纷案,最高人民法院民事裁定书,(2020)最高法民申1616号。
② 参见四川新同德大数据产业创业投资合伙企业、成都天智轻量化科技有限公司等新增资本认购纠纷案,崇州市人民法院民事判决书,(2021)川0184民初2362号。

是主张权高峰依约履行回购义务,合同中各方约定股权回购条件成就新同德合伙企业就有权要求权高峰回购其股权,并未约定不可抗力可以阻却股权回购条件的成就,故权高峰的抗辩理由并不符合合同约定和法律规定",对权高峰该抗辩理由不予采信。

江西省高级人民法院在一案①中认为,"一般来说,不可抗力产生两个法律效力,法定解除权及免除违约责任,即对不可抗力造成的履约不能可以解除合同以及对不可抗力导致的履约不能产生的赔偿(违约)责任的免除……本案中,原告与被告南昌宝葫芦签订的《投资协议书》中,被告南昌宝葫芦在发生政府征收其土地的不可抗力后,导致南昌宝葫芦不能按照约定按期支付原告每年度不得低于18%之收益的股息分配,产生违约。该《投资协议书》中南昌宝葫芦的违约责任因不可抗力可以免除。原告与被告陈宗伟、宋徵玉、王俊华签订的《股权转让协议书》……系附条件协议,该协议中约定的投资方股权退出条件之一即为被告南昌宝葫芦不能按照约定按期支付原告每年度不得低于18%之收益的股息分配。被告南昌宝葫芦不能按照约定按期支付原告每年度不得低于18%之收益的股息分配的事实在原告2013年3月21日函及被告陈宗伟、宋徵玉、王俊华2013年4月10日的复函中确认,该回购条件已成就。被告南昌宝葫芦主张政府征收南昌宝葫芦土地等资产行为成为《股权转让协议书》履行回购中的不可抗力没有合同及法律依据。原告按照协议约定要求原股东即被告陈宗伟、宋徵玉、王俊华回购原告持有的22.06%股权不违反我国法律、行政法规的强制性规定,合法有效"。

不过,绝大多数对赌案件中,不可抗力抗辩被驳回的理由,均为不符合不可抗力的构成要件,鲜有法院提到不可抗力是否适用于对赌协议的问题。例如,上海市高级人民法院在一案②中认为,"现蒋文郁主张迈日公司未达到《补充协议》所约定的经营目标,系因公司所属的汽车行业业绩整体下滑所致,属于不可抗力,应作为经营目标未完成的免责事由,故其无需承担支付回购款的责任。对此,一、二审法院从不可抗力的法定构成要件、协议约定内容等多个角度进行详细地阐述,认为汽车行业整体业绩下滑应属于商业风险范畴,且系争协议中亦未将商业风险约定为不可抗力事项,故蒋文郁不能据此要求免除其在协议项下的

---

① 参见江西建信金牛新兴产业投资基金企业(有限合伙)与陈宗伟、宋徵玉、王俊华、南昌宝葫芦农庄有限公司、邓莲华、朱学珍、徐雪梅、陆经富、南昌洪崖房地产开发有限公司、江西靖安中部梦幻城实业有限公司增资合同纠纷案,江西省高级人民法院民事判决书,(2015)赣民一初字第3号。
② 参见蒋文郁与甲湛(上海)投资中心股权转让纠纷案,上海市高级人民法院民事裁定书,(2020)沪民申713号。

支付回购款等义务",予以确认。

这就意味着,在符合不可抗力规定的情况下,存在法院支持对赌义务人不可抗力抗辩的可能性。实际上,也确实有法院认为不可抗力适用于对赌的情况。例如,成都市成华区人民法院在一案①中支持了对赌义务人以不可抗力提出的抗辩,该院认为,"因 2020 年 1 月底开始遭遇新冠肺炎疫情,网吧经营受到严重影响甚至长时间停业,导致公司处于亏损状态未达到《投资人协议》的目标,但该情况属于不可抗力因素导致,不能归责于谢吉斌、谢吉东,坤百年公司以此阶段未到达考核标准为由要求按照实际出资金额回购股权明显有违公平原则和诚实信用原则……综上,坤百年公司主张的回购条件均不能成立,其不享有按照《投资人协议》要求谢吉斌、谢吉东回购股份的权利"。

◆ 小结与建议

投资方:针对不可抗力抗辩,建议反驳:不可抗力影响的仅是对赌条款的触发条件而非对赌义务的履行,即便不可抗力确实影响目标公司的经营,也与对赌义务人履行股权回购或现金补偿义务无关。

创始人方:建议在对赌协议中明确,"如果发生不可抗力导致对赌目标未达成,对赌义务人不承担回购或补偿责任",否则不可抗力抗辩难以获得裁判机关的支持。

---

① 参见四川省坤百年商业运营管理有限公司与谢吉东、谢吉斌与公司有关的纠纷案,成都市成华区人民法院民事判决书,(2021)川 0108 民初 574 号。

8.20 政策变更是否构成不可抗力？

不可抗力是各国通例上最为典型的免责事由。① 以此主张免责的前提是证明客观事件构成不可抗力。对赌纠纷中，政府政策、行业变化常被主张为不可抗力。确实，政策变更等客观事件不在对赌双方的控制范围之内，但一定构成不可抗力吗？

不可抗力作为一种客观情况，需要满足三个要件：不能预见、不能避免、不能克服。《民法典》第180条第2款规定："不可抗力是不能预见、不能避免且不能克服的客观情况。"

除法律规定外，当事人也可在合同中对不可抗力作出定义。例如，新疆维吾尔自治区阿克苏地区中级人民法院审理的一案②中，当事人在《增资协议》中约定，"不可抗力系指(1)各方不可预见、无法控制或虽可预见但不可避免，(2)发生在本协议签署日后，且(3)阻碍任何一方全部或部分履行本协议的任何事件。不可抗力事件包括但不限于公敌行为、非因一方疏忽或不当行为所引起的火灾、洪水、地震、台风或其他自然灾害、流行病、战争"。

对于约定的不可抗力情形不符合法定要求的，当事人的免责依据是合同的免责条款，而非《民法典》关于不可抗力的免责规定。例如，深圳国际仲裁院作出的一份裁决中，仲裁庭认为，"本案所涉'S市人居环境委员宣布自2018年7月1日起，每天7：00—24：00将限制所有外地车辆进入S市区域'这一情形，构成涉案合同第11条约定的'不可抗力'，但不构成《民法总则》或者《合同法》规定的法定'不可抗力'情形。故本案可以援引涉案合同第10条约定的免责条款，但不应援引《民法总则》或者《合同法》规定的免责条款而豁免责任"③。

客观事件是否构成不可抗力，应结合个案的情况判断，尤其需关注"不能预见"要件是否符合。如果不满足，即便是台风、病毒等灾害，也不构成不可抗力。

---

① 参见最高人民法院民法典贯彻实施工作领导小组主编：《中华人民共和国民法典总则编理解与适用（下）》，人民法院出版社2020年版，第905页。

② 参见天津硅谷天堂合丰股权投资基金合伙企业（有限合伙）与李志民、新疆天海绿洲农业科技股份有限公司增资协议纠纷案，新疆维吾尔自治区阿克苏地区中级人民法院民事判决书，（2015）阿中民二初字第112号。

③ 刘晓春主编：《不可抗力与情势变更典型仲裁案例选编——从突发公共卫生事件出发》，北京大学出版社2020年版，第107页。

最高人民法院在一案①中认为,"尽管承运船舶在运输途中遭遇台风,但台风登陆前已有预报,太平公司应做好相应的准备。因篷布捆扎不牢被吹开导致海水进入船舱,同时船员没有及时检查船舱进水情况并立即排水,而是在台风于2007年8月19日登陆后,直至8月29日在船舶靠码头卸货时才发现船舱进水、钢材锈蚀,然后排水。就本案货损而言,太平公司有明显的管货过失;台风不属于《中华人民共和国民法通则》第一百五十三条规定的'不能预见、不能避免并不能克服的客观情况',即不构成不可抗力"。

辽宁省沈阳市中级人民法院在一案②中认为,"二被告均表示因新冠疫情及国家管控措施影响,致使含饴公司因不可抗力因素无法达到上市指标,一审法院认为,不可抗力是指不能预见、不能避免并不能克服的客观情况,本案中,双方在签订协议书时,国内外已发生新冠疫情,因此,双方应对新冠疫情具有预见性,本案不适用不可抗力规则"。

主题案例:康芝药业股份有限公司等与北京顺鑫控股集团有限公司合同纠纷案③

2010年12月,投资方与原股东签订《增资协议书》,约定本次增资完成后,由投资方控股目标公司并负责日常生产经营管理,原股东原则上不干预。投资方承诺,如果目标公司的年度净资产收益率水平未达到承诺,则向原股东支付最低利润分配与实际获得的利润分配的差价。

自2019年1月1日起,目标公司停工停产。

原股东认为目标公司一直处于亏损状态,投资方违背其作出的承诺,遂提起诉讼,要求投资方给付合作期间的利润补差金额及利息。

投资方辩称,即便利润补偿条款成立并生效,计算时也应扣除因不可抗力造成的目标公司利润下降的金额。北京市人民政府办公厅出台通知要求顺义区燃煤锅炉改用清洁能源,不能在北京地区生产鞣酸蛋白原料、片剂、散剂。为响应政府要求,目标公司支出巨额款项用于煤改气工程,此情形属于企业经营过程中出现的不可抗力因素造成的额外成本。

---

① 参见台州市太平海运有限公司与中国平安财产保险股份有限公司张家港支公司水路货物运输合同纠纷案,最高人民法院民事裁定书,(2011)民申字第448号。
② 参见毛瀚章与沈阳含饴食品股份有限公司、刘文舸与公司有关的纠纷案,沈阳市中级人民法院民事判决书,(2022)辽01民终16406号。
③ 参见北京市第三中级人民法院民事判决书,(2021)京03民终4310号。

北京市顺义区人民法院认为:

北京市政府发布相应政策,虽对目标公司的经营产生一定影响,但并未使协议履行的客观情况发生重大变化,亦不足以引发《增资协议书》客观无法履行,其主张的情况属于目标公司在生产经营过程中应当预见到的正常商业风险,不属于不可抗力。

商事主体应当充分注意到,国内经济形势变化并不完全是一个令所有市场主体猝不及防的突变过程,而是一个逐步演变的过程,在演变过程中,市场主体应当对于市场风险存在一定程度的预见和判断。投资方作为经营医疗医药用品的上市公司,在对目标公司进行尽职调查且进行资产评估等前置工作后入资目标公司,其对于污染较大、耗能较高的行业和生产工艺将逐步退出市场甚至被政府命令淘汰这一趋势应当具有商业敏锐度和预见性。因此,该风险类型并不属于社会一般观念上的事先无法预见、风险程度远超出正常人的合理预期的情形,亦不属于不能通过生产经营策略的调整进行防控的风险类型。

北京市第三中级人民法院维持原判。

本案中,投资方经营目标公司,向原股东作出承诺,如果目标公司业绩未达标则向其补偿。由于目标公司亏损,触发利润补偿条款,原股东提起诉讼,请求判令投资方支付补偿款。

投资方辩称,其应支付的补偿款中,需扣除政策变更这个不可抗力导致的额外成本。

法院认为,北京市政府要求顺义区燃煤锅炉改用清洁能源,并不构成不可抗力,理由是不满足"可预见性"的要件。该政策的出现并不突然,有个渐进的过程,在尽职调查过程中,投资方应对政府命令淘汰污染大的行业有所预期。

其他案件中裁判机构亦认为,如果政策变更并非意料之外,或之前就曾颁布实施过,不符合"不能预见"要件,不构成不可抗力。

在一个公报案例①中,最高人民法院认为,早在2016年2月23日海南省人民政府便实施了"两个暂停"政策,2017年9月28日的琼府〔2017〕76号文是对琼府〔2016〕22号文的继续深化落实。《资产转让合同》于2017年7月15日签订,"两个暂停"政策不属于当事人在签订该合同时无法预见的客观情况,对一方当事人以相关政府政策调整构成不可抗力应予免责的主张不予支持。

---

① 参见海南碧桂园房地产开发有限公司与三亚凯利投资有限公司、张伟男等确认合同效力纠纷案,最高人民法院民事判决书,(2019)最高法民终960号。

北京市高级人民法院在一案①中认为,"该政策原因并非不可抗力……本案杨琨、李晓华提及的《关于对利用互联网销售彩票行为有关问题的公告》《关于做好查处擅自利用互联网销售彩票工作有关问题的通知》虽然对通过互联网销售彩票的行为进行了严控和监管,但并未完全禁止通过互联网销售彩票。同时,互联网销售彩票在此之前也曾被多次叫停或加强监管审批,作为互联网销售彩票的经营者,杨琨、李晓华理应对国家在互联网销售彩票活动上的一贯政策精神予以注意,故上述文件的出台不属于不能预见、不能避免且不能克服的客观情况……杨琨、李晓华关于因政策原因导致不能上市,投资人就不能要求股权回购的上诉意见,无事实及法律依据,本院不予采信"。

广东省珠海市香洲区人民法院在一案②中认为,"自 1994 年至 2012 年,在 A 股历史上,共有九次暂停 IPO 发行,被告作为一家准备上市的股份有限公司的控股股东及法定代表人,完全能够预见到暂停 IPO 发行的可能。因此,自 2012 年 10 月至 2014 年 1 月中国证监会暂停批准新股发行这一事件,不属于不可抗力,故对被告所称受此影响,广东爱婴岛公司上市计划最终搁浅,应属不可抗力,应免除被告回购义务的抗辩意见,本院不予采纳"。

广东省广州市中级人民法院二审维持原判的一案③中,郑勤主张系因政策法规的变化导致其没有回购股权,属于不可抗力。对此,一审法院认为,"根据合同法的规定,不可抗力是指不能预见、不能避免并不能克服的客观情况,且一般是指自然灾害及社会异常事件。而法律法规的出台和更新并不属于合同法规定的不能预见、不能避免并不能克服的客观情况。双方签订相关合同前后,相关部门均发布对 P2P 业务金融监管政策,具有一定连贯性,证行金融公司成立于 2014 年,经营范围包括投资管理,应知晓金融监管相关政策"。

河北省保定市中级人民法院在一案④中认为,"诉讼双方并未在合同中约定可以适用不可抗力条款的情形,因此关于不可抗力的界定应以法律为准。《中华人民共和国合同法》第一百一十七条第二款规定,本法所称的不可抗力,是指

---

① 参见李晓华等与扬州嘉华创业投资有限公司股权转让纠纷案,北京市高级人民法院民事判决书,(2021)京民终 178 号。
② 参见孙侠与叶发秋股权转让纠纷案,珠海市香洲区人民法院民事判决书,(2015)珠香法民二初字第 1893 号。
③ 参见郑勤、广州科技金融创新投资控股有限公司新增资本认购纠纷、买卖合同纠纷案,广州市中级人民法院民事判决书,(2022)粤 01 民终 12658 号。
④ 参见孙子兴、孙喜深股权转让纠纷案,保定市中级人民法院民事判决书,(2020)冀 06 民终 2610 号。

不能预见、不能避免并不能克服的客观情况。主张不可抗力成立的一方,应提供证据采取了预见、避免、克服的必要措施仍造成合同不能履行的情况。2017年北方地区雾霾严重,且张子兴在上诉状中认可廊坊市已出台了重污染天气应急限产措施,并称鑫磊公司未在该名单内。在已经存在因天气污染限产的情况下,普通人应该能够预见政府的应急响应措施会造成停工。张子兴未提供证据证实为避免和克服政府禁令行为而采取了必要的措施,无法证实本案中构成不可抗力"。

深圳国际仲裁院处理的一案中,被申请人声称,目标公司主营的棉花育苗销售业务受到中央财政2014年起调整棉花政策的影响,其销售区域的棉花种植面积急剧减少,以致无法实现《增资扩股协议》及其补充协议约定的经营业绩,2014年棉花直补政策构成不可抗力。仲裁庭认为,"政府补贴政策发生变化,不属于不能预见的情况;而棉花种植面积变化,也是市场正常调节的过程或结果,是各市场主体参与经营活动所应面对和承担的市场风险,因此政府补贴政策变化及棉花种植面积变化均不属于《合同法》所称的不可抗力的范畴"①。

除政策变更外,另一个常被当事人抗辩构成不可抗力事件的是行业变化。绝大多数案件中,法院认为行业变化属于商业风险,不构成不可抗力。例如,上海市第一中级人民法院在一案②中认为,"蒋文郁主张汽车行业作为××公司的主营业务,于2018年出现此前28年来首次负增长,超出了行业经营者乃至业内专家的预期,是其签订本案所涉协议时无法预见的。对此,本院认为,蒋文郁作为经营公司业务多年的商事交易主体,在进行公司股权融资的重大事项安排时,对于股权赎回协议的内容应当负有更高的注意义务及责任意识,理应对所属行业风险予以充分考量,基于缔约时行业发展状况过于自信地业绩承诺,不符合不可抗力中关于不能预见的构成要件;并且蒋文郁亦未提供充分证据证明,汽车行业整体业绩下滑对于经营目标的无法实现,具有不能避免且不能克服的直接关系。故,本案中汽车行业整体业绩下滑应属于商业风险范畴,且双方在协议中亦未将商业风险约定为不可抗力事项。综上,对于蒋文郁主张汽车行业业绩整体下滑属于不可抗力的意见,本院不予支持"。

---

① 刘晓春主编:《不可抗力与情势变更典型仲裁案例选编——从突发公共卫生事件出发》,北京大学出版社2020年版,第31—34页。

② 参见蒋文郁与甲湛(上海)投资中心(有限合伙)股权转让纠纷案,上海市第一中级人民法院民事判决书,(2020)沪01民终616号。

◈ **小结与建议**

从司法判决来看,裁判机关的态度较为保守,将政策变更认定为不可抗力的案件很少。

投资方:针对政策变更构成不可抗力的抗辩,建议强调该变更不满足"不可预见性"。

创始人方:建议在投资协议中明确,发生不可抗力事件的,则免除其承担对赌责任,并将上市审核暂缓等政策变更约定为不可抗力的情形。在诉讼或仲裁中主张政策变更构成不可抗力的,重点在于说服裁判机关政策变更是猝不及防的,而非渐变。

8.21 如何判定对赌目标未达成系不可抗力导致？

对赌义务人以不可抗力抗辩的，需证明符合其构成要件，因果关系就是其中之一。不可抗力对目标公司的经营存在影响，是否足以表明对赌目标未达成系不可抗力所致？

不可抗力与不能履行民事义务存在因果关系的，才有免除责任的可能性。《民法典》第180条第1款规定："因不可抗力不能履行民事义务的，不承担民事责任。法律另有规定的，依照其规定。"第590条规定："当事人一方因不可抗力不能履行合同的，根据不可抗力的影响，部分或者全部免除责任，但是法律另有规定的除外……"

主张不可抗力免责的一方，应举证证明存在前述因果关系。最高人民法院《关于依法妥善审理涉新冠肺炎疫情民事案件若干问题的指导意见（一）》规定："依法准确适用不可抗力规则。人民法院审理涉疫情民事案件，要准确适用不可抗力的具体规定，严格把握适用条件……当事人主张适用不可抗力部分或者全部免责的，应当就不可抗力直接导致民事义务部分或者全部不能履行的事实承担举证责任。"

需要注意的是，不可抗力须为债务履行受阻的主要原因。不可抗力之所以能免除履行方的责任，是因为让履行方对与其无关又不在其控制范围内的事件承担责任，对其不公，也没有约束行为的积极后果。[1] 因此，只有在损害完全由不可抗力引起、不存在阻断因果关系的其他事由的情况下，履行方才能被免除责任。[2]

原因力的多少可能影响客观事件的定性。例如，取决于因果关系和原因力大小，新冠疫情及其防控措施可能构成不可抗力，也可能被认定为情势变更。最高人民法院《关于依法妥善审理涉新冠肺炎疫情民事案件若干问题的指导意见（一）》规定："……综合考量疫情对不同地区、不同行业、不同案件的影响，准确把握疫情或者疫情防控措施与合同不能履行之间的因果关系和原因力大小，按照以下规则处理：（一）疫情或者疫情防控措施直接导致合同不能履行的，依法

---

[1] 参见最高人民法院民法典贯彻实施工作领导小组主编：《中华人民共和国民法典总则编理解与适用（下）》，人民法院出版社2020年版，第906页。

[2] 参见最高人民法院民法典贯彻实施工作领导小组主编：《中华人民共和国民法典合同编理解与适用（下）》，人民法院出版社2020年版，第818页。

适用不可抗力的规定……(二)疫情或者疫情防控措施仅导致合同履行困难的……继续履行合同对于一方当事人明显不公平,其请求变更合同履行期限、履行方式、价款数额等的,人民法院应当结合案件实际情况决定是否予以支持……"

主题案例:天津硅谷天堂合丰股权投资基金合伙企业(有限合伙)与李志民、新疆天海绿洲农业科技股份有限公司增资协议纠纷案[①]

2011年11月,投资方与目标公司及控股股东等签订《增资协议》,约定如果目标公司未在36个月内成功IPO,则投资方有权向控股股东提出回购要求。

此外,各方还约定不可抗力系指"(1)各方不可预见、无法控制或虽可预见但不可避免,(2)发生在本协议签署日后,且(3)阻碍任何一方全部或部分履行本协议的任何事件。不可抗力事件包括但不限于公敌行为、非因一方疏忽或不当行为所引起的火灾、洪水、地震、台风或其他自然灾害、流行病、战争"。若发生不可抗力事件,则受到该不可抗力影响的一方履行义务期限将自动延展,延展的时间相当于暂停履行义务的期限。主张不可抗力的一方应在不可抗力事件发生之日起3日内以传真及时通知其他方,并在传真发出后7日内以挂号信提供有权机关出具的该不可抗力事件发生、不利后果持续时间的适当证明。

目标公司未按约在36个月内完成IPO。

投资方提起诉讼,要求控股股东支付股权回购款、违约金,目标公司对前述义务承担连带责任。

控股股东及目标公司抗辩:本案存在不可抗力。中国证监会从2012年10月10日至2014年4月28日期间暂停企业IPO审核18个月,致使IPO未能实现。

新疆维吾尔自治区阿克苏地区中级人民法院认为:

目标公司能否成功IPO取决于证券管理部门的审核结果,本身具有不确定性,但更取决于目标公司为实现IPO所作的积极努力。在本案诉讼中,控股股东及目标公司没有提交其向证券管理部门提交过IPO申请的证据或为完成《增资协议》中IPO承诺而履行相关义务的证据,即控股股东及目标公司没有证明目标公司具备IPO的基本条件,而这与证券管理部门是否暂停企业IPO审核无关。

同时,控股股东及目标公司也未按照协议不可抗力条款的约定,履行通知义

[①] 参见新疆维吾尔自治区阿克苏地区中级人民法院民事判决书,(2015)阿中民二初字第112号。

务和有权机关出具证明的义务。因此,控股股东及目标公司将证券管理部门对企业暂停 IPO 审核作为目标公司未能成功 IPO 的不可抗力事由,不能成立。

本案中,因目标公司未如期上市,投资方依据对赌协议提起诉讼,请求判令控股股东回购股权、目标公司承担连带责任等。

对赌义务人辩称,目标公司未能上市是不可抗力所致,证监会暂停企业 IPO 审核,其应予免责。

法院认为,证监会的审核结果本身具有不确定性,对赌义务人未能证明目标公司具备 IPO 的基本条件,未举证证明目标公司已提交上市申报材料,未能证明证监会暂停审核与目标公司未能上市存在因果关系。也就是说,对赌义务人没有证明不可抗力是导致目标公司未上市的关键原因。

其他案件中,裁判机关亦认为,对赌义务人主张对赌目标未达成是不可抗力导致的,应证明其所称的客观事件不但对目标公司有影响,且"必然"导致对赌失败,或是对赌目标未达成的"主要"或"直接"原因。

深圳国际仲裁院出具的一份裁决书载明,"仲裁庭注意到……一方面,被申请人的组织形式至今仍为'有限责任公司',其在 IPO 暂停审核期间既未进行 IPO 申报,亦未进行 IPO 申报前必备的'变更为股份有限公司'的工作;另一方面,2014 年年初中国证监会重启 IPO 后被申请人亦未进行 IPO 申报,被申请人在庭审中回应未申报的原因是'在经营上遇到了比较大的困难'。根据已查明的事实,仲裁庭认为,2012 年年底中国证监会暂停 IPO 审核并非被申请人未申报 IPO 的主要原因,被申请人以政府政策行为导致 2012 年至 2014 年间 IPO 业务暂停构成不可抗力为由主张不予支持申请人的仲裁请求,并无充分的事实与法律依据,仲裁庭对此不予采纳"①。

陕西省高级人民法院在一案②中认为,"九州公司提出的三项事由……并不必然导致目标公司 2019 年 6 月不能完成上市前的注册申报工作或者九州公司未能实施整体上市,故对相关事由产生的后果应由其自行承担,九州公司不应以不可抗力为由免除案涉《增资协议书》约定的义务。九州公司关于不可抗力免责的上诉理由,不能成立"。

---

① 深圳国际仲裁院、中国国际仲裁研究院编著:《"对赌协议"典型仲裁案例与实务精要》,北京大学出版社 2021 年版,第 366 页。
② 参见陕西九州生物医药科技集团有限公司与上海海怡建设(集团)有限公司合同纠纷案,陕西省高级人民法院民事判决书,(2020)陕民终 898 号。

北京市第二中级人民法院二审维持原判的一案①中,关于对赌义务人抗辩"因不可抗力因素未能完成业绩目标,不应承担相应民事责任的意见",一审法院认为,"疫情或者防控措施虽有可能导致履行合同的成本增加,但对于涉案《公众号用户引入协议》而言,并不会导致该合同实际无法履行,因此不属于不可抗力的免责情形"。

广东省广州市中级人民法院在一案②中认为,"视创公司虽称其未完成协议是由于疫情的不可抗力,但视创公司的工作内容为后台运营,依照常理疫情并不会对其履约造成实质性影响"。

株洲市天元区人民法院在一案③中认为,"即使新冠肺炎疫情属于不可抗力,亦不代表可以任意适用,仅能根据法律规定和本协议约定就不可抗力影响范围内的违约情形主张免除违约责任,需综合考量疫情对不同地区、不同行业、不同案件的影响,准确把握疫情或者疫情防控措施与合同不能履行之间的因果关系和原因力大小",本案中,自2020年3月10日起"政府全面统筹疫情防抗与企业复工复产,两被告及第三人所述'客户、供应商走访'工作并非不能通过其他途径解决,新冠肺炎疫情仅是暂时阻碍合同的履行,并非导致第三人不能上市的直接原因,本院将就疫情所造成的影响在违约金的承担上予以考虑,对被告李剑胜、杨艳及第三人三特公司主张延长上市时间或回购时间的意见不予采纳"。

黄石市西塞山区人民法院审理的一案④中,被告芳新公司辩称疫情导致芳通公司上市滞后,属于不可抗力造成。该院认为,"合同约定的上市时间并非疫情爆发期间,从2017年12月芳通公司决定增资扩股时起,该公司就应当积极筹备上市事宜,疫情防控措施虽然会对企业生产经营产生一定的影响,但并非导致公司上市滞后的主要原因。芳通公司和芳新公司表示其已积极履行了公司上市的义务、疫情影响生产经营导致上市滞后均无证据证实,且至法庭辩论终结之时,距合同约定上市时间已过去近五个月时间,芳通公司仍未见上市",故对于被告的该抗辩意见,不予采纳。

---

① 参见王猛等与广州市迈步信息科技有限公司合同纠纷案,北京市第二中级人民法院民事判决书,(2021)京02民终8750号。
② 参见广州视创信息科技有限公司、广州游创科技有限公司服务合同纠纷案,广州市中级人民法院民事判决书,(2021)粤01民终28121号。
③ 参见株洲市国有资产投资控股集团有限公司、李剑胜等与公司有关的纠纷案,株洲市天元区人民法院民事判决书,(2021)湘0211民初5284号。
④ 参见范华英、黄石芳新投资有限公司等合同纠纷案,黄石市西塞山区人民法院民事判决书,(2021)鄂0203民初294号。

另外，关于对赌目标未达成的原因，对赌义务人可能已在相关文件中说明。如果该等原因并非不可抗力，则明显不符合因果关系条件，不可抗力抗辩难以被支持。

江苏省高级人民法院二审维持原判的一案①中，一审法院认为，"根据委托补充协议可以看出，三期临床试验进展滞后的原因主要是委托方准备第二批药物滞后了10个月及研究经费不足所致，而非……国家政策变化所致……不可抗力事由的答辩意见，并无事实和法律依据"。

北京市朝阳区人民法院在一案②中认为，"关于大业传媒公司称因新冠疫情导致项目终止，属于不可抗力的意见，在大业××公司发布《大业××公司2020年第一次临时股东大会决议公告》明确载明了终止本次股票发行事宜的原因，并非因新冠疫情的发生，故对大业传媒公司的此项意见，本院不予采信"。

◆ 小结与建议

投资方：因果关系证明，是创始人方不可抗力抗辩被支持的难点，投资方可提请裁判机关注意创始人方未能证明因果关系。建议强调对方所提出的客观事件并非导致对赌目标未达成的"主要"或"直接"原因。

创始人方：建议在与投资方的沟通中，注意关于对赌目标未达成原因的表述。如果已经承认对赌失败是其他因素导致，在诉讼或仲裁中再提出不可抗力抗辩难以被支持。

---

① 参见江阴嘉圆丰投资有限公司等与无锡润洲投资有限责任公司等股权转让纠纷案，江苏省高级人民法院民事判决书，(2018)苏民终983号。

② 参见王国刚与大业传媒集团有限公司等合同纠纷案，北京市朝阳区人民法院民事判决书，(2021)京0105民初94851号。

8.22 未及时通知发生不可抗力的，还能免除责任吗？

如果未及时通知对方发生不可抗力，对赌义务人关于不可抗力的抗辩还能被支持吗？

因不可抗力不能履行合同的，应当及时通知对方。《民法典》第590条第1款规定："当事人一方因不可抗力不能履行合同的，根据不可抗力的影响，部分或者全部免除责任，但是法律另有规定的除外。因不可抗力不能履行合同的，应当及时通知对方，以减轻可能给对方造成的损失，并应当在合理期限内提供证明。"

对于具体如何通知，当事人可自行约定。例如，新疆维吾尔自治区阿克苏地区中级人民法院审理的一案①中，当事人在《增资协议》中约定，"若发生不可抗力事件，则受到该不可抗力影响的一方履行义务期限将自动延展，延展的时间相当于暂停履行义务的期限。主张不可抗力的一方应在不可抗力事件发生之日起三日内以传真及时通知其他方，并在传真发出后七日内以挂号信提供有权机关出具的该不可抗力事件发生、不利后果持续时间的适当证明"。

未通知的后果是什么，《民法典》没有明确。既然及时通知是为了减轻对方可能产生的损失，那么，是否可以理解为，未及时通知的后果只涉及对方未能减轻损失的责任承担，而非完全不能免责？对于这个问题，裁判观点并不统一。

有的案件中法院认为，一方未通知对方发生不可抗力的，依然可能支持其部分免责的主张。

广东省广州市中级人民法院在一案②中认为，"应认定'山竹'台风引起的风暴潮属于不可抗力……最后，在风暴潮引起江水倒灌无法保证保管车辆安全时，中贸公司应及时通知被保管方，中贸公司虽然在事发前有电话通知部分车主移车，但并未通知涉案车主陈玉麟移车，中贸公司对此亦存在过错。综合考量当日因风暴潮引起江水倒灌的不可抗性以及中贸公司在此次事故中的过错，本院

---

① 参见天津硅谷天堂合丰股权投资基金合伙企业（有限合伙）与李志民、新疆天海绿洲农业科技股份有限公司增资协议纠纷案，新疆维吾尔自治区阿克苏地区中级人民法院民事判决书，(2015)阿中民二初字第112号。

② 参见广州中贸物业管理有限公司、中国人民财产保险股份有限公司广州市分公司保险纠纷案，广州市中级人民法院民事判决书，(2019)粤01民终21008号。

认定中贸公司对涉案车辆因水浸而产生的损失承担50%的赔偿责任"。

江苏省无锡市中级人民法院二审维持原判的一案①中,一审法院认为,"景田公司未能按约定期限移植树木系受新冠肺炎疫情影响,属不能预见、不能避免且不能克服,构成不可抗力,应当根据不可抗力的影响程度和给当事人造成的履行困难情况,确定免除责任的程度……庭审中,夏兵辩称景田公司未及时向其告知遭受不可抗力的情形","法律规定不可抗力的通知义务系为了减轻可能给对方造成的损失,而本案诉争树木栽种于夏兵的苗圃内,景田公司是否履行通知义务并不影响因其公司逾期移植导致夏兵的损失的认定"。

有的案件中法院则认为,未及时通知对方的,不能以不可抗力为由免责。例如,湖南省怀化市中级人民法院在一案②中认为,"即便上诉人主张的连续阴雨天气影响工期的情况存在,上诉人要想免责还需要及时通知被上诉人,但本案中,上诉人在施工过程中并未通知过被上诉人因天气原因需要延期交房,因此,上诉人提出的阴雨天气构成不可抗力,可以免除其逾期交房违约责任的上诉理由不能成立"。又如,云南省昭通市中级人民法院在一案③中认为,关于"上诉人遭受了不可抗力后未通知被上诉人凌忠玉的行为,是否应对该行为所造成的迟延交房义务承担违约责任……上诉人明知自然灾害发生不能按时交房,但却不告知被上诉人,未履行通知义务,其应为此承担责任"。

主题案例:郑勤、广州科技金融创新投资控股有限公司新增资本认购纠纷、买卖合同纠纷案④

2017年8月3日,投资方与实际控制人签订《广州证行互联网金融信息服务有限公司增资协议》(以下简称《增资协议》),约定如果目标公司未达到业绩目标,则投资方有权要求实际控制人回购其所持有的全部或部分目标公司股权。不可抗力事件包括但不限于政府或公共机构的禁令或行动、暴动、战争、敌对行动、公开骚乱、火灾等自然灾害。一方如因不可抗力事件而不能履行其在本协议项下的义务,该方应在不可抗力事件发生后15天内书面通知其他各方,而各方

---

① 参见夏兵与江苏太华景田农林生态发展有限公司返还原物纠纷案,无锡市中级人民法院民事判决书,(2021)苏02民终517号。
② 参见怀化金圆房地产开发有限公司、冯丽娜商品房预售合同纠纷案,怀化市中级人民法院民事判决书,(2020)湘12民终1167号。
③ 参见绥江县新兴粮油有限责任公司、凌忠玉房屋买卖合同纠纷案,昭通市中级人民法院民事判决书,(2018)云06民终841号。
④ 参见广州市中级人民法院民事判决书,(2022)粤01民终12658号。

应尽可能利用合理方法在可能的范围内减轻损害。

因目标公司未达到约定的业绩承诺,投资方提起诉讼,请求判令实际控制人回购投资方所持有的目标公司股权等。

实际控制人抗辩:目标公司业绩未能达标,并非商业因素或人为导致,而是由于国家政策因素,已构成不可抗力的免责事由。

广东省广州市中级人民法院认为:

关于实际控制人主张因不可抗力未回购股权是否成立。一审法院对于实际控制人没有回购股权不构成不可抗力进行详细论述,本院不再赘述。涉案协议中对于一方因不可抗力不能履行涉案义务,应在不可抗力事件发生后15天内书面通知其他各方进行约定,实际控制人未通知各方,现又以不可抗力进行抗辩,理据不足,本院不予采纳。

本案中,因目标公司业绩未达标,投资方依据对赌条款的约定,提起诉讼要求实际控制人回购股权。

实际控制人辩称,业绩承诺未达成系国家监管政策所致,适用不可抗力的免责规定。

法院认为,如果发生不可抗力,实际控制人应按照合同的约定通知其他方,但是实际控制人未曾通知,现又提出不可抗力抗辩,不予支持。

多数案件中,裁判机关认为,对赌义务人未及时通知投资方发生不可抗力的,不支持其免责的主张。

山西省高级人民法院在一案[①]中认为,"关于上诉人所称2015年、2016年科泰公司未能达到预期业绩系因军改原因所致属不可抗力的问题……至2017年5月各方当事人签订《协议书》时,上诉人均未向被上诉人提出发生不可抗力事件,上诉人亦未提供其曾经就不可抗力事件告知被上诉人或进行协商的相关证据……上诉人现以不可抗力为由认为合同根本无法实现而要求解除,本院不予支持"。

北京市第二中级人民法院在一案[②]中认为,"马春欣没有提供证据证明其已按照上述约定履行了通知、提供适当证据等义务,以暂停履行其在该协议项下的

[①] 参见大同华盛昌泰投资管理有限公司、黄某与珠海晋鲁股权投资有限公司、丁某等合同纠纷案,山西省高级人民法院民事判决书,(2019)晋民终65号。

[②] 参见嘉兴春秋楚庄九鼎投资中心(有限合伙)等与马春欣等合同纠纷案,北京市第二中级人民法院民事判决书,(2019)京02民初765号。

义务,且其履行义务期限自动延展,从而影响齐桓九鼎、晋文九鼎和楚庄九鼎现要求其回购股权的权利。故对马春欣关于不可抗力的抗辩意见,本院不予采纳"。

上海市第一中级人民法院二审维持原判的一案①中,一审法院认为,"新冠肺炎疫情可归属于法律上的不可抗力,但《电影〈七七之夏〉投资收益转让协议》约定,狮旌公司对周金金负有通知义务……狮旌公司未向周金金尽到通知义务……狮旌公司的抗辩理由不能成立"。

新疆维吾尔自治区阿克苏地区中级人民法院在一案②中认为,"被告及第三人也未按照协议不可抗力条款的约定,履行通知义务和有权机关出具证明的义务。因此,被告及第三人将证券管理部门对企业暂停 IPO 审核作为天海绿洲股份公司未能成功 IPO 的不可抗力事由,不能成立"。

深圳国际仲裁院出具的一份裁决中,仲裁庭认为,"在上述交往和文件中,仲裁庭均未发现双方有任何提及泥石流对合同履行造成困难的言辞,也未见被申请人提交过相关泥石流构成不可抗力的证明……因此,被申请人关于泥石流灾害构成不可抗力、可以减轻或免除责任的说法,不符合《合同法》的规定和合同的约定,仲裁庭依法不予采纳"③。

济宁市兖州区人民法院在一案④中认为,"虽然新冠肺炎疫情在签订合同时不能预见且不能避免,但疫情并不是当事人约定的不可抗力事件,不会导致案涉合同的直接或根本不能履行,并且被告也未提供证据证明其向原告尽到相应的通知义务,故在该案中,新冠肺炎疫情未构成不可抗力,二被告的该抗辩理由不能成立,本院不予采纳"。

不过,也有法院认为,如果不可抗力的发生众所周知,即便未通知,不可抗力依然可以作为减免责任的理由。例如,徐州市铜山区人民法院在一案⑤中认

---

① 参见上海狮旌投资管理有限公司与周金金股权转让纠纷案,上海市第一中级人民法院民事判决书,(2021)沪01民终15741号。
② 参见天津硅谷天堂合丰股权投资基金合伙企业(有限合伙)与李志民、新疆天海绿洲农业科技股份有限公司增资协议纠纷案,新疆维吾尔自治区阿克苏地区中级人民法院民事判决书,(2015)阿中民二初字第112号。
③ 深圳国际仲裁院、中国国际仲裁研究院编著:《"对赌协议"典型仲裁案例与实务精要》,北京大学出版社2021年版,第388页。
④ 参见济宁市惠达投资有限公司、舒新斌等股权转让纠纷案,济宁市兖州区人民法院民事判决书,(2023)鲁0812民初674号。
⑤ 参见江苏五洋停车产业集团股份有限公司、济南天辰机器集团有限公司等合同纠纷案,徐州市铜山区人民法院民事判决书,(2021)苏0312民初13108号。

为,3被告虽未提供证据证明其在不可抗力情形发生后及时通知了五洋公司,但3被告解释称给予了口头告知并进行了协商,虽然五洋公司不予认可,但新冠疫情是为全国公众所知悉的全国性突发公共卫生事件,五洋公司在其2020年第一季度业绩报告"业绩变动原因说明"中也提到其公司净利润同期下滑的原因系受疫情影响,在其2020年度审计报告中也载明"天辰智能公司未能完成本年度业绩承诺的原因系受疫情影响和原材料价格上涨",且五洋公司董事长也在中国证券监督管理委员会官网答记者问中明确表明了新冠疫情系天辰智能公司未完成净利润承诺数的原因之一,根据合同条款"计算出的应补偿金额为2482.75万元。结合以上分析,本院根据停车设备行业的特点、天辰智能公司所在地当时的疫情情况、公司经营存在其他影响等多重因素,基于公平原则,酌定被告侯秀峰、侯玉鹏连带支付原告五洋公司业绩补偿款2350万元"。

◆◆ 小结与建议

较多案件中裁判机关认为,对赌义务人提出不可抗力抗辩,却未举证曾通知对方发生不可抗力事件的,不支持该等免责主张。

投资方:如果对赌义务人未曾发出不可抗力通知,却提出不可抗力抗辩,建议提请裁判机关注意,并可借此质疑对方声称客观事件与对赌目标未达成存在因果关系的合理性。

创始人方:发生不可抗力时,应及时向投资方发出书面通知,以免影响日后不可抗力抗辩的有效主张。

8.23 对赌条款触发后另行签订《股权回购协议》的，还能以不可抗力免责吗？

对赌条款触发后，《增资协议》及《补充协议》的当事人，可能另行签订《股权回购协议》。该等情况下，对赌义务人还能以对赌目标未达成系不可抗力所致主张免责吗？

合同各方可变更先前的约定。就同一事项，先后合同约定不同的，以后签订的合同为准。《民法典》第543条规定："当事人协商一致，可以变更合同。"第464条第1款规定："合同是民事主体之间设立、变更、终止民事法律关系的协议。"

关于股权回购事宜，通常原合同及《股权回购协议》均有约定。既然《股权回购协议》签订在后，构成对原合同的变更，那么该协议才是投资方主张权利的依据。针对原合同提出的不可抗力抗辩，与《股权回购协议》没有关系。

主题案例：天津新远景优盛股权投资合伙企业（有限合伙）与魏保领等股权转让纠纷案①

2014年，投资方与目标公司及原股东等签订《增资协议》及《增资补充协议》，约定了对赌条款。

2018年6月，因目标公司没有完成约定的净利润承诺，触发回购条款，投资方与目标公司及原股东签署《股权转让协议》，约定：投资方同意将其持有目标公司13.6%的股权转让给原股东，目标公司同意就原股东履行本协议并支付本协议项下股权转让款、违约金（如有）向投资方提供连带责任保证。

投资方提起诉讼，请求判令原股东支付股权转让款及违约金，目标公司对此承担连带责任保证。

原股东及目标公司抗辩：因政府主管部门通知目标公司停产，导致目标公司未能实现承诺业绩，属于《增资协议》约定的"不可抗力"情形，其不应承担相关责任。

北京市第一中级人民法院认为：

本案系因履行《股权转让协议》引发的纠纷，原股东、目标公司是否符合《增

---

① 参见北京市第一中级人民法院民事判决书，(2019)京01民初322号。

8.23 对赌条款触发后另行签订《股权回购协议》的，还能以不可抗力免责吗？

资协议》及《增资补充协议》中关于"不可抗力"的约定，与本案争议无关，且在双方已就股权转让达成一致意思表示的情况下，原股东再以投资方投资目标公司时签署的《增资协议》《增资补充协议》约定，拒绝履行其在《股权转让协议》中的义务，没有事实及法律依据，在法律逻辑上亦缺乏关联性，故本院不予采信。

本案中，各方在《增资协议》及《增资补充协议》中约定了对赌条款。因目标公司业绩承诺未达成，各方就股权回购又签订了《股权转让协议》。投资方基于《股权转让协议》提出回购要求。

原股东及目标公司辩称，对赌目标未达成系由政府政策导致，属于《增资协议》约定的不可抗力情形。

投资方起诉的依据并非《增资协议》或《增资补充协议》，而是《股权转让协议》。原股东提出的不可抗力抗辩，针对的是《增资协议》及《增资补充协议》约定的回购义务，与《股权转让协议》中的股权回购没有关系。

法院认为，政策是否符合《增资协议》约定的不可抗力条款，与本案争议无关，不支持原股东提出的抗辩。

其他案件中，法院亦认为，对赌条款触发后当事人另行签订《股权回购协议》的，不支持对赌义务人关于对赌目标未达成是不可抗力导致的抗辩。

最高人民法院在一案①中认为，"旷智公司未举证证明其在'8.12爆炸'事件发生后即及时通知龙洲集团该爆炸事件属于不可抗力而无法继续履行协议，反而在'8.12爆炸'事件发生后各方当事人另行签订了相关补充协议，协议内容仅对天和能源公司取得《燃气经营许可证》的时间作推迟，并未对天和能源公司2016年、2017年应取得的业绩以及旷智公司向龙洲集团支付业绩补偿款的条件做相应的变更，可表明旷智公司亦认可该事件仅导致合同义务的顺延而非全部责任的免除，各方当事人并未就因该事件即可免除旷智公司支付业绩补偿款义务形成合意。因此即使原审法院将'8.12爆炸'事件认定为不可抗力，旷智公司对因该事件的发生与免除其合同义务之间的因果关系仍负有举证责任，原审法院认为旷智公司主张其无须向龙洲集团承担业绩补偿责任的依据不足对其诉请未予支持并无不当"。

---

① 参见旷智（天津）国际贸易有限公司、王一鸣股权转让纠纷案，最高人民法院民事裁定书，(2020)最高法民申1616号。

山东省高级人民法院在一案①中认为,"《中华人民共和国合同法》第一百一十七条规定,'因不可抗力不能履行合同的,根据不可抗力的影响,部分或者全部免除责任,但法律另有规定的除外。当事人迟延履行后发生不可抗力的,不能免除责任。本法所称不可抗力,是指不能预见、不能避免并不能克服的客观情况。'盈孚莱得公司等四上诉人所主张的不可抗力,即飒特公司能否上市问题在2013年12月31日已经确定,而涉案《股份回购协议》及其补充协议签订于2016年5月,故上述法律规定不适用于本案情形"。

山西省高级人民法院在一案②中认为,"关于上诉人所称2015年、2016年科泰公司未能达到预期业绩系因军改原因所致属不可抗力的问题……即使如上诉人所言,2015年国家全面启动军事改革,发生不可抗力,在此种情况下,二上诉人仍于2017年5月与各被上诉人签订《协议书》,就珠海晋鲁公司各股东股权的转让、现金补偿及回购等问题作出约定,与常理不符。因此上诉人现以不可抗力为由认为合同根本无法实现而要求解除,本院不予支持"。

◆ 小结与建议

投资方:虽然不建议在投资协议中约定对赌义务人履行义务之前需另行签署《股权回购协议》,但这不妨碍投资方在股权回购条款触发后与创始人方达成回购协议。这么做有利于投资方,因为无论对赌目标未达成是否由不可抗力或其他因素所致,另行签订协议的行为本身已表明各方对责任的承担达成新的合意,即便不可抗力导致对赌目标未达成,对赌义务人也应当依据新的协议回购股权。

创始人方:签署《股权回购协议》之前,创始人方应清楚签订该协议的后果。如果对赌目标未达成,各方之后又达成新的合意,则对赌义务人先前针对原合同有权提出的不可抗力等抗辩,不再可能被裁判机关支持。

---

① 参见广州市盈孚莱得自动化技术有限公司、北京富林源投资顾问有限公司合同纠纷案,山东省高级人民法院民事判决书,(2019)鲁民终980号。
② 参见大同华盛昌泰投资管理有限公司、黄某与珠海晋鲁股权投资有限公司、丁某等合同纠纷案,山西省高级人民法院民事判决书,(2019)晋民终65号。

8.24 政策变化符合情势变更不可预见性的要求吗？

除不可抗力外，对赌义务人以情势变更提出抗辩的情形也不少见，而主张构成情势变更的重大变化中，又以政策变化最为常见。政策变化能免除对赌义务人的责任吗？

情势变更的规定适用于对赌的情形。最高人民法院《关于依法妥善审理涉新冠肺炎疫情民事案件若干问题的指导意见（二）》规定："对于批发零售、住宿餐饮、物流运输、文化旅游等受疫情或者疫情防控措施影响严重的公司或者其股东、实际控制人与投资方因履行'业绩对赌协议'引发的纠纷，人民法院应当充分考虑疫情或者疫情防控措施对目标公司业绩影响的实际情况，引导双方当事人协商变更或者解除合同。当事人协商不成，按约定的业绩标准或者业绩补偿数额继续履行对一方当事人明显不公平的，人民法院应当结合案件的实际情况，根据公平原则变更或者解除合同；解除合同的，应当依法合理分配因合同解除造成的损失。"

情势变更的要件包括：合同成立后基础条件发生重大变化；重大变化无法预见、不属于商业风险；继续履行对一方明显不公平。《民法典》第533条规定："合同成立后，合同的基础条件发生了当事人在订立合同时无法预见的、不属于商业风险的重大变化，继续履行合同对于当事人一方明显不公平……"

构成情势变更的"重大变化"是意外、超出合理预期的。最高人民法院《关于当前形势下审理民商事合同纠纷案件若干问题的指导意见》规定："情势变更是当事人在缔约时无法预见的非市场系统固有的风险。人民法院在判断某种重大客观变化是否属于情势变更时，应当注意衡量风险类型是否属于社会一般观念上的事先无法预见、风险程度是否远远超出正常人的合理预期。"

而"商业风险"是可预见的。最高人民法院《关于当前形势下审理民商事合同纠纷案件若干问题的指导意见》规定："人民法院要合理区分情势变更与商业风险。商业风险属于从事商业活动的固有风险，诸如尚未达到异常变动程度的供求关系变化、价格涨跌等。"商业风险不是一个严格的法律概念，可以理解为在商业活动中，由于不确定因素而给交易主体带来损失的可能性，是从事商业活动的固有风险,具有可预见性。①

政策变化往往是循序渐进的,因此多被认为属于"商业风险",而非"重大变化",即不满足情势变更的第二个要件"可预见性"。

最高人民法院第六巡回法庭2019年度参考案例之二十"郑北平诉新疆龙煤能源有限责任公司股权转让合同案"中提到,"情势变更属于合同成立的基础环境发生了异常的变动,所造成的风险属于意外的风险。本案中,案涉矿区位于乌鲁木齐南山风景名胜区内,根据相关行政法规规定,风景名胜区内禁止开矿等活动。龙煤公司作为矿产企业,在《股权转让协议》签订时对此应当知晓,即使如龙煤公司所称当地环保政策宽松,在行政法规有明确规定的情况下,龙煤公司对政策的走向应当有所预见,之后当地政策逐步收紧导致探矿权不能延续对于龙煤公司而言不属于意外风险。龙煤公司明知行政法规禁止在风景名胜区采矿,而甘愿冒风险通过签订《股权转让协议》成为恒润泰公司股东以享有矿业权所带来的利益,此种风险属于正常的商业风险"。

最高人民法院第六巡回法庭2020年度参考案例之三"河南省江涛实业有限公司诉张传新分期付款买卖合同纠纷案"中提到,"《车辆租赁合同》是在矿区整改停产又复工后签订的,此时双方对矿区存在停产风险已有所预见,仍签订了该合同……本案不符合情势变更的情形"。

主题案例:上海麦忒教育科技有限公司、张萌雨股权转让纠纷案②

2018年10月10日,投资方与目标公司及原股东签订《合作协议》,约定投资方将其持有小红帽公司100%的股权转让给目标公司以获得目标公司20%的股权。

同日,前述主体签署《补充协议》,约定各方促使目标公司于2019年12月1日前在美国上市。如果投资方未能在2019年6月30日前将其持有目标公司7%的股权以3.5亿元转让给第三方,则原股东补足差额部分。

同日,前述主体签署《补充协议二》,约定如果目标公司上市未成功,目标公司将其持有小红帽公司60%的股权转让给投资方,投资方将其持有的全部目标公司的股权转让给原股东。转让价格按主合同的约定执行。

目标公司未能在2019年2月28日前向美国证券监督管理委员会提交上市

---

① 参见最高人民法院民法典贯彻实施工作领导小组主编:《中华人民共和国民法典合同编理解与适用(一)》,人民法院出版社2020年版,第484页。
② 参见柳州市中级人民法院民事判决书,(2020)桂02民终2066号。

申请。双方均认可目标公司美国上市的目的无法实现。

投资方提起诉讼,要求解除3份合同,返还小红帽公司的股权。

柳州市中级人民法院二审认为:

当事人签署本案《合作协议》之后1个月内,中共中央、国务院即发布《关于学前教育深化改革规范发展的若干意见》,明确规定民办幼儿园一律不准单独或作为一部分资产打包上市。上市公司不得通过股票市场融资投资营利性幼儿园,不得通过发行股份或支付现金等方式购买营利性幼儿园资产。本案小红帽公司为多所民办幼儿园的出资人,因上述政策的实施,目标公司作为持有小红帽公司100%股份的股东,已经不具备在美国证券交易委员会上市的资质条件。

关于《合作协议》是否应当解除的问题。根据最高人民法院《关于适用〈中华人民共和国合同法〉若干问题的解释(二)》第26条的规定,合同成立以后客观情况发生了当事人在订立合同时无法预见的、非不可抗力造成的不属于商业风险的重大变化,继续履行合同对于一方当事人明显不公平或者不能实现合同目的,当事人请求人民法院变更或者解除合同的,人民法院应当根据公平原则,并结合案件的实际情况确定是否变更或者解除。本案中,如上所述,因本案《合作协议》之合同目的无法实现,投资方请求解除《合作协议》符合合同目的不能实现的客观实际,一审法院判决解除该《合作协议》正确。

关于《合作协议》解除的法律后果的问题。根据《合同法》第97条的规定,合同解除后,尚未履行的,终止履行;已经履行的,根据履行情况和合同性质,当事人可以要求恢复原状、采取其他补救措施,并有权要求赔偿损失。本案当事人签署的《合作协议》解除后应当恢复原状,即将各方当事人互换的股权予以返还。

本案中,投资方原持有小红帽公司(多所民办幼儿园的出资人)100%的股权。投资方通过置换小红帽公司全部股权的方式取得目标公司20%的股权。各方约定如果目标公司未能在2019年年底在美国上市,则投资方有权要求目标公司按约定的价格向其转让小红帽公司60%的股权。因目标公司无法在美国上市,投资方以政策变更构成情势变更为由,请求判决解除合同,返还小红帽公司100%的股权。

合同签订前,民办幼儿园是被积极扶持的对象,享受税收优惠,在营利性、上市方面没有任何的限制性规定。《国务院关于当前发展学前教育的若干意见》规定,"积极扶持民办幼儿园特别是面向大众、收费较低的普惠性民办幼儿园发展"。《国务院关于鼓励社会力量兴办教育促进民办教育健康发展的若干意见》

规定,"民办学校按照国家有关规定享受相关税收优惠政策。对企业办的各类学校、幼儿园自用的房产、土地,免征房产税、城镇土地使用税"。

本案中,合同签订后不到1个月的时间,合同的基础条件骤变,小区配套幼儿园不得为营利性,民办幼儿园一律不得上市。2018年11月7日,中共中央、国务院发布《关于学前教育深化改革规范发展的若干意见》规定,"民办园一律不准单独或作为一部分资产打包上市。上市公司不得通过股票市场融资投资营利性幼儿园,不得通过发行股份或支付现金等方式购买营利性幼儿园资产","配套幼儿园由当地政府统筹安排,办成公办园或委托办成普惠性民办园,不得办成营利性幼儿园"。

前述政策突然全面禁止民办幼儿园上市,具有不可预见性。目标公司的资产包括民办幼儿园,由于该政策而无法上市,二者因果关系清晰。因此,法院适用情势变更的规定,支持投资方的主张,判决解除合同,目标公司向投资方返还小红帽公司的全部股权。

虽然支持政策变化构成情势变更的案例极少,但本案并非唯一一例。深圳国际仲裁院出具的一份裁决中载明,"此次美国金融形势发生的重大变化,即美国对中国借壳上市公司的针对性关注和阻挠,是双方在签订合同时无法预料的,否则申请人亦不会提出、被申请人也不会接受合同原约定的上市模式","美国相关机构对中国概念股的针对性阻击,并非一般商业风险,而是美国相关机构在发现个别中国借壳上市公司存在财务造假行为后,对全部中国概念股的针对性检查与排斥。因此,美国金融市场形势变化并非商业活动中存在的市场交易风险、价格波动等一般性商业风险","此次美国对中国概念股的阻击,是美国相关机构对市场的针对性整顿,显然不属于自然灾害、政府征收、征用等不可抗力范畴"。仲裁庭结合案件实际情况,本着公平原则,认定本案合同因情势变更致使合同目的无法实现而解除。①

由于政策变化大多都是渐变,不符合情势变更"不可预见性"的要求,所以绝大多数关于政策原因构成情势变更的主张均被驳回。

北京市高级人民法院审理的一案②中,原股东及目标公司认为本案政策变更构成情势变更,投资方向其主张业绩补偿有违公平原则。该院认为,"'煤改

---

① 参见刘晓春主编:《不可抗力与情势变更典型仲裁案例选编——从突发公共卫生事件出发》,北京大学出版社2020年版,第217页。

② 参见扬州万安燃气有限公司等合同纠纷案,北京市高级人民法院民事判决书,(2020)京民终677号。

气'工作至迟于2013年即开始启动……《关于北方重点地区冬季清洁取暖'煤改气'气源保障总体方案》的出台恰恰是为了落实上述会议精神。因此,万安公司作为专业的城市燃气经营企业,在签署交易文件时应当知晓国家关于环境治理、'煤改气'工程的相关政策,对于国家加大'煤改气'力度导致天然气需求激增,甚至出现全国性的供气短缺、天然气价格大幅提升应该是有预期的,其所提出的国家'煤改气'政策变化,并不属于案涉《股权转让及增资协议》及《补充协议》履行过程中发生的无法预见的、非不可抗力造成的情形"。据此认为,一审判决认定上述主张不符合情势变更情形正确。

北京市第一中级人民法院在一案①中认为,"适用情势变更原则,应当与商业风险相区别。对于东标电气是否能够上市,并不具有当然性和确定性,在订立合同时,双方应当预见到因企业自身原因、市场兴衰、价格波动,甚至汇率调整等均会对东标电气能否上市产生不同的影响,并不属于客观上无法预见的"情况,"且周继华提供的证据仅能显示政府监管部门在特定时间内采取了一定的监管措施,但不足以证明东标电气未能上市系因政府监管部门暂停IPO所致",不支持周继华关于适用情事变更原则解除《业绩补偿》的主张。

福建省厦门市中级人民法院审理的一案②中,对赌义务人未能完成约定的业绩目标,抗辩称这是由欧美对华光伏企业实行"双反"所致。该院认为,"所谓'双反'系当进口产品以倾销价格或在接受出口国政府补贴的情况下低价进入国内市场,并对生产同类产品的国内产业造成实质损害或实质损害威胁的情况下,世界贸易组织(WTO)允许成员方使用反倾销、反补贴等贸易救济措施,恢复正常的进口秩序和公平的贸易环境,保护国内产业的合法利益。作为一国的贸易保护措施,进口国对出口国产品进行'双反'调查并非不可预见的情形,属于正常的商业风险。因此,被告关于中国光伏企业遭受'双反'构成情势变更的理由不能成立"。

浙江省杭州市中级人民法院在一案③中认为,"关于郭建光、张昊主张即使该协议有效,合同签订后发生行业政策调整的重大变化,属于情势变更,合同应该解除";"如前所述,双方在'对赌协议'中已经对合同履约风险作了理

---

① 参见周继华与黄西玲等合同纠纷案,北京市第一中级人民法院民事判决书,(2018)京01民终8570号。
② 参见厦门金泰九鼎股权投资合伙企业与骆鸿、江西旭阳雷迪高科技股份有限公司公司增资纠纷案,厦门市中级人民法院民事判决书,(2014)厦民初字第137号。
③ 参见郭建光、张昊等股权转让纠纷案,杭州市中级人民法院民事判决书,(2021)浙01民终8516号。

性安排,行业政策调整应属于正常的商业风险",故对该主张不予支持。

上海市嘉定区人民法院在一案①中认为,"首先,奇鸟公司以上市为目标进行对外融资。公司上市需经依法审核,是否可在期限内成功上市更受到诸多因素的影响。作为理性经济人,奇鸟公司及被告在签订包含股权回购条款的《增资补充协议》时应充分考虑到相应的商事风险,而政策变化系其中重要组成部分。其次,按照被告所述,奇鸟公司核心产品'口袋记账'主要为互联网金融公司及产品提供导流及推广服务,受互联网金融行业的发展影响较大,则其对互联网金融行业需依法合规开展应具有必要认识,就监管政策变化带来的可能影响应具有一定预见能力。最后,从被告提供的证据显示,其所述的监管政策变化为逐步推进,奇鸟公司在该期间持续经营,但奇鸟公司及被告在诉讼前从未提出基于政策改变而要求变更股权回购条款,难以体现合同履行的客观基础发生不可预见的重大变化。因此,本案并不适用情势变更规则,被告关于基于情势变更应删除《增资补充协议》中有关上市条款的抗辩意见不能成立,本院不予采纳"。

深圳国际仲裁院出具的一份裁决中载明,"参照《合同法司法解释(二)》第 26 条之规定,被申请人所述行业指导政策变化,亦不属于'无法预见'的'不属于商业风险的重大变化',且根据本案现有证据,无法证明继续履行《增资扩股协议》中的股权回购约定,会对一方当事人明显不公平或者不能实现合同目的。故被申请人的主张亦不属于司法解释规定的情势变更之情形。仲裁庭认为,被申请人所述行业指导政策变化导致商业需求下降、盈利空间变窄等,属于正常商业风险。被申请人以风险自担明显不公为由,拒绝履行股权回购义务,不符合双方协议约定,仲裁庭对此抗辩不予采纳"②。

类似的,行业及市场情况的变化,也大多因缺乏"不可预见性"被认定为商业风险而非情势变更。

广东省广州市中级人民法院在一案③中认为,"陈作智上诉称因资本寒冬造成一块去公司融资无法顺利进行,目标公司没有足够资金发展公司业务,即使是客观事实,也属于商业风险范畴,并不构成情势变更"。

---

① 参见宁波丰厚致远创业投资中心(有限合伙)与徐江涛新增资本认购纠纷案,上海市嘉定区人民法院民事判决书,(2022)沪 0114 民初 861 号。

② 深圳国际仲裁院、中国国际仲裁研究院编著:《"对赌协议"典型仲裁案例与实务精要》,北京大学出版社 2021 年版,第 351 页。

③ 参见陈作智、宁波鼎锋明道万年青投资合伙企业合同纠纷案,广州市中级人民法院民事判决书,(2020)粤 01 民终 4171 号。

上海市第一中级人民法院二审维持原判的一案①中,一审法院认为,"虽然超硅公司与陈猛证明了 2012 年超硅公司主营的蓝宝石衬底行业,市场价格暴跌,竞争激烈,超硅公司业绩未达到协议约定目标,显然与此相关,但该市场价格剧烈波动的状况应属于行业经营性风险,并不符合情势变更要件。故对陈猛关于约定业绩未达到系因情势变更的答辩意见,不予采信"。

上海市第一中级人民法院二审维持原判的另一案②中,一审法院认为,"受国际经济环境和国内产能过剩的影响,2011 年我国 LED 行业增速放缓是众所周知的情况。中宙光电公司等以上述市场环境变化,企业整体利润率下滑为由,主张适用情势变更条款,事实依据是不充分的。中宙光电公司业绩未达到协议约定目标,虽与当时行业整体状况有关,但该种状况应属于行业经营性风险,并不符合情势变更法定要件",故不支持中宙光电公司等以不可抗力和情势变更为由提出的抗辩。

❖ 小结与建议

投资方:关于政策变化是否符合情势变更的问题,裁判机关持较为谨慎的态度,利于投资方。

创始人方:"不可预见性"是证明政策变更构成情势变更的难点,建议梳理并对比投资合同签订前后的政策规定,尽可能证明在双方达成合意之后政策突然发生了变化。

---

① 参见南京誉达创业投资企业(有限合伙)等与上海超硅半导体有限公司股权转让纠纷案,上海市第一中级人民法院民事判决书,(2015)沪一中民四(商)终字第 1712 号。
② 参见上海立鸿投资合伙企业(普通合伙)诉浙江中宙光电股份有限公司等股权转让纠纷案,上海市第一中级人民法院民事判决书,(2014)沪一中民四(商)终字第 1334 号。

8.25 对赌目标未达成是否因重大变化导致？

对赌义务人提出情势变更抗辩的，需证明因果关系的存在，即重大变化影响对赌目标的达成。最高人民法院《关于依法妥善审理涉新冠肺炎疫情民事案件若干问题的指导意见（二）》规定："对于批发零售、住宿餐饮、物流运输、文化旅游等受疫情或者疫情防控措施影响严重的公司或者其股东、实际控制人与投资方因履行'业绩对赌协议'引发的纠纷，人民法院应当充分考虑疫情或者疫情防控措施对目标公司业绩影响的实际情况，引导双方当事人协商变更或者解除合同。"

虽然情势变更的法律规定未提及因果关系，但隐含对此的要求。《民法典》第533条规定："合同成立后，合同的基础条件发生了当事人在订立合同时无法预见的、不属于商业风险的重大变化，继续履行合同对于当事人一方明显不公平……"最高人民法院对前述规定的理解与适用①中提到，"情势变更与显失公平结果的发生须有相当的因果关系"。

部分地方司法文件将"因果关系"列入情势变更的要件。例如，上海市高级人民法院《关于充分发挥审判职能作用为依法防控疫情提供司法服务和保障的指导意见》规定："对因疫情影响，当事人不能履约或履约对当事人权益造成重大影响的，应依照公平、诚实信用等原则，综合考量当事人之间的约定、疫情的发展阶段、疫情与履约不能或履约困难之间的因果关系以及疫情影响的程度等因素，根据不可抗力或情势变更等相关规定，并结合案件具体情况，妥善处理。"南京市中级人民法院《关于妥善审理涉新冠肺炎疫情房地产案件的若干意见》规定："依法保障工程双方合法权益，稳定建筑市场秩序。建设工程施工合同、装修装饰合同订立于疫情防控之前，双方就工期顺延、停工损失、复工后赶工费用、材料费用上涨等问题发生争议，施工方以不可抗力或情势变更抗辩的，人民法院应当审查疫情防控措施对上述事项的因果关系与影响程度……"

司法实践中，法院在适用情势变更原则时，会审查重大变化与合同履行之间的因果关系。

---

① 参见最高人民法院民法典贯彻实施工作领导小组主编：《中华人民共和国民法典合同编理解与适用（一）》，人民法院出版社2020年版，第483页。

上海市静安区人民法院在一案①中认为,"三被告提供的证据亦无法证明政策变化原因与三被告未按约付款之间存在因果关系,因此,对于三被告关于情势变更的抗辩,本院亦难以支持"。

广州市花都区人民法院在一案②中认为,"金阳光公司自2019年12月23日起违反合同约定,广东省于2020年1月23日启动重大突发公共卫生事件一级响应,时间相距一个月。为此,金阳光公司违反合同约定的行为,与新冠××疫情的发生没有因果关系,以此抗辩不可抗力或者情势变更,没有理据"。

四川省达州市中级人民法院在一案③中认为,"2016年起达钢集团公司以行业政策调整致其产能下降为由,不履行合作协议","达钢集团公司提交的证据不足以证明因情势变更致使合同无法继续履行,故其从2016年起不再履行合同义务,已构成违约"。

主题案例:中国海外科技实业有限公司、济南庚辰铸造材料有限公司股权转让纠纷案④

2006年5月10日,投资方与原股东签订《股权转让协议》,约定投资方受让原股东持有的目标公司30%的股权。股权转让后,原股东仍持有目标公司30%的股权,投资方持有目标公司70%的股权。

同日,投资方与原股东签订《合营合同》及《补充协议》,约定2015年12月31日以后,目标公司聘请中介机构对目标公司的净资产进行评估。如根据评估结果,原股东所持30%股权享有的权益低于或等于6425万元,且原股东愿意将其持有的30%股权转让给投资方,则投资方应当按照6425万元的价格收购原股东股权。

2015年12月30日,原股东向投资方发函,表示同意向投资方转让其持有的目标公司30%的股权。

2016年1月12日,投资方复函称,投资方关于承诺的利润条款无法实现是由目标公司设立时就存在的经营障碍和审批立项瑕疵造成的。

---

① 参见高奇龙与上海韬图动漫科技有限公司等股权转让纠纷案,上海市静安区人民法院民事判决书,(2020)沪0106民初37120号。
② 参见广州来又来商贸有限公司、北京金阳光设备租赁有限公司房屋租赁合同纠纷案,广州市花都区人民法院民事判决书,(2021)粤0114民初1929号。
③ 参见达州市坤译耐材有限责任公司、四川省达州钢铁集团有限责任公司合同纠纷案,达州市中级人民法院民事判决书,(2019)川17民终1185号。
④ 参见最高人民法院民事判决书,(2019)最高法民终1176号。

2016年5月20日,目标公司经审计的资产负债表显示,目标公司的所有者权益为负。

协商无效后,原股东提起诉讼,请求判令投资方向其支付股权转让款6425万元,并将其持有的目标公司30%的股权转让给投资方。

投资方提出反诉,请求判令解除投资方与原股东签订的《补充协议》。目标公司在投资方受让股权时即环保手续不全,随着新的环境保护法的实施更使得经营所需的环保手续无法完备,经营障碍无法排除,构成情势变更。

山东省高级人民法院认为:

投资方在2006年受让股权时,应能预料环保审批手续欠缺是目标公司必须克服的较大障碍,其应知晓或预料到目标公司在其后从事冶炼行业过程中可能遇到的困难,预料到受让该公司股权、经营该公司会面临较大的商业风险。

在2015年1月1日修订的《环境保护法》施行前,目标公司已陷入经营困难的局面。该法律的实施及环保部门执法力度的加大仅是进一步加重了目标公司的经营负担,并非导致目标公司股权价值低于6425万元的全部因素。投资方的证据不能证明约定条件的成就完全系由新的环保法律规定实施所致,并不能排除因投资方自身经营不善或市场波动等各种不确定因素引起,即不能排除商业风险因素的影响。

因此,本案不适用情势变更规定,《补充协议》不应据此解除。

最高人民法院维持原判。

本案中,投资方受让股权后实际经营目标公司。合同约定如果2015年年底原股东所持目标公司全部股权的所有者权益不高于6425万元,则原股东有权要求投资方受让其持有目标公司的股权。因2015年年底目标公司的资产负债表显示所有者权益为负数,原股东依据《补充协议》的约定,要求投资方受让股权,投资方反诉主张解除《补充协议》。

投资方辩称,《环境保护法》新增排污许可证的要求,目标公司因环保手续不全,被当地政府勒令停产,构成情势变更。

法院认为,在2015年之前,目标公司的经营就已陷入困顿,《环境保护法》修订后只是加重其经营负担,投资方未证明回购条件成就是由《环境保护法》导致,本案不适用情势变更原则。

本案中,投资方援引情势变更作为解除合同的依据,其所称的重大变化是2015年1月1日开始施行的修订后的《环境保护法》。但是,投资方在2016年年初的信函中提到,利润条款无法实现的原因,在于目标公司设立时就存在的经营障碍和审批立项瑕疵。可见,对赌目标未达成与《环境保护法》的修订关系不大。因此,不符合情势变更中因果关系要件的要求。

其他案件中,法院对于对赌义务人援引情势变更原则抗辩的,亦要求该方证明重大变化与对赌目标未达成存在因果关系,否则不予支持。

浙江省温州市中级人民法院审理的一案①中,对赌义务人辩称目标公司未能上市的原因系情势变更。该院认为,"股权回购条款属于对赌条款,作为对赌方的朱立起、鼎发公司在作出该决策时应对可能遭遇的市场风险及自身的抗风险能力有较普通商业决策更为充分地预估。光伏产业遭遇反倾销反补贴政策及相关制裁措施虽非普遍现象,但亦属能够预见的市场风险,且并非直接影响乐园公司,不会必然导致乐园公司无法按期上市"。

北京市第一中级人民法院审理的一案②中,对赌义务人辩称应适用情势变更原则解除业绩补偿条款。对此,该院认为,"对于东标电气是否能够上市,并不具有当然性和确定性,在订立合同时,双方应当预见到因企业自身原因、市场兴衰、价格波动,甚至汇率调整等均会对东标电气能否上市产生不同的影响,并不属于客观上无法预见的"情况,"且周继华提供的证据仅能显示政府监管部门在特定时间内采取了一定的监管措施,但不足以证明东标电气未能上市系因政府监管部门暂停IPO所致",不支持对赌义务人的抗辩。

北京市高级人民法院在一业绩对赌案③中认为,"2016年以及2017年万安公司均完成了承诺业绩。2017年底国家开始推行'煤改气'政策,致使天然气价格大幅上涨,与万安公司未完成2018年承诺业绩确实存在一定程度的关联性。但由于之后相关文件陆续出台,'煤改气'进度大幅放缓,因昆颉中心并未提交证据证明天然气价格大幅上涨持续时间,故本院无法判断'煤改气'政策引起的天然气价格上涨对万安公司2018年度净利润的影响程度",一审判决认定"不符合情势变更情形正确"。

---

① 参见朱立起等与温州睿祥股权投资管理有限公司股权转让纠纷案,温州市中级人民法院民事判决书,(2016)浙03民终660号。

② 参见周继华与黄西玲等合同纠纷案,北京市第一中级人民法院民事判决书,(2018)京01民终8570号。

③ 参见扬州万安燃气有限公司等合同纠纷案,北京市高级人民法院民事判决书,(2020)京民终677号。

❖ 小结与建议

投资方：如果对赌目标未达成，建议及时取得创始人方关于对赌失败原因的说明，便于应对对方之后的抗辩。

创始人方：情势变更抗辩中，因果关系的证明是难点，需要重点准备。关于对赌目标未达成的原因，建议在与投资方的沟通中谨慎表述。如果解释的内容与诉讼或仲裁中陈述的对赌失败理由不一致，情势变更抗辩难以被支持。

8.26 情势变更抗辩中，对赌义务人如何证明继续履行合同对其明显不公平？

除"不可预见"及"因果关系"外，提出情势变更抗辩的一方，还需证明继续履行对赌协议对其"明显不公平"。

情势变更原则含有"明显不公平"的要件。《民法典》第533条规定："合同成立后，合同的基础条件发生了当事人在订立合同时无法预见的、不属于商业风险的重大变化，继续履行合同对于当事人一方明显不公平……"

法律和司法解释并未定义何谓"明显不公平"。对此，学理上的理解是"明显违反公平、等价有偿原则"。"明显不公平"应达到双方的权利义务明显违反公平、等价有偿原则的标准，如履行特别困难、债权人受领严重不足、履行对债权人无利益的情形，而不包括仅为某种程度的背离，对双方当事人之间的利益关系影响甚微的情况。①

司法实践中，不少案件中法院的理解与学理一致，即继续履行明显违反公平、等价有偿原则。例如，最高人民法院在一案②中认为，"构成情势变更的'对于当事人一方明显不公平的'，应是指继续履行合同会造成一方当事人履约能力严重不足、履约特别困难、继续履约无利益并对其利益造成重大损害、明显违反公平、等价有偿原则等情形"。

对赌案件的当事人提出情势变更抗辩的，法院的关注点大多集中在客观情况到底是商业风险还是重大变化上，鲜有讨论明显不公平的问题，即便提及，也仅是一笔带过。例如，最高人民法院在一案③中认为，本案不符合情势变更所要求的客观情况，"也不存在继续履行《回购协议》对滕站明显不公平的问题"。又如，上海金融法院在一案④中认为，"鉴于上述对赌条款及回购条款是签约各方基于各自的商业考量而自愿做出，因此北大未名公司根据协议约定履行对国泰

---

① 参见最高人民法院民法典贯彻实施工作领导小组主编：《中华人民共和国民法典合同编理解与适用（一）》，人民法院出版社2020年版，第483页。
② 参见中铁二局建设有限公司、厦门滕王阁房地产开发有限公司股东出资纠纷案，最高人民法院民事判决书，(2020)最高法民终629号。
③ 参见滕站、苏州中科创新型材料股份有限公司股权转让纠纷案，最高人民法院民事判决书，(2018)最高法民终796号。
④ 参见国泰元鑫资产管理有限公司与北京北大未名生物工程集团有限公司其他合同纠纷案，上海金融法院民事判决书，(2019)沪74民初128号。

元鑫公司所持合伙财产份额的收购义务,亦不存在北大未名公司辩称的有失公平之处"。

主题案例:康芝药业股份有限公司与北京顺鑫控股集团有限公司合同纠纷案①

2010年12月,投资方与原股东签订《增资协议书》,约定目标公司引进投资方后,由投资方控股目标公司并负责日常生产经营管理,原股东原则上不予干预。投资方保证本次增资扩股完成后,每个完整会计年度目标公司的净资产收益率水平达到投资方当年度净资产收益率水平的70%以上,如未达到上述标准,投资方应向原股东支付在上述标准下原股东应获得的最低利润分配与实际获得的利润分配的差价。

投资方起诉要求解除利润补差条款,理由之一是情势变更。

北京市第三中级人民法院认为:

情势变更情形必须具备几个要素:客观情况发生重大变化、订立合同时无法预见、不属于商业风险和不可抗力、对于一方显失公平或不能实现合同目的等。客观情况发生重大变化应指发生了社会环境的异常变动而使合同的基础动摇或丧失。

本案中,投资方主张的煤改气工程、"人胎盘片"召回、取消列入医保产品目录,都不属于上述客观情况发生重大变化的情况,而只是造成履行费用的增加、利润减少的一般性亏损,继续履行合同不会对一方明显不公平或不能实现合同目的。且"人胎盘片"召回事件,根据其召回原因及投资方的经营经验和前期尽调等情况,其对该方面可能存在的缺陷及风险应当有所了解,不属于无法预见的情形。故本院对投资方以情势变更情形主张解除合同条款的上诉意见不予支持。

本案中,投资方与原股东约定的业绩补偿条款触发后,负有补偿义务的投资方以情势变更为由要求解除对赌条款。

法院不支持投资方的请求。投资方提出的情形并非不可预见的重大变化。履行费用增加、利润减少,仅属于一般性亏损,没有达到明显不公平的程度。

虽然本案法院对情势变更中的"明显不公平"笔墨不多,但触及根本。法院

---

① 北京市第三中级人民法院民事判决书,(2020)京03民终14612号。

将"一般性亏损"明确排除出"明显不公平",也就是说,继续履行合同须造成一方"显著"亏损,才达到"明显不公平"的程度。

类似的,最高人民法院在一案①中认为,"新龙公司主张继续履行合同显失公平,但是否显失公平并不能简单以合同签订时的价格与合同履行时的价格进行纵向比较,本案中,新龙公司如继续履行合同不会额外增加其订约时预计付出的履约成本,仅是其在合同签订后可以以更少的交易成本从别处获取合同标的物,但这不是新龙公司可以违约并置正常的交易秩序于不顾之理由,故本案亦不存在显失公平之情形"。

考虑到相关司法解释②对于情势变更原则的适用持审慎态度,且"明显不公平"的认定具有很大的弹性及较强的主观性③,目前支持情势变更抗辩的案件不多,对赌案件中更是如此。

四川省高级人民法院二审维持原判的一案④中,一审法院认为,"情势变更原则是指合同有效成立后,因不可归责于双方当事人的事由发生重大变化而使合同的基础动摇或丧失,若继续维持合同会显失公平,因此允许变更合同内容或解除合同的原则","张巨萍作为商事主体,其在受让案涉股权时,对于股权价值可能产生贬损,应有相应的判断,则其向转让方作出溢价支付股权转让款的意思表示,并不存在显失公平的情形……同时,根据审理查明的事实,张巨萍在受让龚丕菊、冯荧琳持有的振农咨询公司股权后,并未按约向其二人支付股权转让款,存在迟延支付股权转让款的行为。基于上述分析,张巨萍所述的政策性调整,并未导致张巨萍继续履行《股权转让协议》存在显失公平的问题"。

北京市第三中级人民法院在一案⑤中认为,"国安公司与其鲁签订《补充协议书》对股权转让事宜进行约定,双方并未对股权转让价款的支付限定其他特

---

① 参见华锐风电科技(集团)股份有限公司与肇源新龙顺德风力发电有限公司买卖合同纠纷案,最高人民法院民事判决书,(2015)民二终字第88号。

② 最高人民法院《关于当前形势下审理民商事合同纠纷案件若干问题的指导意见》规定,"慎重适用情势变更原则"。最高人民法院《关于正确适用〈中华人民共和国合同法〉若干问题的解释(二)服务党和国家的工作大局的通知》规定:"二、严格适用《中华人民共和国合同法》若干问题的解释(二)第二十六条……对于上述解释条文,各级人民法院务必正确理解、慎重适用。如果根据案件的特殊情况,确需在个案中适用的,应当由高级人民法院审核。必要时应报请最高人民法院审核。"

③ 参见王德山:《情势变更原则中显失公平认定研究》,载《法律适用》2010年第11期。

④ 参见张巨萍、龚丕菊股权转让纠纷案,四川省高级人民法院民事判决书,(2020)川民终440号。

⑤ 参见中信国安集团有限公司与其鲁股权转让纠纷案,北京市第三中级人民法院民事判决书,(2018)京03民终9980号。

殊条件,现其鲁已按照约定履行股权结构变更的相关义务,国安公司亦应依约履行自身义务。国安公司提出的股权转让之后公司的经营状况、任职情况及股权结构变化等情况,均不属于法律规定的'双方无法预见的、非不可抗力造成的不属于商业风险的重大变化',继续履行协议亦未造成明显不公平或不能实现合同目的的情形,故不属于法律规定的合同应当解除的情形"。

法院认为不存在不可预见的重大变化的,也不大可能会认定继续履行将造成显失公平;相反,如果认为存在重大变化,则继续履行更可能被认为对一方不公平。

云南省高级人民法院在一案[①]中认为,"双方签订《股权转让协议》时,中川公司具有《安全生产许可证》等生产经营的必备条件,杜加树受让股权后,双方正常的履行合同。至2016年4月7日,大理市安全生产监督管理局对太邑乡村民安置项目进行检查时,明确了该项目对中川公司的生产存在安全隐患,要求中川公司做好车间靠山脚走道进行围挡,设置安全警示标示。之后,该村民安置项目一直进行,中川公司的恢复生产需再次进行申报,重新核发相关的证照,因此,原来的生产条件发生了重大变化,这一变化系双方当事人签订合同时无法预见,非不可抗力造成的不属于商业风险的情形,这一情形符合上述法律规定的情势变更规定,在此情形下,继续履行合同对于一方当事人明显不公平,也不能实现合同目的,本案合同应予以解除"。

江苏省镇江市中级人民法院审理的一案[②]中,作出业绩承诺的大股东在对赌协议签订不久后去世,目标公司变为由投资方实际控制。投资方要求另一对赌义务人小股东及大股东继承人在继承遗产的范围内作出利润补偿。法院认为,大股东继承人未参与公司管理,而业绩承诺与大股东及小股东共同努力及配合不可分割,且小股东并不具有决策权,要求大股东继承人及小股东进行业绩补偿显失公平,不予支持。

❖ 小结与建议

投资方:鉴于"明显不公平"与"不可预见性"存在正相关性,针对情势变更

[①] 参见杜加树与刘智等股权转让纠纷案,云南省高级人民法院民事判决书,(2017)云民终318号。

[②] 参见扬中智能电气研究院有限公司、江苏驰睿新材料科技有限公司等公司增资纠纷案,镇江市中级人民法院民事判决书,(2021)苏11民终2034号。

8.26 情势变更抗辩中,对赌义务人如何证明继续履行合同对其明显不公平?

的抗辩,可强调对赌义务人所称的客观事件可预见,继续履行合同并不会对对赌义务人明显不公平。

创始人方:在力证"不可预见性"的基础上,建议强调继续履行合同将导致对赌义务人承受"显著"而非"一般性"的损失。

8.27 以情势变更为由解除合同的,如何提出请求?

援引情势变更原则的对赌一方,可以依据《民法典》第 533 条"请求人民法院或者仲裁机构变更或者解除合同"的规定,请求解除对赌条款。如果整体解除合同,则涉及返还投资款,对赌义务人显然不愿意。那么应当如何提出解除的请求?

对赌双方通常签订至少两份协议,一份是投资方获得目标公司股权的《增资合同》或《股权转让合同》,另一份则是为了退出目标公司,投资方与对赌义务人签订的含有对赌条款的《补充协议》。在对赌目标未达成的情况下,投资方一般依据《补充协议》的对赌条款主张股权回购或补偿。因此,对赌义务人的核心诉求是不履行对赌条款。

可以单独解除含有对赌条款的《补充协议》吗?司法实践表明,如果多份合同被认为构成一个整体,不支持仅解除部分协议的请求。

最高人民法院在一案①中认为,关于"当事人之间所签订的三个协议是否为不可分的一个整体,土地转让协议能否单独解除"的问题,"虽然土地转让协议、股权转让协议和固定资产转让协议等三份协议的缔约主体和指向的交易标的并不一致,但该三份协议应认定为不可分割的一个整体","二审判决关于土地转让协议不能单独解除,应继续履行的认定符合客观事实,应予支持"。

辽宁省沈阳市中级人民法院在一案②中认为,一审法院解除双方签订的全部合同并无不当。对上诉人提出的《软装工程配饰设计合同》不应予以解除的主张,"上述合同虽分别签订,但系为一个整体",一方"在完成设计方案后,须按设计方案采购产品并进行摆场后方能实现合同目的,故在《家具摆场采购合同》、《灯具安装采购合同》、《窗帘和挂画、地毯安装采购合同》及《窗帘和挂画、地毯灯具安装采购补充合同》项下的采购产品存在严重质量问题,构成根本性违约的情况下,应对上述合同进行整体性认定",故对上诉人提出的该项主张不予支持。

不少对赌案件中,法院均认为《增资协议》与《补充协议》构成一个整体。

---

① 参见济南永君物资有限责任公司与济钢集团有限公司土地转让协议纠纷案,最高人民法院民事裁定书,(2015)民申字第 3327 号。
② 参见沈阳万格普特家居装饰品销售有限公司、马薇合同纠纷案,沈阳市中级人民法院民事判决书,(2019)辽 01 民终 4750 号。

陕西省高级人民法院在一案①中认为,"《增资扩股协议》约定投资方即原告以一定的股权单价认缴目标公司即第三人的新增注册资本,该协议主要是对投资方义务、目标公司及其实际控制人即被告刘研、王骏权利的约定,系目标公司完成业绩承诺及股转系统挂牌目标后投资方取得相关权益的前提。《补充协议》系以《增资扩股协议》为基础,约定业绩补偿及股权回购等'对赌条款',该协议主要是对投资方权利、目标公司及其实际控制人义务的约定,系在目标公司未能完成业绩承诺或股转系统挂牌目标的情况下,对投资方相关权益的补偿及允许其退出目标公司的保障。《增资扩股协议》及其《补充协议》作为一个整体实现了投资方与融资方权利义务的对等与平衡,协议各方当事人应依约全面履行各自合同义务"。

北京市高级人民法院二审维持原判的一案②中,一审法院认为,"结合对该表述的文义理解,双方作出如上约定的目的意在表明《补充协议一》《补充协议二》分别系《增资协议书》《二轮增资协议书》的一部分,虽出于某种考虑将回购事宜约定于补充协议内,但本约合同与补充协议系作为一个整体来确定合同各方的权利义务,因而对于补充协议中约定的回购义务的违反亦应属于本约合同所约定的违约,应承担相应的违约责任",被告"称补充协议并未约定未履行回购义务的违约金故其无需支付违约金缺乏依据,不予采纳"。

广东省深圳市中级人民法院二审维持原判的一案③中,一审法院认为,"补充协议为增资协议的一部分,两者不可割裂,应视为同一整体"。又如,义乌市人民法院在一案④中认为,"原告与被告欧意公司签订的增资扩股协议以及原告与三被告共同签订补充协议的一揽子协议为一个整体,对原告增资被告欧意公司后各方的权利义务作出了明确的约定,内容包括被告欧意公司在获得增资款后的业绩承诺(营业额、净利润)以及未达到业绩承诺的估值调整方式等,俗称'对赌协议'"。再如,北京市西城区人民法院在一案⑤中提到,"《增资扩股协

---

① 参见天佑二期股权投资企业与王骏、刘研、北京天星银河投资有限公司股权转让纠纷案,陕西省高级人民法院民事判决书,(2017)陕民初第 35 号。
② 参见爵美名盟国际贸易(北京)有限公司等与深圳市红土信息创业投资有限公司等股权转让纠纷案,北京市高级人民法院民事判决书,(2020)京民终 549 号。
③ 参见李新善、王远航合同纠纷案,深圳市中级人民法院民事判决书,(2019)粤 03 民终 2636 号。
④ 参见周益成与浙江欧意智能厨房股份有限公司等增资纠纷案,义乌市人民法院民事判决书,(2020)浙 0782 民初 11846 号。
⑤ 参见苏州工业园区嘉乾九鼎投资中心(有限合伙)与张友秋等合同纠纷案,北京市西城区人民法院民事判决书,(2016)京 0102 民初字第 6389 号。

议》中明确约定了各方对协议约定的相关责任和义务承担连带责任,后续的业绩补偿协议与《增资扩股协议》《补充协议》为紧密联系的一个整体"。

涉及管辖的案件中,法院更是明确指出,如果《补充协议》没有约定争议解决条款,则应按《增资协议》的管辖条款一并处理,也就是将二者视为一个整体。

北京市第一中级人民法院在一案①中认为,"从《补充协议》与《增资协议》的约定内容来看,《补充协议》是在《增资协议》整体框架之下,对《增资协议》中未尽事宜的补充和变更,而不是脱离《增资协议》而独立存在的合同。在《增资协议》已明确约定了仲裁条款的情况下,《补充协议》并未对有关管辖问题做出约定,因此基于《补充协议》而引发的争议的解决方式应适用《增资协议》中相关条款的约定"。

北京市朝阳区人民法院在一案②中认为,"从《盈利补偿协议书》、《盈利补偿协议书之补充协议》、《关于〈股权转让协议〉及〈盈利补偿协议〉的补充协议》与《股权转让协议一》及《股权转让协议二》的关系来看,系为一个整体,且以《股权转让协议一》及《股权转让协议二》为主协议,故快马公司同时要求解除上述 5 份协议,可以根据《股权转让协议一》及《股权转让协议二》的约定向本院起诉"。

既然难以解除《补充协议》,可否仅解除该协议中的对赌条款?

主题案例:钟松、李杰股权转让纠纷案③

2013 年 8 月 13 日,投资方与原股东签订《股权转让框架协议》,投资方拟分两步收购原股东持有目标公司 100% 的股权。

同日,上述各方签订《股权转让协议》,约定投资方收购原股东持有目标公司 51% 的股权。

2015 年 11 月,投资方与原股东签订《补充协议》,第 2.3 条约定,自本补充协议签署之日起,《股权转让协议》项下 2014 年度、2015 年度、2016 年度、2017 年度承诺净利润及业绩补偿的约定不再执行;第 6.3 条约定,如果因任何原因导致后续收购标的资产未完成,或目标公司 2015 年至 2017 年利润之和未达到 3500 万元、2017 年度实际完成净利润未达到 2500 万元,则原股东补偿投资方。

---

① 参见北京佰康安生物科技有限公司等与宁波金丹丰股权投资合伙企业(有限合伙)合同纠纷案,北京市第一中级人民法院民事裁定书,(2019)京 01 民终 2523 号。
② 参见霍尔果斯易桥快马企业管理咨询有限公司与陈航等股权转让纠纷案,北京市朝阳区人民法院民事裁定书,(2018)京 0105 民初 86292 号。
③ 参见最高人民法院民事裁定书,(2021)最高法民申 1825 号。

上述收购标的资产未获得中国证监会的核准。

原股东提起诉讼,请求解除《补充协议》中包括第 6 条"业绩承诺及补偿方案"等部分条款。

最高人民法院再审认为：

本案各方先后签订了《股权转让框架协议》《股权转让协议》《补充协议》等一系列协议,对投资方收购原股东所持目标公司股权的相关事宜作出了约定,其中包括原股东对目标公司年度净利润的承诺及相关的补偿方案。《补充协议》第 2.3 条明确约定,自该补充协议签署之日起,之前约定的 2014 年度、2015 年度、2016 年度、2017 年度承诺净利润及业绩补偿不再执行；第 6 条则对 2015 年度、2016 年度、2017 年度业绩承诺及补偿方案作出了新的约定。

从《补充协议》的条款内容及各条款之间的前后逻辑关系来看,《补充协议》是一个有机整体,不具有可分性,各条款之间彼此关联。二审判决认为,解除第 6 条会造成原股东根据第 2 条的约定无须履行此前各方关于各年度承诺净利润及业绩补偿的约定,也无须履行第 6 条关于承诺净利润及业绩补偿约定的情形,显然与《股权转让框架协议》《股权转让协议》的约定不符且有违当事人签订《补充协议》的真实意思表示,理据充分。原股东关于解除《补充协议》部分条款的主张不符合约定或法定解除的条件。

本案中,投资方与原股东签订了《股权转让框架协议》《股权转让协议》及《补充协议》,原股东起诉请求解除《补充协议》中关于业绩补偿的三个条款。

最高人民法院不支持该等请求,理由是《补充协议》是一个整体,各条款彼此相关。

本案特别之处在于,原股东并未请求解除整个《补充协议》,而仅提出解除《补充协议》的部分条款。虽然最高人民法院以该部分条款与《补充协议》的其他条款作为一个整体不能单独解除为由驳回原股东的请求,但提供了一个思路,即对赌义务人可以考虑仅解除对赌条款,而非整个《补充协议》。

本案并非孤例,其他案件中也存在对赌义务人援引情势变更原则,仅请求解除对赌条款的情形。例如,北京市第三中级人民法院审理的一案①中,"康芝药业向一审法院起诉请求：1. 判令解除康芝药业、顺鑫控股签署协议中的利润补差条款,即《框架协议》第五条第一款第七项及《增资协议书》第五条第六款"。

---

① 参见康芝药业股份有限公司与北京顺鑫控股集团有限公司合同纠纷案,北京市第三中级人民法院民事判决书,(2020)京 03 民终 14612 号。

股权回购纠纷中,也有类似案例。例如,四川省广安市中级人民法院审理的一案①中,广安爱众公司提出反诉诉讼请求:"1.判决解除广安爱众公司与珠海华澳公司于2013年12月3日签订的《增资扩股协议书》第3.3条的内容"。

可以解除合同中的部分条款吗?法律规定上,并非完全没有依据,《民法典》分则就规定了部分解除的情形。《民法典》第632条规定:"标的物为数物,其中一物不符合约定的,买受人可以就该物解除……"第633条第1款规定:"出卖人分批交付标的物的,出卖人对其中一批标的物不交付或者交付不符合约定,致使该批标的物不能实现合同目的的,买受人可以就该批标的物解除。"第646条规定:"法律对其他有偿合同有规定的,依照其规定;没有规定的,参照适用买卖合同的有关规定"。

司法实践中,不少案件中法院都支持了仅解除部分条款的诉讼请求。例如,最高人民法院在一案②中提到,"宏业公司对合同部分条款行使解除权,并不违反法律、行政法规禁止性规定,圣杰公司此项再审申请理由不能成立"。江西省高级人民法院在一案③中认为,"根据合同法的规定,当事人一方迟延履行债务或者有其他违约行为致使不能实现合同目的,当事人可以解除合同。二审准许针棉织品公司解除部分合同的要求,符合法律规定"。河南省高级人民法院在一案④中认为,"依据双方签订合同第六条的规定,在蔡元伟拒不交出承包土地情况下,请求解除部分合同理由正当,原审法院判决解除双方部分合同内容,蔡元伟返还承包的29.73亩土地并拆除地面附属物正确"。新疆维吾尔自治区高级人民法院生产建设兵团分院在一案⑤中认为,"因合同已不具备继续履行的条件,为平衡双方当事人的利益,一审法院允许石总场解除部分合同并无不当"。青海省西宁市中级人民法院在一案⑥中认为,"马田忠购买房屋的合同目

---

① 参见珠海华澳电力投资有限公司与四川广安爱众股份有限公司股权转让纠纷案,广安市中级人民法院民事判决书,(2016)川16民初15号。
② 参见大连圣杰房地产开发有限公司与大连宏业建筑工程有限公司建设工程施工合同纠纷案,最高人民法院民事裁定书,(2017)最高法民申587号。
③ 参见江西诗文特针织品有限公司与江西省针棉织品进出口有限责任公司承揽合同纠纷案,江西省高级人民法院民事裁定书,(2016)赣民申170号。
④ 参见蔡元伟、孟津县白鹤镇鹤西社区居民委员会农村土地承包合同纠纷案,河南省高级人民法院民事裁定书,(2020)豫民申2472号。
⑤ 参见德州昌昇农业产业化有限公司与石河子总场农业承包合同纠纷案,新疆维吾尔自治区高级人民法院生产建设兵团分院民事判决书,(2019)兵民终39号。
⑥ 参见尹云星、马田忠等买卖合同纠纷案,西宁市中级人民法院民事判决书,(2022)青01民终207号。

的无法实现,那么马田忠就有权按照法律规定解除购房合同,即会议纪要中涉及的购房条款。一审判决解除会议纪要第三条正确,尹云星应当返还按照会议纪要取得的 400 万元款项"。

对赌案件中,也有明确支持当事人自行解除对赌条款的案例。

最高人民法院在一案①中认为,"本案中,《增资扩股协议书》第五条'业绩承诺与现金补偿'是王小军、许鹏、熊志华、肖江涛、陈刚、案外人吴旭社作为公司的实际控制人对錾泰合伙入股威尔罗根公司后公司业绩的要求及不能达到承诺的业绩时的现金补偿办法。但威尔罗根公司在 2014 年 12 月 31 日召开股东会,全体股东一致形成决议,同意由原始股东对非原始股东进行补偿,补偿完毕后,原业绩对赌条款全部解除……此后,王小军、许鹏、陈刚、熊志华、肖江涛又与錾泰合伙、威尔罗根公司、威尔罗根公司其他股东及威尔罗根公司债权人签订《债权转股权协议》……各方当事人以书面的《股东会决议》以及实际行动解除了《增资扩股协议书》第五条约定的业绩对赌条款……一审判决认定《增资扩股协议书》第五条的业绩对赌条款实际已经被解除是正确的"。

北京市第三中级人民法院在一案②中认为,"当事人可协商一致解除合同或者合同的部分条款,与之相关的权利义务亦随即终止。就本案而言,根据《废止协议》的约定,九江九鼎中心与谢锋、吉芬股份公司均一致同意废止《增资扩股协议》与《补充合同》中的部分条款,并就相关条款被废止后的约束力及其作为权利主张依据的事宜作出声明和确认。因此本院认为,《废止协议》系九江九鼎中心与谢锋、吉芬股份公司之间关于解除《增资扩股协议》及《补充合同》中部分条款的协议"。

❖ 小结与建议

投资方:对赌义务人提出解除对赌条款的,建议投资方强调对赌条款与整个合同具有不可分性,不能单独解除。

创始人方:援引情势变更原则提出解除请求时,建议缩小解除的范围,有助于提高被支持的概率。毕竟,情势变更含有因果关系要件,《补充协议》中对赌

---

① 参见王小军等与上海錾泰股权投资合伙企业(有限合伙)股权转让纠纷案,最高人民法院民事判决书,(2018)最高法民终 645 号。
② 参见九江联豪九鼎投资中心(有限合伙)与谢锋与公司有关的纠纷案,北京市第三中级人民法院民事判决书,(2019)京 03 民终 9876 号。

条款之外的约定未必受重大变更影响。

另外,援引情势变更原则解除合同的,不能以通知的方式单方解除,而应双方协商或向裁判机关提出。最高人民法院在一案中①指出,"即使攀钢公司认为构成情势变更,在不能与合同相对方协商解除合同的情况下,也应该请求人民法院变更或解除合同,由人民法院根据实际情况确定是否准许",而不应当单方解除合同。

---

① 参见四川省攀化科技有限公司与攀钢集团有限公司合同纠纷案,最高人民法院民事裁定书,(2017)最高法民申 27 号。

九、其他

9.1 目标公司为三资企业的，股权回购条款未经审批会被认定为未生效吗？

我国曾对三资企业股权转让等事项存在审查批准的规定。如今，目标公司为三资企业的，对赌条款还会因未经审批而被认定为未生效吗？

关于三资企业（外资企业、中外合资企业及中外合作企业），我国法律历经了"审批制""备案制""准入前国民待遇加负面清单制"的变化。

1. 审批制（2016年10月前）

外资企业的设立、分立、合并、变更等事项，应经审查批准。《外资企业法》（已失效）第6条规定："设立外资企业的申请，由国务院对外经济贸易主管部门或者国务院授权的机关审查批准……"第10条规定："外资企业分立、合并或者其他重要事项变更，应当报审查批准机关批准，并向工商行政管理机关办理变更登记手续。"

中外合资企业的合营协议、合同、章程及合营一方向第三方转让股权的，应经审查批准。《中外合资经营企业法》（已失效）第3条规定："合营各方签订的合营协议、合同、章程，应报国家对外经济贸易主管部门（以下称审查批准机关）审查批准……"《中外合资经营企业法实施条例》（已失效）第14条规定："合营企业协议、合同和章程经审批机构批准后生效，其修改时同。"第20条第1款规定："合营一方向第三者转让其全部或者部分股权的，须经合营他方同意，并报审批机构批准，向登记管理机构办理变更登记手续。"

中外合作者签订的合同、协议、章程及转让权利义务的，应经审批。《中外合作经营企业法》（已失效）第5条规定："申请设立合作企业，应当将中外合作者签订的协议、合同、章程等文件报国务院对外经济贸易主管部门或者国务院授权的部门和地方政府（以下简称审查批准机关）审查批准……"第10条规定："中外合作者的一方转让其在合作企业合同中的全部或者部分权利、义务的，必须经他方同意，并报审查批准机关批准。"

如果前述外商投资企业未按规定取得审批，合同未生效。最高人民法院《关于审理外商投资企业纠纷案件若干问题的规定（一）》第1条第1款规定："当事人在外商投资企业设立、变更等过程中订立的合同，依法律、行政法规的规定应当经外商投资企业审批机关批准后才生效的，自批准之日起生效；未经批准的，人民法院应当认定该合同未生效。当事人请求确认该合同无效的，人民法院不予支持。"

2. 备案制(2016年10月1日至2019年12月31日)

2016年9月3日通过、同年10月1日生效的全国人民代表大会常务委员会《关于修改〈中华人民共和国外资企业法〉等四部法律的决定》,将三资企业的审批制改为备案管理,除非涉及准入特别管理。该决定规定:对《外资企业法》作出修改,增加一条,作为第23条:"举办外资企业不涉及国家规定实施准入特别管理措施的,对本法第六条、第十条、第二十条规定的审批事项,适用备案管理。国家规定的准入特别管理措施由国务院发布或者批准发布。"对《中外合资经营企业法》作出修改,增加一条,作为第15条:"举办合营企业不涉及国家规定实施准入特别管理措施的,对本法第三条、第十三条、第十四条规定的审批事项,适用备案管理。国家规定的准入特别管理措施由国务院发布或者批准发布。"对《中外合作经营企业法》作出修改,增加一条,作为第25条:"举办合作企业不涉及国家规定实施准入特别管理措施的,对本法第五条、第七条、第十条、第十二条第二款、第二十四条规定的审批事项,适用备案管理。国家规定的准入特别管理措施由国务院发布或者批准发布。"

之后一段时期内的规定亦以备案制为原则。例如,《外商投资企业设立及变更备案管理暂行办法》(已失效)第2条规定:"外商投资企业的设立及变更,不涉及国家规定实施准入特别管理措施的,适用本办法。"第5条规定:"设立外商投资企业,属于本办法规定的备案范围的……"第6条规定:"属于本办法规定的备案范围的外商投资企业,发生以下变更事项的……办理变更备案手续……"

3. 准入前国民待遇加负面清单制(自2020年1月1日起)

2020年1月1日开始施行的《外商投资法》废止了前述三资企业法的规定,负面清单之外的外商投资实施"国民待遇"。《外商投资法》第4条规定:"国家对外商投资实行准入前国民待遇加负面清单管理制度。前款所称准入前国民待遇,是指在投资准入阶段给予外国投资者及其投资不低于本国投资者及其投资的待遇;所称负面清单,是指国家规定在特定领域对外商投资实施的准入特别管理措施。国家对负面清单之外的外商投资,给予国民待遇。负面清单由国务院发布或者批准发布……"第42条第1款规定:"本法自2020年1月1日起施行。《中华人民共和国中外合资经营企业法》、《中华人民共和国外资企业法》、《中华人民共和国中外合作经营企业法》同时废止。"

除非法律另有规定,负面清单外的投资合同无须审批或备案。《外商投资法》施行前签订的合同,《外商投资法》施行时尚未作出裁判的,法院不支持未经审批则未生效的主张。最高人民法院《关于适用〈中华人民共和国外商投资法〉若干问题的解释》第 2 条规定:"对外商投资法第四条所指的外商投资准入负面清单之外的领域形成的投资合同,当事人以合同未经有关行政主管部门批准、登记为由主张合同无效或者未生效的,人民法院不予支持。前款规定的投资合同签订于外商投资法施行前,但人民法院在外商投资法施行时尚未作出生效裁判的,适用前款规定认定合同的效力。"

主题案例:广发信德投资管理有限公司、富领科技发展有限公司股权转让纠纷案[①]

目标公司系中外合资企业,经营范围不涉及国家规定实施准入特别管理措施的内容。

2010 年 12 月,投资方与目标公司及原股东签订《增资协议》,约定投资方向目标公司增资 1250 万元,取得其 5% 的股权。

同月,投资方与原股东签订《补充协议》,约定如果目标公司在 4 年内未能在境内外资本市场上市,或未满足 2010 年、2011 年、2012 年净利润标准等情形,则投资方有权向原股东回售其持有的目标公司的全部股份。

2011 年 10 月 18 日,投资方与原股东等签订《中外合资经营合同》及《章程》。

2011 年 11 月,云南省商务厅作出《关于云南绿 A 生物工程有限公司增加注册资本和投资总额的批复》称:同意目标公司 2011 年 10 月 18 日签订的合同、章程。

2014 年 11 月,投资方与目标公司及原股东签订《股权回购协议》,约定因业绩承诺未能实现,原股东同意回购投资方所持目标公司的全部股权。

2015 年 7 月,投资方向原股东及目标公司发函,要求回购。

投资方提起诉讼,请求判令原股东回购投资方持有的目标公司股权,支付股权回购款及业绩补偿款等。

原股东抗辩称:《增资协议》《补充协议》及《股权回购协议》未经行政主管部门批准,并未生效。

广东省高级人民法院认为:

《增资协议》《补充协议》及《股权回购协议》均签订于《外商投资法》施行

---

① 参见广东省高级人民法院民事裁定书,(2019) 粤民终 1694 号。

前,目标公司的经营范围并不涉及《外商投资产业指导目录》所列国家限制或禁止外商投资的领域。根据《关于适用〈中华人民共和国外商投资法〉若干问题的解释》第2条的规定,原股东以上述协议未经行政主管部门批准为由主张该协议并未生效的依据不足,本院不予支持。

"审批制"时期,目标公司为三资企业的,法院对未经审批的对赌条款效力的认定不统一。

有的认为对赌条款有效,理由是对赌条款是双方达成股权转让的前提条件。例如,广东省高级人民法院在一案[①]中认为,"旺达集团公司为转让旺达股份公司股权与张瑞芳所签订的《股权转让协议书》和《股权转让补充协议书》中涉及股权转让部分的权利、义务内容因未经审批而应认定合同未生效。但《股权转让协议书》和《股权转让补充协议书》中双方当事人为实现股权转让、张瑞芳合理规避投资股权风险自行约定的股权价值估值调整条款,约定设置该条款的目的是张瑞芳通过签订股权转让协议溢价收购旺达股份公司的股权,在股权转让履行过程中,以控制和锁定投资风险,并约束和激励融入资金的公司、改善经营管理,该条款是双方为股权转让合同履行设定的前提条件。因此,该条款效力不应受股权转让合同是否审批影响。该股权价值估值调整条款的约定没有违反法律、行政法规的强制性规定,依法应认定有效"。

有的认为对赌协议有效,因为签署方签订的协议并不符合《中外合资经营企业法》规定的"合营各方签订的合营协议"。例如,北京市高级人民法院二审维持原判的一案[②]中,一审法院认为,"《合作协议》、《补充协议》的签约主体均不包括时任润恒公司股东的宝源公司,且《补充协议》的签约主体甚至包括润恒公司一方,故《合作协议》、《补充协议》并非《中华人民共和国中外合资经营企业法》第三条规定的合营各方所签订之合营协议,而系润恒公司股东长城公司与郭东泽、仁建公司之间达成的关于涉案股权回购内容的协议。郭东泽和仁建公司提出的《合作协议》、《补充协议》因违反《中华人民共和国中外合资经营企业法》第三条和《最高人民法院关于审理外商投资企业纠纷案件若干问题的规定(一)》第一条规定而应认定为未生效的主张缺乏事实和合同依据",不予支持。

---

① 参见张瑞芳等与旺达纸品集团有限公司等股权转让合同纠纷案,广东省高级人民法院民事判决书,(2014)粤高法民四终字第12号。

② 参见长城国融投资管理有限公司与上海仁建投资有限公司股权转让纠纷案,北京市高级人民法院民事判决书,(2021)京民终733号。

9.1 目标公司为三资企业的,股权回购条款未经审批会被认定为未生效吗?

有的认为对赌条款有效,则是区分了股权回购的约定与股权回购的行为。例如,深圳国际仲裁院作出的一份裁决中,仲裁庭认为,"《补充协议》关于股权回购的约定具有法律效力,但双方的股权回购行为依然需要按照法律规定的程序才能完成,其中包括被申请人所提及的行政机关审批、经其他股东同意、回购款的支付、股权的工商变更登记等。因此,《补充协议》并没有约定被申请人在回购通知生效后应当立即支付全部回购款,而是约定被申请人和 C 公司应当在回购通知发出后 12 个月内支付全部回购款,给当事人办理相关手续留足了时间"①。

但是,有的认为对赌协议未经审批则未生效。例如,江苏省高级人民法院在一案②中认为,"涉案股权转让协议包含两个股权转让协议,一个是林根永将其持有的山由帝杉公司的股权转让给国华公司,另一个是国华公司将其受让的股权附条件地转让给林根永和向阳公司。由于山由帝杉公司属于中外合资经营企业,涉案的两个股权转让协议均应履行相应的报批手续。2009 年 1 月 12 日,江苏省对外贸易经济合作厅作出《关于同意常州山由帝杉防护材料制造有限公司股权转让的批复》,仅同意林根永将其在公司的出资额 163.82 万美元,占注册资本的 6.82% 的股权转让给国华公司,并未涉及向阳公司回购国华公司股权的部分",因此,涉案股权转让协议中的股权回购条款未生效,国华公司据此请求法院判令向阳公司回购股权并承担违约责任,本院不予支持。

北京市朝阳区人民法院在一案③中认为,目标公司"系外商投资企业(中外合资),故《转让协议》成立后因未经外商投资审批机关审批而未生效。《股权投资补充协议》包含对《转让协议》内容的部分补充以及漠扩田公司连带责任的约定,因《转让协议》未生效,《股权投资补充协议》亦未生效。本案中,鉴于《转让协议》、《股权投资补充协议》均未生效,汇动融创公司未实际取得目标公司股权,其要求田飞承担违约责任、回购股权并支付投资回报的基础不成立"。

"备案制"时期,目标公司为三资企业的,法院一致认为,即便对赌协议未经审批,也为有效。

---

① 深圳国际仲裁院、中国国际仲裁研究院编著:《"对赌协议"典型仲裁案例与实务精要》,北京大学出版社 2021 年版,第 6、7 页。

② 参见国华实业有限公司与西安向阳航天工业总公司股权转让纠纷案,江苏省高级人民法院民事判决书,(2013)苏商外终字第 0034 号。

③ 参见北京汇动融创投资有限公司与田飞等股权转让纠纷案,北京市朝阳区人民法院民事判决书,(2017)京 0105 民初 34457 号。

福建省高级人民法院在一案①中认为,"原告据以提起本案诉讼的合同依据是 2012 年 12 月 31 日《中外合作经营企业合同书》有关条款,该部分条款涉及中外合作企业的经营模式、经营风险承担、利润分配以及股权转让等重大事项,构成合同的实质性变更。该合同变更未经当时的审批机关批准,违反了当时有效的法律规定,本应认定为未生效,但根据现行《中外合作经营企业法》第二十五条以及《外商投资企业设立及变更备案管理暂行办法》第二条的规定,外商投资企业的设立及变更,不涉及国家规定实施准入特别管理措施的实行备案管理。根据国家发展和改革委员会 2017、2019 年版《鼓励外商投资产业目录》,国际海上运输公司属于鼓励外商投资产业,应实行备案管理,不需经原审批机关审批。因此,华力公司主张 2012 年 12 月 31 日《中外合作经营企业合同书》以及 2016 年 12 月 21 日《中外合作经营企业合同书补充协议》因未经原审批机关批准而无效的主张缺乏法律依据,本院不予采纳"。

浙江省高级人民法院审理的一案②中,一审法院认为,"全国人大常委会已于 2016 年 9 月 3 日通过《全国人民代表大会常务委员会关于修改〈中华人民共和国外资企业法〉等四部法律的决定》,明确将不涉及国家规定实施准入特别管理措施的外商投资企业设立及变更事项,由审批改为备案管理。本案梓昆公司的经营范围不涉及国家规定准入特别管理措施的范围。虽然涉案《补充协议》签订于 2012 年 12 月 10 日,未经报批的股权转让合同在当时属于未生效合同。但为了鼓励交易和保障交易安全,对法律修改后的溯及力问题,司法解释对合同的效力作了'尽可能使合同有效'的解释原则,如《最高人民法院关于适用〈中华人民共和国合同法〉若干问题的解释(一)》第三条规定:'人民法院确认合同效力时,对合同法实施以前成立的合同,适用当时的法律合同无效而适用合同法合同有效的,则适用合同法。'故对本案合同效力状态的认定,应适用修改后的外资企业法,涉及股权转让合同效力判断应采用备案制而非审批制,故应认定股权转让合意有效"。浙江省高级人民法院二审认为,"涉案《补充协议》系签订各方真实意思表示,本案梓昆公司虽为中外合资经营企业,但其经营范围不涉及国家规定准入特别管理措施的范围,根据《中华人民共和国中外合资经营企业法》相关条款涉及股权转让合同效力判断采用备案制而非审批制,故本案一审认定股权转让合同有效并

---

① 参见莆田市交通投资集团有限公司与华力资本投资控股有限公司、深圳四平投资有限公司合同纠纷案,福建省高级人民法院民事判决书,(2017)闽民初 134 号。

② 参见新疆盘古大业股权投资有限合伙企业、中基国际投资(香港)有限公司与公司有关的纠纷案,浙江省高级人民法院民事判决书,(2018)浙民终 629 号。

无不当,中基公司上诉提出《补充协议》未生效理由不足,不予支持"。

广东省高级人民法院在一案①中认为,"根据《中华人民共和国中外合资经营企业法(2016年修正)》第十五条的规定,以及2016年10月8日商务部发布的《外商投资企业设立及变更备案管理暂行办法》的规定,现行法律、行政法规已将不涉及国家规定实施准入特别管理措施的外商投资企业的设立和变更,由审批改为备案管理。本案股权转让的目标公司中兴牧业公司的经营范围为奶牛养殖、自产原料奶销售、畜牧技术咨询服务,并不涉及现行国家规定实施准入特别管理措施的清单范围,因此,不属于《最高人民法院关于审理外商投资企业纠纷案件若干问题的规定(一)》第一条所规定的'依法律、行政法规的规定应当经外商投资企业审批机关批准后才生效的'的情形"。

"准入前国民待遇加负面清单制"阶段,则不存在审批、登记备案的问题。此时的焦点是《外商投资法》出台前所签订的对赌协议的效力。

主题案例中,目标公司为中外合资企业。"审批制"时期,投资方与原股东签订了《增资协议》《补充协议》及《股权回购协议》。前述合同均未经行政主管部门批准。投资方依据《股权回购协议》的约定,要求原股东回购股权。

原股东辩称,对赌协议未经审批,尚未生效。

法院认为,目标公司的经营范围不在负面清单内,依据《外商投资法解释》第2条的规定,不支持原股东的抗辩。

目标公司为三资企业的,关于其股权转让应经审批否则未生效的抗辩,其他案件中,法院亦依据《外商投资法解释》第2条的规定不予支持。

山东省青岛市中级人民法院在一案②中认为,"关于《项目投资合作协议书》、《项目投资补充协议》关于股权回购的约定的效力。上诉人大同发展公司主张依据《中华人民共和国中外合资经营企业法实施条例》(以下简称《中外合资经营企业法实施条例》)第十二条的规定,前述协议中关于股权回购的约定未经相关审批程序而无效……对此,本院认为,案涉《项目投资合作协议书》、《项目投资补充协议》不属于《外商投资法》第四条所指的外商投资准入负面清单的领域形成的投资合同,依据《最高院关于〈外商投资法〉若干问题的解释》第二条,上诉人大同发展公司以《项目投资合作协议书》、《项目投资补充协议》未经

---

① 参见深圳市东方汇富创业投资管理有限公司、北京兴业凯富创业投资中心股权转让纠纷、买卖合同纠纷案,广东省高级人民法院民事判决书,(2018)粤民终1240号。
② 参见大同集团发展有限公司、青岛国际实业发展有限公司与公司有关的纠纷案,青岛市中级人民法院民事判决书,(2020)鲁02民终2092号。

审批、登记为由主张无效的,于法无据,不予支持"。

无锡市锡山区人民法院审理的一案[①]中,因性质为中外合资经营企业的目标公司未能如期上市,投资方根据《股权转让协议》和《补充协议》的约定,向原股东主张股权转让款。原股东辩称《股权转让协议》及《补充协议》未经对外经济贸易委员会批准,尚未生效,不得作为起诉依据。该院认为,"《最高人民法院关于适用〈中华人民共和国外商投资法〉若干问题的解释》第二条规定,对外商投资法第四条所指的外商投资准入负面清单之外的领域形成的投资合同,当事人以合同未经有关行政主管部门批准、登记为由主张合同无效或者未生效的,人民法院不予支持。前款规定的投资合同签订于外商投资法施行前,但人民法院在外商投资法施行时尚未作出生效裁判的,适用前款规定认定合同的效力。外商投资法于 2020 年 1 月 1 日起施行,案涉协议效力的认定应适用前述条款规定,无需经由相关行政主管部门审批即生效"。

◆◆ 小结与建议

投资方:目标公司为三资企业的,对赌协议是否经过审批,不再影响其效力。

创始人方:目标公司为三资企业的,关于对赌协议未经审批从而未生效的抗辩,已不被支持。

[①] 参见无锡市宝联投资有限公司、辛志荣等股权转让纠纷案,无锡市锡山区人民法院民事判决书,(2021)苏 0205 民初 6759 号。

9.2 投资方有国资背景,股权回购条款须经审批吗?

具有国资背景的企业的交易,可能涉及审批。投资方有国资背景,对赌义务人回购投资方持有目标公司股权的条款需经国有资产监督管理机构审批才生效吗?

具有国资背景的企业总体可分为两大类,一是国家出资企业,二是国家出资企业的子企业。对于不同类型的企业,审批要求不同。

一、国家出资企业

国家出资企业分为国有独资公司、国有资本控股公司和国有资本参股公司。《企业国有资产法》第5条规定:"本法所称国家出资企业,是指国家出资的国有独资企业、国有独资公司,以及国有资本控股公司、国有资本参股公司。"

国家出资的企业,由国务院和地方人民政府代表国家履行出资人职责。《民法典》第257条规定:"国家出资的企业,由国务院、地方人民政府依照法律、行政法规规定分别代表国家履行出资人职责,享有出资人权益。"《企业国有资产监督管理暂行条例》第4条规定:"企业国有资产属于国家所有。国家实行由国务院和地方人民政府分别代表国家履行出资人职责,享有所有者权益,权利、义务和责任相统一,管资产和管人、管事相结合的国有资产管理体制。"第5条第3款规定:"国务院,省、自治区、直辖市人民政府,设区的市、自治州级人民政府履行出资人职责的企业,以下统称所出资企业。"

国务院和地方人民政府可以授权国有资产监督管理机构或者其他部门、机构代为履行出资人职责。《企业国有资产法》第11条规定:"国务院国有资产监督管理机构和地方人民政府按照国务院的规定设立的国有资产监督管理机构,根据本级人民政府的授权,代表本级人民政府对国家出资企业履行出资人职责。国务院和地方人民政府根据需要,可以授权其他部门、机构代表本级人民政府对国家出资企业履行出资人职责。代表本级人民政府履行出资人职责的机构、部门,以下统称履行出资人职责的机构。"

总之,国家出资企业的股东仅限前述两类:国务院和地方人民政府;经国务院和地方人民政府授权的国有资产监督管理机构或其他部门、机构。

1. 国有独资公司

国有独资公司不设股东会,由履行出资人职责的机构行使股东会职权。国有独资公司的合并、分立、增减注册资本、发行债券、分配利润、解散及申请破产,由履行出资人职责的机构决定。《公司法》第172条规定:"国有独资公司不设股东会,由履行出资人职责的机构行使股东会职权。履行出资人职责的机构可以授权公司董事会行使股东会的部分职权,但公司章程的制定和修改,公司的合并、分立、解散、申请破产,增加或者减少注册资本,分配利润,应当由履行出资人职责的机构决定。"《企业国有资产法》第31条规定:"国有独资企业、国有独资公司合并、分立,增加或者减少注册资本,发行债券,分配利润,以及解散、申请破产,由履行出资人职责的机构决定。"第32条规定:"国有独资企业、国有独资公司有本法第三十条所列事项的,除依照本法第三十一条和有关法律、行政法规以及企业章程的规定,由履行出资人职责的机构决定的以外,国有独资企业由企业负责人集体讨论决定,国有独资公司由董事会决定。"

其中,对于重要的国有独资公司,合并、分立、解散、申请破产等重大事项,还应取得本级人民政府批准。《企业国有资产法》第34条第1款规定:"重要的国有独资企业、国有独资公司、国有资本控股公司的合并、分立、解散、申请破产以及法律、行政法规和本级人民政府规定应当由履行出资人职责的机构报经本级人民政府批准的重大事项,履行出资人职责的机构在作出决定或者向其委派参加国有资本控股公司股东会会议、股东大会会议的股东代表作出指示前,应当报请本级人民政府批准。"

另外,发生转让导致国家对国有独资公司不再具有控股地位的,应当报请本级人民政府批准。《企业国有资产法》第53条规定:"国有资产转让由履行出资人职责的机构决定。履行出资人职责的机构决定转让全部国有资产的,或者转让部分国有资产致使国家对该企业不再具有控股地位的,应当报请本级人民政府批准。"《企业国有资产监督管理暂行条例》第23条规定:"国有资产监督管理机构决定其所出资企业的国有股权转让。其中,转让全部国有股权或者转让部分国有股权致使国家不再拥有控股地位的,报本级人民政府批准。"

2. 国有资本控股公司

国有资本控股公司的事项,由股东会或董事会决定,没有其他审批要求。《企业国有资产法》第30条规定:"国家出资企业合并、分立、改制、上市,增加或者减少注册资本,发行债券,进行重大投资,为他人提供大额担保,转让重大财产,进行大额捐赠,分配利润,以及解散、申请破产等重大事项,应当遵守法律、行政法规以及企业章程的规定,不得损害出资人和债权人的权益。"第33条规定:"国有资本控股公司、国有资本参股公司有本法第三十条所列事项的,依照法律、行政法规以及公司章程的规定,由公司股东会、股东大会或者董事会决定。

由股东会、股东大会决定的,履行出资人职责的机构委派的股东代表应当依照本法第十三条的规定行使权利。"

例外情形是,对于重要的国有资本控股公司,合并、分立、解散、申请破产等重大事项,应取得本级人民政府批准。《企业国有资产法》第 34 条第 1 款规定:"重要的国有独资企业、国有独资公司、国有资本控股公司的合并、分立、解散、申请破产以及法律、行政法规和本级人民政府规定应当由履行出资人职责的机构报经本级人民政府批准的重大事项,履行出资人职责的机构在作出决定或者向其委派参加国有资本控股公司股东会会议、股东大会会议的股东代表作出指示前,应当报请本级人民政府批准。"

此外,与国有独资公司一样,国有资本控股公司发生转让,导致国家对其不再具有控股地位的,应当报请本级人民政府批准。

3. 国有参股公司

国有参股公司的事项,由股东会或董事会决定,没有其他审批要求。《企业国有资产法》第 30 条规定:"国家出资企业合并、分立、改制、上市,增加或者减少注册资本,发行债券,进行重大投资,为他人提供大额担保,转让重大财产,进行大额捐赠,分配利润,以及解散、申请破产等重大事项,应当遵守法律、行政法规以及企业章程的规定,不得损害出资人和债权人的权益。"第 33 条规定:"国有资本控股公司、国有资本参股公司有本法第三十条所列事项的,依照法律、行政法规以及公司章程的规定,由公司股东会、股东大会或者董事会决定。由股东会、股东大会决定的,履行出资人职责的机构委派的股东代表应当依照本法第十三条的规定行使权利。"

二、国家出资企业的子企业

一般情况下,国家出资企业各级子企业的国有资产交易,由国家出资企业负责,无须向国有资产监督管理机构报批。《企业国有资产法》第 38 条规定:"国有独资企业、国有独资公司、国有资本控股公司对其所出资企业的重大事项参照本章规定履行出资人职责。具体办法由国务院规定。"《企业国有资产交易监督管理办法》第 6 条规定:"国有资产监督管理机构(以下简称国资监管机构)负责所监管企业的国有资产交易监督管理;国家出资企业负责其各级子企业国有资产交易的管理,定期向同级国资监管机构报告本企业的国有资产交易情况。"第 35 条规定:"国家出资企业决定其子企业的增资行为……"

不过,如果国家出资企业的子企业的主业处于关系国家安全、国民经济命脉的重要行业或关键领域,且主要承担重大专项任务,则其产权转让、增资行为须经国家出资企业同级国资监管机构批准。《企业国有资产交易监督管理办法》第 8 条第 1 款规定:"国家出资企业应当制定其子企业产权转让管理制度,确定审批管理权限。其中,对主业处于关系国家安全、国民经济命脉的重要行业和关键领域,主要承担重大专项任务子企业的产权转让,须由国家出资企业报同级国资监管机构批准。"第 35 条第 1 款规定:"国家出资企业决定其子企业的增资行为。其中,对主业处于关系国家安全、国民经济命脉的重要行业和关键领域,主要承担重大专项任务的子企业的增资行为,须由国家出资企业报同级国资监管机构批准。"

主题案例:苏州名城汇邻广场商业管理有限公司与绿迅(江苏)新能源有限公司股权转让纠纷案[①]

苏州市姑苏区人民政府国有(集体)资产监督管理办公室(以下简称"姑苏区国资办")持有苏州历史文化名城建设集团有限公司(以下简称"名城集团")100%股权,名城集团持有苏州瑞嘉商业发展有限公司(以下简称"瑞嘉公司")100%股权,瑞嘉公司持有投资方 100%股权。

2017 年 6 月,投资方与原股东签订《股权转让及合作协议》,约定原股东将其持有目标公司的部分股权转让给投资方。

双方又签订《补充协议》,约定如果目标公司出现下述情形之一,投资方有权要求原股东收购其持有目标公司的全部或部分股权:(1)在股权转让完成日后连续两年出现业绩亏损;(2)目标公司陷入经营困境、无法持续经营,或持续经营将造成入股方损失;(3)公司实际控制人股东出现重大个人诚信问题,尤其是公司出现投资方不知情的账外现金销售收入或公司利益对外转移;(4)实际控制人股东或公司高级管理人员侵占公司资产,违规占用公司资金,或将公司资金挪作他用;(5)公司及实际控制人股东违反本协议(补充协议)或公司章程约定;(6)须经目标公司董事会决议的事项,未经董事会决议擅自进行;(7)公司因专利、技术存在侵权行为产生纠纷或诉讼,或股东之间产生纠纷或矛盾,足以影响入股方投资利益;(8)对于《股权转让及合作协议》所约定的投资方应得利润分配拒不执行。

2019 年 8 月,目标公司的《审计报告》记载:目标公司自 2015 年 5 月成立至 2018 年未取得营业收入,2019 年有少量收入,截至 2019 年 6 月累计亏损

[①] 参见苏州市姑苏区人民法院民事判决书,(2020)苏 0508 民初 835 号。

2307592.82元。

投资方以目标公司业绩连续两年亏损触发回购条款为由提起诉讼,请求判令原股东回购股权、协助办理股权变更登记手续等。

原股东辩称,根据《企业国有资产法》第53条的规定,国有资产转让应由有权机构决定,回购条款因未获得姑苏区国资委的批准而没有生效。

苏州市姑苏区人民法院认为:

第一,根据《企业国有资产法》第5条的规定,国家出资企业是指国家出资的国有独资企业、国有独资公司,以及国有资本控股公司、国有资本参股公司。《企业国有资产交易监督管理办法》第4条第(三)项规定,本办法所称国有及国有控股企业、国有实际控制企业包括本条第(一)、(二)项所列企业对外出资,拥有股权比例超过50%的各级子企业。

具体到本案而言,名城集团系由姑苏区国资办出资的国家出资企业,而投资方系名城集团出资的企业瑞嘉公司再出资的下属二级子公司,系国有实际控制企业,而非国家出资企业。

第二,根据《企业国有资产法》第11条的规定,代表本级人民政府履行出资职责的机构、部门,统称为履行出资人职责的机构。第53条规定,国有资产转让由履行出资人职责的机构决定。履行出资人职责的机构决定转让全部国有资产的,或者转让部分国有资产致使国家对该企业不再具有控股地位的,应当报请本级人民政府批准。《企业国有资产交易监督管理办法》第6条规定,国有资产监督管理机构负责所监管企业的国有资产交易监督管理;国家出资企业负责其各级子企业国有资产交易的管理。可见,《企业国有资产法》第53条的调整对象为代表本级人民政府履行出资人职责的机构即由各级国资委直接出资的国家出资企业的国有资产交易,而国家出资企业负责其各级子公司国有资产交易的管理。

就本案而言,姑苏区国资办负责审核名城集团的国有资产交易,而名城集团负责其各级子公司包括投资方在内的国有资产交易。且投资方的经营范围也并不属于《企业国有资产交易监督管理办法》第8条规定的重要行业和关键领域,无须由姑苏区国资办进行审批。

本案中,投资方的唯一股东是瑞嘉公司,瑞嘉公司为名城集团的全资公司,名城集团由姑苏区国资办100%持股。因目标公司未达到业绩目标,投资方依据股权回购条款的约定,向原股东主张股权回购款等。

原股东抗辩称,股权回购条款未取得姑苏区国资办批准,尚未生效。

如前所述,国家出资企业及国家出资企业的子企业适用不同的审批规定。例如,北京市第二中级人民法院在一案①中明确指出,"国家出资企业与国家出资企业的子企业股权转让审批程序明显不同,国有股权转让通常遵循'谁出资、谁管理'的原则履行审批程序"。又如,河南省高级人民法院在一案②中认为,"河南能化公司系河南省国资委出资企业,永煤公司系河南能化公司的子企业,根据上述规定,永煤公司转让其持有的锦富公司的股权,并不属于应当报请河南省人民政府批准的情形……故原生效判决认定案涉股权转让协议等协议未生效,适用法律确有错误"。

本案中,姑苏区国资办间接持有投资方100%的股权,投资方并非国家出资企业,股权回购条款无须经姑苏区国资办批准。国有资本控股公司与国有控股企业不是一个概念。对前者履行出资人职责的是国务院及地方人民政府或经其授权的国有资产监督管理机构或其他部门、机构,而后者的出资人可以为国有独资企业等。《企业国有资产交易监督管理办法》第4条规定:"本办法所称国有及国有控股企业、国有实际控制企业包括:(一)政府部门、机构、事业单位出资设立的国有独资企业(公司),以及上述单位、企业直接或间接合计持股为100%的国有全资企业;(二)本条第(一)款所列单位、企业单独或共同出资,合计拥有产(股)权比例超过50%,且其中之一为最大股东的企业……"

法院认为,本案投资方属于国家出资企业再出资的下属二级子公司,为国有实际控制企业,而非国家出资企业。投资方的国有资产交易由名城集团负责,无须报姑苏区国资办审批。因此,原股东主张股权回购条款未生效的理由不能成立。

其他案件中,法院亦认为,股权转让方有国资背景,但并非国家出资企业,且交易标的公司主营业务无涉国家安全、国民经济命脉的重要行业或关键领域的,则股权转让合同无须国有资产监督管理机构批准。

最高人民法院审理的一案③中,汇集公司称其与地质公司签订的《股权转让合同书》与《产权交易合同》无效,理由包括违反《企业国有资产法》《企业国有资产监督管理暂行条例》《企业国有产权转让管理暂行办法》等强制性规定,对

---

① 参见中国伽利略卫星导航有限公司请求变更公司登记纠纷案,北京市第二中级人民法院民事判决书,(2022)京02民终4685号。
② 参见合并审理案被告、合并审理案原告股权转让纠纷案,河南省高级人民法院民事裁定书,(2020)豫民申3388号。
③ 参见兰坪汇集矿业有限公司与云南黄金矿业集团股份有限公司股权转让纠纷案,最高人民法院民事裁定书,(2020)最高法民申3896号。

鑫云公司股权转让未报政府部门审批。该院认为,"黄金集团为国有独资公司云南地矿总公司(集团)的控股子公司","地质公司为黄金集团的全资子公司","股权转让经过了云南地矿总公司(集团)审批同意……汇集公司的该项主张也不能成立"。

山东省济南市中级人民法院在一案①中认为,"本案中,京胜公司虽属于国有控股企业对外出资拥有股权比例超过50%的子企业,但京胜公司的主业为配件仓储销售,其主业不属于国家安全和经济命脉的重要行业,也未承担重大专项任务,其并非属于《企业国有资产监督管理暂行条例》规定的重要子企业,故汉盛公司对外转让京胜公司股权不需要由国家出资企业报同级国资监管机构批准,不应适用《合同法》第四十四条第二款的规定。汉盛公司与荣协公司、九鼎公司及京胜公司签订的《股权转让协议》系各方当事人真实意思表示,合同内容不违反法律和行政法规的强制性规定,不违背公序良俗,合法有效"。

北京市第二中级人民法院二审维持原判的一案②中,一审法院认为,"法律法规及部门规章,对国家出资企业及国家出资企业的子企业作出了不同的规定……本案中,中国航天科工集团有限公司、中国电子科技集团有限公司系国家直接出资企业,航天科工、五十四所系上述两家公司举办的事业单位法人,伽利略公司系由航天科工、五十四所等投资设立的子企业。根据现有证据不能证明伽利略公司系国家出资企业的重要子企业。伽利略公司、长城工业集团及空间技术研究院,对案涉股权转让需要报请伽利略公司股东的共同上级国有资产监督管理机构批准的主张,无事实和法律依据",不予采纳。"事实上,航天科工在转让案涉股权时,已层报中国航天科工集团有限公司及财政部审批,五十四所亦报请中国电子科技集团有限公司审批,过程中均未对股权受让人的主体资格作出限制,其上级单位亦未对受让人的主体资格作出要求,且均表示同意转让。而上海北伽并非国有企业,其向中泽公司转让的16.12%股权属于伽利略公司非国有股权部分,其转让行为已经过该公司股东会决议通过,不存在需要履行报批手续的情形。"

山东省青岛市中级人民法院二审审理的一案③中,一审法院认为,华冶科工

---

① 参见汉盛控股集团有限公司与济南荣协国际贸易有限公司等股权转让纠纷案,济南市中级人民法院民事判决书,(2020)鲁01民终12774号。

② 参见中国伽利略卫星导航有限公司请求变更公司登记纠纷案,北京市第二中级人民法院民事判决书,(2022)京02民终4685号。

③ 参见青岛金泽房地产有限公司、中国华冶科工集团有限公司合同纠纷案,青岛市中级人民法院民事判决书,(2018)鲁02民终2346号。

公司不是国有资产监督管理机构直属企业,而是中国冶金科工股份有限公司下设的全资子公司,根据《企业国有产权转让管理暂行办法》第9条(所出资企业对企业国有产权转让履行下列职责:研究、审议重要子企业的重大国有产权转让事宜,决定其他子企业的国有产权转让事项)、第26条(所出资企业决定其子企业的国有产权转让),《企业国有资产交易监督管理办法》第6条(国家出资企业负责其各级子企业国有资产交易的管理)、第8条(国家出资企业应当制定其子企业产权转让管理制度,确定审批管理权限)的规定,其产权转让事宜由中国冶金科工股份有限公司管理和决定,即华冶科工公司的股权转让事宜仅需得到中国冶金科工股份有限公司的批准即可。二审法院认为,"华冶科工公司认为造成国有资产流失、未经审计、评估,《股权转让协议》《备忘录》和《股权置换协议》无效或部分无效的主张不成立,不予支持"。

◆ 小结与建议

通常,国家出资企业与国家出资企业的子企业股权转让审批程序不同,遵循"谁出资、谁管理"的原则。如果国家出资企业的子企业的主业处于关系国家安全、国民经济命脉的重要行业和关键领域,且主要承担重大专项任务,则其产权转让、增资行为须经国家出资企业同级国有资产监督管理机构批准。

投资方:如果具有国资背景的投资方并非国家出资企业,且目标公司主营业务无涉国家安全、国民经济命脉的重要行业和关键领域,则股权回购条款无须经国有资产监督管理机构批准。

创始人方:如果作为国家出资企业的子企业的目标公司,其主业处于关系国家安全、国民经济命脉的重要行业和关键领域,且主要承担重大专项任务,则创始人方可有效抗辩股权回购条款未经国有资产监督管理机构批准而未生效。

9.3 对赌一方为国有独资公司，股权回购条款未经审批是否生效？

问题9.2提到具有国资背景的企业分为国家出资企业和国家出资企业的子企业两类，二者股权转让履行的审批程序不同，遵循"谁出资、谁管理"的原则。对于审批要求最高的国家出资企业之国有独资公司作为对赌一方签订的股权回购条款，是否须经国有资产监督管理机构审批才能生效？

关于股权转让，与国有独资公司有关的情形有二：国有独资公司为转让标的；国有独资公司为股权的转让方或受让方。

第一种情形，国有独资公司为转让标的的，由国有资产监督管理机构决定；如果转让后国家对其不再具有控股地位，还应报本级人民政府批准。《企业国有资产法》第51条规定："本法所称国有资产转让，是指依法将国家对企业的出资所形成的权益转移给其他单位或者个人的行为；按照国家规定无偿划转国有资产的除外。"第53条规定："国有资产转让由履行出资人职责的机构决定。履行出资人职责的机构决定转让全部国有资产的，或者转让部分国有资产致使国家对该企业不再具有控股地位的，应当报请本级人民政府批准。"《企业国有资产监督管理暂行条例》第23条规定："国有资产监督管理机构决定其所出资企业的国有股权转让。其中，转让全部国有股权或者转让部分国有股权致使国家不再拥有控股地位的，报本级人民政府批准。"

第二种情形，国有独资公司转让重大财产、进行重大投资，通常由董事会决定。也就是说，一般情况下，国有独资公司转让股权或受让股权，无须经国有资产监督管理机构批准。《公司法》第172条规定："国有独资公司不设股东会，由履行出资人职责的机构行使股东会职权。履行出资人职责的机构可以授权公司董事会行使股东会的部分职权，但公司章程的制定和修改，公司的合并、分立、解散、申请破产，增加或者减少注册资本，分配利润，应当由履行出资人职责的机构决定。"《企业国有资产法》第32条规定："国有独资企业、国有独资公司有本法第三十条所列事项的，除依照本法第三十一条和有关法律、行政法规以及企业章程的规定，由履行出资人职责的机构决定的以外，国有独资企业由企业负责人集体讨论决定，国有独资公司由董事会决定。"第30条规定："国家出资企业合并、分立、改制、上市，增加或者减少注册资本，发行债券，进行重大投资，为他人提供大额担保，转让重大财产，进行大额捐赠，分配利润，以及解散、申请破产等重大事项,应当遵守法律、行政法规以及企业章程的规定,不得损害出资人和债权人的权益。"第31条规定:"国有独资企业、国有独资公司合并、分立,增加或者减少注册资本,发行债券,分配利润,以及解散、申请破产,由履行出资人职责的机构决定。"《企业国有资产监督管理暂行条例》第21条规定:"国有资产监督管理机构依照法定程序决定其所出资企业中的国有独资企业、国有独资公司的分立、合并、破产、解散、增减资本、发行公司债券等重大事项。其中,重要的国有独资企业、国有独资公司分立、合并、破产、解散的,应当由国有资产监督管理机构审核后,报本级人民政府批准。国有资产监督管理机构依照法定程序审核、决定国防科技工业领域其所出资企业中的国有独资企业、国有独资公司的有关重大事项时,按照国家有关法律、规定执行。"

例外情况包括,如果涉及国家出资企业的子企业的产权转让,而该子企业主业处于关系国家安全、国民经济命脉的重要行业和关键领域,且主要承担重大专项任务,则应报国有资产监督管理机构批准。《企业国有资产交易监督管理办法》第8条第1款规定:"国家出资企业应当制定其子企业产权转让管理制度,确定审批管理权限。其中,对主业处于关系国家安全、国民经济命脉的重要行业和关键领域,主要承担重大专项任务子企业的产权转让,须由国家出资企业报同级国资监管机构批准。"

据此,第二种情形下,国有独资公司受让目标公司股权的,董事会决定即可;国有独资公司转让其持有的目标公司股权的,除目标公司的主业处于关系国家安全、国民经济命脉的重要行业和关键领域,且主要承担重大专项任务,须经国有资产监督管理机构批准外,也由董事会决定。

主题案例:南京报业集团有限责任公司、南京时代传媒投资有限责任公司等合同纠纷案[①]

2010年4月30日,投资方与目标公司及原股东签订《增资协议》及《备忘录》。《增资协议》约定需经审批生效,而《备忘录》没有该等约定。各方在《备忘录》中约定,若目标公司在3年后未实现上市,投资方应将其持有的目标公司的全部股权转让给原股东。

2014年9月1日,原股东的唯一股东由南京市国有资产管理委员会变更为事业法人南京报业传媒集团(南京日报社)。

---

① 参见最高人民法院民事裁定书,(2022)最高法民申232号。

9.3 对赌一方为国有独资公司,股权回购条款未经审批是否生效?

原股东申请再审称,案涉股权回购属国有资产重大交易,根据《公司法》第66条、《企业国有资产法》第30条及《企业国有资产监督管理暂行条例》第23条的规定,案涉股权转让合同未经审批,依法属未生效合同。对赌协议由投资条款和回购条款共同组成,两个条款共同构成整体交易行为中的价格条款,应作为一个整体进行审批,不审批回购条款将构成对国资监管的规避。

投资方认为,《备忘录》未约定特殊生效条件,现行法律法规并未规定案涉股权回购事项需经批准生效,《备忘录》不属于需经批准才生效的合同。

最高人民法院再审认为:

《公司法》第66条仅规定国有独资公司的合并、分立、解散等情形,必须由国有资产监督管理机构决定及报批,并不涉及股权回购事宜。《企业国有资产法》第30条规定国家出资企业的合并、分立、增减注册资本、进行重大投资等重大事项,应遵守相关规定,不得损害出资人和债权人的权益,并无关于股权回购需经审批的规定。《企业国有资产监督管理暂行条例》第23条系关于国有股权转让的规定,若致使国家不再拥有控股地位的,须经政府批准;第21条、第24条等规定情形,均无股权回购须经批准的规定。

《增资协议》和《备忘录》系投资方与原股东等主体同一天签订的关于投资和回购的协议,系针对不同事项的两份协议,并非同一协议,而且各方当事人对两份协议的效力作出不同安排和约定,对两份合同是否需经审批方能生效,具有充分的预见和预知。《增资协议》涉及公司增资问题,按照约定和相关规定履行了审批手续而生效。《备忘录》约定关于股权回购问题,在相关法律、行政法规未作出强制性规定时,各方当事人约定签署及《增资协议》经审批生效后发生效力,属当事人对股权回购协议效力的真实意思表示,二审判决依法认定《备忘录》已生效,并无不妥。

另外,江苏省盐业集团有限责任公司的系列案件,各方当事人在涉及股权回购的《股权转让专题会议纪要》中约定,"4.江苏省盐业集团有限责任公司按规定履行股权受让相关程序",应属各方对股权回购协议需经审批后生效的约定和安排,而本案《备忘录》并无关于股权回购需经审批生效的相关约定,各方当事人也确认签订《备忘录》时均认为不需要审批,故本案与另案判决之间并不存在同案不同判的问题。

本案中,对赌协议签订及争议发生时,持有原股东100%股权的是南京市国有资产管理委员会,原股东当时的性质为国家出资企业之国有独资公司。投资方与目标公司及原股东签署的《备忘录》约定,如果对赌目标未达成,则原股东应回购投资方持有目标公司的股权。《备忘录》未经国有资产监督管理机构审批。

各方对《备忘录》的效力产生争议。原股东认为,《备忘录》含有股权回购条款,应当经过审批才生效,投资方则认为《备忘录》有效。

如前所述,国有独资公司作为股权受让方所作出的重大投资,由董事会决定,无须国有资产监督管理机构审批。

最高人民法院认为,关于国有独资公司回购股权,并无须经审批的规定。《备忘录》亦未约定需经审批才生效,因此,《备忘录》已生效。

与本案类似,安徽省高级人民法院审理的一案①中,隆华投资中心与济南能投公司(唯一的投资主体是济南市发展和改革委员会,属国有独资公司)等签订《远期收购协议》,约定在一定情况下,隆华投资中心有权要求济南能投公司收购其持有目标公司的股权。济南能投公司收到通知后拒绝收购,理由是案涉《远期收购协议》未经国有资产监督管理部门审批,未生效。济南能投公司上诉称,其为国有独资公司,案涉《远期收购协议》未经国有资产监督管理部门审批,未生效。该院对此分析认为:《合同法》第44条规定:依法成立的合同,自成立时生效。法律、行政法规规定应当办理批准、登记等手续生效的,依照其规定。依据该规定,只有法律、行政法规规定应当办理批准、登记手续生效的,在完成相应手续后,合同才生效。《企业国有资产法》第30条规定:国家出资企业合并、分立、改制、上市,增加或者减少注册资本,发行债券,进行重大投资,为他人提供大额担保,转让重大资产,进行大额捐赠,分配利润,以及解散、申请破产等重大事项,应当遵守法律、行政法规以及企业章程的规定,不得损害出资人和债权人的利益。国务院颁布的《企业国有资产监督管理暂行条例》第23条规定:国有资产监督管理机构决定其所出资企业的国有股权转让。第33条规定:所出资企业中的国有独资企业、国有独资公司的重大资产处置,需由国有资产监督管理机构批准的,依照有关规定执行。本案中,案涉《远期收购协议》未将履行审批程序作为协议的生效条件,且上述法律、行政法规也无该类股权转让协议需要办理批准登记后生效的具体规定。《济南市国有企业投资监督管理暂行办法》不符合《合同法》第44条规定的认定合同未生效的情形,故济南能投公司关于案涉《远期收购协议》未生效的上诉理由不能成立,不予支持。

---

① 参见济南市能源投资有限责任公司与芜湖隆华投资中心(有限合伙)股权转让合同纠纷案,安徽省高级人民法院民事判决书,(2017)皖民终477号。

9.3 对赌一方为国有独资公司,股权回购条款未经审批是否生效?

国有独资公司转让股权的,通常也无须国有资产监督管理机构批准。例如,云南省高级人民法院在一案[①]中认为,"新华书店的企业性质虽为国有独资公司,但其为了向云通公司转让在盘房公司持有的20%股权,与云通公司签订的《股权转让协议》及《特别约定》并非《中华人民共和国企业国有资产法》、《企业国有资产监督管理暂行条例》规定需办理批准手续方能生效的合同,故新华书店及盘房公司主张的,其作为国有企业与云通公司签订的《股权转让协议》及《特别约定》应报经相关主管部门批准后方能生效的观点,亦无法律依据,本院亦不予支持。综上,因本案所涉《股权转让协议》和《特别约定》均不属于法律、行政法规规定应当办理批准、登记等手续生效的合同,故依据《中华人民共和国合同法》第四十四条的规定,《股权转让协议》和《特别约定》自签订之日起生效,原审判决对合同效力的认定正确"。

但是,并非所有案件中法院意见都一致。例如,最高人民法院在一案[②]中认为,《企业国有资产法》第30条规定:"国家出资企业合并、分立、改制、上市,增加或者减少注册资本,发行债券,进行重大投资,为他人提供大额担保,转让重大财产,进行大额捐赠,分配利润,以及解散、申请破产等重大事项,应当遵守法律、行政法规以及企业章程的规定,不得损害出资人和债权人的权益。"《企业国有资产监督管理暂行条例》第23条规定,"国有资产监督管理机构决定其所出资企业的国有股权转让"。《公司法》第66条规定:"国有独资公司不设股东会,由国有资产监督管理机构行使股东会职权。国有资产监督管理机构可以授权公司董事会行使股东会的部分职权,决定公司的重大事项……"依据上述法律、行政法规规定的文义和立法目的,国有资产重大交易,应经国有资产监督管理部门批准,合同才生效。本案中,盐业集团公司系江苏省国资委独资的国有企业,因此,其因对外重大投资而签订的案涉股权买卖合同需经国有资产监督管理部门审批后,合同才能生效。因此,案涉《股权转让专题会议纪要》中关于"……4.江苏省盐业集团有限责任公司按规定履行股权受让相关程序"的表述应解读为"盐业集团公司按规定履行股权受让的内外部审批手续"。由于上述审批手续未能完成,故案涉股权转让合同并未生效。

---

① 参见云南富滇云通投融资担保有限公司与云南新华书店图书有限公司、盘龙房地产有限公司股权转让纠纷案,云南省高级人民法院民事判决书,(2012)云高民二终字第181号。
② 参见南京诚行创富投资企业与江苏省盐业集团有限责任公司合伙协议纠纷、股权转让纠纷案,最高人民法院民事裁定书,(2016)最高法民申410号。

◈ 小结与建议

投资方：通常，国有独资公司受让或转让股权，经董事会决定即可，未经国有资产监督管理机构批准，不影响股权转让合同的效力。

创始人方：如果国有独资公司转让股权的目标公司的主业处于关系国家安全、国民经济命脉的重要行业和关键领域，且主要承担重大专项任务，则可提出股权转让合同未经国有资产监督管理机构批准而未生效的抗辩。如果投资协议的一方为国有独资公司，签订该协议时，创始人方可以考虑约定，对赌协议需经国有资产监督管理机构批准之后才生效。

9.4 国资背景的投资方转让股权是否应经评估？

投资方有国资背景的，签订对赌协议还涉及一个问题：投资方向对赌义务人转让其持有目标公司的股权，是否应经评估？

国有资产转让，即国家对企业的出资所形成的权益转移给其他主体，应当评估。《企业国有资产法》第 55 条规定："国有资产转让应当以依法评估的、经履行出资人职责的机构认可或者由履行出资人职责的机构报经本级人民政府核准的价格为依据，合理确定最低转让价格。"第 51 条规定："本法所称国有资产转让，是指依法将国家对企业的出资所形成的权益转移给其他单位或者个人的行为；按照国家规定无偿划转国有资产的除外。"第 5 条规定："本法所称国家出资企业，是指国家出资的国有独资企业、国有独资公司，以及国有资本控股公司、国有资本参股公司。"

国有独资公司和国有资本控股公司转让重大财产等情形，应当评估。《企业国有资产法》第 47 条规定："国有独资企业、国有独资公司和国有资本控股公司合并、分立、改制、转让重大财产，以非货币财产对外投资，清算或者有法律、行政法规以及企业章程规定应当进行资产评估的其他情形的，应当按照规定对有关资产进行评估。"

履行出资人职责的机构、国有全资企业、国有控股企业及国有实际控制企业，转让其持有的目标公司股权时，应当评估。《企业国有资产交易监督管理办法》第 3 条规定："本办法所称企业国有资产交易行为包括：（一）履行出资人职责的机构、国有及国有控股企业、国有实际控制企业转让其对企业各种形式出资所形成权益的行为（以下称企业产权转让）……"《企业国有资产评估管理暂行办法》第 2 条规定："各级国有资产监督管理机构履行出资人职责的企业（以下统称所出资企业）及其各级子企业（以下统称企业）涉及的资产评估，适用本办法。"第 6 条规定："企业有下列行为之一的，应当对相关资产进行评估：……（五）产权转让；（六）资产转让、置换……"关于《企业国有资产评估管理暂行办法》是否适用于国有参股公司的问题，国务院国有资产监督管理委员会明确表示，"《企业国有资产评估管理暂行办法》（国资委令第 12 号）第二条的适用范围包括国有全资、控股以及实际控制企业。国有参股企业发生《企业国有资产评估管理暂行办法》（国资委令第 12 号）第六条相关经济行为时，国有参股企业的国有股东代表应当按照国资监管相关规定发表股东意见"①。

履行出资人职责的机构是指代表本级人民政府履行出资人职责的机构、部门。《公司法》第169条第2款规定："代表本级人民政府履行出资人职责的机构、部门，以下统称为履行出资人职责的机构。"《企业国有资产法》第11条第3款规定："代表本级人民政府履行出资人职责的机构、部门，以下统称履行出资人职责的机构。"第12条第1款规定："履行出资人职责的机构代表本级人民政府对国家出资企业依法享有资产收益、参与重大决策和选择管理者等出资人权利。"

国有全资企业是指政府部门、机构、事业单位出资设立的国有独资公司，以及上述单位、企业直接或间接合计持股为100%的国有全资企业。《企业国有资产交易监督管理办法》第4条规定："本办法所称国有及国有控股企业、国有实际控制企业包括：（一）政府部门、机构、事业单位出资设立的国有独资企业（公司），以及上述单位、企业直接或间接合计持股为100%的国有全资企业……"

国有控股企业是指政府部门、机构、事业单位、国有全资企业出资，直接或间接合计持股超过50%，且其中之一为最大股东的企业。《企业国有资产交易监督管理办法》第4条规定："本办法所称国有及国有控股企业、国有实际控制企业包括：（一）政府部门、机构、事业单位出资设立的国有独资企业（公司），以及上述单位、企业直接或间接合计持股为100%的国有全资企业；（二）本条第（一）款所列单位、企业单独或共同出资，合计拥有产（股）权比例超过50%，且其中之一为最大股东的企业……"

国有实际控制企业是指国有全资企业、国有控股企业持股比例超过50%的各级子企业，以及政府部门、机构、事业单位、单一国有及国有控股企业直接或间接持股比例未超过50%，但为第一大股东，且可通过协议等安排能够对其实际支配的企业。《企业国有资产交易监督管理办法》第4条规定："本办法所称国有及国有控股企业、国有实际控制企业包括：（一）政府部门、机构、事业单位出资设立的国有独资企业（公司），以及上述单位、企业直接或间接合计持股为100%的国有全资企业；（二）本条第（一）款所列单位、企业单独或共同出资，合计拥有产（股）权比例超过50%，且其中之一为最大股东的企业；（三）本条第（一）、（二）款所列企业对外出资，拥有股权比例超过50%的各级子企业；（四）政府部门、机构、事业单位、单一国有及国有控股企业直接或间接持股比例未超过

---

① http://www.sasac.gov.cn/n2588040/n2590387/n9854167/c26903866/content.html，访问日期：2023年10月12日。

50%,但为第一大股东,并且通过股东协议、公司章程、董事会决议或者其他协议安排能够对其实际支配的企业。"

据此,履行出资人职责的机构、国有全资企业、国有控股企业及国有实际控制企业,转让其持有的目标公司股权的,应当评估。

主题案例:许洪华与江苏高投发展创业投资有限公司合同纠纷案[①]

2010年10月,投资方与目标公司及其控股股东签订《增资协议》,约定如果目标公司未能在本次增资满42个月内完成在国内证券市场首次公开发行股票并上市,则投资方有权要求控股股东受让投资方所持有的目标公司股权,并约定了受让价格的计算方式。

2018年2月,投资方与控股股东签订《股份转让协议》,约定控股股东受让投资方所持目标公司的股权及支付转让款。

投资方章程第10条规定,该公司共6个股东,其中,国企股东江苏高科技投资集团有限公司(以下简称"高投集团")持股33.9465%、江苏省信用再担保集团投资有限公司持股14.1442%。第23条规定,股东会会议由股东按出资比例行使表决权。股东会会议作出修改公司章程、增加或者减少注册资本的决议以及公司合并、分立、解散或者变更公司形式的决议,须经全体股东一致通过;股东会对其他事项的决议,须经代表3/4以上表决权的股东通过。第25条规定,董事会由6名董事组成,6个股东各委派一名董事,董事会设董事长一人,董事长为公司的法定代表人,由高投集团书面委派和更换。第30条规定,董事会对所议事项作出的决议应由2/3以上的董事通过。

投资方提起诉讼,请求判令控股股东向其支付股份转让款及利息等。

控股股东辩称:投资方作为国有实际控制企业,未按法律规定进行产权转让,《股份转让协议》应当被认定无效。投资方股权穿透后最终持股方为江苏省人民政府,投资方两大国企股东合计持股比例虽然没有超过50%,但通过投资方的表决权安排可以看出,高投集团对投资方股东会决议的所有事项均拥有一票否决权。根据投资方章程约定,投资方的董事长由高投集团委派,投资方是国有实际控制企业,应当适用《企业国有资产交易监督管理办法》,即国有实际控制企业对企业出资形成的权益的转让事项应当经过评估等程序。

江苏省高级人民法院认为:

案涉《股份转让协议》合法有效。首先,根据《企业国有资产交易监督管理

---

① 参见江苏省高级人民法院民事判决书,(2019)苏民终1744号。

办法》第3条第(一)项、第4条第(四)项的规定,以及依据投资方章程规定的股东会架构、董事会人员组成、股东会及董事会决策机制,投资方两大国企股东系属于独立的股东,不存在利用其持股比例对投资方进行实际支配的可能,故案涉《股份转让协议》不应适用《企业国有资产交易监督管理办法》的规定,其内容不违反法律、行政法规的强制性规定,故应属合法有效。

其次,案涉《股份转让协议》股份回购款系在考虑投资款的回报率基础上计算而得,亦符合双方缔约的合同预期判断,控股股东主张此导致国有资产流失,欠缺事实依据,本院不予支持。

本案中,具有国资背景的投资方与控股股东先后签署了含有对赌条款的《增资协议》及内容为控股股东回购投资方股权的《股份转让协议》。对赌条款触发后,投资方向控股股东主张股权转让款及利息。

控股股东辩称,投资方作为国有实际控制企业,《股份转让协议》未履行评估等程序,应为无效。

投资方有6个股东,仅两个股东具有国资背景,所以投资方并非国有全资企业。又因这两个国企股东合计持股不超过50%,投资方也不属于国有控股企业。投资方的章程也未显示两个国企股东对其有实际支配的可能,因此投资方亦非国有实际控制企业。

法院认为,投资方并非国有实际控制企业,控股股东主张案涉股份转让应进行评估并在产权交易市场公开进行,缺乏事实和法律依据。

其他案件中,法院也认为,虽然交易主体具有国资背景,但并非国有全资企业及国有控股企业、国有实际控制企业的,无须评估。例如,北京市高级人民法院在一案[①]中认为,长青公司"只是属于地方人民政府投资设立的国有独资公司开滦(集团)有限责任公司投资参股24%设立的有限责任公司中能源公司再投资设立的有限责任公司,长青公司处置其对中北公司的投资权益不属于国有资产转让的范畴"。

国有全资企业转让股权,应当依法评估。例如,最高人民法院在一案[②]中认为,"旅游公司为全民所有制企业,其所持有的老鹰地公司23.8%的股权属于国

---

① 参见 Alright Enterprises Limited 与鄂尔多斯市中北煤化工有限公司等侵权责任纠纷案,北京市高级人民法院民事判决书,(2016)京民初47号。
② 参见云南澄江澄阳商务有限公司、骏豪控股有限公司股权转让纠纷案,最高人民法院民事判决书,(2019)最高法民终1815号。

有资产,根据上述行政法规的规定,股权转让时应当进行资产评估……澄江县人民政府未经资产评估,即与骏豪公司签订《备忘录》,约定无偿转让旅游公司持有的23.8%的股权;旅游公司与澄阳公司签订《股权转让协议书》,将其持有的老鹰地公司23.8%的股权以1万元对价转让给澄阳公司,均违反了上述行政法规和部门规章的强制性规定"。又如,最高人民法院在一案①中认为,安联公司属地方国有资产监督管理机构管理的地方国企下属三级全资子公司,"安联公司与安恒达公司签订《交易框架安排协议》约定安联公司将涉诉世纪中珠公司49%股权转让给安恒达公司,因该49%股权系国有资产,所以协议各方应当依照国有资产转让的法律法规完善相关程序和手续……但……该《会议纪要》表明上级主管企业安徽交控集团对安联公司出让涉诉股权并无异议,安徽省国资委2014年6月16日作出的《监督检查意见书》也可在一定程度上表明涉诉49%股权转让未脱离国有资产监督管理机关的监管,所以,即使安联公司出让上述股权未在产权交易场所公开进行、未办理股权资产评估备案,但在没有充足证据证明国有资产监督管理机关否定股权转让的情形下,不宜直接认定安联公司出让涉诉股权的行为无效"。再如,北京市第三中级人民法院在一案②中认为,"西南实业公司的股东为独山县交通运输局以及贵州神玺实业集团有限公司,其中独山县交通运输局持股比例25%,神玺公司持股比例为75%。神玺公司是国有独资公司,其股东是独山县财政局,西南实业公司的全部出资均来源于国有出资,因此西南实业公司转让其持有的西南交投公司的股权,属于国有资产转让,应当遵循《中华人民共和国企业国有资产法》的相关规定,现西南实业公司对拟转让的资产未依法进行资产评估……故西南实业公司请求圣佑公司受让其持有的西南交投公司股权并支付股权转让款,依据不足",不予支持。

国有控股企业转让股权,应进行评估。例如,最高人民法院在一案③中认为,华电财务公司属二级国有控股企业……但《企业国有产权转让管理暂行办法》《国有资产评估管理办法》等法律、法规并未作出企业国有资产转让未经评估则行为无效的强制性规定。《国有资产评估管理办法施行细则》第10条规定:"对于应当进行资产评估的情形没有进行评估,或者没有按照《办法》及本细

---

① 参见北京安联置业发展有限公司与北京安恒达投资有限公司等股权转让纠纷案,最高人民法院民事判决书,(2015)民二终字第399号。

② 参见贵州西南交通投资实业集团有限公司与北京圣佑锦源投资管理有限公司与公司有关的纠纷案,北京市第三中级人民法院民事判决书,(2020)京03民终13060号。

③ 参见中国华电集团财务有限公司与天津国恒铁路控股股份有限公司股权转让合同纠纷案,最高人民法院民事判决书,(2015)民申字第715号。

则的规定立项、确认,该经济行为无效。"但该细则系部门规章。依照《合同法》第 52 条第(五)项之规定,违反法律、行政法规的强制性规定的合同无效,案涉股权转让未经评估并未违反法律、行政法规的强制性规定。华电财务公司主张其向国恒公司转让华商基金公司 34%股权的行为违反行政法规及部门规章,双方签订的《股权转让与保证协议》无效的再审申请理由不能成立。又如,上海市第二中级人民法院二审维持原判的一案①中,一审法院认为,"判断宝玉石公司持有的宝交中心股权的产权属性,即要甄别宝玉石公司是否属于国有及国有控股企业⋯⋯设计之都属于使用国有资产设立的主体,其持有宝玉石公司 60%股权,加之新世界公司及新工联公司各自持有宝玉石公司 8%的股权,国有资本控股达到 76%股权的宝玉石公司显属国有控股企业,宝玉石公司对外投资并持有的宝交中心股权属于国有资产对外出资形成的权益。宝玉石公司向玉隆合伙转让宝交中心股权的行为,属于将国家对企业的出资所形成的权益转移给其他单位的国有资产转让行为,根据《中华人民共和国企业国有资产法》的规定,国有资产转让行为,应当按照规定委托依法设立的符合条件的资产评估机构对有关资产进行评估"。

❖ 小结与建议

履行出资人职责的机构、国有全资企业、国有控股企业及国有实际控制企业转让其持有公司的股权,属于国家资产转让,应当评估。

投资方:如果投资方的性质并非履行出资人职责的机构、国有全资企业、国有控股企业及国有实际控制企业,则其向对赌义务人转让持有目标公司的股权,无须评估。

创始人方:如果投资方为履行出资人职责的机构、国有全资企业、国有控股企业及国有实际控制企业,可将股权回购应当评估作为抗辩点之一。

---

① 参见上海宝玉石产业发展股份有限公司、上海玉隆创业投资合伙企业与钱振峰股权转让纠纷案,上海市第二中级人民法院民事判决书,(2020)沪 02 民终 9919 号。

9.5 违反国有资产转让评估的规定，股权回购条款会被认定为无效吗？

如问题 9.4 所述，履行出资人职责的机构、国有全资企业、国有控股企业及国有实际控制企业转让股权应当进行评估。对于应经评估却直接约定价款计算方式的股权回购条款，会否因违反评估的相关规定而被认定为无效？

国有资产交易应当进行评估的规定主要有三：一是《企业国有资产法》第47条、第55条①；二是《企业国有资产评估管理暂行办法》第2条、第6条、第27条②；三是《国有资产评估管理办法施行细则》第10条③。

违反法律、行政法规的效力性强制性规定的行为无效，违反管理性强制性规定的行为则不产生无效的后果。《民法典》第153条规定："违反法律、行政法规的强制性规定的民事法律行为无效。但是，该强制性规定不导致该民事法律行为无效的除外。违背公序良俗的民事法律行为无效。"《九民纪要》规定："合同法施行后，针对一些人民法院动辄以违反法律、行政法规的强制性规定为由认定合同无效，不当扩大无效合同范围的情形，合同法司法解释（二）第14条将《合同法》第52条第5项规定的'强制性规定'明确限于'效力性强制性规定'……下列强制性规定，应当认定为'效力性强制性规定'：强制

---

① 《企业国有资产法》第47条规定："国有独资企业、国有独资公司和国有资本控股公司合并、分立、改制，转让重大财产，以非货币财产对外投资，清算或者有法律、行政法规以及企业章程规定应当进行资产评估的其他情形，应当按照规定对有关资产进行评估。"第55条规定："国有资产转让应当以依法评估的、经履行出资人职责的机构认可或者由履行出资人职责的机构报经本级人民政府核准的价格为依据，合理确定最低转让价格。"

② 《企业国有资产评估管理暂行办法》第2条规定："各级国有资产监督管理机构履行出资人职责的企业（以下统称所出资企业）及其各级子企业（以下统称企业）涉及的资产评估，适用本办法。"第6条规定："企业有下列行为之一的，应当对相关资产进行评估：（一）整体或者部分改建为有限责任公司或者股份有限公司；（二）以非货币资产对外投资；（三）合并、分立、破产、解散；（四）非上市公司国有股东股权比例变动；（五）产权转让；（六）资产转让、置换；（七）整体资产或者部分资产租赁给非国有单位；（八）以非货币资产偿还债务；（九）资产涉讼；（十）收购非国有单位的资产；（十一）接受非国有单位以非货币资产出资；（十二）接受非国有单位以非货币资产抵债；（十三）法律、行政法规规定的其他需要进行资产评估的事项。"第27条规定："企业违反本办法，有下列情形之一的，由国有资产监督管理机构通报批评并责令改正，必要时可依法向人民法院提起诉讼，确认其相应的经济行为无效：（一）应当进行资产评估而未进行评估……"

③ 《国有资产评估管理办法施行细则》第10条规定："对于应当进行资产评估的情形没有进行评估，或者没有按照《办法》及本细则的规定立项、确认，该经济行为无效。"

性规定涉及金融安全、市场秩序、国家宏观政策等公序良俗的;交易标的禁止买卖的,如禁止人体器官、毒品、枪支等买卖;违反特许经营规定的,如场外配资合同;交易方式严重违法的,如违反招投标等竞争性缔约方式订立的合同;交易场所违法的,如在批准的交易场所之外进行期货交易。关于经营范围、交易时间、交易数量等行政管理性质的强制性规定,一般应当认定为'管理性强制性规定'。"

一般情况下,违反规章不影响合同的效力。《九民纪要》规定:"违反规章一般情况下不影响合同效力,但该规章的内容涉及金融安全、市场秩序、国家宏观政策等公序良俗的,应当认定合同无效。人民法院在认定规章是否涉及公序良俗时,要在考察规范对象基础上,兼顾监管强度、交易安全保护以及社会影响等方面进行慎重考量,并在裁判文书中进行充分说理。"

主题案例:大连精石文化产业投资有限公司与张国英、崔智新合同纠纷案①

2014年9月25日,投资方与目标公司及实际控制人等签订《增资协议》。

同日,投资方与目标公司及实际控制人签订《补充协议》,目标公司及实际控制人连带承诺:未来3～5年经营业绩不低于国内中小板或创业板的A股公开发行股票并上市的实际最低业绩标准(证监会受理材料的业绩指标)。在符合约定的条件下,投资方有权要求实际控制人购买投资方持有目标公司的全部或部分股权。回购价款＝实际出资额3000万元＋实际出资额3000万元×10%×实际投资天数。

2018年3月27日,投资方聘请的律师事务所向实际控制人发送《律师函》,要求实际控制人回购股权。

投资方提起诉讼,请求判令实际控制人支付股权回购款等。

实际控制人辩称,股权回购条款违反《企业国有资产法》第54条、第55条及《企业国有资产交易监督管理办法》第13条关于对国有资产转让限制的规定而无效。

辽宁省大连市中级人民法院认为:

本案股权回购条款有效,理由如下:

首先,《企业国有资产法》第54条、第55条虽规定了国有资产转让所履行的

---

① 参见大连市中级人民法院民事判决书,(2019)辽02民初780号。

程序,但并未规定未履行相应程序即导致合同无效;而《企业国有资产交易监督管理办法》系部门规章,不属于法律、行政法规,对其规定的违反不能导致合同的无效。

其次,《增资协议》签订之时虽未经过评估而直接确定股权回购价格,但投资方依据《增资协议》向目标公司增资3000万元,在触及股权回购条款后,实际控制人个人履行股权回购义务所确定的回购价格除了投资方投入的本金3000万元,还包括10%的年息,该年息高于中国人民银行同期贷款利率,即只要实际控制人履行股权回购义务,则不会出现国有资产低价出让或贬值的情形,自然不存在国有资产流失的情形,因此不属于因损害国家利益导致股权回购条款无效的情形。

最后,国有企业利益受损不能代表社会公共利益受损,国有企业在法律主体上仍然是民事主体的一员,应遵循主体平等的民事原则,不存在地位的特殊性。

本案中,投资方与实际控制人在《补充协议》中约定了股权回购价款的计算方式,即投资本金加上10%的年息。股权回购条款触发后,投资方要求实际控制人按约支付回购款。

实际控制人辩称,投资方系国有实际控制企业,股权转让应进行评估,股权回购条款无效。

法院认为,股权回购条款有效。《企业国有资产法》第54条、第55条未规定违反国有资产转让所履行的程序即导致合同无效。此外,本案约定的年化收益率为10%,高于同期银行贷款利率,实际控制人履行回购义务,不会出现国有资产流失的情形。

不少案件中,法院亦认为,违反国有资产转让应评估的第一种依据,即《企业国有资产法》第55条规定的,不导致合同无效。

最高人民法院审理的一案①中,一方认为案涉资产未经评估即转让,违反《企业国有资产法》的相关规定,应认定《资产转让协议》无效。该院认为,"首先,前述法律并未规定未经评估的资产转让合同即无效;其次,之所以规定国有资产转让须经评估,目的在于防止恶意低价转让国有资产,但是未经评估并不必然导致国家利益或者社会公共利益受损。因此,前述法律条文应当属于管理性强制性规定,而非效力性强制性规定,即便违反,亦不必然导致合同无效"。

---

① 参见海城市西洋民政镁质材料厂、中钢集团洛阳耐火材料有限公司破产管理人买卖合同纠纷案,最高人民法院民事裁定书,(2017)最高法民申4605号。

北京市高级人民法院在一案①中认为,"企业国有资产法关于国有资产转让的决定、评估、交易方式等规定,系对履行出资人职责的机构及相关人员行为的规范,是法律对国有资产管理者课以的义务,均属规范内部程序的管理性规定,而非效力性规定,不应影响国有企业与第三人订立合同的效力"。

海南省高级人民法院在一案②中认为,"《中华人民共和国企业国有资产法》、《企业国有资产监督管理暂行条例》以及《国有资产评估管理办法》中虽然规定了国有企业重大资产转让应当进行评估并办理相关的审批手续,但并没有相关资产转让合同须经政府主管部门批准后方才生效的规定,也没有相关资产转让合同如未经政府主管部门批准则合同无效的具体规定,在性质上应属于管理性规定而非效力性强制规定"。

安徽省合肥市中级人民法院在一案③中认为,"根据《企业国有资产法》及《合同法》相关规定,国有资产转让中,当事人恶意串通,损害国家利益的,该交易行为无效。进行资产评估是国有资产占有单位的义务,而不是受让人的义务。案涉转让资产虽未经过批准、评估,违反了行政法规的管理性强制性规定,但无证据证明洋洪小邦公司与中科邦略公司恶意串通,低价转让国有资产,损害国家利益。故科投公司主张《项目转让协议书》违反法律强制性规定无效的理由不能成立"。

苏州市姑苏区人民法院在一案④中认为,"以《中华人民共和国企业国有资产法》为代表的,与国有资产管理相关的众多法律法规,其核心立法目的之一即为促使国有资产保值增值,避免违法转移和资产流失,其中规定出让国有资产需要评估、批准、公开交易等流程,集中体现了上述立法目的。然上述规定系对履行出资人职责的机构及相关人员的行为规范,是法律对国有资产管理者课以的义务,要求管理者审慎地履行自己的职责,上述规定属于规范内部程序的相关规定,不能以此来作为认定国有企业与第三人签订合同效力的依据"。

---

① 参见北京和昌投资有限公司等与北京菜篮子集团有限公司合同纠纷案,北京市高级人民法院民事判决书,(2020)京民终175号。
② 参见上海国信捷报实业有限公司与海南东方风力发电有限公司确认合同无效纠纷案,海南省高级人民法院民事判决书,(2019)琼民终108号。
③ 参见安徽省科技产业投资有限公司与合肥洋洪小邦传媒科技有限公司案外人执行异议之诉纠纷案,合肥市中级人民法院民事判决书,(2018)皖01民终5235号。
④ 参见苏州名城汇邻广场商业管理有限公司与绿迅(江苏)新能源有限公司股权转让纠纷案,苏州市姑苏区人民法院民事判决书,(2020)苏0508民初835号。

新疆维吾尔自治区高级人民法院在一案①中认为,"《中华人民共和国企业国有资产法》第五十一条、第五十三条、第五十四条、第五十五条规定属于法律管理性强制性规定,均不能作为认定《资产转让合同》无效的依据"。

但是,并非所有案件中法院均持相同态度,有的认为,违反《企业国有资产法》关于评估的规定,合同无效。

北京市第二中级人民法院在一案②中认为,《企业国有资产法》《企业国有资产监督管理暂行条例》《国有资产评估管理办法》等"法律法规在监督管理、交易方式、交易场所等方面形成的规范性文件系统,并非仅基于行政管理目的,而是进一步包含了保护国有资产安全运行、维护市场秩序的重要意义。国家将国有资产的经营管理放权到国有企业,保证企业自治、市场公平,而在立法层面建立交易机制和规则作为保障国有资产安全的底线,以维护市场公平交易秩序、防范国有财产权益发生损害。长城伟业公司作为民事主体及国有资产占有单位,对上述法律、行政法规及部门规章,当属明知的主观态度。而森根比亚公司作为民事主体,其对上述规范性文件中的法律、行政法规亦属明知或至少应知的主观态度。但双方未按法定程序进行交易,而是未经国有资产评估自行确定转让价格,并于公开设立的产权交易机构之外自行缔约,处分国有资产。综合考量前述强制性规定所保护的法益类型及本案具体违法情节,一审法院认定双方之间的合同无效……予以确认"。

北京市第三中级人民法院在一案③中认为,"西南实业公司转让其持有的西南交投公司的股权,属于国有资产转让,应当遵循《中华人民共和国企业国有资产法》的相关规定,现西南实业公司对拟转让的资产未依法进行资产评估,也没有通过法定的交易场所和交易方式进行转让,违反了法律的强制性规定,西南实业公司与圣佑公司签订的合同中关于转让西南交投公司股权的约定应属无效"。

上海市第二中级人民法院二审维持原判的一案④中,一审法院认为,"宝玉

---

① 参见新疆嘉丰油脂厂奇台县农垦基地与新疆金奇阳光建设投资(集团)有限责任公司、霍尔果斯杰德联信股份投资合伙企业确认合同无效纠纷案,新疆维吾尔自治区高级人民法院民事裁定书,(2019)新民申 1540 号。

② 参见北京森根比亚生物工程技术有限公司与北京市长城伟业投资开发有限公司合同纠纷案,北京市第二中级人民法院民事判决书,(2020)京 02 民终 1050 号。

③ 参见贵州西南交通投资实业集团有限公司与北京圣佑锦源投资管理有限公司与公司有关的纠纷案,北京市第三中级人民法院民事判决书,(2020)京 03 民终 13060 号。

④ 参见上海宝玉石产业发展股份有限公司、上海玉隆创业投资合伙企业与钱振峰股权转让纠纷案,上海市第二中级人民法院民事判决书,(2020)沪 02 民终 9919 号。

石公司向玉隆合伙转让宝交中心股权的行为，属于将国家对企业的出资所形成的权益转移给其他单位的国有资产转让行为。根据《中华人民共和国企业国有资产法》的规定，国有资产转让行为，应当按照规定委托依法设立的符合条件的资产评估机构对有关资产进行评估，除按照国家规定可以直接协议转让的以外，国有资产转让应当在依法设立的产权交易场所公开进行，并以依法评估的、经履行出资人职责的机构认可或者由履行出资人职责的机构报经本级人民政府核准的价格为依据，合理确定最低转让价格。宝玉石公司、玉隆合伙签订系争《股权转让协议》转让宝交中心股权，既未履行相关报批程序、又未对转让标的企业进行审计、资产评估等，亦未通过产权市场公开进行，损害了国有资产权益，当属无效"。

海南省三亚市中级人民法院在一案①中认为，"食品公司系全民所有制企业，其持有的昌群公司51%股权依法应为国有资产，食品公司转让其持有的国有资产必须符合企业国有资产法的相关规定"，根据《企业国有资产法》第53—55条的规定，国有资产转让应当经过依法评估，合理确定最低转让价格。食品公司转让股权的行为，违反了《企业国有资产法》的强制性规定和交易的程序性规定，损害了国家利益，依据《合同法》第52条第(二)项、第(五)项的规定，应当认定《协议书》为无效合同。

与违反国有资产转让应当评估的第一种依据类似，对于违反第二种依据，即《企业国有资产评估管理暂行办法》第27条规定的，尚未形成统一的裁判观点。

有的案件中法院认为，《企业国有资产评估管理暂行办法》为部门规章，并非导致合同无效的理由。

江苏省高级人民法院二审维持原判的一案②中，一审法院认为，"国务院国有资产监督管理委员会制定的《企业国有资产评估管理暂行办法》性质应属部门规章，该办法第二十七条规定：'企业违反本办法，有下列情形之一的，由国有资产监督管理机构通报批评并责令改正，必要时可依法向人民法院提起诉讼，确认其相应的经济行为无效：(一)应当进行资产评估而未进行评估……'鉴于该办法属于部门规章，不是法律、行政法规，根据《中华人民共和国合同法》第五十二条规定，即使《评估报告》失效，也不能据此否认案涉《产权交易合同》的效力"。

---

① 参见三亚市食品贸易公司与黄汉水股权转让纠纷案，三亚市中级人民法院民事判决书，(2019)琼02民终222号。
② 参见南京医药股份有限公司与庆云青旅电子科技有限公司股权转让纠纷案，江苏省高级人民法院民事判决书，(2015)苏商终字第00694号。

上海市第一中级人民法院二审审理的一案①中,一审法院认为,"除了法律和行政法规层面,《企业国有资产评估管理暂行办法》规定国有企业收购非国有单位的资产应当对相关资产进行评估,但《企业国有资产评估管理暂行办法》系部门规章,部门规章的强制性规定不能作为效力性强制性规定。故即便本案中徐沛良、柳工集团双方未对A公司股权价格进行评估,也不应认定股权转让行为无效"。二审法院认为,"对于柳工集团收购徐沛良股权是否必须经评估、审批方能生效及A公司破产重整导致徐沛良股权丧失的责任承担等问题,一审已作出正确认定,并详尽阐述了理由,本院予以认同,在此不再赘述"。

海南省高级人民法院二审维持原判的一案②中,一审法院认为,"虽然榆亚盐场为国有企业,盛世港湾公司为非国有企业,榆亚盐场在未经评估和核准、备案的情况下将盐场码头租赁给盛世港湾公司,违反了《企业国有资产评估管理暂行办法》的有关规定,但该规定是国务院国有资产管理委员会发布的部门规章,不属于法律、行政法规,双方签订的《码头租赁协议书》并不因此而无效"。

但有的案件中法院持相反观点,认为违反《企业国有资产评估管理暂行办法》的规定导致合同无效。例如,湖南省高级人民法院在一案③中认为,"国务院国有资产管理委员会《企业国有资产评估管理暂行办法》第二十七条第(一)项规定,非上市公司国有股权比例变动的,应当对相关资产进行评估。本案中,三湘置业公司原四方股东三湘物业公司、湖南瑞源公司、金岳湘公司、鲁氏置业公司各占有25%股权,其中三湘物业公司所持股权属于国有股权,属于股权比例变动应当进行资产评估的情形,但原四方股东在2006年签订《增资协议书》对三湘置业公司进行增资扩股时,在未对三湘置业公司相关资产进行评估的情形下使国有股权减持了5%,该行为违反了国家对国有资产的监督管理秩序,有损社会公共利益,根据《民法通则》第五十八条第一款(五)项关于违反法律或者社会公共利益的民事行为无效之规定,涉及三湘物业公司所持5%国有股权变动的增资扩股行为应属于无效的民事行为"。

关于第三种依据,即《国有资产评估管理办法施行细则》第10条的规定,主流观点是违反该规定并不影响合同的效力。

---

① 参见广西柳工集团有限公司与徐沛良股权转让纠纷案,上海市第一中级人民法院民事判决书,(2017)沪01民终14282号。
② 参见三亚洋海船务实业有限公司与三亚扬帆游艇俱乐部有限公司使用权益纠纷案,海南省高级人民法院民事判决书,(2014)琼民三终字第42号。
③ 参见湖南三湘物业发展有限公司与天津金岳湘投资有限公司、鲁氏置业投资有限公司公司增资纠纷案,湖南省高级人民法院民事判决书,(2013)湘高法民三终字第4号。

最高人民法院在一案①中认为,《国有资产评估管理办法施行细则》第 10 条"属于部门规章,不是法律、行政法规,根据《合同法》第五十二条规定,不能直接否认案涉《股权转让协议书》的效力"。

最高人民法院在另一案②中认为,"《企业国有产权转让管理暂行办法》《国有资产评估管理办法》等法律、法规并未作出企业国有资产转让未经评估则行为无效的强制性规定",《国有资产评估管理办法施行细则》第 10 条系部门规章,"案涉股权转让未经评估并未违反法律、行政法规的强制性规定"。

◆ 小结与建议

关于违反《企业国有资产法》及《企业国有资产评估管理暂行办法》有关国有资产转让应当评估的规定,是否导致合同无效的问题,法院的裁判观点不统一。

投资方:投资方为履行出资人职责的机构、国有全资企业、国有控股企业及国有实际控制企业的,针对股权回购条款未经评估而无效的抗辩,可强调股权回购年化收益率高于同期银行贷款利率,未造成国有资产流失,不违反《企业国有资产法》第 55 条等管理性规定的立法目的。

创始人方:根据国有资产交易的相关规定,如果股权回购应经评估却直接约定价款或计算方式的,股权回购条款无效的抗辩,有可能被法院支持。

---

① 参见联大集团有限公司与安徽省高速公路控股集团有限公司股权转让纠纷案,最高人民法院民事判决书,(2013)民二终字第 33 号。

② 参见中国华电集团财务有限公司与天津国恒铁路控股股份有限公司股权转让纠纷案,最高人民法院民事判决书,(2015)民申字第 715 号。

9.6 违反国有资产应在产权交易场所交易的规定，股权回购条款会被认定为无效吗？

国有资产转让不但应经评估，还应在产权交易场所公开进行。由对赌义务人直接按照约定的价格从性质为履行出资人职责的机构、国有全资企业及国有控股企业、国有实际控制企业的投资方回购股权的条款，有效吗？

一般情况下，国有资产交易应在产权交易场所公开进行。《企业国有资产交易监督管理办法》第 2 条规定："企业国有资产交易应当遵守国家法律法规和政策规定，有利于国有经济布局和结构调整优化，充分发挥市场配置资源作用，遵循等价有偿和公开公平公正的原则，在依法设立的产权交易机构中公开进行，国家法律法规另有规定的从其规定。"第 13 条规定："产权转让原则上通过产权市场公开进行……"

履行出资人职责的机构、国有全资企业及国有控股企业、国有实际控制企业转让其持有目标公司的股权，属于国有资产交易，应在产权交易场所公开进行。《企业国有资产法》第 54 条第 2 款规定："除按照国家规定可以直接协议转让的以外，国有资产转让应当在依法设立的产权交易场所公开进行……"《企业国有资产交易监督管理办法》第 3 条规定："本办法所称企业国有资产交易行为包括：（一）履行出资人职责的机构、国有及国有控股企业、国有实际控制企业转让其对企业各种形式出资所形成权益的行为（以下称企业产权转让）……"

主题案例：李慧君、广州市高新技术创业服务中心股权转让纠纷案[①]

2013 年 4 月 18 日，投资方（全民所有制企业）与原股东签订《股权转让协议》，约定原股东向投资方转让其持有目标公司 5% 的股权。

2013 年 4 月 22 日，投资方与原股东及目标公司签订《股权转让协议之补充协议》，约定投资方向原股东转让其持有目标公司股权的情形，以及股权回购款的计算方式：回购价格应不低于投资方实际出资额按每年增值 20%，如果回购时股权实际评估值更高，以高的为准。

股权回购条件满足后，投资方提起诉讼，请求判令原股东回购股权并支付回

[①] 参见广州市中级人民法院民事判决书，(2018) 粤 01 民终 11866 号。

购款等。

广州市白云区人民法院一审认为：

关于投资方作为全民所有制企业，其转让持有的目标公司5%股权对《股权转让协议之补充协议》效力的影响。

《企业国有资产法》第54条第2款虽规定，除按照国家规定可以直接协议转让的以外，国有资产转让应当在依法设立的产权交易场所公开进行，但根据《合同法》第52条及最高人民法院《合同法司法解释（二）》第14条的规定，该内容并非效力性强制性规定。

况且，协议约定的回购价格不低于投资方实际出资额按每年增值20%计算出的价格，该回购主张不会产生国有资产流失的后果，不会损害国家利益或社会公共利益。故不能直接否认案涉《股权转让协议之补充协议》的效力。

广州市中级人民法院二审维持原判。

本案中，投资方为全民所有制企业，其对外转让股权，属于国有资产交易。但是涉案股权转让并未在产权交易场所公开进行，而是投资方与原股东在《股权转让协议之补充协议》中直接约定回购价格的计算方式，即投资款每年增值20%与回购时评估值之中的较高者。

法院认为，《企业国有资产法》第54条关于国有资产转让应在产权交易场所公开进行的内容，并非效力性强制性规定，《股权转让协议之补充协议》并不因违反该规定而无效。

不少案件中法院亦持相同观点，即《企业国有资产法》第54条为管理性规定，违反该规定并不导致合同无效。

北京市高级人民法院在一案①中认为，"虽然案涉国有资产转让没有在产权交易场所公开进行，但企业国有资产法关于国有资产转让的决定、评估、交易方式等规定，系对履行出资人职责的机构及相关人员行为的规范，是法律对国有资产管理者课以的义务，均属规范内部程序的管理性规定，而非效力性规定，不应影响国有企业与第三人订立合同的效力，且本案不存在恶意串通、低价转让国有资产的情形，亦未损害国家利益、社会公共利益，故菜篮子公司关于《合作经营协议书》及《2015年备忘录》《2016年备忘录》所涉交易未履行公开程序，且损害国有资产权益而无效的主张没有事实依据，亦与法律规定不符，不应予以支持"。

---

① 参见北京菜篮子集团有限公司等与北京和昌投资有限公司合同纠纷案，北京市高级人民法院民事裁定书，(2022)京民申4973号。

9.6 违反国有资产应在产权交易场所交易的规定,股权回购条款会被认定为无效吗?

安徽省合肥市中级人民法院审理的一案①中,一方主张"《项目转让协议书》无效,理由为涉及到国有资产企业性质的机械设备转让问题,没有经过国有资产管理部门批准,没有进行评估,也没有挂牌拍卖,违反了《企业国有资产法》、《企业国有资产交易监督管理办法》、《国有资产评估管理办法》、《国有资产评估管理办法施行细则》等法律法规之规定",该院认为,上述行政法规均属管理性规定。

苏州市姑苏区人民法院在一案②中认为,"以《中华人民共和国企业国有资产法》为代表的,与国有资产管理相关的众多法律法规,其核心立法目的之一即为促使国有资产保值增值,避免违法转移和资产流失,其中规定出让国有资产需要评估、批准、公开交易等流程,集中体现了上述立法目的。然上述规定系对履行出资人职责的机构及相关人员的行为规范,是法律对国有资产管理者课以的义务,要求管理者审慎地履行自己的职责,上述规定属于规范内部程序的相关规定,不能以此来作为认定国有企业与第三人签订合同效力的依据"。

但是,并非所有案件中法院都持相同观点,有的认为违反《企业国有资产法》第54条的规定导致合同无效。

广州市越秀区人民法院在一案③中认为,"黄金广场公司的45%股份已是国有独资企业五羊公司的重大财产,原告直接以固定价格、不在产权交易场所公开进行转让,已违反了《中华人民共和国企业国有资产法》第四十七条、第五十四条、第五十五条的效力性规定,因此该合同条款无效"。

北京市第三中级人民法院在一案④中认为,"西南实业公司转让其持有的西南交投公司的股权,属于国有资产转让,应当遵循《中华人民共和国企业国有资产法》的相关规定,现西南实业公司对拟转让的资产未依法进行资产评估,也没有通过法定的交易场所和交易方式进行转让,违反了法律的强制性规定,西南实业公司与圣佑公司签订的合同中关于转让西南交投公司股权的约定应属无效"。

北京市第三中级人民法院在另一案⑤中认为,"真空电子公司系全民所有制

---

① 参见安徽省科技产业投资有限公司与合肥洋洪小邦传媒科技有限公司案外人执行异议之诉纠纷案,合肥市中级人民法院民事判决书,(2018)皖01民终5235号。
② 参见苏州名城汇邻广场商业管理有限公司与绿迅(江苏)新能源有限公司股权转让纠纷案,苏州市姑苏区人民法院民事判决书,(2020)苏0508民初835号。
③ 参见广州捷城房地产开发有限公司与广州五羊房地产开发公司、广州市工业发展集团有限公司股权转让纠纷案,广州市越秀区人民法院民事判决书,(2016)粤0104民初780号。
④ 参见贵州西南交通投资实业集团有限公司与北京圣佑锦源投资管理有限公司与公司有关的纠纷案,北京市第三中级人民法院民事判决书,(2020)京03民终13060号。
⑤ 参见北京真空电子科技有限公司与王建新股权转让纠纷案,北京市第三中级人民法院民事判决书,(2017)京03民终13120号。

企业,其与王建新签订的《一揽子合同书》,约定真空电子公司将其持有的木禾雨公司 31.5%的股权以 50 万元的对价转让给王建新,该转让行为未按有关规定进行资产评估、在产权交易所公开竞价交易,应属无效"。

上海市第二中级人民法院二审维持原判的一案①中,一审法院认为,"宝玉石公司向玉隆合伙转让宝交中心股权的行为,属于将国家对企业的出资所形成的权益转移给其他单位的国有资产转让行为","宝玉石公司、玉隆合伙签订系争《股权转让协议》转让宝交中心股权,既未履行相关报批程序、又未对转让标的企业进行审计、资产评估等,亦未通过产权市场公开进行,损害了国有资产权益,当属无效"。

◆ 小结与建议

关于违反《企业国有资产法》第 54 条有关国有资产转让应在产权交易场所公开进行的规定,是否导致合同无效的问题,法院的裁判观点不统一。

投资方:投资方性质为履行出资人职责的机构、国有全资企业及国有控股企业、国有实际控制企业的,可以考虑约定对赌义务人应以不低于约定的回购价格在国有产权交易场所参与股权竞买。例如,北京市第二中级人民法院在一案②中认为,合同约定"贫困基金公司可以选择通过国有产权交易场所公开转让等合法合规方式,并以受让价格不低于标的股权届时的评估值为前提,要求秦国华参与股权竞买,该等约定符合国有资产交易的监管规定"。

创始人方:如果股权回购条款违反国有资产交易应当通过产权交易场所公开进行的规定,建议提出无效的抗辩,可能被法院支持。

---

① 参见上海宝玉石产业发展股份有限公司、上海玉隆创业投资合伙企业与钱振峰股权转让纠纷案,上海市第二中级人民法院民事判决书,(2020)沪 02 民终 9919 号。
② 参见秦国华等与贫困地区产业发展基金有限公司股权转让纠纷案,北京市第二中级人民法院民事判决书,(2021)京 02 民终 12165 号。

9.7 国资股权投资基金签订的股权回购条款,是否需经审批才能生效?

股权投资基金具有国资背景的,是否应按适用于国资背景企业的一般规定处理股权转让事宜?

政府设立的股权投资基金投资企业所涉股权转让事宜,不适用国有资产交易的规定。《企业国有资产交易监督管理办法》第66条规定:"政府设立的各类股权投资基金投资形成企业产(股)权对外转让,按照有关法律法规规定执行。"

政府投资基金的退出,通过市场化运作,包括预设股权回购的方式。《政府投资基金暂行管理办法》第11条规定:"政府投资基金募资、投资、投后管理、清算、退出等通过市场化运作……"财政部《关于财政资金注资政府投资基金支持产业发展的指导意见》规定:"三、规范设立运作支持产业的政府投资基金……(四)建立适时退出机制。财政资金注资设立政府投资基金形成的股权,应根据有关法律法规并按照章程约定的条件退出。财政出资原则在基金存续期满后退出,存续期内如达到预期目标,也可考虑通过预设股权回购机制等方式适时退出。"

主题案例:肖齐、新疆中科援疆创新创业私募基金合伙企业(有限合伙)合同纠纷案[①]

投资方是新疆维吾尔自治区人民政府发起的私募投资基金,由1名普通合伙人及13名有限合伙人组成,其中5名有限合伙人系国有独资公司。

2016年12月9日,投资方与目标公司签订认购合同,约定投资方认购目标公司定向增发的350万股,总价值1050万元。

同日,原股东向投资方出具承诺函,载明目标公司未达到上市标准或者未获批准,投资方又不欲继续持有该股份的,原股东承诺除按原价以现金方式回购上述增资部分的股票外,还向投资方按10%的年利率支付利息。

目标公司逾期未能上市,投资方向原股东发出回购通知。因原股东未支付回购款,投资方提起诉讼,请求判令原股东支付股权回购款等。

原股东辩称:投资方系国有企业,涉案对赌和回购决定应当经国有资产监督

---

① 参见乌鲁木齐市中级人民法院民事判决书,(2022)新01民终1242号。

管理部门审批,未经审批,承诺函未生效或者无效。

乌鲁木齐市新市区人民法院一审认为:

乌鲁木齐市国有资产监督管理委员会的复函明确载明:投资方是自治区人民政府发起的私募投资基金,属于有限合伙,按照国务院国资委相关规定不属于国有企业管理范围。按照国务院国有资产监督管理委员会和财政部《企业国有资产交易监督管理办法》第66条的规定:政府设立的各类股权投资基金投资形成企业产(股)权对外转让,按照有关法律法规规定执行。

据此,投资方并不属于国有企业管理范围,而是自治区人民政府发起的私募投资基金。《政府投资基金暂行管理办法》第11条规定:"政府投资基金募资、投资、投后管理、清算、退出等通过市场化运作。财政部门应指导投资基金建立科学的决策机制,确保投资基金政策性目标实现,一般不参与基金日常管理事务。"

故,涉案承诺函并不存在未经国有资产监督管理部门审批未生效或者无效的情形。

乌鲁木齐市中级人民法院二审认为:

一审法院认定原股东应按照承诺函中的约定向投资方进行回购法律适用正确,本院予以维持。

本案中,投资方是政府发起的私募投资基金,其中5名有限合伙人为国有独资公司。因目标公司未如期上市,投资方依据原股东向其出具的承诺函提起诉讼,向原股东主张股权回购款。

原股东辩称,投资方系国有企业,承诺函应经国有资产监督管理机构审批,否则未生效或者无效。

法院认为,根据《企业国有资产交易监督管理办法》第66条的规定,投资方不属于国有企业管理范围,承诺函不必经国有资产监督管理机构审批。

由此可见,国资股权投资基金签订的对赌条款,除非合同另有约定,无须经国有资产监督管理机构审批。

本案并非孤例。四川省高级人民法院审理的一案[①]中,一方辩称案涉股份系国有资产,应当通过招拍挂的形式出售。该院认为,"可以认定振兴公司属于四川省人民政府投资基金。振兴公司所持有的勤智公司的股份属于投资形成的

---

① 参见四川产业振兴发展投资基金有限公司与廖昕、林宇虹合同纠纷案,四川省高级人民法院民事判决书,(2018)川民初24号。

9.7 国资股权投资基金签订的股权回购条款,是否需经审批才能生效?

股权,根据四川省人民政府《四川省省级产业发展投资引导基金管理办法》第十七条'投资基金存续期一般不超过 10 年,投资形成的股权可通过社会股东回购、股权转让(上市或非上市)或协议约定的其他方式退出'的规定,振兴公司要求廖昕回购股份,招、拍、挂并非其必经程序",回购方应当按照约定回购振兴公司所持勤智公司的股份,并支付相应的股份回购款。

另外,与国资股权投资基金类似,国有金融企业直接股权投资,退出时亦可采取股权回购、协议转让等方式,无须国有资产监督管理机构审批,也不必通过产权交易场所公开进行。财政部《关于进一步明确国有金融企业直接股权投资有关资产管理问题的通知》第 9 条规定:"国有金融企业开展直接股权投资,应当建立有效的退出机制,包括:公开发行上市、并购重组、协议转让、股权回购等方式。按照投资协议约定的价格和条件、以协议转让或股权回购方式退出的,按照公司章程的有关规定,由国有金融企业股东(大)会、董事会或其他机构自行决策,并办理股权转让手续;以其他方式进行股权转让的,遵照国有金融资产管理相关规定执行"。

国有金融企业是指国家可实际控制的金融企业。实际控制的情形包括独资、全资、绝对控股、实际控制等。国有金融企业包括取得金融业务许可证的金融企业及金融控股公司、金融投资运营公司等。《关于进一步明确国有金融企业直接股权投资有关资产管理问题的通知》第 1 条规定:"本通知适用于国有金融企业,包括所有获得金融业务许可证的国有企业、国有金融控股公司、国有担保公司以及其他金融类国有企业……"财政部《关于进一步明确国有金融企业增资扩股股权管理有关问题的通知》规定:"本通知所称国有金融企业是指国家可实际控制的金融企业(包括依法设立的获得金融业务许可证的各类金融企业,主权财富基金、金融控股公司、金融投资运营公司以及金融基础设施等实质性开展金融业务的其他企业或机构),即通过出资或投资关系、协议、其他安排,能够实际支配金融企业行为,包括独资、全资、绝对控股、实际控制等情形。"

北京市高级人民法院在一案①中认为,"《中华人民共和国企业国有资产法》第五十四条第二款规定:'除按照国家规定可以直接协议转让的以外,国有资产转让应当在依法设立的产权交易场所公开进行……《财政部31号通知》第九条规定:'国有金融企业开展……财政部是国务院的组成部门,其主要职能包括根据国务院授权,集中统一履行中央国有金融资本出资人职责,制定全国统一的国

---

① 参见丁世国等与吉林省投资集团有限公司股权转让纠纷案,北京市高级人民法院民事判决书,(2021)京民终 794 号。

有金融资本管理规章制度等。因此,国有金融企业开展投资活动,当然应当受到财政部相关规定的约束。根据《财政部 31 号通知》规定,国有金融企业进行直接股权投资,可以以协议约定的方式退出……吉林投资公司为吉林省属金融企业,系吉林省财政厅管理的非持牌金融机构,其经营范围涉及多项金融投资领域。《财政部 31 号通知》第一条规定……故吉林投资公司系属《财政部 31 号通知》第一条所规定的其他金融类国有企业。吉林投资公司作为国有金融企业,有权按照《投资合同》中约定的股权回购方式退出其对目标公司的投资"。

❖ 小结与建议

投资方:投资方有国资背景的,为避免日后向对赌义务人转让其持有目标公司股权时可能产生的需要评估、需在产权交易场所公开交易等问题,可考虑不直接投资目标公司,而是通过股权投资基金的方式进行。

创始人方:如果投资方是具有国资背景的股权投资基金,则因股权未经评估、未在产权交易场所公开交易导致股权回购条款无效的抗辩,难以被支持。

9.8 有限合伙人之间的对赌协议有效吗?

考虑到税收等因素,投资方未必直接持有目标公司的股权,而是通过合伙企业间接投资。根据《九民纪要》的规定①,公司股东之间的对赌有效。有限合伙人之间的对赌效力如何呢?

《公司法》对股东之间利润如何分配没有硬性规定。《公司法》第 210 条第 4 款规定:"公司弥补亏损和提取公积金后所余税后利润,有限责任公司按照股东实缴的出资比例分配利润,全体股东约定不按照出资比例分配利润的除外;股份有限公司按照股东所持有的股份比例分配利润,公司章程另有规定的除外。"

《合伙企业法》规定,不得约定将全部利润或亏损分配给部分合伙人,不过有限合伙企业的合伙协议可以另有约定。《合伙企业法》第 33 条规定:"合伙企业的利润分配、亏损分担,按照合伙协议的约定办理;合伙协议未约定或者约定不明确的,由合伙人协商决定;协商不成的,由合伙人按照实缴出资比例分配、分担;无法确定出资比例的,由合伙人平均分配、分担。合伙协议不得约定将全部利润分配给部分合伙人或者由部分合伙人承担全部亏损。"第 69 条规定:"有限合伙企业不得将全部利润分配给部分合伙人;但是,合伙协议另有约定的除外。"

与股东之间可以相互转让股权类似,合伙人之间也可以转让财产份额。《公司法》第 84 条规定:"有限责任公司的股东之间可以相互转让其全部或者部分股权……公司章程对股权转让另有规定的,从其规定。"《合伙企业法》第 22 条第 2 款规定:"合伙人之间转让在合伙企业中的全部或者部分财产份额时,应当通知其他合伙人。"

主题案例:长安财富资产管理有限公司与长城影视文化企业集团有限公司、赵某勇、陈某美其他合同纠纷案②

2016 年 10 月 25 日,某基金 A 类财产委托人及有限合伙人(以下简称"有限

---

① 《九民纪要》规定:"对于投资方与目标公司的股东或者实际控制人订立的'对赌协议',如无其他无效事由,认定有效并支持实际履行,实践中并无争议。"
② 参见上海金融法院民事判决书,(2019)沪 74 民初 379 号。

合伙人A")与该基金B类财产委托人及有限合伙人(以下简称"有限合伙人B")签订《无条件受让及差额付款合同》,约定在下列情形发生时,由有限合伙人B无条件受让有限合伙人A持有的基金份额:在基金运行期间,若自有限合伙人A的首期缴付资金实际到账之日起30个月内,上市公司(由有限合伙人B实际控制)收购目标公司(由基金全资控股)未获得中国证监会或其他有权审批机关的批准,或上市公司还未完成收购目标公司。

《合伙协议》约定,合伙企业财产份额转让的有效申请,需经代表全部表决权的合伙人一致表决同意。附件(包括《无条件受让及差额付款合同》等)作为本协议的组成部分。

因目标公司的收购程序一直未启动,有限合伙人A提起诉讼,请求法院判决有限合伙人B支付基金份额受让价款等。

上海金融法院认为:

本案争议焦点为《无条件受让及差额付款合同》的性质及效力问题。本案争议的法律关系实质为私募基金有限合伙企业的有限合伙人之间因对赌协议触发有限合伙企业份额的对内转让关系。根据《合伙企业法》的规定,法律并未禁止合伙人之间的合伙财产份额转让,对赌内容未违反《合伙企业法》规定的利润和亏损分配原则,也未违反《私募投资基金监督管理暂行办法》第15条私募基金管理人、私募基金销售机构不得向投资者承诺投资本金不受损失或者承诺最低收益的监管规定,未存在《合同法》第52条规定的无效之情形,故该合同应为有效合同。

另合伙协议明确该合同作为合伙协议的附件,是合伙协议的组成部分,而合伙协议已经全体合伙人签字生效,即已确认该《无条件受让及差额付款合同》对全体合伙人具有法律效力,应视为全体合伙人对此已实质形成了一致意思表示,故对本案所涉的基金份额转让不需再另行进行合伙协议约定的表决程序。

本案中,同一基金的有限合伙人A与有限合伙人B约定,如果后者控制的上市公司在一定期限内未能收购基金控制的目标公司,则后者受让前者持有该基金的全部份额。因收购一直未启动,有限合伙人A提起诉讼。

法院认为,有限合伙人之间的对赌条款,未违反《合伙企业法》规定的利润和亏损分配原则,不存在其他违反法律或行政法规的情形,为有效约定。

其他案件中,法院也认为,有限合伙企业有限合伙人之间,关于一定情形下转让合伙企业财产份额的对赌条款,并不涉及合伙企业的利润分配,应为有效。

浙江省高级人民法院二审维持原判的一案①中,作为优先级有限合伙人的万向公司与作为劣后级有限合伙人的卓越公司等签订的《合伙协议》约定,如果合伙企业拟投资的公司在两年内未被上市公司收购成功,则卓越公司将回购合伙企业优先级有限合伙份额。卓越公司抗辩合伙份额回购的约定实质为保底保收益约定,违反《合伙企业法》第33条第2款关于合伙协议不得约定由部分合伙人承担全部亏损的规定,也违反了关于私募基金利益共享、风险共担的监管原则。一审法院认为,"关于合伙份额回购的约定,是万向公司、卓越公司分别作为汇盛合伙企业的优先级有限合伙人、劣后级有限合伙人,就万向公司的投资保障所达成的协议,并非属于合伙企业利润分配约定,且本案亦非合伙企业利润分配纠纷。另外,卓越公司、可可公司、杨振、肖赛平、杨子江以合伙份额回购约定违反私募基金利益共享、风险共担的基本原则为由主张约定无效,该主张缺乏依据……合伙份额回购的约定,对卓越公司具有约束力,其应依约履行"。

北京市高级人民法院审理的一案②中,国投公司(优先级有限合伙人)与西藏问道(普通合伙人及基金管理人)及天神公司(劣后级有限合伙人)签订的《补充协议》第11.4.2款约定:以下情况构成本协议下的特定风险事件:……(5)天神公司发生以下可能危及其履约能力的情形:出现财务状况严重恶化……;第11.4.3款约定:当"僵局"情况或特定风险事件出现后,国投公司有权要求天神公司按照《收购协议》的约定提前购买国投公司的全部有限合伙份额。天神公司辩称,无论合伙企业如何经营惨淡,国投公司均能将其出资份额转让给天神公司,而不承担合伙企业的亏损,天神公司承担前述回购义务的约定违反《合伙企业法》第33条的规定而无效。该院认为,"案涉《补充协议》对合伙企业的利润分配、亏损分担也作出了明确的约定……上述约定既没有将全部利润分配给国投公司,也没有让天神公司承担全部亏损,故不违反合伙企业法第三十三条的规定"。关于天神公司上诉所提《补充协议》第11.4.2款、第11.4.3款的约定,该院认为,"是天神公司作出的在特定条件下受让国投公司有权处分的合伙企业财产份额的承诺,是天神公司作为基金劣后级有限合伙人自愿以自有资金对优先级有限合伙人国投公司在投资目的不能实现时对国投公司所持合伙企业财产份额进行回购的意思表示。该意思表示既没有损害合伙企业的权益,也没有损

---

① 参见湖南卓越投资有限公司、万向信托股份公司合伙企业财产份额转让纠纷案,浙江省高级人民法院民事判决书,(2020)浙民终548号。

② 参见大连天神娱乐股份有限公司等与国投泰康信托有限公司合伙企业财产份额转让纠纷案,北京市高级人民法院民事判决书,(2020)京民终623号。

害其他合伙人及合伙企业债权人的利益。天神公司是否承担该等义务仅与协议约定的条件是否成就有关，与合伙企业是否盈利或亏损无关。故上述约定并不属于合伙人之间关于盈利分配或亏损分担的约定，不存在违反合伙企业法第三十三条规定的情形"。

北京市第四中级人民法院审理的一案[①]中，同为有限合伙人的中信信托与大坪公司签订了《合伙份额转让合同》。针对中信信托主张的合伙份额转让款，大坪公司辩称《合伙份额转让合同》保障中信信托不承担风险，明显违背《合伙企业法》的立法精神，违背了公序良俗，应属无效。该院认为，"《合伙份额转让合同》及补充协议，约定在转让条件触发的情况下，大坪公司受让中信信托持有的合伙企业的份额，该合同属于对赌协议范畴，投资方与融资方之间的对赌属当事人之间的意思自治范畴，且不违反国家法律法规的效力性强制性规定，应属合法有效。《合伙份额转让合同》及补充协议中约定的投资权益估值调整机制、投资方的退出机制等是当事人之间协商一致的结果，是各方基于投、融资方对合伙企业经营状况、盈利能力的信息不对称、融资方对资金的需求程度、各方对企业发展的预期等因素，经过综合权衡、相互妥协的结果。大坪公司作为具有民事行为能力的经济实体，对于《合伙份额转让合同》及补充协议的风险应当具有充分的认知，故其与中信信托签订的受让合同及补充协议并未违反《中华人民共和国合伙企业法》的禁止性规定，因此应属合法有效，对各方当事人具有法律约束力"。

无锡市滨湖区人民法院审理的一个典型案例[②]中，优先级合伙人与劣后级合伙人约定，投资期限届满时，如果实际投资收益低于预期基本收益，则由劣后级合伙人以其投资份额为限进行补偿。该院认为，前述约定有效。

不过，并非所有案件中有限合伙人之间的对赌约定都被认定为有效，尤其是触发条件直接与收益挂钩的情况。例如，湖南省高级人民法院在一案[③]中认为，"三方在《补充协议》中约定，犇宝公司入伙泽洺企业的时限为一年，在此期间如泽洺企业减持（或转让）斯太尔公司股份导致犇宝公司本次投资产生损失或投资收益不足12%的，该损失或差额部分由域圣公司、兆恒公司承担及补

---

① 参见中信信托有限责任公司与区块链集团有限公司等合伙企业财产份额转让纠纷案，北京市第四中级人民法院民事判决书，(2019)京04民初632号。

② 参见乔远生与瑞年集团有限公司、无锡瑞年实业有限公司合伙企业财产份额转让纠纷案，无锡市滨湖区人民法院民事判决书，(2018)苏0211民初6918号。

③ 参见浙江犇宝实业投资有限公司与长沙泽洺创业投资合伙企业合伙协议纠纷案，湖南省高级人民法院民事判决书，(2018)湘民初83号。

足,域圣公司、兆恒公司及泽洺企业承诺在亏损或犇宝公司预期12%收益无法取得事实发生后的10个工作日内,全额返还犇宝公司入伙资金本金并由域圣公司、兆恒公司按12%的年利率向犇宝公司支付应收投资收益……因该约定的实质是在泽洺合伙企业发生亏损时,犇宝公司作为合伙人仍可全额收回投资本金并享有固定收益,泽洺合伙企业的亏损实际上由另外两名合伙人即域圣公司、兆恒公司全部承担,故该部分约定违反了上述法律的效力性强制性规定,有悖于合伙企业'利益共享、风险共担'的基本原则以及公平原则,应认定为无效"。

◆◆ 小结与建议

优先级有限合伙人:对赌目标未达成时,由劣后级有限合伙人受让优先级有限合伙人持有的合伙财产份额的约定,一般会被认定为有效。

劣后级有限合伙人:约定合伙企业亏损则劣后级有限合伙人应履行对赌义务,可能会被认定为违反《合伙企业法》第33条关于不得约定由部分合伙人承担全部亏损的规定,而被认定为无效。

9.9 有限合伙人与基金管理人对赌，会因违反保底承诺而无效吗？

在有限合伙人与普通合伙人对赌的情况下，普通合伙人同时为私募基金管理人的，对赌条款是否因违反禁止刚性兑付的规定而无效？

金融机构不得向投资者承诺保本保收益，否则，保底或刚兑条款无效。《资管新规》第2条第2款规定："金融机构开展资产管理业务时不得承诺保本保收益"；第6条第2款规定："金融机构应当加强投资者教育，不断提高投资者的金融知识水平和风险意识，向投资者传递'卖者尽责、买者自负'的理念，打破刚性兑付。"《九民纪要》规定，"信托公司、商业银行等金融机构作为资产管理产品的受托人与受益人订立的含有保证本息固定回报、保证本金不受损失等保底或者刚兑条款的合同，人民法院应当认定该条款无效"。

但是，私募基金管理人不属于金融机构。《金融控股公司监督管理试行办法》第2条第3款规定："本办法所称金融机构包括以下类型：（一）商业银行（不含村镇银行）、金融租赁公司。（二）信托公司。（三）金融资产管理公司。（四）证券公司、公募基金管理公司、期货公司。（五）人身保险公司、财产保险公司、再保险公司、保险资产管理公司。（六）国务院金融管理部门认定的其他机构。"

然而，同样，私募基金管理人不得向投资人作出保底承诺。《私募投资基金监督管理条例》第32条规定："私募基金管理人、私募基金托管人及其从业人员提供、报送的信息应当真实、准确、完整，不得有下列行为：……（三）向投资者承诺投资本金不受损失或者承诺最低收益……"《暂行办法》第15条规定："私募基金管理人、私募基金销售机构不得向投资者承诺投资本金不受损失或者承诺最低收益。"

主题案例：励琛（上海）投资管理有限公司与刘洋证券投资基金回购合同纠纷案[①]

2015年8月，有限合伙人与唯一的普通合伙人（基金管理人）签订《锦某新三板股权投资合伙式基金合同》约定，合伙目的为投向未挂牌或已挂牌的新三板企业原始股权份额、新三板定增、货币基金等金融衍生品。

---

① 参见上海金融法院民事判决书，（2018）沪74民终112号。

9.9 有限合伙人与基金管理人对赌,会因违反保底承诺而无效吗?

同日,前述主体又签订《股权回购协议书》,约定若在基金成立后满 18 个月,基金所投企业没有实现新三板挂牌,普通合伙人必须以年化 8% 收益回购有限合伙人的认购份额。

2017 年 8 月,普通合伙人告知有限合伙人,基金所投企业未能实现在新三板挂牌,需要等基金所投企业先回购所有基金份额,普通合伙人再向有限合伙人回购其所购买的基金份额。

有限合伙人提起诉讼,请求判令普通合伙人回购有限合伙人认购的基金份额,并以年化 8% 收益支付回购款。

普通合伙人辩称,《股权回购协议书》中普通合伙人承诺以年化 8% 收益回购投资者的股权份额的条款,违反《资管新规》中关于禁止金融机构进行刚性兑付的规定,应属无效。

有限合伙人认为,普通合伙人不是金融机构,不适用《资管新规》。

上海金融法院认为:

2018 年 4 月发布《资管新规》的根本目的,是切实保护金融消费者合法权益,防范系统性风险。本案双方约定合伙的目的系投资未挂牌或已挂牌的新三板企业原始股权份额并享受投资回报。

《股权回购协议书》中普通合伙人承诺以年化 8% 收益回购有限合伙人股权份额,可以视为普通合伙人自愿以自有资金对其他有限合伙人在投资目的不能实现时进行补偿的意思表示,既没有损害合伙企业的权益也没有损害其他人的利益,应属合法有效,普通合伙人理应按约履行。

普通合伙人以其系私募基金管理人身份为由,辩称不能违反《资管新规》中禁止刚性兑付的规定,并提供了之前中国证监会上海监管局对其作出的责令其改正措施的《行政监管措施决定书》。显然,普通合伙人混淆了概念。本院并未否认其应受证监会管理的私募基金管理人身份,证监会对其进行处罚是行政管理监督的措施,即使进行行政处罚也并不必然导致合同无效,更与其自愿以合伙人身份对其他合伙人进行补偿的承诺无关。故普通合伙人要求确认《股权回购协议书》无效的理由,不能成立。

本案中,有限合伙人与作为基金管理人的普通合伙人签订对赌协议,约定如果基金投资的企业未在一定期限内挂牌新三板,则普通合伙人应按年化 8% 收益回购有限合伙人的基金份额。因基金投资的企业未能如期挂牌,有限合伙人要求普通合伙人履行回购义务。

普通合伙人辩称,其系私募基金管理人,不能违反《资管新规》关于禁止金融机构刚性兑付的规定,对赌协议无效。

法院认为,本案对赌义务人具有双重身份,即普通合伙人及私募基金管理人。对赌协议以普通合伙人身份作出,合法有效。而作为私募基金管理人违反规定,并不必然导致合同无效。

类似的,北京市朝阳区人民法院在一案①中认为,"中投永信公司与党振江所签锦萍福生中心《合伙协议书》及《权益回购协议书》……均系各方当事人的真实意思表示,内容不违反法律、行政法规的强制性规定,应属合法有效……此外,中投永信公司既是管理人,也是普通合伙人,虽然法律、法规没有禁止普通合伙人对有限合伙人做出保本保收益的承诺,但是中投永信公司被核准的经营范围中明确禁止其向投资者承诺投资本金不受损失或者承诺最低收益。企业经营中应杜绝有违规章、行政管理性规定的行为"。

另外一种认可投资方与私募基金管理人对赌效力的裁判思路是,回购条款与基金亏损没有直接关系,对赌条款并不构成保底承诺。

广东省梅州市中级人民法院审理的一案②中,投资人李海键与基金管理人熙金公司签订了《基金合同》。同日,双方签署的《认购及收益转让协议》约定:如果基金所投企业未在基金成立日起3年内完成A股或被公开市场挂牌或被A股上市公司收购,投资方可选择按照本协议商定的价格,将其持有的出资额与相关收益权转让给基金管理人。该院认为,《认购及收益转让协议》系双方当事人真实意思表示。按照协议约定,转让的基金至今未在A股或被公开市场挂牌或被A股上市公司收购,尚处于封闭期,不能确定封闭期结束后该基金是收益还是亏损。故该转让协议内容并不违反基金管理人不得向投资者承诺投资本金不受损失或者承诺最低收益的规定,且经审查该协议亦不存在其他无效情形,故案涉《认购及收益转让协议》应为有效。

江苏省苏州市中级人民法院在一案③中认为,"《股权回购协议》系双方对周武峰转让基金份额的约定,是对当时基金份额的处理和结算,而非对未来收益享有和风险承担的约定。盛泰公司主张《股权回购协议》违反风险共担的合伙原则而无效,缺乏依据,不能成立。盛泰公司理应按照《股权回购协议》的约定支

---

① 参见党振江与付建刚等合伙协议纠纷案,北京市朝阳区人民法院民事判决书,(2017)京0105民初66467号。
② 参见熙金(上海)创业投资管理有限公司、李海键合同纠纷案,梅州市中级人民法院民事判决书,(2022)粤14民终1003号。
③ 参见苏州国实盛泰投资管理有限公司与周武峰证券交易合同纠纷案,苏州市中级人民法院民事判决书,(2018)苏05民终10831号。

付对价"。

但是,也有案件中法院认为,私募基金管理人回购有限合伙人的份额,实质构成保底承诺。北京市朝阳区人民法院在一案[①]中认为,"但需要指出的是,中投永信公司与党振江约定以进行投资活动为目的设立有限合伙企业、资产由管理人也是普通合伙人进行管理,在明确约定有限合伙人对合伙企业债务以其出资额为限承担有限责任的同时,又明确规定普通合伙人要对有限合伙人持有的权益(包括投资本金和约定收益)进行回购,其实质是对有限合伙人保本保收益,这有悖于中国证券监督管理委员会(以下简称证监会)于 2014 年 6 月 30 日公布的规章《私募投资基金监督管理暂行办法》(以下简称《暂行办法》)中关于私募基金管理人、私募基金销售机构不得向投资者承诺投资本金不受损失或者承诺最低收益的规定"。

对于私募基金管理人保底承诺的效力,在 2023 年 9 月 1 日《私募投资基金监督管理条例》施行前,法院对其认定不一。

有效论中,最常见的理由是,私募基金管理人的保底承诺仅被性质为部门规章的《暂行办法》第 15 条所禁止,并不违反法律和行政法规的强制性规定。例如,石家庄市中级人民法院在一案[②]中认为,《暂行办法》"由中国证券监督管理委员会颁布,并不属于法律、行政法规。据此,应当认定,双方签订的《补充协议书二》并不违反合同法第五十二条第(五)项规定的效力性强制性规定,应认定合法有效"。又如,广州市中级人民法院在一案[③]中认为,《暂行办法》属于部门规章的效力级别,不属于法律、行政法规的强制性规定,本案合同因违法违规而无效的主张缺乏依据。又如,上海市第一中级人民法院在一案[④]中认为,《暂行办法》第 15 条,并非法律或行政法规,不能作为认定合同效力的依据。

无效论中,法院认为私募基金管理人保底承诺无效的理由在于:内容违反涉及公序良俗如金融安全、市场秩序、国家宏观政策的规章的合同无效。《九民纪要》规定,"违反规章一般情况下不影响合同效力,但该规章的内容涉及金融安

---

① 参见党振江与付建刚等合伙协议纠纷案,北京市朝阳区人民法院民事判决书,(2017)京 0105 民初 66467 号。
② 参见谢刚、深圳中金家族财富管理有限公司委托理财合同纠纷案,石家庄市中级人民法院民事判决书,(2019)冀 01 民终 8178 号。
③ 参见杨丽燕、周桂芳合同纠纷案,广州市中级人民法院民事判决书,(2018)粤 01 民终 8367 号。
④ 参见上海达仁资产管理有限公司与上海泰枫投资管理有限公司合同纠纷案,上海市第一中级人民法院民事判决书,(2018)沪 01 民终 14299 号。

全、市场秩序、国家宏观政策等公序良俗的,应当认定合同无效"。例如,北京市高级人民法院在一案①中认为,依据《暂行办法》第 15 条的规定,"三度星和公司作为私募基金募集机构,不得向投资者承诺投资本金不受损失或者承诺最低收益。虽然违反规范性文件一般情况下不影响合同效力,但该规范性文件的内容涉及金融安全、市场秩序、国家宏观政策等公序良俗的,应当认定合同无效"。又如,南京市中级人民法院在一案②中认为,"当私募基金合同中约定刚性兑付,使得投资风险仍停留在金融体系内部,将本应由投资者自行承担的资产损失风险转嫁至作为受托人的金融机构承担,可能导致个别金融机构因不能刚性兑付而引发系统性风险。且刚性兑付不利于资源配置和直接融资服务实体经济,弱化了市场纪律。基于上述理由,私募基金管理人、基金投资顾问机构及其从业人员不得对投资人承诺保底条款,属于应当遵守、不得违反的社会公共秩序"。

考虑到 2023 年 9 月 1 日施行的《私募投资基金监督管理条例》性质为行政法规,其中明确禁止私募基金管理人作出保底保收益的承诺,之后的主流意见更可能是私募基金管理人作出的保底承诺无效。

◆ 小结与建议

有限合伙人:不建议有限合伙人与私募基金管理人对赌,因为该约定可能被认定为私募基金管理人作出的保底承诺,进而可能被认定为无效。如果对赌义务人同时为私募基金管理人的普通合伙人,建议有限合伙人取得的回购承诺是以普通合伙人的名义作出的,且份额回购条款触发的情形应避免与基金亏损直接相关。

基金管理人:有限合伙人与私募基金管理人之间存在对赌条款的,可考虑抗辩该约定"构成私募基金管理人的保底承诺,应为无效",有可能被裁判机关支持。

---

① 参见中天钢铁集团有限公司与三度星和(北京)投资有限公司证券投资基金交易纠纷案,北京市高级人民法院民事判决书,(2021)京民终 59 号。
② 参见江苏嘉和源资产管理有限公司、丁浩与江建春委托理财合同纠纷案,南京市中级人民法院民事判决书,(2020)苏 01 民终 6867 号。

9.10 有限合伙人要求合伙企业按对赌协议的约定回购份额,会被支持吗?

有限合伙企业与公司均为从事营利性经营活动的主体,二者在组织架构上具有相似性。关于公司,虽然《九民纪要》肯定目标公司与投资方对赌的效力,但仅在目标公司履行减资程序之后才支持投资方要求目标公司回购的请求。对于合伙企业,有限合伙人可否要求其按照对赌协议的约定回购份额?

在特定情况下,公司可以收购本公司股份,合伙企业则没有类似规定。《公司法》第162条规定:"公司不得收购本公司股份。但是,有下列情形之一的除外:(一)减少公司注册资本……"

合伙份额被全部回购的,合伙人身份消灭,性质上符合退伙的特征。《合伙企业法》第48条第1款规定:"合伙人有下列情形之一的,当然退伙:……(五)合伙人在合伙企业中的全部财产份额被人民法院强制执行。"

合伙人不能随意退伙,需满足一定条件。合伙协议约定合伙期限的,仅在约定退伙事由出现,或经全体合伙人一致同意等情形,合伙人才可退伙。《合伙企业法》第45条规定:"合伙协议约定合伙期限的,在合伙企业存续期间,有下列情形之一的,合伙人可以退伙:(一)合伙协议约定的退伙事由出现;(二)经全体合伙人一致同意;(三)发生合伙人难以继续参加合伙的事由;(四)其他合伙人严重违反合伙协议约定的义务。"第46条规定:"合伙协议未约定合伙期限的,合伙人在不给合伙企业事务执行造成不利影响的情况下,可以退伙,但应当提前三十日通知其他合伙人"。

可以退伙的,应对合伙企业进行结算,退还财产份额。《合伙企业法》第51条规定:"合伙人退伙,其他合伙人应当与该退伙人按照退伙时的合伙企业财产状况进行结算,退还退伙人的财产份额。退伙人对给合伙企业造成的损失负有赔偿责任的,相应扣减其应当赔偿的数额。退伙时有未了结的合伙企业事务的,待该事务了结后进行结算。"第52条规定:"退伙人在合伙企业中财产份额的退还办法,由合伙协议约定或者由全体合伙人决定,可以退还货币,也可以退还实物。"

主题案例：烟台市云联未来投资中心、邓田香合伙合同纠纷案①

2015年7月31日，有限合伙人与合伙企业签订《入伙协议》，约定：合伙企业持有目标公司的股权，如果目标公司在2017年6月30日前没有在新三板成功挂牌，有限合伙人可选择退出合伙企业，退出时将退还入伙本金和按照年息10%计算的利息。《入伙协议》最后一页载有两名原合伙人及有限合伙人等48名新合伙人签名字样。

因目标公司未于2017年6月30日前在新三板挂牌成功，有限合伙人提起诉讼，请求判令合伙企业退还其入伙本金，并按照年利率10%标准计算利息等。

合伙企业抗辩称：对赌约定明显与《合伙企业法》第51条规定相悖，应属无效条款。《九民纪要》中关于"对赌协议"等相关规定能够应用于公司，当然能够参照适用于对入伙、退伙要求更为严格的合伙企业。只要有一名合伙人不同意退伙事宜，即无法完成退伙手续，无法完成减资，无法履行退还入伙资金的义务。在未取得其他全体合伙人一致同意的前提下，合伙企业无法为有限合伙人办理退伙手续、退还本金及利息。

烟台市莱山区人民法院一审认为：

涉案《入伙协议》中关于目标公司不能成功挂牌则合伙人可退出合伙企业、退出时退还入伙本金并支付利息的约定，系全体合伙人的一致意思表示。因目标公司未在约定日期在新三板成功挂牌，有限合伙人退出合伙企业的要求符合《合伙企业法》第45条规定的"合伙协议约定的退伙事由出现"，合伙人可以退伙的情形，合伙企业应当按照《入伙协议》的约定履行。

本案合伙企业的性质为有限合伙企业，而合伙企业相应抗辩主张所依据的《九民纪要》第5条等规定，系关于公司纠纷案件的审理规定，在无法律法规明确规定可以参照适用的前提下，上述会议纪要的规定不能当然扩大适用于合伙企业纠纷案件的审理，故法院对合伙企业的相应抗辩主张不予支持。

一审法院支持了有限合伙人的全部诉讼请求。

烟台市中级人民法院二审维持原判。

本案中，有限合伙人与合伙企业在《入伙协议》中约定了对赌条款，如果合伙企业持股的目标公司不能如期在新三板挂牌，则有限合伙人可退出合伙企业，合伙企业向有限合伙人退回投资本金并支付收益。该协议经全体合伙人签署。回购条款触发后，有限合伙人要求合伙企业退还投资本金及收益。

---

① 参见烟台市中级人民法院民事判决书，(2022)鲁06民终6337号。

9.10 有限合伙人要求合伙企业按对赌协议的约定回购份额,会被支持吗?

合伙企业辩称,参照《九民纪要》关于公司回购投资方股权需先行减资等规定,在其他合伙人未同意有限合伙人退伙的情况下,不能办理退伙手续,无法向其返还投资本金及收益。

法院认为,对赌目标未达成则合伙企业回购有限合伙人份额的约定,是全体合伙人的一致意思表示。有限合伙人退出合伙企业的要求,符合《合伙企业法》关于退伙的规定,合伙企业应当按照该约定履行。《九民纪要》关于公司纠纷的规定不能当然扩大适用于合伙企业纠纷。

本案并非孤例,其他案件中亦有法院认为,在全体合伙人一致同意的情况下,有限合伙人可按其与合伙企业的约定,要求合伙企业回购其份额。

广东省广州市中级人民法院二审维持原判的一案[1]中,"关于尹士朝能否主张如品合伙企业回购其财产份额的问题。第一,《股权认购协议书》约定……所称'股权'实为合伙份额。而要求如品合伙企业回购财产份额的实质是要求退伙,故该约定实际是对退伙条件的约定。尹士朝在佳都公司的工作年限已满3年,故依上述约定,尹士朝可以选择退伙。第二,退伙理应分割合伙财产……如品合伙企业是佳都公司为激励员工而专门成立的一个员工持股平台,除持有佳都公司股权外,无其他经营业务和投资……故无法根据合伙企业的实际盈亏分割合伙财产,也无法进行审计及清算……第三……尹士朝现已从佳都公司离职,其已丧失从佳都公司处获得员工奖励的现实基础,故合伙目的已无法实现。综上,对于尹士朝主张如品合伙企业回购其财产份额,一审法院予以支持。"二审维持原判,并提到"虽然《全国法院民商事审判工作会议纪要》第五条第二款中规定'目标公司未完成减资程序的,人民法院应当驳回其诉讼请求',但该规定针对的是公司,并非合伙企业。如品合伙企业依据该条规定主张回购之前应当履行减资的前置程序故在其尚未完成减资程序的情况下应驳回尹士朝诉讼请求的意见,缺乏法律依据",不予采纳。

杭州市上城区人民法院在一案[2]中认为,"本案中原告持有拼兔合伙企业4.77%的合伙份额,为拼兔合伙企业合伙人,现因其与其他合伙人之间的信任基础已不复存在,故要求退伙并回购其财产份额。拼兔合伙企业明确表示同意按照原告《承诺书》约定的条件,即按原始购买价回购原告财产份额",判决拼兔合

---

[1] 参见宁波梅山保税港区如品投资管理合伙企业、尹士朝等股权转让纠纷案,广州市中级人民法院民事判决书,(2022)粤01民终8490号。

[2] 参见吴赛民、杭州拼兔投资咨询合伙企业(有限合伙)等合同纠纷案,杭州市上城区人民法院民事判决书,(2022)浙0102民初4906号。

伙企业回购原告合伙份额并支付利息。

但是，如果未经全部合伙人一致同意，合伙企业回购有限合伙人份额的约定，可能被认为无效。

在深圳国际仲裁院审理的一案中，仲裁庭认为，"《投资合伙协议》约定有限合伙企业回购有限合伙人所持有的有限合伙企业财产份额，不属于《合伙企业法》第 70 条规定的有限合伙人和本有限合伙企业之间的交易，其实质构成该有限合伙人从有限合伙企业的退伙。《合伙企业法》第 45 条、第 46 条规定，合伙协议未约定合伙期限的，合伙人在经全体合伙人同意或不给合伙企业事务造成不利影响的情况下可以退伙。《合伙企业法》第 47 条规定，违反《合伙企业法》第 45 条、第 46 条规定退伙的，应当赔偿由此给合伙企业造成的损失。在未经合伙企业合伙人会议同意的情况下，《投资合伙协议》约定，在最终投资标的未实现被上市公司收购的投资目的时，合伙企业以原投资金额加固定收益的价格回购申请人所持有的财产份额，必定会不合理地降低合伙企业整体资产及偿债能力，进而损害合伙企业其他合伙人及合伙企业债权人的利益。鉴于申请人在签署《投资合伙协议》之前就已经成为合伙企业的合伙人，而《投资合伙协议》又未经合伙企业合伙人会议通过，仲裁庭据此认定《投资合伙协议》中要求第一被申请人以原投资金额加固定收益的价格承担回购义务的约定，损害了合伙企业其他合伙人和合伙企业债权人的利益，违反了《合同法》第 52 条的规定，因此《投资合伙协议》中有关第一被申请人回购申请人财产份额的约定无效"①。

此外，有的案件中法院要求有限合伙人退伙的，应先行结算，不能径直要求合伙企业退还财产份额。

最高人民法院在一案②中认为，"《合伙企业法》第二十条规定：'合伙人的出资、以合伙企业名义取得的收益和依法取得的其他财产，均为合伙企业的财产。'《合伙企业法》第五十一条规定：'合伙人退伙，其他合伙人应当与该退伙人按照退伙时的合伙企业财产状况进行结算，退还退伙人的财产份额。退伙人对给合伙企业造成的损失负有赔偿责任的，相应扣减其应当赔偿的数额。退伙时有未了结的合伙企业事务的，待该事务了结后进行结算。'依照上述约定，犇宝公司向泽洺企业的出资，属于泽洺企业的财产，犇宝公司要求退伙，应当按照法

---

① 深圳国际仲裁院、中国国际仲裁研究院编著：《"对赌协议"典型仲裁案例与实务精要》，北京大学出版社 2021 年版，第 43 页。
② 参见浙江犇宝实业投资有限公司与长沙泽洺创业投资合伙企业合伙协议纠纷案，最高人民法院民事判决书，(2019) 最高法民终 1574 号。

律的规定对泽洺企业财产状况进行结算,如果存在未了结的合伙企业事务,可以待事务了结后进行结算。现犇宝公司、兆恒公司、域圣公司并未就泽洺企业的财产进行结算,其直接要求泽洺企业向其返还出资,并按照12%的年利率支付收益,不符合法律规定,本院对其主张不予支持"。

江苏省常州市中级人民法院在一案[①]中认为,"合伙企业扬子基金已出现合伙协议约定的退伙事由,且中汇金公司、扬子投资公司等合伙人及合伙企业扬子基金均同意青枫公司退伙,故原审确认青枫公司于2018年8月10日退出扬子基金并无不当。依照合伙企业法的相关规定,合伙人退伙的,其他合伙人应当与该退伙人按照退伙时的合伙企业财产状况进行结算,退还退伙人的财产份额。退伙人在合伙企业中财产份额的退还办法,由合伙协议约定或者由全体合伙人决定,故退伙人退伙时应得的财产份额应首先按照合伙企业财产状况先行结算,并按照合伙协议约定的财产份额退还办法或全体合伙人的决定执行。而青枫公司在本案中径行要求退还投资额1000万元,其请求与前述法律规定相悖,故缺乏相应法律依据,本院难于支持"。

◆ 小结与建议

投资方:鉴于合伙企业回购份额可能被视为退伙,合伙企业回购合伙人的份额应取得全体合伙人的同意,且法院对未经结算能否按约定退还出资并支付收益的裁判思路不一,不建议合伙企业作为对赌义务人。

创始人方:合伙企业为对赌义务人的,建议关注对赌协议是否经全体合伙人一致同意,以及投资方主张支付回购款前合伙企业是否已经结算,如否,建议提出抗辩,可能被法院支持。

---

① 参见常州青枫投资建设有限公司与深圳市中汇金股权投资有限公司、常州扬子投资管理有限公司等退伙纠纷案,常州市中级人民法院民事判决书,(2019)苏04民终2605号。

9.11 合伙企业受让股权是否应经全体合伙人一致同意?

关于回购投资方持有的股权,对赌义务人为合伙企业的,相较于有限责任公司,有何不同?

关于普通事项,法定代表人有权代表有限责任公司,执行事务合伙人有权代表合伙企业。《民法典》第61条第2、3款规定:"法定代表人以法人名义从事的民事活动,其法律后果由法人承受。法人章程或者法人权力机构对法定代表人代表权的限制,不得对抗善意相对人。"《合伙企业法》第26条第2、3款规定:"按照合伙协议的约定或者经全体合伙人决定,可以委托一个或者数个合伙人对外代表合伙企业,执行合伙事务。作为合伙人的法人、其他组织执行合伙事务的,由其委派的代表执行。"第27条第1款规定:"依照本法第二十六条第二款规定委托一个或者数个合伙人执行合伙事务的,其他合伙人不再执行合伙事务。"第37条规定:"合伙企业对合伙人执行合伙事务以及对外代表合伙企业权利的限制,不得对抗善意第三人。"第67条规定:"有限合伙企业由普通合伙人执行合伙事务……"第68条第1款规定:"有限合伙人不执行合伙事务,不得对外代表有限合伙企业。"

关于特殊事项,对于有限责任公司,法定代表人在公司担保的权限上存在限制。《公司法》第15条第1、2款规定:"公司向其他企业投资或者为他人提供担保,按照公司章程的规定,由董事会或者股东会决议;公司章程对投资或者担保的总额及单项投资或者担保的数额有限额规定的,不得超过规定的限额。公司为公司股东或者实际控制人提供担保的,应当经股东会决议。"

对于合伙企业,如果没有另行约定,执行事务合伙人无权自行决定、需要全体合伙人一致同意的,除担保外,还有转让或处分财产权利等事项。《合伙企业法》第31条规定:"除合伙协议另有约定外,合伙企业的下列事项应当经全体合伙人一致同意:(一)改变合伙企业的名称;(二)改变合伙企业的经营范围、主要经营场所的地点;(三)处分合伙企业的不动产;(四)转让或者处分合伙企业的知识产权和其他财产权利;(五)以合伙企业名义为他人提供担保;(六)聘任合伙人以外的人担任合伙企业的经营管理人员。"

合伙企业受让股权,是否属于需要全体合伙人一致同意的转让或处分财产权利?

主题案例：兴业财富资产管理有限公司与韩和玉等股权转让纠纷案①

2017年3月14日，投资方甲与投资方乙及目标公司签订《股权转让协议》，约定符合一定条件的情况下，投资方甲将其持有的目标公司的股份转让给投资方乙。

2017年4月19日，投资方甲、投资方乙共同作为投资方，与目标公司及原股东签订《增资协议》。

前述协议均经投资方乙执行事务合伙人签名并加盖合伙企业印章。

投资方甲提起诉讼，请求判令投资方乙支付股权转让款等。

投资方乙辩称：全体合伙人未一致同意受让该股权，执行事务合伙人擅自签约，《股权转让协议》无效。

上海市浦东新区人民法院认为：

关于《股权转让协议》的合同效力问题。受让股权不属于《合伙企业法》第31条、《合伙协议》第20条规定的"转让或者处分合伙企业的知识产权和其他财产权利"的事项，投资方乙认为受让股权应当经全体合伙人一致同意，缺乏法律或合同依据。投资方乙的执行事务合伙人有权对外代表合伙企业、执行合伙事务。

故本案《股权转让协议》系当事人的真实意思表示，其内容不违反法律、行政法规的强制性规定，合法有效，各方均应恪守。投资方乙作为股权受让人，应按约向投资方甲支付股权转让款。

本案中，股权受让人投资方乙不是公司，而是合伙企业。投资方甲依据股权转让条款的约定，要求投资方乙受让其持有的目标公司股权。

投资方乙辩称，《股权转让协议》未经全体合伙人一致同意而无效。

法院认为，受让股权不属于《合伙企业法》第31条规定或本案《合伙协议》约定需要全体合伙人一致同意的事项。合伙企业的执行事务合伙人有权代表合伙企业签署《股权转让协议》，该合同有效。

合伙企业为对赌义务人的，如果没有主动提出对赌协议未经合伙企业全体合伙人一致同意的抗辩，法院可能略过这个问题，在有合同依据且对赌条款触发的情况下，直接判决合伙企业承担回购责任。

---

① 参见上海市浦东新区人民法院民事判决书，(2020)沪0115民初71434号。

广东省佛山市中级人民法院在一案①中认为,"被告自生公司、欧进公司、和谐合伙企业、志同合伙企业系目标公司迪生公司的股东,且均为依法成立的法人,在前述增资协议有效且股权回购条件已成就的情况下,被告自生公司、欧进公司、和谐合伙企业、志同合伙企业作为增资协议的合同相对方应当依前述增资协议约定共同回购原告何钜雄持有的迪生公司股权并承担相应利息"。

天津市第三中级人民法院审理的一案②中,千腊村公司作为转让方与受让方吉晟泰合伙企业等签订《股权转让协议书》,该院并未提及吉晟泰合伙企业受让股权是否经全体合伙人一致同意,即判决吉晟泰合伙企业向千腊村公司支付股权转让款。

与主题案例不同,有的案件中法院认为,合伙企业作为对赌义务人,受让股权应经全体合伙人一致同意。例如,上海市松江区人民法院在一案③中认为,"从系争《协议书》内容上看,主要为金玖合伙与互捷合伙约定以沪江公司港交所上市作为对赌……考虑到互捷合伙签订该协议确实可能给自身带来巨大债务负担,参照我国合伙企业法第三十一条的规定,该协议应经全体合伙人一致同意"。

如前所述,关于合伙企业受让股权是否须经全体合伙人一致同意,法院的裁判思路不统一。但对于合伙企业转让股权的,法院一般认为应经全体合伙人一致同意,否则执行事务合伙人无权签署合同。

浙江省杭州市中级人民法院在一案④中认为,"关于案涉三份股权转让协议的效力。《中华人民共和国合伙企业法》第三十一条规定:'除合伙协议另有约定外,合伙企业的下列事项应当经全体合伙人一致同意:……(四)转让或者处分合伙企业的知识产权和其他财产权利;……'网权合伙企业合伙协议第7条也约定转让或者处分合伙企业的财产权利,应当经全体合伙人一致同意。据此,网权合伙企业在对外转让其持有的优工品公司股份时,应取得全体合伙人的一致同意。但事实上,林振峰作为执行事务合伙人,代表网权合伙企业签订案涉三份

---

① 参见何钜雄与王益前、广东自生电力器材股份有限公司、广东欧进电力配件有限公司等新增资本认购纠纷案,佛山市中级人民法院民事判决书,(2020)粤06民初311号。
② 参见天津吉晟泰投资咨询合伙企业与中山市千腊村食品有限公司股权转让纠纷案,天津市第三中级人民法院民事判决书,(2019)津03民终2378号。
③ 参见南通金玖惠通一期创业投资基金合伙企业与上海互捷企业管理咨询合伙企业、上海城客投资管理有限公司等股权转让纠纷案,上海市松江区人民法院民事判决书,(2020)沪0117民初10289号。
④ 参见杭州网权投资管理合伙企业、杭州梯麦投资管理合伙企业股权转让纠纷案,杭州市中级人民法院民事判决书,(2019)浙01民终3828号。

股权转让协议出让优工品公司股权时,均未获得全体合伙人的一致同意,且至今亦未获得全体合伙人的追认。因此,案涉三份股权转让协议系林振峰超越权限订立的合同。同时,案涉三份股权转让合同的相对人均为梯麦合伙企业,其执行事务合伙人亦为林振峰,且代表梯麦合伙企业在合同上签字的也是林振峰,故梯麦合伙企业理应知晓林振峰的订约行为越权,梯麦合伙企业并非善意相对人。因此,本院认为案涉三份股权转让合同依法应认定为无效,一审法院实体处理并无不当"。

浙江省宁波市中级人民法院二审维持原判的一案①中,一审法院认为,"根据《合伙协议》及《合伙企业法》第三十一条第四项规定,转让或处分合伙企业的知识产权和其他财产权利,应当经全体合伙人同意。上述约定和规定是对执行事务合伙人代表权的限制,意味着处分合伙企业财产不是执行事务合伙人所能单独决定事项,必须以全体合伙人一致意见作为授权的基础和来源,因此,执行事务合伙人未经全体合伙人同意签订处分合伙企业财产的合同,原则上属于无权代表合同,未经全体合伙人追认的,依法应当认定为无效。本案中,优瑞咔合伙企业成立后的唯一业务是收购医利捷公司股权,医利捷公司股权是优瑞咔合伙企业的重大财产,对该财产进行转让和处分,无疑应取得全体合伙人的一致同意。赵飞作为优瑞咔合伙企业执行事务合伙人,代表优瑞咔合伙企业与高建军签订《医利捷公司股权转让协议》,出让优瑞咔合伙企业持有的医利捷公司股权,却未获得全体合伙人(朱志皓和另一合伙人乔钱惠)的同意,《医利捷公司股权转让协议》应为无效……《合伙企业法》第三十七条'合伙企业对合伙人执行合伙事务以及对外代表合伙企业权利的限制,不得对抗善意第三人'中所称的'限制',一般指在正常生产经营活动中对合伙人执行合伙事务与对外代表合伙企业做出的一些分工和特殊限制,这种限制通常不为外部第三人所知。该案中,赵飞代表优瑞咔合伙企业向高建军出让优瑞咔合伙企业重大资产,明显不属于优瑞咔合伙企业的正常生产经营内容,在此情况下,不能免除高建军对赵飞是否得到优瑞咔合伙企业全体合伙人授权进行形式审查的义务,现高建军未提供任何证据证明其履行了相关审查义务,故高建军不属于善意第三人,该案不构成表见代表,不适用《合伙企业法》第三十七条规定"。

---

① 参见高建军、朱志皓、宁波优瑞咔企业管理咨询合伙企业等合伙企业纠纷案,宁波市中级人民法院民事判决书,(2019)浙02民终4221号。

广州市番禺区人民法院在一案①中认为,"本案中,快答合伙企业持有的快问公司股权是合伙企业的重要财产权利。在 3.28《股东转让出资合同书》中,快答合伙企业将 49.58% 股权中 40.69% 转让给曾裕雅、2.65% 转让给吴灏斌、6.24% 转让给方佳琳,但该转让仅有合伙人曾裕雅、吴灏斌、方佳琳同意,原告作为合伙人未表示同意,即上述股权转让未经过快答合伙企业的合伙人一致同意,违反合伙协议约定,属于无权处分行为。其后,原告不予追认。并且,股权受让方曾裕雅、吴灏斌、方佳琳本身是快答合伙企业的合伙人,明知合伙协议上述约定,在此情况下受让股权,并非善意相对人。因此,上述股权转让不发生法律效力,原告诉请无效,本院予以支持"。

上海市徐汇区人民法院在一案②中认为,"在《昶学合伙企业合伙协议》没有作出相反约定的情况下,王东作为执行合伙人将昶学合伙企业持有的承学公司股权转让给案外人许永敏属于处分合伙企业的财产,应征得全体合伙人一致同意"。

◆ 小结与建议

关于合伙企业作为对赌义务人受让股权,是否应经全体合伙人一致同意,裁判观点不统一。

投资方:对赌义务人性质为合伙企业的,建议取得其全体合伙人一致同意对赌条款的书面文件,以免该条款可能因违反《合伙企业法》第 31 条的规定,而被否定效力。

创始人方:如果对赌协议未经对赌义务人合伙企业的全体合伙人一致同意,建议以此为由对抗投资方要求支付股权回购款的主张,可能被法院支持。

---

① 参见王速瑜、曾裕雅等确认合同无效纠纷案,广州市番禺区人民法院民事判决书,(2021)粤 0113 民初 625 号。

② 参见徐超与王东财产损害赔偿纠纷案,上海市徐汇区人民法院民事判决书,(2020)沪 0104 民初 4216 号。

9.12 合伙企业为对赌义务人的，其普通合伙人承担责任吗？

如问题 9.11 所述，约定合伙企业受让投资方所持目标公司股权的，建议投资方提前取得合伙企业全体合伙人的一致同意。除此之外，对赌义务人为合伙企业的，相较于有限责任公司，是否有其他相异之处？

不同于有限责任公司，合伙企业不具备法人资格，普通合伙人不享受有限责任的保护，普通合伙人可能被要求承担连带责任。《合伙企业法》第 2 条第 2 款、第 3 款规定："普通合伙企业由普通合伙人组成，合伙人对合伙企业债务承担无限连带责任……有限合伙企业由普通合伙人和有限合伙人组成，普通合伙人对合伙企业债务承担无限连带责任，有限合伙人以其认缴的出资额为限对合伙企业债务承担责任。"第 39 条规定："合伙企业不能清偿到期债务的，合伙人承担无限连带责任。"

债务清偿顺序上，先由合伙企业对外承担责任，合伙企业不能清偿到期债务的，才由普通合伙人承担无限连带责任。《合伙企业法》第 20 条规定："合伙人的出资、以合伙企业名义取得的收益和依法取得的其他财产，均为合伙企业的财产。"第 38 条规定："合伙企业对其债务，应先以其全部财产进行清偿。"

主题案例：李康等与北京四方继保自动化股份有限公司合同纠纷案[①]

2015 年 10 月 22 日，投资方与目标公司及原股东(有限合伙)等主体签订《增资协议》约定：投资方向目标公司增资后持有目标公司 30% 的股权；原股东确认并同意：如果目标公司 2015 年、2016 年、2017 年未达到承诺的净利润，则原股东应当向投资方支付业绩补偿。

根据目标公司的审计报告，目标公司 2015 年、2016 年、2017 年的业绩承诺均未达到。

投资方提起诉讼，请求判令原股东及原股东的普通合伙人支付业绩补偿款等。

北京市海淀区人民法院一审认为：

---

① 参见北京市第一中级人民法院民事判决书,(2020)京 01 民终 6259 号。

根据审计报告，目标公司未达到《增资协议》约定的承诺，已经触发业绩补偿条款，投资方有权要求原股东承担补偿责任。

关于原股东的普通合伙人是否对原股东的债务承担连带责任的问题。根据《合伙企业法》第 2 条、第 67 条的规定，原股东的普通合伙人应当对合伙企业的债务承担无限连带责任。

判决：原股东向投资方支付业绩补偿款；原股东的普通合伙人对判决所确定的原股东的债务承担连带责任。

北京市第一中级人民法院二审维持原判。

本案中，投资方与性质为合伙企业的原股东签订了对赌协议。因业绩补偿条款触发，投资方将原股东及其普通合伙人一并列为被告。

法院认为，原股东的普通合伙人应对原股东的债务承担连带责任。

不少案件中法院亦持相同观点，即合伙企业的普通合伙人应对合伙企业的债务承担连带清偿责任。

北京市第四中级人民法院在一案①中认为，"南通润禾公司基于金州阳光公司系金业润泽中承担无限责任的普通合伙人，而要求金州阳光公司直接回购目标公司股权，并直接向其支付股权回购款及利息，没有合同依据和法律依据，但是对于其诉讼请求中金州阳光公司对上述金业润泽所负的金钱给付义务承担连带责任的请求，符合法律规定，本院予以支持"，在第三项判决中判决金州阳光公司对判决第一、二项所确定的金业润泽所负的金钱给付义务承担连带责任。

浙江省杭州市中级人民法院在一案②中认为，目标公司承诺的净利润未达到，业绩补偿条件已成就，关于投资方请求"判令邹建军对迈越企业、融和企业、融创企业的债务承担连带责任，因上述企业均为有限合伙企业，邹建军作为其普通合伙人，依法应对合伙企业的债务承担无限连带责任"，判决邹建军对该 3 个合伙企业的债务承担连带清偿责任。

广东省佛山市中级人民法院在一案③中查明，目标公司已被裁定进入破产

---

① 参见南通润禾环境科技有限公司与 CHAO JIANG 等股权转让纠纷案，北京市第四中级人民法院民事判决书，(2019) 京 04 民初 633 号。

② 参见杭州远方光电信息股份有限公司与邹建军、恒生电子股份有限公司合同纠纷案，杭州市中级人民法院民事判决书，(2019) 浙 01 民初 2404 号。

③ 参见徐卓萍与王益前、广东自生电力器材股份有限公司、广东欧进电力配件有限公司等新增资本认购纠纷案，佛山市中级人民法院民事判决书，(2020) 粤 06 民初 312 号。

清算程序,不可能如期实现上市目标,《增资协议》中约定的股权回购条件已经成就,投资方有权要求对赌义务人和谐合伙企业及志同合伙企业回购股权。该院认为,王益前是和谐合伙企业、志同合伙企业中唯一的普通合伙人,根据《合伙企业法》第2条第3款的规定,投资方要求王益前分别对被告和谐合伙企业、被告志同合伙企业在本案中的债务承担连带责任,于法有据,判决王益前对判决第一项确定的二合伙企业的债务承担连带责任。

上海市松江区人民法院在一案[①]中认为,城客公司作为互捷合伙的普通合伙人,依法亦应对互捷合伙的债务承担连带责任。该院判决,"三、被告上海城客投资管理有限公司对被告上海互捷企业管理咨询合伙企业(有限合伙)上述付款义务承担连带清偿责任,于本判决生效之日起十日内向原告南通金玖惠通一期创业投资基金合伙企业(有限合伙)履行"。

与前述案例稍有不同,有的案件中法院在支持普通合伙人承担连带责任的同时,在判决部分明确了清偿顺序,即普通合伙人对合伙企业不能清偿的部分承担连带责任。

山东省高级人民法院二审维持原判的一案[②]中,一审法院认为,目标公司未能如期上市,已经触发对赌条款,上海锦艾应依据协议承担还款责任,"杨赛云系上海锦艾的普通合伙人,若上海锦艾到期不能清偿前述本金及利息时,杨赛云作为上海锦艾的普通合伙人应承担无限连带责任",故在判决第一项、第二项中判决上海锦艾向投资方支付回购款等,在第三项判决杨赛云对上海锦艾不能清偿上述第一项、第二项到期债务承担无限连带责任。

江西省南昌市中级人民法院在一案[③]中认为,在目标公司2018年业绩未达标的情形下,投资方有权要求业绩承诺人润雅捷合伙进行补偿,因润雅捷合伙是合伙企业,吕军是合伙人之一,且是执行事务合伙人,根据《合伙企业法》第39条的规定,投资方有权主张吕军对润雅捷合伙不能清偿的债务承担连带责任。判决第六项为"被告吕军对上述第二项判决中的款项支付义务,就被告北京润雅捷信息咨询中心(有限合伙)不能清偿的部分负连带清偿责任"。

---

① 参见南通金玖惠通一期创业投资基金合伙企业与上海互捷企业管理咨询合伙企业、上海城客投资管理有限公司等股权转让纠纷案,上海市松江区人民法院民事判决书,(2020)沪0117民初10289号。

② 参见上海杰事杰新材料(集团)股份有限公司、陈涛合同纠纷案,山东省高级人民法院民事判决书,(2020)鲁民终1534号。

③ 参见国旅联合股份有限公司与粉丝投资控股(北京)有限公司、北京嘉文宝贝文化传媒有限公司合同纠纷案,南昌市中级人民法院民事判决书,(2020)赣01民初727号。

有的案件中，法院甚至要求原告证明合伙企业不能清偿到期债务，否则不支持其主张普通合伙人承担连带责任的请求。例如，杭州市上城区人民法院在一案[①]中认为，关于被告王光、陈某某峰是否应承担无限连带责任。根据《合伙企业法》第 39 条的规定，"合伙企业不能清偿到期债务的，合伙人承担无限连带责任"，现原告未举证证明拼兔合伙企业不能清偿到期债务，故要求其普通合伙人王光、陈某某峰承担无限连带责任无法律依据。

◆ 小结与建议

投资方：对赌义务人为合伙企业的，对赌条款触发后，投资方有权一并主张其普通合伙人承担连带责任。

创始人方：建议在对赌协议中约定，合伙企业承担的对赌义务仅以其财产为限，投资方自愿放弃向合伙企业的普通合伙人主张权利。

如果没有前述约定，建议普通合伙人在诉讼中强调，其仅在合伙企业不能清偿到期债务时才承担责任，尽量说服法官在判决主文中明确，普通合伙人仅就合伙企业"不能清偿的部分承担连带责任"。

[①] 参见吴赛民、杭州拼兔投资咨询合伙企业（有限合伙）等合同纠纷案，杭州市上城区人民法院民事判决书，(2022)浙 0102 民初 4906 号。

9.13 目标公司在减资前已回购股权的,债权人可起诉退股的投资方吗?

为保护目标公司债权人的利益,根据《九民纪要》的规定,法院仅在目标公司履行减资程序的情况下,才支持投资方关于回购股权的请求。但是,如果目标公司与投资方达成合意,自愿在减资前向其支付回购款,目标公司的债权人应当如何维护自身权益?

股东抽逃出资的,目标公司债权人可以起诉该股东,在抽逃出资本息范围内对目标公司债务不能清偿的部分承担补充赔偿责任。《公司法司法解释(三)》第14条第2款规定:"公司债权人请求抽逃出资的股东在抽逃出资本息范围内对公司债务不能清偿的部分承担补充赔偿责任、协助抽逃出资的其他股东、董事、高级管理人员或者实际控制人对此承担连带责任的,人民法院应予支持……"

未经法定程序,股东将出资抽回的,构成抽逃出资。《公司法司法解释(三)》第12条规定:"公司成立后,公司、股东或者公司债权人以相关股东的行为符合下列情形之一且损害公司权益为由,请求认定该股东抽逃出资的,人民法院应予支持:(一)制作虚假财务会计报表虚增利润进行分配;(二)通过虚构债权债务关系将其出资转出;(三)利用关联交易将出资转出;(四)其他未经法定程序将出资抽回的行为。"

目标公司回购股权最常见的法定程序是减少注册资本,而减少注册资本应当经股东会决议、编制资产负债表及财产清单,并公告债权人。《公司法》第162条第1、2款规定:"公司不得收购本公司股份。但是,有下列情形之一的除外:(一)减少公司注册资本……公司因前款第一项、第二项规定的情形收购本公司股份的,应当经股东会决议……"第224条规定:"公司减少注册资本,应当编制资产负债表及财产清单。公司应当自股东会作出减少注册资本决议之日起十日内通知债权人,并于三十日内在报纸上或者国家企业信用信息公示系统公告。"

司法实践中,按照前述规定履行减资程序之前,目标公司向股东支付股权回购款的,被认定为抽逃出资。

最高人民法院在一案①中认为,"若目标公司采取股权回购的方式回购安永公司的股权,并将回购款转化为借款债务予以偿还,则必须履行法定的减资手续,否则,其属于股东抽逃出资行为"。

湖北省高级人民法院在一案②中认为,"案涉借款本金系由国豪公司基于乔平的退股减资应退还给乔平的股本金转化而来,故只有在国豪公司依法履行相关手续、符合退股条件时,方能视为乔平出借了该款项。本案中,国豪公司至今未依法办理减少注册资本的手续,尚不符合退还乔平股本金的条件,故原审认定国豪公司已向乔平支付的股本金及相应利息在性质上属于抽逃注册资本,尚未支付的股本金应视为尚未出售,有事实和法律依据"。

在未减资的情况下,即便投资方与目标公司已达成股权回购协议,且法院据此制作调解书,亦不能改变回购协议无效的认定。例如,四川省成都市中级人民法院再审的一案③中,投资方与目标公司等约定:因无声公司未履行《协议书》约定的义务,瑞昊企业向法院提起诉讼。诉讼中双方就无声公司向瑞昊企业偿还3000万元借款事宜协商一致,达成《借款偿还及调解协议》,由无声公司向瑞昊企业偿还3000万元。该院作出(2019)川01民初7038号民事调解书,对上述内容予以确认。该院再审认为,"案涉3000万元性质为出资款,且为无声公司的工商登记所确认,该3000万元进入无声公司的账户后,即成为无声公司的法人财产,瑞昊企业与无声公司以《协议书》的形式将投资款转变为借款,本质上都是根本改变瑞昊企业对无声公司出资性质的违法行为,都会导致瑞昊企业抽回出资并退股的法律后果,有违《公司法》的禁止性规定。故双方签订的《协议书》内容因违反法律禁止性规定而无效","原审调解书因内容违反法律强制性规定而无效应当予以撤销"。

不过,如果目标公司尚未履行减资程序即被裁判向投资方回购股权,投资方因不存在过错,不被认定为抽逃出资。例如,北京市第二中级人民法院在一案④中认为,关于新希望中心、中投企业收取涉案款项是否构成抽逃资金的问

---

① 参见安永(天津)投资发展集团有限公司、钱仁高股权转让纠纷案,最高人民法院民事判决书,(2020)最高法民终1182号。
② 参见乔平与杨仁松等民间借贷纠纷案,湖北省高级人民法院民事裁定书,(2019)鄂民申3915号。
③ 参见深圳瑞昊投资发展合伙企业、四川无声信息技术有限公司合同纠纷案,成都市中级人民法院民事判决书,(2021)川01民再14号。
④ 参见中投财富辛卯(天津)创业投资合伙企业(有限合伙)等与北京晋煤太阳石化工有限公司买卖合同纠纷案,北京市第二中级人民法院民事判决书,(2020)京02民终6275号。

9.13 目标公司在减资前已回购股权的，债权人可起诉退股的投资方吗？

题，生效裁决书裁决，华农公司、黄小兵、北大荒公司应当连带向申请人支付的款项，应当于裁决书作出之日起30日内履行完毕，涉案股权回购款的支付系履行上述仲裁裁决确定的义务，新希望中心、中投企业收取股权回购款亦系该仲裁裁决确定的权利，故涉案股权回购款的支付和收取具有合法的依据。晋煤公司认为华农公司履行了回购义务，但未经合法减资程序即认为新希望中心、中投企业构成抽逃出资，且不论履行回购义务的主体是否为华农公司，因上述仲裁裁决非但未将减资程序作为华农公司履行回购义务的条件，反而要求其在30日内履行支付款项义务，否则支付迟延履行金，故依据仲裁裁决，华农公司有义务于30日内及时支付股权回购款。新希望中心、中投企业系依据合法生效的仲裁裁决收取股权回购款，该款项并非在其控制之下转出，华农公司减资亦非其所能主导，在此过程中，其并不存在过错，故难以认定新希望中心、中投企业收取涉案款项应承担相应法律责任。

主题案例：浙江大舜公路建设有限公司、绍兴市上虞区民间融资服务中心有限公司股东损害公司债权人利益责任纠纷案[①]

债权人因民间借贷一案，依据(2017)浙0604民初8074号民事判决，享有对目标公司本金500万元的债权。经法院强制执行，截至2018年10月20日，尚有债权本金360多万元未实现。

目标公司注册资本2亿元，其中股东一出资1460万元，股东二出资2000万元。

股东一及股东二的出资均已全部抽逃，未办理减资或股权转让手续。

债权人提起诉讼，就目标公司在(2017)浙0604民初8074号判决中所负债务及以后的利息，请求判令股东一在抽逃出资1460万元本息范围内承担补充赔偿责任；判令股东二在抽逃出资2000万元本息范围内承担补充赔偿责任等。

股东一抗辩：根据目标公司与股东一签订的合同，由目标公司回购股东一的股权，且目标公司履行了款项交付义务，故股东一不再是目标公司的股东，主观上不存在抽逃出资的过错。

债权人认为：股东一对所谓的股权回购并未提供履行相应法定程序的证据，其行为明显损害了债权人的利益。

绍兴市中级人民法院二审认为：

[①] 参见绍兴市中级人民法院民事判决书，(2019)浙06民终2106号。

本案争议焦点在于股东一是否存在抽逃出资的行为。

首先,判断股东是否构成抽逃出资,系以股东行为是否损害公司的财产权益为认定标准。债权人在一审中提供的公司经营情况汇报、退股情况明细表、银行凭证等证据相互印证,能够证明股东一从目标公司退回出资,客观上导致目标公司的公司资本减少的事实。

其次,我国相关法律法规对于有限责任公司回购股权规定了严格的适用条件及法定程序。本案中,股东一并未提供证据证明目标公司回购股权符合《公司法》第74条及第177条规定的适用前提,并履行了法定减资程序,故股东一从目标公司退回出资的行为,构成《公司法司法解释(三)》第12条规定的"其他未经法定程序将出资抽回的行为"之情形,一审判决认定其构成抽逃出资并无不当。

根据《公司法司法解释(三)》第14条第2款的规定,公司债权人请求抽逃出资的股东在抽逃出资本息范围内对公司债务不能清偿的部分承担补充赔偿责任的,人民法院应予支持。因此,股东一应对目标公司就案涉债务不能清偿部分在抽逃出资1460万元范围内承担补充赔偿责任。

本案中,经生效的民事判决确认,债权人取得对目标公司的债权。经强制执行,仍有300多万元未能清偿。针对目标公司未经减资即向股东一支付股权回购款的行为,债权人提起损害公司债权人利益责任纠纷的诉讼,要求股东一对目标公司不能清偿的债务在抽逃本息范围内承担补充赔偿责任。

股东一辩称,目标公司支付股权回购款是履行其与股东一签订的合同,股东一不再是目标公司股东,不存在抽逃出资的主观过错。

法院认为,股东一未举证证明目标公司回购股权已履行法定的减资程序,因此其取回出资的行为,构成抽逃出资,支持债权人的诉讼请求。

债权人以目标公司未减资即回购股权构成抽逃出资为由,要求退股股东承担补充赔偿责任的,本案并非唯一一案。

北京市第二中级人民法院在一案[①]中认为,"华恒厂提起诉讼的基本理由在于:华恒厂认为原由华创科技公司的两个股东北京华创公司与自动化厂之间的股权转让合同,因未实际履行而转变为华创科技公司向本公司股东自动化厂回购公司股权的行为。由于该回购公司股权的行为未经华创科技公司股东大会决

---

① 参见北京自动化控制设备厂与东阳市华恒温控器厂股东损害公司债权人利益责任纠纷案,北京市第二中级人民法院民事裁定书,(2018)京02民终11944号。

9.13 目标公司在减资前已回购股权的,债权人可起诉退股的投资方吗?

议通过,华创科技公司也未发生减资而需要回购自身股份的情况,且自动化厂在与北京华创公司签订《股权转让协议书》后仍然以股东身份参加华创科技公司的股东会并行使股东权利,因此华创科技公司向其股东自动化厂回购公司股权的行为,属于自动化厂抽逃出资的行为,即《最高人民法院关于适用〈中华人民共和国公司法〉若干问题的规定(三)》第十二条规定的'其他未经法定程序将出资抽回的行为'。据此自动化厂应在抽逃资金16万元范围内向华恒厂承担补充赔偿责任"。

目标公司与退股股东自愿履行回购协议引起债权人起诉的案件不多。不过,其他案件中,法院亦认为,目标公司未经减资程序即回购股东股权,违反了不得抽逃出资的规定,影响了目标公司债权人的利益。

湖南省高级人民法院在一案[①]中认为,"本案双方的协议名称虽未表述为'对赌协议',但在有关内容和作用、功能上与'对赌协议'相似,也是股东与目标公司之间就股权投资、回购等达成的协议,亦应当受到公司法有关规定的约束。从现状来看,目前海洋生物公司已经是神隆高科技公司的股东,神隆高科技公司无法直接回购海洋生物公司持有的股份,否则就违反公司法第一百四十二条关于公司在非法定情形下不得收购本公司股份的禁止性规定,影响其他股东及外部债权人利益"。

重庆市高级人民法院在一案[②]中认为,"从工商管理部门对外公示的九鼎公司股权结构看,张丽洁持有九鼎公司33%股权。若在九鼎公司未依法履行减资手续之前,张丽洁要求九鼎公司偿还该2640万元,则会破坏公司资本维持原则,损害九鼎公司不特定债权人的利益,本院不予支持"。

浙江省台州市中级人民法院在一案[③]中认为,"上述协议约定公司收购公司股份,但未减少公司注册资本,应当认定被上诉人签订协议后收取股权转让款实际是抽逃出资的行为,违反了公司股东在公司成立后不得抽逃出资的法律规定,损害了公司其他股东及公司债权人的利益"。

需要注意的是,债权人以股东抽逃出资为由起诉的,该股东承担的是补充赔偿责任,即仅在目标公司不具备清偿能力时,才可依据判决书提出执行申请,否

[①] 参见湖南神隆高科技股份有限公司、湘潭孝颐堂医养院有限公司合同纠纷案,湖南省高级人民法院民事判决书,(2020)湘民终901号。

[②] 参见张丽洁与陈孝伟重庆九鼎浙商商贸城发展有限公司民间借贷纠纷案,重庆市高级人民法院民事判决书,(2019)渝民终1059号。

[③] 参见陈新旺、浙江海西供应链有限公司等股权转让纠纷案,台州市中级人民法院民事判决书,(2021)浙10民终2266号。

则不符合受理条件。

主题案例中,判决生效后,债权人申请执行,但法院作出执行裁定,以目标公司尚具备清偿能力为由,驳回了债权人对股东一、股东二等的执行申请,债权人申请复议。浙江省绍兴市上虞区人民法院在该案中[①]认为,股东一及股东二承担的是补充赔偿责任,即只有在目标公司不能清偿债务时,股东一及股东二才在各自抽逃注册资金的范围内对目标公司未清偿的债务承担责任,其清偿顺位应在目标公司之后。现查明目标公司仍有财产可供执行,并未丧失清偿能力,股东一及股东二履行义务的条件尚未成就,因此债权人对股东一及股东二的执行申请不符合执行受理条件。

❖ 小结与建议

投资方:目标公司履行减资程序前,投资方即取得股权回购款的,该等款项可能因目标公司债权人提起诉讼,而被判决返还。

目标公司债权人:取得退股股东在抽逃出资本息范围内承担补充赔偿责任的判决后,仅在目标公司不具备清偿能力的情况下,才符合申请退股股东为被执行人的受理条件。

[①] 参见绍兴市上虞区民间融资服务中心有限公司与浙江虞商担保有限公司等股东出资纠纷执行案,绍兴市上虞区人民法院执行裁定书,(2020)浙 0604 执异 16 号。

9.14 债权人可否在起诉目标公司的同时，一并列抽逃出资的投资方为被告？

如问题9.13所述，目标公司股东抽逃出资的，债权人可以针对该股东提起损害公司债权人利益之诉。债权人可否在起诉目标公司的同时，一并将抽逃出资的股东列为被告，要求其在抽逃出资本息范围内承担补充赔偿责任？

合并审理的诉主要包含三种情况：诉讼标的同一或者同类的共同诉讼；本诉和反诉；基于同一事实提起的诉。《民事诉讼法》第55条第1款规定："当事人一方或者双方为二人以上，其诉讼标的是共同的，或者诉讼标的是同一种类、人民法院认为可以合并审理并经当事人同意的，为共同诉讼。"第143条规定："原告增加诉讼请求，被告提出反诉，第三人提出与本案有关的诉讼请求，可以合并审理。"《民事诉讼法解释》第221条规定："基于同一事实发生的纠纷，当事人分别向同一人民法院起诉的，人民法院可以合并审理。"

债权人起诉目标公司（诉目标公司）与债权人起诉目标公司抽逃出资股东（诉抽逃出资股东），法律关系不同，并非诉讼标的同类的普通共同诉讼，二者也明显不是本诉与反诉，那么可否就此认为这两个诉不能合并审理？

答案是未必。首先，一个案件并非只能审理一个法律关系。最高人民法院《关于印发修改后的〈民事案件案由规定〉的通知》规定："存在多个法律关系时个案案由的确定。同一诉讼中涉及两个以上的法律关系的，应当根据当事人诉争的法律关系的性质确定个案案由；均为诉争的法律关系的，则按诉争的两个以上法律关系并列确定相应的案由。"其次，《九民纪要》已明确，债权人起诉公司时，可以一并提起公司人格否认诉讼，请求股东承担连带责任，与此处讨论的情况类似。《九民纪要》规定："人民法院在审理公司人格否认纠纷案件时，应当根据不同情形确定当事人的诉讼地位：……（2）债权人对债务人公司享有的债权提起诉讼的同时，一并提起公司人格否认诉讼，请求股东对公司债务承担连带责任的，列公司和股东为共同被告。"

对赌陷阱？
——司法判决下的股权回购与业绩补偿

主题案例：石河子开发区坤正达物流有限公司与新疆新润天和投资管理咨询有限公司企业借贷纠纷案①

债权人提起诉讼，请求判令目标公司偿还债务本金，目标公司股东在其抽逃出资总额的范围内对目标公司的债务本金承担补充赔偿责任等。

目标公司股东提起管辖权异议。新疆生产建设兵团第八师中级人民法院一审裁定驳回该异议。

目标公司股东提起上诉，请求撤销原审法院的民事裁定。理由：债权人提起的企业借贷纠纷，系债权人基于与目标公司之间的企业借贷关系，而债权人提起的关于股东损害公司债权人利益责任纠纷，其基础是公司股东抽逃出资，造成公司现有资产不能偿还债权人的债权，损害债权人利益的事实。两者基于的法律关系不同，法律事实不同，因此，不应合并审理。如判决目标公司偿还欠款本息，而目标公司资产不足以偿还债权人的债权，则债权人可以另行起诉。

新疆维吾尔自治区高级人民法院生产建设兵团分院二审认为：诉的合并应当符合法律规定的条件。债权人在借贷案尚未经审理，双方债权债务关系尚未依法确定时，同时起诉目标公司的股东要求其承担抽逃出资的赔偿责任，系将当事人不同、法律关系不同、法律事实不同的纠纷合并起诉，不符合法律规定的诉的合并条件。裁定撤销一审法院的民事裁定，驳回债权人对目标公司股东的起诉。

债权人申请再审称，其与目标公司及其股东之间的纠纷虽然包含不同的法律关系，但并不违反法律的禁止性规定，可以合并审理。

最高人民法院再审认为：

债权人对目标公司提起诉讼的同时，以目标公司股东抽逃出资为由，一并要求目标公司股东对目标公司的债务承担出资不实的补充赔偿责任。债权人对目标公司股东的诉讼请求建立在要求目标公司偿还借款本息基础之上，债权人要求目标公司股东承担补充赔偿责任，属于对债权人与目标公司之间合同之债的责任主体确定问题，两项诉讼请求合并审理并不违反法律的强制性规定。

综上，债权人的再审请求成立，裁定撤销二审法院民事裁定，维持一审法院民事裁定。

本案中，债权人在起诉目标公司偿还欠款的同时，一并将目标公司股东列为

---

① 参见最高人民法院民事裁定书，(2020)最高法民再343号。

被告,要求其在抽逃出资本息范围内对目标公司的债务承担补充赔偿责任。

目标公司股东辩称,债权人与目标公司的借贷纠纷,与债权人与其之间的损害公司债权人利益纠纷,法律关系与法律事实均不相同,不符合诉的合并条件,不应合并审理。

最高人民法院认为,债权人对目标公司股东的诉讼请求,建立在目标公司偿还借款的基础上,债权人要求目标公司股东承担补充赔偿责任,属于对债权人与目标公司之间合同之债的责任主体确定问题,两项诉讼请求可以合并审理。

其他案件中,法院亦认为,债权人起诉目标公司的同时,可一并将目标公司抽逃出资的股东列为被告。

最高人民法院审理的一案①中,目标公司股东上诉称一审法院程序违法,债权人主张目标公司股东虚构债务转移公司财产损害其权益,属于侵权之诉,而本案系确认合同效力之诉,股东侵权之诉应另案审理,一审法院不应将其列为本案被告。该院认为,依据《公司法》的相关规定,债权人将目标公司股东作为被告提起诉讼主张相应的权利,原审法院将目标公司股东列为本案被告,程序合法,并无不当。

山东省高级人民法院审理的一案②中,目标公司股东认为原审法院程序违法,理由是债权人起诉的货款纠纷案件与目标公司股东是否存在虚假增资不属于同一法律关系,不应在同一案中审理。该院认为,根据《公司法司法解释(三)》的规定,"虚假增资的民事责任是补充赔偿责任,该责任不是独立的,是与公司的责任相依存的,所以虚假增资纠纷与福田雷沃公司起诉的货款纠纷合并审理符合法律规定。博源公司称两不同性质的纠纷不能合并审理的理由不能成立",故不予采信。

湖南省高级人民法院审理的一案③中,目标公司股东上诉称,一审判决存在程序违法。债权人与目标公司之间是基于借款而产生的合同之诉,债权人针对目标公司股东提起的是基于股东有无抽逃出资进而损害债权人利益的侵权之诉,两者基于的法律关系不同,法律事实也不同,不应当合并审理。关于一审法院对诉讼请求一并审理是否程序违法、目标公司股东是否为本案适格被告,二审

---

① 参见海南碧桂园房地产开发有限公司与三亚凯利投资有限公司、张伟男等确认合同效力纠纷案,最高人民法院民事判决书,(2019)最高法民终960号。
② 参见武汉博源物资有限责任公司等与福田雷沃国际重工股份有限公司等买卖合同纠纷案,山东省高级人民法院民事判决书,(2011)鲁商终字第3号。
③ 参见湖南瑞和集团有限公司、湖南高创新能源有限公司企业借贷纠纷案,湖南省高级人民法院民事判决书,(2019)湘民终1673号。

法院认为,"债权人为保护其民事权利,向债务人主张债权与追究公司股东抽逃出资责任,两者并不是完全独立的法律关系,为减少当事人诉累,可以一并予以审理。法律亦并未禁止该两项诉讼请求不能在同一案件中审理"。

河南省高级人民法院审理的一案①中,目标公司多位股东申请再审称,本案所涉事实、法律关系、法律标的均不同,非必要共同诉讼,一审法院未经当事人同意,直接进行合并审理,程序违法。再审法院认为,"关于一审法院是否严重违反法定程序的问题。宏耐公司拖欠升华公司货款,皇甫宜立、刘有兰、赵玉梅、周丽云是宏耐公司的股东,升华公司认为皇甫宜立、刘有兰、赵玉梅、周丽云存在抽逃出资的问题,请求追加皇甫宜立、刘有兰、赵玉梅、周丽云为共同被告,要求其在抽逃出资范围内承担责任,这与升华公司要求宏耐公司支付货款的基础法律关系相同,一审法院合并审理能够迅速解决他们之间的争议,有利于节约司法资源,符合《中华人民共和国民事诉讼法》的规定"。

◆ 小结与建议

投资方:如果目标公司未经减资就回购投资方的股权,投资方可能在目标公司为债务人的案件中一并被列为被告,被判决在抽逃出资本息范围内就目标公司不能清偿的部分承担补充赔偿责任。

目标公司债权人:如果起诉目标公司时,就知悉目标公司投资方存在抽逃出资的行为,可以在该案中一并将投资方列为被告,要求其在抽逃出资本息范围内就目标公司的债务承担补充赔偿责任。

---

① 参见皇甫宜立、刘有兰买卖合同纠纷案,河南省高级人民法院民事判决书,(2018)豫民再713号。

9.15 执行程序中，目标公司债权人可以追加抽逃出资的投资方为被执行人吗？

问题9.13、问题9.14是关于目标公司债权人以目标公司未减资就回购股权为由，针对退股的投资方提起的诉讼。目标公司债权人可否不通过民事诉讼的方式，而是在执行程序中，直接追加退股的投资方为被执行人？

如果投资方存在抽逃出资的行为，且目标公司财产不足以清偿债务，目标公司债权人可以申请将投资方追加为被执行人。《追加当事人的规定》第18条规定："作为被执行人的营利法人，财产不足以清偿生效法律文书确定的债务，申请执行人申请变更、追加抽逃出资的股东、出资人为被执行人，在抽逃出资的范围内承担责任的，人民法院应予支持。"

判断投资方是否存在抽逃出资行为及应承担的责任，适用《公司法司法解释（三）》的规定。《公司法司法解释（三）》第12条规定："公司成立后，公司、股东或者公司债权人以相关股东的行为符合下列情形之一且损害公司权益为由，请求认定该股东抽逃出资的，人民法院应予支持：（一）制作虚假财务会计报表虚增利润进行分配；（二）通过虚构债权债务关系将其出资转出；（三）利用关联交易将出资转出；（四）其他未经法定程序将出资抽回的行为。"第14条第2款规定："公司债权人请求抽逃出资的股东在抽逃出资本息范围内对公司债务不能清偿的部分承担补充赔偿责任、协助抽逃出资的其他股东、董事、高级管理人员或者实际控制人对此承担连带责任的，人民法院应予支持……"

目标公司债权人申请追加被执行人的，应向执行法院提交书面申请及相关证据材料。《追加当事人的规定》第28条第1款规定："申请人申请变更、追加执行当事人，应当向执行法院提交书面申请及相关证据材料。"

除非案件争议不大，执行法院应组成合议庭公开听证，作出是否追加的裁定。《追加当事人的规定》第28条第2款规定："除事实清楚、权利义务关系明确、争议不大的案件外，执行法院应当组成合议庭审查并公开听证。经审查，理由成立的，裁定变更、追加；理由不成立的，裁定驳回。"

对前述裁定不服的，有两种救济方式：一种是向上一级法院申请复议。《追加当事人的规定》第30条规定："被申请人、申请人或其他执行当事人对执行法院作出的变更、追加裁定或驳回申请裁定不服的，可以自裁定书送达之日起十日内向上一级人民法院申请复议，但依据本规定第三十二条的规定应当提起诉讼的除外。"另一种是向执行法院提起执行异议之诉,具体案由为"追加、变更被执行人异议之诉"。《追加当事人的规定》第 32 条规定:"被申请人或申请人对执行法院依据本规定第十四条第二款、第十七条至第二十一条规定作出的变更、追加裁定或驳回申请裁定不服的,可以自裁定书送达之日起十五日内,向执行法院提起执行异议之诉。被申请人提起执行异议之诉的,以申请人为被告。申请人提起执行异议之诉的,以被申请人为被告。"

在后一种情况,如果债权人的主张成立,执行法院判决追加投资方为被执行人并承担相应责任。《追加当事人的规定》第 34 条规定:"申请人提起的执行异议之诉,人民法院经审理,按照下列情形分别处理:(一)理由成立的,判决变更、追加被申请人为被执行人并承担相应责任或者判决变更责任范围;(二)理由不成立的,判决驳回诉讼请求。"

主题案例:江苏圣迪创业投资管理有限公司、句容市崇明农村小额贷款有限公司等执行异议之诉案①

2013 年 12 月,投资方与目标公司等签署《投资协议》,约定投资方向目标公司投资 260 万元,投资期限为 2 年,持股 20%,性质为优先股,年固定收益率为 12%。

2015 年 6 月,目标公司股东召开会议并形成《会议纪要》,载明:为确保投资方 260 万元投资款和固定回报的落实,将目标公司现有两条生产线抵给投资方。

2016 年 2 月,两条生产线被投资方实际接收,但目标公司未按法律规定履行相关减资程序。

2015 年 7 月,经(2014)镇民初字第 121 号民事判决书确认,债权人取得对目标公司的债权。

2015 年 12 月,债权人依据判决书申请执行被受理。

2016 年 6 月,因包括目标公司在内的被执行人无可供执行的财产,执行法院作出民事裁定:本次执行程序终结执行。

2021 年 4 月,债权人向执行法院申请追加投资方为被执行人,在抽逃出资 260 万元范围内承担清偿责任。理由是:目标公司在回购投资方优先股时,并没有履行相应的减资程序。因此,投资方抽逃资金存在主观恶意,损害了目标公司其他债权人的利益。

---

① 参见镇江市中级人民法院民事判决书,(2021)苏 11 民终 4283 号。

9.15 执行程序中,目标公司债权人可以追加抽逃出资的投资方为被执行人吗?

2021年7月,执行法院作出执行裁定,追加投资方为被执行人,在260万元范围内履行判决书确定的还款义务。

投资方不服前述裁定,提起执行异议之诉。

江苏省镇江市中级人民法院认为:

目标公司用案涉两条生产线冲抵投资方优先股的行为,应认定为投资方抽逃出资。

首先,根据《公司法》第142条及《公司法司法解释(三)》第12条的规定,公司回购本公司的股份的,应办理相应的减资手续,未经相应的法定程序将出资抽回的应视为抽逃出资的行为。且根据商法的外观主义原则,为了维护商事交易安全,公司回购本公司股份,未办理相应的变更登记手续的,不取得对外的公示效力,不得对抗第三人。本案中,目标公司用两条生产线来冲抵投资方的优先股,且已经实际履行,但由于并未按照法律规定履行相应的减资手续及办理工商变更登记,取得对外公示的效力,故其行为已经构成前述司法解释规定的未经法定程序将出资抽回的情形,应认定为抽逃出资。投资方主张未履行相应的减资手续,是目标公司单方面履行瑕疵,系投资方与目标公司内部之间的关系,其不得以此理由来对抗公司以外的其他第三人。

其次,关于投资方认为案涉两条生产线是目标公司的资产而非资本,其拿走案涉两条生产线并没有侵蚀目标公司注册资本的观点,本院认为,公司的注册资本在公司成立以后,就投入公司的生产经营,相应的也会转化为公司的相应资产,故公司的注册资本并非以公司注册时的原始形态一直存在。案涉两条生产线是目标公司主要的资产,投资方此时拿走案涉两条生产线,无疑会造成目标公司资产的显著减少,同时也造成对目标公司注册资本的严重侵蚀,使得目标公司偿还对外债务的能力减弱。

判决追加投资方为被执行人,在260万元本息范围内对民事判决中目标公司的债务不能清偿的部分承担补充赔偿责任。

本案中,债权人取得了对目标公司的债权,因目标公司无可供执行的财产,执行法院裁定终结本次执行程序。之后,债权人向执行法院提交申请,请求将投资方追加为被执行人,理由是目标公司在未减资的情况下,通过以生产线抵债的方式,回购投资方持有的目标公司股权,该等行为构成股东抽逃出资。执行法院支持了债权人的主张。投资方不服该等裁定,提起执行异议之诉。

法院认为,目标公司在以生产线冲抵投资方优先股之前,未按法律规定履行减资手续,构成未经法定程序将出资抽回的情形。因此,判决投资方在抽逃出资本息范围内对目标公司不能清偿的部分承担补充赔偿责任。

目标公司债权人在执行程序中,以目标公司未经减资就回购投资方股权构成抽逃出资为由,申请追加投资方为被执行人的案例不多。不过,法院普遍认为,减资程序存在瑕疵、未通知债权人的,效果等同于抽逃出资,应追加相关股东为被执行人,更遑论目标公司压根未减资的情况。

上海市浦东新区人民法院在一案①中认为,"公司减资必须符合法律规定的程序。第三人在《债务清偿及担保情况说明》中称已经通知债权人,但结合本院审理的原告与第三人之间的买卖合同纠纷一案及原告的陈述可知,第三人减资发生在原告对第三人的债权形成之后,但第三人并未通知原告减资事项,其减资程序违法,其行为造成了等同于股东抽逃出资的法律后果,故比照公司法司法解释(三)第十四条规定,被告蔡羽应在减资范围内对原告承担相应的法律责任",判决追加被告蔡羽为(2021)沪0115执14323号案件的被执行人。

广州市花都区人民法院在一案②中认为,"威丽得公司于2019年3月上旬决议减资时,依法应当就其减资通知曾偶娟,但威丽得公司没有通知曾偶娟,仅在报纸上刊登减资公告,且编制的资产负债表及财产清单未包含曾偶娟工伤债务情况,该减资行为减少了公司的责任财产,严重影响了公司偿债能力,违反公司资本维持原则及充实义务,致使公司债权人曾偶娟的债务不能在公司登记公示的注册资本范围内得到清偿,所产生的后果与股东抽逃出资产生的法律后果并无不同","故(2021)粤0114执异237号执行裁定追加陈什清、韦善得、苏永强、杨崇辉为(2021)粤0114执1193号案的被执行人,并在相应减资本息范围内对(2020)粤01民终25749号案中威丽得公司的债务承担补充清偿责任,合法有据"。

河南省新乡市中级人民法院在一案③中认为,"我国法律并未明确规定公司减资过程中未及时通知已知债权人的情形下,公司股东应对公司债权人承担的具体责任大小和范围。但鉴于该情形在本质上与股东违法抽逃出资的实质以及对债权人利益受损的影响相同",故"参照上述法律、司法解释的规定,认定本案中程洪涛应在47250元(……)范围内对(2020)豫0724民初229号民事判决书

---

① 参见玮纳国际贸易(上海)有限公司与深圳市妙睿进出口贸易有限公司等追加、变更被执行人异议之诉纠纷案,上海市浦东新区人民法院民事判决书,(2021)沪0115民初85516号。

② 参见陈什清、韦善得等追加、变更被执行人异议之诉纠纷案,广州市花都区人民法院民事判决书,(2021)粤0114民初15443号。

③ 参见程洪涛、范文明追加、变更被执行人异议之诉纠纷案,新乡市中级人民法院民事判决书,(2021)豫07民终2022号。

中未受清偿的债权承担补充赔偿责任"。

不过,执行程序中直接追加被执行人存在一定风险,如果法院无法联系上被追加的主体,可能会出于保障其程序权利的原因,终结审查程序。

北京市西城区人民法院在一案①中认为,"在本案审查过程中,本院无法与赖清湖取得联系并送达相关材料。在此情形下,不宜在执行过程中直接确定是否追加被执行人赖清湖。本案应当终结审查程序。四正测控公司可在其能够进一步提供被申请人赖清湖有效联系方式后,再行提出追加申请;或通过诉讼,要求被申请人赖清湖承担相应责任",裁定审查程序终结。

北京市昌平区人民法院在一案②中认为,"北京博爱瑞康医疗技术有限公司申请追加刘某为本案被执行人,但未能提供刘某的有效联系方式,本院无法与刘某取得联系并送达相关材料,故本院对北京博爱瑞康医疗技术有限公司的该项请求终结审查程序"。

◈ 小结与建议

投资方:投资方在目标公司完成减资程序前就取回股权回购款的,存在被目标公司债权人追加为被执行人的风险。不过,从目前判决来看,该等情形较为少见。

目标公司债权人:执行程序中,发现被执行人目标公司的投资方抽逃出资且被执行人财产不足以清偿债务的,建议直接申请追加投资方为被执行人。

---

① 参见北京四正测控技术有限责任公司等申请追加被执行人纠纷案,北京市西城区人民法院执行裁定书,(2021)京0102执异975号。
② 参见北京博爱瑞康医疗技术有限公司申请追加被执行人纠纷案,北京市昌平区人民法院执行裁定书,(2020)京0114执异375号。